冲突、犯罪与秩序建构

——张荆教授犯罪学研究甲子纪念文集

张 荆 著

知识产权出版社
全国百佳图书出版单位

图书在版编目（CIP）数据

冲突、犯罪与秩序建构：张荆教授犯罪学研究甲子纪念文集/张荆著. —北京：知识产权出版社，2017.5

ISBN 978-7-5130-4888-0

Ⅰ.①冲… Ⅱ.①张… Ⅲ.①犯罪学—文集 Ⅳ.①D917-53

中国版本图书馆 CIP 数据核字（2017）第 082207 号

责任编辑：石红华　　　　　　　　责任校对：潘凤越
封面设计：SUN 工作室　韩建文　　责任出版：孙婷婷

冲突、犯罪与秩序建构
——张荆教授犯罪学研究甲子纪念文集

张　荆　著

出版发行：知识产权出版社有限责任公司	网　　址：http://www.ipph.cn
社　　址：北京市海淀区西外太平庄 55 号	邮　　编：100081
责编电话：010-82000860 转 8130	责编邮箱：shihonghua@sina.com
发行电话：010-82000860 转 8101/8102	发行传真：010-82000893/82005070/82000270
印　　刷：三河市国英印务有限公司	经　　销：各大网上书店、新华书店及相关专业书店
开　　本：787mm×1092mm　1/16	印　　张：36
版　　次：2017 年 5 月第 1 版	印　　次：2017 年 5 月第 1 次印刷
字　　数：600 千字	定　　价：99.00 元
ISBN 978-7-5130-4888-0	

出版权专有　侵权必究

如有印装质量问题，本社负责调换。

1983年，大学刚毕业的我做会务工作，接待中国青少年犯罪研究的元老们聚集中央团校万年青宾馆，商讨撰写《中国青少年犯罪学》。右起第一排雷迅（时任最高人民法院研究室主任）、张黎群（时任中国社科院青少年研究所所长、中国青少年犯罪研究会会长）、曹漫之（时任华东政法学院副院长、中国青少年犯罪研究会副会长）、于浩成（时任群众出版社社长）、李景先（时任中国社科院青少年研究所副所长、中国青少年犯罪研究会秘书长）、赤光（时任中国社科院青少年研究所青少年犯罪研究室主任）；第二排右起第二名刘安求、邵道生、徐建、何为民、荣丽瑾、秦赛玉；第三排右起储槐植、宋黎明、郭翔、张荆、王颉

1984年参加在贵阳举行的全国"青少年犯罪团伙问题"学术研讨会，第三排左起第一名是作者

1996年西藏调研，应自治区热地书记（右二）的邀请参加晚宴，并与彭丽媛（右三）、关牧村（右一）等同志合影留念

日本留学期间，曾将在日本刊物上发表的犯罪学论文送给桥本龙太郎总理大臣指正

一桥大学的毕业式后手持学位证书与指导教官福田雅章教授合影留念

2001年中国青少年犯罪研究会会长郭翔教授（左一）访日，与日本犯罪学家、明治大学教授菊田幸一先生（左三）会谈，作者做接洽与翻译工作

2004年做客人民网《中日论坛》，谈文化冲突与移民犯罪问题

2012年带研究生在北京沙子营农民工聚居区开展调研

2012年在北京工业大学逸夫图书馆报告厅主持第五届犯罪学高层论坛

2013年与课题组成员及法律系教师到河南省永城市公安局调研

2013年在丰台区"阳光中途之家"为建立北工大人文学院教学科研基地剪彩

2014年8月到美国Provo市政府调研社会治安管理,并与市长J.Curtis先生座谈

2014年8月参加美国警察的案情分析会

2014年8月在美国迪克西大学法律系讲演

作为中央电视台第一套节目《今日说法》的特邀嘉宾分析案件

2015年5月，忙于"首届海峡两岸社区矫正论坛"的会议组织工作，在告别晚宴上，我的研究生和读书会的同学们迈着正步，唱着生日歌，推着小货车，上面放着一块大大的生日蛋糕，还有这张明信片，我恍然大悟，今天是我的生日，不爱哭的我顿时热泪夺眶而出，作为一名教师有什么能比这更幸福呢

2016年带队中国大陆教授访问团参加第二届两岸社区矫正与犯罪问题论坛

2016年参加第八届亚洲犯罪学年会，第一排参加合影的有作者（左一）、台北大学犯罪学研究所所长周愫娴教授（左二）、澳大利亚昆士兰大学凯瑞教授（左三）、亚洲犯罪学会会长许春金教授（左四）、台北大学校长侯崇文教授（左五）、台湾中央警察大学许福生教授等

2016年作者与杨江同学高原骑行10天500公里,从银川骑到兰州参加中国社会学年会

作者为硕士生行摸帽礼

2016年欣慰地送走我的关门弟子（硕士研究生）

与夫人佟璐近照

序 言

　　大学毕业后的第一项工作是不停地拨电话。在青少年犯罪研究室负责人的指挥下，青涩的我站在过道里的电话前，埋头苦拨，传达领导指示，通知各种会议，组织社会调研，下班时食指都磨出了黑坑，像戴上了指环。那份记忆就像昨天的事儿，咋一转眼，竟然走到了甲子之年，需要汇集成果告慰人生了。不由得感叹光阴似箭，日月如梭……

　　本书目录括弧中的阿拉伯数字代表文章的发表日期，细心的读者会发现在1987～1990年、1993～1997年、2003～2008年期间作者几乎没写犯罪学文章，读者要问你干啥去了？人生路漫漫，能够自己左右的时候并不多。我们这代社会科学工作者能够在自己喜好的领域自始至终坚守者属凤毛麟角，社会变迁、时代需要、课题指向、领导意图等都会影响研究方向的选择，马斯洛的需求理论描述的生存和安全需要也是学者最基本的需求，因此，顺势、适度地改变研究方向在所难免。1982年大学毕业后，我被分配到由中国社会科学院直接领导、团中央间接领导的青少年研究所，从事青少年犯罪研究。但青少年研究所的寿命很短暂，1980年成立，1985年便宣告解散，根据当时中国社科院的人事安排，青少年研究所的行政人员划归人口所；研究人员划归社会学研究所，社会学所内新设立青少年研究室和社会心理学研究室。我们从前门东大街的团中央十层搬出，搬进了位于建国门内大街的社科院大楼十层，虽然楼层没变，但研究任务发生了重大的变化。我们除了作为副主编编辑《青年研究》杂志外，主要承担国家"七五"重点课题"中国青年价值观演变与社会问题研究"，调研、撰写文章，发表了不少颇有影响的青年价值观和青年运动的研究报告与论文，但却远离了犯罪学。

　　1992年我留学日本，在日本明治大学社会科学研究所和东海大学教养学部作访问研究员，一方面与研究机构的同行共同研究，另一方面抽出时间打工挣钱，以维持全家人的生活。还有就是从"阿依乌唉欧"开始学习日文，竟然奇迹般地在1997年"下放"为留学生，凭日文考进了日本著名的一桥大学法学研究科，在福田雅章教授门下学习研究犯罪学，这才让我重返犯罪学。一桥大学的著名不仅是有优秀的师资、参天的大树、安静的校园、史卷幽香的图书馆，还有她优厚的留学生政策。我享受到减免学费、获奖学金、住家族寮，生活无忧，方向明确，是我最专注研究犯罪学的5年，并于2002年获得法学博士学位。

2003年，承蒙著名社会学家陆学艺老先生的厚爱，我作为海外引进人才执教于北京工业大学人文社会科学学院，当时左铁镛校长承诺北工大可成立法学院。不过，要在一所工科院校成立法学院谈何容易，需要时间和关系的磨合，不能傻等。我便随陆学艺院长草创人力资源研究中心，任中心执行副主任，主要承接北京市教委、市委组织部的人才研究课题，从研究犯罪人跳到了研究人才，甚至超常人才。二者虽可统称"人学"，但层级差异太大。对于人力资源研究界而言，我属于半路出家，又是搞犯罪学出身，虽努力发表和出版了一些有影响的文章和书籍，但仍不受人力资源研究领域的待见。2008年以后，我担任了人文学院社会学学科部副主任，开始从社会问题研究的视角研究犯罪问题。2011年接手法律系，担任主任，研究刑法下的犯罪学似乎更名正言顺。这一时期的时间和精力都更多地集中于犯罪学，也是我犯罪学研究成果产出最多的时期。

不过，话又说回来，有12年犯罪学研究之外的"河东河西"，也让我得益于社会科学的"跨界"。比如，研究青年价值观，曾让我思考规范性文化对人的违法行为的制约功能，社会规范伦理的"混沌"状态与犯罪增长的关系，并在我后来的犯罪学研究中有所体现；曾研究过青年运动，对我后来的社会秩序研究有所帮助，特别是群体事件中的民怨积累与宣泄途径、舆论动员与热点寻找方式与过程，以及群体事件的爆发点与社会控制等；研究人力资源中的薪酬制度，看似与犯罪学不搭界，但它启发我研究了基尼系数的变化与犯罪率增长的关系，在防控犯罪的对策上，收入的平均主义固然会有效地抑制财产犯罪的数量，但也容易导致社会发展缺少活力，故建议在一次分配中合理拉大收入差距，在二次分配中向弱势群体倾斜，在社会发展与犯罪防控中寻求最佳结合点。在最初留学日本的5年中，在菊田幸一教授和辻康吾教授的研究机构里从事辅助性研究，似乎是我学术研究上建树最少的5年，但我学到了日本学者的研究方法，打工的积累让我有了生存和发展的经济基础，更重要的是日语能力从无到有，从弱到强，为我考进一桥大学奠定了语言基础，也让我多了一双"研究之眼"，开辟了中日比较研究的新领域。留学回国后，我先后就社区预防青少年犯罪、中日公务员监督机制、中日大学教师的薪酬制度、社会治安管理机制、社区矫正制度建设、"中途之家"运营方式等进行比较研究，受到学界的好评。在社会科学研究领域，适当从事一些别的领域研究也不是一件坏事，有心的研究能帮助你拓展和丰富原有的研究领域。我的体会是社会科学研究就像传统的建楼，地基打得越厚、范围越宽，楼就能盖得越高。

当然，越界研究不等于随波逐流、随风向而变，坚守自己核心的研究领域是必须的。留学回国后，我一直在陆学艺老先生的门下从事各种政府课题研究。先生曾多次劝我，国内法学界研究者众多，学阀林立，而社会学界人数较少，队伍年轻，易脱颖而出。老先生希望我继承他的研究方向，一心一意地搞社会分层和社会建设研究。但我很坦诚地与先生交心：古人云"十年磨一剑"，在社会科学的研究领域没个十年到十五年的积累很难说得上话，很难有所建树。我这个年龄不可能再介入一个全新领域，而且我已有十余年犯罪学研究的积累，丢掉太可惜啦。我可能让陆先生失望……但是，他和我的博士指导老师福田雅章教授的性格很相似，敦厚、爱才、不强加于人，最终是由我自主。在陆老先生领导下在人力资源研究中心从事人才研究期间，我坚持在学校开设"犯罪学概论"选修课，以使自己不忘记犯罪学。在社会建设的课题研究中，我也尽量选择与犯罪学搭界的社会秩序、社会治安、社会稳定等内容进行研究。今天，我的犯罪学研究能得到国内同行的认可，甚至得到美国、日本及台湾地区犯罪学界的认可，与这份学术坚守分不开。

总之，在我的研究生涯中，12年"河东河西"，22年专注犯罪学研究，两本犯罪学专著、两本犯罪学编著，近70篇犯罪学论文、调研报告和杂文，与许多犯罪学界的同仁相比，研究成果并不算丰厚。但在甲子之年梳理成果仍能自得其乐，欣喜不已。自得和欣喜于年轻时代撰写的论文和调查报告虽感青涩稚嫩，但仍有保留价值。一路走来，在自己研究的有限领域中求真、不跟风、不编造、寻觅规律、严谨治学、认真写作，虽属笨拙，但辛勤耕耘终有收获。

我给这本书起了一个名字叫《冲突、犯罪与秩序建构》，顾名思义是从社会冲突、文化冲突、个体心理冲突的视角分析犯罪现象和社会问题。梳理我的犯罪学研究，尽管有时间上的中断，但研究理念和研究视角是连贯的。这种连贯性或许与学者早年锻造的知识结构，以及成长经历和调研的经验积累分不开。四川大学哲学系四年的学习，让我有了哲学的眼光，可审视社会各种矛盾和冲突。中国社科院的十年研究熏陶，参加大规模的社会调查工作，以及中国改革开放社会变迁的历史大背景，使我的研究视角无法离开社会变迁、社会关系和社会结构，以及其中的冲突要素与犯罪的关系。一桥大学五年学习研究的历练，以移民为研究对象，研究规范文化冲突与犯罪的关系，是前期理论视角的延伸。在此，应特别感谢我的导师福田雅章教授的宽容，尽管身处大陆法系的重镇一桥大学，但福田教授并没有把我束缚在刑法学的框架下研究犯罪学，而是允许并鼓励我跳出刑法学，从更广阔的社会视角研究移民犯罪问题。他很严厉，曾把我花了一年多时间从上千份报纸中统计出的数据说的一钱不值，呵斥我要用法学的个案研究方法，找出6个外国人犯罪与日本的歧视性文化相关的案件说服他。当我忍辱负重地不再依据简单的统计数据，而是从访谈中、从审讯笔录、辩护词、判决书、案主的往来信笺中分析线索的差异，并从差异中寻找案件原因的逻辑链条时，我获得了顿悟和发现，也理解了法学个案研究方法与价值，并写出了漂亮的博士论文。在我博士论文基础上改写的《在日外国人犯罪》一书由明石书店出版，且荣获第六届菊田犯罪学奖。

大学毕业后，我发表的第一篇理论文章《正确地运用马克思主义哲学剖析犯罪原因》，试图从内因与外因、社会存在与社会意识的关系，社会变化与社会矛盾凸显的角度分析犯罪原因。上个世纪80年代末90年代初发表的《急剧社会变迁、社会整合与犯罪》《中国社会秩序报告》等文章，提出社会变迁、社会结构变化对原有社会规范的冲击，以及社会整合的滞后对犯罪数量变化的影响。2003年出版的日文版《在日外国人犯罪》一书，研究在移民过程中的一般规范文化的冲突、法文化冲突与移民犯罪的关系。2009年出版的《现代社会的文化冲突与犯罪》一书研究从都市化、移民、急剧社会变迁中三种不同文化冲突形式与犯罪的关系。近年来发表的《从社会变迁的视角看北京社会治安六十年》《影响中国犯罪率攀升的六大关系研究》《社会变迁中的我国群体性事件状况与国家治理研究》等，都是从社会变迁、社会关系视角进行研究的代表作。而《日本社区预防青少年犯罪的工作模式研究》《日本社会治安管理机制与犯罪防控体系的研究与思考》《中日两国社区矫正制度建设比较研究》等文章则是以社会组织结构为切入点，研究社会治安管理、制度建设与犯罪防控关系的代表作。

为了便于读者阅读，笔者不是简单地按时间顺序排列文章，而是按研究领域和内容分了六个部分，分别是犯罪的社会因素研究、犯罪学理论与研究思考、社会秩序与社会控制研究、未成年人保护与青少年犯罪研究、监狱矫治与社区矫正研究、实地调查与研究报告。在每个部分中按文章发表的时间顺序进行排列。

最后，想说一些感激的话：叩首感谢父母亲大人的养育之恩！感谢岳父母大人的无私奉献；感谢并向我的妻子致敬，近30年来她默默付出，柴米油盐，操持家务，早出晚归，接送孩子，任劳不任怨，怨后继续干，使我有更多时间从事自己喜爱的科研和写作；还要感谢国家社科基金、北京市教委等给予我的科研与出版资助。

张 荆
2017年1月

代　序

　　此文是团中央中国预防青少年犯罪研究会胡发清副主任于2012年对本书作者进行的专访，并阅读作者大量作品之后撰写而成。因他深厚的文学造诣和对犯罪学的研究，把枯燥研究理论和过程写得生动活泼，充满诗意。该文较全面地概括了笔者的研究历程和学术思想，在《预防青少年犯罪研究》杂志2012年第8期中发表后，产生了不小的社会影响。在得到胡发清副主任许可后，特将此文作"代序"，以飨读者。

真英雄独自洒脱　真名士兀自风流
——把犯罪学研究做得如此知性浪漫的犯罪学学者张荆教授

　　东京都的梅雨，有时细碎得像花粉在呼啸而过的夏日的风里舞动，有时绵延得像思绪在稍纵即逝的往昔记忆中沉浮，带着让人刺痛的气势恣意地淋湿了整个夏季。那一年，梅雨匆匆地来，又匆匆地去，少了些许从早到晚的缠绵，少了些许黯然神伤的心绪——对于难得体验梅雨的来自中国北方的留学生张荆来说，则是一种期盼与渴求。曾经"闲梦江南梅熟日，夜船吹笛雨萧萧"；曾经"清水碧于天，画船听雨眠"，然而读诗的快感是很难与梅雨的无奈相关联的，只能在一种异域的风中，独自抒发思家之情意，羁旅之清愁。

　　"亭亭白桦，悠悠碧空，微微南来风，木兰花开山岗上，北国的春天已来临……"踏着《北国之春》那热烈醇厚、浸彻心肺的歌声，带着难掩的对故乡的思念，风华正茂的留日学生张荆身背背包，买了一套"青春18号"的廉价车票，登上开往北海道的列车，走走停停，随遇而安，夜数星星入睡，晨饮甘露为餐，开始了浪漫的，几十年后的今天被视为时尚的"慢游北海道"之旅。对于早已在日本著名的一桥大学研习犯罪学的张荆同学来说，曾经荒凉的北海道有着特殊魅力的，不仅只是因为那原始的旷野里，一望无垠的花草延展着独特的魅力，更是因为明治元老伊藤博文利用囚犯开发边陲，以实现改造重刑犯的双重目的，相信这对于张荆未来的犯罪学研究和罪犯矫正改造思想的形成是有深远影响的。

曾有诗人赞美道：我期盼躺在槐花的地毯上，就此长眠，永远深深埋入满地落花的清香。北海道这个开发未满百年的自然丰饶的神秘地域，与喧闹的东京都相比，对于张荆来说，简直就是掉进了一处世外桃源。而此时的张荆也掉进了自己的一方乐土，成为一名"掉进犯罪学"的犯罪学学者，把自己的犯罪学研究做得那么的知性，那么的浪漫。

厚积薄发，执着坚守——与犯罪学的缘分永远也挥之不去

一个人既然有了远大的理想，就应坚守并为这个理想前行，只要信念不变，不论最终走向何方，都可以欣赏到沿途的人生风景。而当回首流失的岁月时，一定会因这种坚守而心生自豪。三十年来，张荆背负着远大的理想，与犯罪学结下的缘分永远也挥之不去。

张荆是恢复高考制度后的第二批大学哲学系毕业生，1982年毕业于四川大学后，被分配到中国社会科学院青少年研究所工作。报到当天，研究所领导即征求张荆的意见，可在劳动就业研究和青少年犯罪研究二者间自主选择。这两个同样具体、鲜活的概念，让满脑哲学概念的张荆一时无法选择，在父亲"青少年犯罪研究更有'嚼头'"的建议下，张荆坚定地选择了青少年犯罪研究，并且一步步地体验着青少年犯罪研究的成功与快乐。

上世纪80年代初，我国的青少年犯罪研究刚刚起步，除了中共中央的《关于提醒全党重视解决青少年违法犯罪问题的报告》等相关文件外，可供参考的资料太少，对国外的各种学术流派及其研究成果更是不得而知。更艰难的还是当时的研究环境，青少年研究所和青少年犯罪研究会总有一些大大小小的"斗争"，一到"运动"的当口，各种犯罪原因论总要被拉出来抖落抖落，只是因为许多人的观念中青少年犯罪研究容易"给社会主义抹黑"。

1982年底，张荆参加京津地区关于流失学生的一项调查，撰写并提交了《天津市流失生与违法犯罪的调查报告》以及相关内参，受到有关部门的高度重视，内参的有关建议也被政府采纳。1982~1992年，张荆作为课题组主要成员参加了国家哲学社会科学"六五"重点课题"青少年犯罪学"和"七五"重点课题"中国青年价值观演变与社会问题"研究，先后负责辽宁和云南等地的调研工作。作为中国青少年犯罪研究会副秘书长，张荆协助主持召开了全国第二届青少年犯罪研究学术研讨会、第三届青少年犯罪研究学术研讨会，曾请缨登台阐述学术观点——"现代化与犯罪率同步增长的原因"，却遭"犯罪增长是资本主义现代化的结果，而不是社会主义现代化的结果"的批判，但张荆坚信学术研究的价值，"大胆假设，小心求证"。1989年，他将理论假设与实证研究相结合，撰写《急剧的社会变迁、社会整合与犯罪》一文，发表于《社会学研究》第3期，首次提出社会转型、社会整合与犯罪增长的关系，产生了良好的学术影响，获中国青少年犯罪研究十年优秀成果二等奖。

在此期间，他出版了发行量高达6万册的研究青春期与越轨行为的著作《金色的忧虑》，并发表了诸多有影响的调研报告和论文，系统研究了青少年犯罪的变化规律、青少年暴力犯罪的特点和原因、青少年犯罪者更生教育与保护等。

凭着一腔热血，张荆从青涩稚嫩，走向成熟稳重，但他始终保持着一颗年轻的心。他相信实证研究的价值，相信第一手材料，他曾一头扎进监狱与少管所，一年之中小半年的时间是在监狱与少管所中度过的。那是一段充实、难忘的研究时光，成为他一生中最珍贵的记忆，而对罪犯的真实感受无疑为他日后的犯罪学研究奠定了坚实的基础。

凡古今中外，因潜心研究而经济富有者凤毛麟角，冀望视学术科研为人生乐趣的学者才能走得更高更远。对于张荆而言，无论是在三十年前学术研究相对艰苦的日子，还是今天相对安定的学术研究环境，他对学术研究的追求始终没有改变。"知之者不如好之者，好之者不如乐之者"，抱定以青少年犯罪学研究作为终身事业的信念，保持一种享受学术研究的心态，他不仅享受成功的欢乐，更享受探索的过程。

破茧而出，化蛹为蝶——在学术天地自由飞翔

著名的一桥大学位于日本东京都国立市，是一所纯社会科学类综合大学，享有"日本的哈佛"之美誉。罗马风格的建筑与周遭郁郁葱葱的自然环境和谐地融合为一体，苍松翠柏间，莺声雁传，令人心旷神怡。四月，粗大的樱花树迎着风，招招摇摇地把缤纷的花瓣满地铺撒，把通向兼松讲堂的步道浸染成粉色一片。那笔直的镶着粉色花边的步道上，微风卷起片片散落的花瓣，静静地、缓缓地又飘回到地面……清晨赶早上课的张荆同学匆匆踩过印在地上的粉色，用一串脚印织就一幅浪漫的异国早春画卷。

在国内从事过多年青少年犯罪研究，已经取得不菲成就的张荆，因为不愿再接触犯罪和行刑现场的血腥，执意从犯罪学研究转向青年学研究。1992年，作为访问学者远渡东洋来到富士山下，在明治大学社会科学研究所以访问学者身份从事研究工作。不久，他又产生了由访问学者"下放"做留学生的冲动。青年学研究的梦想萦绕着周身，怀揣着青年学研究的梦想，他查遍了日本所有大学的资料，也没有找到一所开设青年学专业的学校，他只得报考了三所大学的法学和社会学专业。张荆辞去勤工俭学的工作，在榻榻米上苦读三月，以总分第一名的成绩被一桥大学法学研究科录取，指导教官居然是日本著名的犯罪学家福田雅章教授，张荆再次开始了犯罪学研究。人生轮回一百年，这种宿命竟然在十年后，又回到原点，又一次地"掉进了犯罪学"。虽然他自认为这是一种"运"，但更是一种机缘，一种坚守，一种信心，一种力量。这种力量延续了三十年，终于成就了一位知性而浪漫的犯罪学家。

在留学阶段从事犯罪学研究的时光里，张荆在离开带有血腥味的监狱多年后，再次踏入监狱调研，对犯罪者及其家属、好友进行各种跟踪访谈，坐在古老的图书馆里一本本地阅读犯罪学专著，查阅厚厚的案卷，翻阅各种带有血腥味的犯罪现场照片……在一桥大学打造的炼狱里，构筑了一片属于自己的学术天堂。虽然不用鞭打、火烧、油滚，但身心、精神与意志都受到磨炼，在岁月中不断获得新生。

此间，张荆注重犯罪学与社会学研究的结合，把移民过程中的异文化冲突与犯罪的关系作为研究的重点之一，进行了大量的实证研究——对抢劫杀人死刑犯进行追踪调研，在东京都和福清市进行偷渡与"蛇头"问题调研，在新宿歌舞伎町进行黑社会特征调研，进行"上海帮"和残留孤儿二三世犯罪团伙的形成和组织结构调研等。扎实的实证研究以及犯罪学和社会学研究方法的有机结合，使张荆在这一领域研究成果突出，他撰写的博士论文得到专家的高度评价，并成为一桥大学有史以来第一位仅用三年时间拿下法学博士学位的外国留学生，成为"第一位从比较文化的角度研究两国刑法问题的人"。

2003年底，日文版《在日外国人犯罪》一书由明石书店出版。张荆在该书中大胆提出在移民过程中，移民原有的规范文化会受到群体性抑郁、法与现实的冲突及民族仇恨错觉等因素的影响，发生某种程度的变形，这种规范文化的变形会与移民犯罪相关联。这一研究发现修正了美国犯罪学家索尔斯坦·塞林（Thorsten Sellin）的犯罪学冲突理论。该书因对文化冲突与犯罪研究的突出贡献，获得2005年度日本第六届菊田犯罪学奖，这一奖项是首次颁发给日本以外的亚洲学者。同时，张荆在书中批判了日本社会对来日外国人的歧视和执法的相对主义，提醒了不少有良知的日本人，一些日本人读过这部著作后流下了眼泪，曾有日本友人对张荆说："我们没有发现日本的这些社会问题，您却发现了，您是个了不起的人。"

泰戈尔说："我将一次又一次地死去，以此明白生命的无穷无尽。"终于，感谢这炼狱的磨砺，是这种磨砺使张荆终于化蛹为蝶，在天地间自由地飞翔。

代 序

完美转身，回报国家——在人生蜕变中历练人生三境界

近代国学大师王国维认为，"古今之成大事业、大学问者，必经过三种境界"。每当夜深人静，张荆独自一人静静地坐在阳台上，抬头仰望深秋那清冷的夜空，细数满天繁星，一次次地将对家乡的思念化作飞天流星、划过天际。

2003年秋，当金色的银杏叶缀满东京街头时，张荆伫立窗前，任思绪跟随着初秋的白云，飘过大洋，回到久别的故乡。那片飘舞的银杏叶，在身处异国他乡的十一个深秋里总是飘忽不定，总是思念遥远故乡窗外的风簌簌，檐外的雨淋淋，站在思念的边缘，遥望大洋彼岸的故国家园。眼前飘飞的银杏叶，正如家乡深秋的细雨，淅淅沥沥，朦朦胧胧，正如母亲年轻时的容颜，消散在深秋的季节里。不免产生回归生命本真，去感受母亲那丝丝温存的冲动。终于，在中国社科院社会学研究所老所长陆学艺先生的诚挚邀请下，张荆毅然决定选择报效祖国，带着为中国的犯罪学建设作出贡献的夙愿，踏上了归家的路，带着两立方米的书籍和读书笔记，回到故乡，回到了阔别十一载的故乡北京。"昨夜西风凋碧树。独上高楼，望尽天涯路。"此乃成大事业、大学问者的第一种境界。成大事业、做学问首先要有执着的追求，只有登高望远，瞰察路径，明确目标与方向，才能了解事物的概貌。

阔别十一年，中国正发生着翻天覆地的变化，犯罪学研究也不再如履薄冰，社会对犯罪学研究也有了包容与推崇。在国际会议上，中国学者也能滔滔不绝地评价龙布罗梭、迪尔凯姆、默顿、塞林、沃尔德等国际犯罪学大腕。一切都是欣欣向荣的景象，张荆如鱼得水、如鸟投林。回国后不久，即以全球化的眼光，从文化冲突的视角深入研究了国际、国内犯罪问题，运用"资料收集与统计法""案例研究法""问卷调查法""访谈法"，运用在国内外多年从事犯罪学研究取得的成就，以其独特的文化冲突视角，在大量实证研究的基础上出版了《现代社会的文化冲突与犯罪》专著。该书旨在介绍国际犯罪学冲突理论的学术前沿，阐述不同的文化冲突形式与犯罪的关系，系统、创新性地研究城市化过程中农村文化板块与城市文化板块碰撞与犯罪，移民过程中歧视性文化、一般规范文化冲突、法文化冲突、移民文化圈的变形与犯罪，以及急剧社会变迁中规范文化的混沌状态与犯罪等，受到国内外犯罪学界高度评价。中国青年报、光明日报、中国教育报、法制日报、青年参考等媒体纷纷登载该书书评。

为推动中国的犯罪学研究，人民网在2010年4月的"好书推荐活动"中，连载了该专著第5~10章，书评称："《现代社会的文化冲突与犯罪》一书是张荆教授花费9年的时间完成的学术著作，他一反学术界的浮躁之风，通过对中日两国犯罪问题脚踏实地的调查研究及严谨的理性思考，提出了都市化、移民、急剧社会变迁中三种不同文化冲突形式与犯罪的关系，向读者展示出崭新的研究视角和其扎实的研究功底。"台北大学犯罪学研究所所长、国际著名犯罪学家许春金教授来信高度评价该书说："在您的新著作中，以文化冲突的观点来看现代社会的犯罪问题，确实是一个特别的观点，书中提供许多资料来验证文化冲突对犯罪的影响，对犯罪学领域大有贡献……书中不仅对于中国境内的文化冲突有所论述，对于全球化的现代社会，国境间移民所产生的冲突现象，也有所描述，研究的眼光与范围确实精辟。"

完成这部书稿的那一个深夜，带着如释重负的轻松，带着意犹未尽的满脑子的思考，张荆合上电脑，终于用一个"自然醒"奖励了自己一直以来的辛勤劳作。应该说，对于这部用心血凝聚的著作，张荆教授是满意的，他认为评价一本书的价值，最有权威者莫过于作者本人，因为只有作者本人才清楚这部著作是否下了真功夫，是否论证扎实，是否视角新颖。虽然我们很少见到作者去评价自己一生中哪一本书写得最好，或是出于谦虚，或是出于羞涩，但张荆却从四年前父亲驾鹤西归时，后辈们在做了一辈子编辑的父亲的墓穴里放上一副沉甸甸的老花镜，联想到自己将来百年之后，墓穴里应该放一件什么物品。终于在完成这部书稿时，他坚信"这本书可以放进墓穴"。"衣带渐宽终不悔，为伊消得人憔悴"。此乃成大事业、大学问者的第二种境界。世间成大事业、大学问者，皆不是轻而易举、唾手可得的，必须坚定不移，必须经过一番艰辛劳作，废寝忘食，孜孜以求。

发表在《中国人民公安大学学报（社会科学版）》2011年第5期的《影响中国犯罪率攀升的六大关系研究》对中国犯罪学界产生了一定的影响。该论文是张荆教授留学归国七年中，对中国犯罪问题的调研与思考的结晶，他运用皮尔逊R系数分析城市化率、基尼系数等与犯罪率变化的关系。他认为，改革开放30多年来，中国所遇到的城市化与流动人口犯罪关系；"相对贫困"与财产犯罪的关系；社会冲突与恶性暴力犯罪的关系；问题家庭与杀亲案频发的关系；地下经济与黑社会有组织犯罪的关系，以及刑满释放人员就业安置与重新犯罪的关系等，是犯罪学界和司法实务界必须总结和回答的重大课题。改革开放30多年后的今天，有针对性地调整城市化的发展速度，缩小贫富差距，缓解社会冲突，疏通社会宣泄渠道，重建家庭伦理，"上游"打击黑社会的"地下经济"，下游反洗钱，以及从"人道"和"去标签化"的理念出发，合理安置释放人员就业等,将是中国犯罪控制的治本之策,有效解决六大关系,对抑制中国犯罪率的持续攀升,保障社会的长治久安将产生重大影响。

对于张荆来说,学术研究是要承受寂寞孤独,是要付出艰辛劳动的,但只要把研究作为一项快乐的追求,就会超越名缰利索的羁绊,使一颗浮躁的心得以安静,使学术研究成为终身的享受。"众里寻他千百度,蓦然回首,那人却在,灯火阑珊处。"此乃成大事业、大学问者的第三种境界。世间凡成大事业、大学问者,必须有专注的精神,反复追寻、研究,自然会豁然贯通,自然就能够从必然王国进入自由王国。

任重道远,砥砺前行——大力推进中国社区矫正工作

早在1982年,辽宁省抚顺市就已经在尝试"保外帮教",将300余名在押的表现较好的劳教人员送到街道和单位进行帮教,收到了良好的效果。中国社会科学院青少年研究所曾组成调研团队到该市蹲点,张荆便是其中一员。当年,《青少年犯罪研究》杂志曾就抚顺"保外帮教"出版专刊,一时影响很大。张荆在旅日留学期间,也非常重视对日本更生保护制度的研究。

2010年10月,"社区矫正与司法矫正社会工作国际论坛"在北京举行,会议期间人民网记者就中国的社区矫正发展及难点采访了张荆教授,张荆用"发展快、热情高、待法制"九个字来概括评价了中国当前的社区矫正工作。并分析了社区矫正存在的价值:一是避免监狱服刑的负面影响;二是有利于减轻监狱服刑的标签色彩,有利于顺利回归社会;三是缓解罪犯的抵触情绪,避免以重新犯罪方式发泄不满;四是降低行刑成本。

关于社区矫正,张荆认为最应当强调的是刑罚理念,人类从以肉刑为主体的刑罚制度过渡到自由刑为主体,再过渡到以社区矫正为主体的刑罚制度是社会文明进步的表现。传统的肉刑将犯罪者杀掉,将偷盗者剁手,使犯罪者失去犯罪的生理机能,震慑作用强大。虽然重新犯罪率很低,但它是不人道的,因此逐渐被废除。他提醒,在社区矫正工作中过分看重重新犯罪率会把这项制度建设的文明价值引入歧途。

社区矫正,本是一个外来语汇,是西方国家首先推行的一种刑罚执行模式。近代学派认识到监狱刑罚的缺陷和不足,提出了非监禁刑罚措施和对罪犯人格的改造。对比监狱矫正,社区矫正有更大的优越性,目前已成为西方国家占主导地位的行刑方式,也已成为世界各国刑罚体制改革的发展趋势。虽然过去我国没有使用社区矫正的名称,但在我国的刑罚制度中包含了管制、缓刑、假释等社区矫正的内容。在现行法律框架内,扩大适用社区矫正措施,强化社区矫正的执行，包括依法加强对社区矫正对象的监督、管理，确保刑罚的有效实施；加强对社区矫正对象的教育矫正，通过多种形式，矫正其不良心理和行为，促使其弃恶从善；帮助社区矫正对象解决就业、生活、心理及维权等方面的问题和困难。对于提高社区矫正的工作质量、维护社会稳定是大有裨益的。

张荆以全球化的眼光，研究了日本已有120年历史的"社区更生保护设施"等机构的特点，将社区矫正"中途之家"运用到我国社区矫正之中，推动了我国社区矫正的迅速发展，一时"中途之家"成为我国司法界广泛关注的热点。他组织参与国家社科基金"社区矫正制度建设研究"等课题研究，2008年以来，先后对上海、绍兴、宁波、昆明、香港特别行政区，以及北京市的朝阳、东城、崇文、昌平、通州、大兴、延庆、丰台等地进行了调研；为做比较研究，他两度赴东京就日本的社区矫正制度进行实地考察，掌握了大量的基础资料。结合调研，详细地介绍和分析日本的"中途之家"的历史沿革、现状、问题点，根据中国的实际情况提出了可借鉴的建议，并提出了日本社区矫正对我们的启示。

张荆教授认为，当前，中国的社区矫正工作刚刚起步，任重而道远，学界和实务界应当共同努力推进这项工作的法制化和科学化发展。

热心公益，乐于奉献——拳拳之心关注社会热点问题

张荆现任北京工业大学法律系主任、教授，人文学院学术委员会委员，共青团中央中国预防青少年犯罪研究会常务理事，中国社会学会理事。海外归来后，张荆教授一直执教于北京工业大学人文学院，先后担任人力资源研究中心执行主任、社会学学科部副主任，为本科生开办"犯罪学概论""矫治社会工作""当代社会问题研究""狱政管理与社区矫正"等课程，受到学生和督导专家的高度评价，两方面评教均为优秀。其中"犯罪学概论""矫治社会工作"课程被学生推荐为"精品课程"，由超星学术视频录制，向全国播放。在繁重行政工作和承担政府多领域课题的状态下，他依然抽出时间，执着地研究犯罪学、青少年犯罪及未成年人保护等问题，并用自己的知识和理论积极奉献社会，推动社会进步。

张荆教授参加团中央书记处主持的"地震灾区未成年人保护工作研讨"时，提出"参考国外的做法，在灾后重建过程中优先考虑将学校建在行政规划中心，建成城市的避难所、安全岗"等建议，被多家报纸刊载；参加团中央权益部、原中国青少年犯罪研究会关于《中华人民共和国未成年人保护法》修订研讨会及未成年人保护的指标设定工作；参加中央综治委预防青少年违法犯罪工作领导小组和中国青少年研究中心共同实施的"中国流浪儿童研究"调研工作；参加中国预防青少年犯罪研究会的"网络与未成年犯罪调查"；参加公安部举办的郑民生"屠童案件"的专家分析会等。提出的相关对策建议得到有关部门和领导的高度重视，对推进我国预防青少年犯罪和未成年保护做出了突出贡献。

与此同时，张荆还积极参与普及预防青少年犯罪和未成年保护的相关知识活动，在《法制日报》主办的"法制网"开办专家博客，先后撰写了《泸州"父债女还"事件不宜提倡》《"未成年人不宜观看"标示的现实意义》《校车之痛：未成年人权益保护之痛》《恶性凶杀案件折射社会冲突》等三十余篇博文，周点击率多次进入前十名，被评为2011年法制网法之光博客优秀专家博主。他多次做客中央电视台、凤凰视频，剖析案例，剖析青少年犯罪原因及预防矫正对策。

在繁忙的教学科研工作之余，张荆教授关注农民工融入城市社区问题，关注农民工子女进城就学问题。2010年，民政部出台了《关于促进农民工融入城市社区的意见》，首次从国家层面描绘了农民工参与社区生活的发展路线。这是中央就农民工融入社区问题下发的首个专门政策文件。针对社区融入是否将成为农民工城市融入的突破口、如何为农民工融入城市寻找更多切入点等问题，张荆教授带领他的研究生团队对沙子营等农民工居住区进行调研，在接受中国青年报记者的相关采访中，张荆教授根据调研情况指出：应当以农民工子女接受公立学校教育为农民工融入城市的切入点，农民工子女与城市孩子同在一所学校上学，会增加他们与城市文化的接触和学习，家长们也会多一条与城市家长或城市文化沟通的桥梁。虽然各地政府都规定流动人口子女可以到当地公立学校借读，但是，繁琐的手续和高昂的"借读费""赞助费"让低收入的农民工家庭无力承担。这实际上使《义务教育法》所规定的平等的受教育权因缺乏相应的保证机制而难以实现，其结果有可能造成恶性循环，使流动人口家庭失去向上流动、改变家庭社会地位的机会。他建议城市公立学校应当积极地接纳农民工子弟就近入学，更多地开办社区图书馆或活动中心，建立起一个开放的、可融入式空间，既增进社区孩子、大人间相互沟通与联系，也为农民工提供一个平等参与社会活动的平台，从可操作性的环节入手，推进农民工的社区融入。

2011年底，公共安全问题成为公众关注的焦点，从染色馒头、地沟油、桥梁倒塌到动车追尾、校车翻车等一系列触目惊心的事故，一再挑战公众心理底线。2012年初，由张荆主导完成的《2011：中国公共安全报告》发布，中国青年报记者就公共安全有关话题专访了张荆。张荆教授分析恶性公共安全事件爆发的深层次原因：一是经营者身上表现出的唯利是图；二是行业协会和政府部门监管乏力；三是行政化下的半市场化倒逼经营利润；四是行业腐败给公共安全埋下隐患。"对症下药"张荆教授提出：培育和完善公民参与公共安全管理的制度环境；建立健全公共安全的法律法规及综合指挥机构；进一步学习和把握市场经济运行规律；加强和完善相关部门的监督作用。更为重要的是任何监管都不可能超过良心的自律价值，也不可能超出职业道德的约束力。支撑职业道德的基础是信仰或信念，是良心、内省和敬畏。

张荆教授认为，对名利得失的超脱态度，是一种屡经历练后淡泊但更加坚定的人生沉淀，是一种升华，一种洗练，一种清澈而纯朴、诗意而浪漫的人生境界。而"生亦欣然，死亦无憾；花落还开，水流不断；我今何有，谁欤安息；明月清风，不劳牵挂。"又是何等畅快的人生！

人生在世，每个人遭遇不同，境况各异，因而对人生的感悟也各不相同。有人叹人生像杯中烈酒，下得腹中，甘苦自知；有人说人生如拥挤集会，熙熙攘攘，名来利往；有人说人生是一段如歌的行板，唱念做打，悠然在心；有人说人生如一场残酷的战争，赤膊上阵，胜败难分……凡此种种，各执其词，其间各有各的得意欢笑，各有各的失意悲哀。而一个人究竟以何种心境来面对人生才能步履坚定，从容不迫？张荆教授最深切的感悟是："闲看庭前花开花落，静观天外云卷云舒"。是真英雄独自洒脱，是真名士兀自风流！乃以成就人生真谛。

（执笔人：胡发清，原载于《预防青少年犯罪研究》，2012年第8期）

目 录

第一部分　犯罪的社会因素研究

【论 文】

急剧的社会变迁、社会整合与犯罪（1988年） …………………… 3
经济结构转型中的中国犯罪问题（1998年） …………………… 17
黑社会性质有组织犯罪的再度兴起原因与对策研究（2006年） …………………… 29
都市化与犯罪率同步增长的原因分析（2010年） …………………… 39
影响中国犯罪率攀升的六大关系研究（2011年） …………………… 54
卖淫女性被害及社会保护研究（2012年） …………………… 71
制度环境差异与企业家犯罪类型差异（2014年） …………………… 81

【杂 文】

贫富差距扩大与犯罪增长高度相关（2011年） …………………… 85
中国的家庭病了吗（2012年） …………………… 88

第二部分　犯罪学理论与研究思考

【论 文】

正确地运用马克思主义哲学剖析犯罪原因（1984年） …………………… 93
犯罪学冲突理论的研究与评价（2005年） …………………… 100
中国犯罪学研究历程中的庆幸与遗憾（2013年） …………………… 121
"恢复性司法"的颠覆性价值（2013年） …………………… 125
社会学视角下的犯罪生物学评价（2014年） …………………… 129
异质文化冲突中的犯罪现象研究（2014年） …………………… 139
弱势群体犯罪及其政策反思（2014年） …………………… 146

【杂 文】

中国犯罪学的批判与梳理（2011年） …………………… 156
中国社会治安黄金期的原因新发现（2012年） …………………… 159

艾绪强的杀人"心结"与农民工的心理冲突（2012年） …………… 162
法律绕行伦理底线（2012年） ………………………………………… 165
职业盗窃与职业销赃的"犯罪链"（2012年） ……………………… 167
化学阉割与环境改善的性犯罪治理（2014年） …………………… 170

第三部分　社会秩序与社会控制研究

【论文及研究报告】

中国社会秩序报告（1991年） ………………………………………… 175
从社会变迁视角看北京社会治安六十年（1948~2008）（2008年） …… 217
中国维稳现状、挑战与策略选择（2011年） ………………………… 286
公共安全问题凸显的原因与对策研究（2012年） …………………… 301
社会变迁中的群体性事件状况与国家治理研究（2014年） ………… 316
国家治理现代化和社会治安防控（2015年） ………………………… 331
日本社会治安管理机制与犯罪防控体系的研究与思考（2015年） …… 342
社会治安防控法治化中的问题、挑战及对策（2015年，2016年）…… 361

【杂　文】

大治安与小治安（2011年） …………………………………………… 370
城市化扩张中的个性化社区建设与犯罪预防（2011年） ………… 373
中国的"天眼工程"与英国的"零容忍"改革（2012年） ………… 376
宪法好使——异国他乡对话警察的治安管理（2012年） ………… 378

第四部分　未成年人保护与青少年犯罪研究

【论　文】

重新认识我国青少年犯罪发展变化的阶段划分问题（1986年）…… 383
中国青少年社会问题研究（1989年） ………………………………… 388
日本社区预防青少年犯罪的工作模式研究（2005年） …………… 399
未成年人社会福利与犯罪预防研究（2013年） …………………… 416

【杂　文】

泸州"父债女还"事件不宜提倡（2011年） ………………………… 425
校车之痛：未成年人权益保护之痛（2011年） …………………… 427
"未成年人不宜观看"标示的现实意义（2012年） ………………… 430
城市化不能把乡村的孩子们丢下（2012年） ……………………… 433

李某一案件不应承载太多（2013 年） ·················· 435

第五部分　监狱矫治与社区矫正研究

【论　文】

试论对罪犯改造工作的科学化（1987 年） ·················· 441
日本社区矫正"中途之家"建设及对我们的启示（2011 年） ·················· 449
北京社区矫正模式特色与问题点分析（2013 年） ·················· 462
中日两国社区矫正制度建设比较研究（2016 年） ·················· 478

【杂　文】

"二八定律"与抑制重新犯罪的社会担当（2012 年） ·················· 492
"去标签化"：预防重新犯罪的价值所在（2012 年） ·················· 495

第六部分　实地调查与研究报告

【调研报告】

天津市流失生与违法犯罪问题的调查与思考（1983 年） ·················· 499
社会应当重视对"二劳一少"释放人员的继续教育工作（1985 年） ·················· 508
豫北棉纺织厂治理犯罪的调查报告（1986 年） ·················· 511
刑事政策视角下的"永城经验"研究（2011 年） ·················· 518

【杂　文】

白领犯罪与街头犯罪的不同研究路径（2013 年） ·················· 534
后　记 ·················· 537

第一部分

犯罪的社会因素研究

急剧的社会变迁、社会整合与犯罪

【摘　要】 通过参加"天津流失生与违法犯罪调查"、国家哲学社会科学"六五""七五"计划重点项目——"青少年犯罪学""社会主义精神文明建设中的青年价值观与社会问题"等课题的基层调研，在感性接触和理性思考后，撰写的具有一定超前性的研究论文。首次提出中国的犯罪上升与急剧的社会变迁有关，提出科学迅速的整合社会对抑制犯罪增长的重要价值。全文在概述新中国成立以来五次犯罪高峰期之后，以改革开放以后出现的"第五犯罪高峰期"为分析对象，阐述了急剧社会变迁、社会整合与犯罪三者的关系，具体分析了急剧社会变迁中的消费观念的变化、道德伦理观念的混沌、家庭结构的变迁、学校教育制度变革、民事纠纷的激增等与犯罪增加的关系，与我们社会整合的缓慢与不足的关系。并从加强宏观社会整合能力和着手微观社会整合的角度，提出了科学整合社会与治理犯罪的若干原则。该论文获"中国青少年犯罪研究十年优秀成果"二等奖。

【关键词】 社会变迁　犯罪高峰期　社会整合

新中国成立30多年来，犯罪率的发展变化大略出现过五个高峰：第一个高峰为1955年，是年继1951年镇压公开的反革命之后，在全国开展了"肃清隐藏的反革命"的运动。"肃反运动"对全国的政治、经济、文化都产生了重大影响；第二个高峰为1957～1958年，此间1957年全国开展了"反右"斗争，共划出右派分子四五十万人，涉及许多行业和部门，"反右"斗争的扩大化，使一大批知识分子、爱国人士和党的干部被错划为"右派分子"，"反右"斗争对中国政治、经济、特别是文化的损害是极为明显的；第三个高峰为1960～1962年，即全国性的三年自然灾害的后期，此前曾发生了"人民公社""大跃进""大炼钢铁""放卫星""吃食堂"等群众运动，历史上罕见的自然灾害，加之工作中的错误与失误，使人与自然、人与社会、人与人的关系发生了急剧的变化；第四个高峰是1966年开始的"文化大革命"，十年内乱使各种犯罪活动进入了一个特殊的高发阶段；1976年粉碎"四人帮"之后（有些省市在1978年以后，有的在1980年以后）出现了第五个犯罪高峰，这个高峰发生在改革开放的大变迁中间。这五个高峰都与急剧的社会变迁同步，它们之间是偶然的巧合，还是存在必然的联系呢？如果说倒退的社会变迁阻碍生产力的发展，造成社会组织、道德、法律等社会系统的失调，必然会导致犯罪率的上升，那么，进步的社会变迁、特别是今天的全面改革当中为什么会发生犯罪率的急剧上升呢？下面笔者将系统地研究我国第五个犯罪高峰与急剧的社会变迁及社会整合间的关系。

一、第五次高峰期的重要历史背景

近年来出现的第五个犯罪高峰期是目前中国犯罪学界最为关注的，因为这次高峰期有三大特点：（1）刑事犯罪的比重大，占99%左右，刑事案件中又以盗窃、强奸、流氓、凶杀为主；（2）25岁以下的青少年犯罪比例高，占60%~70%，改变了新中国成立初期青少年犯罪占犯罪总数的10%~20%的状况；（3）持续时间长，前几次高峰期大多持续1~2年，便大幅度下降，而这次高峰期最早的省市开始于1978年底，晚一些的省市开始于1980年，持续到1983年底的"严厉打击刑事犯罪"的斗争之后，才出现了较大幅度的下降，而大幅度下降状况持续时间不长，又有较大幅度的回升。因此，研究第五个高峰期既有历史意义，又有现实意义。

研究我国犯罪的第五个高峰期，首先不能忽视一个重要的历史背景——"文化大革命"，十年内乱对整个中国社会的影响是持续的，包括对犯罪现象的影响。随着时间的推移和社会的发展，我们进入了一个新的时期，党的十一届三中全会[1]以来，我们开始了全面的改革开放，这是一场具有伟大历史意义的变革，是富国强民的必由之路，并已取得了有目共睹的成就。但是，急剧的社会变迁必然带来大量的社会整合问题，这一点我们预测不够，漏洞较多，犯罪的诱因增多。

（一）消费观念变化与财产犯罪

我国是一个发展中国家，经济技术在世界处于相对落后的地位，对外开放以后，首先面临的是来自外部的现代化的挑战，从发展经济学的角度看，属于

---

[1] 党的十一届三中全会于1978年12月18~22日在北京举行。全会中心议题是讨论把全党工作重点转移到社会主义现代化建设上来，标志着中国改革开放的开始。

"外生型"的发展模式。我们对后发展效应缺乏科学预见，使消费增长过快，国外的高档消费商品大量涌入国内市场，迅速地冲击着人们原有的消费心理。

对内搞活以后，先是在农村，然后在城市出现了一定数量的万元户，老干部、"右派"平反昭雪，补发工资，有海外关系的家庭在经济上得益等，使一部分人先富起来了，也使经济上的差别相对拉开。

20世纪50年代，人们的消费水平并不很高，但却普遍满足，原因有二：一是闭塞，对国外经济发展状况知之甚少；二是平均，人们的消费水平大体相同。对外开放、对内搞活经济以后，这两点都被打破了。于是，消费心理的"示范效应"❶决定了即使个人的消费水平相对过去有所提高，也仍不满足的状况。与此同时，宣传部门不合时宜地大力宣传"能挣会花"，加大了人们消费心理的不平衡。一些想发大财、想在消费上超过别人的意志薄弱者铤而走险，走上了犯罪道路。据有关资料统计，近几年来，经济领域的犯罪显著上升，1982年全国各级法院受理经济犯罪案件35176件，1983年收案51486件，比上年增加46.36%。"严打"斗争使1984年经济犯罪的收案数减少至46625件，比上年减少9.45%。但1985年又回升到48400件，比上年增加3.9%。❷

消费心理的不平衡对于具有犯罪意识的个体而言，会成为区别于普通人的强大诱因，增大其犯罪的冒险性。但是，犯罪分子作案有一个最显著的心理特征，即侥幸心理，几乎每一个财产犯罪者都会在作案前考虑好作案后的销赃渠道。社会若能有效地堵塞各种销赃渠道，就可以在人们消费心理出现不平衡时，有效地抑制财产犯罪。可是，近年来我们在这方面存在着四大漏洞。

1. 自由市场的管理问题

对内搞活经济以后，自由市场、农贸市场发展很快，繁荣了社会主义的商品经济，几年来，我们在对个体摊商的税收管理上下功夫研究，并进行了多次调整。但是，对其商品的来源一直缺乏了解和控制，使一些犯罪分子将盗窃来的物品在自由市场上出售。据调查，1976年前自由市场的销赃仅占各种销赃形式的1%以下，到1984年中旬，自由市场的销赃已占17.9%，居各种销赃形式的第二位。犯罪分子在自由市场上销赃使赃物迅速转变为货币，改变了一些犯罪分子的"自给自足"的盗窃形式，出现了不少盗窃数目较大的案件。

---

❶ 消费心理的"示范效应"是指个人比较消费水平常不是与自己过去比较，而是同周围人中消费水平高的人比较的心理特征。

❷ 郑天翔同志在1986年1月13日第六届全国人民代表大会常务委员会第十次会上所做的《关于打击严重经济犯罪活动的几个问题》的汇报，见《中国法律年鉴》1987年卷，第659页。

2. 对废品收购的管理问题

近年来，一些废品收购站为了多创收入，违反了过去国家对某些废旧物资（钢筋头、铁管、铁锭、工业用铜、锡等）不允许个人买卖的规定，来者不拒，甚至有些废品收购站收受犯罪分子之贿赂。据天津市调查，某区的三个收购站，由于受销赃分子的贿赂，仅在1983年一年中就非法收购工业用铜80多吨。另外，一些农民或社队企业人员进城收购废品，进一步加大了废品收购的漏洞。

3. 企业物资管理混乱

改革以后，一些企业没有随形势的变化而改变企业对生产资料管理不善的问题，比如，原材料、生产物资胡乱堆放，领导心中无数。企业工人"靠山吃山，靠水吃水"私拿企业物资，而干部睁一只眼闭一只眼，工厂保卫力量薄弱，老弱病残当门卫等，给犯罪分子以许多可乘之机。据某市调查，该市重大盗窃案中，盗窃企业物资的占48%。企业物资管理不善，销赃渠道较多，使犯罪分子的气焰越来越嚣张。

4. 钻法律空子

在经济改革中，经济立法薄弱，经济领域的漏洞较多，使经济领域的犯罪者有机可乘。另外，搞活经济与经济犯罪的关系缺乏一个稳定的法律界限和标准，也使一些人成为不稳定因素中的牺牲品。

（二）伦理道德观念失调与犯罪

伦理道德是一定的社会向人们提出的应当遵循的行为准则。它通过各种形式的教育和社会舆论的力量，使人们逐渐形成一定的信念、习惯、传统，用来约束人们的行为，调整个人和社会以及人们彼此间的关系。伦理道德有很强的历史性和继承性。伦理道德观念是指对这种行为准则意义的评价。观念或评价的失调将带来人们的行为失调，带来个人与社会、人与人之间关系的失调。

"十年动乱"砸烂了公检法，砸烂了"封资修"，道德法制教育没有了，许多传统的、优良的甚至是社会主义的伦理道德也被否定。粉碎"四人帮"以后，个人迷信被打破，在较短的时间内我们还难以根本改变伦理道德观念失调及失调导致的主流价值混沌和人们行为的无所适从。与对外开放、技术引进相伴随的西方文化和伦理道德（其中包括大量消极的伦理思想和文化意识）大量涌进，使中国传统文化和道德再次受到冲击。最先受害的是那些缺乏抵抗能力的年轻人。淫秽书刊、录像等对青少年的腐蚀力量是相当大的，从我们在1984年底对海城少管所的调查看，少年犯中60%左右是性犯罪，在青少年犯罪中性犯罪近几年增长的速度最快。

在被冲击的传统伦理道德观念中，又以对婚姻家庭观念和女子道德观念的冲击最猛烈。根据1983年北京市的调查分析，凶杀犯罪中53%左右是由婚姻恋爱、家庭问题引起的，主要围绕着夫权与妇女解放、女子贞操、第三者插足等。另据1984年全国青少年犯抽样调查分析，强奸犯罪的手段中35.7%是诱奸犯罪，居各种强奸手段的第一位，已改变了原来以力逼、恐吓为主要手段的状况，说明被害者（女性）被引诱的可能性加大。

伦理道德是靠大众舆论来维持的，腐朽伦理道德的冲击一方面直接内化为某些人的犯罪意识，另一方面反映在对维系原伦理道德的大众舆论的冲击。比如，上海某工厂的一名青年女会计光天化日之下被几名青工在车间里扒光衣服，在场工人无一制止，反而鼓掌喝彩，其中相当一部分工人认为这不是"猥亵"，是"开放"、是"思想解放"。众人的起哄喝彩说明与50年代比较，大众舆论对这种行为的制约力减弱了。

价值观念是人们对客观事物（自然环境，社会环境等）及人本身的行为方式、欲念、情操等对于主体的意义的看法。近些年来价值观念的演进出现了集体本位向个人本位的偏移。这种偏移一方面带来了对权威的不盲从、讲实惠、重视近期理想和个人参与社会的意识增强，是对十年内乱虚伪东西的否定，是商品经济发展的体现。另一方面带来了民族感和集体主义精神的减弱，甚至有些人把这种偏移引入极端，成为极端个人主义，而极端个人主义恶性膨胀的程度与犯罪率的变化具有直接的关系。作为社会评价系统的宣传部门的某些评价的失误会增大这种价值观演进中的负效应。比如，对雷锋精神不适当的评价和否定，无结果的"潘晓讨论"，使"主观为自己，客观为他人"成为某些青年人的信条，宣传"谁发财谁光荣"、"能挣会花"，使"一切向钱看"成为时髦的口号。

在急剧的社会变迁中，社会整合的速度还无法跟上变迁速度时，精神对物质的反作用将会起到巨大的平衡作用。而急剧的社会变迁中，我们恰恰忽视了思想素质和规范文化的教育，主要表现在两个方面，一是某些部门为了抓产值、抓升学率，放弃或忽视思想素质的教育。二是不知道如何教育青年一代，在新的历史条件下青年心理特点发生了很大的变化，由于我们缺乏对变化中青年一代的了解和研究，各种教育形式常常收不到预期的效果。

（三）家庭结构变迁与犯罪问题

急剧的社会变迁不仅带来了社会组织、经济结构、消费观念的变化，同时也带来了家庭结构的变化。以一对夫妻及其子女为组合形式的核心家庭在增多，传统的"四世同堂""三世同堂"的扩大型家庭在减少。这种扩大型家庭向核心家庭转变实际上在新中国成立初期就已经开始，而改革开放带来的急剧变迁不过是加速了家庭结构的演进罢了。

家庭结构的变化带来了四个方面的结果：（1）自由择偶的成分加大，结婚不再重家世；（2）家族关系的松弛；（3）家族关系松动使结婚离婚变成了个人的选择，离婚率增加；（4）妇女参加社会劳动的比例增加。家庭结构的演进具有进步意义，妇女大量地参加社会劳动，在经济上取得独立的地位促进了男女平等和妇女解放。自由择偶发展了以爱情为基础的婚姻形式，使婚姻关系更加人道和进步。但家庭结构的变化也带来了负效应，比如，家庭关系的松弛，祖父、祖母、伯父、舅舅等家族长辈对孩子的管理督促减少或消失；妇女参加社会劳动出现了大量的双职工家庭，母亲与子女的互动时间减少，教育减弱；离婚率的增加使残缺家庭的数量增加，残缺家庭使青少年失去父爱和母爱，严重影响他们的健康成长。据对全国青少年犯抽样调查分析，残缺家庭占其总数的 20.5%。

据相关统计分析，青少年犯罪与家庭成员（特别是父母）的文化素质低紧密相关。"十年动乱"打乱了家庭正常的人际关系，对今天家庭的权威性仍有潜移默化的影响。另外，"十年动乱"造成了大批高初中毕业、但实际文化水平很低的父母，严重地影响着现代家庭教育的质量。

家庭是社会的细胞，是社会结构中的基本单位，承担着生产、消费、教育、生育等职能。其中教育职能在少年儿童的社会化中具有十分重要的作用，由于"十年内乱"的沉疴与家庭结构变迁中的负效应相互作用，削弱了家庭的教育功能，使一部分儿童、青少年的社会化过程中断或受阻。国内外许多犯罪学家认为，社会化过程的中断或受阻是青少年犯罪的主要原因。

（四）学校教育改革与犯罪问题

1977年教育系统开始全面的改革，这场改革主要是从两个方面实施的：一是制定规章制度，整顿学校纪律，修建破旧校舍，扭转"十年动乱"带来的"学生无法上课，老师无法讲课"的混乱局面；二是恢复高考制度，择优录取。与高考制度恢复应运而生的是中等教育系统划分重点学校和快慢班的做法。这种做法在特定的历史条件下为培养人才、早出快出人才，转变我国人才的"青黄不接"的局面做出了重要贡献。但是，教育系统的改革也带来了大量问题，成为青少年犯罪增长的因素之一。

1. 学校教育结构的不合理

由于国家的人力、物力、财力的限制,高等学校的招生人数是极为有限的。据国家统计局统计,1978年高中毕业生入大学率为5.9%,1983年在高中毕业人数从1978年的682.7万削减到235.1万之后,大学的升学率仅达到16.6%。而普通职业学校的发展缓慢,比例失调,据1978年统计,职业教育在中等学校中所占的比重为7%。而日本在1977年职业教育已占中等学校教育63.1%。比例失调影响了职业教育与普通教育的分流,使相当多的无法上大学的学生学而无用。学生被分为三六九等,也挫伤了一部分学生和教师的积极性,加大了学校的双差面。一些学生看不到前途,破罐子破摔,最后走上犯罪道路。根据湖南省某工读学校的调查,在校学生中95%是原学校的慢班学生。

2. 流失生的大量出现

所谓流失生是指学业未完,因各种原因而中途辍学的学生。从我们对北京、天津两市的调查看,北京1979~1984年中小学生共流失了25.9万人,仅小学生就流失了6万余人。天津市区265所中学1979~1981年共流失学生9704人,平均流失量9.5%。另据统计分析,流失生的犯罪率是在校生的15.6倍。流失生犯罪的增加已改变了许多少管所的人员构成,比如,天津少管所1974年流失生占其关押总数的11.82%,1980年达到了51.06%。造成学生流失的主要有两个原因:一是农村实行联产承包责任制,个体工商户的迅速发展,部分地区实施的"招工顶替"政策等,加之我国生产力水平和国民素质较低,使相当数量的家长希望孩子早就业早挣钱;二是学校抓升学率,抓教学质量,一些学校的领导和教师希望学习不好的孩子早就业,以减轻学校的负担,造成"一个愿推一个愿走"的两厢情愿局面,并迅速制造出大量的流失生。为什么1979年以后学校学生犯罪下降,而社会上的犯罪低龄化问题日益严重,流失生的增加与流失生的犯罪是其重要的原因。

3. 忽视初二教育

教育改革一开始,全国许多学校都面临着师资力量严重不足的问题。据某省统计,1976年高初中在校生比1965年增加11倍,而公办教师和职工只增加了2.79倍。为了提高升学率,在师资力量不足的情况下,许多学校把优秀的师资力量集中于高初中毕业班,却忽视初二教育。教育学家和心理学家的研究证明:初二阶段是青少年发展的"危险期",初二学生刚入中学的新鲜感已经消失,初中教学的方法不同于小学,经过初一阶段的过渡,初二阶段的课程进度加快，门类增多，要求学生在学习和自我管理上有较强的自觉性，有些学生不能适应这个阶段的变化，学习上开始掉队。初二年级离初中毕业较远，少先队生活结束，入团还很遥远，思想进步的更高目标尚未树立，很容易放松对自己的要求，出现学习松懈、纪律涣散等现象。初二阶段个体生理发育的速度加快，并出现了生理发育的第二高峰，女子的初潮，男子的遗精现象的出现，必然加大个体心理的不稳定性。因此"危险期"的青少年容易犯罪。据沈阳市调查，1983年8月至1984年底进入劳改的187名学生中，初二学生81名，占48.5%。在中等教育中忽视初二教育应属战略失误。

4. 中学的性教育问题

据中国科学院遗传研究所的调查，我国女子的初潮年龄比十年前提前了8.04个月，是世界平均提前速度的2倍多。与这种个体性成熟前倾不相适应的是学校封闭式的性知识教育。根据1985年底笔者在河南省安阳市部分中学的调查看，大部分学校对学生的生理卫生课中关于青春期、生殖系统构造与机能等两章放弃不讲，或者让学生自学。这种封闭式的学校教育与社会上缺乏对青少年的文化保护相互影响，加大了青少年对性的神秘感，增大了他们性成熟后产生越轨行为的可能性。从许多国家的教育经验看，在男子遗精、女子初潮到来之前，有针对性地进行生理知识、性道德教育，可以缓解青春期开始后的心理不安，减少性成熟中的不轨行为。

（五）社会教育的失调与犯罪问题

1. 传播媒介的发展

随着经济的发展，广播、电视、电影、报刊等传播媒介的迅速发展，开阔了人们的视野，为文艺的繁荣和形式的多样化奠定了基础。党的十一届三中全会以来的文艺政策使文学艺术和理论研究出现了"百花齐放，百家争鸣"的气象。随着对外开放涌入的西方文化对中国文化产生了重要的影响。但是，如何处理好"百花齐放，百家争鸣"与坚持四项基本原则的关系，西方文化与中国文化的关系等问题，已成为急剧社会变迁中的重大理论问题，每当改革进行到关键时刻，这些问题就会突出地表现出来。由于没能很好地解决这些重大理论问题，在文化宣传、文学艺术上常常出现左右摇摆状况，要么为了保护少年儿童的健康成长，把成人的文化降低到少年儿童可接受的水平；要么把少年儿童文化提高到成年人文化，老幼无别。

儿童、青少年具有识别能力差，模仿能力强的心理特点，游戏型、模仿型的犯罪是他们的独特类型。比如，1980年中央电视台播放了美国电视系列片

《加里森敢死队》之后,在全国许多地区出现了大大小小的"加里森敢死队",其中最有名的是北京燕山区由12个初中学生组成的"敢死队",该队成立20天,作案22起。我们于1984年初曾对青少年强奸犯进行过"影视兴趣"的调查,发现他们最感兴趣的是进口的两部电影,并对其中强奸、接客等镜头有特殊的兴趣。这两部影片揭露了资本主义和封建主义制度的腐朽和没落,对成年人具有教育意义,但对缺乏识别能力的青少年却造成了不良影响。

2. 对自发性组织的管理

每个人都生活在社会群体中,社会学家将社会群体分为两类,即有组织的集体和不受一定监督和领导的自发性组织。自发性组织的功能主要有两点:一是为了满足不受行政或长辈限制的自由交往的要求;二是在自发性组织中表现自己的才干,得到自尊心的满足,以及宣泄剩余的情感。但是,犯罪学家也观察到,一些自发性组织,特别是具有反社会倾向的自发性组织,容易转变成犯罪团伙。为此,苏联的犯罪学家提出了在集体与自发性组织中间,建立中介性组织——俱乐部、青年宫、少年宫等,这种中介性组织既带有自愿、自发的性质,也带有一定的组织色彩。从苏联的实验看,中介性组织对于抑制团伙犯罪有着良好的效果。

改革开放拓宽了人们的文化视野,人们对闲暇时间、人际交往的要求提高了,各种自发性组织也随之增加,但是我们一直忽视中介性组织的建设。从有关资料看,1965年全国拥有少年宫、少年儿童活动站6859所,"文化大革命"中几乎全部取消,到1980年全国重建到1500所,按青少年人口平均,40万青少年拥有一个青少年宫或活动站,成年人的俱乐部也比较少。由于中介性组织的缺乏,以及对自发性组织缺乏科学的管理,青少年的团伙犯罪一直是比较突出的问题。

3. 家属区的建设问题

据笔者对河南省豫北棉纺厂的调查发现,工人犯罪63%是在闲暇时间,54%的案件发生在家属区。家属区是治理犯罪的重要场所,而街道居委会的建设又是改革中的薄弱环节,长期以来存在着人员老化、社会地位低、资金不足等问题。

此外,改革过程中出现的不正之风对犯罪也有潜移默化的影响,它影响群众综合治理犯罪的积极性,减弱了社会舆论对犯罪的制约作用,甚至成为有些犯罪分子作案合理化的依据。干部子女的犯罪虽然人数不多,但影响很坏,也是不可忽视的因素。

（六）劳改对象的变化与重新犯罪问题

十一届三中全会以来，劳改单位在押犯的人员结构发生了明显的变化。反革命犯减少，从辽宁的历史资料分析看，1951 年反革命犯占关押总数的 35%，陕西省 1950 年反革命犯占 53%，而两省到 1983 年关押的反革命犯仅分别占总数的 1.7% 和 5.9%；罪犯年龄结构发生变化，仍以辽宁省为例，1951 年收监犯人中 25 岁以下的青少年占 13.4%，1979 年青少年犯占其总数的 68.4%；罪犯的阶级成分发生了变化，他们大多是工人、农民和其他劳动者子女；犯罪动机发生变化，许多犯罪分子作案无反革命目的，犯罪原因是愚昧无知和法盲等。改造对象的人员结构及心理的变化，要求我们的管理方法也要随之变化才能适应新的情况。但是，劳改系统没能很好地完成这个转变，基本沿袭了传统的管教方法。因此，近几年来，刑满释放人员的重新犯罪率较高。这些人重新犯罪往往比初犯更狡猾，手段更恶劣，对社会的危害也更大。

（七）民事纠纷的增加与民事调解工作的适应问题

随着农村和城市经济改革的深入，特别是农业的承包和生产责任制的实施，使人与人、人与物的关系发生了极大的变化。过去"吃大锅饭"时期不曾产生或掩盖了的矛盾，在新的形势下纷纷产生并显露出来，有承包纠纷、土地宅基纠纷、水利界埂纠纷、奖惩纠纷以及家庭邻里纠纷等。据统计，1980 年全国民事调解组织共受理民事纠纷 6120000 件，1982 年民事纠纷发展到 8165762 件，比 1980 年增加 33%，而民调组织仅增加了 3%。可以看出，民事调解工作在组织形式、人数、工作效率等方面都存在着难以适应新形势的问题。民事纠纷处理不当或处理不及时，致使矛盾激化转化为刑事案件，并导致刑事案件数量增加是新时期犯罪问题的新特点。

二、科学地整合社会与治理犯罪的若干原则

在社会变迁、社会整合与犯罪的关系中，急剧的社会变迁常常是缓慢的社会演进之后的必然结果，除有计划的社会变迁外，还有自然灾害，战争等非人力所及的变迁。与急剧社会变迁相比，社会整合具有较强的可控性，社会整合是将社会不同的因素和部分重新结合为一个统一体的过程和结果。社会整合可以通过科学预测、调整制度结构、法律法规政策、组织结构等适应社会变迁和控制社会变迁的走势。因此社会整合的科学化能最大限度地降低某一特定历史阶段的犯罪率。那么，目前如何科学地整合社会和治理犯罪呢？

（一）加强宏观社会整合能力

关于治理犯罪的宏观社会整合包括三个方面内容。

1. 对社会与犯罪的发展进行科学预测

人类从必然王国进入到自由王国，科学地预测社会，减少社会发展的盲目性是一个重要的前提。因此，在进行有计划的社会变迁中，对各项政策和法律必须进行全方位的论证。政策、法律的制定和实施是宏观社会整合的基本手段，它的影响是多层次的、综合性的。所以，由各部门的专家和领导人根据本部门的特点，以及该项政策和法律将给本部门带来的利弊进行论证是十分必要的。比如，在进行一项经济改革时，不仅要对经济发展本身进行论证，还要对人们原有心理结构对该项改革的承受能力，对犯罪率、犯罪类型和手段的影响等诸多方面进行论证。这种论证会使全局性政策，甚至部门政策趋于全面，达到兴利除弊的目的。在科学论证中，围绕全局性政策和法律会产生出多项补充政策或说明，用以保障某项政策和法律的正确实施，起到减少漏洞，预防犯罪的作用。

司法系统根据社会的发展趋势，对犯罪类型、犯罪心理、犯罪手段等进行趋势性预测，这种预测的主要目的在于制定侦查破案、教育改造等措施，用以震慑犯罪分子，起到特殊的预防作用。比如，国外对科技革命中将产生的运用电脑、计算机网络的犯罪预测，以及对这类犯罪的侦查破获方法的研究就是一个可借鉴的例证。

2. 保证"实施—反馈—调整"的渠道的通畅和高效

目前，人们受到认识水平的限制，对社会发展的许多问题常常无法预测，所以，科学整合社会的能力又表现在"实施—反馈—调整"渠道的通畅和高效上。比如，"招工顶替"制度的实施，一方面缓解了青年的就业问题，另一方面又出现了顶替来的工人不好管理，学生为了顶替父母就业大量中途辍学，流失生犯罪严重等问题。这些实施中的问题必须迅速地反馈到宏观系统，由宏观系统进行调整和改善之后，再行实施。这个过程完成得越迅速，漏洞堵得就越快，治理犯罪的效果就越好。

3. 建立综合治理犯罪的组织机制

犯罪问题是一个综合性的社会问题，由于不同部门、不同层次的领导考虑问题的角度不同、工作的重点不同、具备全局观念的程度不同，因此，在局部计划的制定中常常忽略某些环节，进而影响宏观的社会整合。在急剧的社会变迁中，社会整合的问题很复杂，各种犯罪诱因也是错综复杂的，建立综合治理犯罪的组织机制使其承担起制定政策、下达任务、调整利益、协调执行、统配全局的任务是十分必要的。

(二) 着手于微观社会整合

从上文可以看出，犯罪高峰期的形成，是众多部门整合失调后的结果，宏观社会整合对微观社会整合具有指导和协调作用，意义重大。不过，宏观社会是通过微观社会而影响个体的，具体部门，如家庭、学校、居住区构成了个体的微观社会环境，与个体发生最直接的互动，对于个体心理定势的形成和抑制个体犯罪有着直接的作用。就微观社会环境而言，有一个接纳宏观指导与协调的意愿、能力问题，也存在着本部门的特殊性的问题。笔者认为，综合治理犯罪的"综合"主要是指宏观的社会整合，具体到治理时，还应该着手于微观环境的净化。仍以第五个高峰期为例说明微观社会环境的净化问题。

1. 各级领导

要求各部门和基层领导干部，在制定本部门计划和实施工作时，要有全局观念，这与干部的素质紧密相联。比如，学校在制定快慢班制度时，不仅要考虑到部分优等生的成才问题，还要考虑到如何管理、教好慢班和普通班学生，考虑到怎样减少"双差生"，怎样减少青少年犯罪。微观必须服从于宏观的整合。

2. 学校

根据目前学校在预防社会犯罪，特别是青少年犯罪中的作用和地位，需要调整学校的教育结构，发展职业教育，并将学生的职业教育与其未来从事的工作挂钩。根据不同地区的文化发展状况，做好不同层次的职业教育和普通教育的分流工作。改变千军万马过独木桥的局面，端正办学指导思想，扭转片面追求升学率的做法，控制学生流失，以法律的形式规定青少年接受义务教育的年龄，协调执行；建立、完善工读学校，用以保障普通学校正常的教学秩序，同时接受有违法劣迹的流失生、在校生，发挥工读学校预防青少年犯罪的前期功效；重视初二教育，配备较好的班主任和任课教师，帮助青少年顺利渡过"危险期"，科学地做好对中学生的性知识教育。

3. 家庭

面对家庭结构的变化，家庭原有教育功能减弱，需要扩大和加强社会教育，用以代替已部分丧失的家庭教育的职能。针对我国人口文化素质不高，家长科学教育子女的知识贫乏，各地区应当广泛开展家庭教育咨询，运用各种形式普及家庭教育的常识。对于残缺家庭或父母犯罪失去教育能力的孩子，国家应当通过扩大社会福利事业的办法，部分或全部地承担起对他们的教育和监护工作。

4. 社会

现代人每天都在接受大量繁杂信息，促使人们选滤信息、心理内化的模式更加多样化了。因此控制非文明信息对人类的影响是现代社会的艰巨任务。根据青少年心理定势尚未形成，模仿性强的特点，对于成年人可接受，而未成年人暂时不易接受的文化，要在法律上给予限制，这是现代社会的重要管理手段。目前，在美国、英国、东德、古巴、埃及、日本、罗马尼亚等众多国家里都有青少年保护的法律体系。青少年保护的法体系应当包括：少年法、青少年义务教育法、青少年福利法、青少年文化保护法、青少年劳动就业法、禁止青少年酗酒、吸烟法、青少年犯回归社会安置及更生保护法等。我国的青少年保护法，应当侧重于对犯罪的预防，侧重于对青少年的文化保护，规定对引诱或腐蚀儿童和青少年的人应负的法律责任，严厉打击传播和制造淫秽的、黄色文化的犯罪，以及规定成年人文化与未成年文化的区别，和未成年人不宜接受哪些成人文化等内容。

研究自发性组织结构及活动特点，建立多种形式的中介性组织，有效地引导自发性组织的活动。加强居委会建设，提高人们闲暇时间的活动质量。

宣传工作是一门艺术，必须考虑到接收对象的承受能力，否则就会破坏人们心理平衡，甚至造成逆反心理。比如，宣传消费时，必须首先考虑到全国人民的平均消费水平，超过了人们的平均消费水平的宣传，会造成人们消费欲望过高，消费欲望与现实的矛盾越尖锐，引发犯罪的可能性就越大。另外，宣传必须着眼于未来，比如，在宣传让一部分人先富起来的同时，也必须考虑到发展社会主义经济的目的是要缩小差别。

在急剧变迁与社会整合不同步时，运用法律的形式严厉打击各种钻改革空子的犯罪分子，是保卫改革、震慑犯罪的重要手段。同时，堵塞各种犯罪渠道，又是社会整合、预防犯罪的重要内容，比如，加强对企事业原材料及产品的管理，健全完善基层治保组织，加强自由市场的管理，注意掌握有违法劣迹的个体摊商的货源，加强废品收购系统的管理。

要努力加强基层精神文明建设，反对各种形式的官僚主义，发展、完善各级民事调解组织。努力在微观社会环境中形成良好的大众舆论。

劳改单位要在新的形势下，完成两大转变，即内部结构从工厂农场型向半工半读的学校型转变，干部队伍从管理型向教育管理型转变。

总之，社会是一个有机体，某一器官的病态，会涉及其他器官，产生连锁反应。因此，建立一个良好的宏观和微观运行机制是促进社会发展，减少犯罪的根本保障。

（原载于《社会学研究》，1988年第3期）

经济结构转型中的中国犯罪问题

【摘　要】 中国大陆改革开放19年来，犯罪率呈持续上升态势，研究发现与中国的经济结构转型有关，这种经济结构转型大体上可细分为两类特征的转型，即从指令性的产品经济向有计划的市场经济的转型和从传统的农业国向工业国的转型。前一类型转型导致国门打开，区域封闭被打破，人们消费欲望的调动，"外生型"的迟发展国家消费超前，以及平均主义被打破，贫富差别的拉大。后一类转型导致人口的频繁流动。两类特征的转型都对传统规范文化产生了冲击，使社会控制系统和控制能力发生了变化，并与犯罪的增长发生联系。

【关键词】 经济结构转型　犯罪问题　规范文化　政府行为

从1978年中国政府实施改革开放政策以来，至今已有19年的历史。改革开放使中国社会进入了从指令性的产品经济向有计划的市场经济的转型，从传统的农业国向工业国的转型，从泛道德国家向法制国家的转型，并使经济与社会的互动频率加快。19年间，中国经济方面的改革获得了巨大的成功，1979~1997年国民经济总产值年平均增长率为10%左右。国民生活水平综合指数年平均增长速度为10%以上，是改革开放前26年平均增长率（3.8%）的3倍左右。

但是，与此同时，政治改革和社会改革滞后，由此引起各种社会矛盾日趋表面化和尖锐化。比如，政府官员的腐败问题，贫富差别的悬殊，人口流动和都市化发展的失控，环境污染，民主法制整备滞后，社会秩序紊乱等，其中犯罪数量激增是最突出的社会问题之一。

一、中国大陆的犯罪状况

1978~1995年，中国的犯罪率呈现出大幅度上升的趋势，犯罪率的年平均增长率速度为9.95%，其间有两次明显的犯罪高峰期。

第一次犯罪高峰期为20世纪70年代末80年代初，这次犯罪高峰的最高年份是1981年，刑事立案总数为890281起，每万人的刑事立案数为8.9，接近新中国成立初期（1950年为9.3）的水平。这次犯罪高峰期的显著特点是青少年犯罪占整个刑事犯罪的比例达到了64%，改变了50年代青少年犯罪只占20%的状况。面对严峻的治安形势，1983年8月，全国开展了第一次严厉打击刑事犯罪斗争。1983年8月至1986年12月，全国共判决人犯172.1万人❶，摧毁流氓犯罪团伙13万个，以后中国又进行了若干次"严打"斗争以及对专项犯罪的集中打击。"严打"在一定程度上抑制了犯罪，1984年的刑事立案数比1982年减少了234107起，下降了31.3%，全国的犯罪率下降了2.4个万分点，为万分之五。1985年之后又持续了3年的平稳期，即1985年的万人刑事立案数为5.2，1986年为5.19，1987年为5.4。

第二次犯罪高峰为20世纪80年代末和90年代初，这期间的犯罪最高年度为1991年，该年的全国刑事立案数达到了2365709起，万人立案数为21.5，大大超过了1951年的水平，并且是上一个高峰年度1981年立案总数的2.66倍。这次犯罪高峰期的显著特点是经济犯罪和和抢劫犯罪增幅最大，其中1991年的抢劫犯罪为105132起，是1987年的5.6倍。

1992年，公安部修订了盗窃刑事立案标准，由原来的城市地区80元和农村地区盗窃40元即可立案，修订为一般地区为300~500元，少数经济发达地区为600元的新立案标准。在该修订案的影响下，这一年全国刑事立案总数下降至1582659起，万人立案数为13.85。1993年刑事立案总数为1616879起，1994年为1660734起，1995年为1690407起，3年中万人立案数均为14。但是，1988~1995年期间暴力犯罪和其他严重的刑事犯罪案始终呈上升趋势，1988年凶杀、伤害、抢劫、强奸及严重盗窃的总数为225078起，1995年上升至748334起，是1988年的2.32倍。❷

改革开放以来，中国的刑事犯罪在经过了"严厉打击"之后仍迅速增加，是一个令人深思的社会现象，不能简单地把这种现象归结为对犯罪行为的打击不力上，而应从经济与社会的互动是否协调，以及社会体制本身寻找原因。

二、指令性产品经济向有计划市场经济转型过程中的犯罪问题

改革开放以前，中国大陆的商品经济发育程度很低，城乡经济从原材料到

---

❶ 郑天翔：《最高人民法院工作报告》，《人民日报》1987年4月16日。
❷ 数据来源：根据1987~1996年各卷《中国法律年鉴》计算整理。

产品销售不是通过市场机制,而是通过行政指令的机制运作。这实际上是一种生产力水平较低状态下的产品经济,或者说是一种工业化之前的自然经济或变形的自然经济。在农村,自然经济的色彩更浓,大部分农村地区处于商品率很低的自给半自给状态,形成了生产以自给为主要目的的地区封闭的经济体系。在国际关系上,由于中美关系以及中国与西方国家的长期对立,加上20世纪60年代初中苏关系的破裂,使中国形成了一个长达二三十年的"自力更生,自给自足"的国家封闭经济体系。封闭的代价是落后,但是它也造成了一种低分配水平下的"人人平等"以及社会心理上的自我满足感。从犯罪研究的角度看50年代、60年代是中国刑事犯罪的最低的时期,从1951~1965年的统计资料分析年平均的刑事犯罪率为4.3‰。

改革开放以后,市场机制的引入、商品经济作为新的社会要素使传统的经济结构发生了巨大的震荡。这种震荡预示着经济结构将发生质性的变化,并引发了两个显而易见的事实。

一是封闭被打破,市场经济的引入所带来的人和物的自由流动,传统的地区与地区之间的封闭格局被打破,对外开放政策又使中国人开始了解了世界,中国人均国民生产总值仅居世界第126位(1979年统计)的事实,对传统的"中国中心主义"产生了崩溃性的冲击,人们开始对现实不满了,尽管改革开放近20年,中国人均国民生产总值和生活水平综合指数以前所未有的速度增长,但是人们仍在"端起碗来吃肉,放下碗后骂娘"。这既是一种社会心理失衡的状态,又是传统的社会控制机能减弱的重要征兆。同时对外开放迫使落后的中国经济在世界发达国家的"示范效应"下,走上了一条"外生型"的发展道路,而"外生型"的迟发展国家消费超前几乎是一种国际惯例。国外高档耐用消费品大量地涌入国内市场,强烈地刺激着人们的消费欲望,从那以后,"消费膨胀"一直伴随着中国的改革。

二是平均主义被打破,贫富差别拉大。改革前,平均主义"大锅饭"被认为是社会主义的优越性,在政府"以重工业为主导"的指令性资金积累过程中,国民的消费模式为"低收入,低消费"。市场经济导入之后,产业结构得到了调整,"先富论"被提倡,行业与行业之间、雇主与雇员之间的经济收入的差别迅速扩大。从1989年的全国统计看,个体企业劳动者的年纯收入一般为4000~8000元,比全民单位职工的年平均工资高1~3倍,全国"外资"企业职工年平均工资比全民单位职工高出73.6%。从1987年对陕西省关中地区的调查看,私营企业中雇主的人均收入是雇员收入的33.5倍,最高的相差

62.5倍。❶ 但是由于"文革"后遗症的影响及人们对政府改革政策彻底性的怀疑,"先富"成功的企业家并未将剩余资金作为积累资金投入再生产领域,而是大量转向消费市场,他们对高档消费的示范效应,再一次使许多普通的中国人不再知足常乐了,人们渴望消费的一步到位,于是狂热的消费之风盛行。以中国城镇为例,1981年彩色电视机的消费还是凤毛麟角,每百万户拥有量为0.59台,到1990年仅9年的时间,每百万户拥有量已达59台,增加了100倍。❷ 而当时一部彩色电视机的价格相当于一个中等收入职工1~2年的工资总额。中国都市的"消费热"又迅速地波及幅员辽阔的农村,形成全国性的消费膨胀,传统的"低收入低消费"的生活结构开始松动,高档消费品的诱惑、消费欲望的调动、收入与欲望的差距,使各种冲突凸显。这些冲突在犯罪问题上的反映为1981年的盗窃犯罪从原来占各种刑事犯罪的70%左右,一跃为83.6%,抢劫犯罪从原来居各种刑事犯罪的第6位一跃为第3位,并且居高不下。同时经济犯罪案件大幅增加,1979~1989年,全国检察机关的经济犯罪立案总数为318943件,10年中年平均增长速度为140%。❸

20世纪80年代末90年代初,改革十余年在经济与社会互动中暴露出的社会问题日趋明显,但是政府并没有就政治体制改革,推进社会建设和民主与法制建设等问题进行全面的反思,经济发展优先再度被强调,使原有经济发展与政治体制、与社会建设的不协调问题更加突出,贫富两极分化,国家公职人员的腐败渎职等问题更加严重,犯罪的第二高峰期就是在这种社会背景下开始的,90年代有三种犯罪类型特别引起犯罪学者的关注。

(一) 经济犯罪的激增

与国家公职人员腐败相联系的经济犯罪在经过1990年和1991年两个下降年度之后,再度大幅度增加,而且涉及金额激增。据最高人民检察院统计,1993年全国立案侦察的贪污贿赂等经济犯罪案件56491件,比1991年的46219件上升了22%;1995年立案侦查的经济犯罪案件为63953件,比1993年再上升13.2%。1995年查获的贪污贿赂等案件中,县以上干部2262人,其中厅局级干部137人,省部级干部2人。❹ 另据统计,1990年全国立案侦查百

---

❶ 陆学艺主编:《中国社会发展报告》,辽宁人民出版社1991年版,第59页。
❷ 陆学艺主编:《中国社会发展报告》,辽宁人民出版社1991年版,第186页。
❸ 宫晓冰:《贪污贿赂犯罪对策论》,法律出版社1991年版,第1~2页。
❹ 郭翔:《中国社会转型与犯罪控制》,《青少年犯罪研究》1996年第9期,第5页。

万元以上贪污受贿案件 21 件，涉及犯罪总金额 3500 多万元，❶ 而 1995 年仅王宝森一案就涉及犯罪金额 1 亿多元人民币。

（二）具有黑社会性质有组织犯罪的重新兴起

据统计，1986 年警方查获犯罪团伙 3 万个，犯罪团伙成员 11.4 万人；1994 年警方查获犯罪团伙 20 万个，犯罪团伙成员 90 万人，分别是 8 年前的 6.7 倍和 7.9 倍。❷ 犯罪团伙数量的增加，似乎也在引发质的变化。20 世纪 50～80 年代，尽管中国大陆每年都有一定数量的团伙犯罪和犯罪集团犯罪发生，但始终未形成黑社会势力。其主要原因是在国家计划经济、"统购统销"的体制下，没有黑社会组织得以发展的经济基础。改革以后，特别是 90 年代，市场经济的迅速扩展，商品经济的负面效应也日益显露。其表现之一是"黑色经济"的膨胀，比如卖淫、毒品、赌博、淫秽物品制作及贩卖等非法行业的兴起。同时由于社会经济秩序紊乱、法制不健全，以及严重的地方保护主义，使诈骗钱财、拖欠债款的问题相当突出，带有黑社会性质的"讨债公司"应运而生。犯罪团伙从黑色经济中获得丰厚的利润，并利用体制缺乏制衡机制造成的腐败空间，贿赂政府官员和执法人员，与其相勾结，使其势力迅速扩大。

（三）毒品犯罪的激增

20 世纪 50～80 年代期间，中国大陆被誉为"无毒国"。20 世纪 80 年代末 90 年代初，随着开放口岸的迅速增加，中国开始成为国际贩毒组织将"金三角"的毒品转运过境国之一，据 1996 年统计，中国大陆 90% 以上的毒品来自境外。同时由于高额利润的驱动，贩毒案件迅速增加，1995 年公安机关共破获毒品案件 57524 件，缴获海洛因 2376 公斤，鸦片 1110 公斤，大麻 466 公斤，判处刑罚 9801 人，其中判处死刑和无期徒刑的案犯 2032 人。进入 90 年代以来，毒品消费市场迅速发育，1988 年中国首次公布吸毒人数为 7 万人，1995 年激增至 52 万人，7 年间共增加了 7.4 倍。❸

三、从农业经济向工业经济转型过程中的犯罪问题

中国从农业经济为主导社会向工业经济为主导社会转型过程中，有三个方

---

❶ 《严厉打击贪污受贿渎职犯罪》，《人民日报》1991 年 1 月 10 日第 1 版。
❷ 张健、张潘仕：《中国社会转型初期的犯罪状况与控制对策》，《青少年犯罪研究》1996 年第 12 期，第 37 页。
❸ 中国法律年鉴编辑部：《中国法律年鉴》，中国法律年鉴社 1996 年卷，第 166 页。

面的变化是显而易见的。一是工业经济推动了中国都市化提速,从1981年至1988年城镇总人口增加了1.7倍,其中镇人口增长了2.9倍,50万~100万人口的城市人口增长了2.5倍,100万~200万和30万~50万人口的城市分别增长了1.7倍和1.2倍,200万人口以上的特大城市人口增长35%❶;二是产业结构的转换,特别是农村"联产承包责任制"的改革成功,调动了劳动者的生产积极性,农业生产率大幅提高,从事第一产业农业的劳动者人数占社会劳动者总数的比重从1978年的70.7%下降到1989年的60.2%❷,大量农村剩余劳动力的产生,使其向城市迁移转变成工人成为可能;三是工业化对技术人才的需求量迅速增加。

中国的都市化加速于20世纪80年代中期。1985年农村改革初见成效,城市改革开始启动,中国曾一度出现城市与乡村的结合部(即城镇郊区)的犯罪急剧上升的现象。同时,都市化、产业结构转换、地区封闭的打破等因素共同促进了人口的机械性流动。据统计,目前全国约有流动人口8000万人,其中23个百万人口以上的大城市,日均流动人口1000万左右,仅北京市就有112万流动人口,并且流动人口继续以年均22.8%速度增长。在流动人口中30%~40%的人口不申报户口,大量的流动人口使传统的户籍管理制度趋于崩溃,使原有的户籍管理制度对犯罪的制约功能大大降低。据警方统计,1995年全国各地抓获的作案成员中,外来人员占27.6%。在大都市及东南沿海经济发达地区,流动人口的作案比例更高,据1994年上半年统计,北京为44%,广州为68.1%,苏州为61%。❸

国际上关于都市化与犯罪问题的研究成果颇多,"都市化与犯罪的同步说"占据重要的位置。不过,笔者的研究认为,都市化的发展与犯罪问题的关系并不是一条因果链条,但是当都市化是无计划的,且超出了一定限度,使社会经济和政府机构不能提供必要的服务和控制手段的时候,它对犯罪的影响是显著的。

在产业结构转换过程中,中国农村产生出大量的剩余劳动力,一部分流向城市,寻找临时性工作,成为城市流动人口的主力军;另一部分被农村兴起的乡镇企业所消化。近几年来,乡镇企业的发展速度是惊人的,1987年产值已

---

❶ 陆学艺主编:《中国社会发展报告》,辽宁人民出版社1991年版,第17页。
❷ 陆学艺主编:《中国社会发展报告》,辽宁人民出版社1991年版,第14页。
❸ 张健、张潘仕:《中国社会转型初期的犯罪状况与控制对策》,《青少年犯罪研究》1996年第12期,第38页。

达到 4743 亿元，占农村社会总产值的 50.3%，首次超过农业总产值❶。1987~1992 年的 5 年间，产值又增长了 2 倍，与国有企业和三资企业形成了三足鼎立之势，并吸纳了 1 亿多农村劳动力就业。❷ 但是乡镇企业在其发展过程中，也显露出许多负效应，除了乡镇企业的粗放式经营造成的资源浪费、环境污染和生态破坏严重以外，因长期受到原材料供应和产品销路的困扰（既没有国营企业的平价原材料供应，又没有三资企业产品的竞争优势），为了解决这一难题，相当数量的社队企业的购销人员向物资部门和销售部门行贿，有些乡镇企业还自行办起了废品收购站，收购犯罪分子的盗窃物资。近年来，社会上行贿、索贿、受贿等经济犯罪现象大量增加，国有资产被盗问题严重，这是其诱因之一。人们把这种现象称为"合理不合法"，但实质上为犯罪分子拓宽了销赃渠道，并促使国家权力机构走向腐败。

从传统的农业社会向现代工业社会转型的过程中，国家对人才的需求是迫切的，但"文革"十年又使中国的人才结构出现了大断裂，所以使这种需求便显得更为迫切。为了加速人才的培养，1977 年全国高等学校恢复了考试择优录取制度，中等学校开始注重升学率，并把学生编入重点学校与非重点学校，快班和慢班。在相当长的一段时间里，对升学率的重视达到了一种极端的程度，而对成千上万考不上大学的青少年如何进行普通教育和职工教育，却被社会所忽视，由此形成了学校与部分学生的对抗。与此同时，社会上的"脑体倒挂"现象，知识素质不高的个体工商户成为经济上暴发户，以及 1978 年 6 月在全国实施的"招工顶替"制度，诸因素促使了新的"读书无用论"的泛滥。全国从 1979 年开始，中小学生的流失现象日益严重。从我们的调查看，北京市从 1979~1984 年中小学生共流失了 25.9 万人；天津市 265 所中学 1979~1991 年共流失了 9704 人，流失率为 9.5%。另据国家教委统计，1988 年全国共流失中小学生 715 万，其中小学生 428 万，中学生 287 万。❸ 90 年代学生流失有所缓解，但仍数量庞大。据 1992 年统计，全国仍有 300 万适龄儿童不能入学，276 万小学生辍学，228 万中学生辍学。另据我们调查统计，流失生的犯罪率是在校生犯罪率的 15.6 倍，天津市 1993 年调查也表明，犯罪青

---

❶ 陆学艺主编：《中国社会发展报告》，辽宁人民出版社 1991 年版，第 14 页。
❷ 李鹏：《政府工作报告》，《人民日报》（海外版）1993 年 4 月 2 日第 1 版。
❸ 张潘仕：《社会转型过程中的青年越轨行为》，《青少年犯罪研究》1992 年第 7~8 期，第 80 页。

少年中58%的人是辍学生和有过辍学经历的人。❶

四、商品经济对传统规范文化的冲击与犯罪问题

中国长期处于自给自足的农业经济社会，规范文化偏重于伦理本位。所谓伦理本位，是指以人情伦理来判断行为的正确性，将法律的功能仅仅局限于刑罚制裁、道德戒律和法律规范不分、公务和私务不分，在联结人与人的社会关系上，有着很浓重的私人情感和身份地位要素，甚至有些时候人情和权力要大于法律制度。

伦理和法理本来是一个问题的两个方面，前者是内部的自律，后者是外部的强制性的他律，或者说前者属于非正式性社会控制系统。当然在任何一个历史时期，非正式性社会控制系统对社会秩序稳定的作用都是不容被忽视的，比如，在1957年中国的反右运动之后，法律制度受到破坏、法律建设处于停滞状态，但是1963～1965年期间却出现了新中国成立以来犯罪率最低的年度。这种现象在法制国家会被认为是天方夜谭，但是在中国却是社会事实。究其原因，除了经济发展、社会安定外，非正式的社会控制系统起了至关重要的作用。当时社会是通过家庭和学校教育、社会舆论、习俗、时尚以及人们对权威的崇拜来使人们自觉地遵守社会规范。但是在急剧的社会转型中，人们之间利益冲突的加剧和表面化、以情感和身份为联结的社会交往方式，造成了现实生活中大量的政策与法律、合理与合法的矛盾，有法不依成为了社会转型中的重要内容，这实际上也是中国从传统的人治走向现代法制国家的必然过程。

1978～1990年是中国法制建设发展最快的12年，全国人民代表大会及其常委会通过了90多项法律，同期国务院制定了700多项行政法规，各省自治区、直辖市也制定了1000多项地方性法规，中国的法律体系正在逐步地建立起来，过去那种长期无法可依的局面得到了根本性的改变。但是有法可依还不等于依法办事，据调查推算，已颁布的法律和法规真正在社会生活中发挥实效的只有50%，公民对法律的认识程度只达到近几年法律制定总数的5%左右❷，说明社会控制系统从伦理本位过渡到法治本位的道路相当漫长和艰巨。

在计划经济向市场经济急剧转型中，商品要素异常活跃，冲击着传统的社会结构，也使各种社会矛盾和群体之间的各种利益加剧。作为社会控制系

---

❶ 邵道生：《转型社会中的青少年犯罪问题》，《青少年犯罪研究》1992年第11～12期，第33～34页。

❷ 陆学艺主编：《中国社会发展报告》，辽宁人民出版社1991年版，第28页。

统——新的法律制度尚未能建立起来，原有的伦理道德的自律功能便成为社会稳定的重要杠杆。比如，在计划经济向商品经济的转型过程中，原有的计划经济的格局和制度结构被打乱，而与商品经济相适应的经济立法系统和制度管理框架尚未建立和完善时，新的经济模式在运作过程中会使制度环节漏洞百出，加之社会上高消费的强烈刺激，使经济犯罪成为了想冒险、又容易获利，并能规避惩罚的事情。此时，原有道德的自律功能将会在相当长的一段时期内延缓经济犯罪增长的比率，并使政府有更充裕的时间完善立法和新的法律制度建设，并进行法律的普及工作。在新的法律制度足以使新的社会机制有序运作之后，再着手与现代化发展相适应的伦理道德体系的建设，这可能是一种代价较小的社会转型方式。当然，这只是一种理论假设，中国的现实是新的法理体系和法律制度尚未建立，社会伦理系统已经紊乱，人们的自控系统失衡。

中国从自给自足的封闭国家向开放国家转变的过程中，出现了三种伦理板块的共存和碰撞，一是以"仁义礼智信""三纲五常"为核心的儒家伦理体系；二是以毛泽东的绝对的利他主义为核心的集体本位伦理体系；三是改革开放后传入中国的，以个体本位、个性自由为核心的西方人本主义伦理体系。（1）作为儒家伦理体系从1919年的"五四"新文化运动以来，特别是60年代的"文化大革命"，已被批判的体无完肤，但在民间仍然有较强的影响力。（2）毛泽东的伦理体系，因对"文革"的彻底否定和对毛泽东的重新评价，以及对新中国成立以来几次重大政策失误的反思，也已变得支离破碎。（3）现代西方的伦理观念正是在这种状态下传入中国大陆，并被许多中国人特别是青年人所推崇。从1988年我们对当代中国青年价值观的调查结果看，在个人与他人关系方面的变化最为明显，70年代末曾被社会普遍批判的"主观为自己，客观为他人"的观点，已得到了55.8%的青年人的赞成。"人不为己、天诛地灭"的观点也已得到了1/3以上青年人的认可。❶

大量的调查数据表明，人们的价值观在从集体本位向个体本位偏移，而且西方的伦理观念是以一种变了形的极端个人主义的形式为中国所接触，并与犯罪个体的增加相联系。在家庭观念方面，传统的家庭责任和义务感在减弱，夫妻把更多的闲暇时间用于自身的精神消费上，用在子女教育上的时间大大缩短。另外，离婚率的迅速增加，1988年统计离婚率为1.2‰，比1978年增长

---

❶ 当代中国青少年价值观念演变课题组：《中国青年大透视——关于一代人的价值观演变研究》，北京出版社1993年版，第64～65页。

了2.1倍，离婚率的增加带来的必然是残缺家庭增多和家庭结构性震荡。在这个过程中，中国又缺少西方国家那么完善的青少年社会保障体系作为家庭结构性震荡的缓震和补足。因此，转型中的诸多问题都在青少年犯罪问题上得到了体现，到1988年犯罪青少年占整个刑事作案人员的比例已达75.6%，为最高峰。进入90年代，由于成年人的犯罪迅速增加，使青少年犯罪占整个刑事犯罪的比例有所下降，1992年为62.5%，1994年为58.2%，1995年为55.1%。但实际上青少年的犯罪率（即犯罪青少年占同龄总人口的比例）仍在稳步上升，1992年为2.31‰，1994年为3.3‰，1995年为3.01‰。❶

西方伦理观念对以贞操观为核心的中国传统的性道德观念的冲击也是我们始料不及的，加之经济利益的驱动，20世纪50年代已灭绝的卖淫现象死灰复燃，仅以广州为例，1980年查获卖淫嫖娼人数为464人，1988年猛增至9690人，比8年前增长了19.9倍。❷ 全国的卖淫现象发展滞后于沿海地区，从1991~1992年两年统计看，共查处卖淫嫖娼案件22万多起，查获卖淫嫖娼人员44万人，❸卖淫嫖娼问题蔓延至全国。

笔者认为，在开放门户、商品经济要素冲击传统的中国社会控制系统时，作为传统儒家、毛泽东和西方伦理体系都各有其合理的成分，以及被现代文明所接受的内容，关键是如何在三种伦理板块碰撞中，找到一个适合中国国情的最佳结合点，并使其与中国社会转型中和转型后的经济结构、社会结构和法律体系相配套。

五、治理犯罪中的政府行为与责任

在上述分析的基础上，笔者认为，社会犯罪率的增长与经济结构的转型并没有直接的因果关系，而是与社会整合的程度密切相关。所谓社会整合，是指在社会急剧变迁中产生出的、把各种新旧矛盾重新调整于一个统一体中的能力和过程。这个能力越强，这个过程越迅速，经济结构的转型所带来的社会结构性震荡就越小，犯罪率就能够得到有效的控制。社会整合是通过各种社会行为来完成的，其中最主要的是政府行为，政府通过立法、调整政策、改革体制、机构高效，以及引导大众传媒等手段来完成新的社会整合。

---

❶ 张健、张潘仕：《中国社会转型初期的犯罪状况与控制对策》，《青少年犯罪研究》1996年第12期，第39页。
❷ 陆学艺主编：《中国社会发展报告》，辽宁人民出版社1991年版，第386页。
❸ 《中治委部署打拐禁娼工作》，《人民日报》（海外版）1993年2月16日。

经济结构转型中的中国犯罪问题

国际上有许多犯罪学家研究认为，在经济高速增长期，犯罪率上升是一种惯例。但是，在20世纪六七十年代，日本经济的高速增长期却未出现这种惯例。从日本60年代的犯罪统计看，除了性犯罪、过失犯罪有所增加外，财产犯罪（偷窃、诈骗、贪污、买卖赃物等）、凶恶犯罪（杀人、抢劫等）、粗暴犯罪（伤害等）均有所下降，进入70年代后，各种类型的犯罪出现了全面下降的趋势。对于这种特例，美国著名的日本问题研究专家埃兹拉·沃格博士在他的《独占鳌头的日本》一书中，分析了三点原因：一是日本警察的高素质，二是市民与警察的良好合作，三是学校对学生的高度负责。美国社会学家路易斯·谢利在他的《现代化与犯罪》一书中则强调日本都市化发展的有序性。笔者在日本留学以此为题研究发现：主要原因是日本政府在经济腾飞，经济结构转型中，有效地保护了传统的东方文化，并使其巧妙地与现代社会接轨，缓解了社会结构性振荡。比如，"终身雇佣制"增加了员工安全感和职场的凝聚力，避免了大规模失业人口导致的社会紊乱；对长幼有序、夫妻有序、师生有序等传统规范文化的保护，缓解了现代化进程中家庭、学校等社会控制系统的内部冲突；强调公民的积累和投资，缓解经济"后生型"国家消费超前所带来的生产力发展水平与消费需求的尖锐矛盾；国家有计划地向贫困地区投资，缓解了地区与地区之间的不平衡，进而也缓解了部分大城市因都市化过快、人口涌入过多而造成秩序失调；同时有效地引导大众传媒，发挥了传统社会舆论对犯罪的抑制功效。这一点可以从昭和五十三年版的《犯罪白皮书》中国际比较研究中看出，1977年日本人对犯罪的检举率为西方国家之最，高达82.5%，大大高于同期西德（67.8%）、法国（56.1%）、英国（64.5%）和美国（46.7%）的检举率。❶

如果中国在改革开放初期，在大量引进国外先进的科学技术设备及高档商品的同时，政府能够有效控制消费膨胀，正确引导先富者的资金流向，加快工资制度和福利制度改革，在此基础上再适度提速消费增长，使民众的消费心理有一个缓冲期；如果在都市化的过程中，政府能够加快社区服务体系的建设，改革原有的户籍管理制度，科学地管理流动性人口，解决由于"经济双轨制"和城乡差别所带来的企业间"合理但不合法"的经济行为，增大教育的投资比例、严格控制就业年龄，从而提高青少年的文化水平和减少中小学生的流失；如果在计划经济向商品经济的转型中，在开放门户带来的中西文化激烈碰

---

❶ 日本法务综合研究所：《犯罪白皮书》（昭和五十三年），大藏省印刷局1978年版，第2页。

撞时，政府能一方面加快立法（特别是经济立法和青少年保护方面的立法）及执法监督机构的建立，一方面加强法制宣传工作；同时，有效地保护传统规范文化，加强社会控制系统在社会转型中的平衡机能，缓解社会结构性冲突，那么，今天的中国社会的整合程度会更科学，转型的社会阵痛会更小。日本在向现代经济和社会结构转型中的"软着陆"方式值得中国政府借鉴。

  历史是不能假设的，假设历史是一种幼稚的行为，但是并不等于分析研究这段历史也是幼稚的。人类社会的运作不可能像许多自然科学现象那样拿到实验室中反复实验和复制，因此每个国家实际上就是一个社会科学的实验场，各国政府在某一历史时期的法律政策导向及社会运营手段是最主要的因变量，由此所带来的社会转型的走向，不管是成功的，还是失败的，都将成为人类社会科学发展的宝贵财富，并为其他国家的发展提供借鉴。当然社会转型中的"无代价论"也是一种天真的想法，有时候为了获得更大的社会进步，人类要失掉某些东西，或承受某种暂时的痛苦，但是人类社会文明的意义就在于人们会越来越科学、越来越人道、越来越合理地整合社会。在特殊的历史阶段，特殊的国度中，在诸多复杂的因素中找到社会运作的最佳整合点，使人类社会在抑制犯罪和推进经济增速中获得平衡的最佳效益。

（原载于《新世代华人前瞻论坛论文集》，1998年7月）

黑社会性质有组织犯罪的再度兴起原因与对策研究

【摘　要】 中国具有久远的黑社会发展历史，在新中国成立之初，已有洪、青、汉、礼、白等五大帮会对中国的社会秩序产生过重大影响。新中国成立之初，在新生政权的严厉打击下，一部分黑社会成员被就地正法或教育改造，另一部分则逃亡海外，并使黑社会组织在大陆消失了 30 余年。改革开放推动了中国社会从计划经济向市场经济转型，"地下经济"悄然出现并迅速发展，犯罪团伙由此获得巨额利润，并向黑社会性质的有组织的犯罪转变，对社会发展和社会秩序稳定构成威胁。需从打击黑社会组织、规范市场经济、抑制"地下经济"的生存空间、提高公权力解决纠纷的效能、弘扬主流文化、完善相关法律、控制洗钱活动等诸方面采取措施，抑制黑社会性质犯罪组织的发展。

【关键词】 黑社会　青洪帮　地下经济　反洗钱

一、中国黑社会组织的历史演变

黑社会起源于秘密结社，可追溯到东汉时期张角领导的"太平道"。张角利用"太平道"秘密结社，壮大势力，并发动了大规模的黄巾军起义。近代中国，半殖民地半封建的国家内忧外患，军阀割据，战争连年，使黑社会帮组织迅速发展，在新中国建立之前，全国已形成颇具影响的洪、青、汉、礼、白等五大帮会，对中国社会秩序产生着重要影响，其中最有影响的是洪帮和青帮。

据史料记载，洪帮始于清朝初年，在清灭明后，一些反对清朝统治的仁人志士秘密结社，从事反清复明活动，基于对朱元璋洪武年代的纪念，起名"洪门"（或洪帮）。因洪门受到清政府的镇压，多藏于深山老林，活跃在政府控制薄弱的江河流域。哥老会、白莲教、红枪会、大刀会、小刀会、天地会等秘密团体都是从洪门衍变出来的。辛亥革命之后，洪门被恶势力操纵和利用，日益没落和黑社会化。

青帮来源于洪帮。相传是洪帮的部分成员叛变，投靠清政府，把洪门的"反清复明"宗旨改为"安清保清"，故叫"青帮"。民国时期，青帮以天津为中心，控制海运，开设赌局、妓院、烟馆、戏院、戏班、澡堂、茶楼、饭庄、旅店等，以至走私贩毒、贩卖人口，或为军阀、政客、资本家充当保镖、打手、刺客等。青帮被称为结交官府、坐地分赃的恶霸流氓集团。

另据北京的相关史料记载，1926 年前后，"青帮"从天津渗透到北平，并以天桥地区为其主要势力范围，形成东西南北四个"霸天"。"东霸天"叫张德泉，年轻时在戏班子里跟过班，后拜师学武术，并加入青帮和国民党，当上甲长，成为"跺脚天桥颤"的人物，曾打死伙计马顺子等 6 人。"西霸天"叫福德成，25 岁进京，在天桥以开茶馆为生，组织流氓地痞贩卖人口、强奸妇女、开设赌场、经营暗娼，并身负两条人命。"南霸天"孙永珍是天桥土生土长的"地头蛇"，1947 年在天桥开茶馆，后与伪宪警相勾结，霸占他人土地和饭铺。"北霸天"刘翔亭，原为天桥吉祥戏院经理，曾任冯玉祥部连长、军警稽查处稽查官，日伪时期任天桥梨园公会会长，勾结敌伪势力敲诈勒索、强奸妇女，是一贯道坛主兼点传师。

总之，青洪帮等黑社会势力无恶不作，被百姓所痛恨，扰乱社会秩序，成为阻碍中国社会的痼疾。

二、20 世纪 50 年代初到 80 年代末中国黑社会组织的消失

1949 年新中国成立，铲除黑社会成为巩固新生政权、建立正常社会秩序的首要任务。北京作为新中国的首都，率先开始打击地方恶势力、打击黑社会的斗争。1951 年 5 月 16 日，北京市委、市政府在天坛祈年殿前召开控诉恶霸大会，到会群众达 3 万人，有 19 位受害者登台控诉张德泉等恶霸罪行，当市公安局外五分局局长李岩宣读"三霸一虎"（"东霸天"张德泉、"西霸天"福德成、"南霸天"孙永珍、"林家五虎"之一林文华）残害 14 条人命的罪状时，"枪毙三霸一虎""为死难同胞报仇"口号响彻会场。曾威风一时的"三霸一虎"被吓得面如土色。第二天北京人民广播电台播放了控诉大会录音，将全市反对黑社会势力的斗争推向高潮。1951 年 5 月 18～20 日，市政府召开各界人民代表、政协委员联席会议，对市公安局提交的恶霸案卷进行审查，听取了被害人的控诉，一致同意对天桥恶霸张德泉、福德成、孙永珍、林文华等

处以死刑。❶

上海也曾是青洪帮的重镇，解放上海之前，中央就确定了只要上海青帮头目黄金荣、杜月笙等不出来捣乱，不干扰上海的社会治安，老实接受改造，就不动他们的基本方针。杜月笙闻讯于1949年5月携家眷仓皇逃往香港，1951年8月16日在香港病逝。在新中国建立之初的上海"镇反运动"中，"黄金荣可杀不可留"群众呼吁不断。1951年5月，上海市人民政府领导召见黄金荣，表明政府的既往政策不变，但希望他能写悔过书公开登报，求得人民群众的谅解。5月20日，上海《文汇报》等报纸刊出了《黄金荣自白书》，对震慑帮会残余势力、稳定上海社会秩序起到了良好作用。随后，黄金荣响应政府的号召，开始扫大街等劳动改造，两年后去世，时年86岁。

继北京和上海之后，其他省市也开展了大规模剿匪和打击黑社会势力活动，该活动持续到1952年底，一部分黑社会成员被就地正法或教育改造，还有一部分黑社会成员逃亡海外，黑社会组织在中国大陆逐渐消失。

研究黑社会组织在大陆消失40余年原因，笔者认为，除了严厉打击和防控以外，黑社会失去其成长的土壤也是重要原因之一。新中国成立后建立起以高度统一的计划经济体制，国家用行政手段配置资源，计划生产、计划供应和销售。个体经济的发展范围极为有限，商品经济的发展水平较低。因此与自由经济相联系的黑色经济（如卖淫业、赌博业、吸毒贩毒业、房地产中介业、私人讨债业等）在国家计划经济的条件下失去了生长的土壤。靠黑色经济获得巨额利润、维持黑社会组织发展的经济基础不复存在，是黑社会组织消失最为重要的原因。

三、20世纪90年代起中国社会转型与黑社会组织的再度兴起

20世纪70年代末期，中国政府开始实施改革开放政策；80年代中后期，社会结构的转型开始起步；90年代初期，邓小平"南方谈话"之后，社会结构转型的框架大体形成，这种转型主要特点是从指令性的产品经济向有计划的市场经济转型，从传统的农业国向工业国转型，从泛道德国家向法制国家转型。在转型的过程中，因与其相适应的政治改革和社会改革滞后，使各种社会矛盾日趋表面化和尖锐化。比如，政府官员的腐败、贫富差别的悬殊、人口流动和都市化发展的失控、环境污染、民主法制建设的滞后、社会秩序的紊乱

---

❶ 穆玉敏：《北京警察百年》，中国人民公安大学出版社2004年版，第488~490页。

等，与这些社会问题相关联的、具有黑社会性质组织的犯罪开始显现。

在1997年6月召开的"全国有组织犯罪问题学术研讨会"上，曾有专家分析道：（1）十年内，大陆黑社会组织处于萌芽和形成阶段，主要表现特征是：犯罪组织的经济实力得到较大幅度增长，武器装备水平显著提高，组建黑社会的经验已经成熟，社会危害越来越明显。（2）十年以后，中国大陆的黑社会组织产生，主要表现特征是，政府宣布已经破获了黑社会组织，政法部门打击黑社会犯罪遇到了明显抵抗，境内外黑社会组织由勾结转为对抗，黑社会组织在党政军警内部的代理人开始出现，大陆的黑社会组织向境外发展。❶

笔者认为，实际上在20世纪90年代中后期，类似于黑社会犯罪组织已经形成，只是小型的黑社会组织还没有彼此联合，形成一个具有全国影响力的大的黑社会组织而已，因为当时中国黑社会组织得以死灰复燃的社会条件已经形成，具体分析如下。

（一）犯罪团伙数量的增加，正在引起质的变化

黑社会组织构成的第一个要素是具有一定数量的组织成员，即按照一定的目标分工，有足够的人员，长期聚合形成固定组织。据统计，1986年中国警方查获犯罪团伙3万个，犯罪团伙成员11.4万人；1994年警方查获犯罪团伙20万个，犯罪团伙成员90万人，分别是8年前的6.7倍和7.9倍。❷另据1998年统计，全国公安机关查获犯罪团伙102314个，犯罪团伙成员361927人。❸虽然犯罪团伙具有易聚易散性，不能算黑社会组织，但是，随着它们数量的增加，正逐渐发生质变。另外，近年来，中国每年约有30万刑事罪犯被刑满释放，许多地区的刑满释放人员的重新犯罪高达20%～30%。重新犯罪者常常成为犯罪团伙的头目或骨干分子，使犯罪团伙更具有组织性，犯罪手段更加恶劣和隐蔽。比如，1997年辽宁省鞍山市对100个犯罪团伙抽样调查，劳改劳教释放人员占团伙成员总数的37.85%；沈阳市调查154名严重犯罪团伙成员，劳改劳教释放人员占85%。抚顺一个杀人、抢劫团伙的骨干分子在供述中充满仇恨地说："共产党两次押了我八年，越押人越毒，抓住算倒霉，抓不住就往死里干。"该团伙的6名成员均是劳改劳教释放人员，他们出狱后

---

❶ 刘亚斌：《97丹东全国有组织犯罪问题学术研讨会概览》，《青少年犯罪研究》1997年第8～9期，第6页。

❷ 中国法律年鉴编辑部：《中国法律年鉴》，中国法律年鉴社1987年卷、1995年卷。

❸ 张应立、涂学华：《论我国团伙犯罪的发展变化趋势与对策》，《青少年犯罪问题》2005年第4期，第31页。

在抚顺等地疯狂作案 15 起，活活勒死 5 名更夫和值班人员，抢劫现金 70 多万元。❶

（二）黑色经济（或称"地下经济"）的迅速膨胀

黑色经济是指被法律所禁止，却在实际生活中存在着的，拥有广泛市场的经济形式。一般来说，黑色经济常常被黑社会组织所控制，并为黑社会组织的建立与发展提供丰富的资金。黑社会会利用从黑色经济中获得的资金贿赂政府官员，以得到他们的保护，强大的黑社会组织还会利用雄厚的资金影响国家或地区政治，这是现代市场经济和民主政治中的一种"癌症"。

20 世纪 90 年代以来，随着市场经济的发展，在中国各种黑色经济形式迅速产生和膨胀。

1. 吸毒贩毒业

1950 年 2 月，政务院曾颁布了《关于严禁烟毒的通令》。同时惩办了 8 万多名制毒贩毒的罪犯，对其中 800 多名惯犯、累犯、毒品犯罪集团的头子处以死刑，使 2000 万名吸毒者戒除了毒瘾，此后 30 年间中国被誉为"无毒国"。80 年代中期，随着开放口岸迅速增加，中国开始成为国际贩毒组织将"金三角"的毒品转运过境国之一。据 1996 年统计，中国 90% 以上的毒品来自境外，与此同时，国内的毒品消费市场迅速形成。1988 年中国首次公布吸毒人数为 7 万人❷，1995 年激增至 52 万人，七年间共增加了 7.4 倍❸。2003 年中国再度公布吸毒在册人口是 105 万余人，是十五年前的 15 倍❹。因为贩毒业的利润约为 10 倍，许多犯罪组织为寻求高额利润，参与和控制贩毒吸毒业。

2. 卖淫嫖娼业

19 世纪末，中国的北平、上海两市曾被列入当时世界公娼与人口比例最高的八大城市（八大城市的排列顺序为伦敦、柏林、巴黎、芝加哥、名古屋、东京、北平、上海）。仅上海就有娼妓 12 万人❺。新中国成立后，中国政府查封了所有的妓院，教育改造了大批妓女。到 1957 年卖淫嫖娼业在中国大陆已基本绝迹。在 20 世纪 80 年代的社会转型和经济利益的驱动下，卖淫嫖娼业死

---

❶ 唐俊杰：《有组织犯罪问题的调查与思考》，《青少年犯罪研究》1997 年第 8~9 期，第 9 页。
❷ 郭翔、吕小丽：《大陆青年吸毒问题及对策研究》，《青年犯罪研究》1996 年第 6~7 期，第 2 页。
❸ 中国法律年鉴编辑部：《中国法律年鉴》，中国法律年鉴社 1995 年卷，第 166 页。
❹ 陆学艺主编：《中国社会进步与可持续发展》，科学出版社 2007 年版，第 242 页。
❺ 张萍主编：《当今中国社会病》，北京燕山出版社 1993 年版，第 201 页。

灰复燃。据中国公安部门统计，1984年全国查获卖淫嫖娼人员12281人，此后逐年增长，1989年查获人数首次突破10万人，1991年查获人数突破20万人，1992年查获人数达到24万多人，1995年全国查获卖淫嫖娼人员36.21万人，是十一年前的29.5倍。❶另据2005年的相关资料显示"全国有1000万左右的性工作者"❷嫖娼卖淫已形成数亿元的"地下产业链"。地下产业链的维持和发展需要黑社会势力的保护，黑社会势力从卖淫业中获得巨额的保护费，这几乎是一种世界惯例，在中国具有黑社会性质的组织控制卖淫的状态已经形成。

3. 赌博业

中国，特别中国的南方地区有着悠久的赌博传统，中国人最常见的赌博形式是麻将，麻将是从明代的"叶子戏"演变而来，清代开始盛行，"文化大革命"期间，麻将作为"四旧"被破除，80年代末期再次悄然兴起。除麻将以外，还有扑克、台球、摆象棋残局、猜数字、电子游戏机等多种赌博方式。中国政府是禁止赌博的。《刑法》第303条规定："以营利为目的，聚众赌博、开设赌场，或者以赌博为业的，处三年以下有期徒刑、拘役或者管制，并处罚金。"但实际上，中国每年判处的赌博罪的数量并不多。大多数赌博者被认定为违反了《中华人民共和国治安管理处罚条例》，该条例的第32条规定，参与赌博或者为赌博提供条件的，可处15日以下拘留，可以单处或者并处3000元以下的罚款，或者依照规定实行劳动教养。据公安部的统计，1991年查处的赌博治安案件为340654起，1993年为372707起，1994年为389043起，1995年为433831起。年平均增长速度为8.4%，更值得注意的是随着这几年中国经济的发展，特别是贫富悬殊的加剧，赌博市场发生了很大的变化，赌资愈来愈大，上万元、几十万元甚至成百万元的赌注屡见不鲜。中国的许多犯罪团伙插手赌博业，从中获得巨额黑金。

4. 讨债业

20世纪90年代初期，随着中国私有经济的发展，个人与个人之间，公司与公司之间的债务纠纷越来越突出。加之法律制度的不健全，许多人不通过法律来解决债务问题，而是求助于民间的"讨债公司"，许多的讨债公司具有黑社会的性质，组成人员多是地方上的流氓地痞。讨债的方式多为威胁、恫吓、绑架、伤害，这种讨债公司在全国有多少个，官方并没有明确的统计，但是在

---

❶ 张萍主编：《当今中国社会病》，北京燕山出版社1993年版，第201页。
❷ 《凤凰周刊》2006年第9期，文章称美国2005年2月28日发表的《2004年度国别人权报告》提到中国的性工作者的数量为1000万人左右。

许多地区关于讨债都有不成名的规矩。比如,讨回债务提成百分之几十,砍得借债人的大拇指到小拇指各为多少价格。

5. 拆迁业

20世纪90年代中期,中国城市化提速,每年城市化率增长速度达到了1.4%~1.5%。同时,城镇住房改革制度全面推进,从1988年8月第一次全国住房制度改革工作会议上,提出我国城镇住房制度改革的目标是实现住房商品化,到1998年7月国务院发布《关于进一步深化城镇住房制度改革加快住房建设的通知》,明确提出停止住房实物分配,实现住房分配货币化,仅10年的时间,中国的城镇住房就进入了全面的市场化。城市化的提速和住房商品化带来了中国的房地产业的空前繁荣,但在拆迁问题上也遭到了原住民的顽强抵抗。一些地方政府官员放弃政府职责,将艰苦的拆迁工作转包给地方恶势力,具有黑社会性质的组织也迎合部分地方政府和开发商需求,采取"暴力强拆",并从拆迁和住房建设中获取高额利润。沈阳市刘涌的黑社会性质组织通过控制建房地皮和"房屋拆迁",获取暴利便是当时的典型案件。

(三) 与政府官员的腐败相勾连

改革开放以来,经济犯罪和政府官员的腐败问题日益引起人们的关注。1979年到1989年,全国检察机关的经济犯罪立案总数为318943件[1],10年间的年平均增长速度为140%。1989年是中国打击经济犯罪较严厉的一年,该年共对3161名案犯判处了5年以上有期徒刑、无期徒刑和死刑(包括死缓),占同年经济案犯总数的24.5%。其中由于重大经济犯罪被判处死刑的31人,比1988年上升了55%。1989年7月15日,广东省检察院首次设立了"反贪污贿赂局",其后两年间全国共有400多所检察院设立了"反贪局"。

进入90年代,经过1990年、1991年两个年度的经济犯罪率下降之后,在邓小平"南方谈话"之后,中国再度加快经济改革的步伐,经济犯罪案件也再次呈现上升的趋势。据最高人民检察院统计,1993年全国立案侦查的贪污贿赂等经济犯罪案件56491件,比1991年的46219件上升了22%;1995年立案侦查的经济犯罪为63953件,比1993年上升了13.2%;1995年查获的案件中县处级以上干部2262人,其中厅局级干部137人,省部级干部2人[2]。

---

[1] 中国法律年鉴编辑部:《中国法律年鉴》,中国法律年鉴社1992年、1994年、1995年、1996年卷。

[2] 宫晓冰:《贪污贿赂犯罪对策记》,法律出版社1997年版,第1~2页。

20世纪90年代，一些具有黑社会性质的犯罪组织利用政府官员的腐败，使用贿赂腐蚀等手段拉拢党政干部和执法人员，寻找"保护伞"。比如，哈尔滨的齐四等5个黑社会性质的犯罪组织插手公安、银行、基建、房产、供销等系统，案件涉及国家干部97人❶，其中有20名处级、30名科级干部被拉下水。加之，近年来的地方的分权所带来的地方保护主义的日趋严重，使一些地方干部为了保护本地的经济利益，袒护走私、卖淫、赌博贩毒等犯罪行为，甚至有些县的招待所成为了卖淫和赌博的场所。再比如，云南平远地区的贩毒集团，既有武装，又有基层党政领导操纵指挥，他们贩毒贩枪、挟持人质、敲诈勒索、抢劫杀人、横行乡里。后经党中央，国务院批准，动用警力3000余人，从1992年8月31日至11月20日，历时82天，才彻底摧毁了这股恶势力。这次行动共抓获犯罪分子800余人，其中主要头目7人，缴获了近千公斤毒品，近千支枪支和一批弹药，近百辆机动车和一千多万元赃款。❷

笔者以为，所谓黑社会组织，需具备以下5个特征：（1）一定数量的人员构成；（2）较严密的组织形式；（3）雄厚的资金来源；（4）具有一定的武装对抗能力；（5）与政府官员相勾结。综上所述，中国大陆的一些犯罪团伙已具有了这些特征，黑社会的组织雏形已经形成。

另外，据公安部调查，近几年，香港地区的"14K"、澳门地区的"水房"、美国的"福州飞龙帮"、台湾地区的"竹联帮"、日本的"山口组"、韩国的"高圣丽洁"、英国的"中国龙"等黑社会组织都已陆续进入中国大陆，特别是在广东、福建一带，这些黑社会组织以合法投资办企业，经营娱乐、餐饮业，实为跨国洗钱。他们在中国发展组织，建立据点、贩毒、走私武器、贩卖人口、开设赌场和地下妓院、绑架人质、经济诈骗、伪造货币等。❸ 因此，国内各种促成黑社会产生的社会条件具备，以及境外黑社会的浸透，共同促成中国黑社会组织的死灰复燃且兴起强大。

四、控制黑社会组织犯罪的对策研究

（一）积极倡导主流文化

从前面的分析可以看出，历史上民间秘密结社及江湖侠士等古老的、非主

---

❶ 宋小明：《试析有组织犯罪分子对国家工作人员的贿赂腐蚀及其对策》，《政法学刊》（广州）1997年第3期，第28页。

❷ 周长康：《关于有组织犯罪的几个问题》，《青少年犯罪研究》1997年第8～9期，第16页。

❸ 《中国刑事警察》1997年第2期，第8页。

流文化在目前仍有广泛的市场。同时改革开放后电影、电视、杂志等媒体上充斥着暴力、色情、恐怖等内容，进一步带来了媒体受众，特别是青少年思想上的混乱。从预防和打击黑社会性质的有组织犯罪的角度看，我们应该大力提倡主流文化，所谓主流文化应该是以中华民族优良文化为主体，并吸收了当代西方文化精华的统一体。弘扬主流文化，使其占有重要的位置并深入人心，它将削弱黑社会滋生的文化基础，并能有效抑制黑社会组织的形成与发展。

（二）加强对黑社会组织打击力度

首先，要让全社会认识到黑社会性质犯罪组织发展的危害性，这类犯罪的滋生和蔓延将会动摇社会的组织基础、经济基础和文化基础，将阻碍社会发展与进步。其次，公安司法机关要加大对具有黑社会性质组织犯罪的打击力度，有效地抑制黑社会犯罪的滋生与发展。公安司法机关要加强对黑社会组织犯罪的侦查与研究，做到心中有数，露头一个打掉一个，把中国的黑社会组织消灭在萌芽状态。同时，要健全对黑社会组织犯罪打击的长效机制，并从组织、人力和设备上给予保障。

（三）规范市场经济，抑制"地下经济"的生存空间，阻断黑社会发展的经济基础

赌博、卖淫、贩卖毒品、收取保护费等是许多国家黑社会组织的传统产业和主要经济来源，它也是中国黑社会组织再度兴起的主要经济基础。在许多自由经济的国家里，因为这些产业有着广泛的需求，能给政府带来相当可观的税收，政府常常采取睁一只眼闭一只眼的管理方式，结果使"地下经济"可长久发展，使黑社会组织做大做强，以致政府无力控制。我们应该吸取这一教训。目前中国对于"地下经济"不是没有法律条款的控制，而是执法不严，在执行中以罚代法、以罚代刑的问题比较突出，助长了"地下经济"的滋生和蔓延，也为黑社会组织的迅速发展奠定了物质基础。另外也与地方保护主义有关，与错误的招商引资意识有关。一些地方保护主义者认为，只要地方有实惠不管违法不违法，甚至认为没有赌博和色情业外商就不会来投资。我们必须转变这种观念，从社会进步、国家安全的角度思考问题，从根本上抑制"地下经济"的发展，阻断黑社会发展的经济基础。

（四）努力提高公权力解决纠纷的效能

民间"讨债公司"的发展，是黑社会组织介入民事和行政纠纷，从中谋取利益的表现。这与中国从计划经济向市场经济转型中，各种利益冲突凸显有

关，也与政府管理的公共权力无法迅速介入各种利益冲突和有效的解决冲突有关，还与法律程序和政府解决问题的过程过于繁琐、过于漫长甚至懒政有关。它使人民失去了对政府解决问题能力和效率的信任，最终求助于黑社会组织。因此，面对社会转型中错综复杂的利益冲突，政府必须努力提高公共权力的效能，简化工作程序，提高解决各种民间纠纷的工作效率。

（五）完善相关法律，控制黑社会洗钱活动

1997年刑法修改后规定了"组织、领导和积极参加以暴力、威胁或者其他手段，有组织地进行违法犯罪活动，称霸一方，为非作恶，欺压、残害群众，严重破坏经济、社会生活秩序的黑社会性质的组织的，处3年以上10年以下有期徒刑；其他参加的，处3年以下有期徒刑、拘役、管制或剥夺政治权利"（《刑法》第294条），使打击黑社会组织犯罪有法可依。今后应当进一步完善周边的相关法律解释与法规建设，在适当的时候制定类似于日本《暴力团对策法》的专项法律。使打击、预防黑社会性质的组织犯罪的法律更加系统和完善。

将非法所得变成合法收入，将非法行业变成合法公司是目前许多国家黑社会组织扩展自己经济实力的重要手段。有效地控制地下经济的发展，通过与银行合作打击这类犯罪的"洗钱"活动，是从经济的源头控制这类犯罪发展重要手段。如果我们真的能从财源上有效控制贩毒、卖淫、黑社会的有组织犯罪的话，那将会使这类犯罪成为"无源之水"。可重点考虑通过金融系统的立法等措施，在技术上控制黑社会的洗钱活动。反洗钱是国际犯罪学研究的重大课题，也是我国在黑社会再度兴起的时必须认真研究的新问题，若能有效地控制黑社会的洗钱活动，将是从治本上打击黑社会性质的有组织犯罪。

（2006年博士启动项目课题结题报告）

都市化与犯罪率同步增长的原因分析

【摘　要】 英国、法国、美国等先进国家在早期工业化和都市化飞速发展时期，都没能摆脱犯罪率的同步增长的"怪圈"。中国摆脱了吗，调查研究的结论是否定的。中国与城市化飞速发展相关联的副产品是流动人口逐渐成为城市犯罪的主体，城市文化板块与农村文化板块在农民移住城市的过程中发生了激烈的碰撞，加之城市固有的歧视性文化的影响，使农民工融入城市困难，犯罪数量增加，在城市化中出现了一种以劳动力输出地为中心的"城市村落"现象，具有中国特色。"城市村落"既不受传统村落文化的约束，也不接受新的城市文化的约束，"失范"状态明显，这些因素都与犯罪率的增长相关联。不过，都市化与犯罪率同步增长并不是一个铁定的规律，日本、瑞士就曾经有效地规避了都市化与犯罪率同步增长的"怪圈"，借鉴这些国家的教训与经验，应当努力推进城乡一体化，缓解城乡文化冲突，科学地控制城市的发展速度和规模，全面改善进城农民的生存环境，建立服务于农民工的社会组织，改革现有户籍制度，增强城市公安的快速反应能力，进一步建立和完善城市社会福利体系等，用综合性防控手段治理犯罪问题。

【关键词】 城市化　怪圈　失范　犯罪增长

现代化几乎成为人们"美好生活"的代名词，它意味着文明和富裕。但是，伴随现代化的许多"怪圈"，人类社会似乎又无法摆脱和超越。其中现代化过程中的工业化和都市化所带来的环境污染、可再生资源的大幅减少，以及城市犯罪率的大幅上升一直是困扰人类社会的两大难题。

一、西方国家的都市化与犯罪增长

英国是最早开始工业化和都市化的国家，1891年英国的城市数量率先达到了622个，城市人口占总人口的比例为68%。同时，都市的犯罪问题极为突出。当年恩格斯在《英国工人阶级的状况》（1892年）一文中曾指出："那个巨大的贫穷的渊薮"是"一个日益扩大的泥塘,在失业时期那里充满了无穷的贫困、绝望和饥饿,在有工作做的时候又到处是肉体和精神的堕落"。为贫穷、失业所折磨的昔日农民大多丧失了生活的乐趣和希望,处于一方面是贫穷和饥饿,另一方面是酗酒、卖淫与犯罪的恶性刺激和循环中。不仅伦敦如此,"在其他一切大城市都一样","随着无产阶级人数的增加,英国犯罪数字也增加了,不列颠民族已成为世界上犯罪最多的民族"。

继英国之后德国和法国的工业化和都市化似乎也未能避免犯罪等社会问题的凸显,德国社会学家李连费尔特(Lilienfelt)在《社会病理学》一书中分析道,德国产业革命的发生促进了资本主义的发展,促进了经济富有阶层的出现,同时也带来了以农村地区为中心的大量无产者的产生,他们涌向城市寻找工作、使城市迅速膨胀。初期资本主义条件下的劳动者悲惨的生活状态主要表现为失业、不稳定的工作和收入、贫困、恶劣的衣食住、卫生环境恶劣等,并带来了犯罪等大量社会弊病的产生。

法国社会学家迪尔凯姆(E. Durkheim)的"失范理论"(Anomie Theory)是在法国大革命后急剧的工业化带来社会混乱状态研究基础上提出的。他认为,法国的工业化,以及由此引发的劳动分工,破坏了社会一致性为基础的传统团结。由于法国工业化过于迅速,社会还不能及时形成足够的调整机制,导致了许多社会异常现象的出现。迪尔凯姆还认为,当社会发生急剧变迁时,社会规范、社会舆论、社会道德意识等就会产生混乱或者被削弱,社会对个人的影响作用急剧下降或者暂时消失,而社会生活的急剧变化则会使个人的欲望迅速膨胀,使个人的需要失去控制,从而产生失范状态,在失范状态下,社会缺少了是非、对错的标准,个人需求的急剧增长并且无法控制,缺乏合适的方向和适度的界限,正是在这种无规则的混乱状态下,犯罪现象大量产生。

美国是后发展起来的工业化和都市化国家,1890年美国的城市人口占总人口的比例仅为38%。一百年后的1993年,美国城市人口的比例达到75.8%,成为世界上城市人口比例最高的国家之一。其间美国的"贫民窟"大量产生和蔓延,传染病流行、犯罪增加。芝加哥学派的"犯罪区位学"研究在国际犯罪学界享有盛誉。他们的研究表明,在城市繁华商业中心区和郊区高档住宅区之间的"中间地域"生活着不同于现代社会的特殊社会集团,他们是一些已被拒绝参与竞争者(犯罪者、失业者、被社会边缘化的人们),或没有机会参与竞争的人们(美国黑人、移民、其他少数团体成员),这些人主要从事小时工、盗窃、诈骗和卖淫等。

二、中国是否摆脱都市化与犯罪增长的"怪圈"

中国的都市化不同于早期资本主义的都市化,它是在以公有制经济为主体,在强势政府调控下的都市化。那么,它是否摆脱了都市化与犯罪率同步增长的"怪圈"呢?

中国的都市化要比西方发达国家晚得多,解放初期的1951年全国城镇人口占总人口的比例仅为11.8%。50年代和60年代初,中国在"国民经济五年计划"和"大跃进"的带动下,曾经有过都市化的"躁动",但很快在国家流动人口政策的控制下平息。改革开放前的1976年中国城镇人口占总人口的比重仅为17.4%。

中国大规模的都市化准确地说是改革开放以后的事情,特别是1992年邓小平同志"南方谈话"以后,中国经济改革提速,城市产业结构调整,国家对流动人口政策性干预减弱,中国都市化的进程明显加快,其中,1996~2003年是中国都市化发展最快的时期,城市人口占总人口的比例一直保持在1.4~1.5个百分点的高增幅,到2006年中国的都市化水平已达到了43.9%。与此同时,犯罪率也出现了迅速攀升的趋势。运用皮尔逊R系数对1992~2006年的中国都市化水平与犯罪率进行相关统计分析,两者的相关系数为0.935,表现出极高的相关性。这一数字表明:中国的现代化依然没有摆脱许多西方国家曾经出现过的都市化与犯罪率同步提高的"怪圈"。

三、中国流动人口成为城市犯罪的主体

1993年,美国学者卡斯特尔斯(S. Castles)教授出版过一本很有影响的著作,叫《国际移民时代》(*International Population Movements in the Modern World*),书中将农村人口向城市迁移称为"第一次移住",跨国界的移民迁入称为"第二次移住",并认为这是现代国家不能回避、必须承受的两次"移住现象"。中国的此次都市化主要表现为"第一次移住",即国内大量的农村人口向城市的迁移。

20世纪90年代中后期,中国流动人口总量达到9000万,其中农民工达到8000万人,占88.9%。农村人口大量流入城市为都市化建设做出了重要贡献,并逐渐成为城市产业工人的重要组成部分。但是,流动人口在为城市带来新的繁荣、新的商机和生活的便利的同时,犯罪问题也日益突出。以大城市北京、广州、上海为例,1994年北京的流动人口达112万人,流动人口犯罪占全市

犯罪总人口的44%。当时流动人口犯罪问题已凸显，但似乎并未引起都市管理者高度的重视，或是一直缺乏对流动人口的有效管理对策，使流动人口的犯罪比例继续攀高。2006年末统计，北京已有流动人口383.4万人。2006年上半年，北京市公安局破获的各类刑事案件中涉及流动人口的19953起，占全部案件的69.2%；抓获各类流动人口违法犯罪分子17538人，占全部抓获违法犯罪分子总数的72%。广州市社科院的一项调查表明：改革开放初期的1979年外来人口的犯罪仅占广州市犯罪总人口的3.5%，2002年这一比例上升到85%。大城市上海的情况也大体相同，2007年少年犯管教所关押的外省籍的未成年犯已接近80%。

农村人口既是中国流动人口的主体，也流动人口犯罪中的主体，北京市丰台区的统计（1993年）显示，流动人口犯罪中农民占92.9%。天津市社会科学院法学研究所对1990年、1993年、1996年、1999年、2002年等五个年度外来犯罪者的职业结构调查表明，农业户口占很大比例，均占到了84%左右。

四、城市文化板块与农村文化板块的碰撞与犯罪问题

（一）从艾绪强案件说起

在都市化过程中，进城农民为什么会成为中国城市犯罪的主体？在传统的农业社会里，他们中的许多人曾邻里守望、互相关爱、忍受清贫、朴实劳作，是什么力量、什么因素使他们成为城市化过程中的犯罪者呢？河南省信阳兰店乡农民工艾绪强在王府井大街驱车杀人案曾经引发过中国犯罪学界和网民的广泛讨论。

艾绪强2000年来京打工，最初做买卖废品工作，以后学会开铲车，在朝阳区崔各庄一家沙场开铲车和装载机。后因沙厂污染环境被有关部门勒令停产，艾绪强应得到的工资未能及时发给。他多次向有关部门反映，2004年西城区劳动仲裁部门帮他要回703元的拖欠工资。据艾绪强说，"只解决了很少的一部分"，他对社会失去了信任。2005年9月11日上午，艾绪强在北京市灯市口西侧，抢劫出租车，杀死司机，驱车闯入王府井步行街冲撞人群，导致无辜路人2人死亡，6人受伤。在法庭上当公诉人问道："你为什么要开车撞人？"他回答："我觉得现在10个城里人有9个都是黑心的。"

拖欠农民工工资似乎是艾绪强案件的直接诱因，但问题并不那么简单，他为什么把仇恨泛化为城里人？背后似乎还有更多社会和文化的原因。

(二) 文化冲突所引发的进城农民个体的心理冲突

农村和城市是两个不同质的文化板块。20世纪90年代中国经济高速增长之前，农村的生产方式落后、道路交通不便、大众传媒不发达，表现出浓重的传统性和封闭性，与不少城乡差别较小、传媒发达的国家相比，中国城市文化与农村文化的不同质性似乎表现得更加明显。

一个长期生长在文化生活简单、人际交往具体化、感情色彩浓重、非竞争性、价值文化同质的农业社会的农民来到一个文化生活复杂、人际交往匿名、弱情感文化的都市，文化冲突就会发生。进城农民首先需要摆脱传统乡村以血缘、地缘为纽带的文化环境，适应都市的业缘文化，参与激烈的竞争，在多元的价值观中进行自主选择，这种文化冲突的感受是具体的，并加剧了他们的内心紧张感和焦虑感，并会引发其心理冲突和行为冲突。其次，城市文化的匿名性一方面造成进城农民个体的无归属感。另一方面也减轻他们对越轨行为的负罪感，增加越轨行为发生的可能性。

河南农民工艾绪强的犯罪心理也能从一个侧面反映出这种文化冲突与犯罪的关联性。他所要报复的"城里人"已不再是一个具体的城里人，而是一个抽象的概念，是他对城市业缘文化的反感，对业缘文化的功利性目标所带来的人们情感的疏远、冷漠的反感。艾绪强在作案之前曾写下遗书，遗书中只字未谈拖欠工资之事，而是谈他想念刘霞，说是来世会报答她。刘霞是他在农村离异的妻子。他对刘霞的思念，实际上是对传统乡村那种以血缘、地缘为纽带的浓重亲情的眷恋。

据说，艾绪强来京做买卖废品工作时，月收入1000元左右。后来他成为了铲车司机，每个月能赚到3000多元，他曾为自己有技术、能体面地挣大钱而自豪，在同乡面前俨然是个成功人士。但是好景不长，沙厂停产他失业，使他的情绪变得极坏，常常坐在门口发闷，作案前一个月他开始整天失眠。一个在农村非竞争环境中长大的人无法理解为什么城市的竞争会一会儿把人抬到峰顶，让你自豪得飘飘然，一会儿又把你推到谷底，让你感到无助和绝望。这就是城市的竞争文化，艾绪强不会对城市文化有这么深的理解，但是他却切身感受到了这种文化的冲突。

2001年底，北京发生过多起轰动京城的"打闷棍"抢劫事件，公安机关迅速破案，抓获了来京打工农民李吉文等4人。调查表明，4名团伙成员都来自外地农村，曾在北京某洗浴中心做"黑保安"，他们每天目睹城里有钱人的奢侈生活，内心感到不平，在李吉文牵头下组成了犯罪团伙，开始抢劫犯罪活动，团伙成立20余天里先后作案9起，致8人受伤，1人死亡。从该案件的分析中，我们也能清楚地看到文化冲突的影响，城市文化生活的复杂性，娱乐文化的刺激带来的道德观的麻痹和混乱；城里人生活方式和价值观多元化，以及显著的贫富差距不断冲击着这些从农村来的年轻人，文化冲突引发了个体的心理冲突，并与其犯罪行为相关联。

（三）"城市村落"现象与"失范"

以血缘、地缘为特征的农村文化板块和以业缘为特征的城市文化板块，在中国90年代都市化高速发展时期相碰撞，形成了独特的"城市村落"现象。在北京，曾经形成规模大、有影响的"画家村""安徽村""河南村""新疆村""浙江村"等。这些"城市村落"从无到有、由小到大，成为流动人口在城市聚集的重要方式。在这5个"城市村落"中，除"画家村"是由不同城市的自由画家和艺术家组成外，其他4个"城市村落"都是由劳动力输出省或自治区的农民组成。人们很少听到"画家村"的犯罪消息，但是，"安徽村""河南村""新疆村""浙江村"的犯罪问题却常见于报端。城市村落与中心城市的关系、村内新的人际关系的形成、规范文化的特征等，为都市化与犯罪的关系提供了丰富的研究资料。下面以北京的"浙江村"为例分析。

"浙江村"是北京最大的"城中村"，分布在北京的朝阳区、海淀区和丰台区，其中影响最大的是丰台区南苑乡大红门地区。据说"浙江村"始于1981年，20世纪80年代初形成规模，人口增至3万余人，以后每年以50%的速度增长。据北京1994年10月的人口统计，"浙江村"有外来常住及流动人口达11万，当地农民仅有14301人，外地人是本地农民的7.8倍。"浙江村"的个体工商户75%来自温州的乐清市，20%来自温州的永嘉县，98%为农民，年龄在20~40岁，文化程度多为小学和初中毕业。1995年统计，"浙江村"共有服装摊位1万余个，日成交额500多万元，年交易额15亿元。

90年代初期"浙江村"的社会治安开始恶化，据浙江省乐清县委组织部1992年《关于乐清籍党员在京情况的调查报告》记载："从1992年10月中旬开始，一批来自县东片地区的罪犯流窜到北京，专门抢劫在京乐清人，据反映大概有6个犯罪团伙，他们白天摸情况，夜里蒙面抢劫，每夜都有四五户人被劫，金额少则几千元，多则十多万元，手段非常恶劣，气焰非常嚣张。据不完全统计，1992年10月中旬至12月中旬仅两个月的时间里，被抢金额达100余万元。当地派出所由于人手不够，情况不清，再加上都是乐清人抢乐清人，因此无法控制，使犯罪分子的气焰更加嚣张。"1994年管辖"浙江村"的大红门派出所大幅增加警力，由原来的40人增加至70人，以维持"浙江村"的社会治安。但当年仍发生重大凶杀案件11起，死亡11人，被抢财物共计50余万元。1995年1~9月"浙江村"的治安刑事案件继续攀升至1543起，比1994年同期上升了99.6%，9月份平均每天发生刑事治安案件7.76起。"浙江村"的主要犯罪类型有抢劫、敲诈勒索、吸毒贩毒、抢夺、盗窃、故意伤害、赌博等，其中，最突出的是抢劫和敲诈勒索犯罪。

"城市村落"是属于农村文化板块还是属于城市文化板块？似乎既有农村文化板块的要素，又有城市文化板块的要素，但又似乎两者都不是。从"城市村落"成员构成角度来看，它是传统地缘和血亲文化的产物。"安徽村"主要由安徽省无为县的农民组成，"河南村"的主体是驻马店、信阳一带的农民，"新疆村"的主体是来自喀什地区的农民，"浙江村"的主体则是温州乐清、永嘉一带的农民。他们形成"村落"主要是凭借着血缘和地缘文化的力量，亲戚带亲戚，朋友串朋友的"滚雪球"方式，而且村落越滚越大。但是"城市村落"又不是传统的乡村，这里缺少代际传承，是一个由20~40岁青壮年劳动力组成的"村落"，缺少传统乡村历史和文化沉积，缺少传统乡村的家族长老及家族文化所具有的血亲凝聚力，也缺少村委会等社会组织机构。从"城市村落"生产的角度看，似乎具有城市业缘文化的特征，如"安徽村"主要从事室内装修和家政服务业，"河南村"主要从事废品收购业，"新疆村"主要为餐饮业，"浙江村"主要为服装业。但是村落的业缘文化又缺少城市业缘文化中的"单位体制"和"科层制度"的支撑。

在这些"城市村落"里，人际交往既具有具体性又有匿名性，因为是血亲地缘"滚雪球"形成的村落，人与人之间的交往有具体性的特征。但是，"城市村落"又不是传统乡村的搬移，而是由一个地区若干个村落的青壮年组合，又缺少传统乡村人际交往的具体性。加之"城市村落"的人员因工作特点流动性大，更增添了成员之间的交往的匿名性色彩，以血亲为纽带的传统乡村借贷关系在匿名性色彩增大的状态下失去了原有的人伦规范的保障，同时又无法得到城市"契约文化"和"法律文化"的有力保护，因此"城市村落"内的债务纠纷频发、人际关系紧张、暴力犯罪多发。

"城市村落"已不是传统的农村的非竞争文化，同时入住"城市村落"的乡亲们来时大多两手空空，但在城市的竞争环境中，一些人因勤劳、机遇、关系、技能等因素迅速致富了，而另一些人则无所作为，或"一贫如洗"，于是，心理失衡，雇凶手抢劫同乡的案件在"城市村落"时有发生，并对城市治安构成威胁。"城市村落"中的建筑、装修包工队沿用传统乡村生产队的"年终分红"的分配方式,与城市企业的月薪制度相分离,并在"城市村落"中达成默契,结果是矛盾丛生,劳资关系紧张,报复性犯罪频繁发生。正是这种是农村又不是农村,是城市又不是城市的"四不像"状态,使得"城市村落"中的文化冲突显得异常激烈,犯罪问题异常突出。

"城市村落"似乎是城市中的一个独立的王国,进城农民有着自己不同于所在城市的语言符号、交往方式、交易手段。城市原有的社会正式控制系统似乎无心介入或介入效果不佳。2007年底,北京市公安局人口管理处强调,今后对于地缘、亲缘流动人口聚居区,如木樨园浙江人聚居区等,北京警方将与外地警方联建流动人口管理机构,"乡音好沟通,当地警方管理当地流动人员,更亲切。"语言文化的差异真的会影响一个城市的治安管理效果吗?还是有更深层的文化冲突的原因?"浙江村"的村民曾批评当地政府对该地区治安管理的怠慢:"派出所管什么用?那只是北京人的派出所。""要想把'浙江村'治理好,就得设立浙江人自己的法庭,别人管不好也管不了。"面对地方政府治安管理的怠慢,"浙江村"的人们也曾自发地尝试过若干种"自我保护"方式,如雇用保镖、建立"联防自卫基金"、建立民间联防队和巡逻队等。

"城市村落"的治安紊乱不管是出自村落内部的混乱,还是外部地方政府的管理无效,有一个事实不容否认,即北京的"安徽村""河南村""新疆村""浙江村"等在相当长的一段时期内都曾出现过明显的"失范"状态。所谓"失范"是指社会规范对个人或社会群体的控制能力降低或丧失,表现出一种规范文化的冲突状态。在"城市村落"中,传统的乡村文化丧失了对个体行为的控制力,新的城市规范文化又无法迅速被"村民"所接受,城市的社会控制系统无法和"城市村落"达成有效的互动,并且无法有效地控制该地区的社会治安。"城市村落"的居民也认为,那些陌生的城市社会控制系统不能有效地保护自己的安全和利益,他们以一种自发的自治方式保护自己利益和财产不被犯罪者所侵害。

(四) 城市的歧视性文化

人自出生后就在身心两个方面有着巨大的潜能,这种潜能的自我延伸是人的本性。在人实现潜能的过程中,让某些团体或个人获得较为有利的条件,或者给某些团体、个人附加某种特性,或虚构某种特性已阻止他们实现其潜能的行为被称为歧视。实际上,歧视是指一种不平等的对待。既是一种行为,更多地表现为一种文化,即政策、法律、习俗,以及认为自己所持有的文化、地位、职位优于某些团体或个人的一种观念意识。中国城市的歧视性文化主要表现在政策方面。

1958年1月,全国人大常委会通过了第一部《中华人民共和国户口登记条例》,首次以法律的形式对农民进入城市进行了严格限制,并逐渐形成农村与城市在户籍、住房、收入、医疗、福利、子女就学等方面的两套管理体制,城市优于农村。上个世纪90年代城市化加速发展,粮、油、棉限制供应政策的解除,上亿人口的大规模流动,最终冲破了《户口登记条例》的限制,打破了地域间的封闭,大量农民工涌入城市,并逐渐成为城市产业工人的重要组成部分。但是长期以来形成的"城乡二元结构"仍然像"紧箍咒"一样,束缚着进城打工的农民,使他们难以融入城市社会:没有城市户口,找工作难,工资时常被拖欠、子女无法入学、居住在"贫民窟"、无法享受城里人的医疗保障和社会福利等。

笔者曾经访谈过做钟点工的曾女士,她80年代末和丈夫来北京打工,最初落脚二环路以里,随着都市的扩张,房价的高抬,他们不断搬家,先搬到三环附近,再搬到四环附近……现在搬到了五环以外,他们只能租最便宜、最破旧的房屋,孩子在京上过七八所打工子弟学校,多是学费交后不久学校消失,或办学条件不合格而被撤销,上公家的学校要交3万~5万元的"赞助费",门槛太高。无奈,他们只得恋恋不舍地将孩子送回四川老家。

笔者认为,进城农民与城里人之间在医疗、教育、住宅、社会福利等诸多方面的不平等,其中教育不平等是最大的不平等。《中华人民共和国义务教育法》明确规定了少年儿童有接受义务教育的权利,为什么现实中农民工的子女无法享受城市九年制义务教育的权利,无法享受免交学费的权利,无法在城市中就近入学呢?三万到五万元的"入学赞助费",成为一个巨大的门槛,将农民工子弟拦挡在义务教育的大门之外,打工子弟学校因办学资质、办学条件,以及骗子横行等原因,让进城农民的子女屡遭挫折。对于这种教育的不平等,曾有城市教育行政官员解释:国家义务教育的财政拨款是下拨到农民工子女的户籍所在地,因此,他们无权享受城市有限的义务教育资源。但是,在世界上许多接受移民的国家里,不同国籍、不同种族、不同民族的少年儿童移居到一个城市后,都能迅速享受到该国的义务教育,并能就近入学。农民工子女和城里的孩子们都在同一片土地上成长,他们之间的差异既不是种族的也不是国籍的差异,仅仅是一种户口上的,即"农业户口"与"非农业户口"的差异,或者说是从事职业的差异,为什么不能享受同等教育资源,为什么不同地区的义务教育资源不能有机调配?这里有一个制度安排的问题,也有一个歧视性文化(政策)的影响问题。

农民工子女与城市少年儿童的教育不平等所带来的后果是严重的。一些农民工子女因在城市上不起学,在街头游逛,成为城市的不安定因素。2005年,北京的一项调查表明,未成年人犯罪中,辍学和无业者占51.3%,其中农民工子弟、流浪儿童的犯罪问题尤为引人注目。问题更严重的还是对中国未来社会的影响,近年来,因进城打工的农民子女无法在城市就学,父母只得把他们留在乡下,让老人照顾,与父母两地分居,中国人称其为"留守儿童"。据2007年统计,全国已有"留守儿童"近7000万人,不能与父母双亲在一起生活的高达56.2%。"留守儿童"在其社会化的重要时期因无法感受到父爱和母爱,无法得到良好的家庭教育,造成社会化的缺陷。另外,"留守儿童"多由隔代老人管理,或托付给亲友,一些"留守儿童"不服老人或委托的监护人管理,或者老人、监护人对"留守儿童"放任自流,儿童厌学弃学,离家寻找父母,流浪街头等情况时有发生。据民政部门统计,每年全国有15万人次的流浪儿童,83%的来自农村,60%为初次流浪。笔者对成都流浪儿童的访谈调研中发现,70%左右的流浪儿童都有轻微的违法犯罪行为。"留守儿童"和"流浪儿童"问题关系到少年儿童的健康成长,关系到国家的未来发展,必须采取有力措施予以解决。否则,不远的将来我们的社会将为这次城市化过程付出沉重的代价。

在对农民工的访谈中,我们还可以了解到农民工居住条件的恶劣,在都市化高速发展阶段"贫民窟"的大量产生曾经是世界上许多先发展国家共同遇到的棘手问题,"贫民窟"曾被犯罪学家称为"亚文化的土壤","贫民窟"特殊的生活环境、交友环境,以及生活方式容易形成与城市主流文化相抗衡的亚文化,也容易形成犯罪的价值观,并增大外来人口融入城市的难度和犯罪的可能性。

五、日本对都市化与犯罪率同步增长"怪圈"的规避

日本是国际犯罪学界公认的摆脱了都市化与犯罪同步增长"怪圈"的国家,此外还有瑞士等国家。1960年至1975年期间是日本经济发展和城市化发展速度最快的时期,但从犯罪统计上看,60年代除了性犯罪、过失犯罪有所增加外,财产犯罪(盗窃、诈骗、贪污、买卖赃物等)、凶恶犯罪(杀人、抢

劫等)、粗暴犯罪(伤害)均有所下降。进入70年代后,各种类型的犯罪出现了全面下降的趋势。笔者长期在日本留学,对于日本摆脱都市化与犯罪的"怪圈"进行过专题研究,认为:(1)日本政府在现代化过程中有效地保护了传统的东方文化,并使其巧妙地与现代社会接轨,缓解了传统社会向现代社会转型中的结构性冲突。比如,企业的终身雇用和年功序列工资制,减少了失业人口,缓解了社会转型的"阵痛";对长幼有序、夫妻有序、师生有序等传统观念的保护,缓解了在现代化过程中家庭、学校等非社会性控制系统内部的结构性冲突。(2)强调国民的积累和投资,缓解"后生型"国家消费超前所带来的生产力与消费需求的尖锐矛盾。(3)国家有计划地向贫困地区投资,缓解地区间发展的不平衡,同时缓解了都市化发展过快造成的社会紊乱。(4)城市采取各种措施,有效地接纳了农村移民,缓解了城乡文化板块的冲突。(5)发挥传统舆论对犯罪控制的机能,提高犯罪检举率。这些因素对日本摆脱都市化与犯罪增长的"怪圈",起到重要的作用。

关于"日本战后如何解决农村人口向城市迁移中的社会问题",笔者曾对日本独协大学石康吾教授进行过访谈,他指出:六七十年代日本政府曾出巨资建立廉租房和各类职业学校,督促进城的年轻农民读书,帮助他们适应城市生活,鼓励他们安心在城市生活和工作,几十年后这些人成为了城市建设和发展的中坚力量。他认为,对于大量涌入城市的青年农民,日本政府前期在学校、住宅等方面的投资是正确的,因为它会给未来的城市发展带来无可估量的好处。现在地处东京都中野站北口的太阳广场就是那个年代政府为进城打工者建起的住宅和活动场所,随着这些年轻农民工熟悉了城市生活,成家立业后,逐渐搬出太阳广场,目前这里已经成为了中野区政府管理的会议、娱乐场所及结婚市场。日本城市化高速发展期的这些做法值得我们借鉴。

六、中国摆脱都市化与犯罪同步增长"怪圈"的对策建议

(一)努力推进城乡一体化,缓解城乡文化冲突

农村文化板块和城市文化板块的差异来自于不同的生产方式、生活方式和文化传统,城乡文化的冲突除了这些差异之外,还来自农村文化板块和城市文化板块之间的壁垒。从上个世纪50年代末户口登记制度实施到改革开放前的三十年间,农村文化板块和城市文化板块之间的壁垒越筑越高,两个文化板块的交流越来越少,文化的独立性越来越明显。改革开放以来,特别是90年代以后,农村人口大规模的向城市迁移,城乡分割的壁垒被打破,城乡文化板块

的碰撞必然表现出异常剧烈的状态，这种异常剧烈的文化冲突反映在进城农民身上表现之一就是进城农民的高比例的犯罪问题。随着中国经济的发展和社会的开放，我们应当大力推进城乡一体化的发展，城乡一体化将改变中国长期以来形成的"城乡二元结构"，实现城乡在政策上的平等、产业发展上的互补、国民待遇上的一致，让农民享受到与城镇居民同样的教育、医疗、社会福利，使整个城乡经济社会全面、协调、可持续发展。城乡一体化将会大大缓解城乡文化冲突，也会减少由城乡文化冲突所引发的进城农民的犯罪问题。

（二）科学地控制城市的发展规模和速度

既然中国的城市化发展速度与犯罪率的增长呈现出0.935的强相关性，那么，有效地控制城市的发展速度和发展规模便是有效抑制犯罪率增长的重要手段。20世纪60年代初期，中国曾经采取过将大量城市人口疏散到农村的政策，并带来了犯罪率的大幅下降，同时也带了城市化水平的整体下降。从现代化发展的角度看，疏散城市人口不符合现代工业、服务业及经济社会的发展规律。但是90年代中后期城市化的高速发展，也带来了城市人口增长与城市承载能力的矛盾，并使全国的犯罪率不断攀升。因此，在城市化发展速度、城市的承载能力、控制犯罪三者之间需要寻找一个最佳点，这是犯罪学领域应当研究的重大课题。根据新中国成立六十年来城市化与犯罪率变化的曲线分析，从抑制犯罪减少社会问题的角度看，城市化水平每年增加在0.5~1个百分点比较合理，这样的增长速度能够使城市比较从容地安排流动人口的住宅、就业、生产、生活、教育、医疗等，缓解城市发展过快，人口拥挤所带来的交通、住宅、医疗、卫生、环保等诸多社会问题，也能使政府比较从容地改善流动人口的生活环境、文化环境，有效地控制流动人口的犯罪增长。

（三）全面改善进城农民的生存环境

进城农民，特别是农民工已经成为中国城市化建设的重要组成部分，在城市的第二产业和第三产业中农民工已占到半数以上，城市应当抑制传统的歧视性文化，善待农民工，树立"人人平等""公平对待"的理念，纠正各种损害农民工人格尊严和公民权利的歧视性做法。优化流动人口就业、就医、子女就学、社会保障等公共服务。

首先，城市的政府应通过建设廉租房等手段，帮助农民工改善住房条件，使他们逐渐摆脱"贫民窟"式的生活环境。其次，从国外一些城市的发展看，"贫民窟"常常是一种以血缘、地缘的为纽带，自发形成的居住区域，表现出很强的自治性和封闭性，政府的管理难于介入，在这些区域中容易形成与城市主流文化相抗衡的亚文化，容易形成青少年犯罪的低文化群体，形成有广泛影响的犯罪价值观。在"贫民窟"居住的人们更难于融入城市文化和生活，增大区域性犯罪形成的可能性。因此，政府在城市化发展的过程中应尽可能避免"贫民窟"的出现，避免贫富差别区域的形成，这样将会有利于未来城市的发展，收到良好的预防犯罪的效果。再次，城市在接受进城农民为市政建设、居民生活便利做贡献的同时，还应当为农村减少"留守儿童"承担起相应的社会责任。积极接纳农民工子女在城市就学，让他们能够安心地把妻子和孩子接到城市，过上正常的家庭生活。这既是一种人本主义的关怀，也是青少年平等、健康成长的基本条件，更是抑制流动人口犯罪的重要手段。

（四）建立服务于农民工的社会组织

在农村人口大规模地向城市迁移的过程中，在特定的法律框架下，帮助农民工建立一些同乡会、工会等社会组织，这些社会组织可以成为城市与农民工连接的中介，帮助农民工解决实际困难和问题，包括进行适当的心理咨询，就城市文化、法规、习俗等进行指导，举行与城市居民的联谊活动等，让进城农民遇到难处时能找到一个宣泄和帮助他们说话的地方。在农村人口向城市大量迁移过程中，农民工的中介组织作用是不容忽视的，它能有效地避免进城农民与城市的直接冲突，避免城乡群体之间的敌视，缓解农村文化板块与城市文化板块的碰撞所带来的进城农民心理冲突和行为冲突，使农民工能够顺利地融入城市生活。

（五）改革现有户籍制度

中国"城乡二元结构"形成的基础是户籍管理制度。1958年1月9日，经全国人大常委会讨论通过，毛泽东签署了1号主席令，颁布了第一部《中华人民共和国户口登记条例》（简称《条例》），确立了一整套新的户籍管理办法，主要包括常住、暂住、出生、死亡、迁出、迁入、变更等7项人口登记制度，其主要功能是保障城市的粮油布的配给，稳定城市秩序。《条例》实施后逐渐将公民的户籍划分为"农业户口"和"非农业户口"，在就业、就学、医疗、养老、住房等方面形成两套管理机制。从宪法学和国际法学的角度分析，1957年的1号主席令违反了当时的《中华人民共和国宪法》中关于公民迁移自由的条款（1975年《宪法》修订后，取消了公民迁移自由的条款），同时也违反了1948年联合国制定的《世界人权宣言》中关于"迁移、居住自由"

（第13条）的条款。但是，从法社会学的角度分析，这种非流动的户籍制度与当时的计划经济体制相配套，严格限制人口迁移在一定程度上抑制了流动人口的犯罪，抑制了城市犯罪率的上升。

改革开放以来，特别是上个世纪90年代以来，中国经济飞速发展，人民的生活水平大幅度提高，大量的农村剩余劳动力以不可阻挡之势向城市迁移，城市化速度加快，户籍制度原有的粮油布配给功能及限制人口迁入迁出功能逐渐丧失，户籍或暂住证成为警察管理人口、预防犯罪的一种手段。由于户籍管理功能单一化和警察作为户籍管理的主体，影响流动人口申报暂住证的积极性。据北京市海淀区2004年的调查，办暂住证人数为26万人，与实际应办证的流动人口数（64万人）相比仅占1/3。大多数流动人口不向所在城市申报，增大了政府对流动人口管理的难度，也使流动人口的犯罪问题突出。因此，传统的户籍管理制度的改革势在必行。

如何改革传统的户籍制度呢？长期以来户籍管理制度的基本思路是"以证管人"，即通过管理户籍，进而管人的衣食住行、管社会治安，因此这项工作一直由公安系统来做。户籍制度的改革首先要冲破这种传统观念，将户籍管理与警察的治安管理相分离，与政府服务于百姓的福利制度相结合。户籍制度改革的基本方向应当是将户籍登记与城市居民、流动人口的权益和福利相结合，走服务型的管理模式。户籍制度与人口的医疗、就业、职业培训、子女就学升学、住房、社会福利等民生和教育问题相结合，使流动人口户籍申报工作由现在的被迫申报转变为主动申报，因为申报的目的不是为了接受管理，而是为了让自己和家庭享受所在地区政府为市民提供的社会福利和良好教育。

完成户籍管理与流动人口权益的连接光靠公安机关一家是无法完成的，我们可以借鉴国外发达国家的经验，将目前的公安系统管理户籍逐渐过渡到由市区政府内设的户籍管理部门进行管理。这一管理机制一方面容易实现与区域社会福利和社会教育的联动，有利于密切政府和民众的联系，使户籍管理更加人性化；同时，也能减轻由警察管理流动人口所带来的进城农民的被歧视感和不安全感。另外，户籍管理与警察治安管理相分离，更有利于城市的公安系统集中精力做好犯罪的预防和控制工作。

（六）增强城市公安的快速反应能力

传统的将派出所建在非闹市区的"深宅大楼"里是改革开放前地域封闭、人口流动缓慢、以住地居民的户籍管理为核心，通过管户籍来管治安的工作模式的产物。这种做法已经不适合大规模人口流动的现代都市管理。派出所是分局的派出机构,应当减小机构规模,增加机构数量和机动性,将"治安阵地"前移,建在人口流动量最大的地方,如主要车站、闹市区、娱乐场所周边等,派出所与派出所之间的设点距离,应以自行车的速度计算在20分钟或半小时之内可以到达为最佳(因为现代都市常常堵车,自行车通常是警察最便利的交通工具),要将警察到现场的平均速度提高到8分钟以内,以符合现代都市治安管理的要求。城市应建立起以"110"报警服务台为指挥中心,派出所为据点和前沿阵地,在点与点之间以巡警为补充的、具有快速反应能力的社会治安体系。

在世界都市化的发展过程中,曾出现过四次"警务革命":第一次是1829年伦敦警察的职业化;第二次是19世纪末20世纪初的美国警察的专业化;第三次是20世纪30年代至70年代警力机动化,装备现代化,强调快速反应能力;第四次是上个世纪80年代开始的社区警务改革。目前,中国城市的警察发展还处于完成了第二次革命,即警察的专业化,并开始进入警力机动化,装备现代化的第三个阶段,因此必须适应大都市的快速发展的需要,把警力放在街面上,增强警力机动化、装备现代化和快速反应能力。一是为了震慑犯罪,二是为了高效地解决人口频繁迁移中因地点时间的不确定性引发的各种民事纠纷、冲突、街头犯罪以及突发事件。另外,可以辅助以社区警务,并注意从源头上打击犯罪,比如,严格取缔各种销赃市场,严格管理各类二手车市场及废品收购站等。

(七)进一步建立和完善城市社会福利体系,控制犯罪的增长

改革开放三十年,中国的经济实力得到了空前的增强。此时拿出一定数量的资金投入社会建设,特别是加强社会福利制度的辐射面,是稳定社会、减少犯罪的重要手段。现代社会的福利制度既有扶助贫困,缩小经济差别的功能,也有控制由于"绝对贫困"引发刑事犯罪的功能。制定相关的福利法规,在完善法律的基础上,逐渐建立起完善社会保障体系,并不断扩大福利事业的范围,让包括农民工在内的更多社会群体受益。构建福利社会是目前许多发达国家所采取基本做法,它在预防犯罪和控制犯罪率的增长等方面收到了意想不到的效果。

(原载于《犯罪学论丛(第八卷)》,中国检察出版社2010年版)

影响中国犯罪率攀升的六大关系研究

【摘　要】科学地研究中国犯罪率持续攀升的原因和新时期犯罪的规律，是制定有效刑事政策的前提。改革开放三十多年来，中国所遇到的城市化与流动人口犯罪的关系、"相对贫困"与财产犯罪的关系、社会冲突与恶性暴力犯罪的关系、问题家庭与杀亲案频发的关系、地下经济与黑社会有组织犯罪的关系，以及刑满释放人员就业安置与重新犯罪的关系等，是犯罪学界和司法实务界必须总结和回答的重大问题。研究六大关系背后的因果链条，有针对性地制定控制犯罪的治本之策，构建社会治安管理的创新机制，方能实现抑制犯罪率增长，保障社会的长治久安。

【关键词】犯罪率　六大关系因果链条　治标与治本

中共中央于1983年8月25日下发的《关于严厉打击刑事犯罪活动的决定》中提出：三年内组织"三次战役"，依法将刑事犯罪分子逮捕一大批，判刑一大批，劳教一大批，注销城市户口一大批，并且杀掉一批有严重罪行、不杀不足以平民愤的犯罪分子。❶公安机关进一步提出"三年为期实现社会治安的根本好转"，由此拉开了举世瞩目的"严打"序幕。1983年的"严打"过去了近三十年，其间还实施了1996年、2001年、2004年三次大规模的"严打"，以及各种形式的专项打击活动，打击的社会效果如何？社会治安是否有根本好转？犯罪率是否得到控制？从统计资料分析看，"严打"前的1982年全国刑事立案数74.9万起，犯罪率为7.4/10000；而2009年刑事立案数达557.99万起，是1982年的7.45倍，犯罪率为41.8/10000。一边是大规模的"严打"活动，一边是犯罪的持续增长，至少说明"严打"活动不是抑制犯罪增长的治本之策。我们必须研究犯罪率持续增长的原因，探索新时期犯罪变化的规律和治理犯罪的治本之策，建立控制犯罪增长的长效机制。

---

❶ 刘复之：《刘复之回忆录》，中央文献出版社2010年版，第360页。

一、影响中国犯罪率攀升的六大关系

(一) 城市化与流动人口犯罪的关系

据国家统计局2009年统计，全国流动人口2.11亿人❶，农村流动人口是流动人口的主体。从2010年的统计看，全国外出打工的农民总量达1.53亿人，占到流动人口总数的70%以上。如此大规模的人口从农村流入城市，从一个城市流动到另一个城市可谓史无前例。从社会学的角度分析，流动人口迅速增长实际上是中国城市化迅速发展、庞大的农村人口向城市迁移的表现。那么，中国的城市化与犯罪率变化的关系如何？

图1是中国城市化率与犯罪率的变化曲线，两者的起伏极为相似，用皮尔逊R系数对1992~2006年中国都市化水平与犯罪率相关系数分析，呈0.9的正相关，说明中国的城市化率与犯罪率的变化关系密切。

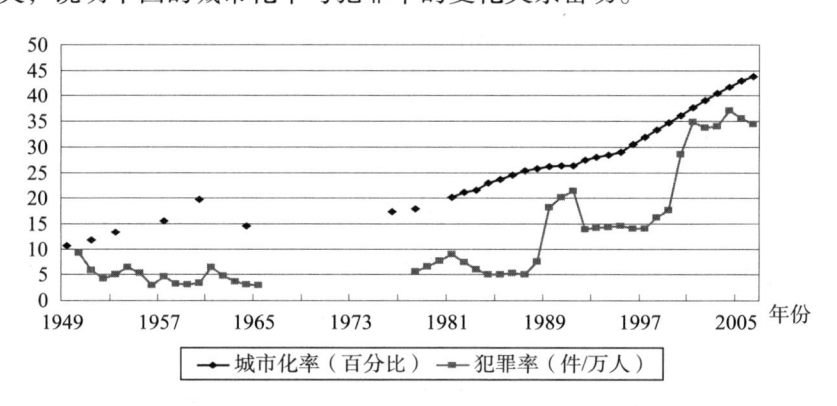

图1 中国城市化率与犯罪率的变化曲线

上个世纪90年代中后期是中国城市化发展最快的时期，1996~2003年城市化的增长率一直保持在1.4~1.5个百分点。90年代中后期开始的城市化提速和大规模人口迁移，加之社会管理滞后使两大社会问题逐渐凸显。一是城市流动人口的犯罪问题日渐突出；二是农村留守儿童教育，以及由此相伴生的流浪儿童问题日渐严重。

1. 流动人口的犯罪问题

大量农村人口迁移到城市为城市建设和繁荣、产业结构的变化做出了巨大

---

❶ 申兵：《"十二五"时期如何促进农民工市民化》，《中国经济时报》2010年7月21日。

的贡献,从2003年底的统计看,全国第二产业就业的农民工已占57.6%,其中建筑业占到80%;第三产业就业的农民工占52%,其中环保、家政、餐饮等服务行业农民工占90%。❶与此同时,流动人口的犯罪问题日渐凸显。以大城市北京、广州、天津为例,1994年北京的流动人口达112万人,流动人口犯罪占全市犯罪总人口的44%,2006年流动人口上升至383.4万人,当年上半年,北京市公安局抓获的各类流动人口违法犯罪者17538人,占全部抓获违法犯罪分子总数的72%。❷从北京市昌平区人民法院2009年的统计看,流动人口犯罪人员1339人,占犯罪人总数的77%。❸广州市社科院的一项调查也表明,改革开放初期的1979年外来人口的犯罪仅占广州市犯罪总人口的3.5%,2002年这一比例上升至85%。天津市社会科学院法学研究所对1990年、1993年、1996年、1999年、2002年五个年度外来犯罪者的职业结构分析表明,农业人口所占比例高达84%左右❹。

为什么城市中流动人口的犯罪比率高呢?原因是什么呢?研究表明,与他们迁入城市后的环境变化关系密切。具体分析为以下三个方面:

(1)农村文化板块所固有的血缘、地缘、非竞争的特征与城市文化板块的业缘、匿名性、竞争的特质发生碰撞,乡村原有的对个体的积极行动或不利处境提供强有力的社会支持和帮助的社会关系系统被弱化,乡村原有的对个体越轨行为的抑制功能被削弱,由此带来进城农民心理上的不适应,增强其越轨行为发生的可能性。

(2)"城中村落"的形成与区域"失范"问题明显。以北京为例,20世纪90年代北京市出现了以劳动力输出省和自治区农民为主体的"河南村""浙江村""安徽村""新疆村"等,这些"城市村落"既有农村的血缘和地缘特征,又有城市业缘、匿名性和竞争的特征。"城市村落"通过血亲地缘方式,以"滚雪球"的形式逐渐形成和扩大,形成独特的乡亲文化;而同时"城市村落"又具有城市业缘、匿名性和竞争的特征,夜晚、节假日人们以"城中村"为居住点,工作日又融入城市的业缘、匿名、竞争的环境中。同

---

❶ http://www.stdaily.com/gb/stdaily/2007-09-04/content_715972.htm。

❷ 中共北京市委党校、北京行政学院市情中心:《北京市情数据手册》,燕山出版社2007年版,第79页、第82页。

❸ 腾讯网:"法院发布调研数据 昌平区流动人口犯罪占79%",http://news.qq.com/a/20100824/001746.htm。

❹ 周路:《当代实证犯罪学新编——犯罪规律研究》,人民法院出版社2004年版,第148页。

时，不同的"城中村"所从事的主要职业差异较大，河南村主要从事拾荒和废品收购业，"浙江村"主要从事服装制作和销售业等。这种似农村非农村，似城市非城市的地域环境使传统的乡村文化丧失对"村民"行为的控制力，新的城市规范文化又无法迅速被"村民"所接纳，城市社会控制系统无法与"城中村落"达到有效地互动，区域性"失范"问题明显，使"城中村落"曾一度成为城市犯罪的高发区域。

（3）城市农民工杂居区与犯罪"亚文化"。降低生活成本是进城农民工积攒财富、反哺乡村的重要手段。在城市政府和企业缺少对农民工住房安置措施的前提下，他们会根据住房的价格向住房低廉的区域迁移，在城市规模不断扩张、城市中心房租高扬的背景下，农民工群体会向城市边缘迁移，并在城乡结合部房租低廉的区域形成聚集区。这类聚集区并没有"城中村落"那样的劳动力输出省市的地缘特色，形成的主要原因是低生活成本。这类聚集区人口来源复杂、人均居住密度高，房屋狭小、道路狭窄泥泞，卫生、教育、医疗条件差……特殊的生存环境容易形成该区域与城市主流文化相抗衡的"亚文化"，形成犯罪价值观，加大移民融入城市的难度，增大了他们犯罪的可能性。

2. 留守儿童问题

留守儿童是指父母双方或一方外出到城镇打工，而留守乡下的孩子。留守儿童一般是与母亲或父亲中的一方，或上辈亲属，或其他亲戚朋友一起生活。中国的留守儿童问题是中国城市化和"城乡二元结构"的叠加产物。20世纪90年代的城市产业结构调整和城市化的巨大牵拉力使大量的农村剩余劳动力向城市迁移，而传统的"城乡二元结构"使进城农民在就业、就医、社会保障、子女就学等方面无法享受同城待遇，为降低城市生活成本，许多农民工让子女留守农村，由老人和亲属抚养。根据2005年中国1%的人口抽样调查数据推算，全国农村留守儿童达5800万人，其中14周岁以下的农村留守儿童约4000多万人，留守儿童占农村儿童总数的28.3%。留守儿童中57.2%的父母一方外出打工，42.8%的父母双方外出打工。从留守儿童的监护人看，由爷爷、奶奶或外公、外婆抚养的占79.7%；由亲戚和朋友抚养的占13%；不确定或无人监护的7.3%。❶ 这些农村留守儿童生活在缺少父爱或母爱的环境中，以父母为核心的家庭教育环境缺失，社会化过程受阻。广州大学发展研究院"新生代农民工罪犯"课题组的研究报告已初显问题的严重性，该调查报告指

---

❶ 百度：留守儿童，http://baike.baidu.com/view/109106.htm。

出:"有犯罪记录的新生代农民工中,80%在幼年时期被留守家乡无人看管,犯罪原因主要为成长环境不良、家庭教育缺失。"❶

与农村留守儿童问题相伴随的还有流浪儿童问题。一些留守儿童不服老人管教,或厌学辍学,或到城镇寻找父母,或被人诱骗,离家出走,流落街头。民政部门每年救济流浪儿童51万人以上,推算全国有100万~150万的流浪儿童。流浪儿童生存环境比农村留守儿童恶劣得多,笔者参与的2006~2007年中央综治委课题"中国流浪儿童研究"调研结果显示,32.9%的流浪儿童靠偷盗、诈骗、抢劫、贩毒、卖淫等违法犯罪行为谋生。❷

(二)"相对贫困"与财产犯罪的关系

贫困与犯罪的关系是犯罪学的研究主题。改革开放三十余年来,中国经济迅速发展,中国社会逐渐从温饱型过渡到小康型。2007年中国人均GDP首次超过3000美元,当年曾有学者断言,中国"社会矛盾的多发期行将进入尾声"❸。2010年中国国内生产总值进一步提升至39.8万亿元,经济总量首次超过日本,成为世界第二大经济体,人均GDP达到4300美元左右。但社会矛盾和犯罪率并未如人们所预料呈现出缓解和下降的趋势,以2009年为例,当年全国的刑事立案数继续增长14%,其中以获取财产为中心的犯罪上升最快,盗窃上升了14.4%,诈骗上升了39.3%,拐卖人口上升了153.8%,伪造货币上升了253.8%。❹是什么因素在中国经济高速发展,人均GDP大幅提高的背景下,继续拉动犯罪率,特别是财产犯罪大幅增高呢?犯罪学界应当回答这一问题。

笔者用1991~2009年全国的万人刑事案件立案数与基尼系数之间进行相关分析,发现二者呈现出0.87的正相关,就是说,贫富差距越大与犯罪率增长的关系越密切。改革开放初期的1978年全国城镇居民的基尼系数仅为0.16,农村居民的基尼系数为0.21,全国犯罪率5.6/10000。2009年全国的基尼系数增至0.47,超出黄金分割律的"警戒线"❺0.09,犯罪率高达41.8/10000。

---

❶ 张小磊:《新生代农民工幼年留守家乡占八成》,http://news.qq.com/a/20110109/000645.htm。
❷ 鞠青:《中国流浪儿童研究报告》,人民出版社2008年版,第3页、第27页。
❸ "中国人均GDP将超3000美元",http://business.sohu.com/20090116/n261785823.shtml。
❹ 国家统计局:《2010年中国统计年鉴》,中国统计出版社2010年版,第889页。
❺ 基尼系数指在全部居民收入中,用于进行不平均分配的那部分收入占总收入的百分比。基尼系数最大为"1",最小等于"0"。通常把0.4作为收入分配差距的"警戒线",根据黄金分割律,其准确值应为0.38。

为什么贫富差别的拉大会带来犯罪率的上升呢？国际犯罪学界的研究表明，贫富差别的拉大会使低增长群体滋生"相对剥夺感"或"相对贫困感"。美国犯罪学家高伯瑞（J. Galbraith）在上个世纪 50 年代出版了《富裕社会》一书，曾系统分析了"相对贫困"与犯罪的关系。他认为，"相对贫困"不是事实上的贫困，而是一种感受到的贫困，是源于心灵深处经比较而产生的贫困感。这种"贫困"并不产生于真正贫困时期和地区，而是产生于富裕的社会里，在这种社会里，可购买的东西太多，新式产品和消费品层出不穷，无法满足一般人的欲望，消费欲望的高抬与贫富两极分化的现实，会使更多的人感受"相对贫困"，一些人为了摆脱心灵上的贫困感，开始不择手段攫取财富，甚至走上犯罪之路。

（三）社会冲突与恶性暴力犯罪的关系

犯罪学对于社会冲突与犯罪关系的研究侧重于两个方面：一是研究社会心理上的愤怒、仇恨与犯罪行为的关系，二是社会冲突所带来的社会对立与犯罪的关系。分析近年来发生的一系列恶性暴力犯罪的原因，我们能够清晰地感受到社会冲突或社会对立与暴力犯罪的关系。

2005 年 9 月，河南信阳来京打工农民艾绪强抢劫出租车，杀死司机，驱车驶入王府井步行街冲撞人群，导致无辜路人 2 人死亡，6 人受伤。原因为企业倒闭、拖欠工资等，艾绪强在法庭上称"我要报复社会，报复富人"，"10 个城里人有 9 个都是黑心的"。[1]

2008 年 7 月，北京青年杨佳携带尖刀等作案工具闯入上海闸北公安分局机关大楼，捅刺楼内数名公安民警及保安人员，造成 6 名民警死亡、4 人轻伤。原因是半年前因骑无牌无证自行车被闸北警方盘查 6 小时，确认自行车系"租用"后放行。为此杨佳投诉闸北公安分局无果，报复警察至此惨案[2]。更为值得关注的是该事件后众多网民称其"杨佳英雄""杨佳义士"，成为"杨佳案网络事件"，显露警民关系的紧张和社会的对立情绪。

2010 年 3 月，曾被称为"郑一刀"的原福建南平社区卫生服务站医生郑民生持刀在南平实验小学大门口行凶，55 秒钟造成该校小学生 8 死 5 伤，杀人动机与失恋、辞职有关。法庭上他强调：自己是本分人，是社会冷漠造成的

---

[1] "'艾氏911'的王府井血案"，http://book.sina.com.cn/nzt/history/soc/jiemizhongguodaan/75.shtml。

[2] "警方披露闸北袭警案详情 疑犯行凶手段残忍"，http://news.sohu.com/20080708/n258007925.shtml。

悲剧。❶ 一个多月后的4月8日，广东雷州市一名男子闯入市第一小学，持刀砍伤18名学生和1名教师；4月29日，江苏泰兴镇一男子徐玉元持刀闯入镇中心幼儿园，砍伤32人，其中包括29名幼儿、2名教师、1名保安；5月12日，陕西郑县一所私人幼儿园发生凶杀案，致使9人死亡，其中有7名儿童、2名成年人。多起以小学生和幼儿园儿童为对象的"屠童惨案"震惊全国。更为值得关注的是在系列屠童案发后，有民众在幼儿园门口挂出横幅"冤有头，债有主，出门右拐是政府"，反映出官民的对立情绪。

"驱车杀人案""袭警案""屠童案"的犯罪者早已伏法，这些杀人事件似乎已经"尘埃落定"，但是它留给社会的思考并没有"尘埃落定"。从这些犯罪者的犯罪动机、成长经历、家庭背景等因素分析，至少留给我们两点思考。（1）这些人大多是社会竞争中的弱者和失败者，生活在社会底层，生活比较艰辛，竞争是社会发展的"润滑剂"，但是如何在激烈的社会竞争中给竞争中的弱者和失败者以生存机会，社会福祉惠及弱势群体，避免他们走上暴力犯罪的绝路，是我们必须思考的问题之一。（2）从他们的经历看，许多人曾遇到过挫折和委屈，如失业、失恋、家庭纠纷、拆迁补偿等，他们将愤怒、仇恨迁移至社会，并残忍地指向无辜者，以杀害最多的人，造成民间最大的痛苦和恐慌，达到报复社会的目的，这类犯罪惨不忍睹，无法宽恕！但社会必须思考如何化解和解决社会矛盾，防止愤怒、仇恨迁至社会。

（四）问题家庭与杀亲案件频发的关系

"问题家庭"主要表现为两种形式：（1）结构性破损家庭，即亲生父母一方缺失或双方缺失的家庭；（2）功能性破损家庭，即父母健在但经常吵架，家庭暴力，对孩子放任不管，父母分居等。功能性破损家庭尽管家庭结构是完整的，但家庭在保护和教育青少年的机能已丧失。

2009年以来，全国频繁发生的"杀亲案件"不断地拷问我们的社会："我们的社会细胞——家庭是否出了问题？"2009年底，北京市大兴区连续发生了3起"杀亲灭门案"震惊全国。11月27日，大兴区清澄名苑小区北区14楼的李磊（29岁）持刀杀害其父母、妹妹、妻子和2个儿子6人，潜逃三亚被捕；❷ 12

---

❶ "郑民生强调社会冷漠造成悲剧，自称是本分人"，http：//china. huanqiu. com/roll/2010 - 04/771706. html。

❷ "专家解析大兴灭门案：李磊缘何举起屠刀？" http：//www. scol. com. cn/focus/zgsz/20091202/200912274200. htm。

月27日，同小区南区3号楼的张武力（38岁）持刀杀死妻子及10岁的儿子，并在墙壁上写下血书"为了人民"后拨打110电话自首，家中发现精神病药物；❶ 12月31日，大兴区旧宫清欣园小区11号楼张伟（30岁）杀死友人申某后，又杀死女友和申先生的妻子及岳父母5人，报警后自杀未遂。❷ 此外，2009年底的云南昆明陈文法（21岁）杀死父母、伯父母、奶奶和堂哥6位亲人，该凶手曾患急性精神分裂症❸。湖南安化县刘爱民（34岁）持猎枪袭击本村村民，纵火烧毁5栋村民房屋，致父亲、堂叔等13人死亡。2011年4月，鞍山市周宇新因企业经营不利、内心失落，杀死父亲、妻子、儿子及洗车工等10人❹。

分析这些"杀亲案件"的原因，与家庭的结构性破损和功能性破损关系密切，与犯罪者的家庭教育不良、婚姻家庭的不幸、家庭财产纠纷，家庭关系积怨太深、以及家庭伦理混乱关系密切，是中国家庭问题爆发的一种表现形式。近年来，中国家庭结构在核心家庭的基础上进一步小型化，丁克家族、离婚家庭、独身家庭、空巢家庭的数量逐年增加。家庭结构的小型化加剧了家庭结构的不稳定性，据民政统计，2003～2009年中国连续7年离婚人数递增，2009年，全国的离婚夫妇246.8万对，比上一年增加了19.9万对❺，达历史最高。离婚家庭的大量产生致使结构性破损家庭大幅增加，孩子抚养与家庭教育问题突出。

上个世纪90年代之前，房产为国家所有，家庭的财产分割问题尚不突出。1991年开始的住房改革，以及近年来房产价格飞速攀升，使家庭财产的分割矛盾日益突出。"文化大革命"时期的"亲不亲阶级分"被"亲不亲金钱分""亲不亲房产分"所替代，传统家庭伦理再次遭遇重创。因对房产分割不满，父母与子女之间、兄妹之间反目为仇，不履行对老人"精神慰藉"的"家庭冷暴力"，甚至针对家庭成员的伤害案件和凶杀增加，家庭成员的关系紧张，

---

❶ "北京第二起灭门案家中发现治疗精神病药物"，http：//news.eastday.com/eastday/06news/china/c/20091228/u1a4912641.html。

❷ "北京大兴区一男子酒后杀死女友及朋友一家4口"，http：//news.qq.com/a/20100104/000045.htm。

❸ "云南禄劝'11·16'杀人案告破 嫌犯陈文法被抓获"，http：//www.xiancn.com/gb/news/2009-12/02/content_1514262.htm。

❹ "辽宁鞍山男子涉嫌连杀父亲妻儿等10人在逃"，http：//news.sina.com.cn/c/p/2011-04-15/081022297442.shtml。

❺ "中国离婚人数连续7年递增 婚外情系原因之一"，http：//www.qingdaonews.com/gb/content/2010-10/04/content_8508805.htm。

家庭功能性破损严重。全国频繁发生的"杀亲灭门"案件提示我们要保护社会细胞——家庭，保护家庭的结构和功能，家庭细胞的病变会带来整个社会机体的病变，家庭的不稳定会导致社会的不稳定。

问题家庭还有一种表现形式是精神病患者的家庭，"杀亲灭门"案的连续发生也暴露出家庭护理和社会支持系统薄弱。现代竞争社会增大了人们的紧张感和挫折感，并使精神病的患病率增加。据了解，全国有1600万重度精神病患者，其中有明确肇事肇祸"危险行为"的患者约占10%，未得到规范治疗的占70%。❶ 许多地区的重度精神病人处于失控失管的状态，家庭因病致穷、护理无奈。政府对精神病人医疗投入少，甚至为零，治疗资金缺口巨大。我们必须尽快完善精神病患者的家庭护理责任和社会支持系统，做到政府投资到位、治疗到位、生活保障到位，同时加强对精神病患者家属的护理辅导，并将精神病人的社会支持系统放置于社区，形成有效的管护体系。

（五）"地下经济"与有组织犯罪的关系

新中国成立之前，中国曾有洪帮、青帮、汉帮、礼帮、白帮等五大黑社会势力活动猖獗。新中国成立后的1951年5月，北京市率先整治青帮盘踞的天桥地区，在天坛祈年殿前召开万人控诉大会，枪毙"三霸一虎"❷，并将打击黑社会势力的斗争推向全国，五大黑社会组织的头目或被镇压，或逃往海外。以后的计划经济、统购统销，以及对黑社会强大的打击态势，使黑社会的生成和发展失去了"土壤"，保障了中国40年无黑社会组织犯罪。

改革开放，特别是上个世纪90年代，市场经济的异军突起，"需求与供给"的市场经济的原始法则，在缺少法律法规约束和制度制衡的状态下，催生出大量的、利润丰厚的"地下经济"，其主要表现形态是抗法抗税、违反社会公德的经营等。此外，嫖娼卖淫现象死灰复燃成为"地下经济"的孪生兄弟。新中国成立之初的关闭妓院，严惩领家、老鸨，改造妓女运动曾经轰轰烈烈，创造出中国30年无娼妓的奇迹。改革开放后的1984年全国查处的卖淫嫖娼人员12281人❸，1995年迅速上升到36.21万人，11年增长了29.5倍。嫖娼卖淫逐渐形成"产业"，构成数亿元的地下产业链。其次是吸毒贩毒的死灰

---

❶ "中国1600万精神病患者7成未得规范治疗"，http://news.bjnews.com.cn/news/2011/0621/122393.shtml。

❷ "三霸一虎"指"东霸天"张德泉、"西霸天"福德成、"南霸天"孙永珍、"林家五虎"之一林文华。

❸ 张萍：《当代中国社会病》，北京燕山出版社1993年版，第202页。

复燃。新中国成立后的 1952 年 5 月，在政务院《严禁鸦片烟毒的通令》下，大毒枭杨汉民、任存厚、杜金铭等被枪决，全国禁毒运动摧枯拉朽，几年后制毒、贩毒、运毒、吸毒现象被杜绝。三十年后 1983 年我国首次破获 5 件涉毒案件，1995 年破获的毒品案件已达 57524 件❶，是 1983 年的万倍以上。1988 年中国首次公布吸毒人口 7 万余人，2010 年吸毒在册人口升至 143.7 万人❷，庞大的吸毒市场使贩毒的"地下经济"产业链形成，并拥有数十亿黑色利润。从对国外黑社会组织的研究看，卖淫、贩毒是黑社会的传统"产业"，黑社会从这些"产业"中生成，并从中获得巨额利润，并且依靠这些"产业"维持和扩大组织的发展。

中国从 20 世纪 90 年代以来，各种"地下经济"在国外黑社会势力的渗透、国内社会控制系统弱化、市场需求等多重作用下发展迅速，最初的犯罪团伙除了控制卖淫和贩毒业外，还将触角逐渐延伸至赌博、物流、娱乐、讨债、纠纷解决、房屋拆迁、商品批发等领域，通过非法经营、欺行霸市、以暴力或暴力相威胁等手段牟取暴利。他们购买枪支，成立公司，使团伙势力不断壮大，经济实力逐渐雄厚，通过贿赂、入股等手段，腐蚀政府官员和执法人员，寻求"保护伞"，并完成了犯罪团伙向黑社会性质组织的转变。

20 世纪 90 年代以来，全国较为典型的黑社会组织如下：（1）江西省上饶地区的祝氏家族。通过开设赌场、强迫交易、敲诈勒索、持枪杀人等手段，非法敛财千余万元。县委书记，地区工商、劳动、公安局的局长或副局长收受其贿赂，成为其"保护伞"。（2）河北省曲阳县李建设黑社会组织。1997 年开始设立"讨债公司"，通过绑架勒索等手段，敛财近 50 万元，乡镇部分领导、县检察院负责人成为该组织的"保护伞"。（3）沈阳市的刘涌黑社会组织 90 年代中期开始控制沈阳市的建房用地、房屋拆迁和香烟批发等，通过非法手段获取巨额利益，资产高达 7 亿元。刘涌黑社会组织通过行贿官员，使沈阳市长慕绥新、常务副市长马向东等成为该组织的"保护伞"。❸（4）河南省宋留根黑社会组织。1995 年起控制郑州市的纺织品批发市场，垄断托运行业，大量收罗劳改劳教释放人员，组织成员达 160 人，他们购置枪支、弹药、长刀等凶器，通过杀人、伤害、绑架、敲诈勒索、非法拘禁、强行收取保护费、组织卖

---

❶ 中国法律年鉴编辑部：《中国法律年鉴》，中国法律年鉴社 1996 年卷，第 166 页。
❷ "吸毒在册人口升至 143.7 万人"，http://news.qq.com/a/20100723/001777.htm。
❸ 何秉松：《有组织犯罪研究》，中国法制出版社 2002 年版，第 582~598 页。

淫等手段疯狂敛财,年均牟取暴利3000万元❶。

从上述黑社会组织与地下经济的关系中我们可以看出,地"下经济"产业链和巨额暴利是黑社会组织生成的土壤,是其逐渐做大的重要经济保障。

(六) 刑满释放人员的就业安置与重新犯罪的关系

重新犯罪是指刑满释放人员回归社会后五年内再度犯罪,并犯有应判处有期徒刑以上刑罚的犯罪行为。近十年来,中国的重新犯罪率一直在8%左右徘徊,一些省的统计高于全国数据,湖南省1997~2000年的重新犯罪率分别是17.9%、21.1%、19%、23%,山西省2000年的重新犯罪率为13.5%。❷ 另据对全国在押犯重新犯罪情况调查看,在押犯中重新犯罪比重为12.86%(2003年12月底统计)❸,按2003年底全国在押犯1562742名计算,重新犯罪人数达20余万,是一个庞大的累犯群体。若按2003~2009年间每年释放人员为32万~38万推算❹,每年有2.6万~3.1万人重新犯罪。犯罪学的诸多研究表明,刑满释放人员的重新犯罪对社会危害性极大,其犯罪特征具有报复社会的倾向、犯罪经验丰富、手段恶劣和狡猾、易教唆和诱惑他人犯罪、常扮演犯罪团伙头目的角色等,是拉高全国犯罪率的重要因素。

刑满释放人员的重新犯罪原因错综复杂,有重新犯罪者恶习未改,监狱教育改造质量不佳,社会、学校、家庭的歧视等,但最重要的原因之一是刑满释放人员回归社会后的就业安置问题突出。2006年12月山西平遥监狱的一项调查表明,出狱后重新犯罪者中有30%左右的人无工作可做,基本生活没有保障。❺ 从大量个案分析中也可以看到该问题的普遍性,其中,白宝山案件具有一定典型性,他因抢劫、盗窃判刑4年,在狱中发现余罪后加刑10年。1991年被注销北京户口,押送新疆劳改农场服刑,在此期间,妻子带双胞胎与其离婚。1996年3月白宝山提前一年刑满释放回京。他回忆说:"我出来并没想重新犯罪,我给自己设计了两条道路,如果我能够正常地生活下去就不再犯罪;如果不能,我就去抢。"回京后六七次去派出所跑户口未果,他认为,"我已

---

❶ "河南郑州黑老大宋留根",http://wenku.baidu.com/view/3a2f6d284b73f242336c5f57.html。
❷ 段峰:《重新犯罪归因分析与预防》,《河南司法警官职业学院学报》2004年第1期,第20页。
❸ 北京市监狱管理局"重新犯罪"课题组:《北京市在押犯重新犯罪情况的调查分析》,《中国司法》2004年第2期,第23页。
❹ 《中国统计年鉴 (2005)》,http://www.stats.gov.cn/tjsj/ndsj/2005/indexch.htm。
❺ "重新犯罪问题的调查分析及对策",http://news.sina.com.cn/o/2008 - 11 - 16/095014737336s.shtml。

经从监狱里出来了,起码也是个公民,可派出所不给我办户口,我吃什么?我不能靠父母养我一辈子?我这个要求不过分,我要生活……派出所要我送礼,我连吃都吃不上,拿什么东西送给他们?"白宝山最终选择了报复社会。先后抢夺枪支3支,并持枪打死执勤哨兵、民警及无辜群众15人,打伤15人,抢劫人民币140万元,制造了震惊全国一号大案。❶

在计划经济时代,刑满释放人员的就业一般是由政府部门以行政命令的方式予以安置,主要安置方向是留场就业、回原单位工作、到政府指定的部门就业等。随着改革开放,计划经济向市场经济转型,单位用人的自主权扩大,就业方式发生了重大变化,从国家统一分配工作到就业者与用人单位"双向选择",这一就业方式的转变使用人单位拒绝刑满释放人员就业成为必然,"自谋职业"成为刑满释放人员的主要就业手段。20世纪90年代之前,在传统的"轻商"、"鄙商"的观念作用下,刑满释放人员的"自谋职业"机会较多,主要从事个体经营,即"个体户",当时社会上流传的"不三不四发大财"是对那段历史的写照。随着市场经济的进一步发展,人们从"轻商"转变为"重商",并纷纷经商"下海"的背景下,市场对经商者的能力和资本的要求越来越高,使刑满释放人员"自择职业"变得艰难。目前监狱中对服刑人员进行"一技之长"的培训,或因培训无的放矢、流于形式,或因现代社会发展迅速,监狱学到的"一技之长"无法适应社会的就业需求,以及犯罪标签化所带来的社会排斥等,使刑满释放人员的就业或自谋职业变得异常艰难。

总之,使刑满释放人员能通过正当的劳动获得稳定的经济收入,是避免其重新犯罪的基本保障,也是降低重新犯罪率的重要条件之一。

二、抑制中国犯罪率攀升的治本之策

长期以来,在控制犯罪的问题上,我们一直存在着判断上的误区,即将犯罪率的上升简单归因为犯罪分子气焰嚣张和政府打击不力。"严打"具有敲山震虎之威,1983年以后的四次"严打"确实带来了犯罪总量的短期下降,应当说下降最明显的是占犯罪类型比例最高的盗窃犯罪。但是1983年"严打"后,犯罪率下降后第二年又迅速反弹,1996年、2001年、2004年的经过三次"严打"犯罪率仅下降一年便反弹上升,说明了"严打"并不是抑制中国犯罪率攀升的治本之策。

---

❶ 百度百科:白宝山,http://baike.baidu.com/view/1403757.htm。

从上述分析的城市化与流动人口犯罪、相对贫困与财产犯罪、社会冲突与恶性暴力犯罪、问题家庭与杀亲案件频发、"地下经济"与黑社会有组织犯罪、刑满释放人员的就业安置与重新犯罪等，都不是"严打"所能够解决的。我们必须认真研究这些犯罪现象背后的原因，有的放矢地制定准确的刑事政策，建立起有效控制犯罪制度机制，才能从根本上抑制持续攀升的犯罪率，实现社会的长治久安。

（一）科学地调控城市化发展

1. 通过政府对二三线城市的资金投入和产业布局调整，缓解一线城市的人口迁移压力

科学地调控城市化的发展速度会有效地降低犯罪率。根据对新中国成立六十年来城市化率与犯罪率的变化规律分析，将城市化的发展速度控制在 0.5%～1%，会有效地避免城市化过程中社会控制系统的紊乱，提高社会整合效果，改善新移民的生活环境、福利待遇，缓解社会冲突，达到有效控制犯罪的目的。

2. 改革现有户籍制度

传统的人口管理方式是"以证管人"，即通过户籍管理人们的衣食住行，特别是人口迁移，进而达到社会治安管理的目的，因此户籍管理的主体是公安派出所。改革开放30余年，市场经济繁荣和人口频繁流动，户籍管理原有的粮油布配给功能、限制人口迁入迁出功能已丧失，用户籍管理治安的功能在弱化，以警察作为户籍管理的主体的模式已暴露出诸多问题，如流动人口不申报问题，在一些一线城市流动人口的居住申报率仅占应申报总数的1/3，增加了城市人口管理的难度。

在户籍改革方面，我们可以借鉴一些国家的成功经验，将户籍管理与公安的治安防控相分离，与政府服务于居民和流动人口的教育、医疗、社会保障和社会福利相结合。使流动人口的户籍申报由现在的被迫申报转变为主动积极申报，因为申报的目的不是为了接受管控，而是让自己和家庭享受所在地区的更多社会服务。户籍管理由公安机关过渡到市区政府内设的户籍管理部门，这一管理机制的转变一方面容易实现户籍与区域教育、医疗和社会福利的联动，有利于密切政府和民众的联系，也使户籍管理更加人性化；另一方面，户籍管理与警察治安管理相分离，利于公安系统集中精力做好犯罪的预防和治理。

3. 建立相应的社会组织和咨询机构

对于农村人口向城市迁移过程中所产生的进城农民工心理不适应问题，应

当通过建立相应的社会组织和咨询机构,帮助他们摆脱初来城市所遇到各种困难,使其顺利地融入城市。

4. 努力改善流动人口的生存环境

城市规模的扩大是现代化发展的必然,城市管理者必须意识到,今天的农民工就是未来城市居民,是城市建设和发展的主力军。应当加快同城待遇的改革步伐,废除不合理的歧视性政策,加大对农民工的技术培训和素质提升的资金投入;改善他们的居住环境,通过政府和企业建设廉租房等手段,帮助农民工摆脱"贫民窟"式的生活环境;城市应当积极地接纳农民工子女就近入学,享受城市义务教育,让新移民能够安心地把妻子和孩子接到城市,过上正常的家庭生活,这既是一种人本主义的关怀,也是抑制和预防流动人口犯罪的重要途径。

(二) 加快收入分配制度改革和社会保障体系建设

现阶段贫富差距的持续扩大已成为影响中国社会稳定,包括财产犯罪持续走高的重要因素。历史经验告诉我们,市场经济不可能自发地调整和根本解决贫富差距扩大的问题,需要政府下决心,努力提高居民收入在国民收入分配中的比重,提高劳动报酬在初次分配中的比重,调整和逐步理顺利益分配格局。建立和完善税收累进制,通过税收的转移支付方式,在二次分配中向弱势群体倾斜,建立健全医疗、养老、失业等各种社会保障体系,扩大社会福利辐射的力度和范围,保障弱势群体的基本生活。从许多国家治理犯罪的经验看,现代社会的保障体系既有扶助贫困,缩小经济差别的功能,也有控制犯罪的功效。

改革开放30多年来,中国经济实力大增,适时适度地加大对社会福利的投入,让更多的社会群体受益。适时适度地加大对培训机构和继续教育机构的投入,让更多的人能够接受免费教育和培训,全面提高人口素质。对于福利、培训、教育的有效投入,比用大量的人财物进行"严打"或建造监狱更能起到稳定社会、减少犯罪的功效。

(三) 建立有效利益诉求和宣泄机制,缓解社会矛盾

在社会转型、各种利益调整的过程中,应积极探索社会冲突的化解方式,一些恶性案件的制造者的最初的犯罪诱因往往与利益受损、基层缺乏有效的利益诉求机制有关。一些长期积压的不满情绪最终形成"犯罪心结",并外化为突发性、恶性的犯罪行为。针对这类犯罪的预防,我们需要在基层建立起公正、有效、多层次、公益性的利益表达机制,引导利益受损者通过社会的利益

诉求机制，以合理合法的方式宣泄不满、解决问题。应当充分发挥民间组织——工会、行业协会、律师协会、民事调解组织等在反映民意、化解社会矛盾中的功能，各级政府要积极回应不同群体利益诉求，化解社会矛盾，预防恶性案件的发生。

建立社会情绪宣泄机制。近年来出现的仇富、仇警、仇官的社会情绪必须引起我们的高度重视，缓解这些社会情绪需要进一步的社会变革，建立起阶层和谐、警民和谐、官民和谐的良性互动体制。在竞争激烈、利益冲突凸显的转型社会中，个人和群体易积累抑郁情感，这些抑郁情感需要寻找宣泄的渠道，强行压制会导致抑郁情感向仇恨心理转变，酿成更大的社会冲突。因此需要建立起社会矛盾缓解和情绪宣泄机制，使民间积聚的情绪通过一些缓和的、可替代方式予以释放。另外，在和平建设时期，学校和社会教育应当适度减少仇恨教育，加强"珍惜生命""关爱他人"和"博爱"教育，弱化"挫折与复仇"的心理定势。

（四）重建家庭伦理

全国频发的"杀亲灭门"案件在警示"我们的社会细胞——家庭是出了问题"，我们需要重塑中国的家庭伦理，弘扬社会主流价值观。

首先，维护家庭的稳定。通过社会宣传和舆论导向，强调婚姻家庭的社会责任，强调家庭关系中的宽容、善良、忍让和忠贞，强调父母抚养教育子女的重要职责，努力维护社会细胞——家庭的稳固，家庭的稳定是社会稳定的基础。

其次，恢复和发扬中华民族传统家庭美德。强调孝道、敬畏、感恩、长幼有序、尊老爱幼，守护家庭伦理的基本底线。通过好家庭评选活动、电视公益广告、知识竞赛等方式，弘扬中华民族传统家庭的美德。

最后，发挥社区在家庭伦理建设中的功能。以社区为依托，建立婚姻家庭的心理咨询机构，疏导缓解家庭危机。通过开办社区讲座等多种形式普及生育、子女教育、和谐夫妻生活的相关知识；积极开展《婚姻法》《继承法》《妇女权益保障法》《老年人权益保障法》的宣传普法工作；提高家庭成员的人文素质，提高家庭成员解决家庭纠纷的能力。同时，鼓励社会组织积极参与社区管理，参与邻里关系和家庭关系的和解，参与青少年教育辅导，推进家庭教育的改善，促进社区的犯罪预防。

（五）控制和消除"地下经济"，抑制黑恶势力犯罪的发展

当前中国黑恶势力犯罪的发展与"地下经济"产生和膨胀密切相关，控

制和消除"地下经济"是抑制黑社会组织发展的治本之策。

首先，必须打击、取缔、控制、净化有组织犯罪惯于控制的"传统产业"，如贩毒、赌博、卖淫、娱乐业等。同时，通过完善政府管理、简化纠纷解决程序、鼓励民间调解和仲裁组织参与社会管理等方式，将黑恶势力从物流、商品批发、纠纷解决、房屋拆迁、债务偿还等领域中挤压出去，从上游斩断黑恶势力组织的经济来源。

其次，在下游通过国际合作、政法部门与金融系统联手等方式控制、打击黑恶势力组织的洗钱活动。洗钱使黑恶势力组织隐瞒其犯罪所得，掩盖了其犯罪踪迹，使其得以"正当享用"犯罪所得的重要手段，是上游犯罪的延伸。洗钱为黑恶势力组织介入合法企业提供资金，使其以合法掩护非法，并用大笔资金贿赂官员，寻找"保护伞"，购买枪支弹药，发展组织，扩大黑恶势力组织的重要手段。在下游加大对黑恶势力组织洗钱监测和查处，可以从资产流向上堵截上游犯罪，有利于及时发现和查处上游犯罪，也有利于对上游犯罪形成强有力的震慑。总之，上游和下游的双管齐下，将会使黑恶势力组织逐渐失去其生长的土壤。

（六）刑满释放人员的就业安置

刑满释放人员的就业安置是他们重新做人的重要保障，在这个问题上最重要的是社会观念的转变。计划经济向市场经济转型，就业方式发生重大变化后，社会上一直流行着两种具有影响力的舆论，一是"如果给罪犯安排了工作，正常人也要去犯罪了"；二是"好人都找不到工作，何况罪犯呢"。前者具有逻辑的意义，但缺乏实证的根据；后者则需要观念的转变，犯罪者在监狱服刑完毕回归社会后就是自由人，除剥夺政治权利者外都应当享受普通公民应有的一切权利，"去标签化""不歧视"是现代文明的重要标志。

一个人从普通人转变成罪犯，有其个体的原因，也有社会的责任。当服刑者回归社会时，社会有义务帮助他们重返社会。关于刑满释放人员的就业安置问题，有几种形式可以考虑。(1) 鼓励刑满释放人员原所在单位积极接收其回单位就业。(2) 市场经济决定了企业的自主经营性，行政机关无权通过指令性强迫企业接收刑满释放人员就业，但是在多种经济形态中，国有企业仍是国家所有，政府对其有着很强的指导力和约束力，但从我们的长期调研发现，国有企业在安置刑满释放人员的数量上远远低于民营企业和私营企业。国有企业应当主动承担起相应的社会责任，为社会稳定分忧，接收更多的刑满释放人员就业。(3) 对于大量的私营和民营企业，可以通过社会帮教企业家协会等形式，吸收热心公益事业的企业家加盟，国家给予减免税等政策支持，鼓励他们接受刑满释放人员就业。（4）临时安置救助。目前，司法行政机关管理的"中途之家"主要负责接收管制、缓刑、假释、暂予监外执行等社区矫正对象，对其进行社区矫正之前的培训和临时性安置。"中途之家"安置方式应当进一步扩大到刑满释放人员，刑满释放人员可以采取自愿申请的方式，对长期服刑回归社会遇到障碍者、对无业可就、无家可归、无经济来源、不被家庭和社区所接纳，以及因其他因素可能重新犯罪的刑满释放人员进行3个月至1年的临时安置和救助，帮助他们度过出狱与适应社会之间的"危险期"，这一政策的实施将会大大降低重新犯罪比率。

总之，中国犯罪率攀升的六大关系的有效解决将会抑制犯罪率的增长，应逐渐构建起社会治安管理创新的制度机制，保障社会的长治久安。

（原载于《中国人民公安大学学报（社会科学版）》，2011年第5期）

卖淫女性被害及社会保护研究

【摘 要】 以卖淫女性为加害对象的犯罪出现多发事态,犯罪者手段残忍,案件"弥漫性"强。上个世纪90年代卖淫现象死灰复燃并迅速蔓延,构成卖淫女性被害增多的社会背景,卖淫女的"社会边缘化"特征,以及社会转型中的社会管理滞后等是此类案件多发的重要原因。禁绝卖淫嫖娼是防止卖淫女被害的治本之策,但各种社会要素决定其无法在短期内实现。卖淫合法化使政府介入对卖淫女性的管理,会有效抑制其被害,但会冲击现有社会伦理体系。尽管卖淫女性从事违法性交易,但作为公民当其基本人权受到不法侵害时,同样享有寻求国家公权力保护和社会救助的权利,国家和社会也有保护她们的责任。禁绝不成,合法化不妥,对卖淫女性的被害保护势在必行,在多种关系的博弈中,我们应当坚持法律上禁止卖淫嫖娼的立场,保护社会主流价值取向。同时,承认卖淫女性群体的存在和需要社会保护的现实,尽快确立管理和保护卖淫女群体的实施主体,逐渐摸索有效的管理和保护方式。

【关键词】 社会保护 卖淫女性 主流价值观

一、问题的提出

从上个世纪90年代中后期以来,以卖淫女为加害对象的抢劫、绑架、凶杀案件呈现出多发事态,犯罪者手段残忍,案件"弥漫性"强,社会影响恶劣,其中,华瑞茁抛尸案、杨树斌碎尸案,以及最近轰动全国的"洛阳性奴案"等都是非常典型的案件,具有犯罪学的研究价值。

案例1:华瑞茁杀害14名卖淫女性抛尸案

1992年,黑龙江省双城市人华瑞茁(28岁)来京接替父亲工作,成为中建一局五公司水泥搅拌车司机。1994年在京结交女友,后发现为卖淫女,劝其停止卖淫被拒,分手后结下对卖淫女性的仇恨。从1999年开始,利用单独开搅拌车的便利,以嫖娼的方式,将夜间卖淫女骗上车,性交易完成后将其杀害，先后将14具尸首藏匿于荒野处的热力和自来水井内，或抛尸于郊外的化粪池或垃圾填埋场。由于被害者从事卖淫活动，行踪不定、多用化名，破案后除两名确认尸源外，其余12名均无法确认身份。❶

案例2：杨树斌将10名卖淫女性搅成肉馅碎尸案

2002年9月，吉林市船营区某居民楼下水道被堵，堵塞物为油腻肉馅，市民报警，全国罕见的杀人碎尸案"浮出水面"，杀人凶手杨树斌等人闻讯潜逃，2011年11月在全国"清网行动"中被追拿归案。经调查得知，杨树斌等4人从1998年至2004年期间先后在广东省深圳市，浙江台州市、嘉兴市和吉林省吉林市等地作案6次，杀害卖淫女10人，并将尸体分解后用绞肉机绞碎，从下水道冲走，或丢入垃圾堆，他们通过抢劫、绑架、杀害卖淫女共获赃款200余万元。❷

案件3：洛阳李浩性奴案

2011年9月3日凌晨，洛阳警方接到市民报案，称其亲属被人非法限制人身自由。洛阳警方迅速出动找到被害女性，该女子称，她被一名男子骗至地窖囚禁，凌晨逃脱，被关押的还有5名姐妹，其中2名已被害，由此"洛阳性奴案"震惊全国。当晚，犯罪嫌疑人李浩在河南省南阳市被警察抓获。

李浩，河南新野县人，时年34岁，曾在消防部队当过兵，转业后被安置在洛阳市技术监督局稽查大队工作，娶妻育有一子。从相关资料分析，李浩的作案动机为获取金钱，他认为互联网的淫秽视频表演可以赚钱，于是计划通过强迫女性网络色情表演和"裸聊"获取经济利益。李浩2008年以妻子的名义在洛阳市西工区凯旋路一小区购买了10余平方米的地下室，2009年8月开始挖地窖，10月骗来第一名女子，到2011年9月被捕止，长达两年的时间里，他以"包夜外出"为名，将6名歌厅女孩诱骗至该地窖内，对其进行人身侵害，组织"裸聊"和外出卖淫，牟取钱财。其间，李浩还将2名不服"管教"的女青年杀害，尸体掩埋在女青年居住的地窖墙角。❸

卖淫女性被害案件凸显具有普遍性。北京市2004年1月至2006年6月共有未破疑难命案156起，其中卖淫女或疑似卖淫女被害案60起，占未破疑难

---

❶ 穆玉敏：《北京警察百年》，中国人民公安大学出版社2004年版，第746页。
❷ "哈尔滨破获杀人碎尸案10名小姐被绞成肉馅"，http://news.jinghua.cn/351/c/201112/13/n3569107,1.shtml。
❸ "洛阳通报李浩案进展 公安局长道歉4名警官停职"，http://news.ifeng.com/society/special/lihao/content-4/detail_2011_09/26/9469996_0.shtml?_from_ralated。

命案件总数的38.5%。❶另据资料披露，某城市，三年内被恶势力杀掉的"三陪小姐""卖淫女性"多达90名。而以卖淫女为抢劫、诈骗、绑架对象案件的发生比例凶杀案件高得多。在一些城市甚至出现了专门针对卖淫女性的多种形式的犯罪活动。卖淫女性受到犯罪者侵害成为一些地区突出的社会治安问题。❷

卖淫女性被害问题凸显，但也容易被社会所忽视，原因是人们普遍认为，卖淫行为与人类文明和性道德相违背，腐蚀社会，败坏社会风气；影响社会治安，诱发多种犯罪；导致性病和艾滋病的蔓延，威胁人类的健康；破坏家庭稳定和幸福等。人们容易指责卖淫嫖娼，甚至鄙视或歧视卖淫女性，将她们的痛苦和被害说成是"罪有应得"。面对近些年来卖淫女性被害频发，杀虐手段残忍，我们必须摆脱偏见，从人道主义的角度关注这一群体的生存环境，现代文明社会和法制国家，不仅是普通公民生命财产的守护者，也应当是这一群体生命和财产的保护者。学界和实务界应当认真研究卖淫女容易被害的背景和原因，研究在当下的社会现实中如何最大限度地抑制或减少卖淫女性被害案件的发生，保护她们的生命财产不受侵害，这种研究并不意味着默许和肯定卖淫嫖娼行为，而是直面社会现实的人道主义关怀。

二、卖淫女性被害问题凸显的社会背景及原因分析

（一）卖淫现象的死灰复燃及迅速蔓延

新中国成立之初，新生政权以摧枯拉朽之势打击犯罪、稳定社会秩序，其中，关闭妓院、严惩老鸨、改造妓女是其重要举措之一，从1949年底北京市人代会通过《关于封闭妓院的决议》始，三年整肃带来了三十年中国卖淫嫖娼现象的近乎绝迹，与之相伴随的卖淫女性被害事件少之又少。

20世纪80年代初开始的改革开放，特别是90年代中国经济改革再次步入快车道，国有企业改革，社会竞争加剧，女性作为社会竞争的弱势群体易成为急剧社会变迁"阵痛"中利益受损者，女工一度成为国企改革最先考虑的下岗对象；加之政府扶助弱势群体的配套措施滞后，卖淫成为失业女性选择"职业"的路径之一。据全国总工会的一项调查表明：许多下岗女工因无经济

---

❶ 迟凤生：《关于从立法上思考解决卖淫嫖娼问题的建议》。
❷ 姚建龙：《卖淫女的被害性及其合法权益保护》，http://www.law-lib.com/lw/lw_view.asp?no=1052&page=2。

来源，在家中受到丈夫讽刺，甚至打骂，不得已弃良为娼。❶

20世纪90年代中后期，中国的城市化提速，大规模的农村青壮年劳动力向城市迁移，寻找工作，单身男性的性需求和农村年轻女性的性服务，在市场经济"需求与供给"的原始法则下，迅速形成卖淫的买方市场和卖方市场。从皮艺军教授在1999年对北京卖淫女性职业调查中发现，62%的卖淫女来自农村，79%的卖淫女为农民和失业无业人员。❷ 此外，在社会转型中，从传统的伦理本位社会向法制社会转型过程中，西方的价值观对中国传统伦理体系，特别是婚姻观、两性观的冲击是明显的，它使人们对婚外性行为及嫖娼行为的容忍度的增强。在多重因素作用下，嫖娼卖淫现象的死灰复燃并迅速蔓延。

在改革开放初期的1984年，全国查处的卖淫嫖娼人员仅为12281人❸，1995年迅速上升到36.2万人❹，11年增长了29.5倍，2005年的相关资料显示"全国有1000万左右的性工作者"❺，嫖娼卖淫已形成数亿元的"地下产业链"。面对90年代中后期以来逐渐形成的庞大的卖淫女性群体，政府除了"打黄扫黄"等打击措施外，似乎并无其他的社会管理或社会保护措施，使庞大的性工作者群体容易成为被抢劫、绑架、掠夺财富的对象。

（二）卖淫女性的社会边缘化特征

社会边缘化是指被主流社会、主流人群、主流意识形态，以及主流文化所排斥的社会现象。卖淫女性处于社会边缘状态是显而易见的。在中国，她们的"职业"特征具有违法性，《中华人民共和国治安管理处罚法》第66条明确规定，"卖淫、嫖娼的，处十日以上十五日以下拘留，可以并处五千元以下罚款；情节较轻的，处五日以下拘留或者五百元以下罚款。""职业"的违法性决定卖淫女性的社会边缘化状态，以及活动的"隐蔽性"和"流动性"。公安机关很难确切把握其流向和行踪，难以对其采取有效的保护和防范措施，即使卖淫女性成为犯罪行为的被害者，需要社会救助时，也不愿意向警方报案，寻求帮助。改革开放以来，尽管人们的价值观发生了巨大的变化，对卖淫行为容

---

❶ 周钢：《下岗职工违法犯罪的特征及预防对策》，《广西公安管理干部学院学报》2000年第1期。

❷ 皮艺军等：《卖淫活动的共生模式》，载《刑事法评论2000》（7），中国政法大学出版社2000年版，第636页。

❸ 张萍：《当代中国社会病》，北京燕山出版社1993年版，第202页。

❹ 陆学艺主编：《北京社会建设六十年》，科学出版社2008年版，第858页。

❺ 《凤凰周刊》2006年第9期，文章称美国2005年2月28日发表的《2004年度国别人权报告》提到中国的性工作者的数量为1000万人左右。

忍度的增强，但卖淫女性仍被多数人鄙视或歧视，当她们成为犯罪的被害者时，也没有勇气也向邻里和社区求救，忍气吞声，"大事化小，小事化了"是她们主要的行为方式。正是这种社会边缘化的"职业"特征，使他们容易成为犯罪者的捕捉对象，而且其犯罪行为容易得逞，案发后的不报案又使犯罪者容易逃脱法律的制裁，强化其犯罪心理体验和犯罪成就感，使后续犯罪变本加厉。

卖淫女收入较丰厚，许多人随身携带大量现金、银行卡以及其他贵重物品，容易使犯罪者的侵害行为收益不菲。而且卖淫女性的"工作"时间和地点多在夜晚和隐蔽场所，属社会防控能力的薄弱环节，导致卖淫女性容易落入犯罪者设下的圈套，使犯罪行为得逞。而近年来持续不断的"打黄扫黄"行动，使大型娱乐、洗浴、休闲场所的卖淫活动有所控制，"卖淫业"本着"船小好调头"的对策，分散经营，发廊、按摩院等"一人店"或"微型店"，以及站街小姐的数量增加，这种单飞、小型的经营方式进一步加大了卖淫女的"职业"风险，使她们更加容易成为被抢劫、被绑架、被杀害的对象。

（三）卖淫女性等边缘群体的社会管理缺失

新中国成立以来，单位制一直是中国社会的主要组织形式，其最大特点是单位对职工或社员的全员管理和控制，一方面限制了人员流动，影响了人的积极性和创造性的发挥；另一方面也为单位人带来了稳定和安全感。

改革开放以来，作为社会转型的结果之一是传统的单位制被削弱，传统的人民公社制被农村家庭联产承包责任制所替代，以家庭为主体的生产单位，在摆脱单位制束缚的同时也失去了集体的保护。城市的国有企业改制减员，民营私营企业人员流动频发，人事管理松懈。这些制度上的变迁将成千上万的个体抛出传统的单位组织，同时与单位制相配套的户籍管理，因经济飞速发展，市场的繁荣，原有的通过粮油布配给限制人口迁移的功能逐渐丧失，人口跨职业、跨区域的频繁流动，加大了人口管理的难度。当下中国谁来管理那些被单位制抛出、城乡之间频繁流动、分散的个体？这一直是中国社会管理中尚未破解的难题。

从现代社会的组织管理的角度分析，政府、市场、社会组织是三个成熟的运行主体，在政府和市场失灵的状态下，社会组织具有重要的补充功能，社会组织通过民间团体、民间协会、同乡会、行业协会等形式整合分散的个体，社会组织通过自治、助人自助的方式，参与社会管理，并对分散个体进行保护。但是，中国的现代化进程中经济与社会改革不同步，表现为经济改革异军突起,社会改革迟缓滞后,特别是社会组织在意识形态的牵制下发育缓慢,在政府管理失灵的领域无法起到有效的补充和整合作用,其中也包括对卖淫女性的社会管理和社会保护。前述的"洛阳性奴案"中被害者失踪两年无人问津,华瑞茁案和杨树斌案,卖淫女性被残忍杀害,碎尸、被抛尸数年无人知晓,甚至身份至今无法辨认,应当说是当今社会管理的悲哀。

（四）警民关系的疏离与民间治安自治能力的退化

中国传统公安的运作模式是党的领导、群众路线和预防为主,其中"群众路线"是其最突出特征,改革开放以后,提升警察的专业化和职业化程度成为社会治安管理改革的重点,警察的职业化和科技化程度大幅提高。但是,社会治安管理中也出现了警察系统的"神秘性"和"封闭性"倾向。传统的"群众路线"被忽视,群众与警察、群众与治安管理部门的关系在疏离,群众参与犯罪治理和预防的积极性在降低。其中最明显的变化是群众对犯罪的举报率降低,并带来破案率下降。以北京为例,1998 年和 1999 年一般案件的破案率降至 22.9% 和 32.4%❶。

2004 年 9 月公安部下发通知,取消了实施了四十余年的"治安联防"制度（1988 年全国治安联防人员 190 余万人）,并用商业运作的专职保安公司取而代之。据 2006 年上半年统计,全国保安队伍人数（包括物业保安）已达 400 余万人,发展速度惊人。近年来,小区出事雇保安,学校、医院出事建警务室,并雇保安,人们似乎处处被警察和保安人员保护起来了。但是,市民的治安自治能力和主动参与治安管理能力在退化。"洛阳性奴案"中,李浩挖洞4 米深,建造了两间房屋,几十立方米的土方用编织袋装好,骑摩托车运送,小区居民多有发现,却"不闻不问""事不关己",显现居民治安自治能力的麻木。

总之,卖淫现象的死灰复燃并迅速蔓延,形成庞大的卖淫女性群体,是卖淫女性被害事件频发的重要社会背景。卖淫女性"工作"的违法性、收入丰厚、"工作"时间和地点的特殊性,是她们易成为犯罪被侵害对象的个体原因。对卖淫女性社会管理和社会保护缺失,以及警察与民间关系的疏离,民间治安自治的"事不关己"等是卖淫女性被害案件频发的重要社会原因。

---

❶ 陆学艺等:《2010 年北京社会建设分析报告》,社会科学文献出版社 2010 年版,第 244 页。

三、防止卖淫女性被害的对策研究

打击或限制嫖娼卖淫行为，维持良好的社会风气；正视自由经济中性产业的"需求与供给"关系；尊重妇女权利及对卖淫女性的基本人权的保护，许多国家力求在这些多重关系中寻求社会管理的平衡，制定符合国情的对策，解决卖淫女性被害的棘手难题。

在中国，卖淫女性从事着法律明文禁止的性交易，这种违法行为的特征表现为无直接受害者，区别于盗窃、强奸等违法犯罪行为。这种行为与社会主流价值观相背离，受到社会歧视和排斥，但卖淫女性作为公民享有同样的生命权和财产权，当她们的基本人权受到不法侵害时，享有寻求国家公权力保护和救助的权利。国家对于这类"边缘群体"也具有保护的责任。那么，国家应以怎样措施和对策保护这一较庞大的"社会边缘群体"不受犯罪侵害，并保障和维持社会的良好风气和国家形象？对策和措施的选择至关重要。

（一）治本之策：禁绝卖淫嫖娼，从根本上防止卖淫女性被害

从人类文明发展的历史看，卖淫嫖娼是一个难以医治的痼疾。如果能彻底禁绝卖淫嫖娼现象，就能从根本上防止卖淫女性被害，这具有逻辑上的合理性，在新中国的历史上也曾创造过这样的奇迹。新中国成立之初，毛泽东主席曾暗访北平城，见到妓院老鸨当众毒打出逃妓女，深恶痛绝，打电话给公安部长强调"新中国决不允许娼妓遍地，黑道横行，我们要把房子打扫干净！"铲除卖淫娼妓制度曾是新生政权改变旧中国的重要步骤，1949 年 11 月 21 日，北京市第二届各界人民代表会议通过《关于封闭妓院的决议》，并于当晚出动 2400 名民警和政府干部，出动 37 辆汽车，实施封闭妓院行动，共封闭妓院 224 家，收审老板、老鸨和领家 454 名，将 1268 名妓女集中收容。❶ 由此拉开了全国摧枯拉朽地关闭妓院的序幕，使全国卖淫嫖娼活动近乎绝迹，卖淫女性被害事件也不复存在。

不过，在卖淫嫖娼死灰复燃，并迅速蔓延的今天，我们能否再像新中国成立之初那样，凭借领导人的权威和政府强势，摧枯拉朽地清除卖淫嫖娼现象呢？在全国犯罪学高层论坛和研究生研讨会上笔者曾多次提出这个问题，回答近乎全员否定。理由是：（1）当今政府是否有禁绝卖淫嫖娼的决心、威望和行动力；（2）目前市场经济遵循"供需规律"，很难再退回到计划经济时代的

---

❶ 万川：《中国警政史》，中华书局 2006 年版，第 492 页、第 494 页。

"统购统销",因此失去了消除嫖娼卖淫的经济基础;(3) 对外开放,人们价值观念多元化,对西方文化的接纳,以及对"性开放"的包容;(4) 卖淫嫖娼已形成的庞大的"地下产业链",根除困难。既然目前中国无法禁绝卖淫嫖娼,也就无法从根本上抑制卖淫女性群体的被害,而制定相关的治标之策也能达到减少卖淫女性被害的效果。

(二) 治标之策:卖淫合法化与政府有效介入

将卖淫合法化是近年来学界和社会上讨论最多的话题,主要理由是将卖淫合法化后,政府可以根据相关法律,积极介入对"社会边缘群体"的管理,抑制卖淫女被害等事件的频发,有效地保护卖淫女的生命权、健康权、财产权,同时加强对卖淫女的卫生检疫,防止性病和艾滋病蔓延。

从各国对于性交易的管理方式看,大体分为三种类型:(1) 不禁止卖淫但管理;(2) 禁止卖淫但不处罚;(3) 禁止卖淫并且处罚。第一类国家和地区因法律的适用范围和管理程度的不同而有所差异,可分为性交易限定范围小,管理严格;限定范围大,管理不严格,并由此区别为管理的强弱,依次为加拿大、新加坡、荷兰、美国的内华达州。第二类国家的主要代表为日本,法律上禁止卖淫活动,着力打击卖淫助长行为,但对卖淫女性处罚较少。第三类的主要代表国家为美国,除内华达州以外,美国各州严格禁止女性卖淫。从性交易合法化国家和地区看,政府对卖淫业的介入确实有效地抑制了卖淫女的被害,维持性交易市场有序性,同时防止性病和艾滋病的蔓延。也有犯罪学家研究认为,抑制性病和艾滋病蔓延与卖淫的合法化无关,而与政府对卖淫女性卫生教育和防止性病的宣传有关。

为防止卖淫女性的被害,在中国实施卖淫合法化是否可行?笔者的回答是否定的。否定的落脚点不是防止卖淫女的被害和性病蔓延,而是对中国传统伦理的保护。改革开放以来,中国逐渐从一个伦理本位社会向法治社会转型,这是对外开放和现代化的必然。但是,在这一社会转型过程中,规范文化的控制系统出现了法制社会尚未建立,传统伦理迅速崩坏的现象,其中崩坏最明显的是性伦理和家庭伦理,其直接后果是离婚率的持续攀升,2003~2010 年中国已连续 8 年离婚率"刷新",家庭的不稳定导致社会的不稳定,残缺家庭数量的剧增,使子女的抚养教育出现功能性障碍。近年来兴起的"一夜情""换妻""闪婚""杀亲灭门"案频发等更是婚姻家庭伦理崩坏的具体表现。而近年来防不胜防的食品药品安全,以及"楼歪歪""桥塌塌"等公共安全问题也凸显出职业伦理和社会伦理崩坏。中国是一个缺少宗教的国家,因此也缺少

"敬畏"。"拜金主义"和"个人主义"在无敬畏的状态的释放，结果是无孔不入和丑态百出。传统的伦理道德以"东方的文化沉淀""舆论制约"和"内省的力量"在中国承担着某种宗教的功能，维护着古老的东方文明。

将卖淫合法化也许会能有效地防止卖淫女性被害，抑制性病的蔓延，但会带来社会主流价值观的迷乱，会让已经无孔不入的"拜金主义"更加肆无忌惮，而且会再次剧烈地冲击支离破碎的中国伦理，这种冲击是具有毁灭性的。

（三）治标之策：确立防止卖淫女性被害的保护主体

如果无法禁绝卖淫嫖娼现象，从治本之策上消除卖淫女被害的社会基础；如果采取卖淫合法化的治标之策，政府介入性交易市场，用以抑制和减少卖淫女被害等措施具有一定社会道德风险，有悖国家宗旨，但又不能无视庞大的卖淫女群体的社会现实，以及她们的生命财产安全受到犯罪的威胁和侵害，可以考虑另外一种"治标之策"，即确立卖淫女性的保护主体和基本管理方式。在社会管理中确定管理实施主体，是有效管理的第一步，明确管理方式是有序管理的基本途径。

美国（除内华达州外）属禁止卖淫的国家，对于卖淫女管理方式是：（1）"运动式扫荡"。当公众舆论对警察形成压力时，即"扫荡"开始；（2）诱捕；（3）秘密监控。这种管理方式的效果是街头的性工作者会被"运动扫荡式"逮捕和起诉，但不能达到消除和减少卖淫的目的，在美国，经常会出现街头卖淫女性群体与警方的对抗，结果常常是在不影响正常生活和社会秩序的前提下，当地居民和警方对卖淫行为容忍和让步。[1]

日本的管理方式是《卖春防制法》明确规定，卖淫损害人的尊严、违反性道德、败坏社会善良风俗，一方面，强调严厉处罚卖淫助长行为，包括介绍卖淫、劝诱卖淫、签订卖淫契约、提供卖淫场所等。另一方面，对于卖淫女性处罚少，只是在必要时实施六个月的辅导处罚。东京的新宿歌舞伎町是卖淫女性的聚集区，但在法律的规制下，道路两旁见不到"站街女"。

我国《刑法》设有组织、强迫、引诱、容留、介绍卖淫罪；《治安管理处罚法》也明确规定有对卖淫嫖娼者的拘留和罚款条款，属于禁止卖淫的国家。在现有法律的规制下，我们应当继续坚持禁止和打击卖淫嫖娼的立场，以保护社会主流价值观和社会文明，防止社会伦理的崩坏。同时我们应当借鉴国外的管理经验，在法律规制与现实存在之间寻找对卖淫女性有效管理和保护的实施

---

[1] 许春金：《犯罪学》，三民书店2003年版，第658~659页。

主体。最近，在南方的一些城市尝试警察对卖淫女性进行咨询和防止被害的保护，笔者以为这种尝试不妥，因为警察的主要职责是制止和侦查违法犯罪活动，在我国法律体系中卖淫是违法行为，警察对卖淫女性的咨询和保护会带来角色冲突。从其他国家和地区的实践看，保护的实施主体通常是政府内设立的半官方组织、民间NGO、律师协会、人权组织等。根据中国的国情特点，笔者建议在市县妇联，或者有影响力NGO组织内设立"妇女咨询机构"，实施对卖淫女性的相关咨询，就医、心理辅导、就业能力培训，以及情景防卫教育和暂时性的社会保护。用以扭转面对庞大卖淫女群体，社会缺乏管理和保护能力的局面，在确定管理主体的基础上，逐渐摸索其他的有效管理和保护的方式。

总之，我们不能无视庞大的卖淫女性群体的客观存在，不能漠视她们被杀害，生命财产受到犯罪者的威胁，需要确立一个部门或社会组织对这一社会边缘群体实施有效的社会管理和社会保护，以保障她们的基本人权和社会秩序的稳定。同时，作为国家的主流价值观，我们依然坚持卖淫嫖娼是人类文明的痼疾，是未来社会需要医治和根除的社会疾病。

（原载于《青少年犯罪问题》，2012年第6期）

制度环境差异与企业家犯罪类型差异

【摘　要】近年来，企业家犯罪数量的增加令人关注，对不同性质的企业家的犯罪类型研究发现，这与其生存的制度环境关系密切。国企具有一定垄断性，企业"一把手"或企业高管权力过大，其犯罪类型依次表现为受贿、贪污、挪用公款等。而民企则缺少公权力的优势，往往通过非法集资、行贿等犯罪手段获取资源、项目和资金。企业家犯罪不单会造成巨额经济损失，更会破坏社会的道德感和组织感。改变制度环境，建立企业的平等保护机制、企业的监督制约机制，完善相关法律，厘清公法和私法的调整范围，避免企业家因"法律红线"不清而误入歧途，是防控企业家犯罪的治本之策。

【关键词】制度环境　国营企业家　民营企业家　犯罪

无论是 2012 年被以集资诈骗罪判处死刑缓期两年执行的浙江女商人吴英，还是目前因涉嫌集资诈骗罪正处在案件调查阶段的"海南版吴英案"当事人沈桂林，他们作为改革开放以后顺流产生的民营企业家，均因触碰了法律的红线而产业夭折、深陷囹圄。那么，企业家作为犯罪的特殊群体，有哪些需要探索的法律问题呢？

一、集资诈骗罪的设定

改革开放初期，我国《刑法》（1979 年）并未设定"集资诈骗罪"。随着经济改革的深入，金融领域的犯罪大量出现。1995 年 6 月，全国人大常委会通过了《关于惩治破坏金融犯罪的决定》，首次规定了"集资诈骗罪"。1997 年《刑法》将其作为一个罪名予以规定。2011 年 2 月，《刑法修正案（八）》再次对集资诈骗罪的刑罚进行修改。修订后的《刑法》第 192 条规定："以非法占有为目的，使用诈骗方法非法集资，数额较大的，处 5 年以下有期徒刑或拘役，并处 2 万元以上 20 万元以下罚金；数额巨大或者有其他严重情节的，处 5 年以上 10 年以上有期徒刑，并处 5 万元以上 50 万元以下罚金；数额特别巨大或者有其他特别严重情节的，处 10 年以下有期徒刑或无期徒刑，并处 5 万元以上 50 万元以下罚金；数额特别巨大或者有其他特别严重情节的，处 10 年以上有期徒刑或无期徒刑，并处 5 万元以上 50 万元以下罚金或者没收财产。"

《刑法修正案（八）》在废除一些非暴力经济性犯罪死刑的情况下，立法者担忧集资诈骗罪的社会危害特别巨大，甚至会引发社会骚乱等，故保留该罪的死刑配置，规定了"犯本节第 192 条规定之罪，数额特别巨大并且给国家和人民利益造成特别重大损失的，处无期徒刑或者死刑，并处没收财产"。

二、制度环境与企业家犯罪

据北京师范大学中国企业家犯罪预防研究中心和北京工业大学法律系共同研究显示，2012~2013 年报纸和互联网可检索的民营企业家犯罪 734 人，其中，非法吸收公众存款罪 95 人，占 12.9%，居第一位；诈骗罪 69 人，占总犯罪人数的 9.4%，居第二位；排名紧随其后的依次是职务侵占罪、合同诈骗罪、挪用资金罪、集资诈骗罪、行贿罪等。如果将非法吸收公众存款和集资诈骗笼统归为非法集资的话，两者约占总犯罪人数的 17.3%。与民营企业不同，2012~2013 年国企企业家犯罪约 247 人，其中受贿罪 95 人，占总犯罪人数的 38.5%，居第一位；贪污罪 63 人，占总犯罪人数的 25.5%，居第二位；挪用公款罪 30 人，占总犯罪人数的 12.1%；排名紧随其后的依次是挪用资金罪、滥用职权罪、诈骗罪等。

由上述统计可见，同是企业家，国企企业家和民企企业家的犯罪类型差异甚大。认真分析企业家犯罪的个案，可以较清晰地发现，企业家的犯罪类型差异与国企和民企所处的制度环境有关。

国企具有一定垄断性，它依附于行政权力，获取丰厚资源和财富。尽管近年来国企改革引进了一些先进的管理手段，但旧有"家长制"仍镶嵌其中，"一把手"或企业高管权力过大，企业内部缺少监督和制衡机制，致使国企企业家的犯罪类型突出表现为与贪腐相关联的受贿、贪污、挪用公款等。

民企则不同，因缺少公权力的优势，缺少资源、项目和资金，一些民营企业家通过行贿、非法吸收民众存款、集资诈骗等方式获取企业所需资源、项目和资金。2008 年"金融风暴"后，一些民营企业的制度环境进一步恶化，资金链断裂，企业遭受重大挫折和困难，致使一些民营企业家铤而走险，民营企业逐渐成为非法集资的"重灾区"。2012~2013 年，有 12 例民营企业家的涉黑案件,而国企则没有。这说明一些民营企业家在遇到经济纠纷和困境时,无法通过公权力获得保护,只能企求"黑社会"的帮助,也证明民营企业生存环境之险恶。

按道理说,合理的市场经济应当不分企业的大小、所有制性质,共享资源、一律平等竞争。但目前我们市场经济确实存在着制度性歧视和不平等现象。因此造成了国企与民企不同身份的企业家间生存环境的差异,也导致国企企业家的犯罪主要集中在"权力犯罪"上,而民营企业家主要集中于"压力犯罪"上。

三、企业家犯罪的社会危害

企业家犯罪在犯罪学界被称为"白领犯罪",由美国犯罪学家苏哲兰(Sutherland Edwin H.)教授在20世纪30年代末提出。它区别于传统犯罪学研究的盗窃、抢劫、强奸等"街头犯罪",企业家犯罪也被称为"违背信用的犯罪"。因为,企业家是受到人们普遍尊敬,他们的犯罪意味着违反了授权责任和诚实信用原则。

企业家将国家和国民托付给他们的权力滥用,违背了企业职工、纳税人和投资者对他们的信赖,利用职务、地位、声誉牟取私利或小集团利益。因此企业家犯罪对社会伤害最大的是信赖关系,特别容易导致人们对顶层社会组织的不信任。这种不信任会大大降低社会的道德感和组织感,而一般的"街头犯罪"对社会机体的影响远没有这么大。

近年来,人们在不断感叹许多案件或事件屡屡突破道德底线时,往往忽视了"白领犯罪"的逐年增加对社会道德水准降低的影响。

四、改善企业的制度环境

改善企业家生存的制度环境是预防和抑制企业家犯罪的治本之策,良好的制度环境也能有效地保护企业家人才。

制度环境的改善需要进一步的体制变革,逐渐形成平等、公平竞争的市场环境,打破资源垄断,以及行政对企业的过度干涉,目前国企的垄断权为其权力"出租"奠定了基础,民企为获得市场份额往往被动选择"寻租",正是这种异化了的、不平等的市场供需关系,导致两者的对合形式。只有铲除了这种制度性土壤,才能从两个方向抑制企业家犯罪。

首先,在目前企业的制度环境尚无更大改观的状态下,可先行考虑建立一种保护机制，在民营企业的合法经营遭受重大挫折和困难时，应该得到类似于国有企业式的国家保护或社会保护，避免民营企业家的铤而走险和压力犯罪。民营企业是民族工业的基础，是吸纳我国就业人口的主战场，应当受到政府和社会的相应保护。

其次，建立健全企业监督与制衡机制。要对企业"一把手"或高管的权力加以限制，完善权力配置和监督制约机制，让国企"一把手"认识到，他们不是企业的所有者，而是代表国家和民众管理国有企业的CEO，要让国企业家的权力通过民主程序，在阳光下运行。对于民企而言，应进一步完善财务管理制度，财务管理漏洞多是导致窃取、私吞、造假骗取企业财产，集资诈骗行为大量发生的重要原因。企业"一把手"监督失控反映出企业内部治理结构的欠科学，权责不匹配。按照国家的相关法律和规定，系统规范企业内部财务运行、细化业务流程、明晰资金流向，应成为完善企业财务管理的重点。同时，可以结合企业实际，引入现代企业管理制度，科学规范高管人员的行为。

最后，国家亟待进一步完善市场和企业管理的相关法律，厘清公法和私法的调整范围，避免因罪与非罪、刑事与民事的边界不清而导致刑事手段过度干预市场或企业家经济犯罪的"红线"不清致其误入歧途。

2013年10月，国务院确立了企业注册资本登记制度改革，降低了准入门槛的同时，强调通过年度报告、企业诚信制度建设等做到宽进严管，促进诚信、公平、有序的市场秩序的建立。以此项改革为契机，进一步加强企业规范，建立相关的信息披露制度，确保相关人员能够及时获得较全面的信息并采取相应措施，避免高管人员变相侵害相关人员的合法权益，有效抑制企业家犯罪，保障不同类型企业的健康发展。

（原载于《法律与生活》，2014年第4期下）

贫富差距扩大与犯罪增长高度相关

【摘　要】 经济飞速发展，犯罪率持续上升，传统的"饥寒起盗心"的犯罪学理论遇到挑战。贫富差距扩大的基尼系数表现出与犯罪率增长的正相关。因此，缩小贫富差距，与时俱进地扩大社会福利，并向弱势群体倾斜，加大社会培训和继续教育的投资，让更多的基层百姓接受免费的社会教育与培训，全面提高人口素质，是减少犯罪的治本之策。

我们这些从20个世纪80年代初就开始搞犯罪学研究的人都清楚地记得，那个年代，对于犯罪原因的研究除了"阶级斗争说""四人帮毒害说""文革后遗症说"之外，还有一种不敢搬上桌面的学说叫"贫困说"。"贫困说"与"文革后遗症"说结合，当时在犯罪学界蛮有影响力的，其主要观点是"文革"后的中国经济濒于崩溃，人均GDP后居世界第126位，物质匮乏，许多地方连温饱问题都无法解决，饥寒起盗心，中国的犯罪问题主要是贫困造成的。如果将来中国的社会富裕了，经济的"蛋糕"做大了，犯罪问题就会迎刃而解。

改革开放政策的实施，调动了亿万民众的生产积极性，中国经济发展令世界瞩目，我们的社会从"温饱"过渡到"小康"。2007年中国人均GDP首次超过3000美元，令国人振奋。在振奋的舆论声中又有学者撰文预测："中国社会矛盾的多发期行将进入尾声"。

2010年中国国内生产总值继续提升至39.8万亿元，我们自豪地向世界宣布，中国的经济总量首次超过日本，成为世界第二大经济体，人均GDP达到4300美元左右，提升至世界第95位，人民的生活水平得到了普遍提高。但是，中国的社会矛盾和犯罪率并没有像犯罪学界的前辈和那位学者预测的那样，呈现出缓解和下降趋势。

从全国的刑事立案数的统计看，2009年为5579915件，是改革开放初期1978年的10.4倍，比2008年增长了14%。从2009年刑事立案的类型分析，以获取财产为特征犯罪类型上升幅度最大，盗窃上升了14.4%，诈骗上升了39.3%，拐卖人口上升了153.8%，伪造货币上升了253.8%。似乎先前犯罪学界的假设和学者的预测被今天的社会现实证明是错误的。

那么，今天的犯罪学界必须回答：是什么因素在中国经济持续高速增长，人均GDP大幅提高的背景下继续拉升犯罪率，特别是拉升财产犯罪的数量呢？传统的"饥寒起盗心"朴素犯罪学观点遇到了挑战。贫穷与犯罪到底是怎样一种关系呢？中国犯罪学界应当回答这一重大现实问题。

笔者用皮尔逊R系数计算了1991~2009年全国的万人刑事案件立案数与基尼系数的关系，发现两组数据呈现出0.87的正相关。所谓"基尼系数"指在全部居民收入中，用于进行不平均分配的那部分收入占总收入的比重，是贫富差距的重要指标。基尼系数与万人刑事案件立案数的高度正相关性似乎在告诉我们：贫富差距的拉大与犯罪率增长有着更为直接的关联关系。从进一步的分析看，中国2007年10%的高收入人群与10%的低收入人群的收入差距大幅上升至23倍，而1988年这一比例仅为7.3倍。改革开放初期的1978年全国城镇居民的基尼系数为0.16，农村居民的基尼系数为0.21，全国犯罪率0.56‰。2009年全国的基尼系数增至0.47，超出黄金分割律（即警戒线）的0.09，犯罪率也高达4.18‰。

为什么贫富差别的拉大会带来犯罪率的上升呢？国际犯罪学界的研究结论值得参考。该研究表明，贫富差别的拉大会使低增长群体滋生"相对剥夺感"或"相对贫困感"。美国犯罪学家高伯瑞（J. Galbraith）在20世纪50年代曾经出版了一本著作，书名叫《富裕社会》，作者系统分析了"相对贫困"与犯罪的关系。高伯瑞认为，"相对贫困"不是事实上的贫困，而是一种感受到的贫困，是源于心灵深处经比较而产生的贫困感。这种"贫困"并不产生于真正贫困时期和地区，而是产生于富裕的社会里，在这种社会里，可购买的东西太多，新式产品和消费品层出不穷，无法满足一般人的欲望。特别是贫富两极分化，使更多的人感受"相对贫困"，也刺激着一些人不择手段攫取财富的欲望，为了填补"相对贫困"心理的不平，摆脱心灵上的贫困感而走上犯罪道路。

犯罪问题常常是社会发展的"晴雨表"，犯罪率的持续走高似乎在提示我们的社会必须着手解决贫富差距问题了。30余年的改革实践告诉我们，市场经济不可能自发地调整和根本解决贫富差距扩大的问题，需要政府痛下决心，努力提高居民收入在国民收入分配中的比重，提高劳动报酬在初次分配中的比重，调整和逐步理顺利益分配格局。建立和完善税收累进制，建立遗产税制度，通过税收的转移支付方式，在二次分配中向弱势群体倾斜，建立健全医疗、养老、失业等各种社会保障体系，扩大社会福利的辐射力度和范围，保障弱势群体的基本生活。从许多国家治理犯罪的经验看，现代社会的保障体系既有扶助贫困，缩小经济差别的功能，也有抑制犯罪的功效。

在中国经济实力大增的今天，适时适度地加大对社会福利的投入，让更多的社会群体受益。适时适度地加大对培训机构和继续教育机构的投入，让更多的人能够接受免费教育和培训，全面提高人口素质，在这些方面的有效投入，会比投入大量的人财物进行"严打"和建造监狱更能稳定社会、减少犯罪。

（原载于法制网"法之光专家博客"，2011年12月）

中国的家庭病了吗

【摘要】杀亲灭门案的连续发生让我们看到了围绕房产的家庭争夺战,看到了家庭教育的不良、婚姻的不幸、太深的家庭关系积怨,家庭伦理混乱,以及家庭对精神病人管理与看护乏力与缺失。中国的许多家庭病了,需要诊断和治疗。

2012年3月21日清晨,又一起"杀亲灭门案"在三亚吉阳镇发生,现场惨不忍睹!弟弟陈某华在哥哥骑摩托车送两个女儿(8岁、12岁)上学途中,驾驶伊兰特轿车将其撞倒,持刀下车将三人活活砍死。又驱车赶到哥哥住所将仅1岁的儿子砍死,并将嫂子砍成重伤。是怎样的深仇大恨在亲兄弟之间造成如此惨烈的悲剧?根据警察初步调查,"因家庭纠纷,弟弟要给哥哥一家一点儿颜色看"。据亲属们说,祸起房产,陈家父母主要出资、两兄弟俩部分出资,于2011年中旬,在吉阳镇南新农场盖好一栋近200平方米的两层楼,哥哥一家五口从广东潮州搬来,住在一层,弟弟却不肯搬进二层,原因是对父母把房子分给大哥心怀不满……

类似于三亚"杀亲灭门案"近年来时有发生。2009年底,北京市大兴区连续发生了3起"杀亲灭门案"震惊全国。11月27日,清澄名苑小区北区14楼的李磊(29岁)持刀杀害其父母、妹妹、妻子和2个儿子6人,潜逃三亚被捕;12月27日,同小区南区3号楼的张武力(38岁)持刀杀死妻子及10岁的儿子,并在墙壁上写下血书"为了人民"后,拨打110电话自首,家中发现精神病药物;12月31日,大兴区旧宫清欣园小区11号楼张伟(30岁)杀死友人申某后,又杀死女友和申先生的妻子及岳父母5人,报警后自杀未遂。此外,2009年底的云南昆明陈文法(21岁)杀死父母、伯父母、奶奶和堂哥6位亲人,该凶手曾患急性精神分裂症。湖南安化县刘爱民(34岁)持猎枪袭击本村村民,纵火烧毁5栋村民房屋,致父亲、堂叔等13人死亡。2011年4月,鞍山市周宇新因企业经营不利、内心失落,杀死父亲、妻子、儿子及洗车工等10人。

　　落叶知秋……中国社会应当认真思考为何近年来"杀亲灭门案"频发，是我们社会的细胞——家庭出了问题吗？分析三亚"杀亲灭门案"，源于房产纠纷，家庭房产纠纷从上个世纪90年代开始已逐渐成为许多家庭冲突的焦点。以前的房产为国家或单位集体所有，家庭的财产分割问题并不突出。20世纪90年代初开始的住房改革，以及近年来房产价格飞速攀升，使家庭财产的分割矛盾凸显。"文化大革命"时期的"亲不亲阶级分"正逐渐被"亲不亲金钱分""亲不亲房产分"所替代，传统家庭伦理在"文革"之后再遭重创。因对房产分割不满，父母与子女之间、兄妹之间反目为仇，不履行对老人"精神慰藉"的"家庭冷暴力"等现象频发，其中，最为极端的表现便是"杀亲灭门案"的多发，中国的家庭病啦！

　　对三亚"杀亲灭门案"以外的相关案件分析，我们也会发现"问题家庭"的影响。李磊"杀亲灭门"和周宇新"杀亲灭门"的主要原因是家庭教育不良、婚姻不幸、家庭关系积怨太深，以及家庭伦理混乱等。改革开放以来，特别是进入21世纪以来，中国的家庭结构在核心型家庭的基础上进一步小型化，丁克家族、离婚家庭、独身家庭、空巢家庭的数量逐年增加，家庭结构的小型化加剧了家庭结构的不稳定性，同时，离婚率的持续攀升也会带来"问题家庭"的大量产生。据民政部统计，2002～2010年，中国已经连续8年离婚人数递增，2010年全国的离婚夫妇达267.8万对，比上一年增加了8.1%，再创历史新高。家庭的不稳会带来社会的不稳，社会细胞——家庭的病变会带来社会机体的病变，这是社会管理的基本常识。

　　"问题家庭"还有一种特殊的表现形式是精神病患者家庭，张武力和陈文法的"杀亲灭门案"反映出我们社会对精神病人的家庭护理和社会支持系统的薄弱。现代竞争社会增大了人们紧张感和挫折感，使近年来精神病患者数量增加，据了解全国有1600万重度精神病患者，其中有明确肇事肇祸"危险行为"的患者约占10%，未得到有效治疗的占70%。许多地区的重度精神病人处于失控失管的状态，家庭因病至穷、护理无奈。政府对精神病人医疗投入少，许多地区甚至为零，治疗资金缺口巨大，仅让家庭独自承担精神病人的医疗和管理是现代社会的管理缺位。

　　家庭曾是我们爱情、幸福、温馨的港湾，在社会转型和家庭结构、家庭伦理的变迁中，不少家庭变成了争吵、争斗的战场，成为经济利益角逐的商场，父子情、母女情、兄弟姐妹情不见了，中国的家庭真的病啦，需要治疗！怎么办？我们需要"家庭病"诊断，需要重塑规范有序的家庭关系、家庭伦理，健全和修改家庭财产关系的相关法律，在强调结婚、离婚自由的同时，也必须强调婚姻的社会责任，强化社会对精神病患者的资金投入和护理职责。同时减少社会的仇恨教育，加强"珍惜生命""关爱他人""感恩"和"博爱"学校教育和社会教育。

（原载于法制网"法之光专家博客"，2012年7月）

第二部分

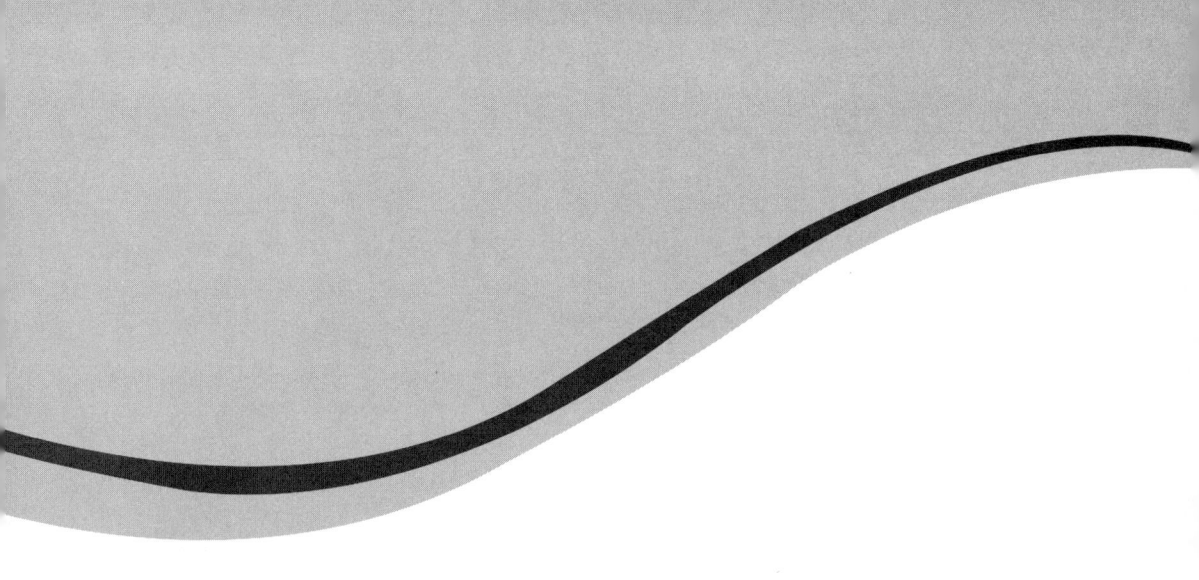

犯罪学理论与研究思考

正确地运用马克思主义哲学剖析犯罪原因[*]

【摘　要】文章认为内因与外因、社会存在与社会意识是唯物辩证法和历史唯物主义两个理论体系中的不同概念，不能混合运用分析犯罪原因。笔者用马克思主义哲学阐述个体的犯罪行为是犯罪者思想斗争结果的外部表现，分析社会因素是犯罪现象产生的根本原因。社会大环境与犯罪个体意识之间的桥梁是特定的个体实践活动或是个体的学习。

【关键词】犯罪原因　内因与外因　社会存在　社会意识

《青少年犯罪研究》杂志1983年第11期和1984年第4期，分别刊登了高占清和王秉中两同志探讨犯罪原因的文章。高占清同志认为罪犯的10种欲求是驱使个体犯罪的主要原因。王秉中同志则认为，"外部因素在犯罪原因的形成中起了主要的决定作用。"虽然两位同志的观点各异，但是，我认为他们在运用马克思主义的哲学观点分析犯罪原因的过程中，对哲学基本概念的内涵与外延的理解都有偏颇。在此提出我的粗浅理解，并试用这些概念分析个体犯罪行为和犯罪现象产生的原因，与两位同志商榷。

两位作者在文章中，都运用了内因与外因、社会存在与社会意识等哲学范畴，把哲学中"内因"的外延简单地理解成社会意识、主观或生理、心理、病理等，把"外因"简单地等同于客观或社会存在。[❶] 由于对哲学基本概念理解的偏颇，使争论出现了一方持唯物辩证法中内因与外因的关系的原理，主张内因或主观（注：笔者的理解）起决定作用。另一方持历史唯物主义社会存

---

[*] 这是1982年从四川大学哲学系毕业的笔者，第一次在大学学到的马克思主义哲学思想分析犯罪原因的理论文章，透着理论的稚嫩和那个时代的印记。中国人民公安大学的李玫瑾教授常和我提起这篇文章，并说："当时一读就知道是学哲学的人写的，把内因与外因，社会存在和社会意识说得那么到位，让非哲学专业的学者无法反驳。"将这篇文章编入文集更多的是为了反映一个时代的印记，也是为了纪念。

[❶] 参见高占清同志的文章第二节"内因是犯罪的根据"、第三节的第一段，参见王秉中同志文章的第二节第一自然段。

在决定社会意识的观点，主张社会存在或外因（注：笔者的理解）起决定作用。两位作者把哲学中不同范畴的诸概念合而为一，使核心概念出现了混乱。

什么是马克思主义哲学中的内因与外因、社会存在与社会意识呢？诸范畴的内涵与外延是怎样的呢？所谓内因与外因是指事物发展变化的内部原因和外部原因。它们的内涵分别是，内因是事物的内部矛盾，外因是一事物与他事物的互相联系和互相影响，即外部矛盾。唯物辩证法中关于内因与外因关系的原理是对自然界、社会和人类思维发展规律的科学描述，它们的外延不仅仅包括人类思维或主观，也包括自然界和人类社会。实际上，内因是谈事物的对立统一，外因是谈事物的普遍联系。

所谓社会存在和社会意识是唯物主义的本体论（物质决定精神）在社会历史领域中的应用。社会存在的内涵是指社会物质生活过程和人类社会赖以生存发展的物质条件；外延包括除人类精神生活以外的一切物质生活，主要指物质资料的生产方式。生产方式的内因是其内部的矛盾斗争，即生产力和生产关系的矛盾运动。这说明社会客体也存在着内部的矛盾运动即内因。社会意识指社会的精神生活过程，包括政治、法律、道德、哲学、艺术、宗教等观念。社会存在与社会意识的关系已不属于条件和根据的关系，在这对范畴中，首先要回答的是社会存在的本质、社会意识的起源和社会运动的内在原因等。

由此可见，把内因简单地等同于意识、主观或生理、心理、病理等，把外因简单地等同于客观或社会存在是不全面的，是哲学概念上的混乱。

下面我试用马克思主义哲学观点，对我国青少年犯罪的原因进行一些初步的探讨。

一、个体的犯罪行为是犯罪者思想斗争结果的外部表现

人的行为是表现人的意识和意志的外部动作，是受意识和意志支配的。犯罪行为也不例外。

人的思想是一个矛盾体，一方面支配着个体的行动，另一方面与他事物发生联系并受其影响。在犯罪者实施犯罪的过程中，外部联系表现为：金钱、异性的引诱，他人对犯罪者的教唆或怂恿等。这些相对于犯罪者的思想而言，只能说是外部原因，是犯罪者实施犯罪的外部条件。辩证唯物主义认为："外因是变化的条件，内因是变化的根据，外因通过内因而起作用。"[1] 个体如何行

---

[1] 毛泽东：《毛泽东选集》第一卷，人民出版社 1964 年版，第 227 页。

动最终取决于思想内部的矛盾斗争。我国《刑法》中明确规定，依法追究犯罪行为人的个人责任，而不处罚犯罪客体和法人。这正是内因与外因辩证关系的正确运用。

唯物辩证法关于内因与外因关系的原理也是我国劳改、劳教工作的指导思想之一。个体的犯罪行为是其思想内部矛盾斗争的结果，一方面，说明罪犯的思想是一个矛盾体，而不是僵死之物，矛盾意味着运动和变化，通过我们的改造，罪犯有重新做人的可能；另一方面，罪犯在实施犯罪的过程中，思想斗争的结果表现为错误思想战胜正确思想，违法思想战胜守法思想。因此，对罪犯思想上的改造是劳改劳教工作的关键，只有使其思想内部矛盾的双方在力量的对比上发生变化，正确的、遵纪守法的思想成为矛盾体中的主要矛盾方面，才有可能达到对犯罪者脱胎换骨的改造。

二、使犯罪得以产生的社会因素是犯罪现象产生的根本原因

马克思认为："不言而喻，人们的观念和思想是关于自己和关于人们的各种关系的观念和思想，是人们关于自身的意识，是关于一般人们的意识（因为这不是仅仅单个人的意识，而是同整个社会联系着的单个人的意识），关于人们生活于其中的整个社会意识。"❶ 和一切个体意识一样，罪犯的个体意识也是与"人们生活于其中的整个社会意识"联系在一起的。整个社会意识又与社会存在联系着，并表现为"人们的社会存在决定人们的意识"❷。因此，社会存在是社会意识和个体意识（包括个体的犯罪意识）产生的根源。马克思主义认为，"人们的存在就是他们的实际生活过程"❸。在我国现阶段，人们的生活过程中使犯罪得以产生的社会因素有哪些呢？笔者认为有三个方面。

第一，阶级斗争的影响。生产方式内部的矛盾斗争，在阶级社会表现为阶级斗争。从国内看，新中国成立以后，剥削阶级作为阶级已经消灭了，但是阶级斗争还将在我国社会的一定范围内长期存在着，剥削阶级的残余势力还在同我们争夺青年一代，他们利用各种手段，教唆青少年犯罪。十年内乱中，林彪

---

❶ 中共中央马克思恩格斯列宁斯大林著作编译局编：《马克思恩格斯全集》第3卷，人民出版社1972年版，第199页。

❷ 中共中央马克思恩格斯列宁斯大林著作编译局编：《马克思恩格斯选集》第2卷，人民出版社1973年版，第82页。

❸ 中共中央马克思恩格斯列宁斯大林著作编译局编：《马克思恩格斯选集》第1卷，人民出版社1973年版，第30页。

"四人帮"反革命集团拼命地破坏社会主义制度,搞乱了人们的思想,特别是毒害了青年一代。他们用个人主义、帮派思想、无政府主义等腐朽意识毒害青少年,使许多人未能从小树立起良好道德风尚和远大的革命理想,而且荒废了学业,制造了一批新文盲……从国际环境看,我们仍然处在资本主义的包围之中,国际上和港台的反动势力不断地通过派遣特务间谍或电台广播等形式对我国进行颠覆活动,而且利用我们的对外开放、对内搞活经济的政策,把资产阶级的腐朽没落思想渗透进来。所有这些决定了社会主义社会仍然有反革命分子,有敌特分子,有各种破坏社会秩序的刑事犯罪分子和其他坏分子,有贪污盗窃、投机倒把的新剥削分子,并且这种现象在长时期不可能完全消灭。我们同犯罪分子的斗争"不同于过去历史上的阶级对阶级斗争,(他们不可能形成一个公开完整的阶级)但仍然是一种特殊形式的阶级斗争,或者说是历史上的阶级斗争在社会主义条件下的特殊形式的遗留"[1]。

第二,社会物质生产还不发达,物质生活的匮乏使一些意志薄弱的青少年受到物质享受的诱惑,对他们的犯罪也有一定的影响。胡耀邦同志在《全面开创社会主义现代化建设的新局面》一文中指出,"我国的社会主义社会现在还处在初级发展阶段,物质文明还不发达",存在着落后的生产力与先进的生产关系的矛盾,存在着发展生产与人民日益增长的物质文化需要的矛盾。与生产力不发达相联系的是城乡差别、工农差别、脑力劳动和体力劳动的差别,是分配制度上的等级工资制等。这些社会主义的初级发展阶段表现出的差别或差异,必然影响人们的社会心理和需要结构(需要结构是与人们的社会地位紧密联系在一起的),一些人脱离自己的社会地位,寻求社会地位以外的享受,使其主观需要与客观可能相矛盾,在犯罪分子身上具体地表现为头脑中极端个人主义恶性膨胀,采取非法的手段获取他人(或公共)财物。

第三,上层建筑中的弊病和不完善的方面对犯罪的影响。社会主义的经济基础决定其上层建筑的社会主义性质。但是上层建筑一经产生,它就必然要对经济基础起着巨大的能动作用。这种反作用可以分为正反两种情况。在与犯罪现象的关系上表现为国家的法律制度和司法机构对犯罪现象起震慑作用,保护经济基础,这是主要方面。上层建筑中某些缺陷则可能助长犯罪,现阶段主要表现为国家体制中的管理不善,国家机构中的官僚主义等。部门中的管理不善常常给犯罪分子以可乘之机,助长其作案决心。官僚主义表现为不关心群众疾

---

[1] 中共中央文献编辑委员会编:《邓小平文选》,人民出版社1983年版,第155页。

苦、滥用职权、不注重调查研究、简单粗暴的教育方法等，一些由于人民内部矛盾激化而引起的报复性案件或民事纠纷转化为刑事犯罪的案件常与官僚主义有直接或间接的联系。

以上社会存在内部的诸种矛盾斗争决定了社会意识内部的矛盾斗争。再加之，我们的社会主义制度是在几千年封建社会土壤上建立起来的，社会意识对社会存在的相对稳定性和意识本身的继承性决定了封建意识（如行帮思想、哥们儿义气、野蛮等）在一定时期内继续影响人们特别是青少年的思想，并与资产阶级思想相结合，共同与社会主义的精神文明相对立。因此资产阶级、封建主义的腐朽意识形态影响，在相当长的时期内仍然是我国产生犯罪现象的重要原因。

复杂的社会存在和复杂的社会意识共同作用于个体意识，形成了相对于个体而言的大环境。所以社会存在中的消极因素是犯罪现象产生的根本原因。而社会意识中的腐朽意识是犯罪现象产生的重要原因。由此得出结论，只有在人类社会消灭了阶级、消灭了国家，社会生产力高度发展，物质极大丰富，产品按需分配，精神文明达到很高程度的时候，犯罪现象才会大量减少以至最终消亡。

三、社会大环境与犯罪个体意识之间的桥梁——特定的个体实践活动

为什么犯罪意识会成为犯罪者思想内部的主要矛盾方面呢？为什么人们都受到十年内乱的影响，或者更确切地讲为什么人们都生活在社会大环境之中，有些人违法犯罪，有些人遵纪守法呢？这些是在犯罪原因的讨论过程中被人们反复提出的问题。回答这些问题的关键是要在人和社会大环境两个统一体之间找到一条由此及彼的桥梁。我认为这条桥梁就是个体的实践活动。

实践的主体是人，因此个体的先天生理素质、心理机制等因素对个体的实践活动有着一定的影响，但是实践的本质是人们为了创造社会生存的必要条件而进行的全部活动的总和，是实践的主体——人与自然界、社会的互动过程。

马克思曾经反复地强调过"人的本质是人的真正的社会联系"[1]。人们从母体中脱胎出来，是一个无知无助的生物体。但是从他一降生便已生活在一个

---

[1] 中共中央马克思恩格斯列宁斯大林著作编译局编：《马克思恩格斯全集》第42卷，人民出版社1972年版，第24页。

既定的社会中间，与他人发生联系，开始了个体的实践活动，随之出现的是认识，是客观见之于主观的内化。这种实践活动最初表现为婴儿与父母的互动，随着婴儿年龄增长和活动能力的加强，其活动范围逐渐地扩大至邻居、亲属、伙伴、同学、师长等等，最后与社会上不同职业、不同地位的人结成一定的社会关系，完成了马克思主义所指出的生物的人向社会的人的转化。心理科学已经证明，儿童在与他人交往的实践中，渐渐地了解到自己，认识了别人，逐渐形成对人对事的兴趣、态度、理想、道德标准和主要的社会行为。因此，人与人之间的互动是实践的主要内容，也是社会存在被内化为个体意识的唯一途径。

历史唯物主义认为，社会上不存在天生的犯罪者，个体犯罪意识的形成是个体在与他人交往中，将社会中所存在的犯罪因素逐渐内化的结果。"逐渐"二字的强调是为了说明"内化"是一个缓慢的、潜移默化的变化过程。这个变化过程，表现出量的积累到质的飞跃的运动状态。在犯罪原因的讨论中人们常常爱举这样的例子，一个青年看了手抄本《少女之心》以后，强奸了一位少女，用以说明犯罪和看黄色书刊的因果关系。实际上，人们的意识对客观的反映远不是那么简单，更不是像机械唯物论者说的照镜子似的反映，黄色书刊实际上起到"催化剂"的作用，加速原有的犯罪意识（以前内化的结果）在量上的积累，并完成质的飞跃（犯罪意识战胜守法意识，产生犯罪行为）。因此在这个过程中，长期内化而形成的犯罪意识是个体意识发生质变的基础。

在社会实践中，人们通过直接地接触客观外界而获得直接经验，通过接受前人和他人的经验而获得间接经验。人们在最初的实践活动中（指婴儿和儿童的实践），间接经验几乎充满个体的整个知识领域，这是由于儿童生理和心理上的不成熟，直接接触客观外界的能力很差所决定的。他们的行为多为模仿性行为，常受间接经验的驱使。儿童间接经验的获得多是通过与伙伴的交谈、游戏，托儿所保育员、学校教师的教育，电影、电视、广播等信息传播媒介的影响。特别是父母的教育和生活方式对儿童间接经验的获得有直接的影响。因此，教育者的言传身教，电影电视等的影响对个体意识的形成起着十分重要的作用，剖析每一个犯罪者个体意识的被内化过程，我们都可以看到教育者（包括电影电视）在其身上打下的烙印。

实践是主观见之于客观的东西，个体在与他人互动中，接受了特定的影响，形成最初的认识，他还要将这种认识再拿到自己特定的社会活动中去检验。个体实践受到历史条件、有限的生命和活动范围的限制，具有很大的局限性，加上个体实践中特定环境的复杂性，决定了犯罪个体可能在原有不良教育的基础上选择社会环境中的消极因素，强化原有的不健康或错误意识，这种认识循环往复逐渐形成犯罪者的世界观。

综上所述，个体意识（包括犯罪意识）是人们在各自的素质（生理素质、心理机制等）基础上，在特定的物质生活和文化教育环境中，与他人互动，并接受其特定的影响，从事特定的社会实践活动中逐渐形成的。因此，要在现阶段（即社会主义的初级阶段，犯罪现象在长时期不可能完全消灭的情况下），为青少年健康成长创造一个良好的个体实践环境（指良好的社会风气、社区环境、高质量的家庭教育和学校教育、社会的文艺宣传中对少年儿童的文化保护等）是减少犯罪的重要途径。

（原载于《青少年犯罪研究》，1984年第9期）

犯罪学冲突理论的研究与评价

【摘　要】 犯罪学的冲突理论历来与合意论相对立，现已形成学派众多、著名犯罪学家云集、具有影响力的理论体系。从研究者所使用的核心概念来看，大体上可以将其归纳为规范文化冲突论、价值冲突论和集团冲突论。犯罪学文化冲突理论家们各具特色的研究视角，以及共同关注文化差异、冲突与变迁，为我们描述了一个动态犯罪学的研究框架。他们所得出来的批判性的研究结论，大大丰富了犯罪学的研究理论，并已成为今天国际司法改革的重要理论依据。

【关键词】 犯罪学　规范文化　价值冲突　集团冲突

犯罪学中的冲突论（Conflict Theory）和合意论（Consensus Theory）历来是两个相对立的理论假设，并分别受到社会学冲突理论和结构功能主义的影响。社会学的冲突理论强调人们因有限的资源、权力和声望而发生的斗争是永恒的社会现象，也是社会变迁的源泉。人们的社会地位和经济利益不同，人们对同一问题有着不同的价值判断标准和不同的立场、态度。当采取某种措施改变某种社会现象时，常常会引起群体间无休止的冲突。结构功能主义与其相反，强调社会秩序，关注长期支撑社会聚合的社会结构，认为社会像人的有机体或者是其他活着的有机体，社会的构成部分像人身体的各个部分一样，以系统的方式结合在一起，每一个部分都对维持整个社会的运作起着积极的作用。❶ 同样，犯罪学领域的冲突论强调，社会是由价值观或利益对立的群体所组成，国家并不代表社会全体的价值观或利益，而是代表着可以支配国家并拥有统治权利集团的价值观或利益。与冲突论不同，犯罪学的合意论则强调，社会是以各个成员价值观上的共同意向为基础建立起来的，而国家是起着维护一

---

❶ ［美］戴维·波普诺著：《社会学》（第十版），李强等译，中国人民大学出版社1999年版，第18页。

般民众的利益的角色。因此，社会如果有对立的价值观或冲突群体存在，国家就应代表社会全体的价值观或利益，对这些对立和冲突进行调解，以求得社会的和谐。围绕两种对立的理论假设在社会学和犯罪学领域繁衍众多的研究家和研究理论。❶

冲突论源于马克思，因为马克思强调社会的流动和不断变化的性质，认为社会经常处于极易被破坏的平衡之中，而社会秩序源于社会的一部分人对另一部分统治，而不是来源于各部分之间的自然合作，社会秩序是力量和强制的产物❷。在资本主义制度下，必然形成两大对立集团，即剥削工人剩余价值的资产阶级和被雇佣、被剥削、获得低廉工资的工人阶级。资本家为了剥削工人阶级最大的劳动剩余价值，会使工人阶级的一部分处于失业和不完全就业的状态，马克思称其为无业游民阶层，这些人常常会堕落为犯罪者。不过，从犯罪学研究的专业领域看，还不能将马克思视为犯罪学冲突理论的鼻祖，因为马克思并未用冲突理论系统地研究和分析过犯罪问题。将犯罪学冲突理论系统化的学者主要是科布林、塞林、沃尔德、钱布利斯等。犯罪学冲突理论的研究学者众多，观点各异，但综合归纳起来大体有三种理论假设，即价值冲突论、规范文化冲突论和集团（或利益）冲突论。

一、价值冲突论

犯罪学的价值冲突论探讨的是不同阶层的价值差异，或者说是价值观的差异，以及这些差异与犯罪的关系。所谓价值或价值观被认为是社会中的人们所共有的对于区分好与坏、正确与错误、符合或违背愿望等的观念。价值观是决定一个社会的理想和目标的一般的和抽象的观念。价值观通常是充满感情的，它为人的行为提供充分的理由。犯罪学的价值冲突论的主要代表人物是索罗门·科布林（S. Kobrin）和沃尔特·米勒（W. B. Miller）。

（一）科布林的冲突理论

索罗门·科布林生于 1910 年，是美国的犯罪学家，芝加哥学派的主要代表人物之一。芝加哥学派因在犯罪生态学研究、帮伙调查、少年犯罪预防活动研究、重新犯罪预测等方面扎实的实证研究和突出的研究成果，在美国乃至整个西方国家的犯罪学界享有盛名。不过，因为芝加哥学派有太多知名学者和研究"大腕"，致使柯布林的价值冲突理论被湮没。

---

❶❷ 谢瑞智：《犯罪与刑事政策》，文笙书局 1996 年版，第 83 页。

科布林1951年发表论文《不良行为地域的价值冲突》(The Conflict of Value in Delinquency Areas)，首次提出价值冲突与犯罪关系的理论。他的价值冲突论是折中了塞林的规范文化冲突理论和苏哲兰（E. H. Sutherland，1883~1950年）的行为学习理论（苏哲兰的核心观点是犯罪在任何社会中都是对犯罪价值观或犯罪亚文化学习的结果）。科布林研究认为，在犯罪频繁的区域虽有很多的不良少年，但是在这些地区也居住着不少正常少年。不良少年长大后有的变成守法公民，而正常少年长大后有的也会变成犯罪人。这种情况并不是由于这些区域的犯罪文化强于传统的合法文化，而是因为犯罪的价值体系和传统的合法的价值体系之间存在冲突和二重性。当地的居民因同时参与这两种价值体系，并且认同两种价值体系。他认为接触犯罪文化并不是犯罪的原因，而是犯罪文化与合法文化之间产生了冲突，致使这两类文化所附带的规范和价值观体系内部产生了不安，导致犯罪行为的发生。[1]

（二）米勒的冲突理论

沃尔特·米勒是哈佛大学人类学家和犯罪学家，1920年出生于费城，1954年获哈佛大学哲学博士学位。

米勒的"下层阶级文化冲突理论"（Theory of Lower Class Culture Conflict）在犯罪学界占有突出的地位。米勒的基本观点是犯罪和少年犯罪是下层阶级文化环境中的行为规范和价值观的具体表现。下层阶级文化本身即含有犯罪的要素，按照这种文化中的行为规范和价值观行动，就会产生犯罪。米勒与其他主张犯罪亚文化理论的学者一样认为这种行为规范和价值观可以代代相传下去。

米勒从1955年开始研究波士顿市区的工人生活及青年帮派活动。他的研究发现市中心区的贫民和工人居住区域有一种稳定而又很特殊的文化环境。一般贫民和工人生活在社会整体经济生活的边缘，这是美国经济和社会隔离过程的反映，是国外移民和国内迁居者在此多年生活逐渐形成的，生活在这些区域里的人们似乎无法以正常的手段获得成功。因此，他便在自己的邻里周围寻找满足和快乐。

米勒在著作中不大愿意用"价值观"这一词，因为他认为英文中的价值观（Value）是一个积极的概念，并带有官方色彩，而且很难反映出文化内部的差异。他提出用"焦点关心"（Focal Concerns）来代替"价值观"概念。实际上，这两个概念在使用的内涵上基本相同，因此笔者将米勒的"下层阶

---

[1] S. Kobrin. The Conflict of Value in Delinquency Areas. American Sociological R.

级文化冲突理论"归为价值冲突论。

米勒认为,下层阶级文化中有许多"焦点关心"使他们易于犯罪,这些"焦点关心"并不是对中产阶级文化的对抗,而是在特殊的环境中逐渐发展起来的、适应贫民区生活的价值观念。这些"焦点关心"主要表现为以下六种形式。

(1) 麻烦(Trouble)。经常惹麻烦,但又想方设法免去麻烦是下层阶级文化的显著特色之一。麻烦包括:打架斗殴、酗酒和不正当性行为。在下层阶级文化区域中,人们经常用一个人能否制造麻烦来衡量他的能力。但他们对于制造麻烦的态度却不一样,有时给与威望的评价,如打赢了架。有时又给与愚蠢和无能的评价,如打输了架。麻烦制造出来后,他们又设法免去这些麻烦的缠身,尽可能地大事化小、小事化了,以免引起警察的注意。

(2) 强硬(Toughness)。强硬的主要特征是身体强壮和精神上的强硬态度。表现为体质上力量、运动技能和忍耐力。精神上的男子汉气概,其主要特征是既能行动又能躲避、文身、不多愁善感、不关心艺术文学、把妇女作为征服的对象、面对身体威胁有胆量、敢于抗衡等。若不能符合这些要求,下层阶级人们会称其为软弱、愚笨和无大丈夫气概。

(3) 聪明(Smartness)。下层阶级的少年喜欢耍小聪明,用小聪明戏弄对方,或战胜对手。下层阶级的文化并不崇拜"大智慧",而耍小聪明是他们的一种求生技能,如赌博、诈骗和钻法律的漏洞等。小聪明表现了下层阶级的人们最大限度地利用心理机敏和最小限度地利用身体力量去获得有价值的东西的能力。这种能力在下层阶级文化中具有相当长的历史传统,并受到下层阶级文化的高度评价。

(4) 兴奋(Excitement)。下层阶级文化的另一个特性是寻找兴奋和刺激,以调剂枯燥乏味的生活,对兴奋的寻找可能导致赌博、打架、酗酒、性骚扰等,给自身惹来许多不必要的麻烦,但下层阶级的成员还是愿意从事这类冒险活动。

(5) 命运(Fate)。下层阶级的成员相信命运,认为自己的生活受到难以控制的、神秘的力量操纵,幸运和财富都离他们太远,使他们无法决定自己命运。但是他们不相信宗教所说的神秘的力量,因此,他们会经常进行一些预测命运的活动,比如用卡片算命等。下层阶级中的赌博活动盛行与其成员相信命运也有关系。

(6) 自主(Automony)。下层阶级的成员喜欢自主和自由,认为受制于权威,如警察、教师、父母等是一种无法忍受的软弱,与其应该具有的强硬态度不相符合。因此,他们经常与外在的环境发生冲突,如警察、教师、家长等。他们也常对权威机构表示出轻蔑,如轻视学校而逃学或辍学。

米勒认为,下层阶级成员若遵从这些"焦点关心"(或价值观念)就会经常触犯法律。例如,为了证明自己有强硬的身体和态度,他们不会在打架中退缩;为了要小聪明就会欺诈他人;寻找兴奋的结果导致酗酒、赌博、滥用毒品等非法行为的产生。因此,犯罪是他们遵从下层阶级文化价值观的产物,而不是受到社会挫折或被社会疏离的结果。米勒估计,在美国约有 40% 的人受到这种文化价值观的影响。米勒的研究结论是当今社会中存在着下层阶级的文化,这种文化有其特殊的规范和价值观,与中上等阶级的价值观形成很大的差异,犯罪是这种价值观差异和冲突的结果。

二、规范冲突论

索尔斯坦·塞林(Thorsten Sellin)是规范文化冲突论的主要代表人物。塞林于 1896 年 10 月 26 日生于瑞典,17 岁时随家人移居美国,1922 年获宾夕法尼亚大学哲学博士学位,后执教于明尼苏达大学社会学系,历任讲师、副教授、教授,1994 年 9 月 17 日在美国逝世。塞林一生共出版近 20 部著作,其中 1938 年出版的《文化冲突与犯罪》(Culture Conflict and Crime)一书是犯罪学领域的经典著作,并奠定了他在犯罪学冲突理论研究中的鼻祖地位。

《文化冲突与犯罪》一书是研究文化适应与犯罪行为关系的理论著作,其核心观点是刑法是主流文化(Dominant Culture)行为规范的表现,社会主流文化的主体是传统的中产阶级文化。中产阶级文化有其特定的内涵,下层阶级和其他特殊种族群体也有其特定文化内涵,上述两种文化内涵的差异是冲突产生的基础。刑法是中产阶级规范的体现,用以保护中产阶级的利益,而犯罪则成为下层阶级的文化。《文化冲突与犯罪》一书中塞林的以下观点值得特别关注。

(一)强调犯罪学研究的实证性

塞林在《文化冲突与犯罪》一书中批判了传统犯罪学,特别是传统犯罪学领域中关于犯罪原因的研究。他指出,传统的犯罪学关于犯罪原因的研究大多停留在印象和思辨的发展阶段。[1] 犯罪学研究应着眼于实证研究,应重视对

---

[1] Thorsten Sellin. Culture Conflict and Crime. Social Science Research Council, New York, 1938: 18 - 19.

犯罪统计资料的和个别案件的分析。他强调,即使是以偶然资料为基础的实证研究也具有科学的特征(a characteristic of all sciences based on contingent data)。❶ 塞林根据自己的实证和其他学者大量的实证研究成果,摆脱传统犯罪学的印象和思辨,系统地阐述了文化冲突与犯罪的关系。

(二) 犯罪定义的相对性

塞林认为,法律会随着基本的社会规范或行为规范的变化、随着社会的发展而变化,因此,刑法中的犯罪定义在不同地点和时间中是不同的:过去为犯罪的行为,现在可能成为合法的行为;而在此地为犯罪的行为,在另一地却可能是为合法行为。若因为一个人违反了法律就称其为犯罪或偏差行为是忽略了现代社会规范的多元性和异质性。犯罪学家不应当仅仅研究法律所规定的犯罪,而且应当避免采用法律来定义犯罪。

(三) 文化冲突的核心是规范文化的冲突

塞林认为:"无条件地接受这些法律的定义,把法律作为犯罪学研究的基本单位或成分,违反了科学的一项基本标准。科学家必须有界定自己术语的自由。"❷ 犯罪学家不仅应当研究非法行为——法律规定的犯罪,而且也应当研究违反群体规范或行为准则的所有行为。应当用人们日常生活中的规范文化,或行为规范(Conduct Norms)的概念来取代法律对犯罪的定义。

规范文化是在一定状态下,某一类型的人们所遵从的特定的行为方式和规则,❸ 是某一社会团体对其成员行为的指导和限制原则。违反了这些原则便会对其所属团体造成危害。在多元的社会中,一个人隶属于许多团体,如家庭、学校、工作单位、俱乐部、交友团体等,因此,规范文化的冲突在现代社会中几乎是不可避免的现象。遵从了某一团体的规范文化(如交友团体)就可能造成违反另一个团体的规范文化(如社会)的结果,遵从了下层阶级的规范文化就可能违反中产阶级的规范文化。在许多情况下,下层阶级的行为者并不一定认为自己的行为违反了法律(即体现中产阶级的利益的法律),他实际上遵从的是下层阶级的规范文化而已。

另外,科学技术的不断发展使社会不断分化,并产生许多小团体,每个小团体都有其特殊的规范文化或行为准则,社会的多元化使文化的冲突在所难

---

❶ Thorsten Sellin. Culture Conflict and Crime. Social Science Research Council, New York, 1938: 12.
❷ Thorsten Sellin. Culture Conflict and Crime. Social Science Research Council, New York, 1938: 23.
❸ Thorsten Sellin. Culture Conflict and Crime. Social Science Research Council, New York, 1938: 32.

免。塞林认为，犯罪学家萧（C. R. Shaw）的芝加哥犯罪区域研究便是文化冲突的最好例证。居住在犯罪高发区域的人们由于接受并内化犯罪的亚文化价值观，使得他们的行为自然而然地与外界的传统文化和主流文化相冲突。移民群体由于遵从母国的规范文化，自然与美国的规范文化相冲突，并与他们的犯罪行为相联系。

犯罪行为似乎与群体或个体对规范文化的认同、规范文化的遵守、规范文化与规范文化之间的冲突引发个体心理冲突和行为指向的迷惘等关系最为密切。塞林在他《文化冲突与犯罪》一书中开门见山地指出，文化冲突中的"文化"主要是"行为规范"。该著作还以"行为规范的冲突"为标题，用一个整章的篇幅分析了不同规范文化的冲突与犯罪的关系。塞林将他的研究重点锁定在"规范文化"或"行为规范"上，这一研究角度无疑使复杂的文化问题简单化，使文化冲突与犯罪的研究得以深入。正是基于上述分析，笔者将塞林的冲突理论称为"规范文化冲突论"。

（四）文化冲突的前提

塞林认为，在单一同质社会里，行为规范中的许多内容以法律和习俗等形式被规定下来，实际上是一种明确的社会合意，社会成员认同并且遵守这些行为规范。但是随着社会的复杂化，在各种集团行为规范之间容易产生各种矛盾和冲突，明确且简单的社会合意变得极为困难。因此，合意是传统单一同质社会的特征，而文化冲突是文明发展的副产品。

另外，文化冲突有三个重要的前提，一是异质性较强的社会中存在着许多社会团体或群体，不存在不属于任何社会团体的个体。二是绝大多数团体都具有自己的文化规范（道德规范、行为准则、价值观念和法律意识），不存在着不属于任何社会集团的文化规范。三是任何个体的行为准则都是他所处的社会集团文化规范的体现。犯罪则是不同社会团体的不同文化规范之间冲突的结果。

（五）初级文化冲突与次级文化冲突

塞林的"初级文化冲突"（Primary Cultural Conflict）和"次级文化冲突"（Secondary Cultural Conflict）是他的犯罪学理论中最具特色的地方，并为犯罪学原因论的研究开辟了一个新的视角。

所谓"初级文化冲突"是指两个不同的文化之间发生的冲突。初级文化冲突通常会在以下三种情形下发生：（1）在不同文化区域，或文化圈相互接壤的中间区域发生；（2）在建立殖民地的过程中，某一文化圈的规范文化以强权为背景，向其宗主国扩张时，文化冲突易发生；（3）在移民的过程中，某一文化圈的成员移居到另一文化圈之后，会与当地的规范文化发生冲突。塞林举例说，几年前，美国新泽西州的一位来自意大利西西里的父亲杀死了诱奸他16岁女儿的男子。在被逮捕时他表现得很惊讶，因为他仅仅是用西西里传统的方式捍卫了家族的荣誉。

所谓"次级文化冲突"是指在同一地域，或同一文化圈内部，由于文化的发展分化出若干种不同的亚文化，它们各自形成其独特的文化规范时，文化冲突便产生了。分化出来的亚文化既包含有主流文化（中产阶级文化）的成分，也包含有与主流文化不同甚至冲突的成分，而法律只保护符合主流文化的行为。当人们按照亚文化行动时，就会发生次级文化冲突，甚至构成犯罪。

笔者把塞林谈到的两种文化冲突形式比作一个坐标系中的纵横两个坐标。"初次文化冲突"为横坐标，即在同一时点、不同地域的规范文化移动中所产生的文化冲突。"次级文化冲突"是纵坐标，即同一地域、不同历史阶段的急剧变迁，比如产业革命，科技革命、制度更迭等，使这一地域的传统的规范文化受到的剧烈冲击。"初次文化冲突"和"次级文化冲突"的表现形式不同，但是它们与个体犯罪的关系都主要表现为：文化冲突被个体内化，规范文化冲突增加，使行为者的自我同一性解体，进而诱发犯罪行为。

三、利益冲突论

利益冲突论是一种具有很强批判性的犯罪学冲突理论。该理论着重探讨了社会上的权力关系在犯罪原因中所扮演的角色，利益冲突论从上个世纪60年代迅速发展，并得到了广泛的理论认同，对犯罪学研究领域产生过巨大冲击。其中有四个重要的社会背景因素不容忽视。

一是上个世纪50年代末到70年代初，"自我报告偏差行为"的研究方法被犯罪学界广泛采用。这是一种通过量表调查个体是否有过违法犯罪行为的研究方法。这类研究发现，犯罪和偏差行为与阶级阶层之间并无明显的相关关系，犯罪、特别是少年犯罪数量非常均匀地分布在各个社会阶层，即中产阶级的孩子与下层阶级的孩子具有程度相似的偏差行为，而不是像官方犯罪统计的那样，犯罪和偏差行为主要分布于社会的下层阶级。这说明许多参与犯罪的中产阶级的孩子并没有被记录在案，或者说明下层阶级的孩子更容易被逮捕或定罪。显然刑事司法中存在有偏见和歧视。因此利益冲突论者认为,刑事司法制度是控制下层阶级和维护社会等级的工具,而不是维持全民安全的工具。

二是"标签理论"的早期流行也为利益冲突理论的迅速发展奠定了基础。F. 坦南鲍姆(F. Tannenbaum)、E. 利默特(E. M. Lemert)、H. 贝克(Becker. Howard)等标签理论家着重研究"犯罪化过程"(Criminalization Process),即标定犯罪人的过程。他们努力分析了犯罪、犯罪人、被告人和进行标定的权威机构或人物之间的互相作用。

标签理论的研究结论是犯罪人是社会制造的,当对有不良行为的少年儿童采取官方措施时,本来无关紧要的问题就变成了严重问题。生活在贫民区少年儿童的违法行为开始时都是很轻微的,而且往往都是偶然进行的,如砸碎玻璃、推倒垃圾桶、旷课逃学、在超市里"顺手牵羊"等,他们把这种行为看成是冒险、刺激、有趣、调皮捣蛋、游戏娱乐等。但是,权威机构不这么看,而是将其标定为"讨厌的行为"、"恶劣的活动"。少年们则采取对抗权威机构的态度,继续进行不良行为,权威机构继续作出消极反应,态度更加严厉,认为是"邪恶的行为"、"邪恶的人",甚至把这些行为定义为少年犯罪行为,将他们送上法庭进行审判。权威机构的态度会对少年儿童产生持久的、毁灭性的影响,会造就少年的"犯罪的自我意象"。标签理论认为,少年被标签化和其违法犯罪行为固定化大体上经历过四个阶段,即初次越轨行为;邪恶的戏剧化;犯罪人的认同;继发性越轨行为。标签理论阐述了权威机构或人物与被告人的冲突,为利益冲突理论的借鉴和发展作出了贡献。

三是20世纪60年代末70年代初美国社会动荡不安,反越战示威,各种民权运动兴起,各种利益群体的冲突不断,为冲突理论的进一步发展创造了良好的社会环境和政治环境。

四是德国社会学家拉尔夫·道伦多夫(Ralf Dahrendorf, 1929~)的现代冲突理论为利益冲突论的发展做了理论准备。一方面,道伦多夫指出,西方社会学领域占据优势地位的结构功能主义是一种"乌托邦式"的理想,在现实世界上并无存在的基础。他号召走出结构功能主义者建构的以一致、秩序和均衡为特征的"乌托邦",恢复理论界已经丧失的问题意识,建立冲突的社会分析模型。

另一方面,道伦多夫也否定马克思的阶级冲突论。他认为,现代社会的阶级和冲突已不是马克思所描述的那样了,马克思并没有预见到现代工人阶级的发展变化,现在的工人阶级已不是马克思所描述的贫穷、不具备技术、大家都是一样的同质体等。今天的工人阶级已相互区分为无技术者、半技术者和技术者，他们彼此的利益并不一致，实际上是一些具有微妙差别的阶层。道伦多夫用"权威"的概念替代马克思的"阶级"的概念，认为权威的不平等是社会冲突的根源，社会并非合作、协调和相互合意的结合，而是人与人之间强迫性束缚才使社会联结在一起，他称其为"强迫性的协调结合"。

在任何社会，权力必然呈现出差异性分配，权威拥有者能支配未拥有权威者，制度化的权威和权力结构必然导致系统的社会冲突。但是冲突并非绝对破坏性的，当冲突破坏了社会的稳定时，冲突具有破坏性。但冲突也有其特殊功能，冲突中可能产生更有效率、更加公正的社会秩序。

道伦多夫理论虽然并未直接涉及犯罪问题，但是他的冲突理论却成为犯罪学的利益冲突论的理论根基。与利益冲突理论相关联的理论主要有以下四种。

（一）沃尔德的集团冲突理论

乔治·布赖恩·沃尔德（George Bryan Vold，1896~1967年），美国明尼苏达大学教授，1958年出版了他最重要的一部著作《理论犯罪学》（*Theoretical Criminology*），该书构建了沃尔德的"集团冲突论"体系，并因该著作的出版使他获得了1966年美国犯罪学协会颁发的苏哲兰奖。在《理论犯罪学》一书中，沃尔德将道伦多夫的现代冲突理论引入犯罪学，提出了以利益冲突为基础的集团冲突理论。该理论的核心观点是"犯罪是具有不同利益的群体之间冲突的结果"。

沃尔德的集团冲突理论以社会学公认的假设为出发点，即人类基本上是集群性动物，由于共同利益和需要，人类结成集体，并产生群体行为。因此，个人行为成为了集体行为的一部分，集体也必须能维护成员的利益，否则将面临消亡的命运。随着新的利益的产生，新的团体将会形成，而原有的团体在其不能满足一定要求和达到一定目的时，就会被削弱和逐渐消亡。团体成为引导和协调其成员活动的有效行动单位。对于成员而言，参与团体活动和分担团体烦恼等经历，会使其成为一个有团体意识的人。在复杂的社会中，必然有各种不同的团体，而且具有利益或目标的相互重叠、互相侵犯或竞争，这些都会产生团体之间的冲突。团体之间的竞争本质上是一种生存手段，是为了维护本团体利益和防止被其他团体所取代。另外，团体之间的冲突会有利于加强团体内部

的聚集力，增强成员之间的群体认同和群体忠诚。❶

沃尔德用上述集团冲突理论解释犯罪现象时认为，法律是政治团体创立的，是他们依靠政府的协助创立的，用以维护其权力和利益，假如一个团体可以整合足够的力量，就能迫使政府制定法律抑制对立团体的利益。立法、违法、执法等政治运作基本上反映了不同利益集团的冲突，反映了不同利益集团争取警察权力和对政府的控制。在立法活动中，新法律反映了控制立法权的那些群体的利益，而反对新法律的人们，因为法律没有反映他们的利益，他们就不会为实施新法律而努力。相反，他们更有可能违反法律，以维护自己的利益。同时，他们没有控制警察机构，因此，这些对立团体的成员更有可能犯罪，更有可能被警察机关当作犯罪人来处理。

沃尔德指出，许多犯罪行为是由群体实施的，这是因为有利益冲突的人们认为集团行为更能保护和加强自己的利益。比如，少年犯罪帮伙几乎都是群体行为，他们不赞同占统治地位的多数人的规则，即成年人的价值观和权力的规则。警察通常代表成年人价值观和权力，当少年犯罪帮伙采取某种直接集体性行动时，他们不可能通过正常的途径达到自己的目的，也不可能寻求国家警察的保护。于是，他们容易被看作犯罪人，容易被当作犯罪人来处理。同时，他们会采取直接的社会心理反应方式，如忠实团体和团体领导人，个人的愿望服从于团体的目标，遵从团体公认的价值观和行为规范等。❷

许多犯罪行为是在政治团体进行争夺领导权的斗争中产生的，政治斗争的最后形式是造反和革命。成功的革命使犯罪人脱离了以前拥有权力的政治集团的控制。而不成功的革命则使领导人成为被判处死刑的叛国者。因争夺政治领导权而发生的政治冲突，不仅导致大量的政治犯罪，也引起许多普通刑事犯罪——革命几乎都伴随着杀人、夺取私人财产以及其他违法现行刑法的犯罪行为。一些国家的选举活动中也伴随着团体之间的冲突，引起人身暴力犯罪、行贿、伪证，甚至盗窃等犯罪。总之，犯罪行为是社会上不同力量相互冲突的结果。有些犯罪的政治意图可能并不明显，但若深入分析的话，连最基本的暴力行为也是有政治的色彩，暴力行为的背后隐藏着政治权力或团体

---

❶ [美] G. B. 沃尔德：《犯罪学——理论的思考》（第三版），平野龙一等译，东京大学出版会1994年版，第315页。

❷ [美] G. B. 沃尔德：《犯罪学——理论的思考》（第三版），平野龙一等译，东京大学出版会1994年版，第317页。

利益的冲突。❶

如上所述,道伦多夫从哲学和社会学的角度提出的现代冲突理论,为犯罪学的冲突理论提供了理论基础,沃尔德的集团冲突论将现代冲突理论引入犯罪学,为犯罪学的冲突理论的发展铺平了道路。虽然沃尔德的《理论犯罪学》是犯罪学现代冲突理论的早期代表作,但它至今仍是经典之作,在推进犯罪学在冲突理论的研究方面具有重要的地位。

(二)昆尼的犯罪社会现实理论

R. 昆尼(Richard Quinney)生于1934年,1962年获美国威斯康辛大学哲学博士,1960年起先后在圣劳伦斯、肯塔基、纽约大学教书,担任讲师、副教授、教授。他于1970年出版了《犯罪的社会现实》(*The Social Reality of Crime*)一书,该书是其理论体系的主要代表作。其核心观点是,每一个社会都存在着个人或社会团体之间的冲突,这是社会生活的正常结果,而冲突往往是与权力相互关联,有权者可以决定或控制无权者的行为。权力的差异分配产生冲突,冲突来自对权力的竞争。犯罪的概念是受有权者控制的,刑事司法的运作也是保护有权者的利益和需要。当无权者发展出与有权者的利益和需要相冲突的行为模式时,有权者的代理人(刑事司法体系)就会将其界定为犯罪行为。

在《犯罪的社会现实》一书中,他将沃尔德冲突理论、标签理论、以及苏哲兰的行为学习理论糅合在一起,提出了"犯罪社会现实"的六个命题。

命题一:犯罪的定义。犯罪是在被政治组织化了的社会中,由权威机构创造和界定的一种人类行为。该命题中运用了标签理论对犯罪的定义,即犯罪是某一部分有权力的人加给他人的标签。犯罪并不是某种行为所固有的性质,而是被创造的结果,是社会上有权者对无权者行为与特征的一种判断。在这个命题上,昆尼与标签理论家不同的是他不再进一步探索被贴上标签的"犯罪者"是如何产生"继发越轨行为",而是将该命题停留在犯罪定义本身。

命题二:犯罪定义的公式化。犯罪定义所描述的内容是与有权力制定公共政策的那部分社会成员的利益相冲突的行为。犯罪定义公式化的过程受以下因素的影响:①社会情况的变化;②新产生的利益;③政治、经济、宗教利益被保护的要求;④公众对所谓公共利益的看法。该命题的核心内容是刑事法是保

---

❶ [美] G.B. 沃尔德:《犯罪学——理论的思考》(第三版),平野龙一等译,东京大学出版会1994年版,第318页。

护社会上有权力人们的利益,当社会团体之间发生冲突,当有权者和无权者之间发生冲突,有权者将创设法律维护自己的利益,打击他的对手。

命题三:犯罪定义的适用。犯罪的定义是被有权力执行刑事法的人们引用,并适用于他人。昆尼认为,有权阶级不仅通过法律的制定,更要通过法律的执行来保障自己利益。他分析了在刑事诉讼程序的各个阶段上有权力者的利益存在和优势后指出,一些人与有权力者的利益相冲突时,权力较小者必须改变自己的行为,否则,他的行为就可能被当作犯罪行为来处理。由于权力较小者与统治阶级利益的冲突程度不同,其行为被当作犯罪处理的可能性及程度也不相同。统治阶级实际上并不使用刑法适用于某些人身上,而是将这种权力授予他们的"法律代理人"——法律执行机构。法律执行机构越认为某些人和他们的行为危及有权者的利益,则犯罪定义就越可能引用至他们身上。

昆尼的命题二和命题三很大程度上受到沃尔德"集团冲突论"的影响,如昆尼的命题二与沃尔德的"在选举中取胜的利益集团决定是否制定新法律制约和阻碍对立集团的利益"观点几乎完全一致,他的命题三与沃尔德的"控制立法机构的人们也具有对警察权力的支配力,决定谁的行为违法的政策支配权"的观点也很一致。不过,两者也有些区别,沃尔德探讨的是有组织的利益团体之间的冲突,而昆尼探讨的社会各个"部分"(Segments)之间的冲突。这些"部分"有共同的价值观、规范、意识形态上的指向性。但是,他们既可以保护其共同利益团体组织起来,也可能不组织起来。如企业和工人多年来已组成各自的利益群体,而像妇女、穷人、同性恋者等,这部分只是最近才组织起来。此外还有一些几乎没有组织的"部分",如青少年、老年人;另外,还有完全没有组织的"部分",如犯人、精神病人等。

命题四:与犯罪定义关联的行为模式的发展。社会上的不同团体依照他们与犯罪定义的关系构造出不同的行为模式,而人们的行为被定义为犯罪的可能性也随所属团体而变化。在这里,昆尼所说的行为模式是指人们在他的文化环境中所学习到的行为规范,行为模式的发展与个人所属团体有关。如弱势者因犯罪定义被引入他所在的团体,因此,他容易学习到被标定为犯罪的行为模式。但是其他方面,如取得成功的合法机会、学习经验、个人的认同和自我感受等也均对他的行为模式的发展有所影响。同时,昆尼引用了标签理论认为,被界定为犯罪的人最后都会自认为是犯罪的人。为了调整适应犯罪人的标签,他们都会学习扮演犯罪人的角色。另外,他们的行为被界定为犯罪的概率增加。因此,犯罪也是一种互动的过程,即行为界定者与被界定者之间的相互影响。实际上,昆尼的命题四主要来源于苏哲兰的行为学习理论,同时,借鉴了标签理论的部分观点。

命题五:犯罪概念的确立。确立犯罪的概念,并通过各种通信手段在社会各个部分传播犯罪的概念。昆尼认为,权力者为了确保统治,首先,确立犯罪的概念;其次,通过各种通信手段,广泛宣传这种犯罪概念。人们对犯罪和犯罪人的态度会因大众传播的扩散而发展。有权者将他们所希望的犯罪概念传播给大众,而且,直接影响公众的意见和对犯罪的定义。由此有权者将犯罪的概念变成了犯罪的现实。

命题六:犯罪的社会现实。犯罪的社会现实是通过表述和适用犯罪的定义,发展与这些定义有关的行为模式和确立犯罪的概念而建立的。[1]

昆尼将前述的五个命题综合起来构成了第六个命题。根据第六个命题,人们对犯罪的概念是受有权者控制的,刑事司法体系的运作也是保障有权者的利益和需要。当无权者发展出与有权者的利益和需要相冲突的行为模式时,有权者和富有阶级的代理人(刑事司法体系)就会将其界定为犯罪行为。

昆尼的第五、第六个命题明显受到当代知识社会学的影响。知识社会学强调,人们生活的世界从根本上来说是主观的和以社会生活方式建立起来的。

(三)特克的权力冲突理论

A. T. 特克(Austin Theodore Turk, 1928~),1962 年获美国威斯康辛大学哲学博士,毕业以后他一直在印第安纳大学任教,先后任讲师、副教授、教授。1969 年出版自己的第一部犯罪学著作《犯罪学与法律秩序》(*Criminality and Legal Order*),在这部著作中,他提出了自己的"权力冲突理论"。他首先否定社会冲突是意识形态的,或者是概念的,认为在任何形式的经济体系里,权力冲突才是问题的核心。他还认为,不存在固有的犯罪行为和犯罪人,犯罪是有权者根据非法的、法律以外的和法律已规定的标准,将犯罪身份强加给一些人的结果。

特克的《犯罪学与法律秩序》一书最具特色的地方是他提出了"犯罪化"(Criminalization)的概念。他认为,权威当局与国民的冲突可能创造出国民的犯罪化,其原因有三个方面。

第一,被禁止的行为对第一线执法人员(即警察)的意义,以及比其高级别的执法官(即检察官、法官)对于警察行为的评价和认同程度。如果不

---

[1] Richard Quinney. The Social Reality of Crime Little, Brown, Boston, 1970:15 - 23.

同级别的执法者都讨厌被禁止的行为和行为人的话,就可能有很高的逮捕率、很高的定罪率和很重的判决。但是,如果由于警察和上一级的执法官存在着阶级和地位的差异,使得警察认为某种行为有危害性,而检察官和法官则不这么看时,就会有很高的逮捕率,但是定罪率却较低,有罪判决的数量会较少。相反,如果警察认为某种行为无害,而检察官和法官则认为有害时,就会有较低的逮捕率和较高定罪率,以及较严重的判决结果。

第二,执法者与对抗者的"力"。一般来说,当执法者拥有很大的权力,而对抗者几乎无权时,会最大限度地推进犯罪化过程。当执法者的权力和对抗者的权力大体相当时,犯罪化过程就必须付出代价,或缓解双方关系,执法者就会变得小心谨慎,也容易保持较低的犯罪率。如果对抗者比执法者拥有更大的权力的话,就会修改法律。

第三,对犯罪化程度的影响。在这里特克提出了"冲突行为的现实主义"(Realism of Conflict Moves)和"现实主义程度"(Degree of Realism)两个概念。现实主义的程度是指冲突行为的结果增加或减少人们成果的可能性。对于执法者来说,意味着在执法过程中不必要投资就可以维持权威关系,对于对抗者来说,意味着让执法者撤销或停止执行已公布的规范,至少要采用某种妥协的方式,如形式上执法,实质上不执法。对于任何一方如果推进现实化了的冲突行为都会增加犯罪化,而犯罪化是衡量两个集团之间公开冲突的尺度。[1]

特克权力冲突论与其他冲突理论家的观点相比显得非常温和,因此,也常被人们称为保守的冲突论。但是关于犯罪治理方面研究,他却乌托邦式地认为,除非社会结构、价值体系和社会关系等有一个全面性的改造,改变人们的行为和迫使人们成为"好人",否则违反规范的行为,如青少年偏差行为、家庭解组、人格失常、缺乏工作技术等问题仍无法获得解决。

(四)钱布利斯的法程序中的冲突模式

威廉·约瑟夫·钱布利斯(William Joseph Chambliss, 1933~),1962 年获美国印第安纳大学哲学博士,毕业以后先后在华盛顿大学、加州大学、挪威奥斯陆大学任讲师、副教授、教授。1971 年与 R. 塞德曼(Robert Seidman)合作出版了著名的犯罪学著作《法律、秩序与权力》(Law, Order, and Power),这部著作最有特色的地方是他首次运用冲突理论最全面地分析了刑事司法系统

---

[1] [美] G. B. 沃尔德:《犯罪学——理论的思考》(第三版),平野龙一等译,东京大学出版会 1994 年版,第 325~326 页。

和刑事司法过程。

在《法律、秩序与权力》一书中,钱布利斯从程序法的角度,剖析了从立法到诉讼每个子系统中冲突产生的原因,着重批判了制定、解释、执行和管理法律的人们价值观的任意决定权。他们的研究结论是"法律秩序事实上是维护权力和特权的一种自我服务系统",而不是价值中立的解决争议和处理冲突的工具。

1. 法律秩序的第一个子系统——立法机关

钱布利斯认为,刑事司法的过程是从立法机关的法律制定开始的。他在《法律、秩序与权力》一书中,首先引用"合意论"的观点,即国家审议会是以一个利益,即全体的利益为指向的,它不应侵害任何地方目的和利益,而应导出以向全体妥协为由的一般利益。他批判"合意论",认为,仔细研究法规范的产生,每一项法内容的确定都有其决定性的变数,这种变数不是公共的利益,而是某一群体的利益,利益群体的活动在立法中起到极为重要的作用。掌握权力和享有特权的人,也是对立法政策有影响的人。某个群体的政治和经济地位越高,其观点被指定为法律的可能性就越大。❶

2. 法律秩序的第二个子系统——上诉法院(Appellate Court)

在刑事司法制度中,法律规则的确定是由上诉法院进行的,判例的确定与新法制定具有同等的效果。人们普遍认为上诉法院是价值中立最为彻底的机构。但经过严谨的调查发现,裁判官遵循"自然法"作为支持自己决定的依据,但是他们所说的自然法背后实际上是他们个人价值观的体现。由于上诉案件在适用法律上是有争议的,这就为上诉法院的法官的自由裁决提供了条件。钱布利斯和塞德曼考察发现,当上诉法官在决定处理"疑难案件"并创立规则时,他们一定依赖于个人的价值观。他们的价值观是偏向富人,而不是偏向穷人。

上诉法院法官的价值观偏向富人的主要原因是上诉法官大部分来自社会上更有特权的那部分人,他们基本上都是在法学院学习过"案例方法"(Casebook Method)的律师,这些案例训练方法所选用的案件大部分是在以前的法律活动中与富人相关联的案件。作为未来法官的律师们在参与司法活动中,他们把主要精力集中于办理与富人相关的案件,因为只有这些富人才能支付得起

---

❶ William J. Chambliss and Robert B. Seidman. Law, Order, and Power. Addison – Wesley, Reading, Mass, 1971: 473 – 474.

高昂的律师费。当这些律师成为上诉法院法官后,原有的职业惯性会使他们偏向富人群体。

另外,成功的律师当上了初审法官,在社会上获得了显赫的地位,这种显赫的地位会诱使他们寻求进入更高的权力阶层。因此,他们会变得更注重向上层的流动。如果一名初审法官晋升为上诉法官,他就一定要与政治发生联系,在政治上无权的初审法官往往不会被提升为上诉法官。法官迫于许多微妙的压力,极为关注和全面考虑与有权者和富人相关的案件。

钱布利斯和塞德曼也考察警察机关、检察机关的活动,结果也发现他们的价值观并不中立,也有偏向和不公平。他们对司法程序的逐一考察的结论是,无论从法的构造看,还是从机能看,法律机关的活动都代表了有权群体的利益,公共利益只是在与有权群体的利益相符合时,才会在法律中反映出来。[1]

四、犯罪学冲突论的基本评价

犯罪学的冲突论在体系构建上无疑受到了哲学和社会学领域的冲突理论的影响,并与法学上的合意论和哲学、社会学上的功能主义相对立,逐渐形成学派众多、著名学者云集,并具有很大影响力的理论体系。

19世纪中叶,马克思提出了阶级对立的冲突理论,强调社会程序是短暂的,而社会的不断流动和变化是长久的。马克思的冲突理论因与西方的社会制度相对立,因此一直受到西方社会的冷落。20世纪70年代以美国为首的西方国家因社会动荡不断,反战示威、民权运动迭起,使各种社会冲突凸显,为冲突理论的研究与发展创造了良好的条件。

上个世纪90年代美国学者塞缪尔·亨廷顿(Samuel P. Huntington)的《文明的冲突与世界秩序的重建》(*The Clash of Civilizations and The Remaking of World Order*)一书再次轰动了"冷战"结束后的西方世界,引起了国际社会和学者们对冲突理论的再度关注。

冲突论强调冲突的根源是这种差异和对立,冲突论并不否定同质性,也不否定社会秩序和结构的稳定性,但是冲突论更强调秩序和平衡是相对的,是短暂的,而差异、流动、对立、不平衡则是绝对的,解决冲突的办法是求同存

---

[1] William J. Chambliss and Robert B. Seidman. Law, Order, and Power. Addison-Wesley, Reading, Mass, 1971:503.

异、缓和矛盾、平等公正地对等各种差异等。冲突理论认为旧的冲突解决了又会出现新的冲突，社会就在这种"冲突→解决冲突→新的冲突出现→再解决冲突"的过程中得到发展。冲突理论作为一种理论假设无疑给人们一个独特的视角，也为犯罪学研究拓展了广阔的思维空间。

（一）文化冲突论犯罪学家的共性

犯罪学冲突论的学者有一个共同的特点就是他们批判性。他们大多认为社会存在着上层、中产和下层阶级，他们的社会地位不同，或者所处的社会环境不同，使他们形成自己独特的行为规范、价值观和利益群体，这种差异和对立是文化冲突产生的基础。法律并不是"社会合意"的结果，而是代表着中产阶级以上人们的利益，是中产阶级以上的人的利益合意。法律的执行也不是人们所想象的是一种法律工作者的"价值中立"的实施过程，下层阶级的人们更容易被逮捕，被判刑。犯罪学冲突论学者正是基于这样的理论共识，同时根据各自不同的研究视角和概念范畴，形成较为系统的理论体系。

（二）冲突论犯罪学家的特色

1. 价值文化冲突论的特色

科布林和米勒的冲突理论的核心概念是"价值观"，米勒为了避免价值观的倾向性，将价值观改称为"焦点关心"。价值观是个人，团体对自身在社会中存在的认识，是对事物或现象进行是非、有意义或无意义、值得接纳或不值得接纳的判断时所依据的基本准则或尺度。科布林和米勒都认为，价值观与人们的犯罪行为关系最为密切。科布林强调是由于犯罪价值观与合法价值观的冲突使价值体系内部产生不安，由此导致犯罪行为的发生。米勒则认为，由于特殊的文化环境形成了一种"下层阶级的价值观"，它与中上层阶级的价值观差异甚大，犯罪是这种价值观冲突的结果，而不是对社会规范的违反。米勒甚至将"下层阶级的价值观"具体概括为麻烦、强硬、聪明、兴奋、命运、自主六种"焦点关心"。

美国学者斯图尔德（J. H. Steward）也曾认为人的价值观与社会，或社会主体——人的行为关系最为密切，为此他提出了"文化生态学（Cultural Ecology）的结构模式"。斯图尔德的文化生态系统的结构模式图表明，与自然环境关系最直接、并且显示出强相关的首先是科学技术，其次是生产、经济体制和社会组织，关系最远的是价值观。价值观与自然环境呈弱相关，它是通过生产、经济体制和社会组织等中间变量来实现对环境的影响的。反过来说，影响社会和社会主体最直接的是价值观，是人们对事物和现象的判断准则，其次是社会组织、生产、经济体制、科学技术和自然环境，自然环境对社会或社会主体的影响主要是通过科学技术，生产及经济体制等中间变量来实现的。

价值观对人们行为的影响最为直接，研究价值观之间的冲突与犯罪的关系，是犯罪学冲突论的又一个独特视角，使社会关注下层阶级的生活环境，关注这种生活环境如何培养了下层阶级的价值观，以及这种价值观是怎样与中产阶级的价值观相冲突，并与下层阶级的犯罪相关。

不过，犯罪学界也有对这种"下层阶级价值观"是否存在提出异议的。他们认为，米勒的"焦点关心"可能是下层阶级文化的部分要素，但似乎不是下层阶级文化的唯一要素。现代社会大众传媒极为发达，下层阶级很难不受到社会主流价值观的影响，因此也很难形成自己独立的价值体系。米勒忽略了中产阶级文化对下层阶级文化的冲击和影响，忽略了两者之间的互动。下层阶级同样追求传统价值观，比如，追求学历、成就、读书、金钱等。而对使用毒品、强硬以及成为打架能手等，并不像米勒所认为的那样强烈的追求。❶

2. 规范文化冲突论的特色

塞林文化冲突理论的核心概念是"规范文化"或"行为规范"。这种对文化范围的界定，排除了与犯罪行为关联不密切的其他文化形态，使他的犯罪学研究得以具体和深入。塞林的"初级文化冲突"和"次级文化冲突"的理论给了我们一个动态视角，是他理论体系的重要组成部分。

"初级文化冲突"像是横坐标，即在同一时点上，不同文化圈的规范文化在移动中所产生碰撞和冲突。比如，不同文化板块的连接处的异文化之间的冲突；殖民扩张，异文化注入过程中的文化冲突；移民过程中的文化冲突，A文化圈的人们带着固有的文化规范移入到B文化圈后，与B文化圈的本土规范文化发生的冲突等。

"次级文化冲突"像是纵坐标，即在同一地点，由于不同时期的急剧的社会变迁带来主流文化的裂变，使传统的、较单一的规范文化发生分化，分化出来众多的亚文化，亚文化与传统文化之间由于差异而产生激烈的冲突。这些文化冲突与犯罪行为的增长有着密切的关系。塞林为我们描述了一个文化冲突与犯罪关系的动态模式，这是塞林理论的经典之处。

不过，塞林在"初级文化冲突"中谈到的移民从A文化圈移入B文化圈，

---

❶ 许春金：《犯罪学》，三民书局2003年版，第412页。

他们固有的文化规范会与 B 文化圈的规范文化发生冲突，引发移民的犯罪行为，移民所持有的规范文化是原封不动地与新文化圈的规范文化发生冲突吗？或者是在移民移住的过程中原有的规范文化已经发生变形，是变形后的移民文化与本土文化发生冲突呢？这是一个非常有趣的理论问题，塞林的文化冲突理论支持前者，而笔者的研究结论支持后者。

3. 利益文化冲突论的特色

沃尔德、昆尼、克特、钱布利斯冲突理论的核心概念是"利益"或"权力"。他们着重探讨是社会上的利益和权力关系在犯罪原因中的作用。他们对现有的权力结构和司法制度的批判是激烈的。他们曾引用政治学家阿克顿著名的观察结论"权力者是腐败的，绝对的权力者就是绝对的腐败"，并运用形式逻辑上的"三段论"推理，认为腐败是犯罪，绝对的权力者就是绝对的犯罪者，只是刑法上并没有将这些腐败的行为定义为犯罪，或者这些腐败者并没有作为犯罪者被送入司法程序而已。

他们根据自我报告偏差行为的研究结论认为，如果权力分配是平等的，那么各阶层的犯罪率的分布也就是平均的。在权力分配平等条件下，现在高犯罪率集团的犯罪的比例会下降，这些集团会保护和追求他们的价值和利益的合法性，使其获得新的权力。而现在低犯罪率，或者看不到他们犯罪的这些集团的犯罪率就会增加，他们保护和追求自己价值和利益的权力会越来越受到其他集团的牵制。

利益冲突论者认为，解决社会冲突最好的办法是将分散的个人以各种形式组织起来，在比较平等的条件下，让相同的各种被组织化了的集团来代表他们的利益。因此，多元民主主义是一种最为稳定和最好政治形态。❶

利益冲突论者的立论与标签理论家的"犯罪人是社会人，是社会制造"的立论基本相同，只是他们把剖析的对象更直接地指向权力阶层。因此，台北大学的许春金教授称，"利益冲突论是标签理论的延伸"❷。标签理论和利益冲突理论的研究使人们看到了许多刑事司法政策的弊端，看到了刑事司法制度中的不平等，以及刑事司法活动对犯罪的促进作用，同时也为国际司法改革提供了依据和方向。近年来，在许多国家司法制度中出现的非犯罪化、非司法程序化、非设施化的倾向，就与上述的理论的影响有关。

---

❶ [美] G. B. 沃尔德：《犯罪学——理论的思考》（第三版），平野龙一等译，东京大学出版会 1994 年版，第 340~341 页。

❷ 许春金：《犯罪学》，三民书局 2003 年版，第 457 页。

但是，利益冲突理论也有一些不足之处，运用利益冲突理论很难解释一些具体的犯罪行为，比如强奸、卖淫等犯罪行为，它们与团体之间的权力冲突有何关系？似乎很难找出两者之间的关联性。

（原载于《青少年犯罪问题》，2005年第6期，有修改）

中国犯罪学研究历程中的庆幸与遗憾

【摘　要】中国犯罪学研究至今走过三十余年的历程，其间有两件大事值得庆幸，一是对西方犯罪学的客观介绍和接纳；二是完成了从学会和研究所研究向大学的转型，大学逐渐成为犯罪学研究的重镇，研究生的培养使中国的犯罪学研究已可以薪火相传。但是，中国犯罪学的发展仍有不少遗憾。首先，中国犯罪学研究始终停留在介绍、描述、归纳等初级层面，各类研究大量重复，缺少对中国犯罪规律的深层次研究和思考。其次，三十年过去了，中国犯罪学界依然缺少研究大家，缺少有独立研究体系和理论体系的研究人员或研究团队。最后，面对千载难逢的社会转型期，以及犯罪率的持续攀升，作为研究的最佳试验场，中国应该出现世界有影响的犯罪学理论，回应社会变迁与犯罪之间的变化规律，但至今未能产生。从脚踏实地的实证研究入手，依然是我们破解社会难题，探索犯罪规律的主要方法论和突破口，有坚实的实证研究才会有坚实的中国犯罪学理论。

【关键词】西方犯罪学　犯罪规律　实证研究

1982年6月的"南宁会议"（"第一届全国青少年犯罪研究学术研讨会"）被学界公认为现代中国犯罪学研究的起点。会上宣布，经中国社会科学院、中共中央宣传部批准，"中国青少年犯罪研究学会"正式成立，时有170余名代表、200余篇论文参会，盛况空前。中国犯罪学研究脱胎于青少年犯罪学研究，于2012年走完了30年的历程，因隶属关系的变化，没有像20周年那样在人民大会堂举行隆重的表彰和庆祝大会，而是以"为了明天——预防青少年违法犯罪论坛"为主题，在会议背板的左下角标明"30年"的字样，在首都大酒店低调庆祝。

一、庆幸与遗憾

中国犯罪学研究的30年里有两件大事值得庆幸，一是对西方犯罪学的介绍和消化。改革开放初期，我们曾经拒绝西方犯罪学，把学习、借鉴和运用西方犯罪学理论说成是"资产阶级自由化"，现在犯罪学界的学术空气明显好于改革开放初期，我们不再拒绝西方犯罪学。中国犯罪学界像一块巨大的海绵，充分吸收着西方犯罪学的理论与方法论，在对西方的犯罪学的介绍上逐渐客观和全面，对现代西方犯罪学的了解和研究也更加前沿，在这方面我们的研究水平不亚于我国台湾和香港地区，也不亚于日本，应当说与国际犯罪学研究的接轨成功。二是犯罪学在大学学科地位的确立。从20世纪90年代开始，以学会和研究所为中心的研究体系发生转型，大学逐渐成为犯罪学研究的重镇，在北京大学、中国政法大学、华东政法大学、武汉大学、吉林大学、中国人民公安大学、上海政法学院等主要大学的法学院系先后设置了犯罪学方向的硕士点、博士点或博士后流动站，与教学相对应的各类犯罪学教科书和著作应运而生。据统计，1979年至今的各种犯罪学教科书、译著和著作已达160余种，犯罪学正逐渐屹立于学科之林。更重要的是，犯罪学领域的学生培养，降低了犯罪学研究领域的可变因素，即不会因学会或研究所的撤销、增减和转型而发生学科上的跌宕起伏，犯罪学研究已可以薪火相传。

翻阅国内学者撰写的《犯罪学》《犯罪学原理》《犯罪学导论》等著作，大多是对国外理论和方法的介绍，对国内犯罪现象、类型、原因的描述与归纳，或是从概念到概念的推演。这些研究的最大弱点是将学术研究停留于介绍、描述、归纳等初级层面，并且大量重复，缺少对中国犯罪规律的深层次研究和思考，在犯罪学的宏观理论、中观理论和微观理论方面，我们依然缺少研究大家，缺少有独立研究体系和理论体系的研究人员或研究团队，这应当是最大的遗憾。在30年的犯罪学研究中，中国没有出现像"冲突理论"、"标签理论"、"城市同心圆理论"等对西方刑事司法改革产生重大影响的犯罪学理论。我们的犯罪学研究至今无法解释30年来中国犯罪持续上升的真正原因和内在规律；我们的对策研究对中国治理犯罪的影响力很小，或者说提出的对策方案无法对症下药。有些犯罪学的议题在上个世纪80年代讨论过，现在又试图重新提起，比如犯罪的起源；人之初性本善还是性本恶及与犯罪和犯罪控制的关系；共产主义社会是否会消灭犯罪等。笔者一直在想，这些议题从概念到概念，从遐想到推理，对犯罪规律的探索到底有多大价值。

改革开放三十多年，中国社会发生了巨大的变化，急剧的社会变迁、人们价值观念的演变、社会正式控制系统和非正式控制的彼消此长，以及各种社会整合方案的出台与效果，为研究中国社会转型与犯罪变化的规律提供了千载难逢的试验场，我们应该出现有世界影响的犯罪学理论，这些理论应当能够回应中国的社会变迁、社会整合与犯罪变化的规律，比如，"严打"前的1982年，我国刑事立案数74.9万起，犯罪率为7.4/10000，为了实现社会治安的根本好转，我们在1983年实施全国范围大规模的"严厉打击刑事犯罪"斗争，"严打"至今30年过去了，其间还实施了1996年、2001年、2004年等多次"严打"活动，但是社会治安并未根本好转，犯罪率的增长并未得到有效抑制。2011年刑事立案数高达600.5万余起，是1982年的8倍，万人立案数为44.5，比1982年增加了37.1。❶ 一边是大规模的"严打"活动，治安与刑罚的高成本投入，另一边是犯罪率的不管不顾地持续走高，说明"严打"不是抑制犯罪增长的治本之策，但又必须回答：是什么因素拉动中国犯罪率持续攀升且"严打"不降？30年来中国犯罪的变化规律到底是什么？我国犯罪的治本之策是什么？中国犯罪学界著作、论文浩瀚，却无法回答这类重大的现实问题，仍属遗憾。

二、从实证研究入手破解犯罪难题

犯罪学从其源头上看是一门实证性的科学，创始人龙布罗梭（Lombroso Cesare）从解剖学和统计学的视角对犯罪者的生理特征进行归纳，提出了"返祖现象"和天生犯罪人论；迪尔凯姆（E. Durkheim）在考察法国大革命期间社会变迁与犯罪、自杀等社会问题的关系后，提出了"失范理论"；索尔斯坦·塞林（Thorten Sellin）在考察美国的第一代和第二代移民所遇到的文化冲突的差异与其犯罪特征的关系后，提出文化冲突论；美国芝加哥学派在长期认真调研芝加哥市的地域犯罪特征后，提出的"城市同心圆理论"等。尽管中国的犯罪学研究在对西方犯罪学理论的介绍方面不亚于日本及我国台湾和香港的同行，但是，至今为止在实证研究方面我们却与世界差距甚大，甚至不如上个世纪80年代中国犯罪学刚刚起步阶段。

20世纪80年代中国犯罪学刚刚起步，在《中共中央关于进一步加强青少年教育，预防青少年违法犯罪的通知》鼓舞下，从中央到地方，从研究人员到实际部门的工作者，大家都以极大的热情投入对犯罪问题，特别是青少年犯罪问题的调研中，学者们亲访犯罪者、学校和家属，亲自到监狱调研，多单位联合调查，科学设计问卷，严谨发放问卷，协作攻关，许多好的调研报告和个

---

❶《中国统计年鉴 2012》，http://www.stats.gov.cn/tjsj/ndsj/2012/indexch.htm。

案分析应运而生,像姚锦云案件调查、王云龙案件调查、天津流失生犯罪调查、全国青少年犯罪原因调查等。现在学者似乎缺少了到基层进行实证研究的热忱,实际部门也因"保密原则",担心人权方面的指责,或担心责任追究,将调研的大门紧闭,犯罪学研究者很难从政法系统获得真实的数据,很难接近那些重大案件的犯罪嫌疑人,进行深度访谈,犯罪学界的研究人员成了"瞎子摸象","坐而论道",或在概念与概念之间进行抽象,撰写着重复性的文章,完成着论文"绩效"。那些拥有调查特权的机构,在未掌握调查方法和工具的状态下,草率调研、重复性调研,平面描述分析,缺少探索犯罪规律性的调研报告和研究论文。并且"单位割据",对调查数据独占封锁,无法形成全国性的数据分析平台,使实证研究无法突破上个世纪八九十年代的水平。

在无法获得政法系统的真实统计数据,或者无法得到政法系统的接纳以进行大规模的社会调查的状态下,我们的实证研究可以侧重于个案研究,这种个案研究应当是立体而全面的。我们可以从每个犯罪者的家庭、学校、亲属、本人、交友等多个层面进行立体的个案访谈和研究,一两个案例分析在探索规律的过程中会"以偏概全",但几十个和数百个分析到位的个案就能归纳和寻找出中国犯罪问题的独特规律,破解犯罪难题,建立起坚实的中国犯罪学理论。

(原载于《青少年犯罪问题》,2013年第3期)

"恢复性司法"的颠覆性价值

【摘 要】20世纪90年代,"恢复性司法"在世界数十个国家方兴未艾,其魅力在于独特的预防犯罪的功能。现代"恢复性司法"认为,传统的司法程序完成了对犯罪者生命、自由和财产的剥夺,以及对被害者经济的补偿,甚至将精神补偿物化为金钱偿还给被害者,但有一种无形的、却是非常重要的东西无法补偿,那就是犯罪行为对"社会或社区人际和谐与信赖关系"的破坏,在物化了的刑罚之后,恐惧、怨恨、仇恨、敌意依然伴随加害者和被害者,以及他们的家庭,这种无形的破坏甚至可以蔓延和遗传,恢复性司法的目的是修复被犯罪破坏了人际关系。研究表明,只要犯罪者真心忏悔,被害者予以宽恕,在加害者与被害者双方自愿的前提下,可以跨越犯罪类型,修复犯罪行为对人际和谐与信赖关系的破坏,在预防重新犯罪,特别是预防未成年人犯罪方面具有显著效果。

【关键词】恢复性司法 未成年人 犯罪预防

20世纪90年代,"恢复性司法"以其独特的魅力在世界数十个国家方兴未艾,仅欧洲就产生了500多个恢复性司法计划。1999年7月,联合国作出了《制定和实施刑事司法调解和恢复性司法措施》(又称26号决议);2000年7月,在维也纳第十届联合国预防犯罪和罪犯待遇大会上又通过了《关于在刑事事项中采用恢复性方案的基本原则》,两个文件都强调"恢复性司法"是未来司法发展的主体。那段时期,正值我在国外攻读法学博士学位,"恢复性司法"成为犯罪学课程中的热议话题,其中讨论最多的是"恢复性司法"的适用范围,即适用于特殊的年龄群体还是不分年龄具有普遍适用性。

一、跨越犯罪类型

清楚地记得在一次博士课程的研讨课上,我与台湾地区留学生就"恢复性司法"适用的违法犯罪类型争得面红耳赤,台湾地区学生认为,"恢复性司法"具有普遍适用性,而我反对,认为它的适用范围是有限的,至少在杀人、强奸等暴力犯罪类型中无法适用,争论的结果以指导教授支持我的观点而告终。但是,最近在对黑龙江省未成年人管教所的一次调研中,我对十年前的主张产生动摇,以下是这次访谈的情况。

小C是初三学生,班干部,体育委员。开学初交学费,因担心校内和学校周边秩序混乱,学费被抢,便随身携带水果刀防身。交毕学费上厕所,因误认为高年级同学的自语是与其对话,搭腔后发生口角,高年级同学愤然离去。随后,叫来两位"哥们儿"持锹拦截,小C见势逃跑,三人穷追,小C掏出裤兜里的水果刀,转身刺向追来的学生胸部,至鲜血喷出,其他两人吓呆止步。小C也面如土色,慌忙给班主任老师去电话,"老师,我犯了不可饶恕罪错!"在老师指导下,他拨打120,将高年级同学送往医院,后因流血过多,抢救无效死亡。小C因此锒铛入狱,在未成年人管教所里,小C极度忏悔自己的行为给被害者家庭带来的不幸和痛苦,他不停地给被害者的父母写信,祈求宽恕,表示后半辈子愿当牛做马,偿还因其鲁莽带给他们的丧子之痛,甚至提出去做他们的干儿子,为他们养老送终。认一个杀害自己亲儿子的人做干儿子,这不符合情理,也不符合逻辑,寄出去的信,自然石沉大海。但小C没有放弃,依然不停地写信,终于在两年后,对方的父母回信了,并答应到未成年人管教所来看望他,见面的那天小C长跪不起,两家人哭成泪人……在我访谈小C时,他显得很轻松,告诉我对方父母已同意了他的请求。

一个看似不合情理、不合逻辑的事情,在小C持之以恒的忏悔中变成了现实。由此也动摇了我对"恢复性司法"不适用暴力犯罪的主张,只要犯罪者真心忏悔,加害者与被害者双方自愿,犯罪类型不限,都可以通过"恢复性司法"达到修复社会关系之目的。当然,这不是一个典型的"恢复性司法"的案例,因为缺少调解的第三方,但却是"恢复性司法"追求的最终目标。

二、犯罪预防的特殊功效

关于"恢复性司法"的群体适用范围,在博士课程的研讨会上,我主张它更适用于青少年违法犯罪群体,因为这一群体的违法犯罪与其生理、心理、规范意识发展的不平衡关系密切,其违法犯罪特点为偶发性、激情性、可塑性、主观恶意不深、反社会意识弱等,通过教育、训诫、反省和心理治疗,易萌发内心的忏悔,加之年龄小,容易得到被害人及家庭和社区的谅解,恢复性司法的"修复"功能明显,同时"恢复性司法"能够有效地平复青少年违法犯罪者的仇恨和复仇心理,降低重新犯罪率,上海小J的案例佐证了我的判断。

小J 17岁,因参与团伙盗窃电动自行车,与其他两人一起被公安机关逮捕,移送检察机关,案件审理中,小J得知自己盗窃的一辆电动自行车是同楼居住的梅阿姨的财产,内心非常愧疚,一再表示,如果可能愿意当面向梅阿姨道歉,并忏悔自己的过错。为此,检察官试图尝试"恢复性司法",与被害人梅女士商谈,起初梅女士不理解,认为自己先后有5辆电动自行车被偷,严重影响了工作和生活,给自己造成了较大的伤害。但经多次商谈,梅女士考虑到小J年轻,是个学生,既然知错,做长辈的就没有必要再记恨他。于是,同意检察官意见,与小J坐到了一起,他拿出认真写好的"致歉书"呈给梅女士,加害者与被害者进行了推心置腹的交谈,梅女士表示:"他只要勇敢地站起来,还是好孩子。"小J经过"恢复性司法"和3个月的社区教育考察,综合表现良好,未再犯罪。❶

观察近十年来其他国家和地区的"恢复性司法"的实践,对未成年违法犯罪者的"恢复性司法"效果显著。在英国,警察设计安排入室入店盗窃的未成年人与被害者家庭和店长"对话",并进行了持续三年的跟踪调查,发现"恢复性司法"实施组的重新犯罪率为26%,大大低于没从事"恢复性司法"组的犯罪率(40%)。在香港地区,"恢复性司法"被运用到中学普遍存在的欺辱行为的矫正上,收到了意想不到的效果。由警察和教师组成的第三方,召集欺辱学生和被欺辱学生的"圆桌会议",在两者之间建立对话关系,使香港校园欺辱现象大幅降低。❷

三、"恢复性司法"的颠覆性价值

传统的司法理念重视犯罪行为对被害人造成的有形损失,即被害者生命被剥夺、身体被伤害,以及财产和金钱被侵占,并试图通过第三方——国家强制性机器,达到"杀人者死"、剥夺犯罪者自由和财产,以及对被害者进行有形的补偿,达到惩治犯罪、平息民怨、预防犯罪之目的。

现代的"恢复性司法"理念对传统的报应刑理念和制度具有颠覆性的冲击,给我们了一个崭新的视角,并震撼着建立在"同态复仇"理念基础上的

---

❶ 搜狐网:"上海首推恢复性司法处理青少年刑事案件",http://news.sohu.com/20061021/n245924348.shtml。

❷ 黄成荣:《复和司法在香港之发展》,《青年研究学报》1998年第1卷,第144~145页。

庞大的司法体系。"恢复性司法"强调，犯罪除了损害被害人的身体和财产外，还损害了一种无形的东西——"社会或社区人际和谐与信赖关系"。尽管司法程序完成了对犯罪者生命、自由和财产的剥夺，以及对被害者经济的补偿，甚至将精神补偿物化为金钱偿还给被害人，但是，有一种无形的、却是非常重要的东西无法补偿，那就是犯罪行为对人际关系的破坏，在物化了的刑罚之后，恐惧、怨恨、仇恨、敌意依然伴随加害者和被害者，以及他们的家庭，这种无形的破坏甚至可以蔓延和遗传，"恢复性司法"的目的是修复被犯罪破坏了人际关系。

"恢复性司法"的基本做法是通过"家庭小组""社区小组""受害者与犯罪者调解会议"等方式，在加害方与被害方之间建立对话关系，以犯罪者的忏悔，主动承担责任，被害者的宽恕、社会支持系统的恢复等，消除双方冲突，从深层次化解矛盾，修复已破损的人际关系，阻断仇恨和恐惧情绪的蔓延，避免和预防潜在的犯罪发生。"恢复性司法"坚信"过分的、有形的刑罚报应会带来犯罪的恶性循环"，而"恢复性司法"有效实施可以达到加害者（或犯罪者）人格的转化，阻断社会恐惧、仇恨和敌意持续蔓延，降低重新犯罪率，特别是在青少年犯罪的抑制与预防方面具有广泛的实用价值。

（原载于《青少年犯罪问题》，2013年第4期）

社会学视角下的犯罪生物学评价

【摘 要】 该文是笔者在2013年12月河南警察学院召开的"中国首次犯罪生物学专题研讨会"上的发言整理，全文缺少论文的规范模式和引经据典，却是在其他学者的启发和"头脑风暴"下，思如泉涌，并围绕犯罪学起源于犯罪生物学及实证研究；中国学者群的知识结构决定了犯罪生物学研究的被忽视；犯罪学研究应防止面面俱到；犯罪生物学研究的"心结"——生物要素与环境要素的关系；犯罪生物学的方法之商榷；研究结论与预防犯罪措施之焦虑等六个方面展开我的研究观点，思绪飘飘洒洒，应比读论文轻松。

【关键词】 犯罪生物学　犯罪社会学　龙勃罗梭　犯罪对策

接到参加"中国首次犯罪生物学专题研讨会"的邀请电话时，我曾婉言谢绝，因为，我的研究领域是一般犯罪学，并且更侧重于从社会学的角度研究犯罪学。因此与犯罪生物学相去甚远。另外，我也认为，犯罪生物学在上个世纪已经在国际犯罪学界被批得体无完肤，如今人们很少再关注这个领域，中国学者们拾人牙慧，重新捡起犯罪生物学来讨论，是否有价值？电话里，《河南警察学院学报》主编翟英范教授用命令的口吻说："必须来！你就从批判的角度来参会"。因此，我是带着批判任务来参会的，刚才听了中国政法大学张卓副教授讲座式的长篇发言，还有精美的PPT，很有启发。说是来批判的，其实更多地是来学习。我想从社会学的视角，对犯罪生物学研究假设和结论提出一些我的思考，与在座的学者共同探索人类的生物现象与犯罪行为的关系。

一、犯罪学起源于犯罪生物学且基于实证统计

西方犯罪学起源于犯罪生物学的研究，犯罪学的鼻祖们观察到犯罪人的一些生理特征，试图运用社会学实证研究中的统计方法，对其进行归纳，探索其中的规律。比如，犯罪学的创始人龙勃罗梭撰写的《对四百名威尼斯犯罪人的人体测量》，以及后来扩展内容成书的《犯罪人论》，被称为"勇敢与过去

决裂"、"非思辨研究"的实证主义学派。尽管龙勃罗梭晚年也承认自己从解剖学和颅相学的角度研究"天生犯罪人"存在偏颇，并为后来的许多犯罪学家所批判，但有一点是不容否认的，他的研究理论和研究结论不是思辨和杜撰。他曾任精神病院院长，兼任过监狱的狱医，对7000多犯罪人进行生理特征研究，对近400名死刑犯进行颅骨的解剖学研究，在此基础上进行统计分析，归纳出犯罪人的生理特征理论，因此是具有实证研究依据，方法论本身不容置疑。

龙勃罗梭之后的遗传生物学的犯罪学研究，也是很典型的犯罪生物学研究。比如，法国犯罪学家达格代尔对有犯罪史的朱克（Juke）家族的五百余人进行研究，发现了该家族有140多名犯罪者，有杀人犯、有惯偷、有卖淫者。由此提出了遗传与犯罪关系的理论，后来又有了孪生子、染色体异常、脑电图异常等生物现象与犯罪的关系理论，应该说这些理论的产生都不是凭空想象出来的，都借助了人类学和社会学的研究方法，经参与性观察和统计分析而来。但犯罪生物学的命运不好，理论自诞生之日起就不断地受到批判，在20世纪中期开始走向衰弱。而上个世纪二三十年代美国"芝加哥犯罪学派"崛起，在西方犯罪学中，犯罪社会学成为最强有力的一支。考察犯罪生物学的衰弱和犯罪社会学的兴起，似乎不完全是学理本身、研究方法的问题，而是研究结果和提出对策的有效性问题。

二、学者群的知识结构决定着中国犯罪学的基本研究方向

中国现代犯罪学研究起始于20世纪80年代初，中国老一代的犯罪学者总体忽视犯罪生物学研究，这与老一辈犯罪学者生活的时代背景和自身的知识结构有关。上个世纪70年代末，如果没有中宣部等8单位《关于提请全党重视解决青少年违法犯罪问题的报告》，犯罪学研究依然会被封冻。当时中央开始重视青少年犯罪问题才使犯罪学研究开始解冻，我们最初的研究更多是关注"四人帮"对青少年的毒害、"文革"和"读书无用论"对青少年的影响，以及这种影响与青少年犯罪的关系。这是适应当时的形势，有点儿中央文件定调式的研究。如果硬要把它进行归类的话，可以算是从犯罪社会学，即社会大环境与青少年犯罪的关系的研究为开端，以后才有了犯罪心理学等研究。当时的研究奠定了今天犯罪学研究和发展的基础。

但是，犯罪生物学始终没有多少学者涉足。记得当时有一位叫刘安求的老师研究精神病、生物现象与犯罪问题，他是武汉市精神病院的院长，他撰写的

一些犯罪生物学和犯罪精神病学的文章还是很有影响的，1987年出版的我国首部《中国青少年犯罪学》，刘安求老师撰写了"青少年犯罪与精神医学篇"。当时搞犯罪学研究的许多人来自共青团，或从事哲学、政治思想、公安等研究，缺少生物学方面的知识，与刘安求等学者的研究无法对话，一说生物，一说DNA就打蒙，当然当时还有唯心和唯物之争，学者也担心研究犯罪生物学会走入唯心主义。因此，老一辈犯罪学者的知识结构和当时的意识形态决定了中国犯罪学最初的发展趋势，以后法学，特别是刑法学及社会学的介入，使中国的犯罪学成为了刑法下的犯罪学和社会学视角下的犯罪学。

中坚学者群的知识结构对这一学科的发展方向起到重要的作用。记得我在日本读犯罪学博士的时候，着重研究移民犯罪与文化冲突的关系，当时我的指导教授主张我用墨顿（Merton）结构功能主义理论研究移民犯罪问题。但我最终选择了索尔斯坦·塞林（Thorsten Sellin）的"规范冲突论"，当然也和指导老师结下了一点小恩怨。现在看来当时理论视角的选择与自己的知识结构有关。我是四川大学哲学系毕业的，我们这代哲学毕业生主要是学习马恩列斯毛的哲学思想。马克思主义理论的核心理论就是研究利益、社会的流动、社会矛盾和冲突。这一理论与索尔斯坦·塞林犯罪学理论很接近，因此运用起来得心应手，并且沿着这套理论体系撰写博士论文有自信，当时我就坚信自己能写出优秀的博士论文来，结果是我用三年的时间便拿下了博士学位，属留日学生中少有之人。我博士论文的题目是《在日外国人犯罪》，是从文化冲突的角度研究这样一群人的犯罪。这篇论文的一部分后来在日本出版，并获菊田犯罪学奖。一个学者是这样，一群学者也是这样，原有的知识沉淀决定其学科发展的基本走向。

我国的犯罪学研究群体整体生物学知识结构不足，是我们在这方面研究弱势的重要原因。当我们这个研究群体还不知道何为犯罪生物学时，就断然否定和批判它，肯定是错误的、是不科学的。我觉得中国犯罪学需要先补生物学的课，然后才有资格对犯罪生物学作出一点判断。

2010年，福建南平实验小学杀死8名小学生的郑民生屠童案，当时的温家宝总理作出指示，要求调查案件背后的社会原因。我也到公安部参加专家座谈会，当时我们也提出建议，面对社会上不断出现的一些奇特或奇怪犯罪，希望国家能够加大对犯罪者的生物学方面的研究，比如，吸毒对犯罪行为的影响。中国传统的犯罪学研究认为，吸毒是一种颓废的、无所事事、道德败坏的行为。但现在的研究发现，当一个人吸毒成瘾不能自制时，他实际已不是正常人，而是一个病人，毒品以使人的大脑发生了病变。拘留关押和进行道德说教似乎对于这些大脑发生病变的人有点儿无的放矢。2010年10月，西安音乐学院学生药家鑫将张妙撞倒，并下车连刺数刀致受害人死亡的事件引发了众怒，2011年5月药家鑫被执行死刑。案件虽然尘埃落定，但留给犯罪学者的思考并没有结束。2011年8月中央电视台"看见"栏目专访药家鑫案的双方父母，节目透露药家鑫曾长期服用治疗青春痘的药物和减肥药。据报道，有不少减肥药和祛痘药有精神药物成分，特别是减肥药，甚至含有氟西汀、氯胺酮、苯丙胺、西布曲明等毒品成分，会增加用药人的抑郁、幻觉、攻击性等，祛痘药和减肥药对药家鑫的生理、心理和精神产生了怎样的影响，与其残忍的暴力攻击行为是怎样的关系，是犯罪生物学者必须研究的问题。

另外，2009年以来出现的北京丰台李磊案、张武力案、湖南的刘爱民案等多起"杀亲灭门案"，犯罪嫌疑人残忍地将妻子、老妈、老爸，甚至将亲生儿子杀死，这些离奇的案件用社会学的理论似乎无法解释，六亲不认、性情之残忍比野兽不如，这类的冷血人可能确实具有犯罪生物学的研究价值，至少给能给犯罪学研究多一个思考视角。

尽管我是带着批判的视角来讨论"犯罪生物学"，但我确信犯罪生物学是有研究价值的。尽管我在生物学和基因学方面的知识很薄弱，但我还是会站在犯罪社会学的领域去高度关注犯罪生物学研究领域的最新进展。

三、犯罪学的研究不要害怕极端，并要防止面面俱到

在犯罪学研究领域，中国学者一直如履薄冰，害怕犯错误，喜欢调和或折中，这边说完那边说，似乎很辩证，但实际上是废话连篇，没有任何信息。极端可能会偏执，但在科学研究上它给你了一个非此即彼的信息。比如，谈犯罪行为的生物因素的影响，担心被人批判唯心主义、片面化，于是谈完生理因素又谈社会因素，似乎很全面，但术业有专攻，越全面越不利于把一项专门的研究深挖下去，辩证法成为"变戏法"，耽误阅读者的时间，因此在科学研究上不要怕偏执。

我们的犯罪学研究就像天气预报似的告诉人们"明天下雨或不下雨"，这是千真万确的预报，因为明天只有这两种可能性。但是这种正确却没有任何信息量。你说明天肯定下雨，结果明天没下雨，说明你的信息是错误的，但有信息量，可让你总结经验，进一步探索接近科学的方法；你说明天下雨，明天真下雨，说明你的信息正确。信息量很重要，科学的研究不要害怕观点的极端，

但要反对调和、面面俱到。

我记得在 20 世纪 80 年代中后期，青少年犯罪研究领域开始关注孩子的性早熟问题研究。当时比较多的观点认为，孩子的性早熟与社会主义的优越性有关，中国人民的生活水平提高，饮食得到改善有关，性的早熟也就出现了。当时我提出另一个观点就是性信息的刺激。我认为，性的信息加大也可能是少女初潮和少男遗精提前的原因。改革开放前，我们的社会是闭塞的，信息刺激单一且很少，孩子们的性发育也相对较晚。现在的社会环境完全不同于那个时期，特别是电影电视节目的开放，还有现在的互联网技术的发展，每天海量的网络信息，包括性信息，不断刺激着少年的感官和心理，也是导致少年性早熟的因素之一。我思考的角度是生物性的变化不仅与营养有关，还与外部的刺激环境的变化有关。我这个观点被一些学者认为有些极端，并且无法被数据证明。但我以为犯罪学研究的极端不是坏事，我一直坚持并且试图就这方面进行更深入的研究。

四、犯罪生物学研究的"心结"：生物要素与环境要素的关系

我们必须承认犯罪生物学在犯罪学发展过程的历史地位，特别是在犯罪学创立之初，犯罪生物学有着不可磨灭的功绩，它奠定了犯罪学从实证入手研究犯罪现象和犯罪行为的基本框架。后来犯罪生物学的研究确实衰落了，当然还有相当一批人继续进行着犯罪生物学方面的研究，而且确实有一定的建树，它用实证的手段得出很多让世界感到震惊的研究结论。中国在这方面的研究很少，我们只是了解这一领域的皮毛，所以我们要想推动中国犯罪生物学的研究，我倒是建议首先承认犯罪生物学在犯罪学发展中重要的历史地位；其次，耐下性子研究一下西方犯罪生物学的现有成就，我们只有在充分了解现有成果的基础上，才有可能评价，才有可能在前人研究的基础上进一步拓宽研究思路和研究角度，否则就是瞎侃，不具科学性。因此，我们需要进行大量国外犯罪生物学文献的翻译和阅读，对其有更加全面的了解。在这个基础上才可能产生中国自己的、更好的犯罪生物学的研究成果。

在犯罪生物学上，有一个绕不开的研究"结点"就是生物要素与环境要素的关系，对于一类犯罪行为到底是生物因素决定的呢，还是环境因素决定呢，或是两者都有。即使是两者都有的话，是生物因素比例大还是环境因素比例大呢，能否量化它们的比例呢。

20 世纪美国亨利·戈达德关于卡利卡克家族的研究也具有犯罪生物学的

价值。卡利卡克是一位参加美国独立战争的士兵，随部队南征北战，并在征途与一名无名酒吧的女郎同居，生下一个儿子，起名叫马丁。战争结束之后，他回到家乡，与一位具有良好家庭背景的女人正式结婚，生育了若干子女。由此演变出两大支家族。据亨利·戈达德的研究，酒吧女生育出的家族约有500个子孙，而良家女生育的子女也有近500人。前者的家族中问题人口较多，犯罪人数比较多，大部分为卖淫女，1/3低能者，1/20为酒鬼，还有3名罪犯。而后者家族则完全不同，产生出大量律师、医生、教师。由此得出，遗传特别是卵子与犯罪或越轨的关系。但是这个生物学的研究结论从犯罪社会学的角度来分析，也可以得出社会环境决定论的结论。卡利卡克跟这个酒吧女繁衍出近500个子孙，他们的家族生活环境肯定跟他回到家乡，与良家妇女结婚生育出的孩子的成长环境不一样。酒吧女的子孙们的生活环境我们是可以想象到，可能是生活在贫民窟，未受到良好家庭教育和学校教育，或者会失学、流浪等。后者的家族生存环境肯定比前者好得多，他们受到良好的家庭教育、上最好的小学、中学、大学，最后成为优秀的人，在这两个家族的成长过程中，是遗传决定呢？还是环境决定？犯罪生物学由此显露出理论的瑕疵。

不过每当我读到亨利·戈达德等犯罪生物学家的研究成果时，一方面持怀疑和批判的态度，另一方面也从内心深处敬佩他们艰苦扎实的研究工作。二百多年对一千多个子孙的追踪、调查和分析，消耗其巨大的精力，只为了研究那么一点的理论假设。

五、犯罪生物学研究方法的商榷

张卓老师在讲演时不断提到理工科的实验，控制一个变量，在一个水平不变的时候去研究另外一个变量在不同的水平对行为的影响。我在琢磨，犯罪生物学为什么一定要在犯罪者中选择样本进行研究，最终发现犯罪人的脑部有变异，他们的基因很特别，不同于正常人的脑与基因。是否还应该采取另外一种实验方法，即在同样脑部变异的人，或相同基因变异的人群进行犯罪生物学的研究，看一看这一群体是不是一定犯罪，一定有暴力行为。如果不是全部的话，有多大比例的人有犯罪或暴力行为，甚至可以进一步研究脑和基因异常的人与正常人在犯罪和暴力行为的比例是否有差异，行为特征上有什么差异。这类研究应当是更有价值的，但张卓老师的犯罪生物学的研究中似乎缺少这类研究。

目前中国犯罪学界有许多调研方法是不科学的，必须纠正。前段时间有一个研究会做过一个未成年人犯罪原因的调查,最后得出结论是70%未成年人因上网犯罪,上网是未成年人犯罪的主要原因。这个调查是在未成年管教所里进行的,因此存在重大的方法论的瑕疵,这种调查的研究结论只能说未管所中的未成年犯有70%的上过网,却不能得出未成年人犯罪的主要原因是上网。我曾给他们打过一个比喻,在未管所里调查他们有没有父亲。99%的人回答有父亲,由此得出父亲是未成年犯罪的主要原因,这类研究结论肯定是有问题的,有着严重的逻辑错误。张卓老师的犯罪生物学研究是否也存在着类似的问题,你从监狱服刑人员中挑出一个脑内长瘤的人,就说脑内长肿瘤是其犯罪的原因,这个研究结论不可信。

六、犯罪生物学的研究结论与预防犯罪措施的困惑

对于娈童癖惯犯、强奸累犯实施化学阉割,2011年7月韩国以法律的形式将其固定,此外,荷兰、英国、俄罗斯也制定有相关法律。用化学阉割治理性犯罪,应该属于犯罪生物学研究研究成果的应用。生理上的阉割对治理性犯罪肯定有有效,使他失去了功能或减弱功能,但是生物上阉割了,会不会带来更大的仇恨,用其他暴力手段残害妇女,这是一个值得深思的问题。从人类刑罚的历史演变看,"以牙还牙、以血还血"的报应论,杀人者亡,伤人者创,扒窃把犯罪人的手剁下来,让你偷不成东西,抢夺把你的脚剁下来,让你行走不便,这种基于犯罪生物学意义上的犯罪治理对于阻断犯罪人犯罪行为的延续、震慑其他人不敢犯罪的效果肯定是有的,但它是非人道的。

实际上,犯罪生物学研究的最大困境是研究出结论后的对策,社会学研究指出犯罪增加与社会政策有关,与家庭的监护制度有关,与学校教育或社区环境有关,我们可以通过改变政策,改变个体的生活环境,进而降低犯罪率。但犯罪生物学很难提出对策,当我们从遗传学上研究出这是一个犯罪家族的时候,怎么办?我们能够消灭这个家族吗?我们能够阻断他们的生育吗?不能,因为这是违反人性的。犯罪生物学的一些研究结论甚至会被种族歧视主义者、法西斯主义所利用,成为种族灭绝的依据,这是犯罪生物学研究的最大困境。现在的化学阉割已经不是古代的生殖器的割除,而是药物注射,如果你不接受阉割,也可以选择监禁刑和罚金刑。尽管如此,对犯罪者实施化学阉割,国际犯罪学界也是批评声四起,认为这种刑罚是反人道主义的。

另外,一些犯罪生物学的研究结论常常被当成当作犯罪量刑或减轻刑罚的证据,有些被法官采纳,有些则不被采纳。其实,犯罪学的研究具有功利的一

面，政府和民众都很在意研究出原因后，能否针对原因采取有效的对策抑制犯罪。当犯罪生物学的研究成果只能作为减轻刑罚的证据，却无法起到抑制犯罪、控制犯罪，甚至消灭犯罪的功效时，就会为社会所忽视。相对于犯罪社会学而言，它的研究功效是巨大的。比如我们研究贫民窟亚文化与犯罪率的关系，在城市设计上我们把贫民窟尽量与富人区相融合，增强主流文化对贫民窟亚文化的辐射力，参考犯罪社会学的研究结论，制定城市规划，对未来城市预防犯罪效果明显。还有犯罪社会学的"情景犯罪"的研究，马路上50米一个路灯，中间会有灯光照射不到的黑暗和死角，在这个区域强奸犯罪容易发生。对策性研究提出缩短路灯与路灯之间的距离，变成30米一个路灯，灯光之间不留死角，结果强奸犯罪减少了。类似于这类研究表现出犯罪社会学研究的有用性。相比之下，生物犯罪学的研究结论尽管可能是科学的，但抑制犯罪的功效微不足道。犯罪社会学的很多研究可以转变为国家或地方的刑事政策和公共政策，采用了这些措施犯罪率就下降了，而生物犯罪学研究出来的结论很难用其制定政策，即使制定出来，或许也具有反人道的性质。比如，对犯罪人的强制性阉割的药物注射、强制性服药，或者阻止犯罪家族的生育繁衍，这些都具有不人道的色彩。

在中国的犯罪学研究，最近中央综治办非常重视几类问题青少年的管理，其中包括服刑人员的子女。从犯罪学角度来看，服刑人员的子女犯罪率一般高于正常家庭的子女，有遗传的因素，也有社会环境的因素，通过实验和调查统计基本可以得出这个结论。一些省市响应号召，准备从预防青少年犯罪的角度，为服刑人员子女建立特殊学校，对他们实行特殊的教育和管理，从预防青少年犯罪的角度而言有其合理性，但遇到一个最大问题是对服刑人员的子女的"标签化"。预防犯罪的合理化是否会带来新的社会歧视，是否有把他们看成劣等孩子的可能性。"标签化"的后果可能比我们前期研究出的成果更可怕。这类研究具有生物犯罪学的特征，研究结果可能是科学的，但是采取措施抑制结果出现时，手段会成为伪科学或者是反科学的。

七、社会环境、生物性、心理三者的关系

犯罪社会学、犯罪生物学、犯罪心理学都有各自不同的研究视角，也有理论无法囊括的现实。

犯罪社会学关注人的社会化，关注自然人到社会人的发展过程，关注社会环境对人的影响。刚才邱格屏教授讲述了自己成长经历，使我联想到阅读高尔

基的《童年》《我的大学》等著作时的感受，高尔基的童年很悲惨，缺吃少穿，还经常受到各种歧视和打骂，但他没成为犯罪者，却成为著名的小说家。人们在面对恶劣的成长环境的时候，会出现两种极端，一部分人成为真正犯罪者，还有一部分人脱颖而出，成为了不起的人物。中国有句俗话"穷人的孩子早当家"，因为家庭的困难使其过早地萌发了强烈的责任感，使他们发奋图强。在这个过程中环境因素起多大作用，个人主观因素起多大作用，也是犯罪社会学家所无法量化的难题。

再说犯罪生物学难题，当一类人具备了我们研究的犯罪人的基本生物特征或遗传特征了，那就能断定他们一定会犯罪吗？如果不是全部，我们从犯罪预防监控的角度采取了强制性措施，不就成了对不会犯罪者的犯罪了吗。在理论无法涵盖的问题上，犯罪社会学者的回答似乎巧妙一些。比如，同样处在同一个恶劣的环境中的人都会犯罪吗？犯罪社会学会回答"人与人所处的环境不可能完全一样"。的确，人们不可能设计出两个人每时每刻都处在一个同样的环境中，这里有犯罪社会学的狡辩的成分。假设真有这样两个人，他们的成长环境每时每刻都一模一样，但行为也一定不会一模一样。因为人不是环境的模子，人是具有主观能动性的，关于这一点犯罪社会学者不再深究。

关于犯罪生物学的睾丸酮异常与攻击性的研究，也存在着逻辑链条无法连接的问题。睾丸酮的异常导致攻击性的增强，但具有攻击性与犯罪行为之间还有一段距离，有攻击性并不等于有犯罪行为，攻击性会有多种选择行为。比如，个人在家里拼命砸碗摔东西，为攻击性寻找到宣泄渠道；或者找不到外在的攻击对象，会转向自身，结果可能是自残，或者是自杀。当然还有一种就是完全不顾法律和道德约束，伤害他人或杀害他人的犯罪行为。因此即便被注射睾丸酮，确定攻击性增强的时候，选择依然是多样性的，暴力犯罪或杀人犯罪只是其中的一种选择。实际上人们的思维结构、意志力、道德和守法水准都会对睾丸酮的攻击性产生抑制功能，也会决定着攻击性的方向。

犯罪心理学的研究独树一帜，在中国该研究领域的学者似乎都不愿意跟犯罪学玩。心理学最初研究刺激反应，外部的犯罪环境刺激了犯罪的潜在个体，最终产生了犯罪行为。但实际上，人们的刺激反应过程是相当复杂的，接受刺激并做出行动时，是会对外部的刺激做出过滤的，并不是一个简单直线条的"刺激—反应"过程，其中的过滤器是人们长期生活的环境中沉淀下的自我意识、价值观念等，它会筛选外部的刺激，使一部分人对刺激敏感并做出行为，而另外一部分人则不敏感，并无行动产生。过滤器是人们以前的经验知识的积累，是自我形成的行为规范，我们不能忽略"过滤器"对人行为反应的重要作用。

此外，人的生物特征或性格特征还会因时代差异而表现出不同的结果。比如，一个生理特征具有攻击性、性格非常暴躁的人，生活在和平时代，他可能就成为了伤害犯、强奸犯、抢劫犯、甚至杀人犯了，但如果他生活在战争年代，他也可能成为勇士和战斗英雄。总之，不管是犯罪生物学、犯罪心理学还是犯罪社会学，犯罪原因都是非常难以研究的大课题。也正是因为人类的犯罪原因作为规律性的探索具有非同小可的难度，才会成为一种诱惑，吸引着不同学科的学者纷至沓来，乐此不疲。也使犯罪学具有了很强的包容性的和跨学科性。

（原载于《河南警察学院学报》，2014年第2期、第3期，有修改）

异质文化冲突中的犯罪现象研究

【摘　要】20世纪30年代美国犯罪学家索尔斯坦·塞林提出的"文化冲突与犯罪"的理论假设，在今天"地球村"和信息时代背景下依然具有理论光芒。塞林提出"初级文化冲突"与移民犯罪的关系在旅日华人移民中是存在的。笔者通过在日访谈、资料收集并统计分析、参与性观察等实证研究手段，考察异质文化之间的冲突与犯罪的关系，提出一般规范文化的差异、法文化冲突、民族歧视、原有规范文化变形等要素与异质群体犯罪的关系。验证和细化塞林的理论假设，强调文化冲突是多样性的，与犯罪行为的关联是复杂的，并对塞林教授的部分理论假设进行修正。这是笔者2014年8月在美国迪克西州立大学讲演的部分内容。

【关键词】异质文化冲突　犯罪现象　塞林　规范文化变形

美国犯罪学家索尔斯坦·塞林（Thorsten Sellin）是一位值得尊敬的犯罪学家，他一生出版了近20部犯罪著作，可谓多产。其中，1938年出版的《文化冲突与犯罪》（*Culture Conflict and Crime*）一书堪称犯罪学的经典著作，奠定了他在犯罪学冲突理论中重要创始人地位。

《文化冲突与犯罪》一书可归纳为五个重要观点。（1）批判传统犯罪学热衷于思辨，❶强调犯罪学研究的实证性。认为即使是以偶然资料为基础的实证研究也具有科学的特征（a characteristic of all sciences based on contingent data）。❷（2）强调犯罪定义的相对性。认为法律会随着基本的行为规范的变化而变化，随着社会的发展而变化。犯罪学家不应当仅仅研究法律所规定的犯罪行为。（3）文化冲突的核心是行为规范文化的冲突，将复杂的文化概念简

---

❶ Thorsten Sellin, Culture Conflict and Crime, Social Science Research Council, New York, 1938: 18-19.

❷ Thorsten Sellin, Culture Conflict and Crime, Social Science Research Council, New York, 1938: 12.

单化和清晰化。塞林认为，移民群体因遵从母国的规范文化，自然与美国的规范文化相冲突，并与移民的犯罪相联系。（4）文化冲突是文明发展的副产品。因为在传统单一的同质社会里，行为规范被固定化，社会合意是明确的、不变的。但现代社会特征为不同质，各利益团体行为规范之间容易产生矛盾和冲突，建立明确简单的社会合意变得异常艰难，因此人们必须面对"文明发展的副产品"。（5）"初级文化冲突"（Primary Cultural Conflict）与"次级文化冲突"（Secondary Cultural Conflict）。这是对笔者学术影响最大的犯罪学理论假设。塞林的"初级文化冲突"是指两个不同的文化之间发生的冲突，通常会在以下三种情形下发生。①在不同文化区域相互接壤的中间地带发生。②在建立殖民地的过程中，某一文化圈的规范文化以强权为背景，向其宗主国扩张时发生。③在移民的过程中，某一文化圈的成员移居到另一文化圈之后发生。在此塞林教授列举了美国新泽西州的一位来自意大利西西里的父亲杀死了诱奸他16岁女儿的男子的例子，杀人者在接受审判时强调他在用西西里传统的方式捍卫着家族荣誉。所谓"次级文化冲突"是指在同一地域，或同一文化圈内部，由于文化的发展分化出若干种不同的亚文化，而法律只保护符合主流文化的行为。当人们按照亚文化行动时，就会发生次级文化冲突，并与犯罪相关联。

笔者把塞林的两种文化冲突形式看成坐标系中的纵横两个坐标。"初级文化冲突"为横坐标，即在同一时点、不同地域的规范文化移动中所产生的文化冲突。"次级文化冲突"是纵坐标，即同一地域、不同历史阶段的急剧变迁（比如产业革命、科技革命、信息革命、制度更迭等）使这一地域的传统的规范文化受到剧烈的冲击。"初级文化冲突"和"次级文化冲突"的表现形式不同，但它们与个体犯罪的关系基本表现为文化冲突被个体内化，规范文化冲突增强，使行为者的自我同一性解体，进而诱发犯罪行为。

近十几年来，笔者一直沿着塞林教授的理论假设和研究思路作了"移民过程中的文化冲突与犯罪"和"城市化迅速推进中的农村文化板块与城市文化板块碰撞，及进城农民及子女的犯罪问题"研究。前一项研究一方面让我将塞林理论具体化，另一方面也对他的理论假设提出某些质疑和修正。后一项研究有了一些初步的结论，仍在继续研究中。20世纪90年代中期，在日本的中国人犯罪率出现居高现象，1999年在日中国人的刑事案件拘捕人员为2457名，拘捕率为0.8%，居首位；其次为马来西亚人（0.4%）、菲律宾人

(0.2%)、泰国人（0.2%）、韩国人（0.1%）。❶ 从 2013 年的统计看，在日中国人犯罪人数占外国人犯罪总数的 40.6%，仍居首位。这一同质性群体大样本具有犯罪学实证研究和群体性文化冲突的研究价值，这是笔者的研究兴趣之所在。目前，研究的基本结论是塞林（Thorster Sellin）提出的"初级文化冲突"与移民犯罪的关系在来日中国人群体中是存在，但表现形式与塞林《文化冲突与犯罪》一书中描述的有所区别，具有一定的华人群体的特殊性。这种文化冲突主要表现为一般规范文化的冲突、法文化的冲突、歧视性文化，以及受日本社会环境影响的中国人原有规范文化的变形等方面。

一、一般规范文化的差异与犯罪

一般规范文化的差异是指除法文化差异以外的习惯、习俗、伦理以及处理问题的方式上的差异。以在日中国人犯罪为研究对象分析一般规范文化差异与犯罪的关系时发现以下两个特点。

（一）对于欺辱行为的反抗方式的差异

在调查日本的残留孤儿二三代❷因被欺辱而引发的伤害和杀人的案件中，几乎所有的加害者都强调"是日本孩子先欺负我的"，"人不犯我，我不犯人，人若犯我，我必犯人"。跟这些孩子讲法怎么也讲不清楚，中国是一个人治强于法治的国家，在日本的中国少年权利意识很强，但法律意识很弱。经常为中国在日少年辩护的日本律师石井女士如是说。笔者部分同意石井律师的观点，但进一步认为，更主要的还与中日两国对于欺辱行为的反抗方式的差异。日本是一个上下有序、服从权威的社会。下级组织服从上级组织、部下服从上司，同等地位的人员之间又分成后辈和前辈，后辈服从前辈。在日本，欺辱行为具有一定的普遍性，又被人们称为"日本的社会病"。欺辱的方式与以对权威服从的方式正好相反，表现为上级对下级的欺辱、前辈对后辈的欺辱。而被欺辱者不会直接地反抗欺辱他的人，而是向比他地位更低的人宣泄。笔者把这种欺辱方式称作"热的传导"而不是"力的反弹"。在中国"人不犯我，我不犯人，人若犯我，我必犯人"是一句家喻户晓、老幼皆知的"语录"，它出自毛

---

❶ 根据日本入管协会编《在日外国人统计》（平成十年版）第 2 页、法务省入国管理局编《本国不法残留者数》（平成十年版）表 1、警察厅编《犯罪统计书：平成九年的犯罪》第 401 页的相关数据计算得出，不包括在日香港、台湾人犯罪。

❷ 残留孤儿二三代指日本战败撤退后，在大陆留下的妇女儿童，后与中国人结婚生下的后代。

泽东1939年9月16日《和中央社、扫荡报、新民报三记者的谈话》，这句话的意思是当别人没有侵犯我的时候，我们不要主动地触犯他，但是一旦别人侵犯到我们的头上，就必须予于还击。中国规范文化中把日式的"向下传导的欺辱行为"视为以强欺弱，并为中国文化所蔑视。中国的规范文化是"谁欺辱我就反击谁，不管对手是否强大"。

（二）中国人解决纠纷的方式的差异

分析在日中国人的杀人、抢劫的案件可以发现，杀人案件中59%是因为金钱、家庭、婚姻恋爱等纠纷引起的。在抢劫案件中56.9%的是以赎金为目的的绑架和监禁，而且大多围绕着债务纠纷，被害者和加害者基本上都是中国人。就是说杀人和抢劫的起因主要是纠纷。为什么这些人不通过日本比较完备的司法制度来解决纠纷呢？从大量的访谈结果分析，原因是很复杂的。比如，高额的律师费让许多中国人望而却步；语言不通，在日本能为中国人做翻译的解决纠纷咨询机构少得可怜。另外，许多民事纠纷发生在非法移民中，一旦求助于日本的司法机构就意味着"非法滞在"，将被遣送回国。

除了上述的原因之外，笔者的研究还发现，在日中国人解决民事纠纷的方式非常传统。纠纷发生时，首先考虑的是求助在日的亲属和老乡。这与传统的中国社会解决纠纷的文化有关。在中国，特别是在乡村，人们仍然不习惯通过司法机关、运用法律程序解决民事纠纷，法律手段常常被人们视为迫不得已解决民事纠纷的最后手段。绝大多数人依然习惯于用民间调解的方式解决各种纠纷。在中国大陆人们习惯的调解纠纷的方式主要有三种。第一种是通过双方的父母、亲属和朋友出面调解纠纷。第二种是通过人民调解员，中国大陆有庞大的人民调解机构——人民调解委员会。据统计，2012年全国共建人民调解委员会81.1万个，人民调解员达到433.6万人。❶ 第三种是在中国广大农村有许多并未经政府任命的"调解员"，他们一般是村庄或家族的长老，或是地方有影响的人物。在冲突发生时，解决的方法一般是将冲突的双方分离，以免矛盾进一步激化。同时由村或家族的长者，或地方有威信的人物在冲突双方或双方的亲属之间进行周旋、调解和裁定。许多当事人碍于亲属和长者的面子愿意缓和矛盾，最终使纠纷得以解决。在这种规范文化中成长起来的中国人，当他们移住到日本后，不懂得怎样运用现代的法律的手段来解决纠纷，而当他们沿用

---

❶ 法制网："全国共建人民调解委员会81.1万个"，http：//www.legaldaily.com.cn/index/content/2012－02/20/content_3363825.htm？node=20908。

传统的解决纠纷的方式时，社会环境已经发生变化。原有的让冲突双方都可以信赖的、有威望的人物，如父母、家族和乡村的长者，以及人民调解员都已不存在，他们会习惯性地求助于在日老乡或朋友，结果往往是采用极端的甚至是犯罪的手段来解决纠纷。一些在日的中国人犯罪集团会通过解决同胞之间的纠纷从中获取暴利。

二、法文化冲突与犯罪

法文化是规范文化中的重要内容。它是通过国家的强制手段，制约人们的行为规范，调整人与人之间的关系。中日两国法文化的差异是明显的，法律条文上的差异更是千差万别。根据笔者对中日两国刑事法律的比较研究和对在日中国人的犯罪的个案分析，至少可以列出近十种法文化的差异，以及相当数量的法文化冲突与中国人犯罪的相关案例。比如，"占有离脱物横领罪"与拾金不昧。在日本，将街上丢弃的废旧自行车捡回来修理并使用，这种行为触犯了日本《刑法》第254条，属占有离脱物横领罪，该条法律规定占有他人的遗失物和漂流物是犯罪行为。这类犯罪在中国移民中比例较高。

在我国《刑法》第270条也规定了侵占罪，但该犯罪中有三个基本构成要件是日本《刑法》中没有的。一是数额较大；二是拒不交出；三是告诉才处理。在中国，对于捡到别人的东西不归还给失者的行为，一般不采取刑事制裁。中国规范文化中更强调"拾金不昧"的伦理道德，对于捡到东西不还给失主更多的是给予道德和舆论的谴责。因此，当在日中国人以中国的法文化作为行为规范对待废弃自行车时，法文化的冲突就会产生，并伴随相关犯罪行为。再比如伪造罪，在日中国人为签证、升学、获得奖学金等伪造私人印章和文书或委托他人制造、购买他人制造的文书和印章并使用的犯罪现象较多。在这类案件的研究中依然可以发现法文化冲突。中国的国家性质是以公有制为主体，社会的基本单位不是个人而是组织，在日常生活和经济活动中，组织所开具的各种证明书、推荐信、保证书是最有信誉的，而以个人名义做成的书类信誉则很低。因此在中国《刑法》第280条规定了伪造、变造国家机关公文、证书、印章，伪造公司、企业、事业单位、人民团体的印章构成伪造罪。第375条规定了伪造、变造武装部队公文、证件、印章构成伪造罪。但中国的《刑法》条款中并没有规定伪造私人文书和印章罪。而日本是一个以私有制为主体的国家，社会的基本单位是个人，在日常生活和各种经济活动中，法律高度重视以个人名誉做成的各种文书及印章，这些文书及印章具有很强的法律效力。因此日本的《刑法》中除了设有伪造公文、公印罪之外，还在第 159 条、第 161 条、第 167 条中规定了私人文书、私人印章伪造和使用罪。另外，中国和欧美一样，个人的证明形式为签名，而日本是一个重视个人印章的社会。但是，印章比签名更容易伪造。而且，日本的许多文具商店出售刻好的私人印章，因此使这类犯罪变得极为容易。总之，当在日中国人以中国的法文化为行为规范，轻视日本的私人文书和私人印章的法律效力时，法文化的冲突就产生了，并伴随相关犯罪行为。

三、民族歧视与犯罪

笔者将民族歧视视为一种文化冲突。在国际上，许多学者都把民族歧视视为国际政治的研究领域。在历史上，民族歧视和种族歧视常常成为民族扩张和侵略的工具，成为政府转嫁危机、寻求民族聚集力的手段，具有很浓重的政治学研究意义。但从文化的角度看，这种手段被政治集团有效使用的基础是人们对自己民族的热爱，对自己民族文化的优越感。如果没有这样的文化基础，任何政府和社会集团的鼓动都将失去意义，因此，民族歧视的基础是文化。

在对日本的民族歧视与在日中国人犯罪的实证研究中，笔者提出"歧视与移民犯罪直接因果关系"和"间接关联关系"两种模式。所谓"直接因果关系"是指一些人们感受到歧视，并以某种犯罪手段报复歧视他的社会。在日本，认真研究残留孤儿二三代组成的"怒罗权"，以及其进行的有组织犯罪，可以证明这种"直接因果关系"的存在。"怒罗权"组织名称的含义是"怒"代表愤怒、抗议。"罗"代表团结，"权"代表争取权利。这个组织成立之初是一个互助性组织，旨在帮助残留孤儿二三代摆脱生活的困境和内心的孤独，但逐渐演变成为一个报复日本社会，以斗殴、盗窃为主的犯罪集团。另外，具有歧视性的政府行为会带来某一文化圈人们的恐慌，也会直接诱发该文化圈内的个体犯罪数量的增加。比如，1993 年日本警方曾进行过一次以"不法滞在"中国人为主要驱逐对象的行动，这一行动导致当年在日中国人杀人犯罪比上一年增加了 250%，抢劫犯罪增加了 88.2%，盗窃犯罪增加了 40.6%。关于"间接关联关系"，笔者绘制了一张由若干个影响个体的微环境的圆圈交叉在一起的模型图，力求说明这种歧视文化所带来的间接关联关系。在笔者的研究中，因明显感受到日本的歧视，并直接采取报复社会的犯罪案例并不很多。更多案例分析显示出"歧视"造成的文化氛围会通过改变移民个体的生存环境，即学校环境、家庭环境、社会环境，逐渐使移民个体的生存环境变得恶劣，进而影响个体的犯罪意识和犯罪行为的形成。

四、规范文化的变形与犯罪

塞林教授所讲的"移民群体因遵从母国的规范文化,自然与美国的规范文化相冲突",在移入的过程中"母国的规范文化"被原封不动地移入,才会与异质的移住国文化发生冲突。笔者的研究发现,当 A 文化圈的人们移入 B 文化圈后,并不完全像塞林教授所描述的那样母国的规范文化以固化的形式移入。实际上,A 文化圈的规范文化在移入的过程中,会因 B 文化圈的各种社会因素的影响而发生不同程度的变形。

在东京中国人开的"盗品店"曾经繁荣一时,在对这些"盗品店"的参与性观察中,笔者惊奇地发现光顾这些店大多是中国人,其中不乏优秀的留学生。人们并不认为购买盗品是一种可耻的事情。在采访一位"盗品店"店长的女朋友——一位正在考硕士研究生的在校生时,她毫不掩饰地、自豪地夸耀自己男朋友是一位大英雄,在日本经济不景气的时候,不但开了店,还雇用了三名生活困难的中国人。1997 年 3 月至 7 月日本的华语报纸《中文导报》曾举办了一个题为"来日中国人违法犯罪面面观"的研论,讨论的焦点竟成了中国人在日本应该不应该盗窃,对于同胞的盗窃行为是同情还是谴责,笔者概括以下几种观点:(1) 就赚钱而言,打工和盗窃都是为了赚钱;(2) 能从小偷的手里买到非常便宜的商品有什么不好,我个人仍是清白的,我并不看不起小偷,反而对他们有一种亲近感;(3) 如果想到中日那场战争,就不会憎恨中国小偷;(4) 日本人的东西被盗是那场战争产生的报应。盗窃是应该的,或是值得同情的,这并不是中国本土的规范文化,对各种访谈的综合分析表明,中国移民所持有的本土规范文化在移入到日本文化圈后,受到民族歧视导致的"集团抑郁":打工时限与打工违法、研修生的角色冲突、虚假的保人送金制度等法与现实的冲突,以及中日两国那场战争所遗留的民族仇恨等要素的影响,出现了某种程度的变形,笔者称为"移民文化圈的规范文化变形"现象。

总之,塞林教授在上个世纪 30 年代提出的"文化冲突与犯罪"的理论假设,在现代的"经济共同体"、"地球村"和信息社会的背景下,依然有其理论光辉,因为国家或民族的规范文化演变会大大滞后于经济发展,许多规范文化已植入民族国家血液中的,不受信息是否快速或发达的影响。不过,由于各国的规范文化错综复杂,冲突的表现形式会各具特色,因此它与移民群体的犯罪行为的关联方式也会是多样化的。

(原载于《青少年犯罪问题》,2014 年第 3 期)

弱势群体犯罪及其政策反思

【摘　要】 该文是2014年4月在河南警察学院研讨会上的发言整理。学者们你一言我一语，思想碰撞出火花，并激活我的思路，围绕弱势群体的界定、弱势群体的犯罪原因、社会歧视、拆迁冲突、富人购买平安、荣誉与家庭稳固的价值、审判刑罚的公正等问题侃侃而谈，研究分析涉及法学、社会学、经济学、犯罪学等，学科跳跃大，但有放有收，理性之魂依在。

【关键词】 弱势群体　犯罪原因　司法公正

一、弱势群体的界定

"弱势群体"不是一个法律概念，在社会学的研究中使用比较多。这几年"弱势群体"像个大筐，什么都往里装。有说儿童是弱势群体，妇女是弱势群体，失业者是弱势群体，工人说是弱势群体，农民说是弱势群体，我们在讨论教师薪酬问题时，教师也说他们是弱势群体，每个月才拿两三千块钱。甚至，公务员也说他们是弱势群体，白加黑加星期六和星期天，节假日也不能休息。

因此，在研究弱势群体的犯罪时，首先要理清什么是弱势群体，确定了其界定范围才好进行相关研究。我让研究生们查了一下相关资料，在2002年的全国"两会"上，朱镕基总理最先提出"弱势群体"的概念，他要求全社会对弱势群体给予特殊的就业帮助。他当时把弱势群体限定在身体、知识上弱势，找工作困难的人群。这个界定范围可供研究参考。另外，目前中国犯罪学界研究关注的生理和心理上的弱势群体的犯罪，比如，艾滋病人扎针事件，报复社会，宣泄不满。还有精神病人的犯罪，近年来，一些很怪异的犯罪、一些惨不忍睹的暴力，甚至杀人犯罪，都与精神病有关。这值得我们关注和研究。

除了失业者、生理心理上有缺陷人的犯罪外，犯罪学是否还可以将弱势群体的范围扩大到生活贫困者，他们生活在贫困线或贫困线以下，因生活所迫而犯罪。另外，刑满释放人员是否也可以放入犯罪学研究的弱势群体之内。刑满释放人员会让人心生厌恶之感，产生联想。他们曾是暴徒，欺行霸市，抢劫越货，威震四方。他们不应该是弱势群体。但是当他们被判刑，长期在监狱生活，岁月打磨，监狱人格的养成，对外面的世界知之甚少。特别是五六十岁以上的出狱者，体力下降，很难找到新工作。有些人身体有病，或未上医疗保险等，这类人应该属于弱势群体。华东政法大学王瑞山老师花了数年的时间对法律法规和地方性规范文件进行整理，发现我国有800多部法律法规及政策文件直接排斥刑满释放人员就业、回归社会。这一研究很扎实，对于未来我们调整社会政策，防止刑满释放人员重新犯罪大有帮助。

关于西方弱势群体犯罪的研究，人们会谈美国的犯罪学家罗伯特·默顿教授。他认为，社会的不公平结构使某些人易于犯罪，每个社会都有自己的文化目标，教育和引导人人去追求。而实现文化目标需要制度化手段，即为达到这些文化目标的方法和途径。弱势群体也被从小教育为实现这种文化目标努力。但是，在实现中他们缺少实现目标的基本手段，导致他们要么放弃目标，疏远社会，逃避现实，变成颓废者、慢性酒精中毒者、吸毒成瘾者；要么他们采取越轨、违法犯罪等手段达到目标。这是典型的结构功能主义观点。

西方还有一种犯罪学理论叫"冲突论"，它对弱势群体的犯罪研究更多。冲突论认为，弱势群体是大量的无产者或穷人，他们更容易从事街头犯罪，即盗窃、抢劫、抢夺、强奸等传统犯罪，也容易被逮捕。而中产阶层或小资产阶层，更易从事较高水平较高的犯罪，比如偷税漏税、侵犯知识产权犯罪、轻微法人犯罪等。而大资产阶级通常犯的罪是法律还没有规定的，即立法机关还没有制定出限制这种行为的法律。这是国际犯罪冲突理论的一个很重要的研究结论，无论是结构功能主义，还是冲突论的研究结论都有值得借鉴的地方。

现在，我们在探讨弱势群体犯罪中弱势群体的界定，应当不包括中产阶层以上的人群的犯罪，主要限定为生理、心理上有残疾或严重障碍的群体、失业者、贫困人群。其中失业者和贫困人群是我们研究的主要群体，因为他们是街头犯罪的主体。

二、弱势群体的犯罪原因

关于弱势群体的犯罪原因，犯罪学有两种理论解释。一是"绝对贫困论"。绝对贫困，顾名思义是指生活贫困潦倒，食不果腹，饥寒交迫，靠偷盗、抢劫等犯罪行为维持自己的基本生存。二是"相对贫困论"。弱势群体的生活水平也在提高和改善，但没有别人提高得快，别人的收入增长幅度比他大得多，由此产生出"相对贫困感"，或者叫做"相对剥夺感"。相对贫困产生于富裕社会，随着物质的丰富，人们的消费欲望也会最充分地调动起来，增强了部分人的"相对剥夺感"，铤而走险去犯罪的人数也会增加。"绝对贫困论"的主要表现形式是失业，没有了生活来源。"相对贫困论"的主要表现形式是贫富的两极分化。

（一）弱势群体易失业，是其犯罪的重要原因之一

我们分析过很多案例，因没有了工作失去了收入来源，生活陷入困境，最终走上了犯罪道路。我读过马皑教授的《源于不平等的冲突——当代中国弱势群体犯罪问题实证研究》一书，其中谈到就业与犯罪的关系。调研统计数据显示，治安事件的发生与失业率有0.721的正相关，相关性很高；刑事案件立案数与失业率的关系为0.567的正相关，关联性较高。这些数据基本可以说明就业与弱势群体犯罪的关系。就业直接关系到个人"饭碗"和家庭的"饭碗"，你能不能养家糊口，还关系到个人的尊严、家庭的稳定，并影响到社会稳定。而弱势群体常常处在就业与失业的边缘状态，所以解决弱势群体的犯罪问题，首先需要考虑的是就业问题，让弱势群体充分就业是降低其犯罪率的最重要对策。

2013年下半年我带着学生做突发群体性事件的研究，我们发现弱势群体的自主就业常会与政府的城市管理发生冲突，冲突的极端表现形式就是群体性事件。其中有一些政策上或执法过程中失误值得反思。比如，城管执法问题。政府希望城市更美好，人们不乱摆摊乱设点，但政府又不能提供其他更好的就业岗位和机会。不少弱势群体成员工作技能较低，他只能靠做点儿小买卖，或者开三轮车拉人挣钱，维持基本的生活。城管要城市秩序，弱势群体要挣钱生活，而且他们不偷不抢，靠双手挣钱。城市秩序、社会繁荣、弱势群体的生存等各种关系的拿捏非常重要。但是，我们在实际工作中，城管人员处理问题不当和野蛮执法的问题较多。轰赶小贩、砸车砸摊位、没收工具等，使小事变大事，甚至引发城市弱势群体直接对抗。城管是城市管理的新生力量，但这支队伍亟待严格培训，包括重新定位其执法角色和执法范围。从相关的资料分析，城管跟公安系统不一样，组建历史较短，整体素质较低，很多都是临时工或者合同工，招聘来就执法，所以野蛮执法问题突出。其次是顶层设计问题，城管执法的领域非常广，涉及工商、市容、卫生、规划、绿化、市政、交通、环境等九个重要领域，了解把握九个领域的法律法规，并作出精准和公正的执法是有相当难度的。另外，城管的主要职责就是行政处罚，原来由工商管理局系统

管理小商小贩的时，该系统还有一个批证的服务功能，有打有揉；现在执法归城管，城管只具有"打"的功能，包括解决城市乱搭乱建、环境污染、企业排污等，城管的单纯行政执法形象，使他们成为城市弱势群体的对立面，处境尴尬。因此，城管制度的顶层设计值得重新审视。

在维护社会稳定、推进工业化和保持城市繁荣的时候，对底层群体做些小买卖、自食其力的人应当鼓励，因为这种生活方式比因生活所迫而盗窃、抢劫等要好得多，有利于社会和谐和减少政府救济。当然，小商小贩若管理不好，会出现卖假货、卖不卫生食品等现象，这需要通过培训和建立运行良好的商会等自治组织，以及卫生检疫机构严格监督来解决。总之，社会要给弱势群体以生路，这是预防弱势群体犯罪的重要对策。

(二) 贫富差距与弱势群体犯罪

我们曾分析过国家刑事立案数与基尼系数的关系。基尼系数反映社会的贫富差距指标，我将1991~2013年刑事犯罪立案数与基尼系数进行相关分析，有0.87的正相关，刑事犯罪的立案数的增长曲线与基尼系数的变化曲线相吻合。在我国，20世纪90年代中期以后，贫富差距迅速拉大，与犯罪率的持续增加相关联。在贫富差距与犯罪的关系中，肯定不是中产阶层和富人的犯罪增加，主要是底层，是弱势群体的犯罪增加。

有学者认为，贫富两极分化导致弱势群体犯罪的直接原因是国家制度和国家的法律政策。只要收入平等、社会公平了，弱势群体犯罪就会减少或者消失。这里又遇到一个社会发展的哲学问题。从犯罪学的意义来说，社会公平了，人们的收入均等了，物欲就会降低，犯罪率也会随之降低，并保持在一个较低的水平。但从经济学和社会发展动力学的角度看，这种社会公平和收入均等会也会带来社会发展的停滞。特别是在一次分配上平均主义将会把我们拉回到改革开放前的计划经济时代，低收入低消费，平均主义"大锅饭"的贫穷社会。在现代社会发展中，竞争和差异是必要的，它是经济发展和社会进步的润滑剂。如果收入均等导致不劳者，或劳动效率低下的人也能获得与强者平等的收入话，那么，大家都去争当不劳者，去做弱者，社会如何进步？

问题的关键不是一次分配中收入差距的拉大。在一次分配中，必须考虑劳动者的前期人力资源投入、智力、技能、工作效率等，适当拉开收入差距，才能调动劳动者的学习和劳动的积极性。当然，差距不能过大，像国企老板年收一两千万，工人仅两三万元，就离谱了。我们的研究建议是，企业管理阶层的收入在单位职工收入中间线上2.5~3倍为宜，将差距控制在合理范围。

研究弱势群体与犯罪的关系的关键，在于研究二次分配中的国家兜底问题，社会福利制度向弱者倾斜。让弱势群体尽其所能的工作，同时又让竞争中产生的弱势群体和失败者都能够有尊严的生活下去，享受应有的社会福利，病有所医、老有所养、住有所居。这样弱势群体的犯罪现象就会大幅减少。

三、富人花钱买平安

传统社会财产是私有的，安全在一定程度上也变成私有的。富人有钱了，认为天经地义，为富不仁，穷人与我无关。但为防止穷人造反，抢走他们的财产，于是花钱筑高墙、养家丁、雇保镖。尽管花钱不少，但大规模的穷人造反，富人豢养的家丁和保镖们起不了太大的作用，富人积累的财产将瞬间化为乌有。

现代社会管理不再将安全视为个人的事情，而是一种公共产品。富人和穷人共同需要社会安全，怎么来保障大家共有的安全呢？富人多纳税是重要的手段之一，富人拿出更多的税费给国家，国家完善二次分配体制，让穷人、让社会竞争中的失败者也能充分享受二次分配的福祉，能够较好地生活下去。就是说，现代社会创造了一个让富人和穷人共享的安全平台，在这个平台上富人能充分地享受财富，安全生活；同时让穷人也能享受社会福祉，不成为犯罪和破坏社会的力量，让社会逐渐走向更加平稳、富裕和文明。

近一二十年中国富人与穷人的收入，以及拥有财产的差距越拉越大，基尼系数不低于0.5。财产的基尼系数就更高，北京大学的城乡居民调查显示为0.73，最高的10%的家庭拥有62%的财产，最低的25%的家庭仅拥有1.2%的财产。贫富差距不断扩大，导致了社会的仇富情绪在升温，也使富人心生恐惧。一部分富人为了保全自己的财产，甚至性命，"跑路"了，拿着钱躲到国外去了，目前资金外流明显。另一部分"不跑路"的富人，为了保护自己的财产和生命，雇用私人保镖，修筑高高的院墙，似乎又在循环传统的做法。

怎样解决因贫富差距过大带来的犯罪增加，并让富有者摆脱恐惧呢？最好的解决方式是扩大社会福利和社会救济，让穷人也能享受改革的红利。而社会福利和社会救济需要国家的资金投入，而国家的资金主要靠税收，在提升二次分配上，目前的富人应当做更多的贡献。另外，国家要为富人创造更多优质的平台，鼓励他们做慈善事业。改革开放以后，富人凭能力，借助国家的良好政策致富了，现在需要他们拿出一部分钱来做社会稳定的事情，做救助穷人的事情，需要他们购买安全。

在调研中，我们曾经和富人交谈过，改革开放三十多年过去了，好的时机和你们的聪明才智、艰苦努力，现在你们富有了，有上千万、上亿的资产。你能不能拿出一部分来救助穷人呢？他们回答出乎我的意料，许多人表示愿意做，并且说："富人干嘛非得跑到国外去享受安全呢。那里毕竟不是自己的祖国，语言不通，文化不同，但是富人多上税的部分能用到救济穷人上吗？能用在二次分配上吗？""我们交钱给政府买平安的'税款'，若被官员贪污了，他们过上了腐败生活，最终穷人依然造反，富人依然倒霉。"的确，官员腐败成为社会循环链条上的"死结"。因此，富人多纳税，让富人做慈善、做公益，给穷人福利与救济以购买公共安全时，政府必须是廉洁的，把钱用到正地方，并让富人和纳税人知晓。当然，在人类的历史长河中，还有一种方式是放纵官员的腐败，并用富人的钱购买武器，壮大军队和警察，用以镇压穷人的造反，保护富人和既得利益的官员，虽短时间可以镇压下去，但最终还是政府和富人一同垮掉。所以，我们必须解开社会周而复始链条上的死结——官员的腐败。

四、歧视与弱势群体犯罪的关系

除了"绝对贫困"和"相对贫困"的研究视角外，社会歧视与弱势群体犯罪的关系也一个非常值得研究的课题。

人的身体和心灵具有巨大的潜能，延伸潜能是人的本性。歧视则是在人们延伸潜能中，不平等地让某些团体或个人获得较为有利的条件，或者给某些团体或个人附加或者虚构某种特性，以阻止其潜能延伸之行为。简而言之，"歧视是一种不平等的对待"。弱势群体常常容易成为被歧视的对象。

我们在学习历史唯物主义理论时，常引用毛泽东的"哪里有压迫，哪里就有反抗"，弱势群体被歧视就会反抗，越轨和犯罪就是一种宣泄和反抗形式。但是，当我们从实证的角度研究歧视与弱势群体的关系时，发现两者关系并不是那么简单，那么直接。比如，我在日本做博士论文，研究歧视与犯罪问题，当时我调研的残留孤儿二三世的集团犯罪问题。这个犯罪集团在日本影响很大，全国有200多成员。这个集团最初是由一些从中国回到日本的日本人后裔组成，多为青少年，他们为摆脱孤独感，彼此介绍打工，克服生活困难而建立起来的互助组织。同病相怜，让他们共同感到日本学校和社会的歧视，并给组织起了"怒罗权"的名字，"怒"就是愤怒，"罗"就是团结，"权"就是权利，就是因愤怒团结起来，争取自己的权利。这个组织最终演变成以打群架、盗窃、抢劫，特别是盗窃自动贩卖机内的现金为主的犯罪集团。他们用集团犯罪反抗社会歧视，报复社会。这是最典型的用犯罪手段反抗社会歧视的案例。

但是，在实际的研究工作中，我们也发现，因意识到歧视并直接反抗社会实施犯罪行为的比例并不很多，也就占10%到20%。更多的人并未直接地感受到这种歧视，也不存在直接反抗社会的动机。弱势群体被歧视与犯罪的关系更多地表现为，歧视使他们的家庭环境更加恶化，社会环境更加恶化，他们被学校和社会排斥，只能与行为劣迹者为伍，最终导致他们犯罪。就是说歧视是通过改变他们的生存环境，进而改变他们的个体意识和行为，并导致犯罪行为的产生，并不完全是"歧视—反抗—犯罪"的简单的逻辑联系。

五、荣誉与弱势群体的犯罪

给予荣誉或者控制欲望也是抑制弱势群体犯罪的方法之一，也被一些国家的实践证明是有效的。如在泰国，未成年人很少犯罪，泰国是佛教国家，有90%的人信奉佛教，男孩子到了一定年龄都会削发为僧，王室和贵族的孩子也不例外。很多穷人的孩子与富人的孩子共同在寺庙中生活，让他们有一种荣誉感；另外，尽管一些穷人家的孩子一贫如洗，但他被送到寺庙为僧期间，除学习以外，在佛事中，他会接受富人的布施，甚至受到富人的顶礼膜拜，当然也会有荣誉感和自豪感油然而生，对于他们减少仇恨和攻击性、防止犯罪是有效的。

宗教的教化及宗教信仰对于控制弱势群体的犯罪是有效的。在中国贫富差距迅速拉大的状态下，除了前面分析的逐渐缩小经济收入的差距，扩大二次分配向弱势群体的倾斜外，控制人欲也是减少犯罪的可行办法。其中，控制欲望的办法之一可考虑合理地利用宗教，让人们在物欲横流的时代拥有信仰，保持心的宁静。我们可以通过为宗教立法，保障宗教的发展空间，宗教在控制人欲方面是有效的。也许有人会担心宗教势力的扩大会对政权构成威胁。但从现代社会的管理看，制定一个好的宗教法律非常重要，让宗教在法律框架下得以发展，利用宗教信仰抑制人欲的无限扩张，对于社会稳定及抑制犯罪是有益处的。

六、家庭的稳固与抑制弱势群体的犯罪

在许多案例的分析中，我们都能发现家庭的崩坏对犯罪者行为的影响。在对弱势群体犯罪防控中，保护弱势群体的家庭，尽力避免其家庭关系的崩坏也是重要的措施之一。对于弱势群体而言，尽管家徒四壁，但也温暖的"避风港"。对社会而言，家庭的稳定是社会稳定的基础。

20世纪90年代以来，人口大规模的迁移也带来了大量的两地分居现象。丈夫到城市打工，把妻子和孩子留在乡下，这种生活方式使许多弱势群体失去了家庭"平静的港湾"，也使家庭对个体行为的制约功能降低，甚至拉高了全国的离婚率。同时，也影响了孩子们的社会化，使他们在重要的社会化阶段失去父爱或母爱，为青少年的健康成长留下隐患。

在我们对乡村的治安调查中也发现，都市化的扩张所带来的"空心村"，除了影响留守儿童的健康成长外，也影响着留守妇女。一些村落，留守妇女长期无法得到生理上的满足，与村中仅有的男人乱搞，败坏了乡村传统的风气等。面对都市化出现新问题，解决问题最好的办法就是让农民工尽可能地和他们的家庭生活在一起，城市应当张开双臂欢迎农民工及其妻子和孩子到城市居住，并能让孩子们就近入学，享受与城里人同样的各种待遇。这既是一种现代社会的人本主义关怀，也是预防和减少犯罪的重要手段。

七、拆迁与弱势群体的暴力反抗

近几年，一些地方政府或公司法人为完成建设项目，获取利润，不顾农民或居民的利益或协商不够，强行拆除他人的房屋，引起被拆迁者强烈反抗，导致暴力流血事件，甚至有武汉农民杨友德架起自制土炮抵挡拆迁，人们将被拆迁对象称为弱势群体，因为政府官员和公司老板是强势群体。

拆迁问题应当与学界讨论的弱势群体犯罪问题有差别，更多地表现为双方的利益博弈和产权所有问题。笔者认为，农村征地和拆迁冲突来源于农村的土地尚未确权，宅基地是个人所有，但农地是村集体所有，私人无法拿到市场上交换，但集体土地可以通过政府置换后卖给开发商。因土地是集体所有，虽然承包给个人，但个人只有使用权，置换土地各方都要通过与村主任和村书记商量，其中可运作的成分很大，比如，上级下达行政命令，强力推进土地开发，或开发商通过贿赂村主任和村书记，都可能以很低的价格拿到土地。

国外在城市化的过程中也存在着征地和拆迁问题，但农民的土地是私有的，可以拿到市场上等价交换。政府需要农民的土地也要通过市场购买，不可能由政府的命令强行拿下或买下。另外，土地的买卖与政府的财政关系不大。在中国则不然，我们许多地方政府财政被称为"土地财政"。农村取消了农业税后，一些地方政府主要靠土地的买卖获取财政资金，维持政府运转。近年来房屋价格迅速增长，问题主要在政府，原因在"土地财政"，但政府似乎也没有新招，因为许多地方财政的40%，甚至60%是靠土地买卖或土地置换获得的。因此，地方政府必须要找到新税源才有可能摆脱目前的土地财政困境。比如，增设遗产税或者房产税等，但阻力会很大。

面对强拆与反抗，在方法上我们可以考虑更加人性化一些，更加市场化些，比如，香港特别行政区市建局搞拆迁大约需要六年或六年半的时间，其中，用三年半的时间进行宣传、商讨、规划、收购土地和清理场地，然后开始修道路、建商店、学校、医院，以及各种福利设施，在这些配套设施完成后，土地价格自然升值，然后再通过招标的形式卖给开发商，政府合理地赚到差价，大家心服口服。但我们的地方政府则不然，一边征地，一边转手卖给开发商，瞬间挣到高额利润，让人们感到地方政府靠权力空手套白狼，感到政府在掠夺。当然，中央给地方财政的钱很少，只有谋取土地暴利才能养活行政官员，可能也是一个原因。拆迁问题是一环紧扣一环的、复杂的社会问题。如果要把这个问题纳入犯罪学的研究领域，政府和企业法人强拆及利益链条应放到"白领犯罪"的领域来研究，居民的暴力反抗，杀人、伤害应放在一般犯罪学领域来研究。

八、弱势群体犯罪的审判、刑罚及社会舆论

学界讨论弱势群体犯罪的刑事处罚及刑事政策。笔者认为，不管你是弱势群体还是强势群体，触犯了刑律都应该依法公正审判，依法判罪量刑。但必须承认一个事实，就是在刑事处罚的过程中，弱势群体往往处于不利的地位。在20世纪50年代到70年代，西方犯罪学者搞了很多这方面的研究，如最著名的"自我偏差行为"研究，运用量表考察犯罪现象在各阶层中的分布。研究结果令人吃惊：不管你是富有的还是贫穷的，犯罪的可能性差异很小，特别是未成年人的违法犯罪，但现实的统计数据中两者的差异很大，监狱里关押的也多是穷人。这说明穷人或穷人的孩子更容易被捕，更容易被判刑，更容易判较重的刑期；而富人则相反，富人和他们的孩子更容易逃脱或减轻法律的制裁。美国犯罪学家钱布利斯的研究也发现，上诉法官被公认是最中立、最公正的一群，但在决定处理疑难案件且创立规则时，依然脱离不了个人的价值观，即偏袒富人。究其原因，上诉法官主要来自为富人打官司的大律师。马克思也说过，法律是统治人意志的体现。可见，司法在审判和刑罚中更容易袒护富人或有权势的人。

在审判和刑罚中人们更容易袒护富人或有权势的人，这并不是资本主义社会所独有的。在社会主义的司法审判及刑罚过程中也会出现。几年前我到某省

未管所调研，监狱干警陪我吃饭谈到，现在未管所关押的未成年犯罪者的身份与以前相比发生了很大的变化，基本上都是农民子弟。"宽严相济"的政策实施以来，违法犯罪的未成年人是"宽严相济"政策的主要对象。在一些案件中，未成年人交了钱、赔礼道歉了就被"宽"了。而许多农民的孩子没有钱交，无法赔偿受害者或摆平事件，最终被"严"进未管所。在起诉和审判中，检察官和法官应当努力避免内心深处对富人的袒护和对弱势群体的歧视。如果未管所里关的都是弱势群体的孩子，也从另一个角度说明司法的欠公正。

对于弱势群体的犯罪除了对犯罪事实的认定以外，我们还应该考虑他们犯罪的社会背景和家庭环境的因素，或是在急剧社会变迁中的负效应对他们的影响。从广义上说，他们也是恶劣成长环境的受害者，我们的社会负有一定责任。

近年来，一些弱势群体的暴力犯罪行为受到新媒体的传播，迅速发酵，在社会上掀起轩然大波。不少学者呼吁，法律的权威性和公正性不能受舆论左右。笔者以为，目前最值得关注的还是权力对公正审判的影响问题，因为，中国还是一个官本位社会。2009年5月，辽宁小贩夏俊峰因违法摆摊被城管叫到勤务室接受处罚，其间发生争执打斗，夏俊峰用刀刺死城管2人、重伤1人，2013年9月被执行死刑。期间其妻子为其免死而奔走呼号，网上一片同情声。今年两会期间，最高人民法院院长说话了，"这种人不杀就非常危险"。为什么很危险？因为不判夏俊峰死刑，担心会有更多的人仿效夏俊峰的做法，与城管发生冲突时杀死城管，带来城管执法难，以致影响社会的稳定等。这种假设与反对废止死刑的假设是一样，如果废止了死刑，杀人犯罪就会骤然增加。但从许多废止死刑国家的实践证明这种假设是错误的。夏俊峰案件，其家庭属于弱势群体，生活确实困难，他做小买卖自食其力，为女儿学画画拼命打工，而且城管在执法中确实有问题。考虑到弱势群体的生活状态，考虑到舆论的广泛同情，以及废止死刑的世界大趋势，其实可以考虑免他一死，比如说判他死缓，应当是在法官的自由裁量权的范围内。如果这样判，既赢得舆论，赢得民心，又不失法律的公正。

"法律面前人人平等"是法治社会的基本理念，我国宪法对些有明确规定，中西方基本相同，没有多大争议，关键是在司法实践中，在警察侦查审讯、检察院的起诉、法官审判和监狱的刑罚执行中，驱散司法执行者心中的偏见和歧视是有难度的。

（原载于《河南警察学院学报》，2014年第4期、第5期，有修改）

中国犯罪学的批判与梳理

【摘　要】 批判是个好东西，它是纯净和创新学术的重要手段。但批判是建立在认真阅读作品、运用已有的知识和经验，以及实证研究的积累，比较不同学术观点、相同领域其他学术著作的差异，发现逻辑错误、寻找问题意识上的批判，否则就是风马牛不相及的乱批或谩骂。而对于学术垃圾的批判只会降低自己的学术品位，得不偿失。中国犯罪学界现在最需要的还不是对学术的批判，而是对30年研究成果的梳理，看一看业界前辈都说了些什么有价值的东西。

作为"文革"的后遗症——"批判"一词为大家所忌讳。但实际上，批判是个好东西，特别是学术上的批判，它是纯净学术、创新学术的重要手段。最近我们在做人文学院"十二五"研究生培养方案的制定，找来许多大学的研究生培养计划来研究。我发现复旦大学的研究生培养方案很有特色，有"批判"的字眼，让我为之一震。复旦研究生培养计划书说，"在确定选题前，要对研究领域的文献作全面的批判性回顾"。批判不是"愤青"无知式的谩骂，是一种对以前研究的梳理、分析和反思。批判的过程会形成"思想风暴"，会撞出思想火花，会创新和发展理论。现在研究生的毕业论文很少有创造性，原因之一是不会批判和不去批判。

我记得在国外留学时，老师让我们阅读一本著作，并指定学生在课堂上导读，导读不是陈述书的内容，而是强调评价和批判。我们都知道，当我们对一部作品真的读懂，又过缜密的分析后，才可能进行批判，批判是一种阅读的升华。在认真阅读中，运用以往经验或实证研究的积累，比较相同领域其他学术著作的差异，发现逻辑错误、寻找问题意识等，最终做出有价值的批判。一知半解的批判、抓住一点不及其余的批判是无聊的批判。就是说，批判的前提必须是对被批判人的著作、论文、研究的理论构架有一个全面的阅读和了解，经过严谨和系统的比较研究与思考之后，才有资格进行批判。因此，犯罪学的批判不是风马牛不相及的谩骂，批判必须说理、必须严谨。

当然，有时候我也在想，改革开放 30 多年来，我们的犯罪学研究成果中有没有值得让我们充满激情去批判的东西。30 多年来中国犯罪学界充斥着官样文章、八股文章，相互抄袭、读了半天不知所云的垃圾文章。我们似乎很难找到一个学者，或者像"芝加哥学派"那样的研究团队，有自己独到的学术见解和完整的学术体系，更不要说具有国际影响犯罪学理论了。

我的博士研究的重点是文化冲突与犯罪的关系，在阅读索尔斯坦·塞林（Thorsten Sellin）的"文化冲突论"时，我感受到国际犯罪学家的实证扎实、逻辑严谨、发散的理性思维，我充满激情的去阅读、去吸收、去分析，也让我感受到批判性研究的喜悦。比如，塞林的文化冲突论认为，当 A 文化圈的人因持有原有规范文化，以及原有的规范文化被固化，当其移居到 B 文化圈时，原有的规范文化与现有规范文化存在着巨大差异，便会引发文化冲突，导致个体心理冲突和行为冲突，导致移民犯罪的增加。我似乎很难从理论和逻辑上找到塞林教授冲突论的瑕疵。不过，我通过对在日中国人犯罪问题的实证研究发现，在移民的过程中，A 文化圈的人们所持有的规范文化会在迁移中发生变形。比如，在日的中国人文化圈会热烈讨论偷日本人的东西应不应该，我想，这个问题在国内是绝对不会成为讨论的议题的，"偷东西是犯罪"连小孩儿都知道。为什么会被在日中国人文化圈热议呢？原因是日本人侵略过中国，我们偷日本人的东西是让他们补偿对父辈犯下的罪行，偷到和抢劫都是一种复仇；还有中国人在日本开的"盗品店"生意繁荣等现象，说明移民持有的规范文化并不是固化的，会在迁移中发生变形。移民文化圈原本应当成为制约移民犯罪的舆论场，但是，日本文化圈的大环境中国人移民小文化圈构成压力。这种压力来自于日本文化圈对中国移民的歧视，导致的群体性抑郁或反抗；来自移民问题上法律与现实的冲突；也与历史上的民族仇恨造成的移民个体和群体的思维偏差有关。

由此可见，在研究塞林的文化冲突论的过程中，我阅读、我收益、我发现、我批判，我修正或创造。而 30 多年来，在中国犯罪学理论的发展中，似乎没有出现像塞林、默顿、萨瑟兰、迪尔凯姆这样的大家和独具特色的理论体系，值得我们去研究、去挖掘、去批判、去修正。当我们花很多的时间阅读和批判的是一堆文字垃圾时，我们会问自己这样值不值得，是不是已经降低了自己的学术品位。

笔者认为，与犯罪学批判相比，中国犯罪学当今更需要梳理，对 30 多年来的中国犯罪学进行客观的梳理。资料浩瀚，如何梳理？我建议以有影响的全国犯罪会议为主线，向外延伸到这一时期的研究成果。比如，可以以中国青少年犯罪研究会的南宁会议、平顶山会议、成都会议等为主线，展开中国犯罪学研究的热点分析、研究理念的变化、研究趣闻等，以会议为主线会使我们对中国犯罪学的梳理工作变得清晰、阶段分明、突出重点。

（原载于法制网"法之光专家博客"，2011年10月）

中国社会治安黄金期的原因新发现

【摘　要】 研究中国20世纪60年代初期的社会治安"黄金期",有"社会矛盾缓解说"和"经济恢复说"。笔者的研究发现,这一时期出现的"逆城市化"与犯罪率大幅下降的关系更为紧密。

1983年全国实施了改革开放以来第一次"严厉打击刑事犯罪活动",国家领导人的初衷是希望能将社会治安恢复到20世纪60年代的"路不拾遗,夜不闭户"的状态。但经过"严打三大战役",犯罪率在短暂下降后迅速反弹,之后便一路走高,致使这一初衷并未实现。但是,再建"路不拾遗,夜不闭户"的治安盛世,一直是老一辈领导人和老一辈犯罪学界同仁的"心结"。

20世纪60年代初期确实是中国社会治安的"黄金期",从相关统计看,1962年全国刑事立案数32.5万起,比上一年减少了23%;1963年为25.1万起,比上一年减少29.5%;1964年为25.1万起,继续减少29.5%;1965年为21.6万起,比上一年微增0.5%,犯罪总数下降明显。从这一时期的犯罪率统计看,1962年是0.48‰,1963年是0.36‰,1964年是0.31‰,1965年是0.3‰,是新中国成立至今犯罪率最低时期。

为什么在全国的"三年灾害"后的1962~1965年会出现社会治安"黄金期"呢?原湖北警官学院杨国华先生研究认为,1960年和1961年冬春之交,由于严重的自然灾害和政策失误,出现了全国的粮食和副食品短缺危机,发生了群众性偷摸、哄抢现象,大量农民外流,城市职工请愿闹事,社会治安形势紧张。为此,公安部召开了第十一次全国公安工作会议,出台了《关于当前公安工作十个具体政策问题的补充规定》(简称《规定》),《规定》的指导思想是注意区分和处理敌我矛盾和人民内部矛盾,规范对限制人身自由权力的行使,缓解了社会矛盾,稳定了社会治安秩序,[1]这一观点被称为"社会矛缓

---

[1] 万川:《中国警政史》,中华书局2006年版,第494~495页。

解说"。还有一种观点认为,"三年灾害"之后,中央及时调整经济政策,农业生产连续几年增收,人民生活得到改善,成为犯罪率下降的直接原因,被称为"经济恢复说"。

笔者的研究发现,上述"两说"都有一定的合理性,但也存在偏颇。20世纪60年代还有一个非常重要的、引起犯罪率下降的原因为中国犯罪学界所忽视,那就是出现了新中国成立以来最大规模的"逆城市化"。

"城市化"是指城市人口在总人口中所占比重,以及城市规模和城市数量的增加。一般来说,工业化伴随着城市化,"逆城市化"则是一种相反的现象。从当时的相关史料分析,为缓解"三年灾害"所带来的城市供应紧张,提高农业生产能力,中央从1961年初开始调整全国城镇化政策,动员城市部分职工及家属到农村务农。据1961年4月9日中央转发五人小组《关于调整农村劳动力和精简下放职工问题的报告》记载,26个省市共调整人民公社以外人员720万人,调整主要对象是1958年1月以来进城参加工作并来自农村的新职工。1962年5月,中央在京召开工作会议,邓小平同志发言提出,调整时期的中心工作有两个:一是减少2000万城市人口,二是加强农村生产队工作。他强调:"我们有了粮食、棉花和其他东西,才翻得了身,这些东西要靠生产队拿出来。减少城市人口的工作也涉及生产队的问题,安置城市人口要靠生产队。"邓小平同志的意见最终被中央采纳。❶

1961~1965年,全国共精简城市职工约1887万人,压缩城镇人口2600万人;到1965年,全国城市数从1961年的208座减少至171座,减少了17.8%;1964年的城市化水平由1960年的19.8%下降至14.6%,中国的城市化水平出现了大幅降低。

中国的城市化与犯罪率增减有着怎样的变化规律呢?(1)国家"一五规划"初期,新中国首次出现了农村人口向城市迁移的现象,全国犯罪率上升,1953年4月政务院发布《关于劝阻农民盲目流入城市的指示》,进城农民返乡,犯罪率下降。(2)1956年农村合作化运动后,安徽、河南、河北、江苏等地农民、复员军人和乡村干部蜂拥至城市寻找工作,1957年全国犯罪率上升明显。当年12月18日,中共中央和国务院联合发出《关于制止农村人口盲目外流的指示》,1958年农村人口大量迁移现象缓解,农民返乡,犯罪率下降。

---

❶ 中共中央文献研究室:《毛泽东传》,中央文献出版社2003年版,第1217页。

为什么"逆城市化"会带来犯罪率下降呢？日本刑法学家大塚仁教授研究城市犯罪率高于农村时得出结论认为，城市与农村相比，利益关系的对立和摩擦增多；人与人之间的匿名性加大，各种类型的犯罪者聚集和交往容易；农村青少年向都市迁移，老年人留守农村，而青少年是容易犯罪的群体，移居城市后农村家庭对其行为的抑制功能降低；城市生活的不安定性，以及显著的贫富差距；城市人口构成的复杂性使生活方式和价值观多元化；家庭和个人被孤立化；城市娱乐和多种刺激导致道德观的麻痹和混乱，以及各种犯罪赃物容易处理等。城市的犯罪率高于农村是犯罪学研究的一般常识，笔者进一步运用皮尔逊 R 系数计算中国城市化与犯罪率变化的相关性，结论为相关系数为 0.9，即高度相关。因此基本可以判断，1962～1965 年大规模的"逆城市化"是中国犯罪率大幅下降最直接的原因。

（原载于法制网"法之光专家博客"，2012 年 2 月）

艾绪强的杀人"心结"与农民工的心理冲突

【摘　要】在以血缘、地缘为纽带的农村长大的艾绪强只身来到以业缘为主、人情淡漠、竞争激烈的大城市，生活事业的大起大落使他无法忍受重压，在孤独中他选择了一条报复城市人的不归之路。也给犯罪学者留下了"城市化与犯罪关系"的案例思考。

20世纪90年代中期凸显的农民工犯罪问题应当成为中国犯罪学研究的重大课题。那些在传统的农业社会长大的人们曾经邻里守望、互相关爱、忍受清贫、朴实劳作，甚至胆小怕事，是什么力量、什么要素使他们成为城市化过程中的犯罪者？艾绪强案件的心理行为过程会给我们一定的启示。

艾绪强是河南信阳来京打工的农民。2005年9月11日上午，他在北京市灯市口西侧抢劫出租车，杀死司机，驱车闯入王府井步行街横冲直撞，致两位无辜路人死亡，7人受伤。艾绪强案件虽早已尘埃落定，但在他法庭上的供述和他的遗书，以及进城后的成长历程却留给犯罪学者诸多的思考。

艾绪强2000年进京打工，最初做拾荒卖废品工作，后听说北京急需铲车司机，在一种转变身份的冲动下，他拿出拾荒卖废品的积蓄学习开铲车，功夫不负有心人，他被朝阳区崔各庄的一家沙场录用。据说，艾绪强买卖废品时的月收入仅为1000元，成为铲车司机后，每个月能赚到3000多元，更重要的是一种身份的转变，从一个捡破烂的农民一下子变成了铲车工人。他曾为自己有技术、能体面地挣大钱而自豪，走进河南同乡居住的"拾荒村"，他的鼻子总会翘得老高……但是，好景不长，该沙厂因污染环境被有关部门勒令停产，艾绪强应得到的工资未能及时发给。他曾多次向有关部门反映，2004年西城区劳动仲裁部门帮他追回703元，据艾绪强说，"只解决了很少的一部分"。沙厂倒闭后，艾绪强没有找到新的工作，他的情绪变得低落，常常坐在门口发呆，作案前的一个月开始整夜失眠。

当时一些媒体的报道称"拖欠农民工工资是艾绪强杀人案件的直接诱

艾绪强的杀人"心结"与农民工的心理冲突

因",但问题似乎并不是那么简单。如果仅因为是拖欠工资,他会把矛头直接指向老板和他的亲属,就像甘肃农民工王斌余杀人案❶那样。但是,在他的遗书中只字未谈拖欠工资之事,只谈想念刘霞,说来世会报答她,刘霞是他在农村离异的妻子。在法庭审理中,当公诉人问道:"你为什么要开车撞人?""为什么要选择王府井步行街?"他回答很直白:"我觉得现在10个城里人有9个都是黑心的","王府井是中国最繁华的中心,是富人聚集的地方。"

为什么在遗书中要去怀念农村的刘霞?为什么把仇恨泛化为与自己不相干"城里人"和"富人"?在失眠的漫漫长夜中他在想什么?这些才是他杀人犯罪的直接动机和深层原因。一个从长期生长的文化生活简单、人际交往具体化、感情色彩浓重、非竞争、价值文化同质的农业社会的农民,只身来到一个社会生活复杂、人际交往匿名、弱情感的大都市,首先需要摆脱的是传统乡村以血缘、地缘为纽带的生活方式,适应都市的业缘文化,参与激烈的城市竞争,在多元的价值观中进行自主选择。这个过程会加剧他们的内心紧张和焦虑,而城市文化的匿名性也会造成进城农民个体的无归属感和孤独感。

艾绪强所要报复的"城里人"和"富人"已不是一个具体的个人,而是一个抽象的"群",是他对城市业缘文化和残酷竞争的反感,对业缘文化的功利性目标所带来的人们情感的疏远、冷漠的反感。他不能理解为什么城市有那么多机会,一会儿把你推向事业的峰顶,让你自豪地飘飘然;一会儿又把你推到生活的谷底,让你感到贫困、无助和绝望。这就是城市区别于农村的"竞争的残酷性"。而他对农村刘霞的思念既是对夫妻旧情的怀念,更是对传统乡村以血缘、地缘为纽带的浓重人情社会的眷恋。

国际犯罪学界的"利益冲突学派"曾提出"多元民主主义与犯罪预防"的理论。该理论强调犯罪根源于不公平,未来的社会应该让每一个成员都加入到社团中,同时寻求社团与社团之间的平等和协商,这比寻求个人之间的平等和协商要简便和容易得多。如果艾绪强是某一农民工社团的成员,或在心理危机期得到了某一社团的及时援助,也许他的报复杀人"心结"就会被消解,极端的行为会被中止。但艾绪强没有找到,他在孤独中选择了一条报复城市人的不归之路。

---

❶ 王斌余案件:2005年5月11日晚,农民工王斌余和其弟为返乡看望病重的父亲,到石嘴山市惠农区所在施工队队长吴新国住处讨要拖欠工钱,未果后,杀死负责人及家属4人,重伤1人。经审判,王斌余以故意杀人罪被判处死刑。

2006年5月，北京市二中院一审以抢劫罪、以危险方法危害公共安全罪判处艾绪强死刑，同年11月执行死刑。

（原载于《青少年犯罪问题》，2012年第2期）

法律绕行伦理底线

【摘　要】《刑事诉讼法》修改规避了亲属出庭作证的条款,"大义灭亲"的刑事政策理念被松动。当法律与伦理发生冲突时,建议法律绕行,保护社会伦理底线是社会管理智慧的表现。

法律和伦理同为人类规范文化,区别在于法律的"强制性"和伦理的"内省性"。伦理的辐射面要远远大于法律,两者相得益彰,构成社会的有序和谐。当法律与伦理发生冲突时,法律绕行,保护基本的伦理底线,是避免"因小失大"的社会管理智慧。

最近,十一届全国人大五次会议通过的修改《刑事诉讼法》决定,是法学界和伦理学界值得庆幸的大事。修改后的《刑事诉讼法》第188条规定:"经人民法院通知,证人没有正当理由不出庭作证的,人民法院可以强制其到庭,但是被告人的配偶、父母、子女除外。"就是说,亲属可拒绝出庭作证。这说明长期以来"大义灭亲"的刑事政策理念有所松动。前几日,听到北京电视台关于"被告人的配偶、父母、子女除外"的条款解释称,"犯罪者最终要回到家庭,该条款有利于他们回到家庭,有利于他们的改造"。若进一步演绎这一解释,即为了犯罪者不再犯罪,家庭是需要利用的。这类解释似乎过于功利。其实,《刑事诉讼法》第188条的核心价值是保护家庭伦理的底线,让直系亲属对簿公堂,相互揭发,为"作证"而撕裂亲情和割断血缘似乎是不人道的,对家庭伦理的冲击也具有毁灭性。现代的侦查和取证技术之先进是非专业人士所无法想象的,DNA鉴定、三维脸部画像技术、自动指纹识别、智能视频监控等,即使规避亲属揭发,也能通过其他技术准确获得证据,将犯罪者绳之以法,何必非要和亲情较劲!"文革"中,儿子揭发父亲,女儿揭发母亲,父母子女互相揭发的悲剧,至今依然是我们的社会之痛,依然让我们吞咽着家庭伦理崩坏的苦果。

此次《刑事诉讼法》大修撼动着"大义灭亲"的"革命"理念,是一次有意义的开端。其实,"大义灭亲"也应当从其他的法律条款中退出,从思想政治教育中退出。记起留学归国初期,我的大儿子进了东城区的一所小学,有一天,学校组织到朝阳剧场看话剧,内容为一位儿童团长的父亲出卖了革命,将下山夺粮的消息透露给日本侵略者,结果夺粮乡亲们被抓并被杀害。勇敢的儿童团员决定再度下山夺粮,半路巧遇叛徒,儿童团长义正辞严地怒斥其父背叛革命,并亲手将尖刀刺进父亲的胸膛。观罢话剧,大儿子告诉我,"老师让写读后感"。"你想写什么呢?"我问孩子。他思索片刻回答道:"爸,我想写大义灭亲,您看行吗?"我突然有一种毛骨悚然之感,不禁打了个冷颤,颇感这种"教育"与国外的小学教育的反差甚大!并不知所措、下意识地说道:"儿子,咱这篇读后感不写,成吗?"

这里有两个问题需要研究,一是,在和平建设时期,我们的社会是否需要那么多历史痛苦与仇恨的教育,以增强组织的凝聚力和发展力,是否可以适度减少这类教育,加强"珍惜生命"、"关爱他人"、"博爱"的教育。二是,即使需要大量的历史痛苦与仇恨教育,是否可以绕开"大义灭亲"的极端案例或事件。在分析2009年以来的多起"杀亲灭门"案件的原因中,我们似乎能感受到这种教育的负面影响。父母之爱、子女之爱、夫妻之爱是人之本性,也是家庭伦理的底线,法律和思想教育即使代表正义,但突破了伦理底线,也会带来意想不到的社会伦理危机和信念危机,对家庭和社会稳定的影响都是深远的。

(原载于法制网"法之光专家博客",2012年3月)

职业盗窃与职业销赃的"犯罪链"

【摘　要】盗窃一直是各种刑事犯罪类型中占比最高的犯罪，研究盗窃者的犯罪动机、作案手段等对于破获和打击盗窃犯罪固然重要，但研究和打击盗窃者的销赃渠道之幕后黑手，更具有釜底抽薪的防控功效。剥夺盗窃者丰富且安全的销赃市场，就能有效地控制职业盗窃和部分以销赃为目的的非职业盗窃，就会大幅降低盗窃的总体数量。

盗窃一般是指以非法占有为目的，窃取公私财物的犯罪行为，主要包括入室盗窃、扒窃、自行车和汽车盗窃等。盗窃是各种犯罪类型中比例最高的犯罪形式。1981年中国刚刚改革开放，国外高档商品大量涌入，调动起人们消费欲望，也使一些人铤而走险从事各种盗窃活动，当年盗窃的立案数占刑事立案总数的83.6%，比例相当高。最近统计数据显示，2011年盗窃犯罪占刑事犯罪总数为70.9%，比例与30年前相比大幅下降，但仍然高居榜首，高出位居第二位"抢劫立案数"（3.4%）67.5个百分点。基本上可以推断，中国社会如果能够有效地控制盗窃犯罪的发生就能有效地降低犯罪总量。不过，中国犯罪学界却很少关注和研究盗窃犯罪，北京大学康树华教授主编的《犯罪学》（2004年）、清华大学许章润教授主编的《犯罪学》（2007年）、北京师范大学张远煌教授著的《犯罪学原理》（2008年）中，都见不到关于盗窃犯罪的研究论述。

实际上，有效地控制盗窃犯罪并不是一件容易的事情，这类犯罪具有很强的伸缩性，"严打"时犯罪者会收手歇业，"严打"风头一过又会冒出来作案。1983年的"严打"斗争使全国刑事犯罪率连续两年减少了31.1%。其中，一般盗窃犯罪下降最为明显，为35.1%。但1985年"严打"势头一过，以盗窃犯罪为龙头整体犯罪数量继续攀升，如何预防和控制盗窃犯罪应当是中国犯罪学界的基础性课题。

控制销赃渠道用以控制盗窃犯罪是笔者的一个研究思路。9年前留学归国执教，住在大学的周转房中，为上课、购物方便，买1辆崭新的自行车放置楼道，不到三个月被盗，心疼却口中喃喃自慰："舍财免灾，算是济贫啦"；再买两辆新车后又被盗，心中对社会治安不满，到保卫处报案。保卫处反馈意见："不丢车不是北京人"，并建议我不要再买新车，到学校的修车铺去购买旧车。学校修车铺的老白人蛮热情，修好的旧车也很便宜，70元钱左右一辆，我一口气买了三辆，分别放在楼道二层、三层和四层，心想：二层车被偷还有三四层的车呢，不会因没车骑迟到，引发教学事故。但没想到是两周后的一个清晨，三辆自行车竟同时被盗走，剪断的车锁丢在我的信箱下。我被惊呆了并顿悟，这绝不是穷人偷车自己用，一定存在一条犯罪链条：盗窃→销赃→再盗窃→再销赃。至今我仍然残留着那份"研究心结"——研究大学周边的二手自行车市场与盗窃自行车的关系……

职业性买卖赃物在盗窃犯罪的世界上扮演着重要的角色。美国犯罪学者卡古恒（Colquhoun Patrict）分析盗品的收赃与盗窃等犯罪之关系中指出："在思考各种盗窃、抢劫及诈骗犯的特性时，毫无疑问，收赃者是当中最为邪恶者；如果没有他们的协力购买偷来或诈骗来的赃物，盗窃者、抢劫及诈骗者必然无法在该行业中生存。因此，剥夺盗窃者的丰富且安全的市场，那他就无所作为。"[1]

研究盗窃与收赃物者关系重量级学者克劳卡（Klockars Carl），在他《职业销赃》（1976年）一书中，运用社会学的研究方法，对一位成功的收赃者进行了长达400小时的参与性观察，发现他是高度职业化的犯罪者，有着非常特殊的犯罪技巧，让警方和检方很难收集其犯罪证据，因此难于起诉。被调查者在长期获利丰厚的销赃犯罪中，只在监狱呆过短短4个月，说明销赃者的犯罪风险要比盗窃者小得多。克劳卡的研究还发现，销赃者容易逍遥法外重要原因是他们与社会上层，包括司法体系中有影响的人物保持良好的关系，他帮助上层人物用最便宜的价格买到最昂贵物品，他们还会成为警察的耳目，帮助有关机构找回赃物。克劳卡调查分析让笔者想起5年前在某市调研，一个盗窃手机的犯罪团伙通过销赃者将昂贵手机卖给当地的某公安局副局长的案例。职业销赃者与职业盗窃者的关系非常微妙，他们会用销赃价格的20%~50%比例收购职业盗窃者的赃物，却对非职业盗窃者的赃物收购非常吝啬，只给他们销赃价格10%左右的现金。

---

[1]《都市警察论》1976年。

国际犯罪学的研究结果提示我们，对职业销赃者应制定严格的法律，严厉打击和控制销赃者和销赃渠道，是从源头抑制职业盗窃犯罪的重要手段。中国应当严格管理汽车二手车市场、自行车二手车市场，以及废品收购站等，剥夺盗窃者的丰富且安全的销赃市场，让以销赃为目的盗窃者"无所作为"，有效地控制职业销赃，就能有效地控制职业盗窃和部分以销赃为目的的非职业盗窃，进而大幅降低盗窃的总体数量。

(原载于法制网"法之光专家博客"，2012年7月)

化学阉割与环境改善的性犯罪治理

【摘　要】 强奸是一个古老的犯罪类型，犯罪学家们大体沿着两条路径进行着研究，犯罪生物学强调性本能和荷尔蒙分泌与强奸的关系。犯罪社会学则强调家庭、学校、社会及交友等因素的影响。学科视角的差异决定着对策的差异。

1993 年夏，安徽省临泉县农民刘庆朋窜入邻村农户，蒙面、持刀将一女子强奸，得手后一发不可收，到 2010 年被捕时止，他以农村留守妇女为主要加害对象，共强奸妇女 116 人，其中年龄最小的十几岁，最大的近六十岁。刘庆朋系列强奸案手段恶劣，作案数量大，全国罕见，2010 年底被阜阳市中院一审判处死刑。刘庆朋案发后，他的妻子和村民皆感震惊，因为他平常少言寡语、老实巴交、身材矮小，为照顾年迈母亲拒绝外出打工，是个典型的孝子。不过，从犯罪学专业角度看则无须惊讶，许多研究表明，性格内向者强奸犯罪比例要高于性格外向者。

强奸是一种古老的犯罪行为，意大利犯罪学家布朗米勒（Brownmiller S.）在他的《违反我们的意志》（*Against Our Will*，1975 年）一书中分析了古代强奸犯罪的类型和特征，指出：强奸在早期文明中是常有之事，它是男子凭借强暴和绑架，将女人占为己有，用男权支配女人的行为。他认为，强奸的犯罪化始于商品经济，当时的人们认为，处女的纯洁是给未婚夫的嫁妆和财产，为维护财产的神圣，巴比伦和希伯来的法律将被强奸的结婚女性与强奸者同样以通奸罪名处以死刑，直到中世纪以后，被强奸者才逐渐被排除出惩罚之列，只对强奸者实施刑罚。

犯罪学关于强奸犯罪的研究有两个基本走向，即犯罪生物学和犯罪社会学。

犯罪生物学的研究认为，强奸犯罪的基本动因是性的本能冲动，特别是强奸累犯，特殊的生理结构、荷尔蒙分泌过于旺盛等是其行为的基本动因。一些国家将犯罪生理学的研究运用到司法实践中,如2011年7月韩国《性暴力犯罪者的性冲动药物治疗相关法律》生效,该法律规定,对19岁以上者,性侵害未满16岁儿童,查明有"性错乱症",两次以上对儿童性犯罪,预计可能再犯者将实施"化学阉割"。2012年5月21日,韩国法务部根据该法律,决定对恋童癖惯犯朴某实施首例"化学阉割",历时3年。朴某时年45岁,1984年强暴未满10岁女童未遂被捕,出狱后于1991年和1998年因性侵害儿童再度获刑,2002年朴某出狱两个月内又因性侵害未满10岁儿童被捕。"化学阉割"的基本方法是药物注射,通过药物调节男性荷尔蒙抑制性欲,朴某3年内每隔3个月需接受一次药物治疗,并辅助心理和认知治疗,费用约合人民币2.7万元,由政府承担。医疗小组每隔6个月对其进行一次药效检查,若发现其拒绝或逃避化学阉割注射治疗的行为,将被判处7年以上有期徒刑并处罚金。

对性犯罪者阉割并不是韩国独有的,最早实施的国家是捷克,1998~2008年期间,捷克至少对94名强奸惯犯实施阉割,以后荷兰、英国、俄罗斯也制定相关法律。不过,对于阉割治理强奸犯罪的抗议声不断,主要观点是阉割侵犯了人身权;阉割违反自然规律,对被阉割者会造成永久性心理创伤,也可能会引发更激烈的报复行为。不过,许多人还是认为,为减少更多被害者的出现,对犯罪者的化学阉割是对被害者的人道和保护,而且实施化学阉割比将犯罪者长期关押在监狱,或执行死刑要人道得多,并且可节省大量的司法成本。

另一种研究取向是犯罪社会学。犯罪社会学认为,人的性欲是可控制的,强奸者的性欲失控是与他的社会化受阻、生长环境关系密切,改善他们的生长环境才是预防强奸犯罪的治本之策。我国台湾学者和实务部门曾在1995年对在押的21名强奸犯进行调查,提出了强奸犯的成因模型,具有典型的犯罪社会学价值。该模型一是家庭要素,主要包括:(1)家庭暴力,本人早年或其母亲经常遭父亲的暴力殴打;(2)父亲早逝或早期离婚,受访者多数10岁前父亲离开家庭或死亡,导致家庭经济陷入困境,缺少男性认同和模仿;(3)已婚者婚姻生活不美满,如怀疑妻子有外遇,对妻子的行为不满。二是学校要素。如在学校期间经常被老师或同学排斥、取笑,其原因多是家庭贫困、学习成绩差、个性软弱,在校不合群、爱单飞。三是工作经历要素。不少人从事过色情行业,如舞厅、酒吧、拉皮条等;工作态度不良,不爱与同事相处,有人际交往的困扰,做事缺乏持久性。四是社交经历要素。多因个性原因导致社交技巧差,特别是与女性相处的技巧缺乏,朋友少,其原因来自两个极端，一端为自卑，一端为大男子主义。五是性经验要素。性行为混乱，有嫖娼经历，与色情行业人员交往密切，通常是首次性经验于色情场所。不少人在青春期前遭受过性侵害。

犯罪社会学家认为，如果能有效地控制这些社会要素，改善人们、特别是青少年的成长环境，就能有效地抑制强奸犯罪。为此，他们提出家庭建设计划，反对家庭暴力，减少结构性和机能性残缺家庭的数量；引导青少年远离色情场所，减少和避免媒体中不良性文化对青少年的影响；关注内向型的青少年的成长，培养他们健全的人格，在学校进行科学的性教育，以及加强社区对青年的婚恋咨询和指导。

犯罪生物学和犯罪社会学从不同的专业视角出发，在强奸犯罪的原因上各持己见。在理论与实践的结合上，犯罪生物学践行着"化学阉割"，犯罪社会学践行着改善社会环境，学科视角与对策实施泾渭分明。

（原载于法制网"法之光专家博客"，2014年3月）

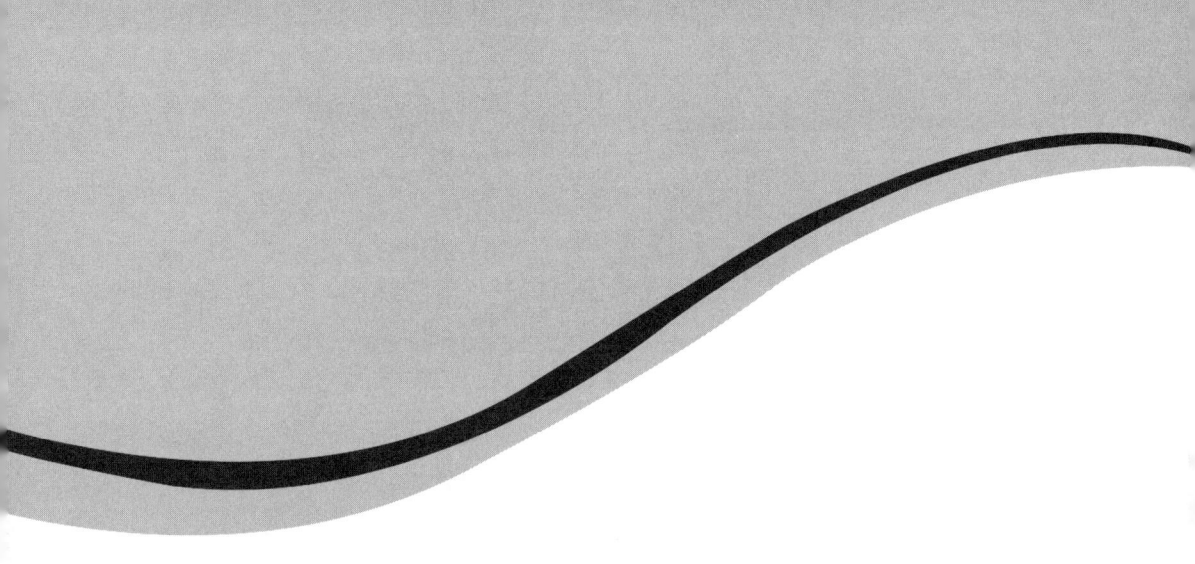

第三部分

社会秩序与社会控制研究

中国社会秩序报告[*]

【摘　要】 本研究报告首先设定"社会秩序"的七个研究指标,即违法犯罪、交通火灾事故、自杀死亡、集群行为、上访与民事纠纷、流浪乞讨、公共安全感。在七个指标确定、调研和资料收集的基础上,逐一进行现状分析。在违法犯罪的分析中,笔者首次提出"指令性的产品经济向有计划的商品经济转型","传统的农业国向工业国转型","泛道德国家向法治国家转型",以及这三类社会转型与犯罪增长的关系。这一研究奠定了笔者以后犯罪学研究的基本思路和理论假设,并持之以恒。在交通事故增长的研究中,笔者指出机动车的迅速增长与道路发展存在不平衡,以及交通事故率和受伤率低于发达国家,但交通事故死亡率却高于发达国家,与国家的公路抢救能力有关;在火灾事故分析中提出承包制改革带来的对利润的追逐,而忽视防火及资金投入;农村女性自杀比例最高与传统的农村文化与妇女解放的冲突,以及由此导致的女性心理冲突有关;提出集群行为与国家宏观政策实施、体制结构变化及社会流行思潮关系密切;上访数量增加与体制改革中新的不平衡因素增加有关;流浪问题则与问题家庭密切相关等。在对七项社会秩序指标现状考察分析后,进一步研究与之相对应的社会控制机制,分别从立法机关、法院、检察院、公安、公众参与治安管理、司法系统、信访机构、预防自杀服务机构八个方面阐述中国社会控制机制的建设与社会控制效果。

【关键词】 社会秩序　研究指标　控制体系　新平衡

---

* 1990年底,中国社会科学院社会学研究所新任所长陆学艺教授带着一批年轻的研究人员,进驻北京西郊的一家渔场宾馆,商量撰写《中国社会发展报告》。从1991年出版首卷《中国社会发展报告》(或称《中国社会蓝皮书》)至今已经出版了25本,成为了全国性品牌"报告"。我有幸成为那批年轻人中的一员,撰写了第十一分报告——《中国社会秩序报告》。记得当时收集研究资料极为困难,但在研究团队朝气蓬勃、治学严谨氛围感召下,我们整日奔跑于各相关单位索要寻找零星资料,多次开会研讨推敲,夜以继日地写作耕耘。《中国社会秩序报告》呈上后,我如释重负,大睡两天,该报告也被当时的社会学所的领导赞为"可登国际学术会议的研究报告"。

社会秩序是指社会活动和社会关系的各方面相对地平衡稳定、和谐有序的发展状况。它是维持人类社会生活的重要条件，是各项事业、各项工作顺利进行的保证，是社会存在和发展的基础和标志。改革开放以来，我国社会秩序的发展状况如何呢？我们设计了以下七个指标来进行描述。

（1）违法犯罪率。众所周知，维持社会秩序稳定发展的要素是社会规范，社会规范的主要表现形式是法律、道德、习俗、规章、制度等，人们对这种规范的破坏被社会学称为"违规"。违规行为的规模越大、次数越多对社会秩序的破坏也就越严重，这是不言而喻的。因此，研究社会秩序的状况必须研究它的对立面——违规行为。违法犯罪率是最典型的、可测量的违规行为之一。

（2）交通、火灾事故。事故是一种突发性的灾难事件，事故造成的严重后果引起人们心理的恐慌，进而影响社会秩序的稳定。

（3）自杀死亡率。自杀行为被社会学家们用来分析个人与社会的密切程度，它是个人与社会是否和谐发展的重要指标。

（4）集群行为。社会学意义上的集群行为主要包括骚乱、示威、抗议游行和群体集会等。集群行为是社会各种矛盾在不同阶层中的一种集中表现形式，对社会秩序的影响最为直接。

（5）上访和民事纠纷。上访是人民群众越级反映社会问题的一种形式，是人民群众与中央和地方政府联系的特殊手段，中央和地方每项政策的出台都会在群众中引起反响，上访的人数和内容也会随着政治经济形势的变化而变化。民事纠纷是社会矛盾在基层的反映，许多民事纠纷处理不当会导致集群行为的增多，甚至导致刑事犯罪的增加。

（6）流浪乞讨。联合国将其统称为"无家可归者"。它是国家经济形势和社会福利制度状况的晴雨表，也是国家的社会秩序和福利享有程度的重要指标。

（7）公众安全感。安全感是人民群众对社会秩序的主观评价，它既是人们对客观现实的主观反映，又反作用于客观现实，影响社会秩序。

一、中国的违法犯罪状况及其分析

（一）犯罪状况

在中国，犯罪与违法有着严格的区别，犯罪一般是指触犯了《中华人民共和国刑法》的行为，它具有四个特征：①社会危害性，即对国家、集体或公民个人有程度不同的危害；②犯法性，触犯了刑事法律规定的禁令；③罪过，即有故意或过失的行为；④应受惩罚性。

新中国成立初期，由于旧社会遗留下来大量的社会问题亟待解决，我国的犯罪问题相当严重。据1950年的统计，全国共发生各种刑事案件50余万起，按当时人口平均，发案率为9.3/10000。❶ 随着我国社会主义革命和社会主义建设事业的发展，犯罪率大幅度下降，年平均发案率保持在3~4/10000。1952~1965年是我国犯罪率较低的时期，但据对天津、辽宁、陕西、四川等省市犯罪资料的历史考查发现，在这段时期，我国也曾出现过3次小的犯罪高峰期：第一次犯罪高峰期是1955年，刑事犯罪起数比1953年增加了53.2%；第二次犯罪高峰期是1957年，刑事犯罪起数比1956年增加了49%；第三次犯罪高峰期是1961年，刑事犯罪起数比1959年上升了89%。❷ 但即使1955年、1957年、1961年是犯罪的高峰期，其犯罪率也远远低于新中国成立初期。

1966~1976年"文化大革命"期间，因"砸烂公检法"，实行"群众专政"，刑事犯罪的统计数据残缺不全，所以无法分析。但是专家们普遍认为，这段时间"打砸抢"现象极为严重，是犯罪现象的一个特殊高峰期。

1980年前后，中国的犯罪率进入了一个新的高峰期。据公安部统计，1981年全国立案数890281起，每万人的案件数为8.9（见1987年《中国法律年鉴》），接近解放初期的水平。针对当时严峻的治安形势，1983年8月全国开展了"严厉打击刑事犯罪活动"的斗争，1983年8月至1986年12月，全国共判决人犯172.1万人。❸ 1983年9月至1985年6月，全国共摧毁流氓犯罪团伙13万个（见《人民日报》1985年10月27日）。全国范围内的严打斗争在一定程度上抑制了犯罪，1984年的刑事立案数比1982年减少了234107起，下降31.3%，全国的犯罪率下降了2.4个万分点。其中下降最明显的犯罪案件是一般盗窃，1984年比1982年减少214162起，下降35.1%（根据1987年《中国法律年鉴》公布的数据计算所得）。1985年10月27日《人民日报》发表了《全国社会治安逐步走向正常》一文，充分肯定了"严打"斗争的成效，并认为全国的治安形势趋于正常。但是，特别值得注意的是"严打"期间大案要案下降不明显，甚至有所上升。比如，凶杀案件1984年仅比1982年减少了303起，凶杀案件发案绝对数仅下降3.2%；1984年的强奸案件反而比1982

---

❶ 曹漫之：《中国青少年犯罪学》，群众出版社1987年版，第177页。
❷ 该数据来源于1984年中国社科院青少年研究所青少年犯罪研究室调查统计。
❸ 郑天翔在第六届全国人民代表大会第五次会议上作的《最高人民法院工作报告》，《人民日报》1987年4月16日。

年上升 26.2%，增加 9269 起；严重盗窃案件比 1982 年上升 5.7%，增加 878 起。（数字依据同前注）大案要案的持续增加从另一个侧面表明，从根本上预防犯罪和抑制犯罪的社会机制还没有建立起来。

从 1985 年开始，全国的刑事案件的立案数再度回升（详见表 1），到 1988 年刑事案件的立案数再次回升到 80 余万起，每万人案件数为 7.74，接近 1981 年的水平。1989 年刑事案件数进一步上升，立案数为 1971901 起，每万人案件数为 18.15（1990 年初公安部领导同志强调公安统计要减少水分，1989 年的刑事案件立案数受到该指示的影响，因此，1989 年的统计数据更接近真实情况，但是即使除去统计上的因素，该年的犯罪率比 1988 年仍是上升的，从水分较少的大案要案的立案数中可以看出），超过了新中国成立初期的 9.3/10000 的犯罪率，成为了新中国成立以来犯罪最高的时期。

表 1　1981～1989 年刑事立案数

项　目	1981 年	1982 年	1983 年	1984 年	1985 年
立案总数（起）	890281	748476	610478	514369	542005
每万人案件数	8.937	7.402	5.981	4.991	5.206
项　目	1986 年	1987 年	1988 年	1989 年	1990 年
立案总数（起）	547115	570439	827594	1971901	1260000
每万人案件数	5.191	5.412	7.741	18.15	—

资料来源：根据 1987 年、1988 年、1989 年、1990 年《中国法律年鉴》整理而成。

（二）违法状况

在我国，违法一般是指触犯了《中华人民共和国治安管理处罚条例》的行为，这类行为与犯罪行为同样危害了公共秩序、公共安全、公民人身权利和公私财产，但是情节轻微，尚不够刑事处罚。我国也将这类案件统称为治安案件，治安案件的统计分类主要包括：扰乱公共秩序、流氓滋扰、殴打伤害他人、偷窃少量财物、诈骗少量财物、抢夺少量财物、哄抢财物、毁坏公私财物、赌博、利用迷信骗取财物、妨害公务、违反危险物品管理、违反户口管理、伪造证件票券、违反枪支刀具管理、妨害公共安全等。其中发生率最高的是盗窃少量财物，居第 1 位；其次为殴打伤害他人；赌博居第 3 位（详见表 2）。

我国治安案件的统计数据因各种原因建档较晚，目前可查寻的数据是 1985 年以来的数据，根据 1985～1989 年的数据分析，治安案件呈上升的趋势

(见表2)，平均每年的治安案件发生率上升1.8个万分点，上升最高的年度仍是1989年，共上升3.8个万分点。治安案件的发生起数平均每年增长16.18%，上升最快的是1989年，发生起数比1988年增加了31%。

表2 1985~1989年治安案件数

项 目	1985年 发生（起）	发生率	1986年 发生（起）	发生率	1987年 发生（起）	发生率	1988年 发生（起）	发生率	1989年 发生（起）	发生率
合计	1025440	9.85	1115858	10.55	1234910	11.7	1410044	13.2	1847625	17
盗窃少量财务	329339	3.16	359778	3.41	365538	3.47	424899	4.0	512091	4.71
殴打伤害他人	225003	2.16	267015	2.53	291446	2.77	326552	3.1	386149	3.55
赌博	140466	1.35	140886	1.34	175309	1.66	218094	2.0	316747	2.92
扰乱公共秩序	73177	0.7	68314	0.6	71074	0.67	75200	0.7	99565	0.92
流氓滋扰	62015	0.6	71735	0.68	68246	0.65	63104	0.6	71802	0.66
违反户口管理	17815	0.17	15969	0.15	19887	0.19	23680	0.2	45874	0.42
诈骗少量财务	17537	0.7	21568	0.2	24063	0.23	30133	0.3	41809	0.38
毁坏公共财物	13997	0.13	14844	0.14	18676	0.18	21312	0.2	27909	0.26
其他	146091	0.88	155749	1.5	200671	1.88	227070	2.1	345679	3.18

注：案件发生率的单位：万分数。
资料来源：根据1987年、1988年、1989年、1990年《中国法律年鉴》整理而成。

（三）犯罪结构的变化

从20世纪50年代到80年代，中国的犯罪结构发生了很大的变化，这主要表现在以下几个方面。

1. 反革命犯罪的比例减少，普通刑事犯罪的比例增加

从陕西等省市的犯罪历史资料看，20世纪50年代初到70年代中期反革命犯罪占全部犯罪总数的30%~40%（见表3）。1976年以后，反革命犯罪所占比例迅速下降，据1980年的全国统计，在押的反革命犯占当年在押犯人总数的13.35%，普通刑事犯占86.65%。到1989年，反革命犯的比例已下降为0.51%，普通刑事犯的比例上升为99.49%。（详见表4）

表3 1953~1983年陕西省反革命在押犯与普通刑事在押犯的比例表（百分数）❶

项 目	1953年	1954年	1955年	1956年	1957年	1958年	1959年	1960年	1961年	1962年	1963年
反革命犯	39.1	31.4	37.9	—	34.5	28.5	32.5	33.9	34.8	35.2	30.5
普通刑事犯	60.9	68.6	62.1	—	65.5	71.5	67.5	66.1	65.2	64.8	69.5

项 目	1964年	1965年	1967年	1968年	1975年	1976年	1979年	1980年	1981年	1982年	1983年
反革命犯	31.8	31.7	34.3	36.8	26.1	24.4	11.5	6.8	5.2	3.0	1.9
普通刑事犯	68.2	68.3	65.7	63.2	73.9	75.6	88.5	93.2	94.8	97.0	98.1

表4 1980~1989年全国反革命在押犯与普通刑事在押犯对比表（百分数）❷

项 目	1980年	1981年	1984年	1985年	1989年
反革命犯	13.35	4.3	1.19	1.13	0.51
普通刑事犯	86.65	95.7	98.81	98.87	99.49

从20世纪80年代刑事犯罪的类型看，盗窃犯罪占第一位，占80%左右，其次是强奸犯罪、伤害和抢劫犯罪。（详见表5）

表5 1981~1988年刑事案件分类表❸

		盗窃	强奸	伤害	抢劫	凶杀	诈骗	伪造货币
1981年	绝对数	744374	30808	21499	22266	9576	18665	1649
	百分数	83.6	3.5	2.4	2.5	1.2	2.1	0.2
1982年	绝对数	609481	35361	20298	16518	9324	17707	1763
	百分数	81.4	4.7	2.7	2.2	1.25	2.4	0.2
1984年	绝对数	395319	44630	14526	7273	9021	13479	707
	百分数	76.9	8.7	2.8	1.4	1.8	2.6	0.1
1985年	绝对数	431323	37712	15586	8801	10440	13157	495
	百分数	79.6	6.96	2.9	1.6	1.9	2.4	0.09
1986年	绝对数	425845	39121	18364	12124	11510	14663	497
	百分数	77.8	7.2	3.4	2.2	2.1	2.7	0.09
1987年	绝对数	435235	37225	21727	18775	13154	14693	436
	百分数	76.3	6.5	3.8	3.3	2.3	2.6	0.07

---

❶ 此表数字根据1984年中国社科院青少年研究所调查资料整理而成。
❷ 此表数字根据1990年《犯罪与改造研究》第4期《新的历史时期在押罪犯的新情况、新特点》一文整理而成。
❸ 此表数字根据公安部办公厅编的《公安统计资料》和1989年《中国法律年鉴》整理而成。

续表

		盗窃	强奸	伤害	抢劫	凶杀	诈骗	伪造货币
1988年	绝对数	658683	34120	26639	36318	15959	18857	500
	百分数	79.6	4.1	3.2	4.4	1.9	2.3	0.06
1989年	绝对数	1673222	40999	35931	72881	19590	42581	865
	百分数	84.9	2.1	1.8	3.7	1.0	2.2	0.04

2. 青少年（14~25岁）犯罪的比例越来越高

20世纪五六十年代我国青少年犯罪仅占全部犯罪数的10%~30%，据当时上海市的调查统计，1953年青少年犯罪仅占8%，1954年占13%，1955年占31.5%，70年代中期，青少年犯罪的比例开始迅速上升，达到50%左右。进入80年代后，青少年犯罪的比例再上一个台阶，达到60%以上。到1985年，全国青少年犯罪占全部刑事犯罪的比例已上升到71.2%，并继续保持上升的势头（详见表6），从根本上改变了五六十年代成年人犯罪比例高的状况。

表6 1979~1987年全国青少年犯罪占全部刑事犯罪的比例数[1]

项 目	1979年	1980年	1981年	1982年	1983年	1984年	1985年	1986年	1987年
青少年犯罪比例（%）	47.6	61.2	64	62.9	60.2	63.2	71.2	72.5	74.4

3. 重新违法犯罪的比率在增高

重新违法犯罪是指刑满释放人员、劳动教养解除人员在回归社会三年内重新违法犯罪。犯罪学界普遍认为，与初次违法犯罪者比较，重新违法犯罪者对社会的危害程度更大。

据公安部方面的统计资料，全国受过刑事处罚的作案成员在当年社会刑事案件作案成员总数中所占比重，1982年为2.14%，1983年为2.48%，1984年为2.9%，1985年为3.07%。

受过行政处罚的（包括劳教、行政拘留等）在当年社会刑事案件作案成员总数中所占比重，1982年为3.83%，1983年为4.6%，1984年为3.4%，1985年为3.94%。[2]

据司法部方面的统计资料，1982年全国判刑两次以上的罪犯占在押犯总

---

[1] 此表数字根据公安部、团中央提供的数据整理而成。
[2] 资料来源：《犯罪与改造研究》1987年第6期，第7页。

数的7.34%，1989年该比例上升到8.35%，累犯的绝对数上升1.06倍。❶

1986年，司法部预防犯罪与劳动改造研究所会同有关部门，对上海、北京、天津、广东、浙江、山东、湖北、四川、吉林、陕西、新疆等11个省、自治区、直辖市1982年的刑满释放人员和解除教养人员进行了抽样调查，较为准确地得出了全国重新犯罪率：刑满释放人员的重新犯罪率为13.53%，解除教养人员的重新违法犯罪率为24.54%；少管释放人员的重新违法犯罪率为34.57%。❷ 尽管我国缺少对50~70年代的重新犯罪数据的统计，但是专家们较一致地认为，80年代的重新犯罪率大大高于五六十年代。

4. 违法犯罪原因的分析

考察我国违法犯罪问题与社会发展的相互关系，可以大体上归纳为三个阶段。

第一个阶段是1951~1976年。这一时期犯罪率的上下波动主要与人为的政治运动造成的社会结构紊乱及社会控制的失调有关，分析这一时期几个犯罪高峰的历史背景我们可以清晰地看出这一点。1957年的"反右斗争"，全国共划出右派552877人，❸ 涉及了许多部门和行业。例如，在司法系统内，坚持"法律面前人人平等"原则的人，坚持"人民法院独立进行审判"和"人民检察院独立行使职权"的人，以及坚持辩护制度的人，几乎都被打成右派或被划为"右倾分子"，司法系统出现了空前的混乱。❹ 1961年是全国性的"三年困难"后期，此前曾发生了"人民公社""大跃进""大炼钢铁""放卫星""吃食堂"等大规模的"群众运动"。1966~1976年的"文化大革命"更是一场史无前例的浩劫，公检法部门几乎陷于瘫痪，"文革"十年所带来的社会结构的震荡和社会控制的失调是显而易见的。

第二个阶段是1978~1988年。1978年，党的十一届三中全会确定了改革开放的基本方针，强调不再搞大规模的群众运动，此后因政治运动引发的社会结构周期震荡的现象基本消除了，中国进入了全面的经济建设时期。这一时期犯罪率的变化基本表现出一种自然状态，并与中国从传统社会向现代社会的转

---

❶ 资料来源：《新的历史时期在押罪犯的新情况、新特点》，《犯罪与改造研究》1990年第4期，第2页。
❷ 资料来源：《对1982年刑释、解教人员抽样调查情况的初步研究分析》，《犯罪与改造研究》1987年第6期。
❸ 资料来源于中国青少年犯罪研究学会中南研究中心编写的《卖淫问题分析与控制对策》一书。
❹ 蓝全普：《三十年来我国法规沿革概况》，群众出版社1980年版，第6页。

型密切相关。具体分述如下。

（1）从指令性的产品经济向有计划的商品经济转型。在这个转型过程中至少造成了两个事实：一是商品经济打破了原有的对外封闭以及地区与地区之间的封闭状态，二是使人与人之间经济收入的差别拉大了。这两个事实引发了一系列的连锁反应。对外开放使落后的中国经济在世界发达国家的示范影响下，走上了一条"外生型"的发展道路，而在"外生型"的迟发展国家中，消费超前几乎是一种惯例。国外高档耐用消费品涌入国内市场迅速冲击着人们原有的消费心理。一部分先富起来的人首先把资金投入消费，他们的示范效应再一次使许多普通的中国人不再"知足常乐"了，他们渴求消费的一步到位。而中国城市居民消费的变化又对幅员辽阔的农村产生了巨大的示范作用。于是中国生产力的发展水平与人们的消费需求的矛盾尖锐起来，反映在犯罪问题上是1981年的盗窃犯罪从原来占各种刑事犯罪的70%左右一跃为83.6%，抢劫犯罪从原来居各种刑事犯罪的第6位一跃为第3位。同时各种类型的经济犯罪大量增加，1982~1989年全国各级法院受理的经济犯罪案件每年以23.2%的速度增长。（详见表7）

表7　全国各级法院受理经济案件情况表❶

项　目	1982年	1983年	1987年	1988年	1989年
经济犯罪（件）	35176	51486	60691	55180	75904
增减情况（%）	—	+46.4	+17.9	-9.1	+37.6

据最高人民法院统计处统计，1988年全国各级法院判处贪污案件被告人8248名，其中贪污数额5万~10万元的有166人，10万元以上的73人。判处受贿被告人1584名，其中受贿数额5~10万元的有9人，10万元以上的有12人。（详见《中国法律年鉴》1989年版，第17页）

又据最高人民检察院统计，1990年全国立案侦查百万元以上贪污、受贿案件21件，40人，涉及犯罪总金额3500多万元，其中犯罪数额最大的是深圳市上埗区轻工业品业务部经理杨锦棠等人贪污公款人民币504万元，美元79万元一案。❷ 可见近几年来，经济犯罪的数量在增加，贪污受贿的数额在增高。

---

❶ 资料来源：见郑天翔同志在1986年1月13日第六届全国人民代表大会常务委员会第十次会议上所作的《关于打击严重经济犯罪活动的几个问题》的汇报和1988年、1989年、1990年《中国法律年鉴》。

❷ 《严厉打击贪污受贿渎职犯罪》，《人民日报》1991年1月10日第1版。

（2）从传统的农业国向工业国转型。这种转型推进了都市化，并带来了人口的迁移和频繁流动。目前，全国流动人口约有5000万，其中23个百万人口以上的大城市，日均流动人口接近1000万。仅北京市就有112万流动人口，并且流动人口继续以每年22.8%的速度增长。在流动人口中30%～40%的人不申报暂住户口。大量的流动人口使原有的户籍管理制度对犯罪的制约功能大幅降低。据上海市1988年统计，在抓获的犯罪成员中，外来人员占29.9%。[1]另据深圳市1989年调查，在卖淫成员中外省市的占72.2%。

这种转型还使农村产生出1亿以上的剩余劳动力，这些剩余劳动力一部分流向城市，寻找临时性工作，一部分被农村近几年兴起的乡镇企业所消化。而乡镇企业从它一出世就被列为"计划外的"，存在着原材料供应和产品的销路等问题，为了解决这些问题，有些购销人员向物资部门和销售部门送礼行贿，有的乡镇企业自行办起了废品收购站，收购犯罪分子的盗窃物资。近几年来社会上行贿、索贿、受贿等经济犯罪现象大量增加，这是原因之一。

有行贿的就有受贿的。受贿的多是那些掌握着一定权力的国家干部。1989年国家统计局与中国社科院社会学所的联合调查表明，46%的职工认为最突出的社会问题是"国家工作人员的贪污受贿"，居8项调查指标的第一位。[2] 权力和金钱交易严重败坏了社会风气，影响着党在人民群众中的威信，并且影响着人民群众与犯罪现象做斗争的积极性，甚至成为犯罪分子作案合理化的依据。

我国向现代社会转型需要大量的科技人员，而十年"文革"又使人才结构出现了大断裂，改革开放初期社会急切地呼唤人才。高等学校恢复了考试择优录取制度，中等学校开始注重升学率，并把学生编入了重点学校与非重点学校、快班与慢班。在相当长的一段时间里，对"升学率"的重视达到一种极端的程度，而对成千上万考不上大学的青少年如何进行普通教育和职业教育，人们好像还来不及思考。加之"脑体倒挂"和"招工顶替制度"的影响，从1979年以后，全国中小学生流失现象日益严重。据调查，北京市从1979年至1984年中小学生共流失25.9万，天津市区265所中学1979～1981年共流失学生9704人，流失率为9.5%。而流失生的犯罪率是在校生的15.6倍。1980年以后许多省市的流失生犯罪已占到少年犯罪的50%以上。[3]

（3）从泛道德国家向法制国家的转型。1957年以后，中国的法制建设基

---

[1] 资料来源：《青少年犯罪研究》1990年第8/9期，第34页。
[2] 《中国社会统计资料》，中国统计出版社出版1990年版，第309页。
[3] 资料来源于1983～1984年中国社科院青少年研究所调查统计。

本上处在一种停滞状态，但犯罪率却较低，究其原因为内部社会控制机制较强，即通过道德、习俗、时尚等力量使人们自觉地遵从社会规范。改革开放以后，中国开始着手法制建设，向法制国家转型。但是在这个过程中却忽视了道德建设，西方伦理道德对中国传统的伦理道德的冲击，大大降低了原有道德体系对人们行为的控制力，表现最突出的是性道德观念。再加之淫秽物品对青少年的毒害，致使性犯罪大幅度上升，并且居高不下（详见表5）。同时新中国成立以后基本消灭了的卖淫嫖娼现象再度死灰复燃。据湖南省统计，1984年全省查获卖淫嫖娼人员774人，四年后的1988年查获的卖淫嫖娼人数增加到6159人，为1984年的8倍。另据广东省统计，1980年查获的卖淫嫖娼人数为464人，1988年已达9690人，比1980年增加了19.9倍。西方文化的影响还使中国一部分人的价值观念发生了倾斜，在集体本位向个体本位偏移的嬗变中，个人主义以一种极端的形式表现出来，促成了犯罪个体的增加，成为犯罪者作案的重要动机，而且也影响着社会群体对犯罪行为的制约能力。

第三个阶段是1989年以后，中国的经济建设进入了治理整顿阶段，从1989年、1990年两年的犯罪资料看，犯罪率继续大幅度上升，说明与犯罪增加相联系的社会矛盾还没有得到根本解决。专家们预测，如果政府没有较有力的措施出台，犯罪率仍然会保持着较高的增长势头。当然这个阶段刚刚开始，全面的科学研究还有待于今后的实践和调查。

二、全国交通事故与火灾事故的状况及其分析

（一）交通事故状况

从1985~1989年全国交通事故统计分析看，五年间上升幅度最大的是1987年，交通事故次数达298147起，比1986年上升34.3%；死亡人数53439人，比上一年增加26.5%；受伤人数187399人，比1986年增加30%；造成的经济损失折合人民币约为27938万元，比上一年增加40.1%。

从1988年开始，我国的交通事故开始下降，当年交通事故次数为275818起，比上一年下降3.5%；受伤人数为170372人，比上一年下降9.1%。但是，死亡人数和事故造成的经济损失仍有所上升，分别比上一年上升2.5%和10.3%。原因是该年的重大交通事故的增长幅度较大。据统计这一年的重大交通事故为12124起，比1987年上升34.3%。（见1989年《中国法律年鉴》）

1989年是全国交通事故下降最明显的一年，交通事故次数、死亡人数、受伤人数三项指标都有下降，而且下降幅度较大，其中交通事故次数比上一年

下降6.6%,死亡人数下降8.3%,受伤人数下降6.8%。原因主要是郊区县和乡村的交通管理得到了加强,事故下降明显,与这些地区紧密相关的重大交通事故得到了控制。1989年交通事故的四项指标中仅有交通事故所造成的经济损失一项有所上升,上升了9%。(详见表8)

表8　1985~1989年全国城乡交通事故统计表[1]

项目	1985年 绝对数	1985年 增减数(%)	1986年 绝对数	1986年 增减数(%)	1987年 绝对数
次数(起)	200507	—	221948	+9.66	298147
死亡(人)	40864	—	42237	+3.25	53439
受伤(人)	136341	—	144200	+5.45	187399
损失折款(万元)	14784	—	19946	+25.88	27938

项目	1987年 增减数(%)	1988年 绝对数	1988年 增减数(%)	1989年 绝对数	1989年 增减数(%)
次数(起)	+34.3	275818	-7.5	257539	-6.6
死亡(人)	+26.5	54801	+2.5	50277	-8.3
受伤(人)	+30.0	170372	-9.1	1588.7	-6.8
损失折款(万元)	+40.1	30805	+10.3	33585	+9.0

(二) 火灾事故状况

我们将火灾事故的研究分解为火灾次数、死亡人数、受伤人数、损失折款四个指标。根据1976~1988年我国火灾事故的数据分析,12年中火灾次数、死亡人数、受伤人数三个指标呈下降趋势,而损失折款指标则呈上升趋势。

火灾次数年平均下降率为6.5%,其中下降最明显的年份是1980年、1982年和1987年。1980年比1979年下降11.6%,1982年比1981年下降17%,1987年比1986年下降17.3%。在12年中仅有3个年份的火灾次数上升,即1978年、1985年和1986年,当年发生的火灾次数分别比上一年上升1.6%、4.1%和10.8%。

火灾死亡人数年平均下降率为6.9%。下降最明显的年份是1978年、1980年和1986年。1978年比1977年下降26.3%,1980年比1979年下降14.9%,1986年比1985年下降19.8%。在12年的火灾事故统计中,仅有两年死亡人

---

[1] 资料来源:1985年、1986年数据由《人民公安报》1987年4月17日刊登的数据整理而成,1987年、1988年数据见1988年、1989年《中国法律年鉴》,1989年数据为公安部统计处提供。

数上升,即1985年和1986年,分别比上一年上升7.5%和19.8%。

火灾受伤人数年平均下降率为8.8%。其中下降最明显的年份是1979年、1980年、1985年,分别比上一年下降49.3%、30.3%和31.7%。12年中仅有1985年和1986年两年的火灾事故中受伤人数上升,分别上升31.07%和21.5%。

从上述三个指标比较看,火灾受伤人数的下降率>死亡人数的下降率>火灾次数的下降率。

与火灾次数、伤亡人数的下降趋势相反,火灾每年造成的经济损失呈上升趋势,上升率为24.1%。上升幅度最大的是1986年和1987年,分别上升138.5%和149%,其中1987年的火灾造成的经济损失的上升与大兴安岭森林火灾所造成的居民直接的经济损失有关。(上述火灾数据根据表8数据计算所得,更详细数据见表9)

表9　1976~1989年火灾事故统计表[1]

项目	火灾次数（起）	死亡人数（人）	受伤人数（人）	损失折款
1976年	69993	5243	8604	23019.6
1977年	66033	5178	7970	28564.0
1978年	67119	3815	7318	21691.7
1979年	61449	3463	5323	21758.8
1980年	54333	3046	3710	17609.3
1981年	50034	2643	3480	23130.6
1982年	41541	2249	2929	18926.3
1983年	37026	2161	2741	20398.0
1984年	33618	2085	2690	16086.4
1985年	34996	2241	3543	28422.0
1986年	38764	2685	4306	32357.8
1987年	32053	2411	4009	80565.2
1988年	29852	2234	3034	35424.7
1989年	24154	1838	3195	49125.7

(三) 事故原因分析

在各类交通事故中,机动车辆的事故占80%左右,在所有机动车事故中,汽车事故最高,约占4/5。进入80年代以来,我国交通事业迅猛发展,机动

---

[1] 资料来源:根据1987年、1988年、1989年《中国法律年鉴》整理。

车数量,特别是汽车和摩托车的数量增长幅度最大。中国经济要向现代化转型,交通是命脉。但是在机动车辆迅速增加的同时,交通道路增长缓慢,新增驾驶人员业务素质差,而社会的培训能力有限。此外,在搞活经济的过程中,一些人只注重运输上的经济效益,无视部分机动车车况不好,强行驾驶,等等。这些原因致使1986年、1987年两年的交通事故增长幅度超过往年。

1986年10月,国务院下发了《关于改革道路交通管理体制的通知》,各级政府坚决贯彻执行,到1987年底完成了全国道路交通管理体制的改革和业务活动的交接工作,城乡道路交通已全部由公安机关负责统一管理。转变了过去交通管理体制上部门与部门之间的"扯皮"现象。同时全国还完成了4万多名交通管理人员的转警工作,并对他们普遍地进行了业务培训,有力地加强了交通警力。

1987年3月31日,最高人民法院设立了交通运输审判庭,专门审理交通运输案件。1988年国务院又颁布实施了《中华人民共和国道路交通管理条例》和《交通管理处罚程序规定》等4个配套行政法规,使国家对交通运输的管理工作进一步纳入了法制的轨道。

改革开放以来,我国政府重视交通事业的发展,1989年全国公路交通里程已达到101.43万公里,比改革开放初期的1979年增加15.8%(见1990年《中国统计年鉴》)。70年代末,我国公路绝大部分是三、四级和等外路。1986~1990年,国家共新建一级公路2092公里,二级公路2.1万公里,分别为1980~1985年的9.2倍和2.1倍(详见《人民日报》1991年2月2日第1版)。交通道路的发展和改善,逐渐缓解了机动车辆增长与交通道路增长不平衡的矛盾。在上述因素的综合作用下,我国的交通事故在1988年以后出现了大幅度的下降趋势。

与美国、英国、法国等国家相比,我国的交通事故起数和交通事故的受伤人数都非常低。但是在交通事故的死亡人数上却高于这些国家,死亡数与交通事故次数的比例更是高于这些国家(见表10)。考虑到我国与发达国家在机动车数量上的差距,这种比较就更加令人关注。这说明:(1)在我国重大特大的交通事故的比例仍然较高,因此控制重大交通事故的发生仍是今后交通管理的重点。(2)事故发生后对事故人员的抢救速度和急救能力较差。从另一个角度分析这些对比数据,还应该看到我国人均占有机动车辆的数量大大低于发达国家。在中国向现代社会的发展过程中,各种交通运输工具,特别是汽车的发展仍将是迅猛的。因此,继续坚持不懈地抓好交通道路管理的任务仍然是十分艰巨的。

表10　中国城市与外国城市交通事故比较❶

项目	年份	城市人口（万）	次数（起）	伤残人数（人）	死亡人数（人）	死亡人数与次数之比
上海	1987年	710	10078	45776	601	5.96%
巴黎	1980年	760	14308	18249	151	1.16%
纽约	1982年	802	55225	77324	603	1.09%
北京	1987年	596	8135	4579	601	7.39%
伦敦	1980年	770	47050	56514	553	1.17%
里约热内卢	1975年	432	29601	17373	716	2.41%

中国无论是在火灾发生率、火灾死亡率，还是在火灾受伤率以及人均火灾损失方面都居世界较低水平（见表11）。中国政府在消防管理方面始终贯彻"预防为主，防消结合"的方针，重视对各级领导干部和人民群众进行"防患于未然"的宣传和教育，增强群众的消防意识和宣防自救的能力，1976～1989年使火灾事故的下降率保持在6.5%。

表11　1978年中国与外国火灾情况比较每十万人口火灾发生率❷

项目	每十万人口火灾发生率	每十万人因火灾死亡人数（人）	每十万人口因火灾受伤人数（人）	人均火灾损失（美元）
中国	7	0.39	0.76	0.14*
美国	1287	3.80	62.65	20.58
英国	585	1.52	11.40	10.01
日本	56	1.67	7.47	4.74
法国	168	0.56	3.72	20.80
联邦德国	186	1.63	—	26.73
加拿大	319	3.58	—	23.32
瑞士	653	0.69	—	29.32
瑞典	—	1.70	24.14	23.86
荷兰	190	0.80	5.83	21.44

---

❶ 资料来源：根据《中国和外国城市统计资料》（中国统计出版社出版）第203～205页和1988年《中国法律年鉴》整理。

❷ 资料来源：公安部办公厅编《公安统计资料》1988年3月，第55页。

续表

项目	每十万人口火灾发生率	每十万人因火灾死亡人数（人）	每十万人口因火灾受伤人数（人）	人均火灾损失（美元）
比利时	173	2.83	15.42	—
丹麦	372	0.98	—	35.04
挪威	409	1.65	—	43.37
芬兰	325	2.16	—	10.70
新加坡	178	3.87	—	5.36
澳大利亚	540	1.15	—	23.30
新西兰	764	1.97	6.98	23.14

注：按1978年12月底人民币汇率折算为美元。

对于12年中3个年份的火灾次数上升的原因分析，笔者认为，1978年火灾次数虽然上升1.6%，但是火灾死亡人数、受伤人数和损失折款三个指标都比1977年有较大幅度的下降，分别下降26.3%、8.2%和24.1%。这说明该年的重大火灾有所减少，以及对火灾的控制和对受灾人员的抢救及时。

1985年和1986年是火灾次数、死亡人数、损失折款三个指标均显著上升的两年，笔者通过分析认为，这与城市体制改革全面铺开以后，一些安全设备不合格的企业纷纷上马有关，这些企业内部管理混乱，甚至不配备防火器材，同时也与一些领导干部只注重抓经济效益，忽视防火工作有关。从我们对1987年5月的大兴安岭森林火灾的实地考察看，除了自然环境的因素外，更主要的原因还是在体制改革后，经营形式发生了变化，企业管理不能适应变化了的形势，内部管理混乱，雇用人员素质低，违章操作严重；一些领导干部眼光短浅，片面追求产值，不愿意在企业消防方面多投资。大兴安岭火灾给国家造成了巨大的经济损失，也极大地震动了各级政府和人民群众。1987年中下旬，国务院为此专门下发文件，各级政府贯彻执行，大力改进和加强了消防宣传、消防监督，以及部队管理教育工作，改进了消防工作的设备，并严格贯彻"谁主管谁负责"的原则，充分发挥公安消防和各部门、各单位专职和义务等多层次消防组织的作用，齐抓共管在当年的下半年便初见成效。据统计，1987年下半年共发生火灾事故13275起，死亡887人，伤1664人，损失折款12390.7万元。与1986年同期相比，分别下降18.8%、15.5%、17.4%和25.6%（见《中国法律年鉴》1988年卷，第21页）。并创造了1987年全年的火灾次数比1986年下降17.3%的好成绩，成为13年火灾次数统计中下降幅度最大的一年。

1988年，公安部单独颁布或与有关部门联合颁布了5个有关消防工作的行政法规和技术规范，使我国对火灾事故的管理工作进一步正规化、科学化。

关于1976~1989年间火灾次数等三项指标普遍下降，而火灾造成的经济损失的数额却逐年上升的原因，笔者认为与近几年来我国经济的发展，集体固定资产和家庭私有财产的大幅度增加有关，与我国预防和控制重大火灾的能力有关，也与近些年来人们在人与物的相互关系上的价值观念的变化有关。

三、中国自杀死亡率的变化及结构分析

（一）自杀死亡率

从严格的意义上讲，自杀死亡率不同于自杀率。自杀死亡率一般是指实施自杀行为并造成死亡后果的个体数与总人口数之比，而自杀者应当包括自杀死亡者和自杀行为实施后经抢救得以生还者。国外学者对自杀问题的研究发现，在自杀行为实施后，男子的死亡率大大高于女子，原因在于男女自杀手段的区别。在欧美许多国家，男子的自杀手段多是用枪支射击或自缢，女子多为服药或溺水。因此，后者更容易得到抢救和生还，从这个意义上说，女子的自杀率可能高于男子，但是自杀死亡率却低于男子。所以自杀死亡率一般要大大低于自杀率。

中国的自杀死亡率在国家统计局设计的"非正常死亡率"的14项指标中居第1位，[1] 根据5年的统计数据平均后计算，约占非正常死亡率的29%，大大高于交通事故死亡率、火灾死亡率、工伤事故死亡率以及被杀死亡率。

根据卫生部对1980~1989年的自杀死亡率统计，1980年约为137693人，1985年约为215009人，1987年约为198146人，1988年约为141660人，1989年约为195656人（注：根据自杀死亡率和该年人口数计算）。自杀死亡率1980年为1.395/10000，1985年为2.03/10000，1987年为1.87/10000，1988年为1.325/10000，1989年为1.83/10000[2]。对这5年自杀死亡人数的平均计算，我国每小时约有20人因自杀死亡。

从5个年份的自杀死亡数据的比较分析看，1985年是我国自杀死亡率的高峰期，主要原因是该年的农村自杀死亡率上升较快。1985年城市自杀死亡

---

[1] 《中国社会统计资料》，中国统计出版社1990年版，第298页。
[2] 数据来源于卫生部1980年、1985年、1987年、1988年、1989年的《全国卫生统计年报资料》公布的城市和农村的自杀死亡率平均计算。

率与1980年相比，下降0.13个万分点；而农村的自杀死亡率却比1980年上升0.6个万分点，自杀死亡人数上升56%。1984年是我国历史上少有的一个农业丰收年，为什么第二年自杀死亡率上升这么多？农村自杀死亡率的增加与农村社会发展是一种什么关系？这是一个有待于研究的课题。继1985年以后全国的自杀死亡率有所下降，1988年下降到最低点（为1.325/10000），1989年又有较大幅度的回升，并且城市和农村都有所回升，分别上升0.04个万分点和0.97个万分点。[1]

关于自杀原因的分类，法国社会学家迪尔凯姆（Emile Durkheim, 1859~1917）提出过三种类型的分类。(1) 利己型。自杀者和社会整体关系比较疏远，缺乏信任感，正因为这样，一旦发生某种变故，当事人就感到缺乏社会上的支持。(2) 利他型，自杀者和大的集体紧密地联系在一起，把集体利益看得和个人利益一样重要，甚至他的生命与之相比也微不足道，即为与之紧密联系的集体而自杀。(3) 失范型。自杀直接与社会条件有关，这也表现出社会制度对个人的影响。当人们的价值观和约束人们日常行为的规范在重大事件中（经济萧条、人生转折——丧偶、离婚等）遭到怀疑和破坏时，就会产生一种人生乏味、生活无目的的感觉，再加上自律不当，便会以死了之。迪尔凯姆的分类原则是否适合中国的自杀分类还有待研究，不过我国对自杀原因的分类统计与研究还是一个空白。

（二）自杀死亡率的结构分析

根据已有的数据，我们将自杀死亡率的结构分解为四个指标：年龄、性别、城乡、农村经济发达地区与不发达地区。

（1）年龄。从年龄分组看，在5~59岁的年龄中，自杀死亡率最高的是20~24岁的人口（见表12）。1987年、1988年、1989年三年的统计数据分别是3.503/10000、3.216/10000和3.161/10000。为什么这个年龄阶段的自杀死亡率最高呢？笔者认为与这一年龄阶段的人口正处于青年后期有关，升学、择业、择偶——人生中的几次重大的选择都集中于这个年龄，因此受挫折的可能性也较大。而且各种社会矛盾也比较集中地反映在这个年龄阶段，其中，青年自身需求与社会供给的矛盾是最突出的矛盾之一。另外这一年龄阶段的人口由于自身心理的原因对各种挫折极为敏感。

在60岁以后的人口中自杀死亡率上升的幅度最大。笔者认为，首先，这

---

[1] 数据根据卫生部1988年、1989年《全国卫生统计年报资料》计算。

与该年龄阶段的人口自然死亡率加快，人口基数减少有关；其次，这与该年龄阶段的人口对待疾病和死亡的观念有关；最后，这与中国社会对老年人的社会福利和社会保障的状况有关，特别是在农村老年人口中这个问题尤为突出。

表12　全国自杀死亡率年龄分段统计表（万分数）[1]

项目	5岁~	10岁~	15岁~	20岁~	25岁~	30岁~	35岁~	40岁~	45岁~
1987年	0.01	0.21	1.93	3.5	1.64	1.79	1.74	1.67	1.88
1988年	0.02	0.18	1.52	3.22	1.83	1.68	1.79	1.62	1.71
1989年	0.01	0.11	1.44	3.16	2.07	1.80	1.99	1.82	1.82

项目	50岁~	55岁~	60岁~	65岁~	70岁~	75岁~	80岁~	85岁~
1987年	2.13	2.52	3.80	4.70	6.64	6.59	9.25	11.46
1988年	2.06	2.53	3.74	4.21	6.21	7.00	9.09	10.85
1989年	2.16	2.69	3.45	4.45	6.21	7.18	9.20	11.60

（2）性别。从1987年和1989年的全国自杀死亡率的性别分组统计看，女性的自杀死亡率大大高于男性。1987年，男性的自杀死亡率为1.52/10000，同年女性的自杀死亡率为2.25/10000，女性自杀死亡率是男性自杀死亡率的1.5倍，高出0.73个10000分点。1989年，男性的自杀死亡率为1.57/10000。该年女性的自杀死亡率为2.1/10000，是男性的1.4倍，高出男性0.53个万分点。（数据根据表12计算得出，详见表13）

表13　全国自杀死亡率性别统计表（万分数）[2]

项目	城市男性	农村男性	城市女性	农村女性
1987年	0.702	2.339	1.277	3.216
1989年	0.835	2.310	1.050	3.149

笔者认为，中国女性自杀死亡率大大高于男性，这与妇女在社会中的地位、传统的农村文化与妇女解放的冲突，以及社会在维护妇女权益方面的工作效果等社会因素相关联。此外，这也与女性和男性的性别心理差异有关，中国妇女的群体性格相对内向，同时对挫折的心理承受能力要低于男性。

（3）城乡。根据1987~1989年对城市与农村、大城市与中小城市的自杀

---

[1] 资料来源：根据卫生部1987年、1988年、1989年《全国卫生统计年报资料》中城市与农村自杀死亡率各年龄组分类表计算平均数。

[2] 资料来源：根据卫生部1987年、1989年《全国卫生统计年报资料》整理。

193

死亡率的调查分析，基本状况是农村的自杀死亡率高于城市，中小城市的自杀死亡率高于大城市（见表14）。农村的自杀死亡率为最高。

另外，根据1980～1989年全国城乡自杀死亡率的平均数计算，农村的自杀死亡率高出城市1.31个万分点，是城市自杀死亡率的2.3（详见表15）。其中农村男性的自杀死亡率高出城市男性的自杀死亡率1.55个万分点，是城市男性的3.1倍；农村女性的自杀死亡率高出城市女性的自杀死亡率2.02个万分点，是城市女性的2.8倍。

表14　大中小城市与农村自杀死亡率对比表（万分数）❶

项目	1987年	1988年	1989年
大城市	0.877	0.795	0.848
中小城市	1.513	1.289	1.33
农村	2.77	1.75	2.72

表15　1980～1989年城乡自杀死亡率比较（万分数）❷

项目	1980年	1985年	1987年	1988年	1989年
城市	1.25	1.12	0.98	0.902	0.939
农村	1.54	2.95	2.77	1.75	2.721

关于农村的自杀死亡率大大高于城市的问题，笔者认为，第一，这与目前中国的政治、经济、文化发展的不平衡状况有关。农村处于相对落后的一端，改革开放以来，农村与城市间的地区封闭状态被打破了，使两种文化板块的碰撞更加直接和剧烈，加大了落后地域人们心理结构上的冲突。第二，与医疗条件有关，医疗条件好的地方，抢救能力强，自杀者生还的可能性高，医疗条件差的地方则相反，农村的医疗条件落后于城市。第三，与农村人与城市人的自杀方式有关。第四，与农民的社会地位有关，尽管这些年农民的生活有所改善，部分地区的农民收入甚至超过了城里人，但把农民作为整体职业进行评价，社会地位仍然较低。中国社科院社会学所于1990年4月对中国青年职业价值观的调查可以证明这一点。（详见表16）

---

❶　资料来源：摘自卫生部1987年、1988年、1989年《全国卫生统计年报资料》。
❷　资料来源：1980年、1985年、1987年、1988年数据摘自1990年《中国社会统计资料》，中国统计出版社出版，第298页。1989年数据摘自卫生部1989年《全国卫生统计年报资料》。

表16　青年持肯定性评价的职业排序表❶（1990年调查）

职业地位序号	职业	肯定性评价比率（%）
1	企业家	90
2	科研人员	87
3	大学教师	86
4	艺术家	81
5	机关干部	77
6	军人	76
7	合资企业工人	69
8	中小学教师	68
9	国营企业工人	65
10	个体户	60
11	集体企业工人	52
12	服务员营业员	45
13	农民	14

（4）农村经济发达地区与不发达地区。1988年和1989年卫生部根据国家统计局的分类标准，分别对农村中发达地区、次发达地区和不发达地区的自杀死亡率进行了抽样调查，所得数据非常有研究价值。（详见表17）

表17　中国农村三类地区自杀死亡率对比表（万分数）❷

项目	1988年	1989年
发达地区	1.722	1.818
次发达地区	3.479	3.678
不发达地区	2.567	2.048

出乎人们的意料，在发达地区与不发达地区之间的次发达地区，自杀死亡率最高，1988年为3.479/10000，1989年为3.678/10000，是发达地区自杀死亡率的2.02倍，是不发达地区的1.55倍。这组数据似乎与上面谈到经济落后的农村自杀死亡率高的结论有些矛盾，但是只要细致地考察一下"不发达地区"的抽样样本以及地理文化环境，便会恍然大悟。这些地区分别是贵州省

---

❶ 资料来源：见中国社会科学院社会学研究所主办的《青年研究》杂志，1990年第11、12期合刊，第22页。

❷ 资料来源：根据1988年、1989年《全国卫生统计年报资料》整理。

的松桃苗族自治县、玉屏侗族自治县、铜仁市、万山特区、施秉县和湄潭县，以及安徽省的庐江县、田镇县和甘肃省的榆中县。这些地区大多是少数民族区域，或远离大都市的区域，经济虽然落后但文化相对独立，传统文化与现代文化的撞击不明显，加之受地区民俗和宗教的影响，在相对封闭的环境保持着一种"自得其乐"的心理平衡。为什么处于"最发达"与"最不发达"之间的中间状态地区自杀死亡率最高，这是一个非常有价值的社会心理学课题。

通过对自杀死亡率的结构分析，可以得出以下的结论：降低中国自杀死亡率工作的重点应是农村人口、女性，以及20～24岁的青年人。

四、我国集群行为的状况与分析

集群行为有广义和狭义两种解释，广义上把"人们在一些行为方式上的行动的一致"统称为集群行为，它包括的范围很广，有集体恐慌、聚众、时尚、时髦、迷信、社会运动等。而狭义的集群行为则是指骚乱、示威、抗议游行和自发的群众集会等突发性的社会群体行动。狭义的集群行为对社会的震动较为明显和剧烈，在统计意义上也好测量，因此，这里我们仅从狭义的角度分析中国的集群行为。关于中国的集群行为，人们常爱用参加者的职业结构来规定，称为职工集群行为、学潮、农民集群行为等，其中职工集群行为和学潮在现代中国历史上发生的次数最多，也最引人瞩目。

（一）职工集群行为

职工集群行为是指以工人为主体的罢工、示威游行、请愿、集体怠工等。从1950～1989年近40年间，中国的职工集群行为大体上可以分为三个阶段，即1950～1965年，1966～1976年，1977年至今。

专家们普遍认为，第一个阶段（1950～1965年）期间，罢工、游行、请愿等集群行为发生次数较多的是1956年和1957年（注：因当时缺乏这方面的调查统计，全国的准确数据很难把握）。据部分统计资料分析，1956年上报全国总工会和由全国总工会直接处理的罢工事件有29起。此外，西安市1956年共发生罢工请愿活动40余起，上海市轻工业公私合营系统共发生罢工10起，辽宁省发生罢工27起。

1957年，全国发生的罢工、请愿等集群行为的次数继续增加。从现有资料分析，辽宁省1～4月共发生罢工、请愿等事件86起，参加人数7450余人，其中罢工16起，参加人数1000余人。上海市1～6月发生类似集群行为的企业单位就有589个，参加人数多达3.1万人。1958年以后罢工请愿等集群行为迅速下降。

第二个阶段（1966~1976年）即"文化大革命"期间。专家们认为，这期间是新中国成立40年来集群行为发生率最高的时期，集群集会"揪斗走资派""打派仗"、庆祝"最新指示"发表的群众游行，以及罢工、怠工、进京请愿等。不过，这是一个非常特殊的历史时期，集群行为虽带有一定的自发性，但主要还是受到自上而下的政治运动的影响。

第三个阶段（1977年至今）。这一时期我国对于职工集群行为的统计数据相对准确，指标设计也较为明确。1978年4月，全国总工会下发了《关于报告职工罢工、怠工、集群上访等事件的规定》，对此作了以下较为明确的定义。

罢工（停工）事件，指一定数量的职工群体（一般指以生产班组、关键工序、科室为基本单位的职工群体）对某些问题表示抗议或要求实现某一目的而集体停止生产（工作）造成生产（工作）的局部中断或全部停止的行为。

集群怠工事件，指一定数量职工群体（一般指以生产班组、关键工序、科室为基本单位的职工群体）对某问题表示抗议而有意识地明显降低生产（工作）效率的行为。

集群上访事件，指涉及一定数量职工群体（暂定10人以上）为了实现某一要求而联合起来，全体或派代表到达有关领导机关和工会领导机关提出要求和申诉的行为。

抗议性游行、集会、静坐事件，指一定数量的职工群众（暂定50人以上）对某问题表示抗议或要求实现某一目的而上街游行，或集合在公共场所举行集会和静坐的行为。

复合事件，指职工群体在采取行动过程中同时出现了上述两种或两种以上情况的行为。

根据上述定义，全国总工会1980年对22个省、自治区、直辖市进行了统计。上报的统计结果表明，全国共发生罢工、游行、集群上访等事件近百起，各省区市平均4起左右，其中罢工49起，停工怠工26起，集群上访、集群游行11起。持续时间最长的集群行为约为1个月。

1985年，根据18个省、自治区、直辖市的上报统计，职工集群行为呈上升趋势，共发生各类事件120起，平均每省区市约为7起，比1980年上升42.9%，这些事件中共有9000余人参加。仅上海市当年就有70个单位发生停工怠工等事件。

1986~1990年，全国职工的集群行为发生次数有升有降，但近两年上升趋势较明显。

1989年，据全国6~12月份统计，职工集群行为数量进一步上升，全国24个省、自治区、直辖市中（除山西、云南、甘肃、吉林、内蒙古、西藏未统计）共发生各类职工集群行为553起，平均每省市为23起。其中发生率最高的省份为四川（127起），占全国总数的23%。

1990年1~6月，全国职工集群行为事件仍呈上升趋势，据对27个省、自治区、直辖市（西藏、青海、宁夏未统计）的统计，共发生职工集群行为871起，平均每省区市32起，比1989年下半年上升39.1%，参加人数34499人，涉及基层单位350个。（根据权威部门提供的资料）

1976~1991年，发生集群行为次数最多的年份是1990年和1991年。

（二）学潮

学潮一般是指以学生为主体，以学校（特别是高等院校）为发源地，进而波及全社会的学生群体行动。

在我国，大规模的学潮多表现为一种试图影响政府决策的、具有较明显的与社会规范对抗特征的政治参与方式。

新中国成立40年来，我国学潮演变的脉络与职工群体行为大体相同，1957年前后是一个时期，然后是"文革"期间和改革开放以来。不过，自1966年以后，中国的学潮显得格外引人注目。

"文革"是以北京大学的"第一张马列主义大字报"为发端全面展开的，继后的"红卫兵运动""罢课闹革命""大串联"，建立各类"战斗队"，请愿、静坐、集体上访、集会，等等，青年学生是这些集群行为的主体。目前，我们缺少这一时期学潮的详细统计资料，但是专家们普遍认为"文革"十年是中国现代史上学生集群行为发生最频繁的时期。不过，这些集群行为都是在一种特殊的历史背景下，在一种非常态的状况中发生的。

从1978年至1989年的12年间是我国学潮发生较频繁的时期，各种形式的学潮多达数百起，其中1988年是12年间发生学潮次数最多的一年，据有关部门的不完全统计，当年共发生学潮274起，其中持续时间1天以上、参加人数在百人以上千人以下的罢课、罢餐、游行、请愿等事件61起，参加人数在千人以上的共9起，仅该年的12月份就发生学潮75起，是1987年同期的4倍。

在12年间被权威部门公认的较大规模的学潮有6起。这6起分别是：

（1）1979年10月10日因校舍纠纷问题引发的人民大学1000余学生到人

民大会堂和新华门前示威请愿。并连锁反应引出北京林学院、中央财经学院、四川财经学院等高校的数起学生罢课、绝食、请愿事件，参加人数达数千人。

（2）1980年10月，由北京大学一分校历史系一学生的《竞选宣言》大字报而引发的高校学生竞选风潮。仅北京市就有17所高校、近百名学生出来竞选区人民代表，召开大小集会数百次，参加人数达数万人。

（3）1985年的"九一八"学潮，以北大2000余名学生在校南门聚集要求上街游行，抗议日本首相中曾根参拜靖国神社和日本对华经济政策为发端，引发了北京、陕西、四川等省市的高校学生抵制日货的游行和请愿活动，参加人数达万人。

（4）1986年底至1987年初的"争民主"学潮。1986年12月5日，中国科技大学部分学生因不满区人民代表的选举办法，串联合肥大学、安徽大学等高校4000余名学生上街游行，并引发了湖北、上海、江苏、浙江、黑龙江、北京等省市高校的数万学生上街游行。这次学潮在上海达到高潮，以北京的"元旦"被平息为标志结束，前后共持续了31天。

（5）柴庆丰事件。1988年6月3日因北大研究生柴庆丰被歹徒殴打致死而引发了北京高校2000余名学生到公安部门前示威请愿，前后共持续4天。

（6）由学潮引发的"89政治风波"。1989年4月15日，由胡耀邦同志逝世引发的学潮，从北京波及全国30多个重要城市，前后持续56天，各种类型的游行、集会、请愿、绝食等集群行为百次以上，仅北京市万人以上的游行集会就有10次之多。据不完全统计，北京、昆明、上海等15个城市出现了学生绝食，共有5053人参加。[1]

（三）对中国集群行为的分析

关于我国建国以来的职工集群行为分析，全国总工会权威人士认为有以下几个特点：一是尽管事件发生的时间往往比较集中，引发事件的社会背景和原因有共同之处，但是每起事件与其他事件之间一般没有直接的关联，同社会上存在的某些非法组织也没有直接联系，从总体上说是分散的、自发或半自发的；二是参与罢工的绝大多数都是普通职工，所提要求往往是经济性的，带有政治性的罢工几乎没有；三是罢工等事件大多是由本企业、本单位内部原因直接引发的，由社会方面原因引发的比较少；四是罢工等事件中发生暴力行为的

---

[1] 资料来源：船夫《十年学潮纪实》(1979~1989)，北京出版社；北京市委办公厅编《1989北京制止动乱平息反革命暴乱纪事》，北京日报出版社。

比较少，大多是和平行动。

从宏观上分析，我们认为，职工集群行为与社会发展的关系非常密切，每一次职工集群行为高峰期都与原有的社会平衡被打破，新的社会矛盾大量产生有关。比如，1956~1957年的职工集群行为高峰，当时我国所有制改造基本完成以后，企业内部（主要是国营或公私合营工厂）开始实行一些新的管理制度、工资制度、劳动用工制度等，这些制度直接涉及职工的经济利益，在执行过程中某些部门的官僚主义严重，致使干群关系一度紧张，职工集群行为增加。1989年底和1990年的职工集群行为高峰，与这段时间市场疲软、停产半停产企业迅速增加、职工利益受到影响有关。当然，1989年的职工集群行为还受到同年大规模学潮的影响。

其次，与社会内部控制机制的相对减弱有关。1956年中央强调请社会各界人士给党提意见；1989年初，中央强调政治体制改革，强调"增加政府透明度，自觉接受人民的监督"，政治环境曾一度宽松，原有的内部控制相对削弱。

关于改革开放以来我国学潮的发展变化，我们认为大体可以划分为三个阶段。第一个阶段是1978~1980年，学潮的发生主要与"文革"的遗留问题有关，与改革开放的成果还没有充分体现出有关联。第二个阶段是1981~1984年，这是中国高等学校最平静的4年，学潮的发生次数最少，主要原因是改革开放的成果日益显现出来，特别是农村改革的成功，带来了市场空前的繁荣和人民生活水平的普遍提高。第三个阶段是1985~1989年，这个时期改革过程中的问题相继暴露出来，特别是社会腐败现象和物价上涨等问题，使群众的不满情绪增加，也使得学潮得到社会的普遍同情，并酿成了持续时间最长、参加人数最多的三次大的学潮。

分析改革开放以来的大规模学潮，我们可以发现：（1）中国的学潮常常表现出明显的政治色彩，染上政治色彩的时期可能是集群行为的初期，也可能是它的中期和后期。比如，柴庆丰事件，最初的请愿是为了惩办凶手，后期的请愿发展为"要求民主，开放政权"，带上了明显的政治色彩。（2）学潮的参加人数和持续的时间一般都多于或者长于工潮，而且会从一省一市一所高校的学潮迅速蔓延成数省数市数所高校联合行动。因此对社会的影响程度要大于工潮。（3）学潮与国家或部门的某项具体政策的实施联系并不太紧密，而与国家宏观政策的实施、体制结构的变化以及社会的流行思潮关系密切。比如，1985年的"九一八"学潮、1986年的"元旦风波"，以及1989年的"政治风波"都与当时社会流行的"民主化""西方化""自由化"思潮有关,也与政府试图着手政治体制改革的计划有关。

五、我国民事纠纷与人民群众上访情况分析

(一) 民事纠纷情况

我国民事纠纷的可分为婚姻纠纷、继承纠纷、赡养与抚养纠纷、房屋宅基地纠纷、债务纠纷、生产经营纠纷、损害赔偿纠纷、家庭纠纷、邻里纠纷9项。

从宏观上讲,民事纠纷是各种社会矛盾在基层的表现,许多民事纠纷处理不当,容易引发突发性事件,甚至造成恶性案件的大量产生。进入80年代以后,我国的民事纠纷的数量迅速增长。据统计,1980年全国受理的各种民事纠纷案件6120000起,到1982年增长为8165762起,比1980年增加了33%。❶从1987年、1988年的民事纠纷的统计分类看,所占比例最高的是婚姻纠纷,约占纠纷总数的17%;其次是家庭纠纷,约占15%;居第三位的是房屋宅基地纠纷,约占14%;居第四位的是邻里纠纷,约占12.8%。(详见表18)

表18 1987~1988年民事纠纷分类统计 ❷

项目	婚姻	继承	赡养抚养	家庭	房屋宅基地	债务	生产经营	邻里	赔偿	其他
1987年(%)	17.1	3.5	5.5	15.4	14.7	4.7	9.6	12.8	6.9	9.9
1988年(%)	17.0	3.7	5.7	15.2	13.4	5.4	10.1	12.8	7.0	9.6

1987~1989年我国受理的各种民事纠纷的数量与1982年相比有所下降。1987年为6966053起,1988年为7255199起,1989年为7341030起。❸

1982年前后是我国民事纠纷的数量上升较快的时期,原因主要是农村的民事纠纷数量增长迅速,这与农村实行了土地承包,使人与人之间的利益冲突加剧有关,也与这种冲突表面化和多样化有关,那段时期农村的房屋宅基地纠纷的数量增长最快。随着改革的深入、人民生活水平的提高、法律意识的增强、对新规范的适应能力增加,以及基层民事调解组织的完善,到1987年前后,民事纠纷的数量开始减少。

---

❶ 张潘仕:《青年社会病》,春秋出版社1989年版,第61页。
❷❸ 资料来源:根据1988年、1989年、1990年《中国法律年鉴》整理。

（二）上访情况

上访是人民群众越级向上级机关反映情况的一种形式。我国接待上访工作的基本原则是"分级负责，归口办理"，并按上访的内容分为两大部分：一部分是刑事问题，主要由人民法院、人民检察院等执法机关负责接待；另一部分是行政问题，主要由各级政府的信访部门负责接待。最高的信访上访接待部门是中共中央办公厅、国务院办公厅信访局，全国人大常委会办公厅信访局，以及中央各部委的信访接待部门。目前全国尚未有统一的上访数据，我们只能从掌握的部分数据进行分析。

据全国法院系统统计，1987年共接待人民群众上访4546280人次；1988年共接待上访4175204人次，比1987年下降8.2%；1989年共接待上访2681484人次，比1988年又下降35.8%。

据全国人民检察院系统统计，1987年共接待人民群众上访224430人次；1988年接待了232297人次，比上一年增加3.5%；1989年共接待上访220716人次，比上一年减少5%。[1]

据全国人大信访局接待室统计，1989年接待来京上访人员14280人次；1990年接待来京上访人员12699人次，比1989年减少11.1%。（注：根据全国人大信访局提供的资料）

据全国总工会统计，1989年下半年共有集体上访402起，1990年上半年共有集体上访678起，比1989年下半年增加68.7%。

根据中央办公厅、国务院办公厅的统计分析，1990年群众上访稳中有升，各地人多势众的集体上访增多，新问题突出。（注：根据权威部门提供的资料）

另据河南省统计，1990年1~8月，全省乡以上发生集体上访4769批，进京或到省里上访的93批，占1.9%。（注：根据《人民信访》1990年第12期）

我国群众的上访原因与社会政治、经济形势的联系十分紧密。党的十一届三中全会以后相当长的一段时期中，上访的主要原因是要求解决"文革"期间或"文革"以前的历史遗留问题。到"十三大"召开时，这些历史遗留问题基本上得到了解决。近几年群众上访的主要内容是个人的或小集体的经济利益问题，以及干群关系问题。从中央纪律检查委员会关于上访原因的统计分类看，有关党风建设和廉政建设方面的上访占其总数40%左右。从全国总工会

---

[1] 资料来源：根据1988年、1989年、1990年《中国法律年鉴》整理。

关于上访原因的统计分类看，因基本生活条件无保障引起的占40%左右；因企业内部分配不公、侵犯职工经济利益引起的占20%左右；因基本生产条件无保障引起的占6%左右；因侵犯职工民主管理权利引起的占5%左右；因社会性因素影响引起的占4%左右；因其他原因引起的占19%左右。再从全国人大信访局关于上访的原因看，申诉（即不服判决和行政处分）占65%，要求解决问题的占25%，揭发控告干部违法乱纪的7%，提各种批评建议的占3%。

在我国的上访人员中农村人口占70%~80%，近几年农村的集体上访有所减少，主要是农村改革后，各种制度逐渐完善，变迁所带来的新的矛盾冲突有所缓解。但是，城市人口的集体上访数量有所增加，这与城市体制改革中的新的不平衡因素的大量发生、各种社会矛盾凸显有关。另外，上访人员中重访户的比例仍然很高，约占70%。

六、中国的流浪乞讨问题及分析

改革开放以来，我国的流浪乞讨人数呈下降趋势。1989年的流浪乞讨人数比改革开放初期的1980年下降47%。（详见表19）

表19 中国流浪乞讨人数增减表

项目	1981年	1982年	1983年	1984年	1985年	1986年	1987年	1988年	1989年
增减数	-32%	+6%	-12%	-6%	-12%	+1%	+1%	-4%	+11%

注：增减数指与上一年相比的增减比例。
资料来源：民政部门提供的资料。

我国流浪乞讨人数下降的主要原因是党的十一届三中全会以来的富民政策促进了城乡经济的发展，人民生活不断改善，社会安定，特别是农村实行家庭联产承包责任制，使农民的温饱问题基本上得到了解决，农村中因温饱问题而外流的人员数量大大减少。

我国政府重视流浪乞讨问题。1979年以来，国务院先后批转了民政部《关于城市流浪乞讨人员的情况调查解决意见的报告》，发布了《城市流浪乞讨人员收容遣送办法》。民政部门根据党和国家的方针政策、法律法规，在遵循社会救济的原则下，积极地开展工作，保障流浪乞讨人员的合法权益，具体做法是：（1）及时收容。各收容遣送站都设专人负责收容工作，主动上街收容，一旦发现流浪乞讨人员，在说服教育的前提下予以收容，使大部分流浪乞讨人员及时得到了政府的救济和帮助。（2）认真询问，弄清底细。对每个被收容人员都登记、询问，切实弄清每个人的真实地址和姓名，以及外流原因，然后分别情况及时处理。（3）耐心开导，加强教育。采取不同形式对流浪乞讨人员讲理想、讲前途、讲法制、讲道德，晓之以理、动之以情、导之以行，帮助他们树立正确的人生观，克服不良习惯，走向新生活。（4）搞好生活，保障健康。流浪乞讨人员进站后，各站都保证他们的基本生活，吃得卫生，有病的及时治疗，对老弱病残予以特殊照顾。（5）适时遣送。经审查教育弄清真实情况后，一般情况下，对省市内的流浪乞讨人员的遣送不超过半个月，外省市的流浪乞讨人员遣送不超过一个月，使这部分人能够及时返回原籍，与家人团聚，安居乐业。（6）因人制宜，妥善安置。收容遣送是手段，安置是目的。各级政府根据流浪乞讨人员的不同情况，一方面，努力解决他们的生产生活上的困难，做到安置一个，稳定一个；另一方面，对确实无家可归的、有劳动能力的人员，由民政部门安置到农场参加劳动。无劳动能力的由社会福利事业单位或敬老院安置，使他们各得其所。

不过，流浪乞讨问题是一个具有漫长历史的全球性社会问题，不可能在短时间得到解决。尽管改革开放以来，我国的流浪乞讨人数在大幅度下降，但仍存在着数十万人的流浪乞讨人员，研究他们的特点，对于解决这个社会问题是有所帮助的，分析表明其特点主要是：（1）目前真正因灾、因生活困难而流浪乞讨的仅占流浪乞讨人员总数的15%，逃学、逃婚、离家出走、以乞讨为生财之道、因逃避行政或刑事处罚混在流浪乞讨人员中的约占85%。（2）目前，大部分乞讨人员来自农村，在流浪乞讨人员中农业人口占80%以上。（3）流浪乞讨人员的主要流向是大城市，特别是沿海开放城市和经济特区。近几年来，上海、广东等地收容的流浪乞讨人员数均呈上升的趋势。（4）青壮年和少年儿童居多，他们占被收容的流浪乞讨人员的80%以上。（5）男性占多数，他们占被收容的流浪乞讨人员的85%以上。（6）流浪乞讨人员普遍文化水平较低，文盲、小学和初中文化程度的约占被收容人员的90%。

当我国还处于社会主义初级阶段，存在着产生流浪乞讨现象的因素，流浪乞讨问题仍将在相当长的历史时期存在。从民政部门看，一部分收遣站设备设施差，保障水平低，还需要社会进一步地投资和完善。另外，目前我国国力有限，还不可能对社会成员实行最充分的社会福利保障，特别是对幅员辽阔的农村。因此，在微观环境中创造一种新型的人际关系就显得格外重要。目前社会上仍存在着父母遗弃子女、子女不赡养老人等问题，致使一些儿童、少年，以及老年人流落街头。因此，我们必须进一步加强家庭伦理建设，努力提高全民族的文明素质。

七、公众安全感的现状分析与评价

1988年12月，公安部公共安全研究所在京、津、沪等15个省、自治区、直辖市进行了"公众安全感"的抽样调查，共发放问卷15000份，回收14882份，回收率达98.8%。这次调查是我国有史以来第一次大规模的"公众安全感"调查。

（一）公众对社会治安状况和自身安全的感受

问题之一："您对目前社会治安状况的评价是什么？"选择项目分为：很好、比较好、一般、比较差、很差5个档次。认为目前社会治安很好的554人，占总数的3.7%；认为较好的有3093人，占总数的20.9%；认为一般的有7020人，占总数的47.4%；认为较差的3126人，占总数的21.1%；认为很差的906人，占总数的6.1%；另有123人未作答，占总数的0.8%。

按照系数制的计分办法（很好1.0分，较好0.75分，一般0.5分，较差0.25分，很差0分）计算全国的社会治安评价的平均值为0.487。

问题之二："在目前治安环境中，您自身的感觉是什么？"回答的结果是：感觉安全的1168人，占总数的7.9%；感觉比较安全的3417人，占总数的23.1%；感觉一般安全的4503人，占总数的30.4%；感觉不太安全的4081人，占总数的27.5%；感觉不安全的1621人，占总数的10.9%；另有32人未作回答，占总数的0.2%。同样按照系数制计分办法，计算我国居民现阶段的安全感受平均分数值为0.473。

问题之三："您是否敢在深夜单独外出？"居民是否敢单身走夜路是国际通用的测量安全感的指标。调查表明，"不敢"单身走夜路的有7280人，占49.1%。其中男性回答"不敢"的有2272人，占男性调查对象总数的29%；女性回答"不敢"的有5008人，占女性调查对象总数的71.9%，超过男性约1.5倍。

（二）哪些因素对公众安全感影响最大

问题之一："您最担心的社会治安问题是什么？"选择答案有火灾、交通肇事、违法犯罪、公共场所秩序混乱、其他治安问题等几个方面。群众回答最多的是违法犯罪，占35.4%；其次是火灾，占19.6%；再次是秩序混乱和交通肇事，各占19.3%。

问题之二:"您认为哪一类案件可能对您造成危害?"38%的居民将盗窃案件列为第一位;20%的居民将杀人案件列为第一位;14%的居民将抢劫案件列为第一位。在回答中排前三项的案件,按其"得票数"顺序,最大的"众数"集中在财产犯罪上,其次是暴力犯罪,再次是流氓骚扰犯罪。三类犯罪案件所得的"票数"比值为4.5:1.9:1。

问题之三:"您认为现在社会上是'好人怕坏人'的现象多,还是'坏人怕好人'的现象多?"调查结果表明,认为"好人怕坏人"现象多的有4585人,占总数的31%;认为"坏人怕好人"现象多的有7517人,占总数的50.7%;另有2820人未予表态,占总数的19%。

(三) 群众与犯罪作斗争的勇气和积极性

问题之一:"如果您本人受到不法分子侵害后,是否报案?"调查表明,敢于报案的占69.5%,还有30%的人不敢向警方报警。从对不报案者的原因分析看,46.9%的人害怕遭到报复,居五种原因(即担心遭受报复、担心破不了案、担心家人阻拦、担心影响名誉、其他原因)之首位。26.8%的人认为报案没用,警方破不了案,居五种原因的第二位。

问题之二:"警察需要您作证时是否愿意配合?"该问题只有52.7%的人回答愿意配合,其余的则婉言谢绝。

(四) 强制性社会控制与公众安全的关系

问题之一:"您是否因为自己或家人的人身或财产不安全而找过民警?"调查结果表明,有2802人回答找过,占其总数的18.9%。这些群众在描述寻找民警过程中遇到的情况时,有225人(占8%)反映"难以找见",352人(占12.6%)反映民警"态度生硬",840人(占30%)反映"处理草率",三项合计达到50.6%。也就是说,在求助民警排忧解难过程中,有过半数的群众认为遇到了种种不便或不愉快的事情。

问题之二:"在您家的附近,是否能见到治安巡逻人员?"调查表明,有4785名居民(占32.3%)反映根本见不到治安巡逻人员;有6370名群众(占43%)反映只是偶尔见到;反映经常见到的有3541人,占24%。(参见《社会学研究》1989年第6期)

(五) 安全感综合评价

从以上的调查归类分析中我们可以看出:(1)我国公民对社会治安状况和自身安全的感受程度总评价是"一般偏下",评价分数都在0.5分以下。

(2) 对我国公众的安全感影响最大的是社会犯罪问题,在各类犯罪中影响最大的是财产犯罪,说明这类犯罪与一般市民关系密切,对公众的危害程度高,涉及受害者的面广。(3) 人民群众对警察打击犯罪现象的能力信赖程度不太高,仍有一定数量的群众对犯罪分子的打击报复存有恐惧感。同时,公众对社会治安风气的评价也比较低,有 1/3 的人认为目前社会上是"好人怕坏人",这些因素严重影响着人民群众与犯罪现象作斗争的积极性。(4) 中国公众渴望改善警民关系,要求加强警力和治安防范工作。

从国际对比来看,美国 1987 年犯罪率为 600/10000 左右,但美国"公众安全感"的调查表明,夜间敢于单独走夜路的人尚有 61%,只有 38% 的人不敢单独走夜路。联邦德国的犯罪率与美国接近,近年在巴登符滕堡的调查也表明,只有 44.1% 的居民不敢走夜路。而我国 1988 年的犯罪率为 7.7/10000,大大低于上述国家,但"不敢走夜路"的人竟高达 49.1%,低犯罪率和低安全感的矛盾现象值得研究。

笔者认为,"公众安全感"是一个综合性的社会心理指标,除了受到社会犯罪率高低的影响外,还受到社会经济发展状况和人均收入水平的影响。首先,调查发现,一些经济发达地区犯罪率较高,但公众的安全感却比一些犯罪率较低的不发达地区高,说明人均经济收入的提高会增加人们对犯罪现象的心理承受能力。其次,社会保险事业的发展状况也影响着公众的安全感。比如,投了财产保险的人对盗窃犯罪的承受能力就比没投财产保险的人要高。再次,公众安全感还受到社会传闻的影响,调查中发现,未受到犯罪之害人的安全感(0.497)比受害者的安全感(0.356)要高,但从总体的安全感的评价上看差别不大,比如,"不敢走夜路的"未受害者也占到 50% 左右,说明公众恐惧感的来源不完全是受害者的经历,有关犯罪问题的传闻对未受害者的影响是一个重要的因素。此外,安全感与犯罪率的相关性降低还与犯罪率统计数据的精确程度有关,有些地区犯罪率很高,但"不破案不立案",上报的数字很低。

八、中国社会控制机制的描述与分析

一个社会要存在和发展下去,就必须想办法使社会成员在大多数时间里遵从社会规范,而社会对其成员行为的规范是通过社会控制的机制或过程实现的。因此,社会控制机制是社会秩序得以实现的基本保证。社会控制机制分为两种,即内部的和外部的,前者包括那些使人们自发地遵从社会规范的内化过程,后者包括通过各种正式和非正式的社会制裁使人们遵从社会规范的外部压力。现代社会创造了庞大的、专门从事正式社会控制的组织和职业。这类职业包括立法者、警察、法官、检察官、监狱干警、律师，以及专业性较强的社会工作者。在现代社会，正式的社会控制组织网络已大大超过了非正式的社会控制网络，社会控制已变得更加非个人化了。因此，解剖正式社会控制组织是研究目前社会中秩序与控制相互关系的基础。

（一）立法工作

新中国成立以来，我国的立法工作大体上经历了以下几个时期。

第一个时期是1949年2月至1954年9月。1949年2月，中共中央发布了《关于废除国民党的"立法全书"与确定解放区的司法原则的指示》。当时解放区已制定近20项法律、法令，包括1931年制定的《中华苏维埃共和国宪法大纲》《中华维埃共和国土地法》《中华苏维埃共和国劳动法》，1933年制定的《中华苏维埃暂行选举法》，1934年制定的《中华苏维埃共和国婚姻法》《中华苏维埃共和国惩治反革命条例》《中华苏维埃共和国组织法》，1941年制定的《陕甘宁边区施政纲要》，1947年制定的《中国土地法大纲》等。

1949年9月至1954年9月期间，全国人民代表大会的立法权是由中国人民政治协商会议第一届全体会议和中央人民政府代为行使。1952年在全国开展的司法改革运动进一步促进了立法工作。

在这个时期，中国人民政治协商会议第一届全体会议和中央人民政府制定或批准了一批在新生政权建立初期所急需的法律和法令，涉及政权建设、选举制度、镇压反革命、"三反五反"、婚姻家庭、土地改革、劳动人事、财政税收、民族外事等各个方面，主要有《中国人民政治协商会议共同纲领》《中央人民政府组织法》《中国人民政治协商会议组织法》《政务院及所属各机关组织通则》《省各界人民代表会议组织通则》《市各界人民代表会议组织通则》《县各界人民代表会议组织通则》《省市各界人民代表会议协商委员会组织通则》《全国人民代表大会及地方各级人民代表大会选举法》《中央人民政府最高人民法院试行组织条例》《人民法院暂行组织条例》《中央人民政府最高人民检察署暂行组织条例》《中华人民共和国婚姻法》《中华人民共和国工会法》《中华人民共和国土地改革法》《中华人民共和国救济失业工人暂行办法》等57件法律和法令（见1990年《中国法律年鉴》中《人民代表大会及其常务委员会法制工作40年》一文）。这些法律和法令对于稳定政权、巩固发展经济起到了十分重要的作用，奠定了新中国的法制基础。

第二个时期是1954年9月至1957年。1954年9月，第一届全国人民代表大会召开，并制定了新中国的第一部宪法，明确规定全国人民代表大会是行使国家立法权的唯一机关。全国人大有权修改宪法和制定法律，全国人大常委会有权解释宪法和法律，制定法令。

从 1954 年 9 月至 1957 年，全国人大及其常委会共制定法律和法令 28 件，涉及国家生活的各个领域。除了第一届全国人民代表大会第一次会议制定、通过的宪法、全国人大组织法、国务院组织法、人民法院组织法、人民检察院组织法、地方各级人大和地方各级人民委员会组织法之外，还制定了兵役法、城市居民委员会组织条例，城市街道办事处组织条例、公安派出所组织条例、警察条例、逮捕拘留条例、治安管理处罚条例、军官服役条例、文化娱乐税条例、华侨使用国有荒山荒地条例、国家经济建设公债条例、县级以上人民委员会任免国家机关工作人员条例、国境卫生检疫条例、授予解放军在中国人民革命战争时期有功人员勋章奖章条例等 22 个法律和法令。另外还通过了关于现行法律、法令继续有效的决议，关于对反革命分子的管制一律由人民法院判决的决定，关于不公开进行审理的案件的决定等有关法律问题的决定；批准了国务院关于劳动教养的决定，关于改进工业管理体制、商业管理体制、财政管理体制、税收管理体制的规定，关于工人、职员退休处理的暂行规定等重要法规。在抓紧制定有关法律、法令和法则的同时，全国人大及其常委会还抓紧进行了刑法、民法等基本法律草案的起草工作。到 1957 年，刑法草案初稿在征求中央和地方有关机关意见的基础上，反复修改了第 22 稿，民法草案的大部分初稿也开始向中央和地方有关机关征求意见。这期间是我国立法工作发展的重要时期。

第三个时期是 1958 年至 1966 年 7 月。由于受到 1957 年下半年"反右斗争"扩大化的影响，我国法制建设的进程受到了严重的损害。从 1958 年初到 1966 年 7 月，全国人大及其常委会的立法工作日趋削弱，一度处于停顿状态。"反右斗争"之后，对法律明文规定的一些基本法律原则，如公民在法律面前一律平等、法院独立进行审判、检察院独立行使检察权等都当成错误的东西进行批判。特别是 1959 年以后，"要人治不要法治"的错误思想甚嚣尘上，使全国人大及其常委会起草的刑法、刑事诉讼法、民法、民事诉讼法等重要法律草案工作停顿下来。这八年多，全国人大及其常委会通过或原则通过了国家建设征用土地办法，户口登记条例、农业税条例，地方经济建设公债条例、工商统一税条例（草案），关于适当提高高级农业生产合作社公积金比例的决定；批准或原则批准了国务院关于农业生产合作社股份基金的补充规定，关于工人、职工退职处理的暂行规定，关于民族自治地方财政管理暂行方法，关于改进税收管理体制的规定（草案）、商标管理条例，外国人入境出境过境居留旅行管理条例；对已制定的军官服役条例进行了修改；批准了 26 项民族自治地方人大和人民委员会组织条例。此外，全国人民代表大会及其常委会没有进行重大的立法活动。

第四个时期是 1966 年 7 月至 1978 年 2 月第五届全国人民代表大会第一次会议召开前。"文革"十年浩劫，全国人大及其常务委员会的立法工作遭受严重破坏，使其根本无法按照宪法和法律的规定行使职权，立法工作基本中断。"文革"结束以后，也未能迅速恢复立法工作。因此，从 1966 年至 1978 年初，全国人民代表大会及其常务委员会除了通过修改宪法，制定了 1975 年宪法以外，未进行有效的立法工作。

第五个时期是 1978 年初至 1990 年。据统计，从 1978 年初至 1990 年 4 月，全国人民代表大会及其常务委员会除制定了 1978 年宪法和 1982 年宪法外，还通过法律 90 个，有关补充、修改法律和有关法律问题的决定 67 个，共计 157 个（见《中国法律年鉴》1990 年卷，第 3 页）。其中包括一些重要的基本法律，如刑法、刑事诉讼法、民法通则、民事诉讼法（试行）、全国人民代表大会组织法、国务院组织法、人民法院组织法、人民检察院组织法。此外还制定了地方各级人民代表大会和地方各级人民政府组织法、全国人民代表大会和地方各级人民代表大会选举法、民族区域自治法、婚姻法、继承法、兵役法、国籍法、中国公民出境入境管理法、外国人入境出境管理法、行政诉讼法、消防条例、学位条例、律师条例、逮捕拘留条例、治安管理处罚条例、国境卫生检疫法、传染病防治法、邮政法、档案法、村民委员会组织法（试行）、居民委员会组织法、全国人大议事规则、义务教育法、保密法、集会游行示威法、军事设施保护法等。

为了适应改革开放的需要，运用法律手段管理经济，保障和促进经济建设和改革开放的顺利进行，全国人民代表大会及其常务委员会把制定有关经济方面的法律作为立法工作的重点。在已制定的法律中，有近一半是经济方面的法律，包括经济合同法、专利法、商标法、统计法、会计法、计量法、标准化法、企业法、破产法（试行）、森林法、草原法、渔业法、外资企业法、中外合资经营企业法、个人所得税法、水法、野生动物保护法、食品卫生法等。由此可见，第五个时期是全国人民代表大会及其常务委员会立法工作最富有成效的时期，所取得的成果超过了前 30 年的总和。

根据新宪法和地方组织法的规定，省、自治区、直辖市人民代表大会及其常务委员会在不与宪法、法律和行政法规相抵触的前提下，可以根据本行政区域的具体情况和实际需要，制定和颁布地方性法规，报全国人民代表大会常务委员会和国务院备案。从 1982～1989 年，地方立法工作取得了重大成绩，已经制定地方性法规、自治条例、单行条例 1320 多个。地方立法工作的逐步开展，对进一步完善我国的法制建设起了重要的补充作用。

总之，纵观新中国成立 40 年，第二和第五个时期是我国立法工作大发展的重要时期。

（二）法院系统

人民法院在社会控制的机制中担负着依法裁定刑事案件、民事案件、经济纠纷案件、海事海商案件和行政案件的任务。人民法院通过各项审判活动，惩办一切犯罪分子，解决各类涉讼纠纷，以维护社会有序和稳定。据统计，1990 年全国共有法官（含正副院长、庭长、审判员）87280 人，书记员 49600 人。（详见表 20）

表 20　1990 年全国法院法律工作人员数

项目	基层法院	中级法院	高级法院	合计
法官（人）	73770	11874	1636	87280
书记员（人）	40845	7188	1603	49636

资料来源：根据最高人民法院人事厅提供的数据。

（三）检察院系统

人民检察院是国家的法律监督机关，它的主要职权是对叛国案、分裂国家案以及严重破坏国家的政策、法律、法规、政令统一实施的重大犯罪案件行使检察权；对贪污、侵犯公民民主权利、渎职和人民检察院认为需要直接受理的犯罪案件进行侦查；对公安机关侦查的案件进行审查，决定是否批准逮捕、起诉或免予起诉；对公安机关的侦查活动是否合法实行监督；对刑事案件提起公诉，支持公诉；对人民法院的刑事审判活动是否合法实行监督；对刑事案件判决、裁定的执行和对监狱、看守所等机构的活动是否合法实行监督，对人民法院的民事审判活动、行政审判活动实行法律监督。

人民检察院是我国社会控制机制中的重要机构。据 1989 年 12 月底统计，全国共有高检院 1 个、省级院 31 个、分（市）院 374 个、县（基层）院 3061 个、派出机构 117 个，共计 3582 个检察机构。在全国检察机构中，有正副检察长 10704 人、检察员 67378 人、助理检察员 41891 人、书记员 25843 人、法警8689人，其他工作人员17310人，全国检察系统共有人员171815人。1989年全国检察系统的人数比1988年增加3.9%，比1987年增加12.2%。

（四）公安系统

人民公安的主要职权是制裁刑事犯罪、维护社会治安秩序、保障公共安全、管理交通秩序和消防工作。人民公安是维持社会秩序的主要执行机构。据1986年统计，全国有职业制人民警察62.73万人，其中治安行政警察32万人左右，刑事警察15万人左右，此外还有60余万人民武装警察，共计122.73万人。（详见《中国法律年鉴》1987年卷）

另据1989年统计，全国拥有职业制人民警察76.9万人，其中治安警察15万人，户籍警察15.7万人，刑事警察7.9万人，交通警察10万人，此外，还有人民武装警察58.1万人。全国警察数约为135.9万人，比1986年增加10.7%（详见《中国法律年鉴》1990年卷，第1002页）。1988年，为了适应对付严重犯罪和国际恐怖活动的需要，中国人民武装警察部队还组建了特种警察部队。

与世界其他国家相比，我国职业制警察与人口的比例仍处在较低水平，仅占人口的6‰左右。（详见表21）

表21 中国与部分国家警察人数比较[1]

项目	中国	日本	朝鲜	韩国	泰国	印度	苏联	南斯拉夫
警察人数（万人）	62.7	24.25	2.95	12.0	12.0	110.0	100.0	16.0
警察/人口（1/10000）	6.03	21.2	14.8	30.0	26.6	16.6	36.4	69.7

项目	罗马尼亚	匈牙利	波兰	英国	法国	美国	加拿大	新西兰
警察人数（万人）	4.0	3.0	9.75	13.25	18.0	65	5.1	0.5
警察/人口（1/10000）	17.5	28.1	26.4	24.6	34.0	27.8	21.7	15.8

在我国法官检察官与警察的比例约为2.7:7.3，与其他国家比较，发达国家法官检察官与警察之比一般为3:7，不发达国家约为1:9。我国法官检察官与警察的比例接近发达国家。

法官检察官与警察的比例状况是世界上衡量法制国家程度的重要指标之一。因此，今后我国在增加职业警察人数的同时，还必须大量增加法官和检察

---

[1] 资料来源：公安部办公厅编著的《公安统计资料》第47~49页。

官的人数。

（五）治安管理的社会组织系统

除了职业制警察和人民武装警察外，我国还采取了动员社会力量，参与社会治安管理的机制，主要包括以下几种形式。

（1）治安保卫委员会（简称"治保会"）。我国在城市的企事业单位和街道居民委员会中分别建立了治保会，农村一般以村为单位建立治保会，在治保会下又设有治保小组。其主要任务是对群众进行遵守国家法律的教育，宣传防范犯罪分子的破坏活动，防范火灾和其他治安灾害事故的发生，发现犯罪分子的破坏活动及时向公安机关检举揭发，对安全防范工作进行检查。

据统计，1985年我国共有治保会1175029个，专门治保人员5801286名。1986年全国有治保会1174456个，比上一年减少0.05%，专门治保人员5305447名，比上一年减少8.5%。1988年全国有治保会1176486个，比1986年增加0.2%，治保人员5259963名，比上一年减少0.9%。（详见表22）

（2）社会治安联防。据1988年统计，全国已有治安联防人员190多万人。（见《中国法律年鉴》1989年卷，第18页）

（3）保安公司。1988年国务院批准了在全国建立保安服务公司，到1988年底统计，全国各种形式的保安公司已达487家，有保安从业人员4.8万多人。（见《中国法律年鉴》1989年卷，第18页）

表22　全国治安保卫委员会和治保小组统计表[1]

	项　目	1985年	1986年	1988年
治保会	个数（个）	1175029	1174456	1176486
	人数（人）	5801286	5305447	5259963
	其中离退休职工（人）	364855	328002	377992
治保小组	个数（个）	2632735	3049759	2612079
	人数（人）	6967541	6743436	6976900
	其中离退休职工（人）	378940	444979	501923

（六）司法工作系统

我国司法工作系统的主要职权范围是对劳改劳教场所的管理，负责律师工作、公证工作、人民调解工作，以及法制宣传工作。据1989年统计，全国共

---

[1] 资料来源：根据1987年、1990年《中国法律年鉴》整理。

有各级司法行政机构3217个，比1987年增加2.3%，比1988年减少1.9%（详见表23）。其中，中央、省、自治区、直辖市司法行政机构共32个，地市级司法机构371个，县级司法机构2814个。据1989年统计，全国共有司法行政干警404055人，比1987年减少5%，比1988年增加2.9%。

表23　全国司法行政机构统计表[1]

项　目	1987年	1988年	1989年
各级司法行政机构总数（个）	3145	3279	3217
司法行政干警（人）	425364	392651	404055

（1）劳改劳教工作。我国司法行政系统负责对全国的劳改劳教场所进行管理。据1989年统计，全国共有劳动改造场所671个，比1988年减少0.45%。在押犯人1123973人，比1988年增加6.8%。共有劳动教养场所232个，比上一年增加3.6%。收容劳动教养人员165071人，比上一年增加7.9%。（详见1989年和1990年《中国法律年鉴》）

（2）律师工作。律师是接受当事人委托或经法院指定，依法协助当事人进行诉讼及处理有关法律事务的专业人员。近几年来，我国的律师工作发展较快，据1987年统计，全国共有律师事务所3291个，律师工作人员27280名，其中，专职律师18308人。另据1988年统计，全国共有律师事务所3473个，比1987年增加5.5%，律师工作人员31410名，比1987年增加15.1%。（数据根据1988年、1989年的《中国法律年鉴》整理）

从1989年6月1日起，全国开始实行律师工作执照制度，并对原有的法律咨询服务机构进行了清理整顿，律师工作在整顿中进一步发展。截至1989年底，全国共有律师事务所3653个，又比1988年增加5.2%，律师工作人员43533人，比上年增加38.6%，1989年是近些年来律师人数增加最快的一年。1989年全国律师在参与刑事诉讼方面承办的刑事辩护和刑事代理案件，共232406件，比上一年增加36.6%。在参与民事诉讼方面，律师共代理各类民事案件329344件，比上年增加24.1%。（数据根据《中国法律年鉴》1990年卷，第1011页资料整理）

（七）接待信访上访机构

据1990年统计，全国共有21个省、自治区、直辖市和计划单列市及6个

---

[1] 资料来源：根据1987年、1988年、1989年、1990年《中国法律年鉴》整理。

部委，设有局级或副局级信访、上访接待机构。此外，各省、地、县、各部委都设有不同级别的信访、上访接待机构。

（八）预防自杀服务机构

目前全国尚缺少预防自杀的服务机构。近几年来仅在广州等地成立有民间创办的预防自杀的服务中心。

九、社会秩序与社会控制的综合分析

我国的改革开放是一次有计划的大规模的社会变迁，是从传统农业社会向现代工业社会的重要转型过程，它带来了我国经济的飞速发展和人民生活水平的普遍提高。社会秩序的指标，有些与经济增长密切相关，并随着经济的发展呈逐年下降趋势，如全国的流浪乞讨人数的下降。但是，更多的社会秩序指标与经济增长并不是简单的线性相关，而是以独特的形式与社会结构的调整、社会控制能力的变化密切相关。必须看到，改革开放这种大规模的社会变迁，除了带来国民经济的飞速增长外，也带来了社会结构、人口、自然环境，以及道德、法律、风俗习惯、时尚等方面的重要变化。这些变化打破了原有的社会平衡，带来社会转型中暂时的社会失调和新的矛盾冲突。比如，机动车辆不成比例的增长带来了与原有交通道路、交通管理水平落后的矛盾冲突，并致使一段时期内交通事故迅速增加。再比如，商品经济的发展冲击着人们原有的消费心理和价值观念，使得财产犯罪、性犯罪迅速增加，也曾使社会腐败现象迅速蔓延，并使原有的社会控制系统出现失调和失灵。各种社会矛盾的表面化和多样化也使人们的心理冲突加剧，使自杀和集群行为的数量增加。不过，随着社会调整和各种社会矛盾的解决，在完成社会整合的过程之后，社会秩序又会呈现出比较平稳的发展时期，有人将这种社会秩序的暂时紊乱称为"急剧社会变迁中的阵痛"。当然，社会整合越迅速、越科学，这种"阵痛"就越小。

从总体上看，改革开放以来，我国的正式社会控制机制是逐年加强的，并逐步向法制国家迈进。但是，在完成向法制国家转型的过程中，内部社会控制机制却不成比例地削弱。比如，我国的警察人数比 20 世纪 50 年代大大增加，但是社会舆论对犯罪的控制能力却相对减弱，群众不像 50 年代那样与公安人员密切合作、及时报案。道德、时尚等内化控制因素对犯罪者的制约能力也有所减弱。因此，出现了在正式社会控制机制加强的同时，犯罪现象仍迅速增长的状况。这类现象在许多"外生型经济"的迟发展国家中同样出现过。当然也有例外，比如，1960～1975 年是日本经济迅速发展时期，而同期的财产犯罪（偷窃、诈骗、贪污、买卖赃物），以及杀人、抢劫和强奸等暴力犯罪都呈下降趋势。许多学者研究认为，这是与日本社会保持传统和内部社会控制机制的连续性有关。因此，在急剧的社会变迁中，内部社会控制机制与外部社会控制的协调发展是至关重要的。

（原载于陆学艺主编《中国社会发展报告》，辽宁人民出版社1991年版）

从社会变迁视角看北京社会治安六十年[*]

（1948～2008）

【摘　要】北京社会治安建设60年是在社会变迁的大背景下展开的。1948年底，新中国建都北京，新政权以摧枯拉朽之势镇反除恶、禁毒禁娼，在新旧制度交替之际迅速整合社会，使各类刑事案件全面下降。1953年的"第一个五年计划"标志着战后全面建设时期的开始。尽管犯罪率随政治运动的变化有所起伏，但在计划经济、严格户籍管理、"群防群治"、城市人口向农村疏散等多因素的作用下，20世纪60年代初期，北京创造出"路不拾遗，夜不闭户"的社会治安的"黄金期"。1966年"文化大革命"开始，北京市公检法司作为"重灾区"，机构被"砸烂"，人员"下放"，正式的社会控制系统内部出现了紊乱，并带来了首都社会治安的紊乱。"文革"中的是非颠倒、打砸抢、道德败坏、"读书无用论"等，作为"文革后遗症"殃及后代治安状况和管理水平。

1978年改革开放政策确立后，首都公检法司拨乱反正，招"老同志"归队，恢复原有组织机构，重建社会治安体系。1983年开始的为期三年的"严厉打击刑事犯罪活动"震慑了犯罪分子，并带来持续两年的犯罪率下降。1995年的犯罪率反弹及以后的犯罪率稳步上升，逐渐显露出传统的社会治安管理体制与社会结构性变化的冲突。

1992年邓小平的"南方谈话"促成首都经济改革的提速，城市化及市民的生活水平得到了大幅度的提高，首都治安管理科技化程度也获得长足发展，但犯罪率却继续走高。以财产为中心的大案要案，包括大额现金抢劫、巨额财产贪污、受贿等迅速增加；卖淫、贩毒、黑社会犯罪死灰复燃；流动人口成为北京犯罪的"主力军"等，成为20世纪90年代犯罪现象的三大特点。从源头

---

[*] 本文为《北京社会建设60年》（科学出版社）一书中的第26章，《北京社会建设60年》于2010年获北京市哲学社会科学优秀成果一等奖。

上防控犯罪，北京市必须下大气力解决都市化高速发展中所带来的诸问题，如户籍管理制度、城市化发展速度、贫富差别、社会福利、城中村亚文化，以及农民工的安置、教育、培训、子女就学，废除相关的歧视性政策等。

60年来首都社会治安建设的脉络是清晰的，成功与失败、经验与教训都留给我们太多的思考！犯罪现象演变的背后有规律可循，社会变迁的急剧与平稳、进步与倒退都会对犯罪的特点和数量产生一定的影响。社会变迁是影响社会治安或犯罪问题的重要变量，但不是唯一变量。政府因势利导、综合统筹，将变迁中凸显的诸矛盾重新统合一体的能力也是重要的变量之一。如何在社会变迁、社会治安（降低犯罪率）、社会整合之间寻找最佳结合点将是我们亟待破解的难题。

【关键词】 社会治安　北京　社会变迁　社会整合能力

社会治安是指社会在一定的法律、法规约束下，运用警察、检察、法院等司法职能，以及政府的治安行政管理手段，公民对治安管理的参与，以及民众的守法和治安意识等，建立起来的一种安定有秩序的社会状态。社会治安在社会建设上具有重要的作用，它是通过建立和完善社会控制系统，迅速有效地整合社会，稳定社会秩序，为政治、经济、文化以及其他社会发展提供安全保障。

北京作为全国政治、文化中心和经济建设的指导中心，社会治安工作主要围绕着政保警卫、打击刑事犯罪和维护经济秩序等三个方面展开。本文将贯穿上述三条主线，分五个阶段全面阐述新中国建都北京六十年来，首都社会治安的变化轨迹、背景，政府的治安建设措施与对策及社会效果和我们的研究结论。

一、新中国首都社会治安系统的建立

（一）人民警察系统的创立

1947年底，解放战争取得重大胜利，北平解放指日可待。同年12月，中共中央向西北局、华北局、华东局、晋绥分局发出指示，要求抽调部分军队干部，集中到中央社会部所在地——河北省建屏县（现平山县）西黄泥村，接受接管北平等大城市公安工作集训。1948年9月，各地选送的100名干部陆续到达西黄泥村，北平派来8名大学生党员，共计108名，这些干部后来成为了创立首都公安系统的骨干力量，被称为"一百单八将"。当时授课的主要内容包括治安理论、刑事侦查、情报、审讯等，培训班的主要负责人是后来担任第一任北京市公安局长的谭政文。[1]

1948年12月14日，培训班接到了立即开赴北平的命令。12月17日，北平市委书记彭真、市长叶剑英正式宣布成立"中国人民解放军北平市公安局军事管制委员会"。根据中共中央《关于军事管制问题的指示》（1948年11月15日）精神，中国人民解放军北平市公安局军事管制委员会接管北平的主要任务是：（1）完全肃清一切残余敌人和散兵游勇以及任何进行武装抵抗的分子。（2）接受一切公共机关、产业和物资，并加以管制和监督。（3）恢复和维持经常的秩序，消灭一切混乱现象。（4）收缴一切隐藏在民间的反动分子的武装及其他违禁物品。（5）解散国民党、三青团、社民党、青年党及南京政府系统下一切反动党派和团体。（6）逮捕那些应当逮捕的战犯及罪大恶极的反动分子，没收那些应该没收的官僚资本。（7）建立系统的革命政权，建立革命的警察、法庭、监狱，建立物资及生产的管制机关和监督机关，建立临时的各界代表大会。（8）在各种工人职员和青年学生中，进行切实的宣传组织工作，在可靠的基础上建立工会、学生会及青年团等，作为城市政权可靠的群众基础。（9）整顿党在城市的秘密组织，并建立党组织。

根据中共中央指示，1949年2月2日，谭政文以中国人民解放军北平市军事管制委员会军事代表的身份，率领四个处的处长正式接管北平市警察局。2月3日，中国人民解放军举行了隆重的入城仪式。2月11日，"北平市人民政府公安局"的牌子正式挂到原国民党警察局的门口，新中国的北京人民警察正式搬入公安街16号办公。[2] 经过几个月的机构改组和重建，北平市人民政府公安局的组织框架基本形成，具体划分为5个处、1所公安学校，公安局下属有7个内保分局，5个外保分局、城郊7个分局和石景山分局、长辛店分局、丰台分局、南苑分局、黄村分局、门头沟分局、通县分局，全面有效地实施对北京全市的社会治安管理。

（二）人民法院系统和人民监察委员会的建立

1950年初，北平市市级人民法院成立，1950年8~11月，北平市又先后在四个区成立人民法院，作为审判机关开始受理一般民事案件和刑事案件，北

---

[1] 北京市地方志编纂委员会：《北京志——政法卷（公安志）》，北京出版社2003年版，第32~33页。

[2] 穆玉敏：《北京警察百年》，中国人民公安大学出版社2004年版，第368页。

平市人民法院的建立大大加强了新政权调解和裁判的能力，提高了新政权调整人民内部关系、打击敌对势力的能力，巩固了新政权的威望和社会控制力。区级人民法院除直接受理所在区的案件外，还在辖区之外设立审判组，受理各类案件，便于市民就近起诉。一些区法院在审判方法上采用了"就审方式"，即法官在晚饭后，到市民家中去审案子，既不耽误当事人的生产和工作，又能迅速解决各种家庭、邻里及民间纠纷。北平市人民法院注意加强与群众的联系，法官深入基层了解情况，随时与当地各机关联系，处理案件迅速、稳妥。同时，这也有利于对人民群众进行政策和法律宣传，预防和减少民间纠纷。

1950年6月，北平市成立了人民监察委员会，是人民检察院的前身。市人民监察委员会成立后，主要采取调查研究与群众举报相结合的工作方式，查处干部的违法乱纪行为。同时本着批评教育的原则，在干部的处分前后，分别与其谈话，征求各方和本人的意见，启发他们深刻认识自己的错误，并主动去改正错误。❶

（三）群众治安系统的建立

北平解放初期，因公安局刚刚成立，警力严重不足。1949年秋，在市委、市政府的支持下，北平市公安局在城镇、农村、企业、学校普遍建立了治安保卫小组（简称"治保组"）。据1949年年底统计，北京全市共建治保小组6093个，设治安员38747人。北平的治保组被称为全国治安保卫委员会（简称"治保会"）的前身。但是，由于当时北平刚解放，人员混杂，底细不清，治保组没有充分发动群众进行民主选举，便仓促成立，使一些散兵、地痞流氓、小偷、恶霸混入了治保小组，他们向群众敲诈勒索、假公济私，甚至有治保小组组长向群众募捐100万元开设赌场，引起群众不满，被贬称为"二警察"。1950年秋，北京市人民代表大会宣布解散城区的治保组。考虑当时农村土改完成，治保组成员成分比较好，因此，继续保留郊区农村治保组，工矿、企业、学校内部的治保组改名为治安保卫委员会。

1951年5月，毛泽东主席在审改《第三次全国公安会议决议》时指出："全国各地必须在此次镇压反革命的伟大斗争中普遍地组织群众的治安保卫委员会。此项委员会受基层政府和公安机关的领导，担负协助人民政府肃清反革命、防奸、防谍，保卫国家和公众治安的责任，此项委员会，乡村须在土改完

---

❶ 北京市人大常委会办公厅/北京市档案馆：《北京市人民代表大会文献资料汇编 1949—1993》，北京出版社1996年版，第136~137页。

成之后，城镇须在镇反工作开展之后，有领导地进行组织，以免坏人乘机侵入。"根据该指示，公安部主持拟定了《治安保卫委员会暂行组织条例》，后经政务院批准，于1952年8月21日正式实施。该条例规定了治保会的选举办法、人员编制、任务、职权、纪律、领导与被领导的关系、汇报制度等。根据《治安保卫委员会暂行组织条例》，北京市按一个街巷或胡同建立一个治保会，农村按一个行政村或自然村建立一个治保会，其他地区按户口责任区250户至500户建立一个治保会，治保会设主任1名、副主任1名、委员5~11名，城区50户左右选出1名治保委员。❶ 由此构成了遍布全市的群众参与的社会治安防控系统，并在以后几十年首都的社会治安管理中发挥着重要作用。

二、新中国成立初期首都治安状况及治理措施

（一）社会治安状况

1949年10月1日，毛泽东主席在天安门城楼上向世界庄严宣告："中国人民从此站起来了！"标志着一个旧制度的结束和一个新制度的开始，在新旧制度交替的初期，社会治安的暂时紊乱似乎是一种惯例。从相关资料分析，当时全国的治安形势较为严峻。国民党政权的溃散武装有200余万人，反动党团骨干、特务分子有120万人，还有旧政权留下的地主恶霸、反动会道门、帮会头子、流氓地痞、惯盗等，他们相互勾结，与新政权抗衡。1950年春季至秋季仅半年的时间，全国有近4万名干部群众遭到暗杀。一些不法分子乘机大搞偷工减料、偷税漏税、盗窃和出卖国家政治经济情报等，严重干扰了新政权的经济和社会秩序的重建，并由此形成新中国成立后的第一次犯罪高峰期，1950年刑事案件的发案数为51.3万起，发案率高达9.3起/万人。

根据1949年12月31日北平市发布的《北平市公安局一年来公安工作报告》分析，当时北平社会治安状况与全国大体相同。1949年2~11月，北平市处理一般治安违警事件18557件，涉及人员37238人，其中，刑事案件2479件，犯罪嫌疑人员3975人。另外，收容散兵21078人；破获抢劫案309件，逮捕人犯594人；破获盗窃案2880件，逮捕人犯2654人；破获金融案2070件，逮捕人犯3774人；收缴长短枪支4848支。

从这一时期的犯罪类型看，主要特点是：（1）暴力犯罪多。持枪杀人、持枪抢劫、爆炸、投毒等恶性犯罪占整个刑事犯罪的39%。（2）反革命犯罪

---

❶ 穆玉敏：《北京警察百年》，中国人民公安大学出版社2004年版，第513~514页。

比例高。1950年北平市人民法院审结反革命案件2372件；1951年审结反革命案件2781人，比上一年增加了14.7%，两年间审结的反革命案件占一般刑事案件总数的一半以上。❶（3）经济领域犯罪突出。据北平、上海、天津等九大城市统计，新中国成立初期的45万工商户中，有不同程度的违法犯罪行为的高达34万户，占私营工商户的76%。（4）成年人犯罪多。成人犯罪占犯罪人员总数的70%以上。（5）惯犯累犯多，约占全部案件的10%。❷

面对严峻的首都治安形势，北平市委市政府在中共中央的领导下，迅速建立起了公安、法院、监察委员会和群众治安保卫系统。从政治保卫、社会治安保卫、经济保卫三个方面采取相关措施，打击各种违法犯罪活动，并用了三年的时间集中整治城区社会治安，使首都的治安形势发生了根本性好转。

（二）整顿治安、维护新生政权稳定的主要措施

面对北平新旧政权更迭、严峻的政治和社会治安形势，北平市政府主要采取了九项措施，保障了政治稳定，扭转了社会治安紊乱的局面。

1. 政治保卫：保障党中央安全进驻北平

1949年3月23日，中共中央告别了最后一个农村指挥部——西柏坡，开始向北平迁移，这是一次重大的迁移，保卫党中央领导同志安全进驻北平，成为市委、市政府、北平市公安局和北平驻军的头等大事。最初北平市委书记彭真、市长叶剑英已选择中南海为中共中央办公地，但考虑到中央领导同志安全——当时，傅作义的部队刚刚撤出北平城，反动残余势力尚未清除，城内敌情复杂，另外青岛还未解放，国民党飞机随时可能轰炸北平。因此，中共中央将进入北平最初的办公地点暂定为香山静宜园，静宜园是清代建立的一座以山地为基础行宫御园，当时是一所慈幼园，内有3000多间房屋，适宜中共中央办公居住，静宜园以西山作屏障，丘壑起伏、林木繁茂，易于警卫，便于防空。

在中共中央从西柏坡出发的前两天，中共中央社会部工作队在香山公园召开由北平公安局郊五、郊六分局参加的香山保卫工作联席会议，决定保卫工作由中央警卫团和步兵学校抽调的连级干部组成的"便衣侦查队"为主，郊五、

---

❶ 北京市人大常委会办公厅/北京市档案馆：《北京市人民代表大会文献资料汇编 1949—1993》，北京出版社1996年版，第192页。

❷ 郑杭生、张纯琍：《中国特色社会与理论的应用——社会转型加速期中国犯罪问题研究》，中国人民大学出版社2005年版，第342页。

郊六分局参加警卫，协同中共中央办公厅、第四野战军第九纵队 207 师联合建立西直门、海淀、青龙桥 3 个检查站。成立颐和园调查组、香山分驻所、颐和园和西苑派出所，行政上属郊五、郊六分局领导，业务上受分局和侦查队双重领导。同时，研究决定，中央警卫团抽调一个连，北平纠察总队抽调一个中队，在香山、玉泉山、西直门之间的道路上执行公开的武装警卫。1949 年 3 月 24 日晚各警卫部门对海淀地区进行清查工作。

1949 年 3 月 26 日上午 11 时，毛泽东、朱德、刘少奇、周恩来、任弼时等中央领导抵达北平清华园站，根据李克农部长的安排，北平市公安局秘书长刘进中负责中央领导同志从清华园火车站到香山的车辆和警卫任务。这是北平市公安局第一次直接担任毛主席、党中央的警卫任务，也是第一次为毛主席和党中央的车队开道。中央领导同志驱车到达颐和园景福阁，吃过午餐后，又乘车抵达南苑机场参加简短的入城仪式。晚上，毛泽东主席与李济深等十几位民主人士商讨第一届政协会议事宜后，深夜驱车顺利到达香山静宜园。

中共中央进驻香山办公的第五天（1949 年 3 月 30 日），香山附近的三仙洞内发现了十八区流散军人处理委员会干部董俊岭被杀尸体，随身携带的手枪被抢。北平市公安机关经过两天半的时间破案，逮捕特务李克勤。5 月 2 日，郊六分局又破获匪徒宋炳生枪杀北平八区政府干部朱凯案件，陆续逮捕案犯 13 人，缴获手枪两支，保证了香山中共中央所在地的安全和稳定。[1]

中国人民政治协商会议第一届全体会议开幕前，毛泽东主席搬进了中南海，随后中央其他几位领导及部分中央机构陆续从香山搬进中南海。至此，北平市公安局圆满完成了香山地区的政保工作。1949 年 9 月 21 日，中国人民政治协商会议第一届全体会议顺利开幕，会议通过了中华人民共和国首都设于北平市，同时将北平市更名为北京市。

2. 巩固新生政权：实施特务自首登记

北平和平解放后，相当一部分特务分子按照"应变计划"潜伏下来，或者没来得及逃跑，隐藏下来。根据当时中央掌握的情报，市内共有各种特务和间谍组织 110 多个，仅国民党国防部保密局、国防部二厅和国民党党通局三大特务系统潜伏特务就有约 7000 人，大量的特务组织和特务分子是影响首都社会治安和新政权稳固的重大隐患。北平市人民政府公安局成立后，着手对重要特务分子进行逮捕。另外，通过侦查审讯和深入调查，利用有悔过之心的旧警

---

[1] 穆玉敏：《北京警察百年》，中国人民公安大学出版社 2004 年版，第 393～400 页。

察、宪兵、特务人员提供情况，扩大线索，对于罪恶事实清楚、有现行破坏活动或准备逃跑的特务分子，立即予以逮捕。

1949年2月，中共中央发布了《关于国民党、三青团及特务分子处理办法》，要求"一切反动党派团体的各级委员会的每一个委员及特务组织的每一个特务工作人员，向政府或军事管制委员会所指定之专门机关或公安局进行登记"。根据中共中央的指示，北平市公安局采取了迅速侦查破获有武装行动企图的特务组织，进行全城特务分子大搜查，用以震慑特务分子，同时又与特务分子秘密自首和公开登记相结合；侦查破获地下特务组织与反动党团员登记相结合等，收到了良好的效果。

关于北平特务的秘密自首工作，市公安局侦讯处在北长街老爷庙18号建立了秘密自首登记处，并利用已掌握人员策动伪警察局刑警大队队长聂士庆秘密自首，通过他劝说了102名特务分子秘密自首。策动国民党保密局北平站站长许宗尧秘密自首，他还说服了下属100多名军统特务秘密自首。2月2~29日全市共有808名特务前来秘密自首，收缴电台291部，各种枪支625支。

除了秘密自首外，还采取特务公开登记措施。1949年3月5日，北平市公安局局长谭政文签署了《北平市公安局关于特务分子实行登记的布告》。3月11日又发布了《北平市国民党特务人员申请悔过登记实施办法》。并在东四北大街426号设立全市总登记处，各公安分局设立了分登记处。在强大的宣传攻势下，3月初至6月底共有3533名特务进行了公开登记。

关于反动党团员登记的工作是从1949年7月23日开始的，在对国民党、三青团、青年党、民社党等成员的登记过程中，又对1000多名特务进行了登记，在对全市查对户口中，又发现了1811名特务。通过自首登记及全城特务分子大搜查，到十一开国大典前夕，国民党潜伏于北平的特务组织基本被摧毁。

3. 重大会议保卫：确保第一届全国政治协商会议和开国大典顺利举行

新中国成立之初，迫切需要做的两件大事，即召开第一届全国政治协商会议和举办开国大典。为了顺利完成这两项保卫工作，根据公安部的指示，1949年7月18日由华北军区政治部、华北军区司令部二处、平津纠察总队便衣队、市公安局侦查处等单位抽调276名干部，组成"政协临时保卫大队"，业务上归北平市公安局领导，组织关系和供应关系仍在原单位。为进一步适应政治协商会议和开国大典的保卫工作以及今后的政治保卫和警卫工作，9月1日北平市公安局决定成立保卫处，又称为"公安局四处"，下设警卫科、机关保卫、工厂保卫、学校保卫4个科，主要成员由"政协临时保卫大队"转来。从此，市公安局四处成为专门负责执行地区和路线警卫的正式机构。

当时,政协会议在中南海怀仁堂举行,但是代表们却分别住在5个区的22个驻地。北平市公安局根据上级的分工,采取点、线、面相结合的警卫方法。首先,对中南海周围、代表驻地周围的敌情进行调查,对重大特务嫌疑人员布置专人进行控制,使警卫工作心中有数。其次,在首长和政协代表驻地设立了5个警卫点,日夜警卫;在已确定的5条行车路线上设立16个警卫点。另外,在各点之间布置流动的便衣警卫人员,以保持各点之间的联系。全国第一届政协筹备会从1949年6月15日召开到10月12日政协会议代表全部离京,历时119天,保卫工作圆满完成,万无一失。

关于开国大典的警卫工作,根据公安部部署,北京市公安局主要负责天安门至西单、前门、宣武门、景山、南长街、南河沿的警卫,以及控制会场周围的制高点。城区各分局和派出所负责本地区的治安控制。10月1日零时天安门广场清场;上午十点开始北平30万名市民和学生按市政府的要求,陆续进入天安门广场;下午2点,中南海勤政殿里举行了中央人民政府第一次会议,正副国家主席宣布就职;下午2点50分中央领导同志分别乘车到达天安门城楼下;下午3时毛泽东主席和其他国家领导人登上天安门城楼。聚集在广场上的人群欢呼雀跃,不自觉地涌向天安门城楼,金水桥前的警戒线无法承受潮水般的人群,被迅速冲开,桥上的栏杆难以承受人群的压力摇晃起来。天安门广场总指挥罗瑞卿部长迅速指挥调来两个连的机动警力,挡住拥过来的人群,及时疏散金水桥附近的人群,避免了一场事故的发生。

在开国大典上,毛泽东主席宣读《中华人民共和国中央人民政府公告》,举行了盛大的阅兵仪式。晚上放焰火,人们载歌载舞进行庆祝活动。整个开国大典在庄严、欢乐、祥和、安全的气氛中结束。

1948年底至1952年是首都政治保卫和警卫工作的奠基时期,从护送中央领导同志迁驻北平,到圆满完成第一届政治协商会议和开国大典的警卫工作,锻炼了年轻的北京市公安队伍,积累了大城市政治保卫和警卫工作的经验,并逐渐形成了一整套警卫工作的制度。政保警卫组织建设也从进驻北平初期的多头分散管理,过渡到成立统一的警卫管理机构——北京市公安局保卫处(或称"第四处")。当时设立的机构和政保警卫制度,为以后政保工作奠定了基础。❶

---

❶ 穆玉敏:《北京警察百年》,中国人民公安大学出版社2004年版,第406~409页。

> **专栏 1**
>
> **北京解放初期北京市公安局政保警卫工作制度**
>
> 警卫工作的基本制度。
>
> （1）任务分工：协理员办公室负责全处人员的政治思想工作，秘书室负责文秘，掌握全处业务，负责处里的执勤和后勤工作。按一科为会场、住地科，二科为公园科，三科为影剧院，四科为旅店科。
>
> （2）部署原则：大规模群众集会必须有武装部队配合，外宾及统战性质的警卫不使用武装警卫。
>
> （3）警卫种类：五大区书记以上1位或3位以上政治局委员的场合为特种警卫；3位以下政治局委员或2名列名保卫对象的场合为甲种警卫；1名保卫对象或副部长、军委副兵团级的场合为乙种警卫。

资料来源：穆玉敏. 北京警察百年［M］. 北京：中国人民公安大学出版社，2004.

4. 整顿金融秩序，防止社会紊乱

经济秩序是社会秩序的基础，一个新的政权的建立和巩固常会把整顿金融秩序放在首位，因为它与民生和消费市场紧密相连。北平解放初期，金融秩序相当紊乱，市面上流通的货币种类繁多，特别1948年国民党政权见大势已去，在保密局中建立了特种组，专门仿制解放区人民政府的钞票，曾印制、推销假钞10多亿元，企图搞乱解放区的金融秩序。除这些假钞在北平市面上流通外，还有国民党的金圆券、人民政府发行的人民币，以及八个解放区发行的货币。一些不法分子趁机大搞金元黑市活动，从中牟取暴利。当时，北京街头的银元黑市比比皆是，最为集中的地区是前门外、东单、西单、王府井、东四、西四、北新桥等商业繁华区。

1949年2月2日，为整顿首都金融秩序，北平市军事管制委员会发布了1号公告，宣布废止国民党的金圆券，以人民币为本位币，是公司交易和支付的计量单位。同时规定，除冀南币、东北币暂时作辅助货币允许在市场流通外，其他解放区的货币不准许入城，但允许在市郊进行兑换。

1949年2月底，北平市公安局制订了《处理银圆问题的方案》，决定从3月3日至3月10日在全市集中力量打击扰乱经济秩序的活动，取缔银圆黑市。市公安局为了准确圆满地完成这次集中打击活动，将参加打击活动的民警划分成8个组,发动群众检举揭发扰乱经济秩序的人,同时进行相关的调查和侦查,掌握大量的第一手资料,对银圆黑市的首要分子实施逮捕。对于工人、学生、贫民买卖银圆的,按当时牌价兑换,并对他们进行教育帮助后释放。对于银圆黑市上的投机分子则将其银圆没收,并送司法机关视情节轻重处以罚金。对查出确有政治目的或政治背景的人交由公安机关拘留审查,并予以处理。对散兵则送交"流散军人处理委员会"处理。

通过集中力量取缔银圆黑市的活动,共查获买卖金银案1522起,逮捕人犯2640人,缴获黄金1633两,白银2683两、银圆48928元。稳定了首都的金融秩序和社会治安。❶

5. 取缔反动会道门——"一贯道"

新中国成立初期,首都社会秩序尚不稳定,街头巷尾流传着各种谣言,其中影响最大的谣言有"鼓楼冒烟,石狮掉泪,天下大乱","天安门的石狮在李闯王时就掉泪,天下没长久。如今又掉泪了"。这些谣言流传甚广,威胁着新生政权的稳定。当时,不少市民赶到北平以北鼓楼下观望,确见鼓楼顶部烟雾似的东西聚集涌动,于是人心惶惶,一传十、十传百,谣言越传越恐怖。面对谣言,市公安局治安处在鼓楼上搭起脚手架,派人爬上楼顶,发现"烟雾"竟是无数只小飞虫聚集而成。经专家鉴定,这些小飞虫的学名叫"摇蚊",产于不流动的水中,喜爱在建筑物的顶端聚集。民警将这些"摇蚊"捕捉后,向围观群众展示并说明真相,《北京日报》也专门发表文章辟谣。

经调查,这些谣言大多出自"一贯道"成员之口。一贯道又名中华道德慈善会,是当时流传最广、势力最大的反动会道门组织。一贯道从明朝罗孟鸿创立的"罗祖教"衍生而来,是佛教旁门滋生出的异教。1882年,"罗祖教"被山东青州人刘清虚改为"一贯道"。1930年,山东人张光璧主掌一贯道。日本侵华战争期间,张光璧投靠日伪政权,一贯道得以迅速扩张,大小坛主多是日伪人员、城镇富豪、权贵、恶霸及乡村地主。北平解放前夕,道主张光璧离京逃往四川,不久死于成都,其子张英誉与其妻孙素珍相互争夺道权,一贯道分裂为"师兄派"和"师母派"。北平道长张五福属"师母派"。1949年,孙素珍由四川潜回北平筹措资金,并在全市各坛大搞"渡大仙"活动,并召开在京主要道首秘密会议,指示传播上述谣言。

---

❶ 穆玉敏:《北京警察百年》,中国人民公安大学出版社2004年版,第384~385页。

市公安局经过艰苦的侦查工作，逐渐掌握了北京地区一贯道总坛及各分坛的名称、地址、坛主、点传师等重要情报。1950年6月7日，首先将活动猖獗的一贯道头子兼国民党特务刘燮元等11人逮捕。北京道长张五福预感形势不妙，抛出《指路灯》秘文，指示"当进则进，当牺牲则牺牲"。在其指令下，一些坛主组织道徒习武，购买刀枪，等待道长一声令下进行武装暴乱。1950年10月10日，中央政府宣布一贯道属于反动会道门组织，宣布予以取缔和打击。1950年12月19日，北京市长聂荣臻签署了《北京市人民政府公告》，大规模地打击一贯道的行动全面展开。当晚市公安局及有关部门联合行动，除孙素珍和张五福事先潜逃外，全市130余名道首无一漏网，当场搜出国民党特务证件、潜伏活动计划书、各种谣言底稿、枪支和大量金银钱财。

在打击一贯道的活动中，市公安局先后逮捕反动道首381人；枪毙42名道首；登记点传师720人，坛主4775人；声明退道者178074人；关闭大小坛1283个。为此《人民日报》（1950年12月20日）发表题为《坚决取缔一贯道》的社论，指出取缔一贯道"是维护首都社会治安、保护生产、打击反革命破坏活动和反革命谣言的必要措施"。❶

6. 打击盗匪，保护人民生命财产安全

北平解放前夕，在监狱中长期拘禁的土匪惯盗被释放，他们恶习不改，并与散兵和特务相结合，成为破坏首都治安的重要力量。据1949年北平市公安局公安工作报告统计，当年2~6月共发生抢劫案406起，抢劫杀人12名，伤40名，财产损失达15亿元。其中，案件多发为3月份，当月共发生抢劫案件103起，平均每天发生3起，最多时一天市内发生11起。因此，迅速有力地打击盗匪，成为年轻的公安局的一项重要任务。

1949年8月，北平市公安局作出了"肃清王凤岗残余势力，清除北平地区匪患"的决定。王凤岗是原华北"剿总"副司令，河北解放后，曾率领残部逃到北平，被编入国民党101军，驻守永定门地区。北平解放后，他们伪装成城市贫民，以蹬三轮车、摆小摊作掩护，他们大多持有武器，经常抢劫财物、强奸妇女，危害首都社会治安。根据清除匪患的决定，北平市公安局采取大规模的搜捕行动，1949年8月4日捕获王凤岗的弟弟王凤武。9月9日晚再次行动捕获残匪209人，基本铲除了这股武装残余势力。1950年4月匪首王凤

---

❶ 互动百科：http：//www.baike.com/wiki/一贯道。

岗携家眷秘密逃往台湾。

对于盗匪和抢劫犯罪活动，北平市公安局采取了"积极破案，设法预防"的方针，除了积极主动地采取大规模搜捕行动外，还派出专门人员加强街道巡逻，严格户籍管理，发动群众检举揭发，组织防匪盗小组，安装防盗警铃等。在增强巡逻力量方面，北平市公安局北郊分局专门抽调干部23名，带领公安战士分成两个班，每天下午五点开始巡逻，一直到第二天早晨。抓获了一些现行罪犯，震慑了抢劫分子的嚣张气焰。在户籍管理方面，有重点、不定时的户查，从中发现嫌疑人，控制盗匪的活动。❶

对于抓获的盗匪和抢劫犯，市公安局的处理办法是：凡持枪杀人抢劫作恶多端者实行严厉镇压；惯盗惯匪送法院判刑，长期管训，劳动改造；被胁迫者进行教育，取保释放，并交群众监督，防止其再犯。警民协力严厉打击盗匪和抢劫犯罪行为收到了良好的效果，市区和郊区的抢劫案件大幅度减少。根据《北京市人民政府关于1952年度政法工作报告》中的数字显示，1952年一年内全市仅发生抢劫案2起，而且情节都较轻微。该报告认为，首都的社会治安情况已发生根本变化，抢匪、惯匪已近绝迹。❷

7. 铲除地方恶势力，保首都平安

19世纪末20世纪初，制度更替、军阀割据、连年战争，曾使中国的黑社会势力迅速发展，并在全国形成了洪、青、汉、礼、白五大黑社会势力。北平一直是青帮的势力范围。据史料记载，1926年前后，"青帮"从天津渗透到北平，并以天桥地区为其主要势力范围。北平解放前夕，天桥地区的东西南北四个"霸天"都是"青帮"的头子。"东霸天"叫张德泉，过去在戏班子里当过跟包，曾拜师学过武术，后加入青帮和国民党，当上甲长，成为"跺脚天桥颤"的人物，曾打死伙计马顺子，身负六条人命。"西霸天"叫福德成，25岁进京，在天桥以开茶馆为生，组织流氓地痞贩卖人口、强奸妇女、开设赌场、经营暗娼，并身负两条人命。"南霸天"孙永珍是天桥土生土长的"地头蛇"，1947年在天桥开茶馆，后与伪宪警相勾结，霸占他人土地和饭铺。"北霸天"刘翔亭，原为天桥吉祥戏院经理，曾任冯玉祥部连长、军警稽查处稽查官，日伪时期任天桥梨园公会会长，勾结敌伪势力敲诈勒索、强奸妇女，是一贯道坛

---

❶ 穆玉敏：《北京警察百年》，中国人民公安大学出版社2004年版，第375~380、390~406、492~497页。

❷ 北京市人大常委会办公厅/北京市档案馆：《北京市人民代表大会文献资料汇编 1949—1993》，北京出版社1996年版，第218页。

主兼点传师。

北平解放后,尽快铲除地方黑社会势力是改善治安环境,使民众建立起对新政权信心的重要手段。根据市委、市政府的部署,市公安局层层发动群众揭露地方恶势力的种种罪行,并且先后三次在天桥地区召开控诉恶霸大会,对地方恶势力的主要人物进行控诉。但有相当一部分群众怕变天,怕黑社会势力的报复,不敢控诉。公安干警就挨家挨户地宣传党的政策,启发群众觉悟,群众与恶势力斗争的积极性终于被调动起来了,纷纷检举揭发,连"北霸天"的干儿子赵清泉也站出来揭发其义父的罪行。与地方恶势力作最后斗争的时机已成熟,1951年5月16日,市委、市政府决定在天坛祈年殿前召开第四次控诉恶霸大会,到会群众达3万人,有19位受害者登台控诉恶霸罪行。当市公安局外五分局局长李岩宣读"三霸一虎"("东霸天"张德泉、"西霸天"福德成、"南霸天"孙永珍、"林家五虎"之一林文华)残害14条人命的罪状时,"枪毙三霸一虎"、"为死难同胞报仇"口号响彻会场。曾威风一时的"三霸一虎"被吓得面如土色。第二天北京人民广播电台播放了控诉大会录音,将全市反对黑社会势力的斗争推向高潮。

1951年5月18~20日,市政府召开各界人民代表、政协委员联席会议,对市公安局提交的恶霸案卷进行审查,听取了被害人的控诉,一致同意对天桥恶霸张德泉、福德成、孙永珍、林文华等处以死刑。❶ 至此,全市反对黑社会势力的斗争取得了决定性胜利。

8. 查封北平妓院,一举铲除娼妓制度

据统计,1918年北平市共有在册妓院406家,妓女3880人。变相娼妓无法统计,估计人数在12万人以上,被称为世界妓女占人口比例最高的七大城市(七大城市的排序为伦敦、柏林、巴黎、芝加哥、名古屋、东京、北平)之一。❷ 当时,遍布京城的妓院和妓女分为四个等级,即一等妓院和妓女地位最高,称"清吟小班";二等妓院又称为"茶室",地位次之,京城的一二等妓院当时主要集中在大栅栏商业区的"八大胡同"里,因此,"八大胡同"成为当时北京妓院的代名词;三等妓院又被称为"下处",主要分布在北平的珠市口大街和朝阳门外等处,除了房屋状况不好外,妓女的年龄偏大,相貌平平,但人数最多;四等妓院被称为"窑子",房屋低矮,陈设简单,妓女被称

---

❶ 穆玉敏:《北京警察百年》,中国人民公安大学出版社2004年版,第488~490页。
❷ 张萍:《当代中国社会病》,北京燕山出版社1993年版,第201页。

为"老妈堂",年龄更大,身价低;还有一种妓女不入级,没有固定接客房屋的站街女,民间称为"野妓"。从1949年底解救妓女的统计看,一等妓女占总数的10.1%;二等妓女占17.2%;三等妓女占59.2%;四等妓女占10.3%;野妓占3.1%。❶

卖淫嫖娼制度是人类文明发展中一个难以医治的痼疾,古今中外没有一个政权能将这一痼疾根除。北平解放后,新生政权决心将铲除娼妓制度作为改变中国旧面貌的重要步骤,这一举措实施来源于毛泽东主席对北平的暗访。中共中央在香山办公期间,毛主席经常到北平城里观察社会,一天晚上主席乘吉普车路过一个胡同时,见到一个妓院的老鸨正当众毒打一个出逃的妓女,秘书下车阻拦,老鸨蛮横无理,还要对秘书逞凶。后来,北平市委书记彭真去见毛泽东主席汇报工作时,谈到北平城里的妓女制度的反人类性,毛主席表示要挖掉这个社会暗疮。

1949年5月中旬,北平市政府召开研究妓院问题的专门会议,当月23日成立了由公安局、民政局、妇联等单位组成的联合调查组,对全市的妓院展开全面调查,很快搞清了妓院的分布、名称、地址,妓女和老鸨的数量、姓名、住址,以及老板和老鸨的财产、所犯罪行等。根据调查结果,彭真同志专程向毛主席汇报了此项工作,主席当即打电话给公安部长罗瑞卿说:"新中国决不允许娼妓遍地,黑道横行,我们要把房子打扫干净!"

1949年11月21日,北京市第二届各界人民代表会议在中山公园中山堂举行。市委书记彭真宣读了封闭全市所有妓院的倡议书,得到了与会代表的一致拥护,并当即草拟北京市政府《关于封闭妓院的决议》,该决议得到了代表的一致通过,并立即向毛泽东主席汇报,主席听完汇报后说:"这个决议很好!"当天下午5时,北京市市长聂荣臻下达了立即执行北京市第二届各界人民代表会议关于封闭妓院决议的命令。晚间8点,由北京市2400名民警和政府干部组成的27个行动小组,分乘37辆汽车,向全市妓院所在地区进发。到第二天凌晨5时止,全市224家妓院被全部封闭,454名老板、老鸨、领家被收审,1268名妓女被集中收容。❷

---

❶ 穆玉敏:《北京警察百年》,中国人民公安大学出版社2004年版,第430页。
❷ 万川:《中国警政史》,中华书局2006年版,第492、494页。

> **专栏 2**
>
> **北京市第二届各届人民代表会议关于封闭妓院的决议**
>
> （1949 年 11 月 21 日）
>
> 妓院乃旧统治者和剥削者摧残妇女精神与肉体，侮辱妇女人格的兽性的野蛮制度和残余，传染梅毒淋病，危害国民健康极大，而妓院老板、领家和高利贷者乃极端野蛮狠毒之封建余孽。兹特根据全市人民之意志，决定立即封闭一切妓院，没收妓院财产，集中所有妓院老板、领家、鸨儿等加以审讯和处理，并集中妓女加以训练，改造其思想，医治其性病，有家者送其回家，有结婚对象者助其结婚，无家可归、无偶可配者组织学艺，从事生产。
>
> 此系有关妇女解放、国民健康之重要措施，本市各界人民应一致协助政府进行之。

1949 年 11 月 22 日，"八大胡同"之一的春艳院前挂上"北京市妇女生产教养院"的牌子，1000 多名妓女在此接受性病治疗、教育和生产技能学习。至 1950 年 6 月止，妇女生产教养院的学员全部毕业出院。其中 379 名被亲属领回家；596 人与工人、农民、店员、商贩等结婚成家；62 人参加了剧团和从事医务工作；8 名为安老所收养；其余无家可归或有家难归的 209 名学员全部由政府安排到工厂当工人。[1]

对于罪大恶极、残酷剥削妓女的老板、老鸨、领家由北京市军事管制委员会军法处审判。其中，判处死刑 2 人，十年以上徒刑 19 人，五年以上徒刑 74 人，一年以上徒刑 260 人，没收其房产 89 处，财物 202 件（注：1950 年《北京市处理妓女工作总结》）。这次摧枯拉朽的行动使得北京，几年后又使全国卖淫嫖娼活动基本绝迹，并创造出 30 年无娼妓的奇迹。

9. 打击毒枭，禁绝烟毒

旧北平贩毒吸毒现象严重，吸毒者主要吸食鸦片和海洛因。杨汉民、韩福瑞等大毒枭也以北平为活动中心，"批发"毒品。而零售毒品的大多是生活贫困、无正当职业的城市游民，他们以小商小贩为掩护，暗地里销售

---

[1] 穆玉敏：《北京警察百年》，中国人民公安大学出版社 2004 年版，第 425~439 页。

毒品。

北平市公安局是最早在全国开展禁毒工作的，自1949年2月接管国民党北平市警察局后，便在前门火车站、朝阳门、西直门、德胜门等繁华区域建立了检查站，缉查贩毒分子。当年2～12月，年轻的北平市公安局相继查获制毒贩毒案件1643件，查获毒犯27名。

新中国成立后，中华人民共和国政务院、内务部、公安部对缉毒工作十分重视。1950年2月4日，中央人民政府政务院第22次会议通过《关于禁止鸦片烟毒的通令》，命令全国各级政府广泛宣传禁止烟毒，并全面禁止种植毒品，贩运、制造、销售毒品。同年7月10日，周恩来总理在相关会议上再次重申"封闭烟馆，对大烟犯必须严惩"。1952年5月21日，政务院再度颁布《严禁鸦片烟毒的通令》。同年12月12日，政务院发布"关于推行戒烟、禁种鸦片和收缴农村毒品"的指示。1953年6月，内务部、公安部联合发出《贯彻严禁种植鸦片的指示》。1952年下半年全国打击吸毒贩毒活动达到了高潮，此次禁毒活动共逮捕罪行严重的毒犯3.6万人。

北京市委、市政府根据中共中央的禁毒精神，于1950年1月制定了全市的《禁烟禁毒实施办法》。1951年12月10日，北京市政府向全市发布禁毒布告。布告指出：从即日起，任何人不得制造、贩运、售卖鸦片等毒品，藏有烟毒及制造用具的应立即到当地公安分局报缴；吸食鸦片烟毒的人应到当地公安派出所登记，限期戒除；医院、工厂、学校、机关等专为医疗或化验用的毒品，应到当地公安分局登记。

在布告张贴公布后，北京市公安局着重从四个方面开展了禁毒工作。一是组织落实。在市委市政府的领导下，与民政局、公共卫生局等单位联合组成"戒烟戒毒委员会"，统筹全市的戒毒工作。二是在全市范围内大张旗鼓地开展戒毒宣传工作，做到家喻户晓，人人皆知。1952年8月9日～9月6日，全市的戒毒宣传工作达到高潮，共召开各种类型的宣传会15000多次，参加居民达100多万人次。在宣传工作中，共收到群众检举揭发贩毒吸毒线索9万余件，检举吸毒贩毒人员3444人。三是积极开展吸毒者登记工作。在强大的戒毒宣传攻势下，北京市政府要求吸毒和贩毒者必须到所在地的公安分局或派出所进行登记。至1952年9月14日，全市有5942名吸毒贩毒者登记坦白。对于登记的吸毒人员，本着"教育改造，治病救人"的方针，北京市公安局根据吸毒者的年龄、体质、对毒品的依赖程度、生活状况，并参考吸毒人员意见，为其规定戒毒限期。对于吸毒严重、需要医治方能戒毒，而本人又无能力承担医药费的吸毒人员，政府视其具体情况减免医药费。四是逮捕制毒贩毒分子，收缴制毒用品，惩治大毒贩。市公安局先后于1952年8月9日和15日分两次对毒犯采取搜查、逮捕行动，共逮捕毒犯535人，缴获制毒机械10台，罗、碾、罐及烟枪、烟灯等毒具775件，海洛因657两，鸦片及其他毒品2800两，制毒原料醋酸、巴比通等387磅。

1952年9月1日，北京市公安局在先农坛体育场举行了4万人公判大会，对大毒贩杨汉民、任存厚、杜金铭等宣判死刑。杨汉民被称为"松竹梅大王"，他从1937年开始就在天津、北平等地开设制毒工厂，大量制造松竹梅牌毒品，成为北平、天津、太原、河南等地吸毒人员的抢手货，十年间共贩卖毒品24600多两。北平解放后，他继续制毒贩毒，1950年2~3月在上海制造松竹梅毒品275块，合计375两。1951年在蚌埠设厂制毒，制毒1520块，合计1660两。公判大会上，除了对三名大毒枭判处死刑外，根据宽严相济的政策，对罪行相对较轻、能坦白、检举立功的6名毒犯从宽处理，当场释放。这次公判大会在全市的吸毒贩毒人员中产生了巨大的震慑作用，会后一周内就有2848名吸毒贩毒者到公安分局或派出所坦白登记。1953年2月以后，北京市制毒、贩毒、运毒、吸毒的现象基本杜绝，并使这种"无毒市"的状态维持了40年。❶

（三）新旧政权交替与新政权有效的社会整合

1948年中国共产党推翻了国民党政权接管北平市，意味着一种特殊社会变迁的开始。一般来说，社会变迁是指一种社会结构的变动，社会控制体系的变化，社会变迁既表现在经济基础的变化，也表现在社会形态和上层建筑的变化；既表现出社会质的变革，也表现为社会量的积累；既有社会整体性变化，也有社会局部的变化；既有急剧的，也包括渐进缓慢的变迁。新中国成立初期，新旧政权交替，依照社会学的三种划分，即所有统治阶层更换的"革命"、部分更换的"改良"和把被统治阶层利益结合进统治阶层政策中的"改善"而言，当属第一类"革命"，是"所有统治阶级的更换"，从变迁程度看，是整体性的"急剧变迁"。

新的社会制度代替旧有社会制度，原有的利益格局被打破，原有的统治者被推翻。旧制度自身的惯性、残余势力对新统治阶层的反抗和破坏是不可避免的。在社会治安管理方面，新的治安体系替代旧的治安体系，与现有社会秩序

---

❶ 穆玉敏：《北京警察百年》，中国人民公安大学出版社2004年版，第487~488页。

的磨合需要时间，这些要素使新中国成立初期的社会治安紊乱和形成犯罪小高峰期成为急剧社会变迁的伴生物。不过从对这段历史的追溯中，可以看到当时新政权对首都社会治安的管理和社会秩序的整合是卓越成效的。新政权以摧枯拉朽之势，建立起新型公安、法院等司法机构，替代旧的政权的原有机构，迅速制定和发布稳定社会秩序的政策和法令，并准确地采取多项措施，保卫中央政府入驻北平，开国大典和政协会议的召开；整顿金融秩序，稳定经济形势；打击地方恶势力、摧毁盗匪和贩毒集团、关闭妓院等，使新政权得以平稳过渡。更具特色的是新政权建立起了区别于旧政府的"群防群治"的社会治安体系，发动群众检举揭发盗匪、恶霸、特务、老鸨、吸毒贩毒者等，鼓励和支持民众参与城市社会治安管理，当时的公安部长罗瑞卿要求公安机关"把群众当成自己的母亲，不应该把自己看成群众的上司"成为当时民警的座右铭，并形成了"鱼水之情"的新型警民关系，警民共治首都社会治安，取得了良好的社会效果。比如，1950年1月13日，北京北郊冬防小组在夜间巡逻中，发现有人在偷大白菜，当即吹哨，正在附近巡逻的派出所民警及周围驻军，以及人民群众200多人先后赶到现场，当即将小偷韩长春抓获。以现在的角度来看，200多人去抓一个偷大白菜的，似乎治安成本昂贵，但这也从另一个侧面反映出那个年代警民共治，以及市民参与社会治安管理的积极性和主动性。这种积极性和主动性形成了一种无形的舆论压力和潜在的社会控制力，有效地抑制了犯罪的增长。

北京从解放初期的社会治安紊乱、匪盗横行、吸毒贩毒、卖淫嫖娼猖獗，以及刑事案件多发，到1952年全市法院全年共受理抢劫案件2起止，新生政权用了四年的时间完成了社会治安的整顿，并收到了良好的效果。北京作为首都又对全国社会治安好转起到了辐射作用，北京的经验被其他省市借鉴，并推动了全国治安形势的好转。据统计，从1951年开始，全国刑事犯罪率迅速下降，社会治安明显好转。1951年全国刑事案件立案数33.3万起，比1950年下降了35%，立案率为5.9起/万人，比1950年减少了3.4个万分点。1952年刑事案件立案数继续呈下降趋势，为24.3万起，同比继续下降了27%，立案率为4.2起/万人，比1951年减少了1.7个万分点。（见表1）

表1　1950~1952年全国刑事立案统计表[1]

年份	立案（万起）	犯罪率（起/万人）	前年比（%）
1950	51.3	9.3	
1951	33.3	5.9	-35
1952	24.3	4.2	-27

三、全面建设社会主义时期的首都社会治安建设（1953~1965年）

从1953年起，全国开始实施"第一个五年计划"，在发展经济和进行所有制改造的同时，在社会治安管理上，中共中央仍然继续坚持严厉打击反革命分子和各种刑事犯罪分子的基本方针。

（一）打击反革命的残余势力

1955年3月，毛泽东主席在中国共产党全国人民代表会上对全国治安形势作出了如下判断："国内反革命残余势力的活动还很猖獗，我们必须有计划地、有分析地、实事求是地再给他们几个打击，使暗藏反革命力量更大地削弱下来，借以保证我国社会主义建设事业的安全。"同年4月，公安部在《1954年公安工作主要情况向中央的报告》（简称《报告》）中认为："随着国际帝国主义制造战争的阴谋和武装阻扰我解放台湾的侵略活动，随着我国社会主义建设与社会主义改造的进展，镇压反革命分子的斗争，不仅没有缓和和减弱，而且是更加紧张和更加复杂了。"《报告》中还具体概括了反革命分子和各种犯罪分子进行的八种破坏活动：（1）千方百计窃取情报；（2）制造破坏事故；（3）疯狂进行恐怖暗害活动；（4）海外敌特拉拢大陆上的残余反革命分子、阶级敌对分子等，进行有组织的反革命活动；（5）利用一些群众对农业合作化的不满和工作中出现的缺点，造谣惑众，制造骚乱和反革命暴乱；（6）资产阶级中坚持反抗社会主义改造的分子进行报复破坏活动；（7）一部分反动富农破坏社会主义改造和农村中的各项中心工作；（8）刑事犯罪分子破坏危害社会主义建设事业。

基于上述判断，中央中央在1955年5月27日作出《关于全党必须更加提高警惕性加强同反革命分子和各种犯罪分子进行斗争的指示》，强调"为了保卫社会主义建设和社会主义改造事业的安全，为了保卫第一个五年计划的完

---

[1] 资料来源：郭翔：《中国大陆青少年犯罪趋势研究》，《青少年犯罪研究》1992年第7~8期，第60页。

成",必须"动员全党和全体人民加强同反革命分子和各种犯罪分子斗争","严厉镇压一切敢于破坏社会主义建设和社会主义改造事业的反革命分子和各种犯罪分子"。在中央的部署下,1955年6月全国开始了第二次"镇反运动"。

在第二次"镇反运动"中,毛泽东主席在一次中央政治局扩大会议上作了《论十大关系》(1956年4月25日)的报告,强调指出:"肯定还有反革命,但是已大为减少。今后社会镇反要少抓少杀,实行四十条农业纲要的办法,把他们交给合作社来管制生产,劳动改造。"公安部经中央同意,颁布了《关于宽大处理和安置城市残余反革命分子的决定》,强调除对少数残余反革命分子继续打击外,对一般反革命分子应从宽处理。除对部分依法应处以死刑的反革命分子处以死刑外,其余的反革命分子一律免死。❶ 北京市公安局根据这一决定,重新修订了捕人计划,着重开展对反革命分子的政治攻势,促进敌对势力的分化。

从全国的治安形势看,1953年刑事案件立案数为29.2万起,1954年为39.2万起,分别比上一年上升了20%和11.6%。1955年至1956年第二次"镇反"期间,刑事案件立案数分别为35.9万起、18万起,分别比上一年减少9.4%和49.8%,其中1956年刑事案件下降最为明显。(见表2)

表2　1953~1965年全国刑事立案统计❷

年份	立案（万起）	犯罪率（起/万人）	前年比（%）
1953	29.2	5.0	20.0
1954	39.2	6.5	11.6
1955	35.9	5.3	-9.4
1956	18.0	2.9	-49.8
1957	29.8	4.6	65.6
1958	21.1	3.2	-29.2
1959	21.0	3.1	-0.5
1960	22.3	3.4	6.2
1961	42.2	6.4	89.2
1962	32.5	4.8	-23.0
1963	25.1	3.6	-29.5
1964	21.5	3.1	-3.6
1965	21.6	3.0	0.5

---

❶ 万川:《中国警政史》,中华书局2006年版,第494页。
❷ 资料来源:郭翔:《中国大陆青少年犯罪趋势研究》,《青少年犯罪研究》1992年第7~8期,第60页。

关于北京的治安形势，根据《北京市人民政府关于1953年度政法工作的报告》中的统计数据分析，当年逮捕的反革命分子721名，其中90%是从外地逃到北京的反革命分子。破获盗窃、诈骗等刑事案件7049件，逮捕2353名。7月、8月对强奸、调戏妇女、幼女的流氓犯罪活动进行了集中打击，逮捕首恶分子177人。❶ 1955年6月至1956年底北京市第二次"镇反运动"期间，市公安局共逮捕反革命分子和刑事犯罪分子8506人，处以死刑113人。❷

（二）"反右斗争"与"同刑事犯罪活动的斗争"

1957年4月，中共中央发出《关于整风运动的指示》，决定在全党进行一次反官僚主义、宗派主义和主观主义的整风运动。全国"鸣放"开始不久的1957年5月15日，毛泽东同志发表《事情正在起变化》一文，"鸣放"停止，全国大规模的反右斗争开始，先后共划右派分子54.7万人（1980年统计）。在此期间，北京市公安局划右派、反社会主义分子234人，一些乐于思考公安改革、敢于提意见的人被划为右派，首都治安系统出现一定程度的混乱和社会控制能力的削弱。

从全国的统计看，1957年以盗窃、强奸和侮辱妇女为主的刑事案件增加明显，刑事案件立案数为29.8万起，比上一年增加了65.6%，增幅为新中国成立八年中的最高，该年北京的治安情况与全国大体相同。为此，中央转发了公安部《关于开展对刑事犯罪作斗争的报告》，对50多座大城市打击刑事犯罪发出通告。各地公安机关在党委的领导下，与其他部门配合，广泛发动群众，大力组织破案，依法逮捕、判处了大批刑事犯罪分子，稳定了社会治安秩序。❸ 1958年，全国刑事案件立案数下降至21.1万起，比上一年减少了29.2%。（见表2）

专栏3
1959年北京故宫养心殿金册被盗案

1959年8月16日晨，故宫博物院珍宝馆养心殿内"故编字1号"展柜内的清康熙二十年仁皇后徽号册文8页（金质，共重166两）及5柄玉雕花把金鞘匕首等文物被盗，其中册文为乾隆皇帝的订婚聘书，属无价之国宝。

---

❶ 北京市人大常委会办公厅/北京市档案馆：《北京市人民代表大会文献资料汇编 1949—1993》，北京出版社1996年版，第265页。

❷ 穆玉敏：《北京警察百年》，中国人民公安大学出版社2004年版，第505页。

❸ 万川：《中国警政史》，中华书局2006年版，第494页。

> 案发后北京市公安局报请公安部通报全国，并由市局领导作组长，抽调 80 名民警，组成专案组，动员全民力量开展侦破工作。1959 年 11 月 11 日下午，一列由上海开往北京的特快列车停靠在天津站内，按惯例，列车员逐一检查乘客车票，发现有两名农民装束的年轻人紧张地躲闪查票，于是将其拦住，后查明两人未购买车票，便将其送往天津市公安局红桥分局治安科审查，审查中其中一名男子兜中搜出 9 块碎金片，天津市公安局将情况通报给北京市公安局，后对嫌疑人进行指纹鉴定与故宫被盗现场遗留指纹痕迹一致。天津市公安局的民警迅速赶往嫌疑犯家中，从其耳房地下挖出来一个木箱子，里面藏有 5 页金册和 5 把宝刀。
>
> 经审查，该犯罪嫌疑人叫武庆辉，男，20 岁，山东省寿光县北洛公社北孙云子村人，有盗窃犯罪经历。1959 年 7 月，从原籍来京找工作，暂住在西河沿 11 号其三姐武桂生家。8 月初，武庆辉到故宫珍宝馆参观时，见到了养心殿里的金册等珍宝，即起意偷窃。8 月 15 日下午，他溜进珍宝馆墙外的厕所，天黑后破门入养心殿，打碎玻璃偷出金册等国宝。16 日，给姐姐武桂生留下两页金册后，携其他赃物潜回原籍。姐弟俩先后将 3 页金册剪碎，在北京、山东等地银行出售，获赃款 1000 余元。
>
> 1960 年 3 月，北京市中级人民法院判处武庆辉无期徒刑，剥夺政治权利终身；判处武桂生有期徒刑 15 年，剥夺政治权利 5 年。

资料来源：百度百科——武庆辉。

（三）"三年灾害"与紧张的社会治安形势

1958 年，由于违反经济规律的"大跃进"，加之"三年灾害"，致使中国经济遇到了严重的困难。1960 年和 1961 年冬春之交，全国出现了粮食和副食品短缺危机。在这个背景下，许多地方发生了群众性的偷摸、哄抢等侵害集体财产的行为，以及大量农民外流，城市职工请愿、聚众闹事等社会问题。1960 年刑事案件立案数 22.3 万起，比上一年上升了 6.2%，发案率为 3.4 起/万人，1961 年治安形势进一步恶化，刑事案件立案数 42.2 万起，发案率为 6.4 起/万人，立案数比上一年上升了 89.2%，为历年中上升幅度最高的一年（见表 2）。为此，公安部召开了第十一次全国公安工作会议，颁布了《关于当前公安工作十个具体政策问题的补充规定》，对劳动教养、拘留、集训、搜查、没收、罚款、逮捕权限、自由流动人员的收容、匿名信的处理等 10 个问题作了明确的规定。其核心内容是注意区分和处理敌我矛盾和人民内部矛盾，对限制人身自由的权力行使，一要缩小范围，二要提高行使此权力的机构层级。这些措施缓解了社会矛盾，有效稳定了社会秩序。

1962年，国家进一步全面调整经济和社会政策，妥善救济灾民，稳定社会，有效抑制了犯罪的增长势头，并使全国的犯罪率连续四年持续下降，1962年的犯罪率是4.8起/万人，比上一年减少了1.6个万分点；1963年为3.6起/万人，与去年比继续少1.2个万分点；1964年为3.1起/万人，与去年比再减少0.5个万分点；1965年全国刑事犯罪立案数下降至21.6万起，全国的发案率下降至为3起/万人（见表2），成为新中国成立以来犯罪率最低年度之一。

"三年灾害"期间北京市社会治安状况的统计数据难于查找，无法做出定量分析。但通过与公安系统的老同志访谈和一些个案分析，可以判断北京市的治安形势好于全国。由于北京是中国的首都，党中央所在地，因此，在"三年灾害"期间，全国保北京的政策倾向明显。比如，"三年灾害"之前，北京市城镇居民的年粮食供应量为192.43公斤，"三年灾害"后期的1961年、1962年城镇居民的粮食供应量比原供应量减少了27~32公斤，分别是164.97公斤和160.34公斤，❶虽供应量减少但确保供应，并未出现其他省市的粮荒现象，也没发生群众性的偷摸、哄抢等现象。

专栏4

1960年王倬冒充周恩来笔迹诈骗中国人民银行20万元案件

1960年3月18日黄昏，一名中年男子到西交民巷中国人民银行总行秘书室送去急件，信封为红色国务院衔，内容是"总理：主席办公室来电话告称，今晚九时，西藏活佛举行讲经会，有中外记者参加，拍纪录影片。主席嘱拨一些款子作修缮寺庙用，这样可以表明我们对少数民族和宗教自由的政策。拟拨给15万~20万元，可否，请批示"。在周恩来的签字下方注有："请人民银行立即拨给现款20万元"。旁注："为避免资本主义国家记者造谣：①要市场流通旧票。②要十元票。③包装好看一点。七时务必送到民族饭店赵全一收（西藏工委宗教事务部）。"

---

❶ 北京市地方志编纂委员会：《北京志·人民生活志》，北京出版社2005年版，第71页。

> 秘书室接急件后，马上请示当班的王副局长，王副局长先是疑惑："20万元，不是个小数目，为什么不通过财政部？"但此时又接到称是总理办公室的人打来催款电话，便信以为真，批示"请会计发行局立即把款送去"。当晚7点，银行发行局的三名干部把装有20万元现款的两个麻袋送到民族饭店，交给了等候的"赵全一"。
>
> 六天之后银行发现被骗，案件惊动中央。1960年正值"三年灾害"期间，国家经济极端困难，骗子竟用伪造的"总理批示"骗去了20万元人民币！总理极为震怒，指示公安部迅速破案，公安部部署全国公安机关排查犯罪嫌疑人。北京市公安局成立了专案组，由三位副局长亲自领导，不分昼夜侦查破案。北京市委号召全党、全社会动员起来，深挖罪犯。
>
> 4月1日，外贸部保卫科科长报告，他们过去使用的信笺与伪造批件用纸相似。公安人员在外贸部的材料档案里查到了大量的15行红格有光公文纸。经鉴定，与假批件用纸完全相同，并在外贸部出口局计划处科员王倬的人事档案里查到了"赵全一"的别名。另外，王倬那天请假没上班，说是带他母亲去积水潭医院看病。但调查发现他们没去过该医院。
>
> 4月3日夜，北京市公安局依法拘传并搜查了王倬的住处，当场搜出19.2万元现金，以及剪碎的作案时穿的衣服碎片。经过审讯和调查取证，王倬不得不认罪，说是被朋友借钱投资失利，一心想扳回老本，干大事，发大财，于是动了诈骗银行的心思。
>
> 1960年7月28日，王倬被依法处决。

资料来源：百度百科——王倬。

（四）政保警卫改革："既要保证安全，又不脱离群众"

经过对反革命残余势力、特务、盗匪、反动会道门的打击，1953年以后，首都的社会秩序有了根本性的好转，新政权得到了巩固，中国进入全面的社会主义建设时期。此时，政保警卫工作如果依然像过去那样岗哨林立、戒备森严、搞"人海战术"，就无法适应社会主义建设的需要，也容易使我们的党和干部脱离人民群众。1953年5月，中央就政保警卫工作进行了两项改革，首先是调整政保警卫工作的领导体制，将警卫力量集中于中央，将中央警卫局扩大为八、九两个局。其次是取消首长随身警卫员制度，收缩警卫界限。1953年10月，中央下发了《关于收缩国家领导人工作人员警卫界限和取消首长随身警卫员制度的意见报告》。1956年8月,在第九次公安会议上就政保警卫做出决议,把"既要保证首长安全,又要便利首长联系群众"作为警卫工作的基本方针。

根据中央关于警卫工作的意见,北京市公安局警卫处对原警卫力量进行了调整,提出"既要保证安全,又不脱离群众"的警卫原则,对原有的警卫制度进行改革。1957年,北京市公安局警卫处制定的《关于改进新侨饭店警卫形式的工作意见》,经市局批准执行,主要内容包括:撤销门卫,简化会客制度,撤销保卫机构,政保警卫工作由经理直接领导,各业务科分别负责。这一工作方式后被公安部作为首都警卫工作的改革经验向全国推广。首都警卫改革还总结出"三结合理论",即坚持党的领导、群众路线与专门工作相结合;坚持经常性工作与现场警卫相结合;坚持专业工作与行政业务相结合。并逐渐形成现场警卫、路线警卫和外宾警卫等不同的工作模式,使首都警卫工作逐渐走上了正规化和专业化的道路。

(五) 运动式的社会变迁与犯罪率波动的分析

根据上述的统计资料和个案分析,1953~1965年是中国实施"一五"、"二五"、"三五"计划的重要时期,被称为"全面建设社会主义时期"。实际上,轰轰烈烈的政治运动压倒了经济建设,犯罪率的变化、社会秩序的状况更多地与这些政治运动的发动和"降温"相关联。新中国成立后,全国的刑事犯罪立案数在两年持续下降后,在1953年和1954年出现反弹,分别比前一年增长了20%和11.6%。1955年开始的第二次"镇反运动"对刑事犯罪数量的增长起到了抑制作用,1955年和1956年的刑事犯罪的立案数分别比上一年减少了9.4%和49.8%。

1957年的"反右运动"区别于"镇反运动","镇反"是公检法等正式社会控制系统的对外部的敌对势力的镇压和不稳定因素的抑制,"反右"则表现为对正式社会控制系统的内部冲击,如公检法机构内众多成员被划成右派,造成组织结构的紊乱和成员观念混乱,影响正式社会控制系统对社会秩序的调控能力,全国刑事犯罪的立案数上扬明显,1957年比上一年增加了65.6%。

1958年和1959年"大跃进运动"在全国展开,大炼钢铁、大建铁路、人民公社化、食堂化、"超英赶美",轰轰烈烈的"大跃进"声势浩大、参加人员广泛,对潜在的犯罪个体也产生了吸附作用,1958年和1959年刑事犯罪立案数分别比上一年减少了29.8%和0.5%。

但是"大跃进"导致的高指标、瞎指挥、浮夸风盛行,致使国民经济发展比例失调，加之部分地区自然灾害的影响，民众的经济困难问题凸显。1960年和1961年冬春之交，全国出现了粮食短缺、偷摸、哄抢、聚众闹事等社会紊乱现象，刑事案件立案数1960年比上一年上升了6.2%，1961年刑事案件立案数大幅上升了89.2%，成为新中国成立以来的第二犯罪高峰期。

"三年灾害"后的1962年至1965年，全国的犯罪率连续四年持续下降，犯罪的增长势头得到抑制，被称为"路不拾遗，夜不闭户"的社会治安黄金期。对于社会治安黄金期的研究，目前学界有两种说法。一种观点认为，面对严重的治安形势，公安部召开了第十一次全国公安工作会议，出台了相关文件，对缓解社会矛盾，稳定社会秩序意义重大，此观点被称为"社会矛盾缓解说"。还有一种观点认为，"三年灾害"之后，中央及时调整经济政策，农业生产连续几年增收，人民生活得到改善，是犯罪率下降的直接原因，被称为"经济恢复说"。❶ 笔者的研究并没有发现支撑"社会矛盾缓解说"和"经济恢复说"有力证据，而是发现了这段"社会治安黄金期"与新中国成立以来最大规模的"逆城市化"有关。

所谓城市化，是指城市人口在总人口中所占比重的变化。一般来说，工业化伴随着城市规模扩大和数量的增加，即"城市化"。"逆城市化"则是一种相反的现象。从相关史料分析，当时中央为了缓解"三年灾害"所带来的城市供应紧张，提高农业生产能力，1962年5月在京召开工作会议，邓小平同志在会议上提出，调整时期的中心工作有两个：一是减少两千万城市人口，二是加强农村生产队工作。他说："我们有了粮食、棉花和其他东西，才翻得了身，这些东西要靠生产队拿出来。减少城市人口的工作也涉及生产队的问题，安置城市人口要靠生产队。"邓小平的意见被中央采纳。❷ 1961~1965年，全国共精简城市职工约1887万人，压缩城镇人口2600万人；到1965年，全国城市数从1961年的208座减少至171座，减少了17.8%；城市化水平由1960年的19.8%下降到14.6%（1964年），中国的城市化水平出现了大幅逆转。犯罪学研究的一般结论是城市的诱惑性、匿名性、流动性、竞争性等使其犯罪率高于乡村。而与城市化相反的社会变迁形式——"逆城市化"也会带来犯罪率的下降。基本可以肯定地判断，这一时期的"社会治安黄金期"与"逆城市化"的变迁形式关联密切。

---

❶ 万川：《中国警政史》，中华书局2006年版，第494~495页。
❷ 中共中央文献研究室：《毛泽东传（下）》，中央文献出版社2003年版，第1217页。

冲突、犯罪与秩序建构
——张荆教授犯罪学研究甲子纪念文集

中国犯罪学者习惯于把上个世纪五六十年代笼统地称为"路不拾遗，夜不闭户"的社会治安黄金期，其主要思考方式是1953~1965年十三年间，全国年平均立案数27.6万起，平均发案率为4.2起/万人，大大低于新中国成立初期1950年的51.3万起立案数和9.3起/万人的发案率。不过，若细致地逐年研究分析便会发现，上个世纪五六十年代并不是犯罪率稳步下降的过程，由于各种政治运动的不断发动，犯罪现象也出现了非常态的波动，有些年份甚至出现跳跃式的增长（如1957年、1961年）。

这段时期除了政治运动波及社会控制系统、影响犯罪率的起伏外，犯罪类型变化也具有时代特色。（1）反革命犯罪所占比重逐年下降，1957年前后反革命案件仍占全部刑事案件的44.6%，1958年以后，反革命犯罪逐年减少，到60年代中期下降至20%左右，而普通刑事犯罪的比重逐年上升。（2）杀人、抢劫、放火、强奸、投毒等危害严重的恶性犯罪的比重逐年下降，由新中国成立初期的39%，下降至60年代的7%。（3）财产犯罪逐年上升。特别是盗窃和诈骗案件增幅较大，全国50年代初期的财产犯罪占刑事犯罪总数的50%左右，60年代达到了80%左右。（4）中老年犯罪逐渐减少，青少年犯罪比例增加。❶

专栏5

反扒窃与汤金池扒盗杀人案

1961年5月31日下午5时，反扒民警刘刚登上了从永定门火车站到北京站的20路公共汽车，上车便发现一名男子时不时低头看看周围乘客的衣兜，形迹可疑。刘刚看似不经意地贴了过去，只等他将手伸进乘客衣兜便当场拿下。但车子开到南河沿南口时，该男子放弃作案，下了车。刘刚紧随其后，并很快和同事吴本立会合，一同跟踪。晚上8时许，该男子乘车到北京站，买了一张深夜车票，漫不经心地步行到不远处的西裱褙胡同东口，侦查员刘刚和吴本立继续跟踪。此时，该男子突然转身，满脸狰狞。"再跟着，我毙了你！"随着喊声，一支军用制式手枪黑洞洞的枪口指向了两位民警。面对枪口，两名警察稍事迟疑，个头稍矮的刘刚从正面、吴本立从旁边同时扑了上去，耳畔只听"砰"的一声枪响，

---

❶ 陆学艺：《中国社会进步与可持续发展》，科学出版社2007年版，第237页。

> 第一颗子弹打飞了。第二声枪响，子弹击中了刘刚的左肩，刘刚顿时被击倒在地。此时，吴本立从背后一把抱住汤金池，刘刚忍痛爬起来继续扑上。但就在他刚刚起身时，枪声第三次响起来。这颗子弹穿过了左侧上衣兜里的警察工作证，直接命中刘刚心脏。这一次，他再也没能站起来。
>
> 距离事发地点不远的建国门派出所，多名民警正在开会。听到枪响，迅速兵分两路，向西裱褙胡同包抄过去。当他们赶到时，吴本立仍在和歹徒殊死搏斗。很快，歹徒被制伏，刘刚已经在血泊之中停止了呼吸。
>
> 经审查，歹徒叫汤金池，天津市红桥区人，是一名惯偷，解放前曾在国民党六十二军服役。解放初期，因盗窃两次被判徒刑，1953年9月刑满释放后不改恶习，继续从事扒窃活动，他手中的军用制式手枪是在天津公交车上从一名出差的军人兜里偷走的。
>
> 1961年12月6日汤金池被处决。
>
> 当年反扒大队负责人王立成回忆说，当时领导的187名反扒民警当中，刘刚是个不显山不露水的人，平时沉默寡言，却和周围同事相处融洽。"工作只要交给他，没有不放心的。"他还回忆当年的反扒队每个月最少也会抓获70多名扒手。当年的反扒意义重大。"那时候的贼都很讲技术，经常一眼就能看出市民兜里大概有多少油水。我们不止一次见过四五十岁的中年人在报案时当街痛哭流涕，常常是刚发了工资就被偷，按现在的标准说，没多少钱，也就三四十块，但这却是他们全家一个月的生活费。丢了这笔钱，一家老少这个月不知要怎样才能熬过去。"王立成说，正是见多了失窃者的悲惨境遇，像刘刚这样的年轻侦查员才会对反扒工作投入了百倍热情，乃至青春和生命。

资料来源：网易，http://news.163.com/12/0404/13/7U8IPF7J00014AED.html。

北京的社会治安的变化与全国大体相同，研究中可收集的统计资料较少，但从市人民法院的工作报告中可见一斑。50年代北京市法院每年受理各类民事、刑事等案件1万~4万件，受理人民来信1000~7000封，人民来访36000人次左右，1953年共破获盗窃、诈骗等刑事案件7049起，捕获盗窃和诈骗犯2353名，刑事案件立案率为25.5起/万人，略高于全国同期水平。[1] "三年灾

---

[1] 北京市人大常委会办公厅/北京市档案馆：《北京市人民代表大会文献资料汇编 1949—1993》北京出版社1996年版，第163~395页。

害"期间的哄抢事件在北京几乎没有发生过。

研究1953~1965年的北京社会秩序与犯罪问题时,还有两个重要因素不容忽视。一是计划经济。指令性的生产和消费使卖淫嫖娼、吸毒贩毒、黑社会等赖以生存的"地下经济"失去了土壤。平均主义"大锅饭"减少了因经济差别过大带来的"相对被剥夺感"所引发的犯罪行为。二是严格限制人口流入政策。北京作为首都对于人口流入的限制早于全国,据《北京市人民政府关于1953年度政法工作计划及执行情况的报告》记载,1953年"春节以来,外地许多农民盲目来京,到劳动局要求工作。其中,许多人衣食无着,生活困难,有些露宿街头,甚至有行乞和行窃的……我们自3月份起,即开始动员他们还乡。其中,对有困难的则予以补助,发给路费,截至5月上旬,已动员了九千多人还乡。其中,七千人得到了路费补助,计用去四亿五千多万元"。❶

1958年1月,经全国人大常委会讨论通过并颁布了第一部《中华人民共和国户口登记条例》(简称《条例》),确立了一整套新的户籍管理办法,主要包括常住、暂住、出生、死亡、迁出、迁入、变更7项人口登记制度。该《条例》首次以法律的形式对农民进入城市、城市之间的人口流动进行严格限制,并逐渐形成了中国特色的"城乡二元结构"。对于严格限制人口迁移的户籍制度,从宪法学和国际法学的角度分析有悖于当时的《中华人民共和国宪法》中的公民迁移自由的条款(1975年《宪法》修订后才取消了公民迁移自由的条款),也违反了1948年联合国制定的《世界人权宣言》中关于"迁移、居住自由"(第13条)的条款。但是,从犯罪学的视角看,限制人口迁移在一定程度上抑制了流动人口的犯罪,抑制了城市犯罪率的增加。这种非流动的户籍制度与当时的计划经济体制相配套,使北京乃至全国犯罪率都处于较低的水平。

总之,从社会变迁的视角分析1953~1965年北京及全国的犯罪率的变化,其起伏与社会变迁具有关联性。不过,社会变迁的特点不是经济基础和上层建筑的巨变引发社会结构的变化,并与社会秩序(或犯罪率)相关联,而是以一种政治运动的方式影响社会变迁的进程与剧烈程度,并与犯罪率的变化相关联。

四、"文化大革命"期间的首都社会治安及"文化大革命后遗症"

1966年5月,在中共中央政治局扩大会议上,通过了《中共中央通知》

---

❶ 北京市人大常委会办公厅/北京市档案馆:《北京市人民代表大会文献资料汇编 1949—1993》北京出版社1996年版,第222页。

(简称"五·一六通知")。同年8月的中国共产党第八届十一中全会上又通过了《中共中央关于无产阶级文化大革命的决定》(简称"十六条"),标志着"文化大革命"的开始。"文化大革命"是一次历史性的浩劫,它对中国治安系统的冲击和破坏是灾难性的。造成首都治安系统重创的主要因素有两个:一是对北京公安机关实行军事管制,二是中共中央、国务院发布的《关于无产阶级文化大革命中加强公安工作的若干规定》(简称"公安六条")。

(一) 砸烂公检法,对首都公安系统实行军事管制

"文化大革命"初期,江青就提出"从政治上、理论上、组织上彻底砸烂公检法"。其后中央从军队抽调了32名干部接管公安部,组成以谢富治为首的公安部领导小组。1966年5月12日,谢富治派出44人"工作组"夺了原北京市公安局的领导权。同年12月,北京市造反派组织"政法公社"提出要接管北京市公安机关,得到谢富治的同意,1967年1月15日,"政法公社"进驻市局夺权,成立了"北京市公安局革命委员会",1967年2月11日,经中共中央、国务院批准,对北京市公安局实行军事管制。并先后出台了《关于北京市公安局问题的汇报提纲》《关于彻底改造旧北京市公安局的若干问题》两个材料,称北京市公安局是"反革命修正主义集团实行资产阶级专政的工具",市局10名正副局长、117名正副处长、分局长都被戴上特务、叛徒、"三反分子"的"帽子",全局揭发出1000多名坏人。"文化大革命"期间,北京市公安局共有108人被迫害致死,其中摧残致死69人,被迫自杀39人,73人被逮捕拘押,860人被集中关押,7406人被赶出公安系统。❶北京市公安系统遭到严重的破坏,许多民警的执法权被剥夺,并导致社会治安的紊乱。

(二) "公安六条"对首都治安系统的重创

1967年1月13日,中共中央、国务院发布了《公安六条》,其主要内容是:(1)对于确有证据的杀人、放火、放毒、抢劫、制造交通事故进行暗杀、冲击监狱和管制犯人机关、里通外国、盗窃国家机密、进行破坏活动等现行反革命,应依法惩办。(2)凡是投寄反革命匿名信,秘密和公开张贴、散发反革命传单,写反动标语,喊反动口号,以及攻击污蔑伟大领袖毛主席和他的亲密战友林彪同志,都是现行反革命行为,应当依法惩办。(3)保护革命群众和组织,保护左派,严禁武斗。(4)对帝、富、反、坏、右分子等一律不准

---

❶ 穆玉敏:《北京警察百年》,中国人民公安大学出版社2004年版,第540页。

外出串联,不准其伪造历史,混入革命群众组织,如有破坏活动,要依法严办。(5)凡是利用大民主,或其他手段,散布反动言论,一般的,由革命群众同他们进行斗争;严重的,公安部门和革命群众相结合,及时进行调查,必要时酌情处理。(6)党、政、军机关和公安机关人员,如果歪曲以上规定,捏造事实,对革命群众进行镇压,要依法查办。

"公安六条"在整个"文化大革命"期间具有相当的法律效力。总体上讲,"公安六条"是一部恶法规,虽然规定了严禁武斗,对杀人、放火、放毒、抢劫等犯罪活动依法严惩,但其核心内容首先是保护"革命群众"、"革命群众组织"、"左派"的革命精神和造反行为。"王连友事件"是当时的典型的案例。王连友是京沪线旅客列车上的一名乘务民警,在执勤中为了维护列车上的治安秩序,对红卫兵和"造反派"违反治安的行为进行劝阻,反而遭到他们的毒打,造成重伤。事后,红卫兵和"造反派"拖着重伤的王连友到公安部,要求公安部追究其阻止红卫兵造反的刑事责任。该事件在北京市公安局,乃至全国公安系统引起极大的反感。那个年代的北京,类似的事件时有发生,严重削弱了首都公安系统的执法能力。其次,"公安六条"还规定对写反革命匿名信、喊反动口号攻击毛泽东、林彪的均以反革命罪论处。最后,这条规定还进一步扩大到"中央文革",即反对"中央文革"就是反革命。从国际法的角度看,以思想治罪、以语言表达治罪是违反人权的(《国际人权(B)公约》第18、19条),另外,这条规定还导致了人与人之间的"无限上纲",使冤假错案丛生。

(三) 社会控制组织的紊乱引发社会治安的紊乱

"文化大革命"期间,由于公检法被砸烂,政府的职能丧失,全国及北京的社会治安统计数据残缺不全。不过,学者们普遍认为,这一时期是中国特殊的犯罪高峰期,一些犯罪学的专家学者曾对"文革"后期犯罪进行典型调查并推算,若按"文革"前的定罪标准,全国年刑事立案率约在100~200起/万人。另据《中国警政史》记载,1973年全国的刑事立案数为53.5万起,高出解放初期犯罪高峰期(1950年为51.3万起)立案数2.2万起。

在北京,"文化大革命"中的打砸抢分子打着"群众专政"的旗号,趁机敲诈勒索、洗劫商场、街头结伙暴力,许多干部、群众被打成"走资派"、反革命、叛徒和特务,被批斗、游街、殴打、抄家,在私设公堂中,这些人被任意隔离审查,甚至被迫害致死。这一时期公民的基本权利被践踏,冤假错案成堆。公民财产权也得不到保障,随时会被"群众专政"剥夺。原北京市公安局西城分局福绥境派出所民警陈宝森回忆说:"抄家的恶风让人难以置信,几乎一个晚上的时间,派出所若大的操场就被红卫兵抄来的各种物品堆满。小到戒指项链,大到沙发家具,令民警们目不暇接。"

> **专栏 6**
>
> **1968 年北京西单商场爆炸案**
>
> 　　1968 年 4 月 3 日 18 时 45 分,北京市西单商场内发生了一起严重的爆炸事件,爆炸中心位于商场西南门的门道内,爆炸点 10 米内的柜台全部被炸毁,顶棚震塌 30 余平方米。5 人被当场炸死,108 人受伤,其中重伤 9 人。该案件震动京城,震动中央,周恩来总理亲自对该案的侦破工作做出批示。公安部、北京市公安局及有关部门人员立即组成了"侦破西单商场反革命爆炸案专案组"。
>
> 　　经群众辨认,尸体完整的 4 名死者均为北京人,剩下一名尸体不完整的死者身份不明。侦查员在这具尸体周围发现许多肉块、带肉的棉花;在爆炸中心还发现人造革提包的残片、拉锁及五根 15 厘米长、没有点燃的国产导火索,两张辽宁省粮票。技术勘查结果表明,导火索和现场提取的棉絮都产于河北、辽宁地区,炸药包是身份不明的死者提在左手上悬空爆炸的。
>
> 　　公安部布置全国十七个省市公安厅、局积极协助北京市公安局查找不明身份的死者。5 月 11 日,辽宁省公安厅军管会报来本省调查结果:该省喀喇沁左翼蒙古族自治县南营子公社东村大队社员董世侯,于 4 月 2 日晨 5 时,提着两个黑色塑料手提包从锦州车站乘火车去了北京,至今未归。经其妹妹辨认尸体,及血型化验、指纹对照证实,现场被炸死者就是董世侯。
>
> 　　董世侯,男,29 岁,蒙古族人,长期对社会现实极端不满,曾参加过当地的水利建设,用炸药开采过石头,有人证实曾发现董世侯偷过二斤左右的炸药、六根雷管、五尺多长的导火索。董世侯的父亲和弟弟还提供,曾在其衣柜里看到用水泥袋包装的五六公斤炸药,董世侯离家时从衣柜里拿走了这些东西。经多方查证和检验,认定董世侯是北京西单商场爆炸案的凶手。1968 年 5 月 22 日,专案组向中央送交《关于破获西单商场反革命爆炸案的报告》,周恩来总理圈阅。

　　资料来源:百度百科——西单商场爆炸案。

"文化大革命"期间，北京除了打、砸、抢、偷等案件多发外，各种社会矛盾激化所引发的报复性暴力案件引人注目。

专栏7

1976年苏联驻华使馆前爆炸案

1976年4月29日中午12点左右，在苏联驻华使馆门前执勤哨兵李登贵发现从使馆西边的马路上走来一个中国男子，背着一个黄色大旅行包，男子在离使馆大门二十几步远时，突然拉了一下旅行包里探出的线头。李登贵立即提高警惕迎上去，附近有行人指着男子高喊："那人身上的包冒烟了！"男子脚步加快，李登贵高喊："站住！你是干什么的？包里装的什么？"

已经到跟前的男子答道："我去使馆，我包里有炸药，快躲开，要不就炸死你！"男子说着便往苏联驻华使馆门里冲。李登贵一把抓住他往远处拖，男子挣扎，与李登贵扭打在一起。另一位哨兵见状，从哨位上下来，跑来援助，但刚跑了几步，男子后背的炸药包爆炸了。

经现场勘察，使馆门旁的传达室被掀翻，门前的柏油路面被炸开一个大坑，地上和使馆的墙上布满血迹，玻璃被震碎。李登贵光荣牺牲，那名男子被炸得四分五裂。

公安部、安全部和市公安局立即组成专案组侦破该案。侦查员在一块手指肚大小的雨衣碎片上辨认出"夏大云"字样，又发现一张邯郸至北京的火车票。初步推断，歹徒叫夏大云，由邯郸来京。

侦破组立即赶往河北邯郸。在当地公安机关的协助下，最后确认，制造爆炸的就是夏大云。此人为邯郸钢铁基地工人，因对父亲"反革命罪"被捕入狱感到极端不满，自制炸药，趁五一国际劳动节来京，在使馆区制造事端，既发泄不满，又引发国际事端。

资料来源：穆玉敏：《北京警察百年》，中国人民公安大学出版社2004年版，第565页。

"文化大革命"是一次历史性浩劫，从社会变迁的视角分析应属倒退式的。社会控制系统公、检、法机关被砸烂，各级政府机构处于瘫痪状态，无法行使正常职能，民主与法制受到践踏，新中国成立后重新建立的社会治安系统被破坏。北京的公安系统是全国的"重灾区",公、检、法等执法机构均遭到严重破坏,社会控制系统内部由于夺权与反夺权的斗争不断,使得社会控制系统紊乱,整合社会及防控犯罪的能力降低,成为导致首都社会治安紊乱的主要原因。

"文化大革命"对北京乃至全国社会治安的影响,除了上述分析状况之外,还有对社会风气、国民道德水准的潜在影响,这种影响是深刻的、并且是长远的。"文革"是非颠倒,打砸抢横行,败坏了社会道德,大中小学大搞"教育革命","读书无用论"盛行,"高中文凭,小学文化"的现象比比皆是。为解决城市就业难的问题,持续十年的知识青年"上山下乡""接受贫下中农再教育",为20世纪70年代末80年代初北京乃至全国大城市的就业市场危机爆发埋下了伏笔,也为改革开放初期的社会治安的恢复增加了难度。

五、改革开放初期首都社会治安的重建及犯罪防控

1976年粉碎"四人帮"之后,社会治安体系的重建和社会秩序的恢复迫在眉睫。1977年12月1日~1978年1月15日,经中共中央批准,公安部在北京召开了第十七次公安会议,各省市、自治区、中央和国家机关、军队等治安保卫系统的负责人共680人出席会议,这是"文革"结束后第一次重要的治安工作会议。会议虽然仍坚持"以阶级斗争为纲""无产阶级专政下继续革命"的指导思想,但迅速恢复和整顿社会秩序,重建社会治安体系的方针是明确的。会议提出了今后工作的四项主要任务:(1)继续揭批"四人帮",整顿、建设公安队伍;(2)抓紧清理积案,平反冤假错案;(3)打击现行反革命破坏活动,整顿社会秩序;(4)整顿、恢复和加强各项公安业务工作,尽快用现代化技术装备武装公安队伍。

1978年12月,党的十一届三中全会确定了中国改革开放的基本方略。1979年1月,公安部召开全国公安厅局长会议,强调公安机关要把工作重心转移到保卫社会主义现代化建设上来。同年8月再次召开全国厅局长会议,研究公安工作如何向保卫现代化建设这个中心转移,会议明确了公安工作要自觉地从过去主要为政治运动服务,转到以保卫"四个现代化"为中心、为经济建设服务的轨道上来。

1979年7月1日,第五届全国人民代表大会第二次会议审议通过了中华人民共和国第一部《刑法》和第一部《刑事诉讼法》,走出了中国迈向法制化国家的重要一步。

北京市在整顿和恢复首都社会治安、重建治安体系的过程中，根据中共中央关于"改革开放"的基本方针，明确了为经济建设服务的基本任务，将社会治安的重点再次确定为打击刑事犯罪，维护社会治安稳定；严惩经济犯罪，保障首都经济建设的健康发展；做好政治保卫或警卫工作，保障国家权力机构安全运行。1977 年 1～9 月，北京市公安系统完成了领导班子的改组，1978 年 7 月北京市检察院和检察分院恢复办公，市法院系统也逐渐恢复了正常的审判工作，社会治安管理系统逐渐走上正常运行的轨道。

（一）首次"严厉打击刑事犯罪活动"及效果分析

改革开放后的治安整顿工作不可能一蹴而就，原因是"十年动乱"积重难返，"文革"使中国经济处于崩溃的边缘，并使以伦理为本位的中国社会出现了是非颠倒、社会道德败坏的恶果，随着时间的推移，这种"文革后遗症"逐渐显露。另外，计划经济的坚冰被逐渐打破的同时，与市场经济相配套的法律制度尚未建立，市场经济固有的"负效应"在无法律调整的情况下凸显出来。加之持续十年的"知识青年上山下乡"政策在 1978 年被废止，1000 余万名知识青年集体返城，与城市原有的待业人口汇成了 2000 余万名的失业大军。上述因素导致 20 世纪 80 年代初期全国的犯罪高峰，1981 年全国刑事立案数达到 89 万起，犯罪率为 8.9 起/万人，已接近新中国成立初期（1950 年为 9.3 起/万人）的水平。

北京市改革开放初期的治安形势也较严重，1981 年刑事立案 13855 起，比上一年增加了 73.6%，增幅大，犯罪率为 15.1 起/万人，高出全国犯罪率 6 个万分点。

面对犯罪率持续增加，1981 年 5 月中央政法委员会在北京、天津、上海、广州、武汉五大城市治安工作座谈上，首次确定了"综合治理"为我国治安工作的总方针。1982 年，由于各级党委统一领导，各部门分工协作，狠抓犯罪治理，"综合治理"工作初见成效，加之就业政策的调整，全国社会治安出现好转迹象。当年全国犯罪立案数 74.9 万起，比 1981 年下降 15.8%，犯罪率为 7.4 起/万人，比上一年减少了 1.5 个万分点。北京的治安状况的扭转好于全国，1982 年的犯罪立案数为 1.14 起，比 1981 年下降了 17.6%。但犯罪率为 12.2 起/万人，仍高于全国水平。（见表 3）

表3 1978~1991年全国及北京市刑事立案统计

年份 项目	立案（万起）		犯罪率（起/万人）		前年比（%）	
	全国	北京	全国	北京	全国	北京
1978	53.6	1.09	5.6	12.5		
1979	63.6	0.84	6.6	9.3	18.7	-23.1
1980	75.7	0.80	7.7	8.8	19.0	4.7
1981	89.0	1.39	8.9	15.1	17.6	73.6
1982	74.9	1.14	7.4	12.2	-15.8	-17.6
1983	61.5	1.09	6.0	11.4	-17.8	-4.4
1984	51.4	0.58	5.0	6.0	-16.4	-46.6
1985	54.2	0.80	5.1	8.1	5.4	36.5
1986	54.7	0.86	5.3	8.3	0.9	7.9
1987	57.0	0.78	5.1	7.3	-4.2	-9.3
1988	82.7	0.90	7.6	8.3	45.1	15.6
1989	197.2	0.92	18.2	8.5	138.5	2.5
1990	221.7	1.09	20.1	10.0	12.4	17.7
1991	236.6	1.98	21.4	17.7	6.7	81.8

资料来源：袁亚愚：《社会学家分析中国社会问题》，中国社会出版社1989~1992年版；《中国法律年鉴》，中国法律年鉴出版社1988~1992年版；北京统计局编：《北京50年》，中国统计出版社1999年版。

专栏8

1982年姚锦云天安门广场驱车杀人案

1982年1月10日（星期日），天安门广场上照相的人很多。11时，北京市出租汽车公司一厂动物园车队23岁的女司机姚锦云，驾驶一辆华沙牌出租车驶入天安门广场。在绕广场一周后，便加大油门，从国旗杆西侧照相摊位密集的游人中穿过，冲向金水桥中桥。在接连的碰撞声与惊恐的尖叫声中，汽车爆发出"咔嚓"一声巨响，卡在金水桥的汉白玉桥栏上，轿车在人民英雄纪念碑至金水桥之间，留下100多米的血路，沿途撞死5人，撞伤19人，姚锦云面部受轻伤，被交警送往医院。

据调查,姚锦云的作案动机是未完成车队调度任务,被罚 30.6 元(相当于当时一个月的生活费)。她认为,1 月份出台的新规定,为什么要扣上月的钱,是领导存心整她。于是与领导发生争吵,被勒令停班。她一气之下,偷驾一辆公司出租车去总公司告状,但发现星期天总公司不上班后,便想"没地方说理去,干脆到天安门广场金水桥撞桥自杀算了!撞不死,掉到金水河里也会淹死,而且可以制造影响,让领导重视我的问题,追究车队领导责任,我死了他们也好受不了!"

1982 年 1 月 30 日,姚锦云被北京市中级人民法院一审判处死刑,2 月 19 日被执行死刑。据了解,姚锦云 1958 年出生于一个教师家庭,父亲曾是冯玉祥的秘书,后到北京铁路二中教书,母亲是西直门第一小学的数学教师。"文革"期间,姚家经历过多次抄家,姚锦云同父异母的姐姐和嫂子分别自杀。姚锦云 11 岁时,父母被送到乡下,房子被没收,她和哥哥另搬他处。父母回城后,不足 8 平方米的小屋里挤了一家 4 口人。1977 年,姚锦云到顺义县赵全营公社红铜营大队下乡插队。1979 年底,姚锦云被调回北京。姚锦云案件因其背景和经历复杂,最初定性为"反革命故意杀人",后确定为人民内部矛盾激化的结果,抹去了"反革命"的字眼。

资料来源:令人震惊的 1982 年天安门广场驾车撞人事件,http://bbs1.people.com.cn/post/60/1/2/136507042.html。

尽管 1981 年全国的立案大幅度下降,但是,改革开放初期,人们渴望国民经济的腾飞,人民生活水平大幅度提高,渴望社会治安根本好转,国家领导人也希望通过类似于建国初期的铲除地方恶势力、打击盗匪、镇压反革命等大规模运动方式,使中国的社会治安恢复到五六十年代的"路不拾遗,夜不闭户"的状态。此外，上海控江路事件、王志刚北京火车站爆炸案、姚锦云天安门广场驱车杀人案、冯大兴盗窃杀人案、承德李煦等流氓结伙轮奸少女案等大案要案震动中央领导。1983年7月19日，邓小平同志在北戴河同公安部长刘复之谈话中，明确指出："刑事案件、恶性案件大幅度增加，这种情况很不得人心。为什么不可以组织一次、二次、三次严厉打击刑事犯罪活动的战役？"8月25日，中共中央发出《关于严厉打击刑事犯罪活动的决定》，提出从现在起，在三年内组织"三大战役"。公安机关也提出"三年为期实现社会治安的根本好转"的口号。由此拉开了全国严厉打击刑事犯罪活动（简称"严打"）"三大战役"之序幕。所谓全国"严打第一战役"是指1983年8月至1984年7月全国开展的为期一年的打击刑事犯罪行动；"第二战役"是指1984年9月10日夜至14日凌晨为开端的各级公安机关对流窜犯和逃犯的集中搜捕行动；"第三战役"是指1986年3月开始的以反盗窃为重点的集中打击行动。"严打三大战役"（1983年8月~1986年12月）中，全国共判决人犯172.1万人。❶

北京市委、市政府为贯彻中央的"严打"部署，迅速成立了"打击刑事犯罪办公室"，并于1983年8月9日在首都体育馆召开"动员全市人民同犯罪分子作坚决的斗争"的万人大会。8月30日，北京市委、市政府在工人体育馆召开"严打"中的第一次公判大会，判处30名罪大恶极的严重犯罪分子死刑，其中杀人犯19名、强奸犯10名、抢劫犯1名，包括9名犯罪团伙的首要分子，由此拉开声势浩大的北京市"严打"的序幕。北京的"严打"斗争的"三大战役"从1983年8月起到1986年6月止，共查获各类刑事案件22025起，其中重大案件4115起，特大案件248起。逮捕嫌疑犯49497人，打掉犯罪团伙2268个。收缴枪支860支、子弹46777发、收缴赃款和赃物折合人民币15072261元。

北京的"严打"特色还表现在对刑事犯罪分子依刑事法律实施判决外，为维护首都的长治久安，对犯罪分子实行"注销城市户口政策"，在"严打第一战役"中，从1984年3月9日至9月17日，北京市分六批对4628名犯罪分子注销北京市城市户口，送往新疆劳改农场服刑。

关于全国三年"严厉打击刑事犯罪活动"，1987年3月召开的全国政法工

---

❶ 郑天翔：第六届全国人民代表大会第五次会议《最高人民法院工作报告》，《人民日报》1987年4月16日。

作座谈会给予了高度评价:"三年'严打'的实践证明,这是在新的历史条件下,坚持四项基本原则,巩固人民民主专政,保障社会安全,保卫社会主义现代化建设和改革开放的一次重大实践;是在实行改革开放的新形势下,维护正常社会秩序和经济秩序的一个重大行动;也是在党的领导下,发扬社会主义民主,健全社会主义法制,严格依法办事的一项有力措施;这场斗争成绩卓著,得到了广大人民群众的热烈拥护,非常得人心。经过'严打'战役,基本上改变了社会治安的非正常状态,为争取社会治安的持续稳定,巩固安定团结的政治局面,保障改革、开放的顺利进行做出了贡献。"❶

不过,对于第一次"严打"的效果,实际部门和犯罪学研究人员的判断多少有些差异。学者的研究认为,"严打"初期的1984年,全国刑事立案数下降至51.4万起,比1983年减少10.1万起,下降了16.4%。犯罪率为5.0起/万人,比上一年减少了1个万分点。北京市1984年的刑事立案数下降更为明显,全年刑事立案数5825起,比上一年减少了46.6%。犯罪率为6.0起/万人,比上一年减少了5个万分点。下降幅度明显。值得注意的是,这期间下降最明显的是一般盗窃,1984年全国盗窃犯罪比1982减少了214162起,下降了35.1%。但是,严重刑事犯罪在此期间下降并不显著,甚至有些类型的严重刑事犯罪还有所上升。比如,全国凶杀案件1984年仅比1982年减少了303起,仅下降了3.2%。1984年的强奸案件反而比1982年上升了26.2%,增加9269起;严重盗窃案件比1982年上升了5.7%,增加了878起。严重刑事犯罪增减是社会秩序、民众安全感的重要的晴雨表,"严打"并没有使重大犯罪下降,从一个侧面说明社会治安并没有从根本上得到好转,或者说隐藏在案件背后的社会问题、社会矛盾并没有真正得到解决。

1985年,全国"严打三大战役"还未结束,全国的刑事立案数却出现反弹,当年的刑事立案数为54.2万起,比1984年上升5.4%。1986年继续上升至54.7万起,比上一年上升了0.9%。北京市犯罪上升的情况更为明显,1985年比上一年上升了36.5%,1986年继续上升了7.9%(见表3)。"三年为期实现社会治安的根本好转"的目标似乎并没有达到。

1986～1991年,全国和北京的犯罪率仅1987年有所下降,分别比前一年下降了4.2%和9.3%。6年间犯罪率的总体趋势是上升,刑事犯罪立案数上升最明显的1988年,全国刑事案件的立案数为82.7万起,比上一年增加了

---

❶ 穆玉敏:《北京警察百年》,中国人民公安大学出版社2004年版,第608~615页。

45.1%，犯罪率为7.6起/万人，接近改革开放初期的犯罪高峰年度（1981年）的水平。1981年北京的情况好于全国，刑事案件立案数为9016起，比上一年增加了15.6%，犯罪率为8.3起/万人。

1989年是一个非常特殊的时期，全国刑事立案数大幅增加，达到197.2万起，比1988年上升了138.5%，犯罪率达到18.2起/万人，超出了建国初期1950年的一倍左右。这一年北京的治安形势好于全国，刑事立案数仅为9241起，犯罪率达到8.5起/万人，与上一年度比较基本持平。官方在解释1989年的犯罪统计数上升的原因时，认为因中国的犯罪统计长期以来存在着统计不实的问题（"不破不立"——不破案就不立案），1989年公安部出台政策，要求大力纠正立案不实的问题，因此，社会治安在好转的情况下，犯罪统计数仍有上升。不过，在犯罪统计中，严重刑事犯罪（杀人、伤害、强奸、抢劫、严重盗窃等）的立案统计水分较少，可以基本不考虑"纠正立案不实"的影响。从全国1989年杀人、伤害、强奸、抢劫、严重盗窃五种严重刑事犯罪立案数分析，杀人案件立案数比1988年增加了22.8%，比1987年增加了48.9%；伤害案件立案数比前一年增加了34.9%，比1987年增加了65.4%；强奸案件比前一年增加了20.2%，比1987年增加了10.1%。在严重刑事案件中，增长幅度最大是抢劫和严重盗窃。抢劫案件比前一年增加了100.7%，比1987年增加了288.2%；严重盗窃的立案数比1988年增加了127.1%，比1987年增加了373.5%。由此可以推断，1989年是中国上世纪90年代的又一次犯罪高峰，峰顶到1991年。北京市在这次犯罪高峰期中，犯罪上升最明显的是1991年，晚于全国两年，1991年的刑事案件的立案数为19766起，比上一年增加了81.8%。1989~1991年的犯罪高峰期受到中国当时政治、经济的影响，特别是全国性"政治风波"的影响，与社会秩序的紊乱密切相关。

（二）经济纠纷和经济案件悄然增加

改革开放使中国逐渐摆脱了连绵不断的政治运动，开始真正地将工作重心转移到经济建设上来，农村和城市的生产力得到了空前的解放，国营、民营、个体、合资、独资等各种经济组织形式竞相发展。同时，各种经济组织之间的纠纷也日益增加，国家与集体、国家与个人、集体与个人、个人与个人的各种利益冲突日趋表面化。

1983年以前的《北京市高级人民法院工作报告》还不把"经济纠纷"作为一个统计项目和汇报内容，1984年开始北京市各级法院受理的经济纠纷迅速增长，解决经济纠纷案件开始成为法院工作报告中的重要内容。特别是

1984年下半年至1985年上半年北京刮起了"公司风",一些无履约能力的"公司""货栈"采取欺骗手段大批签订合同,致使合同无法履行。1985年北京市法院受理的经济纠纷迅速增加至2547件;1986年受理3550件,比上一年增加了39.4%。1989年经济纠纷案件突破4000件,达到4491件。1992年又突破5000件,达到5561件(见表4)。在经济纠纷中80%以上为各种合同纠纷。

表4 1983~1991年北京市各级法院一审受理经济案件统计

项目 年份	经济纠纷 件数（件）	前一年比（%）	经济犯罪 数量	前一年比（%）
1983	—	—	1046件	—
1984	—	—	—	—
1985	2547	—	1354件	(93比) 29.4
1986	3550	39.4	1906件	40.8
1987	3382	-4.7	2132名	—
1988	3289	-2.7	2267名	6.3
1989	4491	36.5	2168件	—
1990	4543	1.2	2184件	0.7
1991	4357	-4.1	3204名	—

资料来源：北京市人大常委会办公厅/北京市档案馆：《北京市人民代表大会文献资料汇编1984—1992》，北京出版社1996年版。

从犯罪学理性选择学派的视角看，"具有犯罪意念的行为人在犯罪前要对犯罪所获利益与犯罪所付成本进行权衡；违法犯罪成本越低，行为人选择犯罪的可能性越大；违法犯罪成本越高，行为人选择犯罪的可能性越小。当违法犯罪成本高于犯罪收益时，行为人选择守法；当违法犯罪成本低于犯罪收益时，行为人选择犯罪。所谓'犯罪成本'是指法律惩处、社会惩处、良心惩处与定罪概率四个要素。"❶ 改革开放以来，中国探索着走市场经济的道路，传统的计划经济管理手段与向市场经济转型的过程发生着尖锐的冲突，"让一部分人先富起来"使上世纪80年代的经济差别开始拉大，各种经济诱惑因素增加，犯罪者获利机会大大增加，传统的社会惩罚能力降低或失效，人的良心自我约束力下降，犯罪人实施犯罪后漏网的可能性加大，导致行为人选择犯罪的可能

---

❶ 郑杭生：《转型中的中国社会和中国社会的转型》，北京师范大学出版社1996年版，第216页。

性增加。特别是掌握一定权力的经济管理者，他们更了解经济转型中的漏洞在哪里，以及如何降低犯罪成本，得到利益最大化。

改革开放以来，中国的经济犯罪的立案数逐年增加，据1979~1989年间统计，全国检察机关查获经济犯罪案件总数为318943件，10年间的年平均增长速度为140%。❶北京市从各级法院一审受理的经济犯罪案件统计看，1983年为1046件，1985年达到了1354件，比1983年增加了29.4%。1989年一审经济犯罪案件突破了2000件，为2168件，比1985年增加了60.1%（见表4）。另外，根据北京市检察院系统的相关统计分析，1986年受理的经济违法案件上升幅度最大，为1649件，是1985年的两倍，其中涉及党员、干部837人，县处级干部46人，司局级干部10人。1989年受理的1015件贪污贿赂等经济违法案件中，涉及县处级干部34人，司局级干部9人，厂长经理203人。

中央高度重视经济犯罪问题，早在改革初期的1982年3月8日，第五届全国人民代表大会就通过了《关于严惩严重破坏经济的罪犯的决定》，同年4月13日，中共中央、国务院做出了《关于打击经济领域中严重犯罪活动的决定》。北京市委、市政府把打击经济领域中的严重犯罪活动作为稳定首都经济秩序、为改革开放和经济建设护航的重要手段，常抓不懈。1984年4月，在市委、市政府的领导下，北京市人民检察院根据最高人民检察院提出的"用一年左右的时间把经济犯罪分子的气焰压下去"的要求，集中精力，狠抓经济领域的大案要案，先后破获了冯树源烧伤药研发诈骗案、宗士振代购紧俏物资诈骗案、乔永洪批销彩电受贿案等。

继1984年集中打击经济领域的犯罪活动之后，1988年又破获中国科学院微电子中心采购员沈晓平贪污科研费39万元案；1990年破获中国汽车投资开发公司出纳员唐春江贪污挪用公款109万元案，中国建设银行东四支行和平里办事处副主任李志坤贪污挪用公款104万元案，市城区第五建筑公司经理李文华贪污人民币33万元、港币39万元、美元1.5万元案。这一时期，北京钢铁公司党委书记管志诚索贿151万元大案，轰动全国，该案件的及时破获震慑了经济犯罪分子的气焰，稳定了首都的经济秩序，并对全国打击经济领域的犯罪活动起到了促进作用。

---

❶ 宫晓冰：《贪污贿赂犯罪对策论》，法律出版社1991年版，第1~2页。

> **专栏 9**
>
> **管志诚受贿、贪污案**
>
> 首都钢铁公司北京钢铁公司党委书记管志诚（男，59 岁）1989 年 6 月至 1990 年 2 月，利用职务之便，在有关单位联系购销钢材和运输钢材的经营活动中，以"计划外车皮运费""材料指标费""利润分成"等名目，先后索取贿赂共计人民币 43.24 万元，港币 2 万元（折合人民币 9532 元）及金项链一条（价值人民币 500 元）。1986 年 8 月至 1990 年 4 月，管志诚利用职务之便，先后为有关部门联系购销钢材、销售汽车和推销煤炭等活动中，分别以"中介费""计划外车皮运费""劳务费""补差价""加工费"等名目，向对方索取贿赂共计人民币 95.5 万元、钢材 28 吨（价值人民币 2 万元）。管志诚单独或合伙受贿人民币 141.7 万余元，贪污人民币 8.26 万余元，其所得赃款用于为其儿子和姘妇购买房屋和挥霍。管志诚被判处死刑。

资料来源：中国法院网，http://www.chinacourt.org/article/detail/2002/11/id/17874.shtml。

（三）社会结构变化与传统社会治安管理方式的冲突

中国在 20 世纪 70 年代末 80 年代初开始的"改革开放"是一次深刻的社会变革。但是，这种变革不同于 40 年代末 50 年代初的变革，那种变革是一种新生政权推翻旧政权、新制度代替旧制度而引发的急剧社会变迁，打击旧政权的残余势力，巩固新生政权，是当时社会治安的首要任务，声势浩大的"镇反运动"作为一剂"猛药"，对新政权的巩固和社会秩序的根本好转起到了重要的作用。但是，70 年代末 80 年代初的社会变革，却是一种性质完全不同的变迁形式，这是一种制度内部和社会结构的变迁。

"文化大革命"结束后的百废待兴，社会治安体制开始重建，恢复原有机构和组织形式，召"老同志"归队等，实际上是把"文革"破坏了的治安体系和工作制度重新恢复到五六十年代的社会治安体系和工作制度上去。而五六十年代的治安方式是与那个时代的犯罪类型、犯罪人员构成，以及人、财、物非流动性的农业社会和计划经济体制相配套的。但是，五六十年代的社会治安体系和工作制度与改革开放后的农业社会向工业社会转型、计划经济向市场经济的转型的社会结构变化是不相适应的。

改革开放后的首次"严打"斗争与解放初期的"镇反运动"在实施手段上有相似之处,比如,以"战役"或"运动"的方式"从重从快"地打击犯罪活动,前期强调声势,中后期则强调"稳、准、狠"。对于"严打"斗争,权威部门也强调,在改革开放初期"严打"大大改变了"文革"给公安机关造成的不良形象,改变了一度存在的对犯罪分子打击不力的状况,锻炼了公安队伍。不过,"战役"或"运动"的方式在新的法律制度尚未建立起来的建国初期可能是合理的、是有效的,而在1979年《刑法》《刑事诉讼法》颁布、构建法制国家的背景下,"严打"在一定程度上影响了法律的尊严和法定的诉讼程序,比如,"严打"初期形势发展迅猛,有些地方执法力量不足,工作做得不细,普遍存在着加重刑罚的现象,并将10天的上诉期(《刑事诉讼法》第183条)缩短为3天,最后又大量进行减刑等,不能严格依照法律程序定罪判刑,加大了人们的"不公平感",并增加了出现冤假错案的可能性。

为什么"严打"斗争尚未结束,犯罪率在1985年后又出现反弹呢?主要原因是改革开放时期的犯罪特点和社会环境发生了重要变化。从犯罪特点看有三个原因。

(1)反革命犯罪所占比重继续下降。从北京市人民法院受理的案件类型看,建国初期(1955~1957年),反革命犯罪占44.6%,普通刑事犯罪占55.4%。80年代全国反革命犯罪的比例降至1.1%,普通刑事犯罪占98.9%(1985年),北京市1986年反革命犯罪仅为10件,比例降至0.18%,普通刑事犯罪占99.8%。

(2)青少年(14~25岁)犯罪的比例越来越高。全国青少年犯罪的比例从建国初期的30%左右,上升到80年代的70%以上(1988年占75.7%)。北京"严打"中的1983年抓获的青少年犯罪者占刑事犯罪总数的76%,在1985年的杀人、抢劫、强奸、重大盗窃等犯罪中,青少年占68.5%。[1] 因此,上世纪80年代打击的主体已不再是建国初期反对新生政权的反革命分子,而是普通刑事犯罪分子。犯罪主体是新中国成立以后成长起来的25岁以下的青少年,他们不是新生政权的敌人,而是生在红旗下长在红旗下,需要得到家庭和社会保护和教育的年轻人。因此,"三大战役"具有摧枯拉朽震慑犯罪的功能,却无法从根本上解决青少年犯罪增长的社会环境。改革开放初期,"造反有理"

---

[1] 中国青少年犯罪研究学会:《中国青少年犯罪研究年鉴·首卷》,春秋出版社1988年版,第115页。

"读书无用"等"文革后遗症"导致人们、特别是青少年群体的规范意识混乱，2000万名失业大军，以及更多的年轻人为就业和前途焦虑，都是导致青少年犯罪问题严重、社会治安紊乱的重要社会背景。当时中央已经意识到青少年犯罪问题的严重性，于1979年8月转发了中央宣传部等八个单位《关于提请全党重视解决青少年违法犯罪问题的报告》。但是具体的防控措施和相关的法律制度迟迟没有出台，直到上世纪90年代初《中华人民共和国未成年人保护法》才通过和颁布，北京市人民法院的第一个少年法庭也是在该通知下发八年后（即1987年）建立，社会控制系统的调整未能跟上社会犯罪的变化。

（3）重新犯罪的问题突出。上世纪80年代初期，重新犯罪的比例出现了增加的趋势。公安部和司法部的相关统计表明，全国受过刑罚的作案成员占当年刑事案件作案成员总数的比重是1982年为2.14%，1983年为2.48%，1984年为2.9%，1985年为3.07%。判刑两次以上的罪犯占在押犯的比重1982年为7.3%，1989年为8.4%，❶说明改造场所在改造犯人的能力上有所降低。因此，作为"严打"斗争的结果，必须考虑接收、教育、改造犯罪者的设施，以及设施内的教育改造能力是否配套。如果接收能力不足的话，势必影响教育改造的效果，使若干年后的刑满释放人员的重新犯罪的比例增高，带来社会治安管理的恶性循环。

"严打"中对犯罪分子实行"注销城市户口"的政策是北京社会治安管理的特色之一，不过这不一定是一个好的政策，因为《中华人民共和国刑法》的刑罚种类中主刑和附加刑都没有"流放"的内容。实际上，许多送往新疆劳改农场的"北京人"刑满释放后又陆续回到北京，因身份的缺失增加了其就业和回归社会的难度，甚至强化了他们报复社会的心理。从现代"恢复性司法"的角度看，犯罪发生后，除犯罪人对自己的行为承担责任外，原社区也应当对犯罪者行为负有责任。因为，犯罪是社区关系不良的一种体现，社区成员应当对犯罪集体负责，每一个犯罪人身边的人都应该对犯罪人的悔过自新提供力所能及的帮助和支持。而且这种"恢复性司法"的理念和制度有利于刑满释放人的回归社会，减少重新犯罪。

从更宏大的社会变迁的视角分析1978～1991年的犯罪现象的变化，这一时期犯罪率表现出4年下降，其中3年与持续的"严打"斗争紧密相连；9年

---

❶ 陆学艺、李培林：《中国社会发展报告》，辽宁人民出版社1991年版，第381页。

上升，除1989年属非常态上升外，其他年份基本是一种常态化的上升。所谓常态化的上升是指这一期间全国没有再发生对社会变迁产生重大影响的政治运动，也没有因政治运动导致社会秩序混乱及犯罪的增加，犯罪率变化的总趋势表现为波动式的缓慢上升。并且这种上升与社会结构的调整具有一定的关联性。这一时期计划经济向市场经济转型出现征兆，尽管"姓资还是姓社"等意识形态的争论延缓了转型的速度，但市场经济的巨大推动力已无法阻挡。这种推动力的来源是"十年动乱"中贫困的人们对美好生活的向往，来源于改革开放的基本国策。首先是对外开放，封闭的中国向西方敞开了国门，西方的生产设备、技术、管理和高档商品被大量引进，带来产业结构从农业、重工业为主向轻工业转型，1000余万名"上山下乡"知识青年集体返城曾带来短期的就业危机和城市犯罪率的增加，但很快被产业结构调整所吸纳和解决。同时"农村联产承包制"改革的成功，繁荣了农村经济，解放了生产力，也创造出大量的农村剩余劳动力，农民开始冲破户籍的藩篱，向城市流动寻找新的工作，流动人口的犯罪问题开始初步显现。

西方的科学技术、生产设备和高档商品引入的同时，西方的生活方式、价值观念也在官方意识形态全力阻击下，悄然进入中国大陆。高档商品的耳目一新调动起人们前所未有消费欲望。"文革后遗症"带来的社会规范混沌状态，恰为西方价值观念的流入留出了空间，并最先赢得了青少年的青睐，当时（1988年）中国社会科学院社会学所的一项课题"当代中国青年价值观念演变"的调研数据显示，"主观为自己，客观为他人"的观念得到了55.8%的青年人的赞成和有点儿赞成，"人不为己，天诛地灭"赞成和有点儿赞成的农村青年占44.4%，城市青年占38.3%，❶已出现与当时政府倡导的"毫不利己，专门利人"、利他主义的社会主义价值观渐行渐远的趋势。消费欲望的调动、个人利益的追求，加之法律制度的初创和缺少约束力，成为"白领犯罪"和"街头犯罪"的重要动因。当时的"白领犯罪"主要表现为掌握一定权力的人在经济领域的犯罪，突出表现为计划经济和市场经济的"双轨制"造成了产供销环节的诸多漏洞，降低了犯罪成本，加之高消费和享乐主义的诱惑，使商业贿赂、诈骗、贪污等经济犯罪增加明显。而"街头犯罪"表现为盗窃、抢劫、抢夺等侵犯财产犯罪的增加。从1981年的统计分析，盗窃已由原来占各

---

❶ 当代中国青年价值观念演变课题组：《中国青年大透视——关于一代人的价值观演变研究》，北京出版社1993年版，第64~65页。

种刑事犯罪的70%左右,一跃为83%左右,抢劫犯罪由原来占各种刑事犯罪的第六位一跃为第三位,并且一直居高不下。在这种大的社会变迁背景之下,社会控制手段的落后和乏力,仅靠"严打"的震慑功能,确实只能治标,而不能达到治本的功效。

六、经济高速发展期的北京社会治安建设

1992年初,邓小平同志视察武昌、深圳、上海等地时发表了重要的"南方谈话"。中国的改革开放由此步入了快车道,计划经济向市场经济转型的速度加快,国民经济总产值以年平均10%以上的速度迅速增长,人民群众的生活水平得到了大幅度的提高,1992～2007年的经济改革取得了举世瞩目的成就。经济高速发展期的首都社会治安状况如何?治安体制的改革是否适应了经济的飞速发展的需要呢?

(一)首都社会治安状况描述

进入20世纪90年代以后,司法机关不再提"将社会治安恢复到五六十年代水平"的口号,原因是在我们竭尽全力严厉打击各类刑事犯罪和经济犯罪的同时,全国的犯罪率一直在一个较高的水平上稳步增长,这使我们逐渐认识到与刑事犯罪和经济犯罪的斗争是一项长期而艰巨的任务。

1992～1999年全国的犯罪率在14～16起/万人波动。2000年因全国公安厅局长会议强调"各级公安机关都要下决心并采取有效措施,坚决纠正统计不实的问题,在跨入新世纪的时候彻底甩掉这一包袱。"犯罪统计数据的"黑数"减少,使全国的犯罪率攀升到28.6起/万人,犯罪立案数363.7万起,比上一年增加了61.7%。2001年至2006年的犯罪率在34～37起/万人徘徊。1992～2006年全国犯罪立案数年平均增长6.2%。

北京市1992～2006年间的犯罪率总体高于全国平均水平。1992～1997年犯罪率在11～16起/万人波动,略高于全国平均水平,并且年与年之间犯罪率变化的跳跃性较大。1998年北京市率先减少犯罪统计"黑数",该年犯罪率上升至58.9起/万人,1998～2006年全市犯罪率在50～80起/万人徘徊,高出全国平均水平的1倍左右。1992～2006年全市犯罪立案数年平均增长27.7%,高出全国犯罪立案数的平均增长速度的4倍以上。(见表5)

表5 1992~2007年全国及北京市刑事立案统计表

年份	立案（万起）全国	立案（万起）北京	犯罪率（起/万人）全国	犯罪率（起/万人）北京	前年比（%）全国	前年比（%）北京
1992	158.3	1.78	13.9	15.8	-33.1	-10.1
1993	161.7	1.66	14.1	14.6	2.2	-6.7
1994	166.1	1.63	14.3	14.0	2.7	-1.4
1995	169.0	1.63	14.5	13.9	1.2	-0.5
1996	160.1	1.31	14.0	11.0	-5.3	-19.7
1997	161.4	1.41	14.0	11.6	0.8	7.7
1998	198.6	7.20	16.3	58.9	23.1	412.1
1999	224.9	6.58	17.6	52.3	13.3	-8.7
2000	363.7	8.28	28.6	59.9	61.7	26.0
2001	445.8	7.79	34.9	57.0	22.6	-6.0
2002	433.7	7.13	33.8	50.1	-2.7	-8.5
2003	439.4	7.10	34.0	48.8	1.3	-0.4
2004	471.8	9.34	37.1	62.6	7.4	31.6
2005	464.8	10.80	35.6	70.3	-1.5	15.6
2006	465.3	12.06	34.5	76.3	0.1	11.6
2007	480.8	—	36.4	—	3.3	—

资料来源：《中国法律年鉴》，中国法律年鉴出版社1994~2008年版；北京统计局编：《北京50年》，中国统计出版社1999年版；《北京统计年鉴》，中国统计出版社2000~2008年版。

（二）经济高速发展期犯罪特点的变化

邓小平同志的"南方谈话"推动了中国经济改革的提速，但在经济高速增长的同时，犯罪数量也在迅速增加。特别值得注意是20世纪90年代以后，除了传统的犯罪类型数量继续增长外，一些已经消失的犯罪现象再度死灰复燃，一些新型犯罪类型出现并迅速蔓延，大案要案增长迅速。

1. 以财产为核心的大案要案迅速增加

20世纪90年代的城市改革有几件大事特别引人注目：企业改制和承包，股票期货市场的建立与迅速膨胀，城镇住房体制和房地产业改革等。如果说改革开放初期的农村联产承包责任制和城市"个体户"创造出了"万元户"，那么，企业改制和承包创造了"十万元户"和"百万元户"，房地产业的改革又创造了"百万元户"和"亿万富翁",从犯罪学的角度看,这些改革从以下两个方面刺激着犯罪的增长。

一是体制内部寄生的"权力寻租"等腐败现象,在制度管理不完善和巨额财产的诱惑下,经济领域的犯罪迅速增长,涉及县处级以上领导干部的人数不断刷新,贪污、贿赂、挪用公款的数额不断创出新高。

据检察机关统计,1993年,全国由检察机关立案的经济犯罪56491起,比80年代的经济犯罪高峰期的1981年上升了3.6倍,其中县处级以上干部1037人。1995年立案侦查的经济犯罪案件为63953件,比1993年增加了13.2%。1997年经济犯罪立案进一步上升为70477件,比1995年上升了10.2%,并且经济犯罪的立案数一直以每年5%左右的速度增长。

从北京市各级法院一审受理经济案件统计分析,经济纠纷案件受理上升最快的是1994年,为11259件,比上一年增加59.2%,上升幅度大的主要原因是房地产案件增加迅猛,达到3002件,比上一年增加了197.2%。同时,审理的经济犯罪人员达4172名,比上一年增加52.9%(见表6)。北京市1993~2003年,因贪污、受贿、挪用公款被判决的处级干部150人,厅局级干部49人,部级干部9人。

1993~2006年,北京市有影响的经济犯罪大案主要有1993年沈太福非法集资,贪污300万元案;1994年核工业部出纳员王宾贪污145万余元案;1995年北京市副市长王宝森经济大案,涉及金额1亿多元;劳动科学研究院财务处长周久林挪用公款900万元案;北京市外贸经济协作中心经理张敏贪污、挪用公款216万元案;1996年煤炭部吴雅兴副司长贪污、挪用公款116万元案,平谷县体改办副主任张玉顺贪污、挪用公款2250万元炒股案;全国"五一劳动奖章"获得者、北京电子动力公司经理陈铭贪污、挪用公款574万元案;1998年中国北方工业公司会计师韩国昌贪污、挪用公款1455万元案;中化塑料公司财务科长姚其挪用公款2400万元案;北京华顺建材发展公司副经理刘礼龙挪用公款600万元炒股案;2004年首都高速公路发展有限公司毕玉玺贪污受贿1004万元案,等等。经济犯罪者涉及金额越来越大,房地产、证券业投资的高回报成为其大量贪污、受贿、挪用公款的诱因,也成为经济犯罪后"洗钱"的重要途径。

表6　1992～2006年北京市各级法院一审受理经济案件统计表

年份	经济纠纷 数量（件）	前一年比（%）	经济犯罪 数量	前一年比（%）
1992	5561	27.6	926名	-71.1
1993	7073	27.2	2729名	194.7
1994	11259	59.2	4172名	52.9
1995	12584	2.7	2339名	-43.9
1996	15453	22.8	3300名	41.1
1997	16661	7.8	1636件	
1998	19511	17.1	贪贿挪194件	
1999	25210	29.2	贪贿挪138件	-28.9
2000	27509	9.1	贪贿挪230件	66.7
2001	28766	4.6	贪贿挪226人	-1.7
2002			贪贿挪144件	-89.6

注："贪"指贪污；"贿"指贿赂；"挪"指挪用公款。
资料来源：北京市人大常委会办公厅：《北京市人民代表大会文献资料汇编 1993—2003》，北京出版社。

二是20世纪90年代出现的"一夜暴富"现象，经济差距迅速拉大（改革开放初期的基尼系数仅为0.29，2005年上升为0.47），腐败现象的"示范效应"，以及巨额资金和财物的流动，刺激着具有犯罪人格者的"攀比"和"暴富"心理。这期间以巨额现金为目标的杀人、抢劫银行运钞车、绑架勒索等恶性案件多有发生。1995年11月，北京市内发生赵多国团伙抢劫运钞车（现金24.82万元）案；同年12月，广东番禺发生了建国以来最大的持枪抢劫银行运钞车1500万元的特大案件；同年12月，北京市又发生鹿宪州抢劫银行运钞车（15万元）系列案件；1996年段旭麻醉抢劫415万元巨款案；1997年震惊全国的白宝山持枪抢劫150万元系列杀人案；2003年北京王立华犯罪团伙持枪绑架北京平谷县富商之子，收到人质家属300万元赎金后将人质杀掉，后又绑架演员吴若甫索要赎金等。2000年全国发生各种抢劫案件首次突破30万起，同年公安部首次将犯罪统计中的盗窃非机动车（自行车等）改为盗窃机动车，当年盗窃机动车立案数高达450377起。2001年全国严重盗窃立案数超过了190万起（见表7），再创历史新高。

表7　1998~2003年全国抢劫严重盗窃立案统计表

年份	抢劫 数量（起）	抢劫 上一年比	严重盗窃 数量（起）	严重盗窃 上一年比
1998	175116		603180	
1999	198607	13.4%	659725	9.4%
2000	309818	56.0%	1600105	142.5%
2001	352216	13.7%	1929397	20.6%
2002	354926	0.8%	1851635	-4.0
2003	340077	-4.1	1845750	-0.3

资料来源：《中国法律年鉴》，中国法律年鉴社1999~2004年卷。

专栏10

1997年白宝山持枪枪劫杀人系列案

1996年3月至1997年8月，在北京石景山区、河北徐水县、新疆乌鲁木齐市、石河子市先后发生袭击执勤岗哨，抢夺枪支3支，并持枪打死执勤哨兵、民警及无辜群众14人，打伤15人，抢劫人民币150万元的特大恶性案件。在中央和公安部的统一部署下，北京市公安局经过严密的侦查，确定十数案件系同一伙犯罪分子所为，在新疆、河北、四川等地公安机关的通力协助下，将犯罪分子白宝山追拿归案。

白宝山，男，39岁，原籍河北省徐水县，13岁随母改嫁来京，曾在北京电碳厂当过工人。1982年12月因抢劫、盗窃罪被判刑4年，同年被送往北京市第一监狱服刑，1985年被检举有拦路抢劫余罪，加刑至15年有期徒刑。1991年白宝山被注销北京户口，押送新疆劳改农场继续服刑，在此期间，妻子带双胞胎与其离婚。在新疆服刑期间他先后杀死两名狱友。1996年3月7日白宝山提前一年刑满释放。在后来的供述中王宝山说："我出来并没想重新犯罪，我给自己设计了两条道路，如果我能够正常地生活下去就不再犯罪；如果不能，我就去抢。""我回到北京的第一件事就是跑户口，先后跑了六七次，他们就是不给我办。我认为，我已经从监狱里出来了，起码也是个公民，可派出所不给我办户口，我吃什么？我能靠父母养我一辈子？我这个要求不过分，我要生活。我对我母

> 亲说,派出所要我送礼,我连吃都吃不上,拿什么东西送给他们?"因出狱后生活不如意,白宝山选择了报复警察和持枪抢劫之路。1996年3月31日他打伤警察抢走五六式半自动步枪一把,并用此枪多次作案,杀死五名警察、打伤八名,后从北京转到新疆继续持枪抢劫。1997年9月5日他在石景山家中被抓获。1998年4月,白宝山被判处死刑,执行枪决。
> 　　白宝山虽然只上过三年学,但犯罪智商极高,具有高超的反侦查手段与射击技术。此案被公安部列为1996年1号案件、1997年中国十大案件之首;被国际刑警组织列为1997年世界第三要案。

资料来源:百度百科——白宝山。

2. 卖淫、贩毒、黑社会犯罪的"死灰复燃"

(1) 卖淫嫖娼。

新中国成立初期,毛泽东主席曾说过:"新中国决不允许娼妓遍地……我们要把房子打扫干净!"房子被打扫干净了,娼妓现象在中国大陆灭绝了三十年。改革开放以后,在向市场经济的转型,特别是"地下经济"的活跃,价值观念的变化、人口大流动、下岗职工的大量产生等诸多因素的催生下,嫖娼卖淫现象"死灰复燃"。据公安部统计,1984年全国查处的卖淫嫖娼人员已达12281人次,20世纪90年代以后,卖淫现象进一步猖獗。1992年全国查获的卖淫嫖娼人员24万人,是1984年的20倍。1993年查获的卖淫嫖娼人员进一步增加到25.2万人,1994年查获28.8万人,1995年查获36.21万人。另据统计,2002年至2006年,全国公安机关共查获卖淫嫖娼案件83.3万余起,查获涉案人员182万余人;查获组织、强迫、引诱、介绍他人卖淫嫖娼团伙1.6万余个,查获团伙人员5.5万余人;打掉卖淫嫖娼窝点2.3万余个。[1]

北京市的卖淫嫖娼现象也很严重,2002年1~11月,北京市开展了"扫丑禁娼"活动,共查获卖淫嫖娼人员4200多人,端掉卖淫窝点196个,查处违法经营娱乐服务场所3000余家。

20世纪90年代以来,"笑贫不笑娼""性工作者""二次分配""解禁卖淫业,政府合理收税"等被人们广泛议论。

---

[1] 公安部:"十六大以来治安管理工作成效显著",新华网,http://news3.xinhuanet.com/legal/2007-03/29/content_5911884_1.htm。

(2) 吸毒贩毒。

吸毒贩毒问题在沉寂了四十年之后再度"复燃"。改革开放初期，吸毒贩毒问题还只是"星星火点"，1983年全国首次侦破5起涉毒案件，在当时的犯罪学界引起很大的震动。20世纪90年代初期，随着中国对外开放程度的不断提高，中国逐渐成为国际贩毒组织将"金三角"毒品转运过境国，2003年我国查获的万克以上贩卖海洛因案件156起，缴获的4130公斤海洛因全部来自"金三角"，说明"金三角"是对我国威胁最大的毒源地。90年代中后期开始，中国逐渐从毒品"过境国"变成了毒品消费大国。据1998年调查统计，全国有2033个县（市、区）发现了涉毒案件，占全国县（市、区）总数的71%。[1] 1995年公安机关破获毒品案件57524件，缴获海洛因2376公斤，鸦片1110公斤，大麻466公斤，判处刑罚9801人，其中判处死刑和无期徒刑的案犯2032人。[2] 1988年中国首次公布全国的吸毒人口为7万余人，2003年中国再度公布吸毒在册人口已达105万余人，是15年前的15倍。

北京市的贩毒吸毒问题也很严重，据2003年统计，全市吸毒者已达25955人，占全市总人口的1.86‰，其中，35岁以下的吸毒者为2.2万人，占吸毒总人数的88%。为严厉打击吸毒贩毒行为，2000年北京市人民检察院会同公安、法院等部门开展了"破大案，打毒贩，端毒窝"的专项斗争，批捕涉毒犯罪嫌疑人668名。[3] 2003年1月至2004年5月，北京市公安机关加大对毒品犯罪打击力度，全市共破获毒品犯罪案件1900余起，抓获犯罪嫌疑人2000余人。

(3) 黑社会性质的有组织犯罪。

非法制化状态下的市场经济的异军突起，催生了"地下经济"，也使"购买保护"成为人们经营活动的一种需求。正是在这种社会环境中，20世纪90年代中期，一些犯罪团伙通过控制卖淫、赌博、贩毒、讨债、房屋拆迁等"地下经济"，控制房地产业、物流业、商品批发业，以及满足人们"购买保护"的需求，与政府官员和执法人员相勾结，通过贿赂、入股等手段寻求"保护伞"，他们购买枪支，成立公司，使团伙势力不断壮大，经济实力雄厚。完成了犯罪团伙向具有黑社会性质犯罪组织的转变。较为典型的黑社会组织有

---

[1] 朱力：《社会问题概论》，社科文献出版社2002年版，第209页。
[2] 中国法律年鉴编辑部：《中国法律年鉴》，中国法律年鉴社1996年卷，第166页。
[3] 北京市人大常委会办公厅：《北京市人民代表大会文献资料汇编 1993—2003》，北京出版社2006年版，第921页。

江西省上饶地区的祝氏家族，其开设赌场、强迫交易、敲诈勒索、持枪杀人等，县委书记、地区工商、劳动、公安局的局长或副局长收受其贿赂，成为其"保护伞"。河北省曲阳县李建设黑社会组织开设"讨债公司"，绑架勒索钱财，乡镇部分领导、县检察院负责人是该组织的"保护伞"。沈阳市的刘涌黑社会组织通过控制建房地皮、香烟批发业和房屋拆迁工作获取巨额利益，并向政府官员行贿，沈阳市市长慕绥新、常务副市长马向东等成为该组织的"保护伞"。此外，浙江的张畏、重庆的封曼、河南的梁胜利、吉林的田波、甘肃的李氏四兄弟、广西的周寿南、福建的吴吓利等，都是90年代发展起来的具有黑社会性质犯罪组织的头目。[1]

2001年4月，北京市公安局破获了陈益兵黑社会性质的犯罪组织。2006年北京市开展了"打黑除恶专项斗争"，逮捕涉黑涉恶犯罪嫌疑人516人，提起公诉426人，其中逮捕了充当黑社会"保护伞"的国家机关工作人员10人。

专栏11

2001年北京市公安局破获了陈益兵黑社会性质的犯罪组织案

陈益兵原是安徽无为县来京打工人员，早年在北京倒卖车票，后成立了一家建筑公司。陈益兵犯罪组织有18名骨干成员，设"军师"和"保卫科长"等，为了获取经济利益，经常以暴力的形式与其他组织争夺北京发往无为的十几个长途汽车站的控制权，还向在京的无为建筑公司、包工队强行推销劣质产品，不听者轻则殴打，重则刀砍斧剁。

2001年4月5日，北京市公安局刑侦总队一举破获了安徽无为县来京人员陈益兵、方谦章为首的具有黑恶势力性质的犯罪团伙，抓获犯罪嫌疑人18名，扫除了危害首都社会治安稳定的重大隐患。

资料来源：穆玉敏：《北京警察百年》，中国人民公安大学出版社2004年版，第744~746页。

（4）流动人口成为首都犯罪的主体。

20世纪80年代初期的农村改革解放了生产力，使农村产生了大量的剩余劳动力，1985年开始的城市改革使产业结构转换，对于劳动力的需求增加，

---

[1] 何秉松：《有组织犯罪研究》，中国法制出版社2002年版，第582~598页。

原有的以户籍制度为核心、粮油定量供应为特征的地域封闭被逐渐打破。农村与城市之间、地域与地域之间、城市与城市之间的人口机械流动速度加快，数量增多。不过，80年代城里人仍然将流动人口统称为"盲流"，大城市仍然尽量限制其流入。90年代以后，随着市场经济的蓬勃发展、企业和城市服务业的改组、城市房地产业有力拉动，使农民工进城成为不可阻挡的潮流，流动人口成为都市化建设中不可缺少的组成部分。1995年农村外出的民工总量达到8000万人，其中23个百万人口以上的大城市，日均流动人口达到了1000万，当时，北京市的流动人口为112万。❶大量年轻流动人口的涌入，加快了北京的都市化建设，同时也带来了城市交通拥挤、卫生条件下降、社会治安恶化等社会问题。90年代中期，北京市的流动人口的犯罪问题开始显露，据1994年上半年统计，流动人口犯罪已占全市犯罪总数的44%。

面对90年代大规模的人口流入，北京市缺少一套科学的、行之有效的管理策略，使流动人口的犯罪问题日渐突出。据2006年末统计，北京已有流动人口383.4万人，上半年北京市公安局破获的各类刑事案件中涉及流动人口的19953起，占全部案件的69.2%；抓获各类流动人口违法犯罪分子17538人，占全部抓获违法犯罪分子总数的72%。❷流动人口犯罪占犯罪总数的比例与1994年相比上升了28个百分点。

总之，从犯罪学的角度看，20世纪90年代以来的北京是一个非常特殊的时期，这种特殊性表现在犯罪类型、犯罪主体不同于以前的任何阶段，即以财产为核心的大案要案迅速增加，其数额之巨大是前几个阶段所不可比拟的；以前在京城消失的卖淫、贩毒、黑社会犯罪再度"死灰复燃"并迅速蔓延；流动人口在为北京创造财富的同时也逐渐成为首都犯罪的主体。

（三）首都社会治安管理措施

1992~2007年是首都经济、社会、价值观念急剧变化时期，面对持续上升的犯罪率，首先，我们仍然沿用传统的、以"严打"为主要手段的治安管理办法。其次，在公安、刑侦科技化，建立社区警务体系方面进行了一些有益的尝试。

---

❶ 陆学艺、李培林：《中国新时期社会发展报告 1991—1995》，辽宁人民出版社1997年版，第14~15页。

❷ 中共北京市委党校、北京行政学院市情中心：《北京市情数据手册》，北京燕山出版社2007年版，第79页、第82页。

1. 第二次"严打"斗争（1996年）

1996年2月2日凌晨，武装执勤战士张金龙利用执勤之机，潜入全国人大常委会副委员长李沛瑶住所行窃被发现，歹徒为杀人灭口，持菜刀向李沛瑶头部猛砍，李沛瑶副委员长因多处受伤，急性大出血死亡。同年2月8日，歹徒持冲锋枪在北京甘水桥工商银行处抢劫运钞车，打死两人、打伤一人，抢劫116万元巨款后，驾车逃逸。3月31日，白宝山袭击高井电厂武警，抢劫枪支，以后他又连续制造了"4·7""4·8"持枪袭击军警事件。这些京城大案影响着领导层的决策。

1996年4月9日，全国人大常委会做出了开展严厉打击刑事犯罪的决定，全国"第二次严打斗争"开始。北京市公安局在第二次"严打"斗争中，共破获特大案件211起，打掉犯罪团伙1587个，抓获团伙成员5599人，抓获负案在逃分子846名。

关于第二次"严打"的效果分析，全国当年（1996年）的立案总数与1995年相比仅下降了5.3%，1997年和1998年犯罪立案数再度反弹，分别上升了0.8%和23.1%，此次"严打"的效果不如第一次"严打"（1983年）明显。北京第二次"严打"的效果好于全国，1996年的犯罪立案数比前一年减少了19.7%，但反弹幅度高于全国；1997年和1998年犯罪立案数分别比上一年增加了7.7%和412.1%。1998年北京犯罪立案数的成倍增长与统计口径有关，不过从重大案件的立案数看，北京1998年也是上升明显的，是上一年的5.3倍。（见表5）

2. 第三次"严打"斗争（2001年）

2000年中国再次出现犯罪高峰，当年立案数达到了3637307起，与1999年相比上升了61.7%，犯罪率达28.6起/万人。北京的治安情况好于全国，1999年的立案数比1998年下降了8.7%，2000年有所上升，上升幅度为26.0%，低于全国的上升幅度，但犯罪率仍大大高于全国平均水平，为59.9起/万人。

2001年4月，公安部召开全国公安厅局长会议，决定在全国范围内开展以"打黑除恶"专项斗争为龙头的为期两年的"严打整治"斗争，被称为中国第三次"严打"。从犯罪统计看，经过第三次"严打"，一般刑事案件立案数2002年比2001年下降2.7%，犯罪率为33.8起/万人。2003年、2004年又出现小幅反弹，分别比上一年上升了1.3%和7.4%。但严重刑事案件立案总数2002年比2001年下降3.0%；2003年继续下降了0.7%。北京市第三次

"严打"斗争,共破获各类刑事案件99668起,抓获犯罪嫌疑人76185名,抓获在逃犯6551名,打掉各类犯罪团伙5148个,其中带有黑社会性质的团伙31个。北京市第三次"严打"的效果好于全国,2001~2003年犯罪数量逐年下降,分别比前一年下降了6%、8.5%和0.4%。

3. 加强首都公安和刑侦的科技化建设

面对20世纪90年代以来犯罪特点和手段的变化,北京市公安系统从1998年开始实行机制改革,此次改革的主要思路是建立公安机关统一的指挥系统,增强快速反应能力,以及各警种的协调能力。首先,将原有的"三级破案制"改革为"责任区刑警中队体制",刑警中队内部建立起检查考核、逐级把关、兑现奖惩、错案追究制度。其次,将市公安局原刑侦处、预审处、缉毒处、特警队合并成立刑事侦查总队,总队下设19个刑侦支队,建立覆盖全北京的98个刑警队,实行"侦审一体化",大大提高了北京市公安的快速反应能力和办案效率。

实施科教强警战略,大力引进科学技术人员。1997年底,北京市公安局已有技术人员2846人,是改革初期的20倍,其中具有副教授以上职称的高级技术人员284人。1993年北京市公安局成立了"法医检验鉴定中心",将现代的DNA技术推广到全局,并取得了多项研究成果。1995年"毒品检验鉴定中心"成立,"吗啡快速验测试纸"研究成功,并迅速在实际部门推广。1998年北京市公安局又成立"北京物证技术研究中心",对CAFIS指纹自动识别系统的技术性能研究取得了新的进展。北京市公安系统正在适应高科技的发展,逐渐完成警力从数量型向质量型转变;素质上从体能型向智能型转变;操作从手工体力型向以计算机为中心的高新科技型转变;业务上从单一型向精一兼数的复合型转变。❶

4. 建立"社区警务"

"社区警务"被国际警察界称为"第四次警务革命",第一次警务革命是1829年伦敦警察的职业化;第二次是19世纪末20世纪初的美国警察的专业化;第三次是20世纪30年代至70年代警力机动化,装备现代化,强调快速反应能力。

2000年,北京开始尝试"社区警务",其主要思路是城市治安以指挥中心为龙头,以110报警服务台为纽带,以巡警为骨干,以派出所为基础,以治安

---

❶ 穆玉敏:《北京警察百年》,中国人民公安大学出版社2004年版,第628~631页。

卡点和群众治保力量为辅助，统一指挥、信息共享、各警种配合、快速反应的动态控制体系。2000年4月，北京市首先在西城公安分局月坛派出所试点建立了6个社区警务工作站，每个工作站配备11名民警，10名社区保安，分别置于警区各居委会，保障每个居委会驻有1名民警，每个警务工作站配备两辆警务车，保障每天7小时的巡逻时间，车上装有车载电话，以便随时与派出所联系。社区警务工作站的职能主要是接待报警求救、就近调动警力，提高对辖区的快速反应能力，使治安管理工作的"阵地前移"。据2003年底统计，北京市已建成了2400个警务工作站。对社区治理和预防犯罪问题起到积极的作用。

此外，在打击经济犯罪方面，1997年北京市成立了反贪局，着重打击经济领域的犯罪活动。在政保警卫方面，1995年5月北京市局警卫处正式组建成警卫队，在警卫勤务中主要负责一级首长、外宾的现场及路线警卫任务，并协助业务科做好重要外宾下榻市局分管的宾馆和饭店时，住地安全警卫工作和临时警卫工作。市局警卫队加强了警卫工作的机动性和灵活性。

（四）北京的都市化与流动人口犯罪的困惑

美国的S. Castles教授在1993年出版的《国际移民时代》中，将农村人口向城市移动称为"第一次移住"，跨国界的劳动人口移动称为"第二次移住"。并认为这是现代国家不能回避、必须承受的"移住现象"。

改革开放前，中国是一个传统的农业社会，人口机械性流动缓慢且量少，北京作为中国的首都，除了受传统的农业社会的影响外，还出于政权稳定、治安管理、粮食供应等因素的考虑，对人口流入的限制更加严格。改革开放后，北京市大规模人口移入明显晚于沿海城市。长期以来，来京寻找工作的人员被称作"盲流"。上世纪90年代以后，随着经济改革的提速，北京产业结构的调整、房地产业的拉动、城市建设和服务业的需要，流动人口以不可阻挡之势大量涌入，北京人的观念也随之发生转变，承认他们是首都建设的一员，是北京生活便利不可缺少的组成部分，承认大量外来人口"第一次移住"是北京都市化的必然，这无疑是一种观念的进步。但是，城市如何科学地面对"第一次移住"，如何科学地接纳上百万农民工进城。农村固有的生活简单化、非竞争性、人际关系具体化、文化的同质性，与大城市的生活复杂化、竞争性、匿名性、文化的异质性会不可避免地发生冲突，从而导致进城农民个体的心理冲突，如何帮助他们摆脱这种有文化冲突所引发的心理冲突，使他们能够融入城市文化。如何摆脱传统的"城乡二元结构"所带来的制度性歧视，使他们在户籍、工资、医疗、社会福利、子女就学等方面享受与城里人相对平等的待遇。如何使他们摆脱"贫民窟"式的住房条件,夫妻子女团圆,在城里过上正常的家庭生活……对此我们近乎视而不见。在这种大的社会背景下,流动人口犯罪的增加就几乎是一种必然。

专栏12

2001年来京农民工李吉文"打闷棍"犯罪团伙案

2001年12月11日下午5时左右一女士行至潘家园附近有人从后用锤子击中其头部,抢走装有十几元的手提包;6时许,朝阳公安分局一便装民警在南磨房路边行走被人用铁锤击中,颅脑损伤致死,携带钱物被抢走。公安机关接到报案后立即对"打闷棍"作案者进行排查和侦查。先后在鸡西、武汉、唐山等地将主犯李吉文等4人抓获。

李吉文"打闷棍"犯罪团伙4名成员都来自外地农村,都曾在潘家园附近的某洗浴中心做未经公安机关批准私自招聘的"黑保安",他们每天目睹城里有钱人奢侈的生活方式,内心感到不平,在李吉文牵头下组成了犯罪团伙,开始抢劫犯罪活动。2002年2月,李吉文被北京市第二中级法院判处死刑。

资料来源:穆玉敏:《北京警察百年》,中国人民公安大学出版社2004年版,第747页。

实际上,首都流动人口的犯罪从上世纪60年代初就一直存在,如山东人武庆辉盗窃故宫国宝案、天津人汤金池来京扒盗杀人案、内蒙古人董世侯西单商场爆炸案、邯郸人夏大云苏联使馆前爆炸案等。但这些案件多以报复社会的犯罪为主,而且数量很少。如此高比例的流动人口的街头犯罪还是从90年代中期开始的,这与外来人口来京后的就业状况、生活状况、教育环境有着密切的关系。在北京都市化的过程中这是一个亟待研究和解决的重大课题。

(五)社会变迁视角下的经济高速增长期与犯罪同步增长的综合分析

综上所述,1992~2007年是中国经济高速增长期,同时,全国及北京市的犯罪率也表现出同步增长的趋势,并且上升幅度较大。这期间全国犯罪率的上升年度为11年,下降年度为4年。1992年全国刑事立案数为158.3万起,2007年上升到480.8万起,立案数上升了3倍。北京市1992~2006年期间,犯罪率上升年度为5年，下降年度为9年，上升年度明显少于全国。不过，北京市是人口流入大省市之一，犯罪率的上升与户籍人数激增有关。若从刑事立案数的绝对数分析，2006年北京市的刑事案件立案数为12.08万起，而1992年仅为1.78万起，14年间增加了6.8倍，增幅大大高于全国。

从社会变迁的理论视角剖析1992~2007年犯罪现象的变化，会给犯罪学界留下许多有价值的思考。笔者将1992年作为这一时间段犯罪变化研究的起始点，其根据是"大事件"所带来的、深刻的社会结构变化，即1992年邓小平同志的"南方谈话"推动了中国经济改革的提速、产业结构的转型、城市化的发展。回顾这段历史，当时改革开放推进十余年，旧有的计划经济体制逐渐式微，新兴的市场经济体制迅速成长，两种体制的摩擦日益加剧，各种利益冲突表面化。"双轨制"的经营体制暴露出来的腐败问题、经济过热与通货膨胀等，迫使中央在1988年决定实行为期三年的"治理整顿"。与此同时，用传统社会主义理论衡量改革、否定改革的思潮抬头，紧接着是国内的"六四"风波，国际上的苏联解体、东欧巨变，加剧了人们对社会主义命运和中国改革的忧虑。在选择中国发展方向的十字路口上，邓小平同志力排众议，南方考察并发表重要讲话，推动了新一轮的中国经济改革。目前，中国经济总量居世界前列，应是1992年强力推动经济改革的结果。但是从社会变迁的要素分析，当时确实存在着经济改革异军突起，经济改革腿长，社会改革、政治改革腿短的问题。十余年的改革开放暴露出来的"双轨制"与权力者腐败的问题，在强调致富目标的同时，如何保障手段的合法、合理、合乎伦理，保障社会控制和社会规范的有序性；如何实行权力机构之间的制衡，以抑制腐败；如何有效地控制贫富差距，以及如何改革社会治安管理体制以适应新一轮经济改革的需求等，都缺少系统的顶层设计。在这种状态下的企业改制、股票期货改革、城镇住房改革等，将人们的欲望充分调动，使改革成为了冒险家乐园，"撑死胆大的，饿死胆小的""一夜暴富""权钱交易"等大大拉升了经济犯罪的数量与金额。在无规制和无底线地追求利益目标的状态下，也催生了"地下经济"繁荣，卖淫嫖娼、贩卖毒品、黑社会组织等与"地下经济"紧密相连的犯罪现象再度"死灰复燃"。

七、北京社会治安建设六十年的综合分析与对策建议

（一）首都社会治安体系与整合社会能力的分析

从社会变迁和社会整合关系的角度分析北京社会治安六十年，大体上可以

得出如下结论：1948年至1953年新中国建都北平，以摧枯拉朽的朝气，镇压反革命、铲除地方恶势力，禁毒禁娼。在新旧制度交替的过程中迅速整合社会。并建立起了一套新的治安体系，这套治安体系在"全面建设社会主义时期"（1953~1965年）被逐渐完善。它主要包括：以"战役"的方式集中力量打击反革命分子的破坏活动和各种刑事犯罪活动；以公安派出所为前沿，以治保会为基础的"群防群治"、严格限制人口流入北京的户籍管理制度等，这套治安体制与当时实施的社会主义计划经济相适应，并创造出首都治安的黄金时期。"文革"时期（1966~1977年）砸烂公检法，社会控制系统内部的紊乱引发整体社会治安的混乱，"文革后遗症"也为以后首都犯罪率的持续增长埋下了祸根。

改革开放初期（1978~1992年），治安系统拨乱反正，让老同志回到原治安管理岗位，恢复传统的治安体系和管理方法，稳定社会秩序成效显著。1983年实施了继解放初期"镇反运动"后三十年间规模最大的"严打"斗争，在一定程度上震慑了犯罪分子，但总体社会效果不佳，并未向预期的那样恢复到五六十年代的治安水平。犯罪率在下降一年后迅速反弹，原因是犯罪对象和社会环境与"镇反"时期相比已发生了深刻的变化。计划经济向市场经济转型，农业社会向工业社会转型、伦理本位社会向法治社会转型开始启动，传统的社会治安管理体制与转型社会出现了不协调，社会治安管理失灵的问题开始显露，80年代中后期全国的犯罪率开始呈稳步上升趋势。

与全国相比，北京市改革三十年间，除1989~1991年的犯罪率低于全国平均水平外，其他年份都高于全国平均水平。上世纪90年代初期开始的经济改革提速进一步推动了首都的社会转型。传统的治安机制仅在公安科技化等方面进行了改良，"严打""注销北京城市户口"仍被视为最行之有效的治理犯罪的方法。从总体上看，传统社会治安管理机制对转型社会的整合能力继续降低，频繁的人口流动使传统户籍管理近乎崩溃，北京流动人口犯罪从改革开放初期占犯罪总数的百分之十几，上升到2006年的70%以上。传统的"群防群治"的治安体制失灵，群众检举犯罪的热情和数量降低，使传统的刑侦方法失去了后援。与此相关，90年代末以来北京市的破案率下降至23%左右，低破案率相当于低犯罪成本，会强化犯罪者的侥幸心理，引发犯罪数量的增加。

（二）北京社会治安建设的相关建议

上世纪90年代以来的首都经济高速发展期使人、财、物的流动频率进一步加快，各种社会矛盾进一步凸显，传统治安管理机制在社会转型过程中的整合机能下降,"致罪因素"增加,犯罪率升高。美国犯罪学家路易斯·谢利(Louis Sheley)认为,在经济高速增长期,犯罪上升几乎是一种惯例。不过,在上个世纪六七十年代日本经济的高速增长期却出现犯罪下降的特例,从上世纪60年代日本的犯罪统计看,除了性犯罪、过失犯罪有所增加外,财产犯罪(盗窃、诈骗、贪污、买卖赃物等)、凶恶犯罪(杀人、抢劫等)、粗暴犯罪(伤害)均有所下降;进入70年代后,各种类型的犯罪出现了全面下降的趋势。为什么会出现这种特例呢?根据笔者的研究,主要原因是日本政府在社会转型、经济高速增长期中,有效地保护了传统的东方文化,并使其巧妙地与现代社会接轨,缓解了传统社会向现代社会转型中的结构性冲突。比如,企业的终身雇用和年功序列工资制,减少了失业人口,缓解了社会转型的"阵痛";对长幼有序、夫妻有序、师生有序等传统观念的保护,缓解了在现代化过程中家庭、学校等非社会性控制系统内部的结构性冲突;强调国民的积累和投资,缓解了"后生型"国家消费超前所带来的生产力与消费需求的尖锐矛盾,有计划地向贫困地区投资,缓解了地区间发展的不平衡,吸引劳动人口的转移,缓解了都市化发展过快造成的社会紊乱;发挥传统舆论对犯罪控制的机能,提高犯罪检举率。日本的特例说明,社会转型期和经济高速增长与犯罪之间并不是一种因果联系,在两者之间国家和地区的社会整合能力是犯罪率是否上升的重要变量,其中政府组织的行为至关重要。日本的做法有值得我们借鉴的地方。以下是在上述研究基础上,对北京市的社会治安管理提出相关建议。

1. 改革现有户籍制度

传统的户籍管理制度的基本思路是"以证管人",即通过管理户籍,进而管人的衣食住行,管理社会治安,因为"管证"的目的是为了管人,管人的目的是为了管治安,所以这项工作一直由公安系统来做。但是,随着市场经济的繁荣和人口大量且频繁的流动,户籍管理原有的粮油布配给功能、限制人口迁入迁出功能早已丧失,户籍或暂住证仅成为城里人或城外人的一种身份符号,成为警察管理人口、预防犯罪的一种工具。由于户籍管理功能单一化和警察作为户籍管理的主体,影响流动人口申报暂住的积极性。目前,来京不申报者的比例是相当高的,为首都治安管理和流动人口管理增加了难度。

最近,广州市正在进行户籍制度改革的试点工作,其改革的基本思路是从过去的"以证管人"过渡到"以房管人"。但核心仍是"管人管治安"的基本思路。我们认为,首先应当破除长期存在着的"用户籍管人,管治安"的传统观念,户籍管理应当逐渐与警察的治安管理相分离,与政府服务于百姓的福利制度相结合。今后户籍制度改革的基本方向应当是与居民和流动人口的权益和福利相结合的"服务型管理模式"。户籍制度与人口的医疗、就业培训、就业、子女就学、升学、住房、社会福利等民生和教育问题相结合，使流动人口户籍申报工作由现在的被迫申报转变为主动积极申报，因为申报的目的不是为了接受管理，而是为了让自己和家庭享受所在地区所提供的更多社会福利和良好教育。

完成户籍与流动人口权益的联接光靠公安机关一家是无法完成的。可以参考发达国家的一些做法，由公安系统管理户籍逐渐转变为由市区政府内设的户籍管理部门进行管理。这一管理机制一方面容易实现与区域社会福利和社会教育的联动，有利于密切政府和民众的联系，也使户籍管理更加人性化。同时，户籍管理与警察治安管理的分离，更有利于首都公安系统集中精力做好犯罪的预防和控制，提高警察系统的专业化和快速反应能力，提高破案率等。

2. 全面改善流动人口的生存环境

流动人口或农民工已是北京都市化建设的重要组成部分，北京人的观念也在随之发生着变化，"盲流"已成为过去的贬义词不被人们使用。但是，近年来，流动人口犯罪占北京犯罪总人口70%以上的事实却向我们敲响了警钟。如此大比例的流动人口的街头犯罪，说明城市为其提供的生活环境、工作环境、教育环境存在着严重的问题。我们必须善待流动人口或农民工，克服长期以来由"城乡二元结构"造成的城里人对农村人的歧视。树立"人人平等"、"公平对待"的理念，纠正有损流动人口人格尊严和公民权利的歧视性做法。惩处侵犯流动人口合法权益的各种违法犯罪行为，优化流动人口就业、就医、子女就学、社会保障等公共服务，帮助流动人口解决实际困难和问题。具体包括两个方面。

一是通过发展政府廉租房等手段，帮助他们改善住房条件，使他们摆脱"贫民窟"式的生活方式。"贫民窟"式生活环境容易形成犯罪价值观，形成与城市主流文化相抗衡的亚文化，增大外来人口融入城市的难度。

二是北京市应当积极地接纳他们的子女就学，让他们能够安心地把妻子和孩子接到城市，过上正常的家庭生活。这既是一种人本主义的关怀，也是抑制流动人口犯罪的重要手段。另外，目前全国的农民工大潮已制造出7000万名农村"留守儿童"，并且每年制造出15万人次的流浪儿童，他们正成长在一个缺少父爱和母爱、缺少良好的家庭教育的环境中，在不远的将来，我们的社会将为都市化过程中创造出的大量农村"留守儿童"和流浪儿童付出沉重的代价。北京在接受他们为城市建设做出贡献的同时,也应当为他们提供宜居的生活环境,为减少农村"留守儿童"和流浪儿童的数量承担起相应的社会责任。这是利在当代、功在千秋的大事。

3. 进一步建立和完善社会福利制度,控制犯罪的增长

改革开放 30 多年,我国的经济实力得到了空前的增强。此时应拿出资金投入社会建设,特别是加强社会福利制度的建设。现代社会福利制度既有扶助贫困、缩小经济差别的功能,也有控制由于"绝对贫困"引发刑事犯罪的功能。应制定相关的福利法规,主要包括社会福利法、未成年人保护法、未成年人福利法、无家可归者的国家救助法、孤儿的国家收养法、家庭教育功能丧失的社会补救法、刑满释放人员回归社会法等,在完善法律的基础上,逐渐建立起完善社会保障体系,在国力允许的情况下,不断扩大福利事业辐射的范围,让更多的社会群体受益。努力构建福利社会是目前许多发达国家所采取做法,它在预防犯罪和控制犯罪率增长方面收到了意想不到的效果。构建福利社会,最大限度地减少因贫困引发的犯罪,是现代社会预防和控制犯罪的"治本方法"之一,较之投入大量的人力物力进行"严打"斗争或建设监狱等更具有长效机能。

北京市应在国家大的法律框架下,积极地建立具有北京特色的地方福利法规,构建科学的地方福利体系。并能在未成年人、流动人口、流浪儿童、刑满释放人员的社会保护方面做出北京的特色,作为地域福利制度构建和实施,将会在不远的将来使北京的犯罪率逐渐下降,并形成以福利制度为依托的预防犯罪长效机制。

4. 进一步加强首都伦理道德建设

改革开放前的中国是一个典型的伦理本位社会,人治大于法治,人情大于法理。在迈向现代化的过程中,从伦理社会向法理社会转型是一种必须。但是,立法是一个过程,执法以及公民法治意识的形成,法制社会的建设是一个更加漫长的过程。在这个过程中不能忽视传统的伦理道德对法制建设的补充作用。在急剧社会变迁中会出现一些我们未曾预料到的"规范真空",伦理道德可以填补,并能减少钻法律空子的越轨行为和犯罪行为的发生。因此,我们应当有选择地弘扬适合现代社会发展的传统文化和传统伦理道德,这些伦理道德因有深厚历史沉积,易为民众所接纳和身体力行,并会以一种强大的内化功能对犯罪行为产生抑制作用。

北京是"六朝古都",有着深厚的文化底蕴,历史上大量的名人和道德楷模在此生活工作过。北京应当学习巴黎,充分地挖掘本市的历史文化遗产,有效地保护传统文化和传统美德,并将这些文化要素与北京的城市景观建设相连接,让人们感到走在北京的大街上就是行走在历史中,行走在文化中,被一种厚重的伦理文化熏陶着。弘扬北京传统文化,提倡长幼有序、家庭和睦(2002年北京市的离婚率已达 6.82‰,为全国最高,❶ 北京家庭的稳定是北京社会稳定的基础)、关爱他人、自律自爱、不给他人添麻烦等。加强非正式性社会控制系统在社会转型中的平衡机能,培育市民高尚情操和爱市情感,用伦理道德的内化功能抑制犯罪的增长,抑制包括与官员腐败相关联的经济犯罪的增长。

5. 创建新型的"群防群治"体系

在社会治安的管理体制上,解放初期我们强调"群防群治",现在我们强调"综合治理",两者有什么区别呢?"群防群治"是以企业、行政事业单位、街道、村落的治保委员会为基础,广大群众的积极参与治安管理的一种方式,被称为是预防和治理犯罪的"人民战争",尽管人力成本较高,但有实效。

"综合治理"是1981年5月中央政法委员会召开北京、天津、上海、广州、武汉五大城市治安座谈会上首次提出的概念,1984年10月,中共中央批转中央政法委员会的报告中,将"综合治理"具体概括为"打击、预防、改造"三个基本环节,以及三个层次,即①在各级党委的统一领导下,组织各部门分工协作来抓,条块结合,以块为主;②政法各部门各司其职,密切配合,并协助党委做好宣传、组织和推动工作;③发动和依靠群众,动员全社会的力量,参与综合治理的工作。❷ "综合治理"似乎是一个面面俱到治安管理方式,也强调群众参与社会治安管理。但从几十年的实践看,"综合治理"更强调党委对治安工作的统一领导,公检法司各司其职和治安工作的"以块为主"的单位责任制。改革开放以来,特别是上世纪90年后期开始,人民调解委员会的数量在减少,1997年全国的人民调解委员会为98.5万个,人民调解员1027万人;2005年降至84.7万个,比1997年减少了16.1%,人民调解员降至59.7万人,比1997年减少了94.2%,人民调解工作逐渐被专职司法助理

---

❶ 前线杂志社:《北京离结率高达50.90%》,http://www.bjpopss.gov.cn/bjpssweb/n9705c51.aspx。
❷ 中国社会科学院法学研究所法学词典编委会:《法学词典》,法律出版社2004年版,第570~571页。

员（2005年为61666人）、律师（2005年为153846人）等法律专职人员所替代。❶ 1988年全国有治安联防人员190余万人，2004年9月公安部发出通知，用三年的时间将实施了40年的"治安联防"制度逐渐取消。传统的"治安联防"逐渐被保安公司提供的专职治安保卫所代替。2003年全国保安公司已发展到1400家，保安人员突破60万人。

随着社会治安管理专业化和职业化程度的提高，以及群众"自我保护"意识的增强、群众与警察，群众与治安管理部门的关系在疏远，群众参与犯罪治理和预防的积极性在降低。其中最明显的变化是群众对犯罪的举报率降低，并带来破案率降低。1998年、1999年北京一般案件的破案率降至22.9%和32.4%。无论是发达国家还是发展中国家，也不论国家警察的装备先进性和机动化程度多高，群众对犯罪行为的检举都是警察立案和破案的重要前提，也是治理和预防犯罪的基本手段。日本是发达国家中犯罪率最低的，原因之一是日本是发达国家中检举率最高的国家，从1978年《犯罪白皮书》的国际比较看，日本犯罪检举率高达82.5%，大大高于德国（67.8%）、英国（64.5%）、法国（56.1%）和美国（46.7%）。❷

北京市在建设现代都市的过程中，必须考虑如何建立起一种新型的警民关系和新型的市民与治安司法机构的关系。让群众更多地了解警察、法官，以及其他治安司法人员的工作性质、工作流程。社会治安的专业化和职业化如果变成了神秘化，变成了普通百姓无法接近的东西，我们的治安工作就会脱离群众，检举率无法提高，犯罪率无法控制，综合治理工作也无法达到最佳效果。

专栏13

众目睽睽之下犯罪者扬长而去

2006年10月25日下午6时左右，从国外留学归来的佟女士从北京双井家乐福购物后，骑自行车走大望路由北向南慢慢骑驶，突然有一男子从背后跑来，拽住她的挎包向右侧拉，佟女士从自行车上摔下，下意识地紧抱挎包不放，一边喊着"救命"，一边被拖出一米远。抢夺者认为

---

❶ 中国法律年鉴编辑部：《中国法律年鉴》，中国法律年鉴社2006年卷，第1001页。
❷ 陆学艺：《中国社会进步与可持续发展》，科学出版社2007年版，第278、246页。

> 无法马上抢走挎包，只好松手悻悻而去。周围人或投来呆滞的目光，或匆匆赶路，只有一位中年女性走过来悄声地说："我早就看到他盯着你的包了，以后出门小心点。"说完后也骑上自行车走了，佟女士的眼泪夺眶而出……

资料来源：根据张荆 2007 年 10 月访谈整理。

北京解放初期，法官在市民下班后，到家中审案，看上去似乎有损法庭的尊严。但却最大限度地联系了群众，简化了审判手续，提高了审判效率，有其可参考之处。解放初期，一声哨子 200 余人跑来抓偷白菜的，让现在的人们觉得有些可笑。但现在北京傍晚，路见抢夺，熟视无睹，却令人可悲！北京市应当倡导一种主流价值观，"治安管理，人人有责"，"维护治安，分享太平"，在社会治安管理逐渐职业化、专业化的过程中，社会似乎不再强调"见义勇为"了。但是我们至少应当提倡在确保自身安全的基础上，巧妙地和犯罪分子作斗争，包括及时拨打 110 报警等。

6. 建立城市治安"点线结合"的快速反应机制

传统的将派出所建在非闹市区的"深宅大楼"里是改革开放前地域封闭、人口流动缓慢、以住地居民的户籍管理为核心，通过管户籍来管治安的工作模式的产物。这种做法已经不适合大规模人口流动的现代都市管理。派出所是分局的派出机构，应当减小机构规模，增加机构数量和机动性，将"治安阵地"前移，建在人口流动量最大的地方，如主要车站、闹市区、娱乐场所周边等。派出所与派出所之间的设点距离，应以自行车的速度计算在 20 分钟或半小时之内可以到达为最佳（因为现代都市常常堵车，自行车通常是警察最便利的交通工具）。要将警察到现场的平均速度提高到 8 分钟以内，以符合国际大都市的治安要求。全市应建立起以 110 报警服务台为指挥中心、以派出所为据点和前沿阵地，在点与点之间以巡警的频繁巡逻为补充的、具有快速反应能力的社会治安体系。

在世界警务的"四次革命"（即职业化、专业化、机动化和社区警务）中，北京警察的发展还属于完成警察专业化，进入警力机动化、装备现代化的第三个阶段，我们必须适应大都市的快速发展的需要，把警力放在街面上，增强警力机动化和装备现代化，以及快速反应能力。这样一是为了震慑犯罪，二是为了高效地解决人口中频发的地点时间不确定的各种民事纠纷、冲突、街头犯罪以及突发性事件。另外，可以辅助于社区警务，并注意从源头上打击犯罪，比如严格取缔各种销赃市场，严格管理各类二手车市场及废品收购站等。

7. 抑制"地下经济"的发展，打击各种恶势力

20世纪90年代"死灰复燃"的贩毒、卖淫、黑社会性质的有组织犯罪都与那段时期的"地下经济"的迅速发展有着千丝万缕的联系。他们背离法律的约束，从"地下经济"中获取巨额利润，贿赂官员、壮大组织、发展客户。因此，有效地控制"地下经济"的发展，通过与银行合作打击这类犯罪的洗钱活动，是从经济的源头控制这类犯罪发展的重要手段。这也是国际犯罪学界研究的前沿课题。如果我们真的能从财源上有效控制贩毒、卖淫、黑社会的有组织犯罪的话，那将会使这类犯罪成为"无源之水"。

研究黑社会性质的有组织犯罪的"死灰复燃"，我们也会发现它的市场需求，在急剧的社会变迁中，宅基地纠纷、土地纠纷、拆迁纠纷、债务纠纷、市场竞争纠纷等各种社会冲突凸显，而基层组织的职能丧失或削弱，司法机构解决纠纷的时间太长而且成本过高。于是人们向黑社会购买保护，这种现象有其不合法的一面，但又有其合理的一面。因此，除了严厉打击黑社会组织、抑制地下经济的发展外，还应当恢复和加强基层组织建设，简化和降低司法机关解决纠纷的程序和成本，使民众向黑社会购买保护成为一种多余时，黑社会有组织犯罪才能得到有效的抑制。

政府仍然不能放松对贩毒、卖淫、黑社会有组织犯的打击力度。20世纪90年代中后期兴起的这类犯罪尽管蔓延快，但由于发展时间短，还没能完全做大，仍属于萌芽状态。政府应毫不手软地、坚决地予以打击，特别黑社会有组织犯罪一定要发现一个打掉一个，将这类犯罪扼杀在萌芽状态。

8. 加强首都犯罪预防和预测工作

犯罪预防是一个庞大的社会工程，是以家庭、学校、社区、政府为中心的制度环境改善工程，包括教育、福利、设施、完善社会道德和法制等内容，必须下大力气长期抓下去。同时，根据全国及北京新的政策或技术出台，预测其对犯罪趋势的影响，及时制定相关的抑制犯罪的地方法规和政策，采取相应措施控制新的犯罪类型的产生与发展。注重城市的基尼系数、失业率、贫困人口、流动人口、刑满释放人员数等与犯罪率相关联的数据统计和分析，对北京的犯罪变化进行科学的预测，并及时制定相应的社会控制方略。

（原载于陆学艺主编：《北京社会建设60年》，科学出版社2008年版，第830~868页，略有修改）

中国维稳现状、挑战与策略选择

【摘　要】 中国维持社会稳定主要包括打击和控制犯罪、排除和化解社会矛盾与纠纷两个方面。维稳工作一直受到中央政府的高度重视，采取过诸多措施维护社会稳定，并形成了当下的社会稳定格局。但中国的维稳确实面临着一些新问题和新挑战，如何建立科学的流动人口管理及缩小经济差距、缓解社会矛盾的长效机制；如何建立化解干群和劳资冲突、村委会选举冲突，以及家庭冲突的基层维稳机制，对建设长治久安的社会至关重要。可考虑从科学调控城市化的发展速度、加快收入分配制度改革、改革现有户籍制度、改善流动人口的生存环境、扩大社会福利、构建新型的警民关系，以及强化社区和家庭建设等方面构建治本之策略。

【关键词】 维稳　冲突　机制　治本

"维稳"是近十年来中国出现的新词汇，使用频率越来越高。所谓"维稳"主要是指维持社会秩序的稳定。从相关的资料和文件涉及内容分析，中国的"维稳"主要包括两大部分的内容：一是打击和控制犯罪，二是排查化解社会矛盾和纠纷。

近年来，政府对维稳的经费投入大幅增加。据《2009年预算执行情况及今年预算草案报告》显示，公共安全财政支出在2009年增加16%的基础上，2010年将再增8.9%，增幅超过军费（7.5%）。北京市2010年公共安全等支出83.0亿元，与2009年（73.4亿元）相比，增长13.1%，全年完成预算的110.3%，超额完成预算主要是增加首都维稳经费等。[1] 另外，以"2010年维稳"进行百度检索，相关网页文章达到1200余万件，比2009年增加了近1倍，表明各级党和政府，以及民众对维稳工作的重视和关注。

---

[1] "关于北京市2010年预算执行情况和2011年预算草案的报告"，北京财政网，http://www.bjcz.gov.cn/yszx/t20110201_311099.htm。

一、中国维稳的现状分析

近年来，中国的刑事立案数在经过短暂的下降后，从 2006 年开始出现反弹增高的趋势，2008 年为 488.50 万起，比前一年增加了 1.6%；2009 年为 557.99 万起，比前一年增加了 14.2%，❶ 达历史新高；2010 年 1 月至 11 月，全国公安机关立刑事案件 534 万起，同比上升 7.5%；检察机关立案侦查职务犯罪案件 32039 件，同比上升 3.1%；法院受理各类案件 975 万起，群体性事件仍在高位运行。（中央综治办主任陈冀平接受《瞭望》专访）

2010 年中国继续保持对刑事犯罪的严打整治的高压态势。为确保上海世博会和广州亚运会的安全成功举办，全国在"治爆缉枪"、打击"三电"设施盗窃、推进赛事禁赌方面进行专项整治行动。针对一些地区接连发生严重伤害小学生和幼儿园儿童的极端暴力事件，全国开展了"校园安保行动"。在排查化解社会矛盾方面，整合组织机构，提高基层政府化解矛盾的能力，组织机关干部下基层接访，强化政法系统基层的干部轮训，提高化解基层矛盾的能力等。

（一）"治爆缉枪"行动

2010 年的上海世博会和广州亚运会举世瞩目，为确保两会的安全举办，实现"不打响、不炸响"的目标，2010 年年初公安部成立了"治爆缉枪专项行动领导小组办公室"，从 3 月起在全国开展整顿爆炸物、枪支的专项活动，挂牌督办 56 起重大涉爆涉枪案件，将 18 个省（区、市）的 30 个县（市、区）列为挂牌督办重点地区。据 2010 年底统计，各地已抓获涉爆涉枪在逃人员 826 人，查破网上涉爆涉枪案件 514 起，抓获 492 人，打掉团伙 12 个，捣毁窝点 25 个，收缴了一大批危险物品。同时，全国清理收回超配、报废等枪支 1.8 万余支，取消 8082 名不符合配枪条件人员的资格。在专项行动中收缴枪支 5.5 万支、子弹 439 万发、炸药 1527 吨、雷管 471 万枚、管制刀具 81 万把；督促落实整改涉爆涉枪单位安全隐患 6.18 万起；立案查处涉爆涉枪案件 1.6 万起，抓获犯罪嫌疑人 1.8 万名，捣毁制贩窝点 341 处，打掉犯罪团伙 94 个。通过"治爆缉枪"专项整治行动，确保了上海世博会和广州亚运会的顺利成功举办，消除了全国的治安管理隐患。

---

❶ 国家统计局：《中国统计年鉴 2010》，中国统计出版社 2010 年版，第 889 页。

（二）推进赛事禁赌工作

2009年初，公安部根据国际刑警组织新加坡国家中心局发出的红色通缉令，对王鑫在新加坡非法操纵足球比赛一案展开调查，4月在沈阳将王鑫抓获。"拔出萝卜带出泥"，2010年3月，中国足球运动管理中心主任南勇、足协副主席杨一民等多名高官因涉嫌操纵赌球、收受贿赂纷纷落网，中国掀起了"足球反赌风暴"。

针对重大体育赛事网络赌博猖獗的状况，2010年2月公安部、中宣部、中央综治办等7部门联合部署了为期8个月的全国集中整治网络赌博违法犯罪活动专项行动，在此项专项打击中，侦破了一批大案要案，其中年投注额在300亿元以上的5起，投注额50亿元以上的21起；铲除一批境外赌博集团在境内的渗透据点，共打掉130余个境外赌博品牌网站在我境内的最上层团伙，抓获来自澳门、菲律宾等国家和地区的犯罪嫌疑人327名；有效切断网络赌博信息流、资金流，共封堵赌博网址12000余个，迫使境外赌博集团自行关闭赌博网址7600余个；打掉为赌博网站提供支付服务的犯罪团伙21个，切断近百个境外主要赌博网站的资金出境渠道。

各地公安机关在打击网络赌博的同时，还相继开展了打击电子游戏机赌博、六合彩赌博、治理公民出境赌博等一系列专项行动。2010年底，各地公安机关共查破赌博案件35.9万起，抓获违法犯罪嫌疑人104.7万人，打掉赌博团伙1.3万个，收缴查没赌资10.3亿元。为广州亚运会创造了良好比赛和观摩环境。

（三）打击"三电"设施盗窃

为保障2010年上海世博会、广州亚运会等重大活动的顺利举行，保护通信线路、广播电视线路、电力线路（简称"三电"）的安全，广电总局组织全国广电系统制作播发"三电"设施保护新闻2.6万余条、专题节目4.7万余条、公益广告1.2万余条，各地采取多种形式增强基层组织和沿线群众保护"三电"设施安全的自觉性。

2010年1月至11月，全国公安机关依托部际联席会议，指导协调各地、各有关部门和企业大力加强"三电"设施安全保护工作，严打整治盗窃破坏"三电"设施的违法犯罪活动，共破获盗窃破坏"三电"设施案件2.1万起，查处"三电"治安案件2万余起，打击处理违法犯罪嫌疑人员3万余人。部际联席会议对"三电"治安问题突出的38个重点县（市、区）进行了挂牌整治，公安部挂牌督办的113起盗窃破坏"三电"设施案件，已破获86起。各地除了打击盗窃破坏"三电"设施违法犯罪活动外，还查处违法违规的废旧金属收购站点1705个，其中吊销营业执照474个、关闭取缔898个。从而使下半年盗窃破坏"三电"设施案件明显下降，保障了"三电"设施安全稳定运行，有力地保障了世博会、亚运会等重大活动的举行。

（四）强化学校及周边的治安综合治理

2010年3月23日上午，曾在福建南平一社区卫生服务站担任医生的郑民生持刀在南平实验小学大门口行凶，55秒钟造成该校小学生8死5伤；一个多月后的4月28日下午，广东雷州市一名男子闯入市第一小学，持刀砍伤18名学生和1名教师；4月29日上午，江苏泰兴镇一男子徐玉元持刀闯入镇中心幼儿园，砍伤32人，其中包括29名幼儿、2名教师、1名保安；5月12日，陕西郑县一所私人幼儿园发生凶手案，9人死亡，其中有7名儿童、2名成人。多起以小学生和幼儿园儿童为对象的"屠童惨案"震惊全国。

公安部立即成立了专门的领导班子集中指导校园安全保卫工作，并召开犯罪学家座谈会，分析系列"屠童案"背后的社会原因，先后7次召开公安系统视频会议，派出18个工作组督导检查校园安全。各地公安机关会同教育等部门采取超常规措施，全面加强学校和幼儿园安全保卫及周边治安整治工作。据2010年底统计，落实整改校园及周边安全隐患28万处，破获刑事案件1.2万余起，查处治安案件2.5万余起。同时，加强学校、幼儿园周边特别是上学、放学时段的巡逻防控，各地共出动警力1229万人次、警车330万辆次，到校园工作391万次。目前，各地已建立校园警务室8.4万个，配备校园警察15.8万名。根据公安部、中央综治办、教育部联合下发的《关于进一步加强学校幼儿园安全防范工作建立健全长效工作机制的意见》，校园内还配备专职保安41万人，配备防护装备68万件，安装视频监控系统17万套，其中4.8万套已连接公安视频监控系统网络。[1]

（五）排查化解社会矛盾和纠纷

2009年，中共中央办公厅、国务院办公厅转发了3个文件，即《关于领导干部定期接待群众来访的意见》《关于中央和国家机关定期组织干部下访的意见》和《关于把矛盾纠纷排查化解工作制度化的意见》，强化社会矛盾的化

---

[1] 陈文军：《2010：治安管理工作亮点纷呈》，中国警察网，http://www.cpd.com.cn/n3549/n3677/n8424/c867025/content.html。

解工作。2009年12月28日，中央综治委召开全国政法工作电视电话会议，发表了《深入推进社会矛盾化解、社会管理创新、公正廉洁执法，为经济社会又好又快发展提供更加有力的法治保障》的重要文件，强调"社会矛盾化解工作的重心在基层"。乡镇（街道）要由党（工）委副书记牵头，把执法、综治、维稳、信访等方面的力量整合起来，形成综合治理的大平台，努力做到"小事不出乡（镇）、矛盾不上交。"从各地的报道看，2010年许多地区将定期接待群众来访的责任主体从县委书记层拓宽到各级各部门领导干部，并组织机关干部下基层接访，进一步完善信访工作法规制度建设。以北京为例，2010年，北京综治办推进全市324个街道（乡镇）建立综治维稳工作中心，一些乡镇将综治办、维稳办、防邪办、信访办、司法所和安监所实行"六位一体"合署办公，由党政一把手或负责政法的副书记出任主任，提升排查化解社会矛盾的能力。

2010年3月，北京市成立了全国首家信访矛盾和社会问题分析研究中心，旨在分析社会舆情，培训信访研究人员等。10月，北京市举办首届局级领导干部维护社会稳定工作专题培训班，旨在提高局级领导干部维稳能力，推进大调解机制的建立，整合人民调解、行政调解和司法调解，形成三者合力，协调解决社会矛盾。❶ 近年来，北京市的城市规模继续扩大，北京市人民检察院为缓解拆迁中的社会冲突，预防工程建设领域，尤其是拆迁中的职务犯罪，参与招投标预防监督126次，分析案件687次，开展预防咨询490次，开展警示教育328次，在拆迁工作领域，共查找制度漏洞近百条，提出检察建议185条，帮助有关部门完善内控机制72项。❷

据国务院新闻办公室2010年9月26日发布的《2009年中国人权事业的进展》白皮书公布的数字显示："2009年，全国信访总量同比下降2.7%，连续5年保持了下降的态势。"❸ 2010年全国信访总量继续保持平稳态势。各地加大调解民间纠纷的力度，2008年调解民间纠纷498.1万件，比上一年增加了3.8%；2009年调解民间纠纷579.7万件，比上一年增加了16.4%。❹

---

❶ "2010年首都综治工作十件大事"，首都综治网，http：//www.sdzz.org/sdzzxw/xwrd/201101/t20110127_118084.html。

❷ "先行一步　预防拆迁领域职务犯罪"，凤凰网，http：//news.ifeng.com/gundong/detail_2010_12/24/3683072_0.shtml。

❸ "2009年中国人权事业的进展"，参见中华人民共和国中央人民政府网，http//www.gov.cn/zwgk/2010-09/26/content_1709942.htm。

❹ 国家统计局：《中国统计年鉴　2010》，中国统计出版社2010年版，第886页。

二、中国维稳面临的问题与挑战

2010年,中国的GDP增长10.3%,年度经济总量首次超过日本,成为世界第二经济体。但从经济与社会协调发展、建立社会稳定的长效机制等方面看,仍有许多亟待解决的问题和面对的挑战。

(一) 寻求有效控制犯罪增长的长效机制

改革初期的1978年中国刑事立案数为53.6万起,2009年刑事立案数达557.99万起,是31年前的10.4倍,三十余年中,我国先后进行过四次大规模针对刑事犯罪的严厉打击活动(简称"严打"),"严打"的效果表现为犯罪率经过1~2年的短暂下降后迅速反弹,继续保持上升势头。历史的经验告诉我们,除了"严打"之外,必须寻找控制犯罪增长的长效机制。

1. 流动人口与流动人口的犯罪问题

据国家统计局2009年统计,全国流动人口已高达2.11亿人,外出从业6个月以上农民工1.45亿人,约占流动人口总数的68.7%,❶若加上6个月以下外出农民工,占流动人口的90%左右。如此大规模的人口从农村流入城市,从一个城市流动到另一个城市可谓"史无前例"。实际上,从上个世纪90年代中期我国就已经面对大规模流动人口所带来的两大社会问题的挑战:一是流动人口的犯罪问题,二是留守儿童问题。

大量农村人口流入城市为城市建设和繁荣做出贡献同时,流动人口的犯罪问题也日渐凸显。以大城市北京、广州为例,1994年北京的流动人口达112万人,流动人口犯罪占全市犯罪总人口的44%。2006年末统计,北京已有流动人口383.4万人,2006年上半年,北京市公安局抓获的各类流动人口违法犯罪分子17538人,占全部抓获违法犯罪分子总数的72%。从北京市昌平区法院的统计看,2009年流动人口犯罪者1339人,占犯罪人员总数的77%,2010年上半年比重进一步上升,占79%。❷广州市社科院的一项调查表明,改革开放初期的1979年外来人口的犯罪仅占广州市犯罪总人口的3.5%,2002年这一比例上升到85%。上个世纪90年代中期凸显的流动人口犯罪问题,并未引起城市管理者的高度重视,由于一直缺乏对流动人口有效管理和服务的对策,

---

❶ 申兵:《"十二五"时期如何促进农民工市民化》,《中国经济时报》2010年7月21日。
❷ "法院发布调研数据 昌平区流动人口犯罪占79%",腾讯网,http://news.qq.com/a/20100824/001746.htm。

流动人口的犯罪数量持续上升。

关于留守儿童问题,也是大规模人口迁移的产物,因城市生活成本高,孩子就学难、就医难等问题的普遍存在,农民工让孩子们留守农村,由老人和亲属抚养。从2009年的统计看,全国农村留守儿童达5800万人,❶ 与留守儿童问题相伴随的还有流浪儿童的大量产生,民政部每年救济流浪儿童51万人以上,推算全国有100万~150万的流浪儿童。❷ 留守儿童和流浪儿童生活在缺少父爱和母爱、缺少良好家庭教育的环境中,社会化过程严重受阻,其中一部分人将成为未来犯罪的后备军。2010年初,广州大学发展研究院"新生代农民工罪犯"课题组的研究报告中此问题已初显,该调查报告指出:"有犯罪记录的新生代农民工中,80%在幼年时期被留守家乡无人看管,犯罪原因主要为成长环境不利、家庭教育缺失。"❸

解决流动人口的管理与服务是控制流动人口犯罪,进而有效控制全国犯罪增长的治本之策。

2. 贫富差距拉大与财产犯罪

上个世纪90年代,理论界有一种对社会风险的"高发期"的解释说,按国际惯例,人均GDP从1000美元到3000美元时,容易导致社会失序、分配失衡、百姓失业、道德失范、犯罪增加,以及各种生产事故多发等。2007年中国人均GDP超过3000美元,有学者宣布,这"意味着一个经济社会矛盾的多发期行将进入尾声"。❹ 三年过去了,2010年中国国内生产总值达39.8万亿元,人均GDP达到4300美元左右,社会冲突和犯罪率上升趋势并没有得到缓解。首先,在国际犯罪学领域并没有这样的"国际惯例"理论。其次,这一理论缺少实证研究的依据。因此,这只是应时学者对中国社会冲突增加、犯罪率增高的时代合理性的说辞。实际上,倒是经济差距拉大与社会稳定和犯罪率的增长有着更加密切的关联。

中国改革开放30多年,社会富裕起来了,但是贫富差距迅速拉大,特别20世纪90年代的企业改制和承包、股票期货市场的建立与迅速膨胀、城镇住

---

❶ 李小菲:《全国农村留守儿童约5800万人 沟通基本只靠电话》,搜狐新闻网,http://news.sohu.com/20101007/n275454104.shtml。

❷ 鞠青:《中国流浪儿童研究报告》,人民出版社2008年版,第3页。

❸ 张小磊:《新生代农民工幼年留守家乡占八成》,腾讯新闻网,http://news.qq.com/a/20110109/000645.htm。

❹ "中国人均GDP将超3000美元",搜狐网:http://business.sohu.com/20090116/n261785823.shtml。

房体制和房地产业改革等，使贫富之间的差距变得不可逾越。如果说改革开放初期的农村联产承包责任制和城市"个体户"创造出了"万元户"，那么，企业改制和承包创造了"十万元户"和"百万元户"，房地产业的改革又创造了"百万元户"和"亿万富翁"。"一夜暴富"及巨大财富的诱惑从两个方面刺激着中国犯罪的增长。一是经济领域的犯罪迅速增长，涉及县处级以上领导干部的人数不断刷新，贪污、贿赂、挪用公款的数额不断创出新高。二是经济差距迅速拉大带来的超前消费及"示范效应"，以及巨额资金和财物的流动，刺激着具有犯罪人格者的"攀比"和"暴富"心理，以巨额现金为目标的杀人、抢劫银行运钞车、绑架勒索等恶性案件频繁发生。

2009 年，全国的刑事立案数继续以 14% 的速度增长，其中以获得财产为目的的犯罪上升最快，盗窃上升了 14.4%，诈骗上升了 39.3%，拐卖人口上升了 153.8%，伪造货币上升了 253.8%。❶ 当年的基尼系数为 0.47，而改革开放初期的基尼系数仅为 0.29。另外，10% 的高收入人群与 10% 的低收入人群的收入差距，从 1988 年的 7.3 倍上升到 2007 年的 23 倍，收入差距迅速扩大。因此，与其说人均 GDP 从 1000 美元到 3000 美元是社会风险的"高发期"，不如说是贫富差距的不断扩大是犯罪率持续上升的重要原因。改革开放使中国社会富裕起来了，人们从中受益，但是，贫富两极分化严重，使人们感到"相对贫困"，更多的人容易陷入犯罪。因此，应采取有效措施，逐渐缩小贫富差距，这是有效控制犯罪，特别财产犯罪持续增长的治本之策。

3. 社会冲突与恶性暴力犯罪

2010 年初，在一些地区连续发生的以小学校、幼儿园为攻击对象的"屠童惨案"，由于媒体的报道而让社会震惊。实际上，类似案件在 2009 年就曾不断发生，比如，2009 年 2 月 27 日，在河北辛集一所幼儿园内，一名歹徒疯狂砍人，致 1 死 1 伤；4 月 29 日，在甘肃宕昌县一小学内，有 15 名学生及 2 名农民被砍成重伤；8 月 4 日，北大一医幼儿园，门卫持刀乱砍园内师生，造成 1 死 17 伤；9 月 11 日，苏州一幼儿园被人挥刀闯入，砍伤 28 名儿童；9 月 20 日，山东莒县一歹徒在校园用菜刀砍 25 名小学生。❷ 2010 年的系列"屠童惨案"似乎是这些案件的继续。目前，"屠童惨案"的犯罪者已伏法，小学、幼儿园已增设保安，安装视频监控系统，警察在放学时段在校门口巡逻防控。似

---

❶ 国家统计局：《2010 年中国统计年鉴》，中国统计出版社 2010 年版，第 889 页。
❷ 尹鸿伟：《校园为社会危机受难》，《南风窗》2010 年第 11 期。

乎事件已经"尘埃落定",但是它留给社会的思考却并没有结束。

从这些犯罪者的犯罪动机、成长经历、家庭背景、精神病史等因素分析,至少留给我们三点思考:(1)这些人大多是社会竞争中的弱者和失败者,生活在社会底层,生活比较艰辛。竞争是社会发展的"润滑剂",但是如何在激烈的社会竞争中,给竞争的弱者和失败者以生存机会,让社会福祉惠及弱势群体,避免他们走上暴力犯罪的绝路,是我们必须思考的问题。(2)从这些人的工作和生活经历看,都曾遇到过挫折,如失业、失恋、家庭纠纷、拆迁补偿等,他们将愤怒、仇恨迁移至社会,并残忍的指向最弱势的群体——儿童,以杀害最多的人,造成民间最大的痛苦和恐慌,达到报复社会的目的,这类犯罪惨不忍睹,无法宽恕!但社会必须思考如何化解矛盾,积极开展心理咨询、司法援助,防止愤怒、仇恨迁至社会。另外,在和平建设时期,我们的学校教育和社会教育应当适度减少仇恨教育,加强"珍惜生命""关爱他人"和"博爱"教育,弱化"挫折与复仇"的心理定势。(3)系列"屠童惨案"也使精神病患者的社会管理问题凸显,竞争社会增大了人们的紧张感和挫折感,精神病的患病率增加,如何防止他们危害社会安全,政府的医疗投入和良好的社会支持系统的建立是至关重要的。

(二)化解基层矛盾与维稳机制建设

从2004年起中国的信访总量持续下降,表明各省市对信访工作的重视,机关干部下基层化解社会矛盾已见成效。但这并不等于大量的社会矛盾已经解决,也不代表化解社会矛盾的机制已经建立和完善。2010年北京工业大学人文学院"社会建设课题组"以北京郊区试点进行了百日调研,笔者作为课题组成员参与调研,研究分析表明至少有4类社会矛盾在基层聚集,如不能从源头予以解决,维稳只能是治标之举。

1. 拆迁中的干群冲突

面对"国际金融风暴",2009年,中央财政投入4万亿元以缓解"金融风暴"对国内的影响,由此带动了各地基础设施建设、城市扩张的加速。同时,在土地增值成为地方财政收入重要来源的刺激下,新一轮"土地置换"也形成热潮,全国有20多个省区市出台了撤并村庄的规划和政策,要求农民进城上楼,以宅基地换取市民权和社会保障,由此带来了2010年"征地补偿""暴力拆迁",恶性案件、群体事件频发,干群冲突、农民与政府的冲突愈演愈烈。❶

---

❶ 汝信等:《2011年中国社会形势分析与预测》,社会科学文献出版社2011年版,第11页。

从 2009 年 11 月 13 日成都市天回乡金华村妇女唐福珍因城管强拆，在楼顶天台自焚之后；2010 年 3 月 25 日，河南睢县农民因非法征用，补偿 3 年未兑现找乡长说理并发生肢体冲撞后被拘留；3 月 31 日，新郑市一农村妇女因不满征地补偿拒绝丈量土地被拘留；3 月 27 日，江苏东海县陶惠西父子被劝配合 310 国道施工拆迁，不服，点燃屋内汽油自焚；4 月 13 日，辽宁庄河市千名村民因征地补偿和村干部涉嫌腐败问题，到市政府门前下跪；4 月 21 日，河北邢台村民孟建芬拆迁中被铲车碾压受伤死亡；10 月 17 日，广西北海市白虎头村委会主任带队集体抵抗政府低价强征土地；10 月 9 日，抚顺市大乡小瓦村 16 岁少年抗拒征地上访，杀死截访者，900 名村民签名为"凶手"求情。❶

信访是各级人民政府同人民群众密切联系的桥梁，❷ 当一些民众试图通过信访中的"走访"方式解决矛盾时，而一些地方政府官员以"维稳是第一责任"，或在维稳"一票否决制"的压力下，"截访""堵访"，甚至违反《宪法》私设公堂，关押上访者，或轻率地将警力推到解决干群冲突的第一线，进一步激化了干群冲突，造成警民对立。比如，一些地方政府雇用北京的"安元鼎保安公司"非法羁押和"遣送"本地区上访人员。❸

2. 劳资冲突

2010 年网络舆论调查显示，在各种社会冲突中，"劳资冲突"仅次于"官民冲突"居舆论关注第二位。2008 年中国进入《劳动合同法》实施元年，2009 年企业职工维权意识和加薪意识高涨，由政府介入的劳资纠纷达到 60 余万起。2010 年发生的较大规模的罢工分为两种类型，一是传统产业的罢工，如平顶山集团的工人罢工；二是外资或合资企业的罢工，如广东佛山本田公司的罢工。罢工主要表现为薪酬、五险等利益博弈。劳资纠纷的主体是"农民工二代"，被称为"比他们父辈更具权利保护意识的新生代"。不过，笔者在对中小企业负责人访谈时也了解到，2010 年一些中小企业继续受到"金融风暴"的影响，订单减少；同时，国家大力推进《劳动合同法》的执行，使许多中小企业不堪重负。这些企业多以粗加工为主，处于产业链的末端，靠廉价劳动力获取利润，为职工上"五险"，使许多企业无利可图，甚至大幅亏损，一些老板丢下企业跑掉，工人失业、工资未发，他们反过来找政府。从而导致

---

❶ 汝信等：《2011 年中国社会形势分析与预测》，社会科学文献出版社 2011 年版，第 190 页。
❷ 参见《国务院信访条例》第 1 条。
❸ "警方调查安元鼎"，京华网：http://epaper.jinghua.cn/html/2010-09/26/content_589345.htm。

劳资矛盾、工人与政府矛盾复杂化和尖锐化。

3. 村民换届选举中的势力冲突

《村民委员会组织法》已实施了 12 年，2010 年是村民委员会第三届换届选举年，村民选举中的问题进一步显露。调查表明，一些地区村民委员会的换届选举存在贿选，以及家族势力对选举的控制，甚至地方黑势力的介入，带来村落内部不同势力群体之间的剧烈冲突。一些指导村民委员会换届选举的地方政府对选举违规行为放任不管，甚至参与其中，导致了村民与政府的矛盾。村民选举中的主要问题是选举文化落后、选举程序欠科学，选举的公平性受到质疑，加之一些村委会的财务不透明、不公开，加剧了村干部与村民，以及村落不同势力之间冲突。如重庆市检察院第二分院的调查表明，近年来侵占移民资金、扶贫资金、征地补偿款等侵农害农职务犯罪案件呈上升趋势，乡镇村社干部"集体腐败"现象突出，窝案串案率达七成以上。

我们需要进一步完善村民选举的程序和规则，强调候选人公开讲演竞选，要向选民阐述自己服务于村民的执政理念及基本承诺，严格禁止候选人的暗箱操作，对承诺兑现的情况进行民主监督，以及完善对任职者不作为的罢免程序。村民选举程序的法制化和科学化至关重要，严格执行法定的选举程序，并实行有效的监督，才能有效地防止贿选、地方家族势力和黑势力对村民选举的操纵。同时，对当选的村委会的财务执行情况实行村民监督，好的基层民主制度和监督机制的建立，将有效缓解村落家族势力冲突，缓解干群关系的紧张。

4. 家庭伦理与家庭结构性冲突

中国目前的家庭结构以"核心型家庭"为主体，与传统的几世同堂的"扩大型家庭结构"相比，稳定性大大降低。近年来，家庭结构的进一步小型化的趋势明显。以北京为例，每户的家庭人数每年 1.6% 的速度继续减少。主要原因是丁克家庭、离婚家庭、独身家庭、空巢家庭的数量在增加。家庭结构的进一步小型化加剧了家庭结构的不稳定性。据民政部统计，2003~2009 年中国连续 7 年离婚人数递增，2009 年，全国的离婚夫妇 246.8 万对，比上一年增加了 19.9 万对，❶ 达历史最高。离婚家庭的大量产生致使"破损家庭"（Broken Home）的数量大幅增加，孩子抚养与家庭教育问题突出，近年来，笔者在对未成年犯管教所的调研中深感"破损家庭"教育功能的缺失对未成年

---

❶ "中国离婚人数连续 7 年递增 婚外情系原因之一"，青岛新闻网：http://www.qingdaonews.com/gb/content/2010-10/04/content_8508805.htm。

人成长的不良影响。

上个世纪90年代之前，房产为国家所有，家庭的财产分割问题并不突出。1991年开始的住房改革，以及近年来房产价格飞速攀升，使家庭财产的分割矛盾日益突出。"文化大革命"时期的"亲不亲阶级分"被"亲不亲金钱分"所替代，传统家庭伦理遭遇第二次重创。因对房产分割不满，兄妹之间反目为仇，不履行对老人"精神慰藉"的"家庭冷暴力"现象增加。2009年以来全国发生的多起"杀亲灭门"案和"屠童案"，分析犯罪者生长环境和成长经历多与家庭教育、婚姻家庭的不幸、家庭财产纠纷，以及家庭伦理混乱相关联。这些案件和现象迫使我们去思考，"是不是我们社会细胞——家庭出了问题"。家庭细胞的病变会带来整个社会机体的病变，家庭的不稳定会导致社会的不稳定。

拆迁中的干群冲突、《劳动合同法》实施中的劳资冲突、村民换届选举中的势力冲突、家庭伦理与家庭结构性冲突在基层聚集，使近年来维稳问题突出，认真地研究社会矛盾的治本之策并采取措施逐一解决，才能保障社会的长治久安。

三、中国推进社会建设的基本策略

"十二五"期间，随着中国经济进一步向好，跨地域流动的劳动力人口数量仍会保持稳中有升，在政府尚未出台对流动人口有效服务和管理重大措施的状态下，流动人口的犯罪仍会成为拉动整体犯罪数量上升的重要因素。中国贫富差距的缩小有赖于收入分配制度的改革，如果收入分配制度的改革没有重大举措，以财产为中心的犯罪仍将成为拉动整体犯罪率上升的要素。

我们注意到许多省区市在制定"十二五规划"中，调低GDP增长比例，准备将更多的资金和精力投入社会建设，如果能够通过二次分配等方式使社会的弱势群体获得更多的福利和利益，推动收入分配制度改革将会有效缓解社会冲突，减少群体性事件的发生数量。2011年1月19日，温家宝总理主持召开国务院常务会议，审议并原则通过《国有土地上房屋征收与补偿条例（草案）》，新草案明确规定"取消行政强制拆迁"。2011年由行政强拆所引发的上访、群体性事件会因新草案的执行有所减少，不过，土地财政的巨大诱惑仍会对"禁止行政强拆"执行构成阻力。

笔者认为，维稳需要以推动社会建设为基础，需要社会管理创新，"头痛医头脚痛医脚"只能是治标之策，维稳必须考虑不稳定现象背后的社会原因，并下气力解决这些社会问题,建立起可持续维稳的制度机制,才是维稳的治本之策。

(一) 科学调控城市化发展速度

城市化也称为都市化,具体表现为城市人口在总人口中所占比重增加,城市规模扩大和数量增加。科学地调控城市化发展速度会促进社会稳定,有效地降低犯罪率。比如,强拆问题除了土地财政的诱惑、领导干部管理水平低下等原因外,城市化推进速度过快也是重要的原因。由于城市化推进速度过快,政府与村民、企业与村民缺少协商博弈的时间,政府以行政命令压服,企业以非法手段治服,使得民怨四起。香港的经验值得借鉴,香港市建局确定建设目标后大约用6年到6年半的时间完成一个项目,其中规划、协商、收地、清场工作需要3年半的时间,充分协商是对人权的尊重,也减少社会冲突的重要手段。

根据笔者对城市化与犯罪关系的研究,在中国城市化的发展速度与犯罪率的变化之间有着密切的相关性,对1992～2006年城市化与犯罪率的相关分析显示,两者为0.935的正相关。将城市化的发展速度控制在0.5%～1%之间能有效地控制犯罪、环境污染、道路拥堵等"城市病"。

(二) 加快收入分配制度改革

现阶段收入差距的持续扩大正成为影响中国社会稳定的主要因素之一。历史经验告诉我们,市场经济不可能自发地调整和根本解决贫富差距扩大的问题,需要政府痛下决心,调整和逐步理顺利益分配格局,从鼓励一部分人先富到逐步迈向共同富裕的社会。贫富差距缩小会消减社会的"相对贫困感",以及由此带来的仇富仇官心理,达到官民和谐、商民和谐、企业主与工人和谐、富有阶层与其他阶层的和谐,减少阶层之间的冲突,降低社会的犯罪率。

(三) 改革现有户籍制度

"以证管人"是新中国成立以来的基本做法,户籍管理的主体是公安派出所,改革开放30余年,市场经济繁荣和人口频繁流动,户籍管理原有的粮油布配给功能、限制人口迁入迁出功能早已丧失,而户籍管理功能单一化和警察作为户籍管理的主体,已影响流动人口的居住申报,一些一线城市的流动人口的居住申报仅占应申报总量的1/3,增加了城市人口管理的难度。在户籍改革方面,应积极探索户籍管理与公安的治安防控相分离,而与政府服务于百姓的福利制度相结合,与居民和流动人口的权益和福利保障相结合。使流动人口的户籍申报由现在的被迫转变为主动积极申报，因为申报的目的不是为了接受"管控"，而是让自己和家庭享受所在地区更多的社会服务。户籍管理应由公安机关管理过渡到由市区政府内设的户籍管理部门管理，这一管理机制的转变一方面容易实现户籍与区域社会福利和社会教育的联动，有利于密切政府和民众的联系，也使户籍管理更加人性化，并有利于公安系统集中精力做好案件侦破与犯罪治理。

（四）改善流动人口的生存环境

流动人口或农民工的犯罪比例高的原因错综复杂，但有两个至关重要原因不容忽视。一是城市和农村是两种不同的"文化板块"，农村人口向城市迁移会遇到城市繁华的诱惑，城市的匿名性、竞争性、非血缘的业缘文化的冲击带来心理的不适应。应当建立相应的社会服务组织帮助他们摆脱各种困境。二是城市的歧视性政策使农民工在收入分配、住房、子女教育、医疗、社会福利等方面低人一等，城市化过程中的"城中村"，以及"贫民窟"式的生活环境和生活方式容易导致其产生与城市主流文化相抗衡的亚文化，加大农民工融入城市的难度，滋生犯罪价值观，带来区域性犯罪的增加。因此，我们必须加快"同城待遇"的改革步伐，通过政府和企业建设、发展廉租房等手段，帮助农民工改善居住条件，并积极地接纳农民工子女就近入学，享受城市义务教育，让农民工能够安心地把妻子和孩子接到城市，过上正常的家庭生活，这既是一种人本主义的关怀，也是抑制和预防流动人口犯罪的重要途径。

（五）扩大社会福利的辐射力度和范围

近来网上热议"2010年国家公共安全财政支出达5140亿元，接近国防开支"。一些专家和网友建议将高额的公共安全支出削减，转移至社会福利方面。笔者认为，这一建议是有价值的。从国外的经验看，现代社会的福利制度既有扶助贫困、缩小经济差距的功能，也有控制由于"绝对贫困"和"相对贫困"而引发犯罪的功能。改革30多年来，中国经济实力大增，适时适度地扩大社会福利的辐射力度和范围，让更多的社会群体受益，会促进犯罪的预防工作。这比投入大量的人财物进行"严打"或建造监狱更具有稳定社会的长远功效。

（六）构建新型的警民关系

2004年9月公安部发出通知，用三年的时间将实施了四十年的"治安联防"制度取消，传统的"治安联防"逐渐被保安公司提供的专职治安保卫所替代。随着社会治安管理专业化和职业化程度的提高，以及群众"自我保护"意识的增强，群众与警察、群众与治安管理机构的关系在疏远，群众参与犯罪治理和预防的积极性在降低。其中最明显的变化是群众对犯罪的举报率降低，并带来破案率的下降。

在维持社会稳定的过程中，警察的力量是不可忽视的。但是，为了警民和谐和社会冲突良性化解，我们应当规范警察的出警行为，在官民的利益博弈中，在企业主和工人的利益博弈中应建立起谈判协商机制，并且慎用警力。我们需要探索21世纪中国新型的警民关系，首先必须让群众更多地了解警察及其他执法人员的工作性质、工作流程。如果治安的专业化和职业化变成了神秘化，变成了普通百姓无法接近的东西，我们的社会治安就会脱离群众，检举率无法提高，犯罪率难以控制，警民之间隔阂加大，无法达到综合治理的最佳效果。

（七）强化社区和家庭建设

社区是现代都市的重要载体，是缓解社会矛盾、促进家庭建设的基础平台。2010年北京市大兴区、昌平区实施的"村庄全封闭管理"被誉为"破解城市管理难题的积极探索和尝试"，但是从犯罪学的角度看，以围墙、街门、岗亭为主要特色的"村庄全封闭管理"对于预防入室盗窃、缓解人们对入室盗窃的恐惧等具有一定效果。但对类似于2009年发生在大兴社区的"杀亲灭门"等突发性暴力犯罪预防效果甚微，也很难带来全市总体犯罪率的下降。

在社区预防犯罪的问题上，建围墙等是"堵"的办法，至多只是治标之策。我们必须从治本的角度加强新型社区建设，通过社区服务、社区咨询、社区讲座、社区培训、社区庆典等多种方式改善社区的人文环境，凝聚社区居民，提高居民素质，鼓励社区组织积极参与社区管理，参与邻里和家庭冲突的调解，参与青少年教育指导，推进家庭教育环境的改善。在激烈竞争的社会中，压力与犯罪、与社会冲突的关系紧密，需要建立社会"缓压阀"，以社区为中心建立起行为疏导、心理咨询系统，及时发现、治疗、管理心理疾病和精神疾病。

我们的社会必须强化家庭建设，要使社会的细胞——家庭健康起来，倡导中国传统的家庭美德，强调长幼有序、尊老爱幼、孝敬父母，珍惜生命，关爱他人，强调婚姻和家庭的社会责任。用家庭和社区的健康发展保障社会的长治久安。

（原载于《山东警察学院学报》，2011年第3期，有修改）

公共安全问题凸显的原因与对策研究

【摘要】 近年来，我国公共安全问题凸显，并集中于食品药品安全、公民出行安全和建筑设施安全。公共安全关乎每一个公民的生命、健康和财产安全，关乎政府的公信力和社会的稳定，也关乎一个国家的国际形象，必须引起全社会的高度重视。公共安全问题凸显的主要原因是生产经营者的唯利是图、职业道德缺失，政府监管乏力，行政化下的半市场化倒逼经营利润以及行业腐败等，有针对性地采取相应对策势在必行。我们必须积极培育和完善公民参与公共安全管理的制度；积极稳妥地推进政治体制改革，摆脱"左手监督右手"的制度性尴尬；遵循市场经济内在规律，避免行政化绑架市场，使食品、建筑等行业的市场运行更加科学；在全社会努力探索和培育现代社会的核心价值观，弘扬职业美德；建立健全公共安全的法律法规，建立公共安全的综合指挥系统，使公共安全问题的预防、治理、补救工作更加迅速和有序。

【关键词】 公共安全　行业腐败　职业道德　政府监管

"公共安全"被界定为多数人的生命和健康安全，以及公私财产的安全。公共安全是政府和社会组织提供的预防、治理重大事故和灾难，保护人民生命财产安全，减少经济损失和社会危害，维护社会秩序的保障体系，一个国家的公共安全是社会进步和文明的重要标志。公共安全具体涉及食品安全、公共卫生安全、信息安全、生产安全、避难安全、建筑安全、公民出行安全等。

2011年底，互动百科、人民网舆情监测室等机构对全国"年度十大热词"进行网络调查，结果表明，HOLD住、乔布斯、高铁、地沟油、校车、郭美美、伤不起、PM2.5、谣盐、占领华尔街为年度十大热词。其中高铁、地沟油、校车、PM2.5、谣盐五个热词属公共安全的范畴，表明公众对公共安全问题的关注。2012年6月，温家宝总理主持召开国务院常务会议，研究部署加强食品安全工作，他强调指出，食品安全是重大民生问题。当前，人民群众对食品安全高度关注，迫切要求加快解决食品安全领域存在的突出问题。这表明中央政府对公共安全的高度重视。

一、中国公共安全面临的主要问题

从公共安全专业分类及相似事件的发生频率角度看，近年来，公共安全问题主要集中于食品药品安全、公民出行安全和建筑设施安全等。

（一）食品药品安全问题

1. "毒胶囊"事件

2012年4月15日，中央电视台《胶囊里的秘密》专题节目曝出河北一些企业用生石灰处理皮革废料，熬制成工业明胶，卖给绍兴一些企业制成药用胶囊，最终流入药品企业，进入患者腹中。皮革废料熬制的"明胶"含有六价铬，其对人体的毒性非常强，容易进入人体细胞，对肝、肾等内脏器官造成损伤，并具有致癌性及诱发DNA突变。该报道立刻引起舆论哗然，严惩问题企业负责人的呼声四起。4月22日公安部通报，对"毒胶囊事件"立案7起，依法逮捕犯罪嫌疑人9名，刑事拘留45人。查封工业明胶和胶囊生产厂家10个，现场查扣涉案工业明胶230余吨。5月16日，国家食品药品监督管理局在京召开"问题胶囊"处置工作座谈会，会议强调"对查实的涉案企业坚决从重从快处理"。会议十天后，236家胶囊剂药品生产企业因"铬超标"被立案调查。❶

实际上，中国的食品药品安全问题，特别是食品安全问题集中"爆发"于2011年，这一年有影响的事件主要包括"瘦肉精""农药废渣盐"冒充食盐"染色馒头""毒豆芽""黑心北京烤鸭""地沟油"等事件。

2. "瘦肉精"事件

2011年3月，中央电视台披露了河南济源双汇公司使用"瘦肉精"猪肉的事实。有关报道称，河南温县、孟州、沁阳等地部分养猪场为了增加猪肉的瘦肉量，减少饲料使用，降低成本，使用"瘦肉精"喂猪，这些生猪大部分被河南当地知名企业双汇食品厂收购。"瘦肉精"是一种促进瘦肉生长的饲料添加剂，属于肾上腺类神经兴奋剂。人体食用这类猪肉后会引起恶心、头晕等中毒症状，长期食用"瘦肉精"猪肉会引起染色体畸变，诱发恶性肿瘤。❷

---

❶ "236家药企铬超标被立案调查"，京报网，http://bjrb.bjd.com.cn/html/2012-05/26/content_89682.htm。

❷ "瘦肉精危害"，爱医网，http://www.iiyi.com/i/index/2011/0317/8652.html。

3. "农药废渣盐"冒充食盐事件

2011年上半年,安徽阜阳盐业和公安机关在公路上截获18吨私盐,并顺藤摸瓜,发现了一起性质恶劣的"农药废渣盐"流入食用盐市场案件。经查,江苏镇江海天盐化公司非法制售"农药废渣盐"1.4万吨,流入全国12个省市的盐业市场,部分"农药废渣盐"冒充食盐流向餐桌。该公司并无盐品生产经营资质,其生产原料来自镇江江南化工有限公司生产农药后的残留废渣。"农药废渣盐"中"草甘膦"含量高达55毫克/公斤,长期食用会在人体形成结石,堵塞肾小管,最终造成肾衰竭。❶

4. "染色馒头"事件

2011年4月,中央电视台《消费主张》节目曝光上海盛禄食品有限公司分公司在馒头中加入色素、防腐剂,回炉过期馒头,更改生产日期,制成"染色馒头"后,运送到上海联华、华联等多家超市进行销售,这类馒头食用过多会对人体造成伤害。❷

5. "毒豆芽"事件

2011年4月上旬,沈阳市公安局皇姑分局龙江派出所根据消费者举报,破获了一家生产"毒豆芽"作坊,犯罪嫌疑人塞明志等从2008年起使用各种化学制剂大量生产"毒豆芽",每日产量达1000余斤,主要销往沈阳市各农贸市场。两年间大约生产"毒豆芽"60万~70万斤。加工"毒豆芽"的化学制剂主要为尿素、连二亚硫酸钠、6-苄基腺嘌呤激素,其中一种用于抗菌防腐的制剂,经检测为兽药恩诺沙星。这些药剂生产出的"毒豆芽"长期食用可致癌。❸

6. "黑心北京烤鸭"事件

2011年5月,媒体曝光在北京前门等地购买的袋装便宜的"北京烤鸭",开封后是一堆烂肉,该事件被称为"黑心北京烤鸭"事件。经调查,孔某与苑某合谋,于2010年至2011年,由苑某提供自己所经营的河北三利肉食制品厂生产的无标签的真空包装劣质鸭架,孔某购得印有"全聚德""福聚斋"等标志的外包装袋,在北京市大兴区采育镇小谷店村租住地,将上述鸭架产品包

---

❶ "'农药废渣盐'冒充食盐 跨省域形成私盐贩销链",搜狐新闻,http://news.sohu.com/20120130/n333213166.shtml。
❷ "染色馒头",百度百科,http://baike.baidu.com/view/5532602.htm。
❸ "沈阳公安查获40吨'毒豆芽'",法制网,http://www.legaldaily.com.cn/bm/content/2011-04/20/content_2604969.htm?node=20736。

装后,冒充"北京烤鸭"在北京东城区、海淀区部分超市及小食品店销售。警方抓获嫌疑人,并在其租住地查获真空包装劣质鸭架产品1.18万余只,经过鉴定,菌落总数和大肠菌群严重超标,足以造成严重食物中毒或其他食源性疾患。❶

7. "地沟油"事件

2011年6月,《新华视点》记者历经一个月、数千里艰难追踪,初步揭开了京津冀"地沟油"黑色产业链,调查发现天津、河北甚至北京都存在"地沟油"加工窝点,其加工工艺科技含量颇高,产业链庞大,并以小包装的形式进入超市。医学研究表明,长期摄入地沟油会出现发育障碍、易患肠炎,并有肝、心和肾肿大以及脂肪肝等病变。而地沟油中的主要危害物"黄曲霉素"是一种强烈致癌物质,其毒性是砒霜的100倍。❷

8. 病死猪制作毒腊肠事件

2011年10月中旬,媒体报道了广东省东莞市中堂镇存在用大量病死猪肉制作川味腊肉腊肠的大型黑窝点。11月23日,广东省东莞市第一市区检察院以生产、销售有毒、有害食品罪对犯罪嫌疑人胡林贵等10人作出批准逮捕决定。据了解,犯罪嫌疑人每人出资2万元,在中堂镇江南农副产品批发市场加工区租用四间房,开办了一家无牌无证腊肠加工厂。加工厂购买病死猪肉,剔骨、分割后,用工业用盐和亚硝酸钠进行腌制,每天加工、销售腊肉腊肠约2000斤,共生产、销售约24万斤。❸

近年来,除了上述主要的药品食品安全事件外,还有速冻水饺细菌超标事件,牛奶黄曲霉毒素事件,雀巢、喜宝等婴儿食品砷超标事件,千味猪骨汤精事件,假绿色猪肉事件,俏江南"回锅油"事件,小肥羊"卫生黑幕"事件等等。食品药品安全问题集中并范围广泛地爆发,众多事件背后的深层原因值得思考。

(二)公民出行安全问题

近年来,公民出行安全问题突出,但人们关注的焦点从私家车保有量增加与道路交通拥堵,逐渐转向对公共交通安全的关注。

---

❶ "黑心鸭怎样进的市场",《北京晚报》2011年10月18日。
❷ "2011食品安全之地沟油事件",中国网络电视台,http://food.cntv.cn/program/shijie/20111226/100329.shtml。
❸ "黑窝点用病死猪制'毒腊肠'日售千斤10嫌疑人被批捕",中国日报网,cn.chinadaily.com.cn/micro-reading/dzh/2011-11-26/content_4491831.html。

1. 动车追尾

2011年6月,京沪高铁开通,"安全、舒适、环保","工程质量世界一流",当国人正沉浸在铁路交通跨越式发展的喜悦中,京沪高铁5天内发生了6次故障,让人们对高铁的质量生出质疑。铁道部新闻发言人解释"故障不是安全事故,需经过2~3个月的磨合,稳定期就会出现"。但话音刚落,"7·23"温州动车追尾事故发生。

2011年7月23日晚20:30左右,北京南站开往福州站的D301次动车行至甬温线,即上海铁路局管内永嘉站至温州南站间双屿路段时,与前行的杭州站开往福州南站的D3115次动车发生追尾事故,后车4节车厢从高架桥上坠下。这次事故造成40人死亡、约200人受伤。经国务院调查组调查认定,"7·23"甬温线特别重大铁路交通事故是通号集团及属下单位在列控产品研发和质量管理上存在严重问题,铁道部及其相关司局(机构)在设备招标、技术审查、上道使用上把关不严、雷击导致列控中心设备和轨道电路发生故障,错误地控制信号显示,使行车处于不安全状态,行车设备故障后应急处置不力等因素造成的责任事故。❶

2. 地铁追尾

2011年9月27日14时许,上海地铁10号线两列车发生追尾,致271人受伤。经调查,事故原因为行车调度员在未准确定位故障区间内全部列车位置的情况下,违规发布电话闭塞命令;接车站值班员在未严格确认区间线路是否空闲的情况下,违规同意发车站的电话闭塞要求,导致10号线两列车追尾碰撞。该事故被认定是一起造成重大社会影响的责任事故。

3. 校车事件

2011年11月16日,甘肃正宁县榆林子镇"小博士"幼儿园校车与一辆重型自卸货车发生正面相撞,造成21人死亡(其中幼儿19人)、43人受伤。据调查分析,事故原因是幼儿园校车严重超员,该校车核载9人、实载64人,在大雾天气下逆向超速行驶,导致事故发生。12月12日,徐州首羡镇中心小学校车为躲避前方车辆侧翻入河沟,造成15名学生死亡,多人受伤;也是12月12日,广东顺德一辆载有59名学生的校车与火车相撞,致使37名学生受伤,其中1人重伤。12月21日,云南省丘北县一辆用马车当校车载20余名小

---

❶ "国务院听取温州动车追尾交通事故调查报告",腾讯网,http://news.qq.com/a/20111228/001650.htm。

学生上学途中，与货车相撞，造成两名学生死亡。接二连三的校车事故让国人震惊。

除了上述交通事故外，北京地铁自动扶梯逆行事件、京珠高速长途卧铺汽车燃烧事件、湖南邵阳翻船事件等，也极为引人关注。

(三) 建筑设施安全问题

1. "楼歪歪"事件

"楼歪歪"、"楼脆脆"、"楼晃晃"是近年来群众对房屋建筑质量事件多发的调侃，并且成为网上流行语，此处仅举3例。

事件1：2011年1月下旬，广东清远市一栋正在兴建的居民楼出现倾斜，这座8层混凝土建筑前为清城中学，每天都有上下学的师生经过此楼，严重威胁到人们的生命安全，附近居民称其为"楼歪歪"。清远市住房和城乡建设局的工作人员闻讯到现场实地查看，确认该楼地基下沉，倾斜度超过70厘米，属危房需立即拆除。❶

事件2：2011年1月，浙江台州地区最大的"纯海景住宅小区"渝汇蓝湾国际小区高层住宅17号楼交付使用，10个月后，户业主们发现高楼歪斜。经检测，桩基承载力不足突现沉降，楼体向西倾斜，地下室1根框架柱被压碎约20厘米。200多住户紧急疏散，17号楼开始拆除。孰料"危楼"还没拆完，同小区的21号楼也发现严重开裂。❷

事件3：2011年12月，武汉市汉口区面积最大的经济适用房项目"紫润明园"爆出多处地基下陷、墙面开裂、楼房漏水等问题，被称之为"楼裂裂"。奇怪的是这个问题项目不仅顺利通过质检、消防、特种设备检测，还顺利通过环保、规划等多个部门的层层验收，并获得了武汉市建筑工程"黄鹤奖"银奖，供其他建设单位观摩学习。❸

2. "桥塌塌"事件

最近，"桥塌塌"事件再次成为网上热议的话题。2012年6月19日，投资2900万元的抚顺月牙岛西跨河大桥，在喜迎"七一"党的生日通车前雨后坍塌，该桥全长416.4米，坍塌部分为两个桥墩之间的桥板。因尚未通车，未

---

❶ "广东清远市'楼歪歪'"，搜狐网，http：//roll.sohu.com/20110128/n302683813.shtml。
❷ "短命'楼歪歪'与世纪'提醒函'"，《新民晚报》2011年12月9日。
❸ "武汉保障房头顶多个光环 保质量问题成楼脆脆"，网易，http：//money.163.com/11/1209/23/7KSD6HJV00253B0H.html。

造成人员伤亡。但桥梁质量和安全问题令人堪忧。

实际上2011年是中国"桥塌塌"事件多发的年份，就网上可以查到的、较有影响的桥梁垮塌或龟裂事件近十起，以下仅举5例。

2011年4月12日凌晨，位于新疆库尔勒市郊的孔雀河大桥垮塌，大桥主跨第二根吊杆断裂，桥面塌陷长约10米、宽约12米，致使交通中断，但未造成人员伤亡和车辆损失。该桥龄为13年。❶

7月11日凌晨，江苏盐城境内328省道通榆河大桥坍塌，两辆货车坠落，因抢救及时，未造成人员伤亡，该桥龄为14年。❷

7月14日，总投资1700万元的当地标志性工程武夷山市公馆大桥发生垮塌，一辆旅游中巴坠落，致1死22人伤，该桥为斜拉桥，桥龄不到12年。❸

7月15日，杭州钱江三桥引桥桥面塌落，一辆重型半挂车从桥西侧坠落，又将下闸道砸塌，司机跳车受伤。该桥曾创造过中国建桥史上多项之最，桥龄为14年。❹

2011年11月，《人民日报》报道，号称"亚洲第一立交桥"、总投资为3亿元的郑州刘江立交桥出现大面积裂纹，被迫进行了大规模桥体加固，被指称"豆腐渣工程"，国家运输大动脉面临威胁，该立交桥桥龄仅为6年。❺

食品安全、公民出行安全、建筑设施安全关乎每一个公民的生命、健康和财产安全，关乎政府的公信力和社会的稳定，也关乎一个国家的国际形象，必须引起全社会的高度重视。诸多的公共安全问题在短时间内集中凸显，除了每个事件的具体原因外，一定存在着某种制度性问题和事故背后深层次的原因和规律，需要我们认真研究和应对。

二、公共安全问题突显之原因分析

近年来，公共安全问题突显的原因千差万别、错综复杂。不过，从这些千

---

❶ "新疆库尔勒孔雀河大桥部分垮塌　桥龄13年"，易网，http://news.163.com/photoview/00AN0001/14026.html。

❷ "江苏盐城境内328省道通榆河桥垮塌　未至人员伤亡"，中新网，http://www.chinanews.com/df/2011/07-11/3171315.shtml。

❸ "武夷山公馆大桥垮塌事故22伤员全部被送往医院救治"，新华网，http://news.xinhuanet.com/local/2011-07/14/c_121667223.htm。

❹ "杭州钱塘江三桥桥面塌落　货车卡在桥面塌落处"，中新网，http://www.chinanews.com/sh/2011/07-15/3184097.shtml。

❺ "郑州刘江立交桥被指豆腐渣"，人民网，http://sn.people.com.cn/GB/190198/190211/16391944.html。

差万别的事件调查结果中我们能感受到许多共同的东西,这些共同的东西或许更接近现象背后的深层次原因或规律,将成为我们制定治本之策的基本依据。

(一)经营者唯利是图

在诸多的公共安全事件中,我们可以清晰地看到经营者的唯利是图,以及由唯利是图所形成的肮脏产业链。从"毒豆芽"事件分析,按正常的生产程序,1斤绿豆可生产7斤豆芽。但使用尿素、农药等添加物,豆芽的生产周期缩短一半,产量可达到13~14斤,利润可增加4倍。正常豆芽的批发价格约2元,而"毒豆芽"的批发价降至0.8~1元,销售方从中赚取2倍以上的利润,2~4倍的利润空间让"毒豆芽"生产方与销售方联手,将"毒豆芽"推向市场,坑害消费者。

从"地沟油"事件分析看,最初,每吨"地沟油"的过滤提炼成本仅为300元,批发价格高达每吨5500元,利润高达19倍,市场零售价格每吨10000元,销售方也能从中赚取近1倍的利润。2005年左右一些宾馆饭店也发现了"餐厨垃圾"的价值,纷纷加入"地沟油"产业链,向泔水收取者索要费用,使生产销售"地沟油"各环节的"利润"相应减少,但依然利润丰厚,成为屡禁不止,不断流向餐桌的动力源。

在"农药废渣盐"冒充食盐事件中,海天盐化公司以每吨10元购得农药残渣,经过清洗、烘干生产出工业用盐,加工费用每吨100元,再以每吨350~400元的价格卖给私盐批发商,从中获取190%~230%的利润;私盐批发商再以每吨700元的价格批发给不法粮油店,从获取75%~100%的利润;不法粮油店最后以每吨1400元的价格卖给小商贩加工成食品,从中获得100%的利润,"农药废渣盐"就这样在非法利益链的诱惑下,堂而皇之地走上了百姓的餐桌。

甘肃校车事故的主要原因是校车严重超载。交通肇事单位小博士幼儿园在兼并了乐乐幼儿园后,成了镇上唯一的幼儿园,因缺少了竞争对手,校车服务退居二线,校车营利上升为主要目的。小博士幼儿园董事长李军刚和妻子高红霞为降低运营成本,将幼儿园原有6台校车减为4台,同时对校车进行改装,9座的校车挤进了62名孩子,多拉快跑获取利润,最终酿成惨剧。

由此可见,企业和个体经营者唯利是图,不计后果地牟取暴利是公共安全事件频发的重要原因之一。

(二)经营者的职业道德缺失

在商品经济条件下,生产者和销售者追求利润是无可厚非的,但是,赚钱必须是在法律的框架下赚良心钱，企业经营者必须要有基本的职业道德、社会良知和社会责任感。

从"黑心北京烤鸭"事件分析，"黑心鸭"的生产者轻易地购买到印有"全聚德"、"福聚斋"等商标的包装袋，将"一堆烂肉"包装入袋，毫无顾忌地交由一级经纪人批发给线下的二级代理，再由他们发货给前门、王府井、北京站等地的商贩。因为"黑心鸭"价格便宜，利润空间大，许多二三级代理抢着订货要货。"一级、二级、三级"不同级别的商犯没有质疑、没有抵制地从"黑心鸭"中赚得数量不等的"黑心钱"，缺德的利益链条中多少肮脏的交易令人发指。

"毒胶囊"事件曝光后，河北省阜城县王集乡人大主席宋江新电话指使企业职工纵火烧厂，销毁了电脑、账本、文件。一些企业将"毒胶囊"抛撒至河渠，用以逃避责任，却形成了"蔚为壮观"的"彩虹河"，进一步污染河流。这些事件说明，生产厂家知道原材料的成分和有害性，但却昧着良心大量生产。

在调研中，不少食品药品行业和建筑行业的业内人士告诉笔者："在许多场合下，这个行业是个良心活儿。"的确，政府监管不可能覆盖每一个食品、每一粒胶囊、每一根钢筋和每一袋水泥，任何监管都不可能超过良心的自律价值，也不可能超出职业道德的约束力。支撑职业道德的基础是信仰或信念，是良心、内省和敬畏。在人命关天的行业"有些财是万万不能发的"。

改革开放三十多年来，中国在从一个伦理本位社会向法治社会转型，但我们在法治社会还没有真正建立起来，或者说人们对法律的认同度很低的状态下，却出现了伦理体系崩坏，道德水准滑坡。经营者、生产者的"无德"在近年的食品、建筑领域大喷发，"一切向钱看"，"唯利是图"，将"拜金主义"发展到"极致"，而置消费者健康和生命置于不顾。

(三) 政府监管乏力

如前所述，"职业道德"是抑制经营者不择手段的唯利是图的"内省"力量。从外部的控制功能看，行业协会的内部自律和监督、政府部门的有效监管是两个最重要的控制手段。但是，在公共安全领域，这两个手段都显得软弱无力。首先，在我国许多生产销售领域缺少行业协会，即使在有行业协会的领域，也因各种原因行业协会发育不全、力量薄弱，更多行业协会依附于政府机构，被官僚化，缺乏行业自律的感召力和自律监督的能力。在行业协会的"弱体"状态下，政府监管就显得至关重要。

政府监管的主要依据是法律和行政法规，但在公共安全的诸多领域存在着法律法规缺失的现象。以"农药废渣盐"冒充食盐事件为例，《中华人民共和国盐业管理条例》（简称《条例》）颁布实施于1990年，20余年来未作修改，法规滞后于行业经济发展，《条例》中缺少对经营工业盐的有关条款，特别是缺少对非法经营工业盐的监管和处罚规定，使近年来日趋活跃的工业盐市场无法可依，政府监管执法缺少法规依据，使行业经营管理混乱，也给"农药废渣盐"流入餐桌以可乘之机。

更为重要的是一些监管部门为了维护地方利益，对于违反公共安全的企业和个人行为"睁一只眼闭一只眼"，为不安全食品、劣质工程放行。以"瘦肉精"为例，农业部早在1997年就已发文严禁使用"瘦肉精"。2008年，最高人民检察院、公安部进一步明确立案追诉标准，对使用"瘦肉精"养殖生猪，以及宰杀、销售此类猪肉的，以生产、销售有毒、有害食品罪追究刑事责任。应该说，法律法规是明确的。但是，"瘦肉精"猪养殖和销售从没有停止过。2011年9月，全国公安机关在"瘦肉精"破案会战中，共查获120余起，抓获犯罪嫌疑人989人，收缴"瘦肉精"2.5吨，捣毁研制"瘦肉精"实验室6个，生产销售的"黑工厂"32家，涉及多个省市自治区。❶为什么"瘦肉精猪"屡禁不止呢？调查中得知，"瘦肉精猪"总能通过各种手段获得合格的生猪检验证书，问题猪从A省出厂抵达B省屠宰场，凭借买来的"通行证"可以畅通无阻，显露出行业链条的腐败，监管部门执法的乏力和缺失。

对诸多公共安全事件的综合分析发现，一些违法食品企业和建筑企业是政府所辖企业，或利税大户；政府负责的保障房建设，由政府部门质量监察，千疮百孔的建筑获得质量奖，显露出"左手监督右手"的制度性尴尬。相关调查发现，政府监管部门执法的罚款在上交后，会得到百分之几十回款，用于职工工资和奖金。如果罚款成为一种职业收入，保护被罚者、放行不安全食品和劣质工程，就是保障下次罚款收入的来源。这种制度安排最终使监管部门成为企业非法利润的分红者，一方面腐蚀了政府机构；另一方面坑害了广大消费者。

（四）行政化下的半市场化倒逼经营利润

从计划经济向市场经济转型是中国社会转型的重要内容，改革开放三十多

---

❶ "公安部重拳打击'瘦肉精'"，人民网，http：//society.people.com.cn/GB/223276/15530380.html。

年来，市场经济的迅速发展调动了企业和民众的积极性和创造性，并使国民经济持续增长。但是，到目前为止，中国还不是真正意义上的市场经济国家，传统的计划经济的影响依然浓重，行政化对市场的干预依然明显。国有经济虽然已不是国民经济的主体，但在"关键性领域"依然具有垄断性，并有进一步扩张的倾向；政府在资源和资本配置、市场经济活动中的准入，项目审批、价格管制等方面依然拥有多种决定权。因此，笔者把这种行政化与市场化的结合体称为"半市场经济"。

在对公共安全的研究中发现，在特殊时期和特殊领域，政府对生产部门经济活动，对市场价格管制的干预强硬且明显。食品行业因为与每个公民的生活息息相关，政府担心作为基本生活必需品的价格增长会带来劳动力价格的高扬，引起其他商品连锁涨价，影响市场稳定，进而影响社会稳定。因此对这些领域的价格管制和直接干预非常明显，并违反了市场经济的一般规律，出现了1吨大白菜换一件西服；肉馅涨价，饭店的肉包子不让涨；黄豆涨价，黄豆芽不准涨；政府控制的地皮涨价、钢筋涨价，但商品房不准涨等现象。由于行政绑架市场，倒逼市场利润空间，使一些商品不造假、不违法、不使用添加剂就挣不到钱。近些年来，食品安全、建筑设施安全问题频发，与违反市场规律，行政绑架市场有一定的关联性。

（五）腐败埋下公共安全的巨大隐患

关于"桥塌塌""桥裂裂"事件，施工方和监理方一般将原因归为"车流量大""货车超载"等，但是，"百年大计"的桥梁，2011年垮塌、龟裂的5座大桥的平均桥龄不到12年，面对桥梁专家茅以升先生主持修建的75岁的钱塘江大桥，上层跑汽车、下层跑火车，车辆川流不息，人们无法相信这种归因。更何况抚顺月牙岛西跨河大桥还未通车就垮塌了，与车流和超载无任何关联。当年主持修建"钱三桥"的总指挥和副总指挥都因受贿落马，使人们更加怀疑施工质量背后的腐败问题。

国务院调查组关于"7·23甬温线特别重大铁路交通事故调查报告"中指出："铁道部原部长刘志军、铁道部原副总工程师兼运输局局长张曙光对事故发生负有主要领导责任，鉴于其涉嫌严重经济问题，建议另案一并处理"。2012年5月，经中纪委调查并报中央政治局会议审议，开除刘志军党籍，并指出，"刘志军收受他人巨额贿赂和贵重物品⋯⋯对铁路系统出现的严重腐败问题负有主要领导责任"。试想铁道部的一把手都要从中标企业和施工项目中抽取百分之几的"回扣"，那么下属企业的负责人如何？上行下效，层层"回扣",工程质量如何保障。

工程施工领域招标、转包、分包过程中的层层"回扣"已成为行业潜规则。深圳盐田区2011年3月翻修的6座天桥,几个月后有5座出现破洞和鼓包,160万元翻修款被层层"剥皮",到施工方"瘦身"为25万元;2010年总投资23亿的重要铁路项目,被层层转包,"靖宇至松江河线工程"竟被不懂路桥技术的吉林厨师吕天博兜底承包,吕天博的施工队在工程监理的眼皮底下,偷工减料,应浇筑混凝土的桥墩竟用石块堆砌;2011年12月,泰州一男子倒车撞破护栏坠河溺亡,撞破护栏竟暴露出泰州南官河堤坝工程用芦苇秆替代钢筋;2012年5月13日,湖南省平江县境内的"永固桥"不永固,被山洪冲垮,造成9人掉入江中,6人失踪,人们惊奇地发现在该桥的碎片中没有钢筋。

近年来,建筑施工领域已成为行业性腐败的"重灾区"。一系列"豆腐渣"工程集中溃坏,是中国建筑施工史上的耻辱,是行业腐败、官僚腐败在该领域的"脓疮溃烂"。中纪委监察部的调查数据显示,2009年9月~2011年3月,纪检监察机关共受理工程建设领域违纪违法问题举报3.31万件,给予党纪政纪处分11273人,其中厅(局)级干部78人,县(处)级干部1089人。[1]腐败给国家财政、人民生命财产安全带来巨大的损失,并为公共安全埋下诸多隐患。

三、公共安全问题的治理对策与建议

(一)培育和完善公民参与公共安全管理的制度环境

现代意义上的公共安全区别于传统,更侧重于关注与公民相关的公共领域的安全问题,公共安全与每个公民的日常生活息息相关,并渗透于公民社会之中,通过公民民主参与方式实现公共安全的自我治理,是公共安全管理发展的基本趋势。

一般来说,国家治理公共安全主要借助于国家公器的强制力,并具有治理的滞后性,主要原因一是国家治理公共安全的基本动力是确保国家社会秩序的稳定,公民生命不受威胁,财产不受掠夺,以保障统治秩序不被破坏;二是国家维护良好的公共安全才会得到公民的认可,保持统治的合法性。这两种治理

---

[1] "喜怒哀忧:2011法治社会四大表情",法制网,http://www.legaldaily.com.cn/index/content/2011-12/31/content_3257330_2.htm。

动力在统治秩序稳定、公共安全事件发生之前难于发力，或在事件出现后强力突击治理，表现出一定的滞后性和短期性。而公民社会则不同，公共安全与其日常生活密切相关，关乎切身利益。因此，公民社会会对公共安全不遗余力地进行长久性的维护，并且具有"防患于未然"的功能。公民社会参与公共安全管理，分享国家部分管理公共事务的权力，一方面有利于监督国家权力，另一方面也有利于拾遗补缺，解决国家权力无法达到的地方和领域。[1] 公共安全方面的公民社会组织可以是世俗的，也可以是宗教的，主要以志愿者组织的形式出现，这有助于公民的道德培养，社会管理的参与，以及社会组织自身的成熟。

行业协会是公共安全管理的重要形式，政府给予行业协会一定自治权，让其通过民主的方式确定行业中德高望重的有识之士，形成对行业成员自律的感召力和业内自我监督的影响力，同时为维护共同体的经济利益，协会会自主监督无德经营，以防一损俱损，同时在制度或价格不合理的情况下，起到与市场和政府协商的功能，防止生产和经营中的极端行为发生。从辽宁"毒豆芽"事件的演变过程可以看到独立的行业协会的必要性。

(二) 积极稳妥地推进政治体制改革

我国的经济体制改革取得了令人瞩目的成就，社会管理体制和文化管理体制改革正在全面展开，在此基础上，需要积极稳妥推进政治体制改革。对近年来的公共安全事件综合分析，抑制行业腐败对防止公共安全事件发生关系重大，有效地治理行业腐败有赖于政治体制改革的推进。权力需要限制，需要内部和外部机制的制衡，需要阳光财政，需要民主监督和群众监督。

监管机构应当相对独立，至少在薪酬收入等财政拨款上与被监督单位分离，才可能摆脱"左手监督右手"的制度性尴尬，提高监管的有效性。通过上级政府的财政投入，提高监管机构工作人员的工资待遇，同时杜绝将执法罚款作为员工工资或奖金的工作方式。对于监管部门的腐败行为必须坚决打击、严肃查处，绝不姑息迁就。

对于建筑施工的项目主持人必须明确责权利，给予更多的自主权，并可考虑将他们的名字刻在建筑物的落成碑上，以增强他们的责任感和荣誉感，或留名青史，或遗臭万年。将建筑主持人的档案与建筑工程的档案合并保存，可供行业和社会查询，并实行持久的责任追究。

---

[1] 朱武雄：《转型社会的公共安全治理》，《东北大学学报》2010 年第 5 期。

（三）进一步学习和把握市场经济运行规律

我们必须进一步学习和科学地把握市场经济运行的内在规律，尽可能地用经济手段管理和调节市场。合理的市场经济是国民生产总值、国民收入、生产成本、市场利润等多种要素的有机结合，探索其中的平衡规律，遵循市场经济内在规律，避免垄断和行政化绑架市场，使食品、建筑等行业的市场运行更加科学、合理、有序，以规避这些领域的公共安全风险。

（四）培育核心价值，树立职业道德

中国社会在从以伦理为本位的社会向法治社会转型过程中，出现了传统伦理体系崩坏和道德水准滑坡等现象，法国社会学家迪尔凯姆将其称为"失范"。这种社会转型带来的"失范"现象，使公民摆脱传统规范的束缚，形成多元的价值追求，有利于保护公民权利不受国家权力的侵害。但是，过分多元化也带来了社会内部价值观的混乱，不利于公共安全，在完成转型的成熟社会里，混乱的多元价值观常常为某种核心价值所吸附，用以避免社会分裂，确保公共安全。我们的社会正在完成这种社会转型，应当努力探索和培育现代社会的核心价值观，这种核心价值观应当是符合现代社会发展、传统美德与现代文明及美德相结合的规范文化。

职业道德是社会伦理的组成部分，多元价值观会影响着职业价值的判断，在转型社会中必须理直气壮地弘扬职业美德，强调职业信念、企业责任，强调诚实守信、爱岗敬业的社会价值和个人价值。职业道德需要培训、需要宣传、需要表彰和谴责，需要行业的文化氛围建设和社会舆论的支撑。

（五）建立健全公共安全的法律法规，建立综合指挥机构

我国在公共安全领域的立法工作已初具规模，2007年8月，全国人大常委会通过了《中华人民共和国突发事件应对法》，使我国的公共安全管理的法制化建设大大前进了一步。但因公共安全涉及食品、信息、生产、避难、救灾、建筑、交通、运输等众多领域，分门别类细致的法律还有待于进一步制定和出台，一些不适应现代经济社会发展的公共安全部门法律还需要重新修订，我们要进一步完善公共安全方面的立法工作，尽快确认公共安全的国家标准，通过完善公共安全法制保障，提高全社会应对公共安全事件的能力。

在公共安全的管理上，建立综合指挥机构是必要的，公共安全事件一旦发生就会迅速涉及众多的领域和部门，要求各部门做出协调一致的反应，调动一切力量进行救助、调查、信息发布、安全保卫、恢复重建等，因此，需要建立

一个综合指挥系统,方能有效地避免部门之间推诿扯皮,提高救助效率,降低事件损失,并可以节约公共安全的管理成本。

  我们应当加强全社会公共安全教育,进行公共安全自救和救助演练,增强公民应对公共安全事件的应急能力。面对人为原因引发的公共安全事件,要尽可能做到事前有效预防,防患于未然;对于不可抵御的自然灾害诱发的公共安全事件和预防不及时公共安全事件,则要做到事后及时抢修、救助,将损失降到最低限度。

(原载于《河南警察学院学报》,2012年第5期)

社会变迁中的群体性事件状况与国家治理研究

【摘　要】 随着近年来群体性事件的增加，群体性事件与社会稳定的关系日益引起社会的广泛关注。客观描述我国群体性事件的现状、趋势和特征，并从社会变迁的视角，研究工业化、城镇化、市场化，以及企业改制等变迁因素相伴生的新型劳资冲突、征地拆迁、农民工的城市融入、现代城市管理、环境污染等现象，以及这些现象与群体性事件发生和发展的关系具有重要的现实意义和理论价值。从强组织与弱机制，政府角色定位"中立性"，利益诉求的复杂化与对策的准确性，以及"堵"和"疏"所带来的群体行为外显方式的差异等，剖析国家治理方式与效果。建议将群体性行为或社会运动纳入制度化轨道，疏通群体行为表达路径，辨析复杂利益诉求的真伪，增强解决社会冲突的针对性，构建长治久安，并具张力的和谐社会。

【关键词】 群体性行为　社会变迁　国家治理

近年来，随着国际风云变幻及国内群体性事件的增加，群体性事件与社会稳定的关系日益引起政府、学界和社会的普遍关注。笔者以 2013 年互联网上可检索的我国群体性事件为分析的基础资料，重视个案研究与统计归纳相结合，分析中国群体性事件的现状、事件的诉求与起因，国家的治理手段、经验及问题点，全面阐述笔者的研究与思考。

一、群体性事件的状况与类型分析

所谓群体性事件，是指众多群众自愿参加的，为达到某种诉求和目的，缺乏合法性，对社会秩序造成较大影响，需要有关部门采取紧急措施予以解决的群体聚集行为。中国的群体性事件研究目前缺少官方准确的统计数据，研究数据散见于各种"蓝皮书"和学者的研究文章中，表 1 是从这些文章中采集和归纳的数据，可做趋势性判断与参考。自 2004 年以后，中国群体性事件的发生呈上升趋势，并一直在十万起左右的高位运行。

表1 中国群体性事件统计表❶

项目 \ 年份	1993	1995	1997	1999	2003	2004
件数（万起）	0.87	1	1	3.2	5.9	7.4
项目 \ 年份	2005	2006	2007	2008	2009	2011
件数（万起）	8.7	9	8	9	9	18

通过互联网搜索、报刊文章检索收集到2013年百人以上的群体性事件101起，以这些群体性事件为研究对象，分析中国群体性事件状况和主要特征，概括如下。

（1）群体性事件的区域特征。前期的学者研究认为，过去多数大规模群体性事件主要发生在中西部地区的县城乡镇，这些年有重心东移的倾向。❷ 不过，从2013年百人以上的群体性事件的地域分布看，共涉及24个省区市，其中广东为37起，居各省市第一位；其次为四川8起，浙江7起，云南6起。学者判断的"东移"，在2013年表现为"南置"，南部省市百人以上群体性事件在数量、规模和持续时间等方面都居全国前位。

（2）群体性事件的起因。从101起群体性事件的成因分析，涉及劳动者加薪、加班费、拖欠工资、年终奖、养老金、工龄等职工劳动权益的群体性事件36起，占35.6%，居第一位；涉及征地拆迁及补偿的22起，占21.8%，居第二位；因行政管理引发纠纷的群体性事件14起，占13.9%，居第三位；涉及环境保护的11起，占10.9%。

（3）群体性事件的参与主体。事件的参与主体会随着事件的发展和延续变得复杂和多样化，统计中参与主体限定在事件发生初期的主要参与者群体。其中以农民为参与主体的27起，居第一位；城市一般市民为参与主体的14

---

❶ 数据来源：①中国行政管理学会课题组：《中国群体性突发性事件成因及对策》，国家行政学院出版社，第16页；②陆学艺主编：《中国社会进步与可持续发展》，科学出版社2007年版，第250页；③汝信等主编：《2009年中国社会形势分析与预测》，社科文献出版社2008年版，第10页；④王进东：《等积极化解人民内部矛盾 妥善处理群体性事件》，《中国社会发展战略》2004年第3期：第2~6页；⑤菅强编：《中国突发事件报告》，中国时代经济出版社2009年版，第196~197页；⑥应星：《中国群体性抗争行动》，《二十一世纪》2012年12月号，http://www.21ccom.net/articles/zgyj/ggzhc/article_2013010474197_2.html。

❷ 单光鼐：《保障合法 反对非法 制裁暴力——对近两年群体事件新变化的认识》，《南方周末》2013年5月2日。

起，居第二位；其次为外企职工10起，私企职工3起，学生2起。

（4）群体性事件的持续时间。事件持续时间是指事件表面化到参与群体退出的间隔时间。从83起可知持续时间的事件分析，数小时或一天内控制并解决的群体性事件50件，占60.2%；持续两天以上的33件，占39.8%；其中持续时间最长的为一个月左右。总体而言，事件平息速度较快。

（5）群体事件的表现形式。统计分析中将群体性事件表现形式大体分为四种类型：①定点聚集围攻，即主要以市县乡镇政府、事发地或约定地点为中心聚集抗议，或集体围攻此地，共46起，占45.5%，高居第一；②罢工，即集体拒绝工作的行为，共22起，占21.8%；③群体暴力冲突，即纠纷或对立的双方群体相互对峙，并发生暴力行为的，共16起，占15.8%；④集会游行，即聚集露天公共场所或列队行进表达意愿的，共15起，占14.9%。在各种类型的群体性事件中堵路致使交通瘫痪是其主要抗争和扩大影响的手段，在101起事件中约有26起造成了交通瘫痪。

（6）群体性事件的解决方式。群体性事件一经发生迅速报警，警察或武警到场维持秩序，协助政府或企业控制事态发展是事件处置的主要方式。在101起群体性事件中，公安出动46起，武警出动11起，公安和武警同时出动16起，综合统计约占全部事件的73.3%。少部分群体性事件未出动公安和武警，是政府、企业与参与者协商解决。

二、社会变迁视角下的群体性事件分析

社会变迁（Social Change）是指社会整体结构的变化或社会局部变化，包括急剧的社会变迁与缓慢的社会变迁，进步的社会变迁与倒退的社会变迁等。一般来说，社会整体结构的变化和急剧的社会变化对原有利益格局或社会控制系统冲击最显著。上个世纪90年代初期，邓小平同志"南方谈话"后，中国的改革开放经过短暂的停顿后，再次步入快车道，急剧社会变迁的特征明显。一方面，国家经济实力的迅速提升，国民经济总产值以年平均10%左右的速度迅速增长，2010年年度GDP总量首次达到39.8万亿，超过日本，成为世界第二大经济体，人民群众的生活水平得到了改善和提高，经济成就世界瞩目。另一方面，社会转型的核心是农业社会向工业社会的转型，具体表现为工业化和城市化，产业结构的调整与升级，以地域为中心的传统户籍管理制度的崩坏，促进了城市与城市之间、农村与城市之间的人口流动频繁，特别是农村剩余劳动力向城市大规模的迁移，2013年，全国农民工总量2.69亿人，外出打

工的农民工人数达到1.66亿人。❶ 农民工及农民工二代的城市就业、"同工同酬"、住房、医疗、子女就近入学及高考、社会福利、农民工融入城市等问题凸显。90年代中后期，中国的城市化每年以1%~1.5%的速度增长，1995年城市化率仅为29%，2011年城市化率已达到51.3%。❷ 城市化扩张和旧城改造，伴随着农村土地的减少和原住民的拆迁及利益补偿等矛盾凸显。同时，迅速推进工业化、城市化也带来了严重的环境污染问题。

社会转型的另一个表现形式是计划经济向市场经济转型。这一转型激活了商品要素，引进竞争机制，企业和市场活力得以迸发，促进了财富的创造和市场的繁荣。但受税收改革、收入分配制度、福利制度等改革滞后，以及资本升值过快等因素的影响，社会的贫富差距日趋明显。改革开放初期的1978年全国城镇居民的基尼系数仅为0.16，农村居民的基尼系数为0.21。2008年全国居民收入的基尼系数增至0.49，2013年为0.47，分别超出"警戒线"❸ 0.11和0.09。

社会转型的提速或急剧的社会变迁是上个世纪90年代以来重要的社会背景，并与我国群体性事件增加和类型变化相关联。

(一) 社会变迁、新劳资冲突与群体性事件

围绕薪酬、劳保、工伤等职工权益的群体抗争一直是上世纪90年代末以来群体性事件的主要内容，企业所有制结构变化是其重要的社会背景。据统计，2001年底全国除外资企业、港澳侨企业外，内地登记注册的私有企业在数量和产值上已占据了半壁江山。另外，国有企业改制，实行股份制和公司制，传统的、单一的国有企业和集体企业的工人身份逐渐变成了资方的雇员，形成了真正意义上的劳资关系。企业所有制关系的变化带来了经营理念的变化。一方面，企业为追求利益最大化，降低劳动成本，忽视劳动者的基本权利，压低劳动者工资或长期拖欠工资，不采取劳动保护措施，不为劳动者上工伤保险和社会保险，甚至有些雇主携款潜逃，严重损害劳动者利益。另一方

---

❶ "2013年全国农民工总量2.69亿人"，人民网，http://politics.people.com.cn/BIG5/n/2014/0220/c1001-24416101.html。

❷ "城市化率"，百度百科，http://baike.baidu.com/link? url=7-t7XlYiR24xur6m5CSHW0GNk6CkfBN8t72tUlSxvedpGr9g5QycUVT9hv3a7sYb。

❸ 基尼系数指在全部居民收入中，用于进行不平均分配的那部分收入占总收入的百分比。基尼系数最大为"1"，最小等于"0"。通常把0.4作为收入分配差距的"警戒线"，根据黄金分割律，其准确值应为0.38。

面，劳动者的维权意识逐渐觉醒和增强，联合起来与雇主集体抗争。

广东省是中国改革开放的前沿，是诸多改革领域的"先行先试"地区，或者说是中国社会变迁的重要"试验场"。广东分布着众多的海外独资企业、合资企业和私营企业，是外来劳动力的流入大省，因此，社会转型中的新型劳资冲突最先在这里聚集和爆发，在上个世纪90年代中后期便已形成规模。据广东省总工会的统计，1995～1998年，工会共处理、平息、工人上访、罢工事件11500多件，涉及人数100万～200万人……工会和劳动部门受理的劳资纠纷案有80%～90%为拖欠工资。❶ 2013年广东省因劳资冲突引发的群体性事件仍为各省市之最，在广东发生的37起群体性事件中，因劳资冲突引发的18起，占48.6%，高出全国平均值（35.6%）。其中，深圳"1·10"崇光电器厂罢工事件影响较大，1月10～11日，该厂三千员工抗议企业转制后工人工龄被清零，厂方拒不赔偿工人的工龄损失，举行集体罢工，并游行至沙井镇政府前抗议。百名武警到场维持秩序，与工人发生冲突。

实际上，我国于2008年颁布实施了《中华人民共和国劳动合同法》，2009年修改了《中华人民共和国劳动法》，力图规制新型劳资关系、缓解劳资冲突。但从两部法律实施情况分析，可操作性不强，劳动监察部门难于监管或执法不力。此外，受国际金融危机的影响，近年来中小企业融资困难，产业转型升级艰难，国内原材料和劳动力成本上升，使资方经营陷入困境，也加剧了劳资关系的紧张，这也是2013年全国劳方争取自身权益的群体性事件高发的重要原因。

（二）城镇化、征地拆迁与群体性事件

上个世纪90年代加速的城镇化建设，致使农村土地被征用和原住民的拆迁及利益补偿问题突出，特别是面对国际"金融风暴"，2009年，中央财政投入4万亿以缓解危机，带动了各地基础设施建设、城市建设进一步加速。更重要的是土地增值逐渐成为地方财政收入重要来源，导致新一轮"土地置换"热潮，全国有20多个省区市出台了撤并村庄的规划和政策，要求农民进城上楼，以宅基地换取市民权和社会保障，致使"暴力拆迁"、干群冲突、农民与地方政府的矛盾尖锐化，群体性事件频发。❷ 2011年初，国务院通过了《国有土地上房屋征收与补偿条例》，同年3月，中纪委十七届六次全会下发了《关

---

❶ 陆学艺主编：《中国社会进步与可持续发展》，科学出版社2007年版，第252页。
❷ 汝信等：《2011年中国社会形势分析与预测》，社会科学文献出版社2011年版，第11页。

于加强监督检查进一步规范征地拆迁行为的通知》，使土地强征、暴力拆迁的现象有所减少。

从2013年与"征地拆迁"相关的群体性事件分析，暴力拆迁引发群体性事件数量不多，但"征地拆迁"中村民与村官的矛盾凸显。继2011年底广东乌坎村民抗议村委会私吞土地款，爆发了影响全国的"乌坎事件"之后，2013年类似的事件依然多发。比如，广东揭阳上浦村村民集体抗争事件（2·22），河北深州市村民市政府前下跪请愿事件（2·23），广东汕尾市东涌镇村民集会抗议事件（2·27），浙江省富阳市村民市政府前示威事件（6·13）等，起因都是村民抗议村干部私卖土地及侵吞卖地款。其中，广东揭阳上浦村2月22日发生的群体性事件较为典型，据村民反映，该村书记李宝玉未经过村民同意，将村中500亩土地，以一亩2000元卖出，引起村民愤慨，村民要求拿回土地，村书记联合开发商招来地方恶势力，持自制枪支恐吓村民，试图以暴力压服，导致村民集体抗争，赶走打手，砸毁20余辆车，造成公路交通瘫痪。❶

分析"征地拆迁"中村民与村官的矛盾，会连带出基层村民委员会选举等问题，一些地区在村民委员会选举中存在严重的贿选，以及家族势力对选举的控制，甚至还有地方黑势力的介入，加剧了村落内部不同势力群体之间冲突。2014年3月媒体报曝光的贵州开阳县顶方村贿选风波❷仅仅是冰山一角。通过贿选当上村官的人，会更加疯狂的敛财，捞回选举中的投资，其中"征地拆迁"和"新农村建设"过程中私吞或瓜分土地款和集体资金，成为其敛财的重要途径。因此，在治理因"征地拆迁"引发的群体性事件时，需要进行源头治理，如完善村民选举制度，建立科学的选举程序和规则，严禁候选人的暗箱操作，防止贿选和地方家族势力或黑势力操纵选举，强调候选人公开讲演竞选，阐明自己服务于村民的执政理念和承诺，对承诺兑现的情况进行民主监督，建立村委会罢免制度、财务监督制度等。好的基层民主制度和监督机制的建立，能有效地制衡权力，防止腐败，也会缓解农村干群关系紧张，减少相关群体性事件的发生。

---

❶ "广东揭阳上浦村事件"，人民网，http：//kfq.people.com.cn/n/2013/0311/c54918 - 20743186.html。

❷ "贵州开阳县顶方村贿选风波"，央视网，http：//news.cntv.cn/2014/03/27/VIDE1395877143744251.shtml。

（三）劳动力迁移、农民工的城市融入与群体性事件

农村剩余劳动力大规模地向城市迁移，寻找新的工作机会，工业化和产业结构调整吸纳了大量的农村人口，这是工业化或城市化发展的必然。如何科学地管理流动人口，以及让农民工尽快地融入城市社会，是摆在城市管理者面前的重大课题。2009年发生在广东韶关旭日玩具厂的本地职工与新疆籍职工的群殴事件，曾产生严重的社会后果。其后在东部沿海地区又发生过多起"本地人与外地人"、"外地人与外地人"的互殴的群体性事件，省籍之间的族群冲突成为近年来群体性事件新的表现形式。

2013年5月3日，安徽省庐江县永安村籍女子袁利亚在北京丰台区的京温服装批发城坠落身亡，互联网上传出，女子被7名东北保安轮奸后绝望跳楼，服装城支付家属2万元试图息事宁人，警察拒不立案，号召安徽老乡齐聚京温服装城声讨。5月8日上午，数千名安徽籍农民工聚集服装城声援，警察大量出动维持秩序。经市公安局组织侦查、技术专家现场勘查、复核尸检、梳理监控录像、调查相关人员，最终调查结果排除了中毒、性侵害及他杀的可能，系自主高坠死亡，对此家属无异议，警察抓获了网上造谣的马某，事件得以平息。❶

将普通的自杀事件或治安案件激化为"外地人"与"本地人"，或省籍之间的族群冲突反映出外来农民工"抱团取暖"的无奈和融入城市艰难。在这类事件发生之前，我们很少看到工人或农民工求助他们的"群众性组织"——工会，多是求助于同省籍老乡或同乡会。这些"抱团取暖"式的自发性组织在帮助同乡解决困难，摆脱孤独，抵抗歧视和盘剥，以及动员群体性行为等方面具有较强的功能。另外，一些"同乡会"甚至使用"黑社会"似的威胁、恐吓和报复的手段，为工友提供保护，并收取保护费。❷ 这些具有族群特征的群体性事件暴露出外来务工者与本地人的矛盾，不同省籍务工者之间的冲突，以及农民工依赖自发的"抱团取暖"式老乡组织的"维权"方式。"外地人""乡下人"无法分享当地经济发展的成果，无法抵抗的排斥和孤独，以相同社会地位、相同的生活经历、相同的渴望，在异地他乡寻找"命运共

---

❶ "京温事件"，http：//zh.wikipedia.org/wiki/%E4%BA%AC%E6%B8%A9%E4%BA%8B%E4%BB%B6。

❷ 单光鼐：《保障合法 反对非法 制裁暴力——对近两年群体事件新变化的认识》，《南方周末》2013年5月2日。

同体",其中"地域共同体"是最便捷认同方式。省籍认同成为此类群体性事件的"话语"基础,具有较强的动员能力,支撑着事件的发酵和发展。

(四) 城市管理改革、城管执法与群体性事件

2013年,互联网可检索的15起因行政管理纠纷引发的、百人以上的群体性事件中,有11起涉及城管执法问题,占此类事件的73.3%。其中,临武"7.17"群体性事件影响最大。2013年7月17日上午,湖南郴州临武县城管人员在执法过程中,与街边摆摊的瓜农邓正加夫妇发生争执,城管人员用秤砣猛砸邓正加头部,致使邓当场死亡,引起周围群众愤怒和抗议,武警部队到场维持秩序,继后发生抢尸,致事件升级。最终6名涉嫌人员(城管)被刑事拘留,城管局党组书记、局长被免职,事件得以解决。[1]

20世纪90年代以来,中国的城市化以每年1%~1.5%的高速发展,城市数量、市民及城市人口密度大幅增加,市民的需求也日趋多样化,城市管理面临新挑战。为了提高城市管理水平和综合执法能力,1997年国务院根据《中华人民共和国行政处罚法》第16条的规定,批准在广州市进行城市"综合执法"的试点工作,并逐步向全国推广。各地纷纷成立了"城市管理综合执法局",或"城市管理综合执法支队",简称"城管"。这一制度设计随着时间的推移,各种矛盾逐渐显露。

首先,城管的行政执法的领域相当广泛,涉及工商、市容、卫生、规划、绿化、市政、交通、环境等九大领域。了解把握九个领域的相关法律,并准确执法难度相当大。而据北京市政协调查,2011年北京城管在编数7000余人,外聘协管、保安高达6500人[2],城管人员整体素质不高。行政处罚权是行政管理权中最严厉、对被处罚者影响最大、最容易引发社会冲突的权力,大跨度、多领域综合执法及人员素质不高,带来了城管执法简单化、野蛮执法等问题突出,一直为社会所诟病。其次,处罚权从城市管理权中分离,由城管独家负责处罚,使城管的工作内容失去社会管理中的服务、协调、化解矛盾的功能,城管"处罚"的职业形象可想而知。另外,城管综合执法的对象多是社会的弱势群体,如下岗职工、无业游民、无照经营的小商贩、乱搭乱建的贫困人群

---

[1] "邓正加",百度百科,http://baike.baidu.com/link?url=TNWUrAv6qxjLJJTcf5opA0wO-tg47kf bsC5qEXACchvtIe0mzTSu6AFj7-aTRyugHyZUkyQPvXfhK6VZLPx_C_。

[2] "公安城管临时工现状:文化程度工资待遇普遍低",人民网,http://politics.people.com.cn/n/2013/0617/c1001-21857922.html。

等，其中许多人是社会救助的对象，他们不靠国家救济，自谋生路，靠劳动挣钱。对于这类人群的执法，不同于对违法犯罪者的执法，技巧和角色的把握非常微妙。

在城管的实际工作中，一方面，政府对城管寄予厚望，设立各种执法绩效指标，希望通过这支队伍改变城市面貌。另一方面，被管理者多为生存与城管展开"持久战"和"游击战"，或"暴力抗法"。2009年5月，辽宁小贩夏俊峰违法摆摊被城管叫到勤务室接受处罚中发生争执打斗，夏刺死城管2人、重伤1人，2013年9月夏被执行死刑，其间妻子为其免死奔走呼号，网上一片同情声，让城管工作者愤懑、忧虑和委屈。今年两会期间，最高人民法院周强院长强调"这种人不杀就非常危险"，用以平息舆论。不过，城管执法手段的简单粗暴导致人们对执法对象怜悯和同情，不断引发群体性事件的问题是客观存在的。在现代城市管理改革中，除了加大对城管执法人员的培训，提高队伍素质外，对城管制度的顶层设计也需重新考量。

（五）工业化、环境污染与群体性事件

工业化、产业结构调整是上个世纪90年代经济改革的主旋律，政府招商引资设厂，企业开足马力生产，以满足国内市场和对外出口需求，中国成为"世界工厂"。但在企业追求利润最大化、政府追求GDP绩效中，却忽视环境保护，以及对环境污染的防控和环保投入，致使众多的河流、土地，以及空气受到污染。近年来，环境污染对民众生活质量的影响，以及民众环保意识的增强，以环境保护为主要诉求的群体性事件不断发生。2013年，互联网可检索的百人以上的环境保护群体性事件中，抗议企业排污、泄漏的群体性事件4起，反对PX项目落地、反对建垃圾场各2起，反对建火葬场、高压电塔各1起，居各类群体性事件起因的第四位。其中，昆明市民众反对PX项目落地的群体性事件是2013年中持续时间最长、全国影响较大的群体性事件。

2013年1月，昆明市通过了国家核准建1000万吨炼油项目的可行性报告，该项目实施后年产100万吨对苯二甲酸（PTA）和65万吨对二甲苯（PX），年产值达1000亿元。该项目设址于安宁市草铺工业园区，距昆明市中心45公里。部分市民担心化工厂在昆明市的上风侧，废气排出将危及市民健康，另外，昆明连年干旱缺水，化工厂大量取水将破坏高原生态。部分市民在互联网上发表反对意见。3月29日市政府举行新闻发布会进行解释，网民不满意，通过短信、微博、微信、QQ群等传发5月4日下午1:30在市中心的新昆百大门口举行抗议活动。当天下午，众多市民戴着写有黑色PX、红色叉的口罩，举着"PX滚出昆明""春城拒绝污染项目"等标语走上街头,聚集南屏街广场,警察用人墙围住方形广场,抗议和平进行,未发生人员冲突。5月16日,市民又在市中心的五华山聚集游行,游行途中四次突破由警官学院学生组成的人墙,昆明市市长李文荣在西昌路上与游行队伍对话,市长的"大多数群众说不上,市人民政府就决定不上"的承诺使事态逐渐平息。❶

从相关个案分析看,以环保为主要诉求的群体性事件有别于"讨薪"等群体性事件,具有较强的公益性,涉及千家万户和子孙后代,参加游行集会或签名人数较多,多在千人以上,持续时间也相对较长。

(六)社会变迁、相对剥夺感与泄愤型群体性事件

泄愤型群体性事件是近年来学界普遍关注的一种群体性事件类型,它的主要表现特征是:(1)缺乏参与者的控告上访、行政诉讼、策划组织等发展过程,常因偶发事情引起,迅速升温,规模扩大但过程较短暂;(2)绝大多数参与者与初发事件并没有直接利益关系,用情绪性泄愤的形式表达对政府或社会不满;(3)以情感宣泄为主要特征群体性事件,使政府找不到事件的组织者和意见领袖,很难通过谈判和协商平息事态;(4)泄愤型群体性事件多伴有打砸抢烧等违法犯罪行为,给国家、集体和个人造成财产损失,并产生较大的社会政治影响。

根据2013年101起群体性事件特征分析,没有明显的利益诉求、表现出泄愤特征的群体性事件约13件,占12.9%。对于无共同利益诉求的"泄愤型群体性事件"一般社会心理学解释为:(1)社会正义感驱使,认为社会不公,"路见不平"投身群体性事件;(2)"借题发挥",其动因是"相对剥夺感",所谓"相对剥夺感"是指当人们将自己的处境与某种参照物相比较,发现自己处于劣势时产生的"受剥夺感",这种感觉易产生愤怒、怨恨或不满等消极情绪。一般来说,急剧的社会变迁会导致社会的价值能力小于个人的价值期待,特别是20世纪90年代以来社会贫富差距逐渐扩大,导致相当一部分人不满情绪和"相对剥夺感"。一般来说,相对剥夺感越大,人们宣泄和造反的可能性就越大,破坏性也就越强。分析中国的"泄愤型群体性事件",上述两种社会心理因素都存在,而后者的成分更浓重。

---

❶ "2013年昆明市反对PX项目事件",http://zh.wikipedia.org/wiki/2013%E5%B9%B4%E6%98%86%E6%98%8E%E5%B8%82%E5%8F%8D%E5%AF%B9PX%E9%A1%B9%E7%9B%AE%E4%BA%8B%E4%BB%B6。

三、群体性事件的国家治理手段分析及对策建议

社会稳定是政治、经济、社会、文化改革和发展的基本保障。但是，稳定并不是社会不存在政治冲突、社会矛盾和社会运动。因为，社会变迁是社会现象发生变化的动态过程和结果，是人类社会生存发展的基本形态。面对社会急剧变迁所带来新的社会矛盾和社会问题，解决的办法不是停滞改革，而是提高国家的科学整合社会的能力，就是说全面提升将急剧变迁中出现的各种新旧矛盾重新调整到一个统一体之中的国家治理能力。在急剧的社会变迁中科学的整合社会需要各种社会有机体的共同努力来完成。其中，国家治理理念变革、顶层的治理结构设计至关重要。国家应通过顶层设计和制度性安排，将各种社会矛盾、社会冲突纳入制度解决的轨道，将群体性事件及社会运动制度化，从而消除发生大规模的、有强烈破坏性的群体性事件或社会动乱的可能。

（一）群体性事件治理中的"强组织"与"弱机制"

中国是一个"强组织、弱机制"的社会结构。所谓"强组织"是指行政上从国务院到基层科室，科层制联动有序；党的组织结构从中央到基层支部对政治事件的反应敏感、周密，上传下达，令行禁止。近年来，群体性事件被视为关乎"社会稳定"，受到党和政府的高度重视，各地坚持"党委领导下统一协调的原则"，事件发生后要求各级党委"第一把手"需第一时间知晓，亲临事件现场指挥，或坐镇指挥平息事件，在政府的绩效考核指标中群体性事件处置结果被赋予"一票否决"的特殊地位，使原有的强组织结构更加强大。

所谓"弱机制"是指在确保社会各方面维持正常运转所需要的一整套固定的社会组织、运转程序、关系调整等方面基层功能的弱体化。面对突发性群体事件，离开了强大的党和行政组织，基层自治体组织无所事事，缺少自治体内部强有力的互动和联动机制。无法通过自主的协商、谈判、退让化解机制，达到自我解决、自我修复的目的。比如，工厂发生罢工后，内部机制迅速预警，相关机制互动、联动，调查、谈判、协商，事件进展及时发布等，最终将群体性事件自主平和解决。当然基层的弱机制的另一个原因是改革开放以来，原有的"单位制"部分崩坏，众多个体被单位抛出，而许多群体性事件的参加者是脱离单位制的"原子化"的个体，强组织的管理功效被大大弱化。

目前，解决群体性事件程序多是向上级"第一责任人"汇报，等待指示

后行动,而强组织的"一把手"责任重大。因担心谈判、协商、妥协会使事态扩大,或被认为未采取措施,被"一票否决",丢失"官帽","第一时间出警"成为解决群体性事件中的主要手段。应当说,"慎用警力"是我国治理群体性事件的重要原则,是防止社会矛盾激化、保持警民良好关系、提高社会秩序自治能力和协调能力的重要原则。而地方70%以上的出警率与这一原则相背离。不过,高出警率也不能完全责备地方不遵从中央的指示,它是强组织弱机制,以及"一票否决"的绩效考核的产物。

在社会转型的大背景下,原有的单位及公社体制被打破,人口流动和工作变动频繁,原有的单位人被"原子化",靠什么样的国家治理体制将"原子化"了的个体连接或凝聚起来呢?这是社会管理的新课题。应当说,具有相同志趣、需求及亲情的中间组织是"原子化"个体的最好黏合剂。抱团取暖的"同乡会"等中间组织具有正负两种功能。限制、强制取缔不如在国家治理结构中给予其应有的地位。如果政府承认、投入并引导这类中间组织,会使其成为"原子化了的个体"与政府之间的"缓冲层",具有排解个体压力,缓解个体与社会直接冲突的功能,并能确定谈判和协商的对象,减少和避免极端群体性事件的发生。

(二) 解决群体性事件中的政府角色定位——"中立性原则"

许多西方发达国家在处置群体性事件上,强调政府的"中立性原则",因为保持中立才能在冲突双方的处理上不偏不倚,相对公正,让冲突双方心服口服,提高政府在解决社会冲突上的公信力。不过,在中国从计划经济向市场经济转型的过程中,政府在 GDP 主义和"土地财政"的牵引下,在招商引资、土地征收、房屋拆迁、工厂投资建设等经济领域介入太深,因此在处理因劳资冲突、土地拆迁纠纷、环境保护等引发的群体性事件中,很难采取中立态度,"拉偏架",甚至与雇主、开发商、村干部联手对付工人、农民的现象时有发生,使得各种社会矛盾变得更加复杂,纠纷越处理越多,即使暂时解决了纠纷或平息了事件,仍为今后事件的再度爆发留下隐患。

因此,政府在抓经济工作取得了巨大成就的今天,应当主动从经济领域抽身,专注法律政策的制定、监督执行,专注社会建设和社会保障,专注调整和解决各种社会利益与社会矛盾。只有这样才可能在各种社会冲突或群体性事件中保持中立,公平和公正地解决各种社会矛盾,平息社会冲突,提高政府在解决社会冲突和群体性事件中的公信力。

（三）科学剖析群体性事件的利益诉求，加强解决问题的针对性

群体性事件因参加人数众多，不同群体之间利益诉求差异较大。在实际工作中不能进行简单地归因。比如，近年来，许多地方发生的反对 PX 化工项目落地的群体性事件，表面上看，是民众环保意识和参政议政意识增强的结果，认真研究会发现背后具有复杂的利益链条。乙村与甲村仅一路之隔，甲村被划为 PX 项目的拆迁补偿范围，乙村却未获得，于是乙村村民到政府门前抗议，要求扩大拆迁范围，期待获得经济补偿。PX 项目必须经过国家环保部门严格核准，环境指数达标不成问题，关键是环保部门明确要求项目建成后环境污染指数只能低于目前水准，要达到此环保标准，必须拆除周边已有的、污染的中小企业，拆除后企业职工失业如何安置？私营老板辛苦建成的工厂如何补偿？政府和将进驻的企业都未阐明。于是企业主花钱雇工人到政府门前闹事，或工人和企业主自发地走上街头。市民见到此类抗议活动，担心 PX 项目带来城市污染，危及市民健康，于是也走上了街头，不同的利益诉求在"环保"的口号下达成"运动的话语"共识。政府担心事态闹，立即宣布废止该项目。事件平息的结果是乙村、甲村农民都未获拆迁补偿，牢骚满腹；污染企业依然生产，污染照旧严重；城市未来的经济发展严重受挫，政府的形象也未改观。因此，认真剖析群体性事件背后复杂的利益诉求，有针对性地予以分别处理和解决，才能达到多方利益诉求的"共赢"，促进经济、社会、环境的协调发展。

研究表明，群体性事件的利益诉求和动员口号，是群体性事件发生和发展的基本动力。而利益诉求和动员口号并不是一成不变的，它会随群体性事件持续的时间长短而发生变化，特别是对于有组织的群体性事件，组织者会根据参与群体和周围民众关注点，寻找更大众化的政治诉求和利益诉求，改变或提升原来诉求和口号，形成新的"运动话语"共识，扩大事件的影响力。而诉求和话语的改变，会使更多社会群体参与其中，加大政府平息事件难度。因此，有针对性地、迅速解决最初的利益诉求，防止具有更强社会感召力的诉求和"话语"出现，是防止群体性事件扩大化的重要手段。

（四）群体性事件喷发路径选择与制度化管理

群体性事件实际上是一种制度外的群体抗争。制度内的抗争有集体向上级机构反映情况、信访上访、集体协商、民主选举、行政诉讼等，在制度内群体抗争无法解决问题，或解决问题的效率太低时，制度外的群体行为就会成为一

种重要的诉求表达方式。从国家治理手段上分析，首先承认制度外的群体抗争的存在具有客观性，而且在解决群体性事件中"疏"比"堵"更科学合理。制度外群体利益诉求表达就像地下涌动的各类岩浆，寻找各自的喷发路径，当路径被堵塞后就会相互汇集，聚攒能量，待寻找到突破口后集中地、大能量地喷发，这种喷发对社会和制度的破坏力极大。目前中国的群体行为的主要通道是"爱国"和"环保"，社会运动背后的利益诉求错综复杂，"剪不断理还乱"。从西方国家治理群体性事件的经验看，"制度化"是一种有效方法，就是说把大多数群体性行为或社会运动纳入体制轨道，制度化后，群体性行为或社会运动的总量会增加，但对社会的破坏力却大幅降低，而群体行为的制度化的核心是法制化。

根据上述我国群体性事件归类分析，主要表现形式为定点聚集围攻、群体暴力冲突、罢工和集会游行。前两者群体性行为伴随暴力，应受到法律的制裁。罢工在我国《宪法》和其他法律中没有明确的"工人享有罢工权"的条款，但也没有禁止性条款，根据"法无禁止即可为"的原则，在中国罢工不属于违法。而"集会游行"应受到《中华人民共和国宪法》第35条（中华人民共和国公民有言论、出版、结社、游行、示威的自由）的保护。

集会游行被视为公民的基本权利，为我国宪法和世界大多数国家的法律所认可。从各国制度化管理集会游行的角度看，大体分为"许可制"和"追惩制"。"许可制"是在集会游行前须向主管部门申请，经审查许可后方可进行。审查认为不具备必备条件，或可能对国家和社会安全造成危害，主管部门告知"不许可"，并禁止该群体行为的发生。"追惩制"规定事前只需向主管部门报告或登记后就可进行，不必等待批准，但若在进行中有违法行为，事后必受惩处。我国对群体性行为的管理方式近似于"许可制"，在《集会游行示威法》中明确了集会游行的法律限制，强调许可的必要性。

在目前的法律框架下，"集会游行"的主要问题在于申请者的批准率不高，而每年都有上万起群体性事件突破法律规制而频繁发生，其中包括不少可以纳入体制轨道内的群体性行为因不批准被视为非法。不管是尊重权利还是承认政府失误，或是严厉打压，都使政府处于尴尬的境地。笔者建议借鉴"许可制"国家的成功经验，允许小规模的、诉求明确、不会威胁社会公共安全的群体行为的分量"释放"，分解大规模群体性事件或社会骚乱发生的能量。集会游行地点可双方协商，并尽可能遵守申请者的意见，申请者未有违法行为不得予以追究和监控。集会游行前警方应清晰了解参与者"要干什么"，这是警察能够有效维持秩序的重要前提；另外，警察要告知组织者"什么不能干"，一旦触法，便会招致相应的处罚。❶ 在被批准的集会游行中，警方派出少量警力随队护卫，保护集会游行者的安全，有效地维持秩序，出现暴力行为及时制裁。

总之，群体性事件在非制度化的状态下具有一定的破坏力，但将其纳入制度化的轨道后，它具有表达民愿、净化政治和社会环境的功能。因此，将其制度化，疏通群体性事件喷发路径，认真剖析群体性事件背后的利益诉求，有针对性地解决或缓解各种利益矛盾和社会冲突，扩大群体性行为或社会运动的正功能，就会构建出长治久安，并具张力和活力的和谐社会。

（原载于《中国人民公安大学学报（社会科学版）》，2014年第4期）

---

❶ 单光鼐：《保障合法 反对非法 制裁暴力——对近两年群体事件新变化的认识》，《南方周末》2013年5月2日。

国家治理现代化和社会治安防控[*]

【摘　要】 本文围绕社会管理的民间开放、警察制度的变革、综合治理的对症下药、如何看待社会治安"极致化防控"、社会治安自治的价值与应注意的问题，以及警察管理法治化与经费管理科学化六个问题展开。

【关键词】 社会治安管理　警察权　治安自治　极致化防控

一、社会治安管理的民间开放

关于国家治理和社会治理向民间开放这一点，我想跳出国门，谈一点国外的情况。2008年发生世界金融风暴，当时的美国警界及相关学者大都认为美国犯罪率会大幅上升，因为金融危机会带来经济的萧条、失业率的增加，进而导致犯罪率的增加。但2015年8月我去美国犹他州访问讲学，在与美国警界的座谈中，他们告诉我，出乎预料，2008年以后美国的犯罪率不但没有上升反而下降了，他们也在琢磨下降的原因。日本也存在着类似的问题，在上个世纪六七十年代，传统社会向现代社会转型的过程中，社会矛盾突出，文化冲突加剧，但日本除了性犯罪、过失犯罪有所增加外，财产犯罪、凶恶犯罪、粗暴犯罪均有所下降。进入70年代后，各种类型的犯罪出现了全面下降的趋势。在研究和座谈中大家认为，强大的市民社会成为国家治理现代化和社会治安防控的重要力量，并且渗透在各个领域和社区。谈国家治理现代化不是指国家机构的单方面的治理，市民社会在国家治理现代化中有着巨大的能量。尽管经济不景气，社会矛盾凸显，但强大的市民自治，特别是治安方面市民自治，会增强社会群体自律和他律，让社会有一种亲和力，这种社会亲和力能够有效地控制犯罪，增强社区居民互动，稳定社会秩序。因此，经济形势的好坏与犯罪率

---

[*] 该文是2014年12月笔者在河南警察学院召开的"国家治理现代化与社会治安防控专题研讨会"上的发言整理。

的变化有关联，但不是唯一的，对美国和日本的访问调研及研究给了我们这个启示。

回顾中国的改革开放，我们最初的改革是农村。过去，我们不放心农民，担心他们愚昧，不会搞经济，但是一个土地联产承包责任制的政策，让农民承包土地，自主经营，结果政府没花费太大力气，没咋投资，农村经济好起来了，解决了全国人民的吃饭问题。后来搞城市改革，我们给企业自主权，试行承包经营、租赁经营，为企业松绑，结果二产三产搞上去了，现在的民营企业承担着70%以上的就业率，工业产值占60%以上，成为不亚于国企的重要的力量，并且中国的GDP总量已居世界的第二。这些都是相信农民、工人，相信民间企业家们能管好农业，能干好企业的结果，是政府为农村和企业松绑的结果。

下一步的中国改革，我觉得要考虑向社会松绑。不要先入为主地认为民众管不好社会，你给社会放权，相信治安的社会自治，相信民间的聪明才智，老百姓治安管理的积极性调动起来了，犯罪防控的效果不会比现在的差。当然市民的治安自治也包括NGO社会组织参与社会治安管理。在这方面仍然有理论和观念上的误区或禁区，担心发展社会组织会落入西方的政治陷阱，我以为没有那么严重。研究许多发达国家的社会组织的发展，在灾害时期，在经济危机的时候，社会组织在帮助政府渡过灾害、渡过危机、稳定社会起到了非常大的作用。因此，我同意刚才张远煌教授讲的，下一步国家治理现代化改革要多元、多维，而且我进一步提出，国家治理现代化改革的重点是国家治理向民间开放。

在研究中国的社会治安防控体系时，必须全方位的研究，必须从刑事司法科学的全过程来研究。比如，要研究犯罪预防、初期违法行为的早期治理、警察、少年警察、检察、少年检察、法院、少年法庭，以及监狱和未成年人管教所，最后阶段就是刑满释放人员的更生教育等，研究这个过程中不同组织的犯罪防控效能，研究不同组织相互关系，研究不同阶段的相互衔接。我以为，在中国的社会治安防控体系中比较薄弱的是早期的预防和最后阶段的更生，也就是刑事司法过程中的第一个阶段和最后一个阶段。

实际上，从国际犯罪学的研究看，这两个阶段都是民间介入最多的地方。而在中国这两个阶段市民介入得很少，社会组织的力量很薄弱。对于第一阶段的预防工作，包括家庭、学校、社会的教育与矛盾化解，国家权力机关无力或无法全面介入，社会组织弥补这一阶段的"政府失灵"，介入早期预防，预防犯罪的效果会很显著。另外,关于犯罪预防,警察的功能前移成为世界警察制度改革的趋势,警察的主要功能是侦查破案、逮捕嫌犯,打击犯罪,还是预防犯罪的发生,过去争论很多。目前许多国家已经达成共识,警察机构也会用大量的警力和时间做预防犯罪的琐碎工作。比如,在日本,警察会将根据《少年法》《儿童福利法》将问题少年细分为犯罪少年、触法少年、虞犯少年(注:有犯罪可能性的少年)。分别移送家庭裁判(逆送)、福利事务所、儿童相谈所,以及交由监护人监护,或相关部门、社会团体、志愿者协力帮教。特别是对于有违法犯罪苗头、不良行为习惯的少年,交由民间及福利机构帮助,对防止问题少年进一步滑向犯罪的道路起到了重要的作用。警察分流工作也是一种特殊的预防工作。同时西方警察系统第四轮改革,建立社区警察,让警力下沉,也是加大犯罪预防的重要手段。经过几十年的努力,犯罪的预防工作已见成效,美国、日本、德国等国家犯罪率出现明显下降。总结下降的原因,前期犯罪预防工作做得好,犯罪预防工作会降低社会治安防控的成本,提高效率,降低犯罪数量效果明显。

刑事司法的后一阶段是更生保护,或称更生教育。就是让假释、缓刑人员、刑满释放人员融入社会、学会自律,完成再社会化过程。这个阶段可以广义地称为"社区矫正"。在中国社区矫正由政府一抓到底,政府的基层组织为司法所。政府一抓到底了,民间力量就后撤了,尽管我们在最高人民法院、最高人民检察院,公安部、司法部的《关于开展社区矫正试点工作的通知》中强调社区矫正是"由专门的国家机关在相关社会团体和民间组织以及志愿者的协助下"进行,但政府的权力下沉过于基层,导致民间参与的热情不高。而更生保护和教育阶段民间的参与又至关重要。比如,从监狱里释放出来的人们,他们需要民间的温暖,需要一份可以谋生的工作,民间、社区和企业的接纳至关重要。另外,长期在监狱关押的人会形成一种监狱人格,单纯的他律,没有命令不会行事,出狱后要想融入社会就要学会自律。而自律不是司法机关教给他们,而是民间教给他们,是在社区与正常人一起生活中学会并养成。在更生保护阶段由于民间参与度不高,因此刑满释放人员的重新犯罪的比例也较高。现在司法行政机关的绩效考核规定重新犯罪率不能超过8%,各地的报表是一回事,实际情况又是另一回事。比如,湖南省1997~2000年的重新犯罪率分别是17.9%、21.1%、19%、23%,山西省2000年的重新犯罪率为13.5%,都会高于司法部的绩效标准。张远煌教授刚才谈到发达国家让民间人士管理监狱,我也做过类似的研究,英国、德国、美国的一些州都在探索让民间管理监狱。我们说监狱是国家的重要暴力机器，把暴力机器交给民间管理似乎太匪夷所思了，民间管理监狱这一阶段离我们还很遥远。但是，它告诉我们，社会治安管理向民间开放是世界司法改革的趋势。

二、警察制度的变革

传统的马克思的国家观认为，警察、法庭、监狱是国家专政机器，是一个阶级统治另一个阶级的工具。所以说警察、法庭、监狱是统治阶级私有财产，是为统治阶级服务。马克思主义的经典国家理论我们一直引用着，并坚信警察是依附于政权、为政权服务的，这是不容争辩的真理。但是在我们对国外警察制度考察和研究后发现，在现代化进程中，很多发达的资本主义国家，它们已经在对传统的警察制度进行改革了，他们在探索警察如何从国家的外交、政治、财政、军事等职能中分离，逐渐构建起具有相对独立性的警察组织，逐渐地形成保护国民权利、国民自由、维护公共安全和人民生活的正常秩序，不受任何党派、阶级左右的、具有一定独立性的机构，警察根据法律、法条，严守价值中立、客观公正执法。这种改革不光是日本，世界上很多警察机构的改革是趋向这个方向。

另外，对警察权利的制衡，防止警察官府化和地方化也是世界许多国家正在尝试的改革。如果警察官府化了，就会导致最高行政长官滥用警察权；警察权力地方化了，就容易成为地方政府手中的工具，甚至成为地方政府的"打手"。警察官府化和地方化都容易伤害民众的基本权利、伤害民主和自由，甚至会导致维护社会稳定和社会安全的力量，异化为威胁社会稳定和社会安全的力量。在这方面日本改革办法是在最高行政长官和警察之间设立了公安委员会，委员会成员由国务大臣一人及教授、律师、企业家和社会贤达人员组成。主要功能是对最高权力者的警察权限制、对警察行政权执法权的监督，以及对民间苦情申诉的受理和解决。这一制度的顶层设计，一方面控制行政长官的警察权，同时监督了警察的职权行使，使警察运行中立化，避免了警察为统治阶级和富人服务的倾向性。警察执法的倾向性会导致民间的不满，导致警民对立，及对国家和政府的不满与对立，甚至导致民众的造反。因此警察的中立性改革成为了解决警民冲突和社会矛盾的制度性安排，并逐渐显露出稳定社会的效果。

对于警察权力的制衡，强调警察价值的相对中立，有利于保障公民的民主、自由和人权，避免警察服务的倾向性，保障警察执法的公正，保障警民关系的和谐，也有利于警民携手共同防控犯罪，建立长治久安的社会秩序。

如何让民众公平地享受警察提供社会安全的公共产品和法律服务，目前在中国，需要变革的方面很多，有些社会矛盾是政府本身造成的。比如，中国改革近四十年，经济发展速度惊人，得益于政府亲自招商引资，直接抓经济工作。但当企业主和工人发生经济纠纷时，政府官员的屁股常常会坐到企业主一边，警察受政府官员指挥参与冲突的解决，也常表现明显的倾向性。这样不但未能使矛盾解决，还留下了后患，加深了民间矛盾。人们对警察的公正执法性产生了怀疑，说你是为有钱人服务、为官僚服务，并导致警民关系的紧张。因此，在检讨警民关系时，有必要研究我们的执法方法问题，但是更需要研究警察组织的制度安排问题。地方警察受雇于地方政府，收支来源于地方财政，在平息官民冲突中他会不由自主地偏袒官员而忽略民众，这种体制长期存在会使社会矛盾积压和激化。因此，我觉得下一步的改革，应该在警察制度的顶层设计上下功夫，一是政府从经济活动中抽身，一心一意地研究社会问题，制定科学的社会政策，监督政策的执行，公平解决社会各种矛盾。二是充分意识到警察地方化的问题，并着手解决此问题，使警察能够更加公正地执法，更好地做好执法服务。

三、犯罪综合治理的对症下药

改革开放以来，中国的犯罪率始终稳步上升，为了抑制犯罪的增长，我们采取了严厉打击犯罪的各种措施，就全国性的"严打"而言至少有四次，但是，对犯罪的治理的效果并不很明显，1983年的第一次的"严打"我们保持两三年的犯罪下降态势，第三次、第四次"严打"基本上是打完后，第二年犯罪马上反弹。"严打"的实践让我们渐渐地意识到"严打"不是治本之策，我们必须研究犯罪的原因，研究犯罪不断上升的原因，找到了问题所在才可能对症下药，有的放矢地治理犯罪。

根据我的研究，犯罪持续攀升的问题点主要有两个，最起码从数据的分析上可得出基本的判断，一个是贫富差距迅速拉大。我们就改革开放三十年为研究时段，分析贫富差距与犯罪率上升的关系，呈现0.87的正相关，1是最高相关值，0.87已经非常高了。就是说，贫富差距的拉大与犯罪率的上升关系密切。另外一个问题点是改革开放以来，特别是上个世纪90年代以来迅速推进的城市化。城市人口迅速增长与犯罪率的关系也呈现出0.94的正相关，相关系数非常高。就贫富差距而言，它带来了贫穷人口对富有人口的仇恨，结合刚才我们谈到的警民的利益关系,也导致了民对官的关系紧张,民和警察关系紧张。

在改革中解决贫富差距问题,我们原来设想的是让一部分人先富起来,先富帮后富,富人帮穷人。现在看来这个构想并没有实现。现状是富有的人越来越富有,贫穷人是越来越贫穷。特别是90年代后期以来房地产打着滚的上涨,使有房产者的资产翻倍,越来越有钱,没房产者越来越没钱。为什么原来先富帮后富的构想没能实现呢?可能有三个原因,一是富人为富不仁,对金钱贪婪的本性压根就不想帮助穷人。二是国家虽有富帮穷的构想,但缺少制度设计,比如税收的累进制、遗产税等。三是富人想帮穷人,但是找不到帮的手段和制度保障。重新剥夺富人使其成为贫民肯定是不可取的,改革开放前三十年,杀富济贫,平均主义"大锅饭",让我们饱尝懒惰与普遍贫穷的痛苦。改革开放后富有阶层中有相当一部分人是靠自己的智慧、勤奋、积累,靠抓住了机遇而挣到了钱,他们向政府合法纳税。怎么运用平和的手段,让富有者愿意拿出自己的一部分财产奉献社会,帮助穷人呢?同样需要顶层的制度设计,包括税制改革和鼓励富人做慈善。当然这些制度的设计也需要廉洁的政府作保障。我捐了钱是为了贫困阶层能够生活得好些,以求社会稳定,以保障自己财富的安全。但我捐的钱都被官员贪污掉了,最终老百姓依然穷,我贡献的财产,他们依然会造反,那怎么办呢?富人只好"走路",转移财产,移民海外。因此我觉得先富帮后富、缩小贫富差距也需要有一个好的制度安排。

另外一个缩小贫富差距的办法是"二次分配",我们要通过福利制度给穷人更好的生活,保障他们的最低生活水准,保障他们的医疗和受教育的机会,保障他们耕者有其田,居者有其屋。解决贫富差距的问题,中国的福利制度需要进行更全面的改革,以缓解因贫富差距拉大所带来的社会危机和社会秩序的紊乱。

再一个就是控制城市化的增长速度。上世纪90年代以来,我国的城市化的增长速度过快,城市化率达到了51%左右,我们三十年的城市化增长速度超过西方的百年。城市化发展速度过快也使城市病突发,比如,道路拥堵、环境污染、水源不足等。从犯罪学的角度分析,流动人口犯罪成为城市犯罪的主体,高达70%左右。分析流动人口的犯罪,各种资源分配的不合理,城市的歧视,除了观念的歧视外,还具体表现在子女就学、户籍管理、社会福利等同城不同待遇的政策歧视上。歧视是一种带有弥漫性的文化,它也会带来被歧视者的诸多不便和怨气的产生,以及生活、学习、工作环境的恶化,并导致流动人口的高比例的犯罪。

在飞速城市化的过程中，我们没能有效地、从容地安置流动人口，在大城市的城乡结合部形成"贫民区"，这是一种犯罪亚文化容易产生的区域，也是导致流动人口犯罪比例高的原因。

我们需要冷静地分析中国改革开放三十多年以来犯罪率攀升的真正原因，从根源上抑制它，采用治本的措施，对症下药，就能比较好地解决中国的犯罪问题，只要病灶找得准，措施得力，中国的犯罪率是可以降下来的，我们寄希望于未来科学的顶层设计。

四、如何看待社会治安的"极致化防控"

关于社会治安防控，目前实务界和理论界爱谈"极致化防控"。所谓"极致化防控"就是社会治安管理的细腻，注重管理细节。许多地方的治安实践也在尝试社区的网格化管理。网格化管理就是大鱼小鱼都要罩住，不要有遗漏。但是这种"社会治安管理创新"一是行政成本太高，为一个偶发事件增加大量警力和设施，并且制度化。现代社会的管理不应该是不计成本的管理。二是精细化防控会导致普通市民个体生活的不便。因此在强调社会治安精细化管理的同时，也要保障市民生活的自由和安逸。比如，参加一次活动要过很多次安检，过多的安检似乎让人感觉整个社会安全了，但代价可能是牺牲个人的自由，甚至社会的安逸和活力。当然，为了国家和社会的安全，公民让渡一部分自由未尝不可，但一定要适度。我们这些人经历过"文化大革命"的人都清楚，那个时期是中国社会治安处于最混乱，学生罢课"大串联"，各种造反组织聚会、游行，人斗人、人批人。即使在那个时期我们也很少听到火车出事、地铁出事。那时候，天门安广场仍然可以随便进出，人民英雄纪念碑也可以随便上。我还清楚地记得，初中的时候我还站在人民英雄纪念碑的石阶上，朗诵烈士诗抄，开主题班会。"安全需求"就像马斯洛的"需求层次理论"描述的那样，仅次于生理需求，是人类最基本的需求。社会有机体有着很强的自我调节功能，或者叫做"治安自治"功能。我们现在的社会秩序和治安状况肯定比那个时候好得多，但我们喊"维稳"比那时候响得多，给人一种如临大敌之感。思考原因可能有两个：一是忽视了社会有机体有追求安全的自我调节机制，即民众的社会治安自治能力。政府在社会秩序方面管得太多，使社会治安自治机能"用进废退"。二是"维稳"的虚幻感，夸大了社会不稳定因素，夸大了社会治安危机的严重程度。

从警察社会治安管理的角度分析，"维稳"的虚幻感也许来源于三个方面：一是警察的职业特征。因工作压力、风险压力以及职业惯性，警察会对治安危机、犯罪嫌疑人等产生一种泛化的心理倾向，把许多普通人也当成防控对象。二是在警察管理中设定了不科学的绩效考核指标，基层为完成绩效指标，把"无案件"绩效考核为"有"，把"少案件"绩效考核为"多"。三是警察经费的管理体制。警察的主要职能是打击犯罪和预防犯罪，但警察需要经费才能运营，而警察经费的主要来源于中央财政和地方财政，警察经费多寡的判断标准之一是社会治安状况的好坏。说社会治安状况好，警力可精简，政府投入会减少；相反，社会治安问题多，社会稳定受到威胁，"稳定压倒一切"，中央政府和地方政府就会加大人力、物力、财力及设备的投入，警察的日子就好过得多。而且社会治安状况的基础数据和判断分析也多来自于警察机构，这是警察管理机制中的一个"制度悖论"。西方国家的警察制度改革对此进行了有益的探索。比如，日本将审议警察的财政预算放置于民间有识之士组成的公安委员会，以求解决这一警察制度的悖论。

谈到社会治安的精细化管理，让我联想到上个世纪90年代英国的社会治安"零容忍"改革，监控探头数量迅速增加是一个重要特征。2007年，英国的探头数量高达420万个，平均每14个国民摊上一个监控探头。但是这项"零容忍"改革却遭到市民的抵制，因为无差别的监控让市民感到不自在，增添了耻辱感。这项改革实际上是失败了。前段时间，我去日本和美国访问，发现他们的做法与英国不同。日本自从有探头技术至今，全国安装治安探头数量仅为921个，他们对监控探头的安装非常慎重。我去美国犹他州，警长告诉我，州法律允许在公共场所安装监控探头，但这不符合美国人的文化传统，市民认为会影响他们的自由、隐私和人权，因此他们在街道和社区很少安装监控探头。

近几年，我们强调"精致化防控"和科技强警，各城市安装探头的数量迅速增加。应该说监控探头对提高破案率、准确抓捕犯罪嫌疑人、做实犯罪证据方面有一定效果。但是，全国的犯罪率并没有因为大量安装监控探头而有所下降，也就是说，监控探头对整个社会的犯罪防控的价值并不明显。许多城市监控探头甚至进入了课堂，严重影响教师授课的情绪。这种现象被解释为怕设备丢失，防止盗窃犯罪等。当然，探头数量的迅速增加还受犯罪防控以外因素的影响，比如设备招投标中的"回扣"等行业潜规则以及经济因素的推波助澜。

五、社会治安自治的价值与应注意的问题

我研究过北京的警察史,传统的犯罪防控是政治性的、运动式的、人民战争式的。所谓"政治性"的,是指在改革开放前,我们会将刑事犯罪分子定性为仇恨社会主义、挖社会主义墙脚的人。强大的政治攻势对抑制犯罪是有效的,但会带来案件处理中的政治定性依据不足或过于意识形态化。

运动式,就像1983年的"严打"属于此类。那次"严打"我们进行了"三大战役",以后又进行过第二次、第三次、第四次"严打"。应当说1983年的"严打"效果较为显著,犯罪总数持续两年下降后反弹,但预想恢复到上世纪五六十年代社会治安黄金期的目标没有实现。以后的几次"严打"效果都不如1983年"严打",一般是当年下降,第二年反弹。实践让我们意识到"严打"并不是犯罪治理的治本之策。当然,在国外也有运动式打击犯罪的活动,比如日本称之为"取缔行动",但没有中国这么大规模,涉及犯罪类型也没有这么广,多表现为专项打击。我在日本留学时曾研究过此类专项打击活动,如1992年日本警方曾针对中国人在日非法移民采取的专项打击活动。研究发现,当年在日中国人的伪造罪比上一年增加了700%多,第二年在日中国人的杀人犯罪增长了250%,抢劫增加了近90%。因非法移民担心被抓住遣送回国,会购买或制造假护照和外国人登录证,所以伪造犯罪迅速增加。另外,因非法移民处在随时被抓的现状中,心理焦虑,各种冲突容易发生,或想通过抢劫达到衣锦还乡的目的等,所以相关的杀人及抢劫案件会增加,这也是集中打击犯罪的"反弹现象"。一般来说,"严打"斗争容易带来冤假错案,带来不正常的犯罪的反弹。正常的社会治安管理应当是一种常态化管理,犯罪行为发生了就及时侦破、及时打击,无须运动式打击。

所谓"人民战争式"的社会治安管理,是指全民皆警,使犯罪分子处于人民战争的"汪洋大海"之中。比如,我在撰写"首都社会治安六十年"的时候,查阅了相关档案,其中有一个案例印象颇深。1950年1月中旬,北京北郊冬防小组在夜间巡逻中,发现有人在偷大白菜,当即吹哨,附近巡逻的派出所民警及周围驻军,以及人民群众200多人先后赶到现场,当即将小偷抓获。这种全民皆警的治安方式,效果也是明显的,如1952年北京全市法院受理抢劫案件仅为两起,治安形势之好,历史罕见。但这种治安模式缺少社会分工,抓捕犯罪者的社会成本过高。

新中国成立以来,在社会治安管理方式上,我们一直坚持"群防群治",

并形成中国特色。改革开放以后，特别是20世纪90年代以后，我们努力学习西方的警察制度，在警察专业化、机动化、职业化方面迈出了重要的三步，但"群防群治"的传统被弱化，实行四十余年的"治安联防"制度被取消，传统的"治安联防"逐渐被保安公司所取代，现在城市里几乎每个小区都有保安，新兴的保安制度对于安排社会闲散人员就业功不可没，但是对降低中国犯罪率贡献不大；警察的专业化、机动化、职业化也没有带来犯罪率的大幅下降，于是人们开始怀念起传统的"群防群治"了，"社区警务"成为警察体制改革的新时尚。

在新的一轮警务改革中，强调"社区警务"，强调群众对社会治安管理的参与，但回到改革开放前的那种"群防群治"已经不太可能了。计划经济向市场经济转型后，竞争加剧，人们生活压力增大，工作异常繁忙，全民皆警式的"群防群治"已经失去了生存空间。发展社会治安自治组织、招募志愿者，是调动民间治安管理积极性的新方法和新手段。但发展治安自治组织的过程中，我们也不能忘记一些历史的教训。"文革"中，"群防群治"导致"群众专政"，也曾出现草菅人命的"治安悲剧"。其他国家也有类似的悲剧，如日本1923年9月的关东大地震，灾区出现"朝鲜人趁火打劫"、"朝鲜人往水井里投毒"等谣言蛊惑，曾导致警察、军队、治安自治团体大开杀戒，约有6000余名朝鲜人被杀害，其中民间治安自治团体的杀虐人数超过了警察和军队。反思这些历史，政府在相信民间的治安自治能力、放手民间社会治安管理的同时，也要积极地指导和培训，防止市民警察化。政府在警察履行社会治安管理职责和民间进行社会治安自治之间，必须科学、准确地把握好尺度。

六、警察管理法制化与经费管理科学化

最后一个问题是国家治理现代化中警察管理的法制化。《人民警察法》是警察体系中上位法。目前中国的立法中，部门化倾向明显。中央已意识到这类问题，这从2015年全国人大审议《立法法（修正案）》中可以看到。中国的部门立法特色很难摆脱部门利益的干扰，难以保障立法的公正、中立和客观，《人民警察法》需要不断地修改和完善，以便用完善的法律法规管理警察队伍。人大是立法的主体，但不能仅是举手通过，要监督法律草案最初起草。警察立法需要率先摆脱部门立法的弊端，要广泛吸收社会各界的精英参与立法和法律的修订。《人民警察法》在保护警察利益的同时，也要限制警察的权力，特别是要防止警察的地方化倾向。

最后一个问题是警察经费的变革问题。日本的警察管理体制是将全国警察分为国家公务员和地方公务员，尊重地方自治。国家警察厅职员均为国家公务员，地方警察署警视职级以上职员均为国家公务员，执行国家公务员法。其余警务人员均为地方公务员，遵从地方公务员法管理，但中央和地方警察经费和装备设施由国库统一支出和建设。这种管理体制有利于警察的"一元化管理"，便于控制地方警察做大或警察成为地方政府的工具，这种体制值得我们在未来的国家治理现代化和社会治安防控体系改革中加以思考。中国地方警察的经费来源于地方财政，在公检法司中，一般警察机构会被做得很大，地位也高，因为警察对地方政府而言有用、好使。而检察、法院、司法等承担着起诉、审判、监督、改造、更生等职能，社会意义重大，但对地方政府而言，其实用性明显不如公安机关。因此公安机关更受地方政府重视，资金也相对充足，为地方服务的积极性和倾向性也高，但公正性会大打折扣。警察经费体制的改革应是保障制度公正性的基础性变革。

（原载于《河南警察学院学报》，2015年第2期、第3期，有修改）

日本社会治安管理机制与犯罪防控体系的研究与思考

【摘　要】 日本曾有效地规避了工业化、城市化与犯罪率同步增长的"怪圈",至今为止仍是发达国家中犯罪率最低的国家之一。本文从社会组织结构的视角研究"日本治安现象",具体分析日本的警察组织,公安委员会制度、警民共治防控机制、犯罪及再犯罪预防机制和社会整合机制,研究组织机制的内部运营及机制间的联动对预防和打击犯罪的功效,探索社会组织结构与维持社会稳定的内在规律。对比中国的社会治安管理机制,日本的犯罪防控实践提示我们,防控犯罪不是单一部门的事情,构建环环相扣的社会治安管理机制和犯罪防控体系是预防犯罪、保障社会长治久安的基础制度建设。现代社会中警察职能的独立性具有摆脱传统的政治倾向性、保障警察执法的公正性、缓解警民矛盾和解决社会冲突的功效。警察的职业化、机动化加警力下沉,可形成点线面结合的治安防控网络。重视并支持民众参与社会治安管理,重视对刑事司法以外社会要素的科学整合,将会从根本上降低犯罪率,保障社会健康稳定和可持续发展。

【关键词】 中国　日本　犯罪防控体系　社会治安管理

日本是发达国家中犯罪率最低的国度之一。2010年日本全年的刑法犯认知件数[1]为1586189件,犯罪发生率为1239/100000。而同年英国的犯罪发生率为7519/100000,为最高,其次为德国7253/100000,法国5491/100000,美国3346/100000。日本的犯罪发生率仅为英国和德国的1/6,法国的1/4,美国的1/3[2]。

实际上,在上个世纪60年代初到70年代中期,日本经济腾飞,城市化快

---

[1] 刑法犯认知件数是指刑事案件的确认数,近似于中国的刑事案件立案数。
[2] 《犯罪白皮书》(平成二十四年版):http://hakusyo1.moj.go.jp/jp/59/nfm/images/full/h1-4-1-01.jpg。

速推进的过程中，曾摆脱了许多西方国家出现的经济与犯罪率同步增长的"怪圈"，十年余间全国的财产犯罪（盗窃、诈骗、贪污、买卖赃物等）、凶恶犯罪（杀人、抢劫等）、粗暴犯罪（伤害）不升反降。此现象曾引起国际学界广泛关注。美国犯罪学家路易斯·谢利在《犯罪与现代化——工业化与城市化对犯罪的影响》、埃兹拉·沃格博士在《独占鳌头的日本》等著作中对"日本现象"都进行了系统的分析和阐述。诸多学者的观点可大体归为两类。一类观点从墨顿"文化目标和制度手段"的角度分析认为，日本战后经济迅速增长，社会繁荣使大多数人的生活水平得到了提高，并赋予了国民以合法进取的机会，使人们较少地用非法手段达到自己的目的。另一类观点从"社会控制"的角度分析认为，日本是一个中央集权程度较高的国家，岛国、单一民族、同族同源，共同的社会和文化传统，形成了其他发达国家所没有的"内聚力"，有助于保持社会传统和继承性，抑制犯罪。传统的家庭、学校和社会团体作为非正式的社会控制，在现代化过程中始终保持着对犯罪行为的有效控制和预防。在正式的社会控制方面，法律制约的有效性，比如，禁止个人持有枪支等法律，限制了实施暴力人的行为。在刑事司法方面，警察的高效率和民众的广泛参与，有效地抑制着犯罪率的增长。❶

前人的研究为后来学者提供了丰富的资料和宝贵的研究思路，本文试图在前人研究的基础上，从社会组织结构❷的视角分析日本的警察组织、公安委员会制度、警民共治防控机制、犯罪及再犯罪预防机制、犯罪防控的整合机制及社会治安与犯罪防控效果，并结合中国的社会治安管理状况，提出建设性的意见和建议。

一、日本的警察组织

警察是打击和预防犯罪的重要力量。日本的警察组织机构共分为五个级层，即国家警察厅、大区警察局、都道府县警察本部、警察署、交番和驻在所。内阁总理大臣（首相）领导下的国家公安委员会是警察组织的最高管理机构。

---

❶ [美] 路易丝·谢利：《犯罪与现代化——工业化与城市化对犯罪的影响》，群众出版社1986年版，第88~89页。

❷ 社会组织结构是指组织内部构成部分或各个部分之间所确立的关系形式，以及某一组织与其他组织之间构建的关系形式。

(一) 国家警察厅

国家警察厅是全国警察行政的领导机构，职员均为国家公务员，其主要工作职责为规划全国警察制度，负责与国家安全相关的警察运营，管理警察的教育培训、负责警界信息通信、证据鉴别，以及协调警察行政的相关事宜。

警察厅厅长是掌管警察厅事务，指挥监督各警察机构的最高行政长官，厅长之下设次长。国家警察厅共设六个部门，分别是：（1）长官官房。负责机构综合事务，分设总务、人事、会计、薪酬福利、国际课等。（2）生活安全局。主要负责生活安全管理与规划、地域警察、问题少年与少年保护、保安管理、情报技术与犯罪对策。下设生活安全规划课、地域课、少年课、保安课、情报技术犯罪对策课。（3）刑事局。下设刑事规划课，搜查一课和二课，负责犯罪的搜查及证据的鉴别。"组织犯罪对策部"也设于刑事局，由局长直接领导，旨在打击治理黑社会等有组织犯罪，下设计划分析课、暴力团对策课、毒品枪支对策课等3部门。（4）交通局。负责交通管理，下设交通计划课、交通指挥课、交通法规课、驾驶证管理课。（5）警备局下设警备计划课、公安课、警备课等。警备局内设同级别的"外事情报部"，由局长直接领导，负责外事和国际反恐。（6）情报通信局。下设情报通信计划课、情报管理课、通信设施课、情报技术解析课。国家警察厅还直接分管3个附属机构，即皇宫警察本部（包括皇宫警察学校）、警察科学研究所和警察学院，日本警察学院不招收本科生，只做警察和警官培训工作。

(二) 大区警察局

为实现跨区域的警察协调行动、信息情报交流、统一培训，以及监察都道府县警察的行政行为，全国设立9个大管区警察局。分别是东京都警察情报通信部、北海道警察情报通信部、东北管区警察局、关东管区警察局、中部管区警察局、近畿管区警察局、中国管区警察局、四国管区警察局、九州管区警察局。大区的警察局机构设置相对简单，只设立总务监察部、区域协调部、情报通信部三部门，同时管理大区警察培训学校。

(三) 都道府县警察本部

都道府县警察本部与都道府县的行政区域相一致，归各地方知事所管辖下的地方公安委员会管理，警察行政具有相对独立性。全国共设立47个警察本部（东京都称为"警视厅"）。警察本部的主要职责是行使法律规定的警察本部基本职责，指挥监督下级警察署的警务活动。组织结构与国家警察厅的设置大体相同。以东京警视厅为例，最高行政长官是警视总监，下设9个部门，分别是总务部、警务部、生活安全部、地域部、刑事部、交通部、公安部、有组织犯罪对策部等，同时管理各都道府县警察学校。

（四）警察署

在都道府县警察本部之下设警察署，2013年警察署的数量为1173个❶，警察署实行署长负责制，每个警察署的人员编制约为300人❷。主要职能是根据法律规定履行警署职责，管理辖区警务工作，指挥、管理、监督交番和驻在所的基层警务工作，并进行经常性的巡回检查。

（五）交番与驻在所

警察的交番与驻在所被称为日本社会治安管理重要特色，曾引起世界警界的普遍关注，百年的历史中先后有美国、新加坡、泰国、印度、埃及、巴西等众多国家的警察机构慕名学习借鉴。交番与驻在所始建于明治维新时期，当时日本的工业化与城市化迅速推进，社会治安问题在东京、大阪等大城市凸显，如何维持好新型大都会的公共秩序成为当时社会治安改革的重要议题。1874年，东京都率先在其主要十字路口和犯罪多发区域设立警察驻在所，1881年将其改换成"岗亭"的形式，更名为"交番"。1888年，内政部向各都道府县下发行政法令，要求各地在乡村建立"驻在所"，使日本集中于城市的警力迅速向乡村部署，并在警力增加不大的情况下，实现了警察对全国区域的社会治安管控。1992年，日本修订《警察厅组织令》和《警察法实施令》，将警察厅及各都道府县的"外勤课"和"外勤部"统一更名为"地域课"和"地域部"，旨在强化"社区警察"的功能。据2013年4月统计，全国有交番6248所，驻在所6614个。❸

1. 交番和驻在所主要职责

交番和驻在所是日本警察系统社会治安管理的最基层。主要工作职能包括四个方面：

（1）警务巡逻。通过一般性的巡逻，预防事件、事故的发生，同时对犯

---

❶ 国家公安委员会·警察厅编：《警察白皮书》（平成二十五年），日经印刷株式会社2014年版，第71页。

❷ 关飞等：《日本的警察与警务概要》，《中国政法管理干部学院学报》2001年第5期，第71页。

❸ 国家公安委员会·警察厅编：《警察白皮书》（平成二十五年），日经印刷株式会社2014年版，第104页。

罪多发区域和多发时段进行重点巡逻。对于形迹可疑人员进行职务询问、逮捕犯罪嫌疑人、警告轻微违法者、纠正违反交通法规的行为、教育指导问题青少年、照顾醉酒人员和迷失的儿童及劝导社区居民防火防盗,对危险场所、犯罪多发地域的家庭和单位进行有针对性的防范指导,提供相关治安咨询。交番和驻在所的职务询问和文书撰写被视为最重要的职业能力,警察厅会选拔有卓越职务询问技巧和写作能力的警察作指导教官,定期对交番警察进行技能培训,以提升基层警察的职务执行力。

(2) 立番警戒。地域警察在交番和驻在所的设施外站立警戒,特别是在车站、繁华街道等行人集中、犯罪多发的场所,实施固定时间的站立警戒。以提高市民的见警率和对犯罪的威慑力。

(3) 巡回访问和联络。巡回访问所辖区域的家庭、企业、商店等,进行犯罪预防、灾害事故的防止及市民安全生活的联络与指导。听取驻地居民的意见和诉求,建立有效的联系方式。

(4) 市民咨询与遗失物受理。根据1992年修订的《警察法》,日本在各交番设立咨询员。"交番咨询员"的选拔条件是"社区警务活动经验丰富,有社会威望",咨询员由警察本部长任命,属警务非常勤职员。❶ 据2014年统计,全国共配置6400名交番咨询员,以退休警官为主体,他们佩戴有樱花标记的徽章,警务经验丰富、咨询工作耐心细致,深受市民好评。咨询员的工作有回答道路询问,受理遗失物认领等。据2013年统计,地域警察受理遗失物2242万件,其中货币108亿日元(折合人民币6.48亿元)、物品796万件归还失主。此外咨询员还要做事故、事件现场警官的后援,救护被害人,学校周边的巡逻,儿童老人的交通安全服务,替被害人代写和保管报案文书,以及通知有关部门和劝说问题少年接受辅导等。

2. 交番与驻在所的工作模式与社会治安管理功效

各地交番的设施和装备由国家警察厅统一配置。首先根据管辖区域、人口流动和治安状况,以及交番与交番之间的合理距离等因素设定交番的地点。然后将警察分组驻守交番,同时在据点与据点之间进行常规巡逻,形成点线面结合的治安网络体系。交番办公设施20~100平方米不等,警力4~60人不等,配有计算机、电话、传真机等通信设施,还有自行车、摩托车、小型警车、警棍、盾牌、捕人叉、防刺衣、防弹衣、灭火器、头盔、保护现场的设备和停车

---

❶ 日本律师联合会编:《检证:日本的警察》,日本平论社1996年版,第148页。

示意牌等，除办公设施外，交番还配有简易厨房和休息室，所有的交番都在其入口上方安装警灯。一是方便市民寻找，二是让社区居民在看到红灯后，可安心行走、生活和工作。驻在所一般设于农村和边远地区，临街处为办公区，办公区后面为生活区，驻在所人数少，一般为警官夫妻二人居住，妻子作为丈夫工作和生活助手，穿警服并领取工资。无论交番还是驻在所均采取昼夜不分的24小时警戒体制，巡逻习惯使用自行车。

（六）日本警察机构的犯罪防控与效果分析

日本警察被分为国家公务员和地方公务员，实行两种管理体制。一般来说，国家警察厅、警察本部、都道府县警察职员，以及地方警察署中的警视职级❶以上的警官均为国家公务员，遵循《国家公务员法》；地方警察署警视以下警员、交番和驻在所警员均为地方公务员，遵循《地方公务员法》。尽管警察职员的管理方式分为国家公务员和地方公务员，但组织管理体制仍被称为"一元化管理"。所谓一元化管理体制主要表现在警察经费和装备设施由国家统一支出和建设。从2013年国家的警察经费预算看，国家警察厅经费预算总额为3127亿日元（相当于188亿元人民币），其中78%由国库支出，22%为补助金支出。总经费中警察薪酬费占28.6%，装备、通讯和设施费占30.9%，其他经费占20.3%。都道府县警察经费为3兆2591亿日元（相当于人民币1955亿元），都道府县警察经费主要用于警员薪酬等人件费，占总数的81.3%，设施维修费占7.7%，其他费用占11%。地方警察经费全部由国库支出，与地方财政无关。全国一年的警察费用相当于每位国民年支出28000日元（人民币1680元）。

与许多西方国家警察科层制改革，即减少层级、警力下沉、实行"扁平化管理"不同，日本一直坚持警察的五个级层和四级管理体制，机构层级复杂，但在警力配置基层方面，日本却有着相当悠久的传统，即在120多年前，日本就完成警力向城乡基层的部署，并积累了大量的交番和驻在所的经验，2013年日本警察机构的在职警察职员293588名。其中，国家警察厅的警察职员约占总数的2.6%；都道府县警察职员285867人，占总数的97.4%。警察对人口比为1:500，警力配置基层显著。

日本的警察管理体制坚持警力下沉的历史传统，重视社区警察制度建设与

---

❶ 警视职级是指警察本部参事官，中小型警察署署长、副署长，警察本部的课长、次席、管理官、调查官，以及警察署的刑事官等。

完善，在城市化和现代化的进程中有效地维持着基层的社会稳定，在预防和打击犯罪方面发挥着重要作用。2013年，日本地域警察破获刑事案件、逮捕刑事案犯为237275人，占警察破案逮捕总数的82.7%，就是说，绝大多刑事案件是由基层社区警察破获，基层社会治安防控效果明显。

二、公安委员会制度

公安委员会制度是日本社会治安管理体制改革中重要内容，日本在反省"二战"前政府陷入国家主义，警察机构侵害了公民权益和反民主的历史教训。❶ 努力探索警察职能从外交、财政、军事等国家职能中分离，建立相对独立警察体系。这项改革起始于1955年修订《警察法》，法律修订中确定了在国家层面设置国家公安委员会，在地方设置都道府县公安委员会。

（一）国家公安委员会的组织结构及功能

国家公安委员会共由6人组成，其中委员长1人，由国务大臣担任，委员5人，由社会知名人士担任。从2013年国家公安委员会的委员的职务看，劳动团体董事、律师、银行名誉顾问、大学教授、原通讯社董事等各一名，委员中没有警察和司法行政官员，体现出民意代表和价值中立的顶层设计。委员会成员需由参众两院讨论同意，由总理大臣任命，任期为5年。

国家公安委员会的主要职责是制定委员会规则和警察运营的大政方针，并对规则和方针的实施进行指导，任命和惩戒警务官员。❷ 根据《警察法》和其他法律规定的委员会权限，管理监督国家警察厅，防止警察职员的各种不端事件发生，确认暴力团组织的性质，抑制和打击暴力团等有组织犯罪。国家公安委员会通常每星期四举行一次委员例会，需要时可临时召开会议。委员会会议主要审核警察预算，听取国家警察厅的相关报告并提出质询和交换意见，巡视各地警察工作，与都道府县公安委员会委员交流，把握全国的治安形势和警察机构的运行，实行有针对性的管理和监督。

（二）都道府县公安委员会的组织结构及功能

地方的公安委员会设置到都道府县一级，根据管辖范围设3~5名委员，

---

❶ "日本警察"，http://ja.wikipedia.org/wiki/%E6%97%A5%E6%9C%AC%E3%81%AE%E8%AD%A6%E5%AF%9F。

❷ 地方警务官员指都道府县警视正职以上官阶的警官。

委员需由都道府县议会讨论通过，都道府县知事❶任命，其组织结构和职能设计与国家公安委员会大体相同，但管理事项更加具体。主要负责监督管理都道府县警察机构，担任犯罪被害人国家赔偿金的裁定与支付，监督古董、旧货店等特殊营业，规制辖区交通，把握辖区的治安状况，调查警察的执法情况，把握警察组织与警察人事管理等。地方公安委员会通常每月举行3～4次定期例会，听取警察本部长的工作汇报，提出相关指导意见；参加警察协议会、教育委员会的相关会议等。从地方公安委员会委员的职务看，从事企业经营活动的占49%，从事教育和医疗活动的各占11%，法律界（主要是律师）10%（2013年统计）❷，地方委员会采取非常勤委员制❸，每届任期5年。

日本《警察法》规定，市民出现了对警察系统苦情申诉时，可以书面的形式向地方公安委员会提出，对于文书写作有困难的市民，委员会需提供代写文书等帮助，委员会在收到苦情申诉书后会指示都道府县警察机构调查并采取措施，都道府县警察机构会将调查结果和改进措施撰写成报告呈交公安委员会。公安委员会根据该报告，以书面的形式将调查结果和处理意见反馈给申诉人。根据《公安法》的规定，国家公安委员会及各都道府县公安委员会是相互独立的部门，具有对警察的监察权，并可独自做出具体的监察指示。

从公安委员会60年来的运行看，委员会设置于总理大臣与国家警察厅之间，都道府县知事与警察本部之间，是市民社会参与警察管理的重要机构。有效地制约着总理大臣和知事的警察权，保障警察行政运营的民主化，避免党派倾向及保持警察的中立，在保护国民权利和自由、维护公共安全和社会秩序、缓解警民冲突和社会矛盾，以及对警察行政进行监督等方面发挥了重要作用。

三、警民共治防控机制

警民共治的犯罪防控体系在日本有着较悠久的历史，美国犯罪学家路易丝·谢利在他的《犯罪与现代化》一书中曾分析道，日本"在刑事司法的许多方面都确实看到民众广泛的合作与参与"。❹ 日本的"警民共治犯罪防控机

---

❶ 县知事相当于中国的省长、市长。
❷ 国家公安委员会·警察厅编：《警察白皮书》（平成二十五年），日经印刷株式会社2014年版，第73页。
❸ 非常勤区别于专职和常勤，类似于兼职委员或职员。
❹ ［美］路易丝·谢利：《犯罪与现代化——工业化与城市化对犯罪的影响》，群众出版社1986年版，第89页。

制"大体可以分为"警察主导型"和"民间主导型"。

（一）警察主导的犯罪防控体系

（1）警察署防犯协议会。这是一个以警察署为中心建立起来的警察与民间沟通的机构，办公地点一般设置在警察署内。第二次世界大战结束后，联合国占领军根据波茨坦政令15号和内务省训令第4号，把民间的治安自治组织"町内会"定性为反民主的社会组织，勒令其解散。同时，以警察为主导的防犯协会迅速建立和发展。❶ 防犯协议会的主要工作内容是在警察署的指导下开展犯罪防犯工作，进行防犯诊断，召开防犯座谈会，在特定时间和特定地点的进行防犯巡逻和防犯宣传，向居民推荐优良防犯工具和装备，推进风俗场所的环境净化，实施自行车防犯登录制度，对各种防犯对策实施状况进行调研，对犯罪防范工作有功人员进行表彰和奖励。据2013年统计，日本1173多个警察署，聘请防犯协议会委员10533名，平均每署9人，委员以50岁以上人员为主，约占总数的83.5%。❷

（2）交番联络协议会。这是一个更为基层的、警民共治的犯罪防控体系，以警察交番和驻在所为中心，向辖区辐射。全国共设立了12205个联络协议会，其主要成员是公寓、楼宇负责人，商业街的管理者等。同时警察也诚恳邀请驻地更多的居民参加联络协议会，密切警察与社区居民的广泛联系，警察还会将社区近期发生的事件、事故等信息印刷成宣传单和小册子，通过联络协议会成员发送给社区居民。联络协议会成员也会在交番警察的指导下，就社区居民关心的社区环境、治安防控、防火安全等问题，听取民间意见，进行民主协商，寻求信息交流和居民协助，防止事故和事件发生。

（3）防犯联络所。该所成立于1948年，当时的电话普及率很低，巡逻的警察为了和警署联系，会借用民间的电话使用，警察以这些家庭为基础建立起防犯联络所，并在各家门口挂出"防犯联络所"的木牌。1963年，东京都率先出台了《防犯联络所设置及运营的基准纲要》（简称《纲要》），至上个世纪70年代末，各都道府县也制定和出台了相关《纲要》。《纲要》规定"防犯联络所"的主要任务是协助预防违法犯罪、进行防犯诊断、召开社区防犯座谈会、进行防犯宣传、发现可疑人员及需要保护的人员迅速向警察通报。1993

---

❶ 日本律师联合会编：《检证：日本的警察》，日本评论社1996年版，第358页。
❷ 法务省法务综合研究所：《犯罪白皮书》（平成二十五年），http://hakusyo1.moj.go.jp/jp/60/nfm/n_60_2_2_5_5_1.html。

年，日本全国共有 682471 个防犯联络所，其中每 63 个家庭设立一个"防犯联络所"。近年来，防犯联络所日趋形式化，影响力逐渐减弱，一些地区将其取消。

（二）民间主导的犯罪防控体系

（1）町内会。町内会是日本历史最悠久的民间自治组织，内设有防犯部，进行相对独立的社区违法犯罪的防控工作。町内会曾势力颇大，会长具有区议会议长和副议长的影响力和权限。如前所述，"二战"后町内会被勒令取消，但影响力一直存在。1991 年《地方自治法》修订，再次确定了町内会为"地缘团体"，具有了法律上的合法性。

进入 21 世纪以来，城市人口流动频繁，生活方式趋于多样化，人际关系淡薄，社会约束力降低，社区社会治安管理问题突出。町内会靠其传统的影响力，与警察合作积极动员居民入会，组织迅速扩大。2013 年町内会与警察合作，针对从自行车车筐中抢夺财物案件频发，向市民发放车筐防盗罩，使相关犯罪从上一年的 700 件减少至 300 件。一项调查表明，日本市区町村民众以家庭为单位加入町内会的，约占总数的 95.4%。[1] 2013 年，警察掌握的全国的防犯志愿者团体 46673 个，成员 227 万人，多数属于町内会成员。[2]

（2）职业防犯团体。是以容易受到犯罪侵害的或容易被犯罪所利用的职业为中心，在行业内部结成的犯罪防犯团体。这种职业防犯团体全国都道府县一级约有 670 个，市町村约有 1354 个，主要涉及行业有金融机构、当铺、旧货商店、弹子球店、卡拉 OK 店、24 小时便利店等，职业防范团体具有很强的行业自治特点，并与警察保持密切合作，开办防犯讲座，进行防犯诊断，驱逐暴力团，实施行业联合防犯措施等，以保护本行业利益和内部秩序。

政府对于各种形式的警民共治的犯罪防控机制及民间参与社会治安管理的态度都是积极鼓励和支持。2005 年 12 月，"犯罪对策阁僚会议"讨论决定将每年的 10 月 11 日定为国家"创建安全安心街道日"，每年的这一天首相会在首相官邸，对参与社会治安管理有功的民间团体和个人颁发奖章和奖状。

在日本，民众积极参与社会治安管理的历史悠久，不管是政府主导还是民间主导，民间参加人数众多，随着历史的变迁，民间治安防控体系的组织形式

---

[1] 日本律师联合会编：《检证：日本的警察》，日本评论社 1996 年版，第 358 页。
[2] 国家公安委员会·警察厅编：《警察白皮书》（平成二十五年），日经印刷株式会社 2014 年版，第 107 页。

在不断地发生着变化，但民众预防和减少社区犯罪，创造无犯罪、无事故社区的热情和积极性始终未减，而且警民合作密切，这是日本成为发达国家中犯罪率最低国家的重要原因之一。

四、犯罪及再犯罪预防机制

犯罪预防机制是指刑事司法组织内部各部分之间的协调、制衡，以及与外部社会组织之间关系的建立与互动，采取有效措施，限制、消除犯罪产生的原因和条件，包括发现案件及时破案，公正处罚、社会救助等，以防控犯罪和重新犯罪的组织运作体系。就一般的犯罪预防而言，以青少年为对象的犯罪预防与治理具有事半功倍的效果，既能抑制当下的犯罪，也能预防未来的犯罪。就特殊的犯罪预防而言，对于刑满释放人员的社会救助、培养自律和勤劳习惯等帮扶工作，对预防该群体的重新犯罪意义重大。前者的预防特色为"青少年问题审议会"和"少年警察制度"，后者的特色为"紧急更生保护制度"。

（一）青少年问题审议会制度❶

在日本，全国的"青少年问题审议会"是由内阁府主导、多部门合作的综合解决青少年问题运营机制，参加单位有文部省、警察厅、检察厅、家庭裁判所、法务省、厚生省、劳动省的青少年相关主管部门的局长，审议会具有发现问题及时、解决问题迅速、多部门通力合作的特点。

与中央青少年问题审议会的设置相同，从都道府县到市区町村还设有两级青少年问题审议会，市区町村一级的基层青少年问题审议会被细分为两部分，即"辅导联络会"和"地区委员会"。(1)"辅导联络会"主要职责是对青少年问题的辅导，组成人员包括警察少年课课长、中小学校生活指导主任、儿童委员、兄妹会（BBC）成员、防犯辅导员等。(2)"地区委员会"的主要负责是一般青少年教育，是文部省社会教育部的派出单位，同时受地区青少年问题审议会领导，主要成员有青少年委员、妇人团体成员、家长教师会成员、民生委员、町内会会长、少年部部长，中小学和高中学校校长和生活指导主任，企业、事务所、商店协会的代表等。各级青少年问题审议会的主要职责是负责召集相关部门讨论青少年问题，就青少年健康成长提出议案、制定计划、协调统筹各行政部门的政策实施。比如，针对手机短信"幽会"引发的少年卖淫问题凸显，审议会经过讨论出台有针对性的保护少年的措施等。中央青少年问题

---

❶ 日本的审议会制度相当于中国"领导小组"。

审议会的活动经费由国库支出，地方青少年问题审议会的经费，根据日本地方自治法的规定，由地方政府支出。青少年问题审议会是调动政府行政力量，统筹规划，协同合作，及时发现和解决青少年问题，预防犯罪的重要制度安排。

（二）少年警察机制

少年警察是根据《少年法》相关规定设置的，旨在充分运用懂得少年心理、教育和法律的特殊警察力量预防和治理少年的违法犯罪问题，保护少年被害者。据2001年统计，全国约有8600名警察从事少年警察工作，其中专职少年警察3800人。[1] 少年警察重要职责是对问题少年进行分类，结合少年特征展开搜查、调查和分流处理。

在日本，少年警察将问题少年分为四类，根据年龄和问题性质采取不同的处置与分流。（1）犯罪少年，指14周岁以上违反刑事法律、有犯罪行为的少年。警察在收集证据后需提交家庭裁判所，由家庭裁判所确认犯罪事实，并对少年及监护人的生活环境进行调查，确定对该少年是否裁判，决定裁判的少年将移送至检察官，由检察官进一步调查，并按司法程序再移交家庭裁判所审判，该过程被称为"逆送"。经家庭裁判所的审判，决定少年是保护观察、移送少年院，还是不作处理。（2）触法少年，指未满14周岁触犯法律的少年。在这类案件的处理上，《儿童福利法》优先于《少年法》，警察必须对触法少年和他的监护人进行指导，提供相关建议。在少年没有监护人，或者警察认为监护人不合格的情形下，必须向福利事务所和儿童相谈所通报，通过相关法律程序为其指定新的监护人。（3）虞犯少年，指警察判断少年的性格和生活环境可能会导致其未来犯罪或触犯法律，判断标准为有不服从监护人正当监督的癖好；无正当理由离家出走；与暴力团成员等不良人员交往，出入不良场所；有频繁勾引少女，进行不良异性交往的癖好等。对于这类少年中未满14周岁者，少年警察需对其本人和监护人进行指导，提供改善意见。对于14周岁以上、未满18周岁者，警察需根据《儿童福利法》规定，通告福利事务所或儿童相谈所，采取相应保护措施。确认为符合《少年法》的保护措施时，应移交家庭裁判所。（4）不良行为少年，是指饮酒、吸烟、深夜游荡，有损品行的少年。少年警察需与相关社会团体和志愿者联系，进行积极的社区辅导，并对不良行为少年及家庭进行指导和忠告。

---

[1] 张荆：《日本社区预防青少年犯罪的工作模式研究》，人民网，http://edu.people.com.cn/GB/8216/147218/147224/8853965.html。

少年警察的分类、分流工作至关重要,特别是对虞犯和不良行为少年的早期分类和分流,并区别于犯罪少年进行早期指导、提出改善建议、督促监护人、交由社会团体辅导、及时采取相应的保护措施等,防止轻微违法少年因缺少教育和社会控制最终走上犯罪道路,警察的分类和早期介入是防止少年犯罪的重要手段。

(三) 紧急更生保护机制与重新犯罪预防

更生保护机制是对犯罪者和刑满释放人员等在社会内处遇和管理,防止其再度违法犯罪,并帮助其改恶从善,成为善良社会一员的制度安排。日本法律规定的更生保护对象为免除刑罚者、缓期执行者、缓期起诉者、假释人员、刑满释放人员。这项制度起始于1888年,慈善家金原明善先生得知惯偷吾助因监狱长感化,内心忏悔、愿改恶从善。但刑满释放回村后,父母双亡,妻子改嫁并带走3个孩子,求助于叔父遭拒绝,无住房、无食物,又不愿意重蹈犯罪覆辙,便溺水自杀。❶ 金原明善为此事件感慨万千,出资在静冈郊外创办日本第一家"出狱人保护公司"。这项行动受到了民间的积极响应,各地纷纷成立了类似的机构。1907年国库出资奖励民间更生保护机构,1949年国家制定颁布了《犯罪者预防更生法》,使这项制度步入法制化轨道。

对于刑满释放人员的更生保护机制被称为"更生紧急保护"。相关法律规定,刑满释放人员"不能从亲属处获得援助,或不能从公共卫生福利机构获得医疗、住宿、职业和其他保护的,或者被认为仅靠这些援助和保护并不能使其更生,需为其紧急提供生活费、住所、医疗、疗养、就业,以及适应社会生活的相关救助和指导(《更生保护法》第85条)。因刑满释放人员属自由人,所以实施紧急更生保护时需本人提出申请。在日本,承担这项工作的机构被称为更生保护会(或叫更新会),据2013年4月统计,全国共有此类机构104所,其中男子设施90所,女子设施7所,男女共用设施7所。

日本更生保护制度为"一会一局两级管理"体制,"一会"为"中央更生保护审查会",是更生保护审查的最高机构,设于法务省,由委员长1人和委员4人组成;第二层级为"地方更生保护委员会",由3~12名委员组成,机构设立范围与最高裁判所的辖区相一致。"一局"为设在法务省的保护局,负责社区矫正的行政管理。第二级为"保护观察所",机构设置与地方裁判所的辖区相一致,保护观察所是更生保护制度的一线行政机构,全国共有50所,

---

❶ [日]菊田幸一:《犯罪学》,群众出版社1989年版,第382~383页。

保护观察官 854 名，保护观察官均为掌握医学、心理学、教育学、社会学等方面的专门知识的公务员。保护观察官的主要职责是落实保护观察的各种措施、指导和监督更生保护会的成立与发展、选考和监督保护司。❶ 保护观察所以下的更生保护工作均由民间运作，除民办的更生保护会以外，国家还聘任了47990 名保护司（2013 年统计）❷ 保护司采取一对一的帮扶方式，为更生保护对象提供指导、咨询、监督和各种援助。此外，民间的"兄妹会"、更生保护女性会、协力雇主组织等也积极参与更生保护工作，其中全国登记的"协力雇主组织"共 11044 个，他们积极雇用更生保护对象，促使其自食其力，2013 年共雇用更生保护对象 879 人。

更生保护是预防特殊人员再犯罪重要制度，除了政府通过制定法律，设立机构，投入人力、物力和财力，指导民间更生保护工作外，民间积极参与更生保护，保护司不图报酬，认真履职，奉献社会；各种志愿者组织协助救助，开展各具特色教育、帮扶活动等，为刑满释放人员、免除刑罚者、缓期执行者、缓期起诉者的改恶从善、重返社会营造了良好的社会环境。

五、犯罪防控的整合机制

犯罪现象是社会不良因素综合作用的产物，抑制犯罪也需要对社会诸要素的综合治理。刑事司法在打击、震慑、防控犯罪，教育改造犯罪者的作用非常重要，但不是唯一的。刑事司法以外的其他社会要素的相互作用对犯罪现象、犯罪率影响也很重要，如失业、贫富差距、家庭环境等。

研究日本摆脱经济腾飞与犯罪率同步增长"怪圈"的经验，可以看出，急剧社会变迁会对传统的社会控制系统和社会规范构成冲击，会影响社会稳定和导致犯罪率的增加。但是，社会发展具有能动性，迅速的、有效的社会整合❸，又可以调节社会控制系统，缓解社会冲突，控制犯罪的增长。日本在这方面的"犯罪防控整合机制"可以归纳以下三点。（1）保护传统文化。日本在现代化推进的过程中，巧妙地将传统的日本文化与现代社会接轨，缓解了传统社会向现代社会转型中的结构性震荡。比如，坚持传统的企业终身雇用制和年功序列工资制，让职工以企业为家，增强了职工对企业的依赖和安全感，有

---

❶ 保护司是受法务大臣、保护观察官委托的民间有识之士，负责更生保护对象的指导与援助。
❷ 法务省法务综合研究所：《犯罪白皮书》（平成二十五年），http://hakusyo1.moj.go.jp/jp/60/nfm/n_60_2_2_5_5_1.html。
❸ 社会整合是指在社会变迁中将新旧矛盾重新统一到同一个统一体中的过程。

效地控制和降低失业人口,在经济腾飞的 1960～1970 年之间,日本的完全失业率一直保持在 1%～2% 之间❶,是西方发达国家中失业率最低的,失业率对犯罪率的影响是犯罪学研究的常识。再比如,保护长幼有序、夫妻有序、师生有序等东方传统文化,对缓解在现代化过程中家庭、学校等非社会性控制系统的内部结构冲突,保持了原有强大的社会控制力,对犯罪控制发挥着功效。(2)控制消费欲望。日本在现代化推进的过程中,不强调用居民消费拉动内需,推动 GDP,而是强调和鼓励国民的勤俭和积累,缓解了"后生型"国家消费超前所带来的生产力与消费需求的尖锐矛盾,对调控人们消费欲望、控制财产犯罪增长发挥了功效。(3)平衡城市发展。国家有计划地向贫困地区投资,比如,上个世纪五六十年代日本的"北海道开发计划"等,有效地缓解了地区之间发展的不平衡,同时避免了中心城市因城市化发展速度过快导致社会秩序紊乱、犯罪数迅速增加等"城市病"。同时城市积极吸纳农村劳动力向城市的迁移,为其建宿舍、开办夜校,引导其融入城市,缓解了城乡两种文化板块的碰撞,最大限度地降低移民人口的犯罪。总之,社会整合机制不完全是机构的设置,更多地来自政府的政策引导和社会内部要素的调节。

六、日本社会治安管理机制与犯罪防控体系研究的几点思考

比较日本警察组织结构的顶层设计、民众对社会治安管理的参与、刑满释放人员的更生保护,以及各种犯罪防控机制之间有效联动等,可为我国的社会治安管理和犯罪防控体系建立和完善提供有益的启示。

(一)构建环环相扣的社会治安管理机制和犯罪防控体系

社会治安与犯罪防控是一个系统工程,不是某一个部门的事情。日本在社会治安与犯罪防控体系建设方面,形成了环环相扣的有效机制,值得我们借鉴,特别是犯罪防控体系的前期预防和后期更生保护方面更具特色。

1. 前期预防

中国的"工读学校制度"曾经是中国特色的防控青少年违法犯罪的重要制度安排,在上个世纪 90 年代中后期,在"办学市场化"的冲击下被废止或被弱化,其他违法犯罪防控前置体系或未建或失灵。违法行为常常在演变成犯罪行为后,才会进入刑事司法的视野,民间称"猪养肥了再杀"。日本的少年

---

❶ 总务省:"日本完全失业率的推移",http://www.zenkensoren.org/news/01joho/pdf/joho040700.07.pdf#search=%E6%98%AD%E5%92%8C+%E5%A4%B1%E6%A5%AD%E7%8E%87'.

警察系统，将问题少年分类为犯罪、触法、虞犯和不良行为少年，根据《儿童福利法》和《少年法》有关规定进行分流处理，移交家庭裁判所，报送福利事务所、儿童相谈所，依法申请变更监护人，移交社会组织辅导，以及由少年警察教育、指导和咨询等。对于后三类少年的及早介入，具有防止不良行为少年演变成犯罪者的功效，值得我国借鉴。

2. 犯罪防控后期更生保护

犯罪防控后期更生保护主要是对刑满释放人员的再犯罪的预防，我国一直重视此项工作，一般由司法行政系统负责组织实施，政府为刑满释放人员提供一次以上的职业培训、就业指导、帮助其申请低保和住房补贴等。但我国的重新犯罪率一直居高不下，2003 年的调查显示，全国在押犯中重新犯罪者 20 万人，占总数的 12.9%。2006 年底统计，全国的重新犯罪率为 14.8%❶，无工作、无生活来源是其重新犯罪的重要原因。2006 年 12 月山西平遥监狱的一项调查表明，出狱后重新犯罪者中有 30% 左右的人无工作可做，基本生活没有保障。❷ 刑满释放人员的重新犯罪对社会危害性极大，其犯罪特征具有报复社会的倾向、犯罪经验丰富、手段恶劣和狡诈、易教唆和诱惑他人犯罪，重新犯罪者常充当犯罪团伙的头目，是拉高全国犯罪率的重要因素。

研究日本对刑满释放人员的更生保护制度，有两个方面的经验值得借鉴。一是充分利用具有慈善精神的企业家，本着自愿原则，组成雇主联合体，接纳刑满释放人员到所辖企业就业，运用民间力量促进其自食其力、回归社会。同时国家奖励这些企业，给予一定的经济补偿或减免税费。二是对刑满释放人员的紧急更生保护。在刑满释放人员无法获得亲属的接纳和援助，重新犯罪的可能性增大时，政府指导民间更生会为其提供生活费、住所、医疗、就业等基本生活保障，帮扶其渡过难关，避免重蹈犯罪覆辙。

（二）警察职能的独立性

传统的马克思理论认为，警察、法庭、监狱等是国家机器的重要组成部分，而国家的本质是一个阶级统治另一个阶级的工具，警察、法庭和监狱是统治阶级的私有财产，是为统治阶级服务的。不过，在现代化的进程中日本也在探索传统警察制度的改革，逐渐实现了警察从外交、财政、军事等国家职能中

---

❶ 丛梅：《重新犯罪实证研究》，天津社会科学出版社 2011 年版，第 4 页。
❷ "重新犯罪问题的调查分析及对策"，http://news.sina.com.cn/o/2008-11-16/095014737336s.shtml。

分离，构建起相对独立的警察机构，警察独立性的重要改革措施之一是在内阁总理大臣和国家警察厅之间设置由大学教授、著名律师、企业代表等组成的"国家公安委员会"，用以制衡内阁总理大臣的警察权，同时监督各级警察行政，解决国民对警察执法的"苦情申诉"等。公安委员会制度的顶层设计，易克服警察行政的倾向性，保障警察行政的民主化和执法的公正性，有效保护了国民人权和自由，缓解警民冲突，增强警民协作共治犯罪积极性，维护了社会秩序稳定。

此类制度设计可供我国未来的警察机构改革参考，特别是在官民冲突频发的现状下，警察机构的相对独立性、警察经费国库拨付的"一元化管理"，可克服警察的地方化和工具化的弊端，保障警察执法公平和公正，密切警民关系，缓解社会冲突，促进治安共治。

（三）点线面结合的治安防控网络建设

与日本的"交番"相比，中国"公安派出所"的组织结构过于庞大，管辖范围过广，许多派出所设在非闹市区、非犯罪多发地的"深宅大楼"中。在改革开放前，中国地域封闭，人口流动缓慢，以住在地居民的户籍管理为中心的治安管理模式对防控犯罪发挥过重要作用。但在人财物大流动的今天，"以户籍管治安"传统模式逐渐失效。日本的警察职业化、机动化加社区警务的综合模式值得借鉴。

中国警察组织在顺应国际警察改革的大趋势，以110报警平台为指挥中心，提高信息化管理水平，增强警察的机动性和快速反应能力的同时，改革派出所机构，使其小型化和灵活机动，将警力下沉至社区，并配置于人口密集与事件多发的车站、闹市区、娱乐场所等。良好的社区警务有利于密切警民关系，提高案件的检举率和破案率。户籍制度改革应考虑户籍与警察治安管理相分离，与政府服务于百姓的福利制度相结合，以提高社区居民幸福感和流动人口的居住登记比例。这些工作的缜密进行，将会逐渐形成点线面结合、快速反应、警民协力的社会治安防控体系，有效地打击和预防犯罪。

（四）民众参与社会治安管理

中国与日本相同，具有民众参与社会治安管理的传统。1949年新中国成立，在新旧警察制度更迭中，面对警察力量不足，毛泽东曾提出了"群防群治"的社会治安管理思路，并逐渐形成以农村和城市基层治保委员会和"治安联防"为基础的民众参与社会治安的管理体系。尽管这种犯罪防控体系的人力资源的成本过高,但在预防和打击犯罪方面效果显著。新中国成立初期的1951年至"文革"前的1965年,中国刑事犯罪立案率一直保持在2.9/10000至6.4/10000之间,被称为"路不拾遗,夜不闭户"的治安黄金期。

改革开放后的1981年,中央政法委员会首次提出了"综合治理"的总方针。强调在各级党委的统一领导下,各部门分工协作,条块结合,以块为主;政法各部门各司其职,密切配合。[1] 从三十余年的实践看,部门的治安责任制使传统的民众参与社会治安管理的机制弱化。比如,全国人民调解员从1997年的1027万人,降至2005年的59.7万人。[2] 2004年9月,公安部下发通知,用三年的时间废止"治安联防"制度,持续40年的"治安联防"制度逐渐被保安服务公司体制所替代。据公安部统计,2007年全国的保安人员总数为230万人,超过公安警力总人数。[3] 随着社会治安管理的专业化和职业化程度的提升和群众"自我保护"意识的增强,民众与警察、民众与治安管理部门的关系在疏远,民众参与社会治安管理的积极性在降低。其中最明显的变化是群众对犯罪的举报率降低,并带来破案率下降。1998年和1999年北京一般案件的破案率曾降至22.9%和32.4%[4]。

今后如何处理好警察、保安等治安专职队伍与民众参与社会治安管理的关系,如何保护民众参与治安管理积极性等,日本的经验值得借鉴。在日本,"警察主导的犯罪防控体系"与"民间主导的犯罪防控体系"相互支持和互补。政府鼓励、资助、联络、咨询社会治安自治组织、志愿者组织,定期举行表彰会,奖励社会治安管理有功的民间团体和个人。总之,不论是发达国家还是发展中国家,也不论国家的警察装备有多么先进,机动化程度多高,民众对社会治安的参与,对犯罪行为的检举都是社会预防犯罪,警察立案和破案的基石。

(五)重视刑事司法以外社会要素的犯罪防控功能

改革开放以来,中国的经济发展举世瞩目。但企业改制职工下岗失业问题突出;缺乏规制的市场竞争导致贫富差距迅速拉大,基尼系数与犯罪率呈现出

---

[1] 中国社会科学院法学研究所法学词典编委会:《法学词典》,法律出版社2004年版,第570~571页。
[2] 中国法律年鉴编辑部:《中国法律年鉴》,中国法律年鉴社2006年卷。
[3] "我国保安人员总数已达到230万人",http://www.qzwb.com/gb/content/2007-07/25/content_2534243.htm。
[4] 陆学艺等主编:《2010年北京社会建设分析报告》,社会科学文献出版社2010年版,第232页。

0.87 的正相关；作为"后生型"发展中国家未能有效的抑制超前消费，导致物欲横流；在社会转型过程中，未能有效地保护传统的东方文化，伦理道德滑坡明显；对大城市的财政投资过于集中，导致农村剩余劳动力向大城市的迁移过快，城市承载力问题突出，城市化率与犯罪率呈现出 0.94 的正相关，❶ 受"城乡二元结构"的影响，留守儿童、流浪儿童等问题凸显，以农民工为居住主体的城市"贫民窟"形成，流动人口的犯罪占城市犯罪总数高达 70%~80%。上述要素的综合作用，导致中国犯罪率的持续攀升，从改革开放初期全国犯罪率 5.6/10000 升至 2012 年的 44.6/10000。面对犯罪率的持续攀升，单方面重视刑事司法中警察系统"严厉打击刑事犯罪"的作用，而忽视了刑事司法之外社会要素的整合。

日本整合刑事司法以外诸社会要素，有效抑制犯罪增长的经验值得借鉴。如前所述，日本有效地保护了传统的东方文化，缓解了传统社会向现代社会转型中的结构性震荡，强调国民的勤俭和积累，抑制国民消费欲望膨胀，国家有计划地向贫困地区投资，缓解地区间发展的不平衡，避免了城市化发展过快导致社会秩序紊乱等。

尽管中日两国在社会制度和意识形态等方面差异甚大，但中日同为东方民族，在文化传统、治安管理机制等方面仍有许多相似之处，日本犯罪防控与社会治安管理方面的变革与尝试具有一定的跨越制度的研究和参考价值，可为中国今后的社会治安管理机制的变革提供有价值的参考。

（原载于《北京联合大学学报（人文社会科学版）》，2015 年第 6 期，2016 年第 1 期）

---

❶ 张荆：《影响中国犯罪率攀升的六大关系研究》，《中国人民公安大学学报（社会科学版）》2011 年第 5 期。

社会治安防控法治化中的问题、挑战及对策

【摘　要】 该文是2015年10月在河南警察学院召开的"社会治安防控法治化：问题、挑战及对策"专题研讨会上，笔者介绍美国迪克西大学法律系哈里斯教授关于美国20世纪90年代犯罪率下降的五个因素分析，说明警察数量的增加对犯罪率下降的贡献是有限的，犯罪数量下降是众多因素共同作用下的结果。同时，围绕依法行使警察权、警察权的制衡、警察执法的公正性、警察培训的法治化、民众参与治安管理五个方面阐述社会治安防控机制法治化的核心是警察管理的法治化。

【关键词】 法治化　贡献率　警察权　公正性

一、美国犯罪率下降的因素分析及对我们的启示

首先，请允许我简单地介绍一下我的研究团队最近所做的研究。我们正在做"北京社会稳定与社会治安管理"的教委课题，做这个课题我们首先想到的是研究一些国外的情况，比如说海外的社会治安管理的组织机制及具体做法。我们收集了很多资料，今年5月出了一本书，名为《海外社会治安管理机制研究》，在资料收集分析和书的写作过程中，我们有了不少感悟。另外，课题组考虑考虑美国的社会治安管理很有特色，2015年我利用去美国犹他州迪克西大学讲学的机会，与美国的警界进行了接触，具体了解他们在社会治安管理方面做了些什么。我和Provo市的市长和警察局长见面访谈，他们很热情，除了无保留地回答我的提问外，还带我参观了他们的警察设施、市政府建设的文体活动中心等。交谈中警察局长提出一个挺有意思的问题，2008年美国遇到"金融风暴"，经济下滑，当时警界许多人预见美国的犯罪率将上升，并且严阵以待，结果出乎意料，社会治安平稳，犯罪率无明显上升。我问这位警察局长为什么，他回答说，他也无法解释这一现象。后来我在访问迪克西大学时，把这个问题留给了该校的犯罪学系，并告诉他们如果你们把这个问题研究

好了，我请你们来中国讲学。他们真的下功夫研究了，并小有成果，所以我这个月邀请他们来我法律系讲学，下面我先介绍一下他们的最新研究成果，与我们今天的讨论题目相关。

一般人们都会认为，在社会治安防控体系中，警察是绝对的老大，是社会治安防控的"台柱子"。但实际的调查显示，警察的作用并不像人们所想象的那么大。美国迪克西大学犯罪学系的哈里斯（L. Harris）教授的研究发现，美国从20世纪90年代至今天，犯罪率的变化虽有起伏，但总体下降幅度大，从截至2013年的统计看，跟20世纪90年代初期比，它的暴力犯罪下降50%，财产犯罪下降40%。美国犯罪数量下降的主要原因是什么，哈里斯教授的研究认为，主要有五个因素影响20世纪90年代犯罪率的下降。

（一）坐牢人数的增加

坐牢人数的增加与犯罪率的减少之间的关系很好理解，监狱多了，把犯罪人抓起来、关起来，截断了他们在社会上继续犯罪的可能，犯罪学其称为"特殊预防功能"。监狱的增加在减少犯罪的同时也带来国民税收的增加和政府管理成本的增高。哈里斯教授的研究认为，坐牢人数的增加对美国20世纪90年代以来的犯罪率下降有5%~10%的贡献，他们的研究还发现监狱的增加对于犯罪率下降的贡献率不是无限扩展的，存在一个收益递减的现象。在美国2000年以后，监狱对犯罪数量的影响效率明显递减。而且坐牢人数增加又派生出了另一个严重问题，就是刑满释放人员中重罪犯的增加，这也是犯罪学上的收益递减的表现形式。

（二）警察人数的增加

20世纪90年代至今美国的警察数量增加了28%，增加幅度大。但对犯罪率下降的贡献率比想象的要低得多，统计分析显示，警察增加的贡献率仅为5%，是五个因素中贡献率仅次于人口老化的倒数第二。警察人数增加，警察与人口比值提高并不是控制犯罪的最重要因素。

（三）人口老龄化的影响

美国的人口老龄化问题对于犯罪的减少是有贡献的。统计显示，美国15~30岁的人口在1980~1990年期间减少5%，1990~2013年减少了3%。人口老龄化对美国犯罪率下降的贡献是2%~3%。人口老龄化与犯罪率的关系似乎很容易理解，青年人是刑事犯罪的主体。围绕这个议题我和哈里斯教授进行了较深入的探讨。中国从1999年开始进入老龄化社会，并且老龄化速度很快，但到目前为止，中国老龄化社会的变化并没引起犯罪率的下降，犯罪继续呈现出上升的态势，怎么解释这种现象呢？我认为中国的情况比较特殊，我们在迅速步入老年社会的同时是城市化迅速的推进，年轻人从农村向城市迁移，他们到城里打工，追求新的生活，农村剩下的都是老人和儿童。年轻的农民工在城市匿名性、竞争、诱惑、传统规范控制的消失的状态下容易产生心理冲突，犯罪的比例高。因此，尽管我们与美国一样步入老龄化社会，但美国的城市化已基本停滞，而中国的城市化还在迅速推进，城市依然是农村青年人口向往和聚集场所。年轻的流动人口在城市聚集是我国步入老年社会后犯罪率仍然持续上升的重要因素。

（四）国民平均收入的增加

在美国，第四个对犯罪率下降的贡献因素是国民平均收入的增加。美国人的平均收入在2008年的"金融危机"中有所下降，2009年便开始回升，二十年来平均收入基本上是稳步上升的，这对美国犯罪率下降的贡献为5%～10%。这个贡献率应该是比较大的。关于国民收入与犯罪率的关系我也和美国犯罪学同行们探讨过，中国从改革开放到现在，应该说国民平均生活水平普遍提高，尽管目前仍有不少人口没有脱贫，但大家的整体生活水平比改革开放前都有所提高。可是为什么我国的犯罪率依然居高不下呢？完全套用哈里斯教授的贡献率似乎无法解释中国的犯罪问题。我的研究表明，在中国，贫富差距与犯罪率的上升关系有着更为密切的关系，与平均生活水平的提高关系不大。哈里斯教授也同意我的分析，他认为，如果让贫困人口感受到自己与富人的差距，就容易导致他们的犯罪，如果他们没有感受到，犯罪可能不会增加。

（五）酗酒人数大幅减少

哈里斯教授分析道，美国从20世纪90年代到现在酗酒人数大幅减少，特别是喝啤酒的人数在减少，可能出于健康的考虑，或是习惯的改变，人们更倾向于不喝酒或喝红酒。喝啤酒的人们习惯于在公园、在大街、在露天音乐会，或比赛的看台上喝，喝着喝着触景生情，诱发犯罪。改喝红酒后，喝酒形式变得很高雅，地点不再是露天场所，而是室内优雅的场所。此外，不喝酒的人数也在增多，致使因酒为媒介的犯罪下降，哈里斯教授研究认为，酗酒者人数的大幅减少对美国犯罪率下降的贡献率在5%～10%。

从上述五个因素的分析来看，犯罪数下降是众多因素共同作用下的结果，警察的力量在社会整体治安防控和犯罪率下降中的贡献率并不想人们想象的那么大，因此不能把警察力量过于神化。就是说，光靠警察数量的增加一个因素很难达成社会治安有效防控、社会稳定，以及犯罪率的下降。

实际上，我在研究日本的犯罪问题时也有同样的发现，当然日本警察和民众的关系、警察的破案率和快速反应能力都是日本犯罪率低的重要要素之一。但仔细研究发现，除了警察的因素外，日本保护传统的东方文化，重视伦理在维护社会秩序中的作用，强调长幼有序，重视礼仪等，对犯罪行为的抑制功能也很大。另外，企业终身雇佣，年功序列制等在社会转型中控制住了失业人口，缓解了社会就业压力。还有政府提倡勤俭持家，强调家庭积累，鼓励国民存款，不像我们为了推动经济发展过于强调扩大内需，拉动消费，使人的欲望迅速膨胀。强调勤俭和积累就是要限制人们欲望的膨胀，对于控制犯罪具有重要的作用。再有就是平衡投资，不是像我们过分看重对北上广深等大城市投资，而是有计划地向北海道等边远地区投资，分散劳动力迁移，减轻大城市的人口压力。不会出现像北京那样，城市人口迅速增加，对城市治安、环保等构成巨大的压力，带来城市管理的难以控制。可见这些要素都不完全是与警察相关联的。所以我觉得今天我们讨论"社会治安防控法治化"时，应该有更开阔的视角，警察在社会治安防控体系中的作用只是一部分，或者是一小部分，而不是大部分，更不是全部。

二、社会治安防控机制法治化的核心是警察管理的法治化

在参加此次研讨会之前，我先在网上查找了"社会治安防控机制法治化"的文章，有2000余篇文章，文章主要集中于介绍一些省市的"社会治安防控机制法治化"经验。归纳部分文章阐述的经验，大体为三个方面：一是城市网格化管理的法治化；二是视频监控系统化的法治化，强调要为普遍开花的视频监控立法，把视频监控弄得更加规范；三是对娱乐等特种行业监管的法治化。看到这三个方向的法治化的发展倾向，我多少有些担忧，三个方向的核心是监管的"法治化"和"常态化"，是典型的"公安思维"，管控思维，把每个人都作为预设的犯罪者，需要监视和控制。我觉得如果以这种思维为主导实现中国社会治安防控法治化，似乎是一种充满着恐惧、缺少社会自由和活力的"治安法治化"。我觉得这种法治化的方向有问题，作为犯罪学者应该介绍我们的研究结论和基本理念，扭转这种倾向性。

目前，中国社会治安防控法治化的核心应该不是监控社会，而是警察的法治化，或是公安管理的法治化。因为公安是我国社会治安防控的"一线部

队",公安管理的法治化将会对整体的社会治安防控法治化起到重要的推动作用,为此,我想提出以下一些看法和建议。

(一)依法行使警察权

依法,依何种法律呢?第一,是《宪法》,警察在执法时必须依照《宪法》行动,视宪法为神圣;第二,宪法之外,还要遵守第二个层次法律,就是我们的《警察法》,我们要根据《警察法》来执法,当然目前的《警察法》制定的相对笼统,还需要进一步修改;《警察法》之下还要有第三层级的管理条例等,细化和规制警察的执法行为。

在我们研究台湾地区的警察制度的时候,感到很有特色。在《警察法》《警察职权行使法》之下有一系列条例作支撑,像《警察勤务法规》《警察教育训练法规》《警械使用条例》等,非常具体。特别是《警械使用条例》,具体规定了在实施逮捕或者拘禁的时候,有7种情形可以使用警械,如果没有按这7种情形使用警械,就要受到长官的训诫,受到法律的处罚。这体现了对警察权力的约束。当然有人会提到,这么苛刻要求警察的话,就带来犯罪对警察生命的威胁等,所以部分学者,特别是警察实务系统强烈呼吁《刑法》中设立"袭警罪",以保护警察执法的权威性和执法者的人身安全。关于这个问题,我同意邱格屏教授的意见,目前警察的权力还是蛮大的,主要矛盾不是扩权,而是制定和运用现有的法律法规适度限制警察的权力。比如说前段时间网上曝光的山东临沂市警察用枪指市民的脑袋,庆安警察击毙"酒鬼"的事件,贵州坡贡镇派出所警察开枪击毙两村民的案件等,网民议论纷纷。警察职业群体大多认为应该开枪,但许多网民认为不应当开枪。公说公有理,婆说婆有理,到底应不应该开枪?没有任何一方能够根据现行法律讲清楚。在法制健全的发达国家肯定能够找出相关的法律或判例准确地回答警察开枪的性质,而我们却只能从自己的情感、所处位置上进行解释、辩护和判断,说明我们在警察使用枪支方面的法律法规还是极为缺乏或不够明确。

我在想,我们在刑事司法的许多方面都在批判美国,但在警察持枪和开枪方面却总强调要向美国警察学习。是的,在美国警察喊"举起手来,不许动"时,你必须服从警察的命令,如果你不举手,还把手往兜揣,就会遭致警察的射击。但我认为,在强调向美国警察学习时候,必须考虑中美两国制度和文化差异,美国是一个枪文化的国家,每个人只要通过简单的联邦调查局对"案底"的调查,没问题话都可以买到枪支。去年我去美国访问,进大型超市购物,超市进门的第一个货摊就是卖枪的,往里走才是卖鞋、卖衣服的地儿,此外还有许多卖枪的专门店,眼见为实,确实买枪非常容易。

美国全国民间有 2.65 亿支枪,相当于每人拥有一支枪,持枪率达到了 22%。警察执法便进入了准战备状态,有人掏兜,掏枪的可能性很大,会对执法警察的生命构成威胁。但是在中国是一个严格控枪的国家,民间持枪是犯法的。中国人摸兜话,掏枪的可能性很小很小,在不同的文化背景和社会背景下,为什么要一味强调向美国警察学习呢?盲目的模仿美国警方,就是脱离了中国的国情,误伤民众,激化警民冲突。

另外,警察持有枪支应当如何使用呢?以监狱使用枪支为例,在我国的《监狱法》及相关的司法解释中对武器的使用都有明确的规定,在押犯超越警戒线逃跑,先口头警告、鸣枪警告,警告不听,方可射击,但射击需打次要部位,如果犯人有投降表示,应停止射击。因此对于普通闹事民众或犯罪嫌疑人更不能缺少这个过程,而且应当更温和才对。总之在这个问题上应当制定更加严格、具体的法规,保护警察执法时的生命安全,同时还要适度限制警察使用枪支的权限。

(二) 警察权的制衡

"警察权的制衡"是警察法治化建设中的重要议题,因为在《警察法》第 42 条中规定,人民警察在执行职务时,依法接受人民检察院和行政监察机关的监督,这点很明确,执行起来问题不大。关键是第四十四条,人民警察执行职务,必须自觉地接受社会和公民的监督。人民警察机关作出的与公众利益直接相关的规定,应当向公众公布。与第 42 条相比,第 44 条在实践中相对弱得多,"必须自觉地接受社会和公民的监督",但怎么监督呢?社会和公民的监督有没有一个可以监督的实体存在呢?实际上,在日常工作中,警察比检察官、法官与民众直接接触范围更广、频率更高。群众在警察执法过程中遇到了苦情需要申诉时向谁申诉呢?向警察的上级机关吗?本是同根生,官官相护怎么办?如何妥善解决警察执法中遇到执法不公的问题,迅速地解决警民矛盾、民众之间的矛盾,而不至于矛盾激化到必须动武、骚乱、报复社会等地步,确实是法治建设中的重大问题。核心问题是民众监督的制衡机制如何设立,美国的做法是在社区建立 5 名人员组成的社区委员会来直接监督基层警察的执法。日本是建立一个叫做国家公安委员会的机构,设在警察厅之上,由一名大臣做主任,成员由社会知名人士组成,主要为大学教授、医生、企业家、律师、媒体人等,以这样的实体方式来制衡最高行政长官的警察权,监督基层警察的执法权,了解和解决民众在警察执法中遇到的苦情,这个实体没有公检法司的人员参加,以防止实体立场的倾向性。我认为,这方面是在中国社会治安防控法治化建设中值得认真思考的。

(三) 警察执法的公正性

公平正义是人类发展的永恒主题,也是中国建设法治国家的核心价值追求。目前的警民矛盾是一个值得研究的问题,许多矛盾源于警察的执法是否公正,以及是否带有倾向性。警察的执法如果不能代表公平正义就会影响民众对警察的评价,就会影响警察执法的说服力和可信度。怎么能让警察成为公平正义的化身,取信于民?我觉得应该从制度环境的角度探讨这个理论问题和现实问题。张远煌教授谈到,过去警察就是"刀把子",是政府的一个工具。按马克思主义的原理,警察是国家机器的重要组成部分,是为统治阶级服务的工具。马克思在19世纪中叶提出的理论至今已经过去了一个半世纪多,许多发达国家在警察与国家、与统治阶级的关系上也发生了不少变化,他们一直在探索警察如何从国家的外交、财务、军事等职能中分离,保持相对独立和相对公正的立场,我觉得这一点可能是我国司法改革中,在警察的法治化建设中应当考虑问题。因为在和平建设时期过于强调警察的工具性和倾向性,难免出现执法的倾向性和偏向性,导致执法的不公。

我举一个很简单的例子,谈的是法官,对于警察的公正执法也有启示作用。有一次我们课题组到北京郊区进行社会建设的调研,我对一位年轻的法官进行访谈,他告诉县委政府动员县里的干部到乡下拆迁,要求法院派两个人参加,他被派去从事拆迁工作。这次拆迁遭致老百姓抗议,一纸状子告到法院,审案子的是这位派去拆迁的法官,他对我说:"让我去拆迁,又让我去审这起拆迁案,这不是笑话吗?"对这位法官的访谈对我感触颇多,拆迁团队成员成为审理该拆迁行为的法官,这可能保证裁决的公正吗,这种制度安排有最基本的逻辑错误,就像一个小偷偷了你家的东西,你告官了,官让小偷来审理你的案件,根本不可能公正吗。就是说制度设计上的逻辑错误根本无法保护现实中的公平正义。这个例子也可以举一反三,警察如何秉承公平正义执法,制度变革是必要的,理念上的研讨也是有价值的。

(四) 警察培训的法治化

社会治安防控法治化的另外一个重要内容就是警察培训的法治化。通过法律的制定使警察培训常态化、规范化。关于警察系统的培训,我调查的不够多,了解得也不深入。从中国党校系统的培训看,似乎是为晋升和培养党的后备干部而设立的。警察系统的培训是否也有这样的倾向呢？实际上长期在基层工作的警察才是最需要培训，因为他们每天都大量地接触民众，最能代表警察形象，对他们的实务培训和工作技巧的培训十分重要。在中国基层民警是否能有机会经常接受各种培训呢？美国规定在职警察必须每年接受一次培训，否则不能任用和晋升。日本警民关系融洽，日本警察被公认是最懂礼貌的国家之一，这些都得益于日本常年的普遍性的警察培训。日本的警察培训分为四个层次，最高的培训机构为国家警察学院，其次为各大管区的9所管区警察学校，再其次是都道府县设立的警察学校，最基层的警察培训机构是警察署管理的警察学校，共计1170余个。不同层级的警察学校面对不同层级的警察群体，警察署的警察学校从事最基层、最常态化的警察培训，训练民警的礼仪、培训警察懂得化解矛盾的技巧，随时了解法律法规的修改与变化，及时调整警务工作的重点，采取应对策略。

还有一种基层培训是非常重要，就是专门技术培训。最近我跟美国一位专门从事精神病与犯罪研究的学者交流，他告诉我，美国有一个CIT系统，一旦警察发现自己管辖的区域有犯罪倾向的精神病患者，就可以马上报名参加CIT系统的免费培训，该机构教给警察不同类型精神病人的症状，如何判断精神病，如何管理，及基本的医疗手段。关于精神病人的管理美国曾经进行过一个系列变革，曾让精神病患者都从医院出来，通过民间的福利机构来管理，用以提高对精神病人治疗与管理科学化和人性化。但是改革的副作用是监狱里关押的犯人40%变成了精神病人。为与这种改革相配套，美国建立了CIT系统，让警察知道精神病人的表现状态、类型和成因，让警察不要见了精神病人就恐惧，或被精神病人所伤害。警察经过专业培训，知道了精神病是怎么回事，就能非常和蔼和巧妙地与精神病人及他们的家属沟通对话。结果使美国精神病人犯罪出现了明显的下降。这就是警察技术培训的价值。

另外，要尊重老警察和警察的经验，因为经验丰富的警察能够较好的把握执法尺度，是警察队伍中宝贵财富。美国的警察体制一直有着分权的传统，管理体制类似英国的扁平化管理，日本则不学英国，也不学美国，一直坚持自己的五级管理体制，但是他们的交番一直扎根于最基层，上层管理主要为区域性协调。基层警察数量充足，执法能力和快速反应能力总体不错，效率很高。我们最近注意到美国警察在进行警察制度的改革，其中一部分内容是把基层警察权收回。在美国，过去曾授权于最基层、给低警衔的警察很大的自主权和执法权，但是，在长期实践中表现出警察违规越权执法的问题突出，警民冲突多发，有效减少犯罪的效果并不明显。纽约警察局最先尝试改革，改革前的调研表明，基层警员的平均年龄22岁，高中和普教毕业，虽然经过六个月的培训，但缺乏工作经验和解决问题的能力。而中层管理者的平均警龄高达15年，大多受过大学正规教育，经验丰富，是警队中的精英群体。改革的特点是把基层警察权力收回于中层。结果是警察违法的事情大幅减少。我们的警察体制如何改革？首先需要了解目前中国基层警察的学历、对法律掌握的程度、执法能力和技巧等，然后才能确定是收权还是放权等改革方向，不能盲目地模仿其他国家。

（五）民众参与治安管理的法治化

应该通过制定法律让民众积极参与社会治安管理。这方面首先需要政府要摆脱旧观念，不要认为群众是阿斗，怀疑群众有自我修复秩序和管理好治安能力。从法社会学研究的角度讲，政府最初的起源于人们的恶，政府要管住这些恶，民众也愿意将一部自由让渡给政府，请政府帮助抑制社会的恶，保护民众的生命财产安全。与政府不同，民间社会起源于人的善，人是社会性动物，人们渴望交往，渴望信赖，集群是一种幸福，人们在交往中获得愉悦。现代社会一方面用政府的权力抑制恶，另一方面也利用社会和社会组织的善来弥补政府和市场的缺位。社会治安防控法治化的相当一部分的内容可以交给社会组织来做。就像皮艺军教授发言时举的那个例子，让我也很感动，民间人士挣了大钱，愿意拿出自己的别墅供吸毒人员戒毒用。目前，我们的社会上有相当一批有识之士愿意出钱、出力、出设备，没啥个人利益诉求，就是为了向社会表达一种善意。在中国社会治安防控法治化的制度建设中，民间的这种善意我们为什么不可以用呢？我觉得中国正在走向法治社会，唤醒社会组织的善，让更多的公民参与到社会治安管理中来，强化我们的社会资本，建立新型的人与人之间的信赖关系，从源头上抑制犯罪的增长，将会更好地保障社会的长治久安。

（原载于《河南警察学院学报》，2015年第6期，2016年第1期）

大治安与小治安

【摘　要】"堵"是社会治安管理的权宜之计,"疏"是社会治安管理的治本之策,两者之间有许多技术性问题,但更重要的是管理者的高瞻远瞩和观念的变革。

在我的犯罪学概论的课堂上,常会有学生常问我大治安和小治安的区别,我的回答就两个字——"疏"和"堵"。小治安可以用"堵"来概括,大治安则用"疏"来概括。警察的职能是打击犯罪还是预防犯罪?许多人会不假思索地简单回答说,"当然是打击犯罪了!"近年来,英国、法国等国的警界在重新审视警察的职能问题,他们在探索将警察的职能定位在"预防犯罪"。在日本,20世纪90年代初修订《警察厅组织令》和《警察法实施令》,将警察厅及各都道府县的"外勤课"和"外勤部"统一更名为"地域课"和"地域部",强化警察与社区的联系,强化服务社区及预防犯罪的功能。这使我想起上个世纪50年代的一部描写警察的电影《今天我休息》,警察叔叔走街串巷,帮助百姓做好事,解决小纠纷,没有破大案的惊天之举。我在想,如果将警察的功能定位为预防犯罪,警民关系是否会更加和谐,犯罪检举率会更高,群防群治的效果会更好,警察也不用担心犯罪减少了自己会失业。

长期以来,我们一直坚持警察是专政的工具,打击犯罪是警察的主要职责,破大案立功,搞犯罪预防默默无闻。我们不可能马上转变传统的公安理念,但是,我们可以在教学和培训中告诉未来的警官和现职的年轻警官:"大治安"是一种以"疏"为主体的治安模式。

为什么讲大治安是"疏"呢?我就举两个例子说明治安中"疏"的价值和意义。

第一个例子,关于北京治堵的问题。《法制日报》刊登了一篇我和记者的对话,叫做《北京治堵不能"堵"》。前段时间,北京要出重拳治理交通堵塞,其中一个重要的措施就是准备采取单双号限行。我认为采取单双号限行是政府对《物权法》的违反。我们买了车，车属于我们私有财产。2008年北京"奥运"期间，为奥运做贡献，有车市民愿意承受出行的不便。奥运会结束了，政府要求市民每周限行一天，百姓和专家们才开始议论开来：政府有什么权利不与百姓商量，不经过人代会讨论，就单方面地限制了有车人的出行自由。这是典型的"堵"的思路。这一现行政策会造成假牌、套牌或闯限等违法现象的大量产生。政府违法百姓无奈，百姓违规政府又会出新招，多安探头、多派交警，抓你罚你，再不老实就狠罚。2008年北京市拥有探头数量达到29.3万余个，这几年探头数继续大幅增加，据说北京市马路上的探头罚款收入相当可观，罚款拉动GDP，政府何乐不为。但是从法社会学的角度看，越堵问题越多，矛盾积压民间，冰冷的罚单让人们郁闷，警民关系进一步紧张。实际上，北京堵车的主要原因还是政府没有把交通建好和管好，简单地通过警察的处罚来治"堵"，不能解决根本问题，只会带来更多的社会冲突和社会问题。

实际上，北京道路拥堵问题与北京的城市布局、道路设计不合理、停车场过少等关系密切。比如，北京好的中小学都集中在海淀区，每天有13.6万学生跨区上学，家长早晚接送，驱车奔驰在公路上，这是造成北京交通拥堵的重要原因之一；另外，北京大多数人住在四环以外、五环以外，但是三甲医院大多集中在四环以内，家人要送行动不便的病人到医院看病，加大了往返道路的拥堵，医院周边的道路更堵；再一个，道路设计不合理，北京环路出口容易堵塞，出口可设计成鱼肚；另外，停车场太少，许多道路变成了停车场，迫使道路变得狭窄，政府很少投资兴建停车楼、停车场，以及扩大地下停车场，致使行车环境更加恶劣。此外，公共交通不发达，我乘坐公共汽车到学校要花一个小时一刻钟或一个半小时，但是我开车只要30分钟，在"时间就是金钱，时间就是效率"的大都会，人们当然会选择自驾车了。因此，如何改善整体的交通环境才是治本之策，才是"大治安"的思路。

第二个例子，《刑法修正案（八）》加入酒后驾车入刑，作为犯罪学者我是反对的。刑法学家在制定或修改刑法的时候，很少征求犯罪学家和社会学家的意见，酒驾入刑涉及面之广、行政司法成本之高，会引发连锁的次生问题，似乎刑法学家从来不去考虑。实际上，2007年起北京抓了3年的酒后驾车问题，采取行政拘留、重罚、吊销驾驶执照等措施，已经大见成效。2007~2009年北京市的拘留所共关押了10890名酒后驾车司机。据2009年底统计，北京市机动车已达409万辆，驾驶员达574万名，两者数量的增加都是空前的，而交通事故死亡人数却在逐年减少。2006年，北京市交通事故死亡人数1373

人，其中 375 人因酒后驾车事故死亡，占死亡比例的 27.3%。2009 年，在车辆剧增的状态下，北京市交通死亡人数反而下降到 981 人，酒后驾车事故死亡人数 158 人，占交通事故死亡总人数的 16.1%，比 2006 年下降了 57.9%。就是说，我们采取行政拘留、重罚、吊销驾驶执照等措施已可以有效地控制酒后驾车，何必非要入刑呢。在中国入刑意味着什么？意味着犯罪，意味着大量新规犯罪者将被投入监狱，它不同于小众犯罪，司法行刑成本是巨大的。同时，酒驾犯罪者的标签化还会导致家庭破裂、子女教育缺失、失业、仇视社会等，最终还是要靠全社会为稳定埋单，消化酒驾入刑的"后遗症"。在一个酒文化悠久的国度，我们不可能将酒后驾车降到零，行政拘留等手段已能有效地控制酒驾便足矣！《刑法》是国家强制性规范的最后底线，不要轻易入刑。一味地堵、打击、从严管制的线性思维，只会使简单问题复杂化。从目前国外的司法改革看，非犯罪化是一个重要趋势，能不判刑的就尽量不判刑，以避免日后社会矛盾的聚集和激化，社会矛盾要"疏"，这是"大治安"的基本思路。

当然，在大治安的理念下，适当的"堵"也是必要的。比如，我在日本留学的时候，当时贩卖假电话卡打国际长途电话的现象很普遍，也让日本电讯公司损失惨重。无奈之下，日本首先采用的是"堵"的办法，比如，出重拳侦破制造假电话卡的犯罪集团；发现了哪部电话机使用假卡了，便立即关闭这部电话机的国际长途业务，这一措施也使许多持真卡的人打国际长途变得不方便。不过，在"堵"的同时，日本社会迅速研发难以伪造的新磁卡，让假卡无法使用。当然，也存在"魔高一尺道高一丈"的现象，但是，随着真卡的技术不断完善，目前任何假卡都已无"用武之地"了。用技术更新对待犯罪行为，与多抓人相比，更易缓解社会矛盾，减少社会仇恨，也属治本之策。

"堵"是社会治安管理的权宜之计，"疏"是社会治安管理的治本之策。如果我们的治安政策能够更多着眼于"大治安"，我们的社会治安形势会发生根本的转变！

（原载于法制网"法之光专家博客"，2011 年 10 月）

城市化扩张中的个性化社区建设与犯罪预防

【摘　要】城市迅速扩张，新社区拔地而起，但缺少文化沉淀，缺少社区凝聚力，人们深居单元房"老死不相往来"。西方靠教堂，我们靠什么吸引居民走出单元房，参加社区活动，建立新型社区文化呢？社区综合性图书馆建设和挖掘社区传统的节庆文化是应考虑的两种方式，社区有了独特文化就有了灵性，有了邻里守望，有了未成年人的关护。社区有了凝聚力，就会和谐和稳定，就会有效地抑制违法犯罪。

培育"个性化社区"是社会管理创新的重要切入点，"个性化社区"会有效提升居民融入社区的内驱力，提高人口素质，提升居民幸福感，预防犯罪，稳定社会。

一、西方靠教堂，我们靠什么吸引居民走出单元房

随着城市建设步伐的加快，越来越多的传统宿舍区和乡村在消失。人们搬进了各式各样新社区，钻进了高楼大厦，开始了一种"老死不相往来"的"新"生活。社区外，激烈的学历竞争和职场竞争使人们变得孤僻和烦躁，社区内，人们缺乏互动，只是电梯里的过客，这是新社区令人遗憾的现实。

社区的和谐需要社区居民充满善意的良性互动，在西方的基督教社会，让人们在周末"走出来"而不是宅在单元房的内驱力是教堂。周六周日人们会不约而同地聚集到教堂做礼拜，宗教仪式结束后，居民会在一起交谈、聚餐，加深彼此的了解，遇到困难大家相互帮助，视如亲人。

在今天的中国，我们靠什么力量把居民从单元房里吸引出来，完成人类所必需的社会互动和情感交流呢？中国的社会现实决定我们无法模仿西方的基于宗教信仰的社区交往模式。另辟途径，可以借助于"个性化社区"建设，比如，通过社区图书馆、社区传统节日、社区小剧场、社区健身（包括广场舞）等方式让居民走出单元房，增强情感互动和社区文化认同。

二、建设社区图书馆，增强社区凝聚力

20世纪90年代在住房商品政策的推动下，各种新社区拔地而起，开发商和住户重视道路、商业、学校、医院、停车场的配套，甚至娱乐场所的配套，很少有人去重视社区图书馆的建设，即使在一些宏大的、商业极为发达的高档社区，也很难见到一所图书馆。有一组中国大都市——北京与世界其他城市图书馆比较的数据令人震惊：2010年北京市共有图书馆25个，而2009年东京拥有图书馆396个，纽约有253个，伦敦149个，分别是北京的15.8倍、10.1倍和7倍。造成这种巨大差异的原因是北京缺少星罗密布的社区图书馆，在北京虽然有不少社区设有科普图书室，但图书杂志少而旧、阅读环境差、设备陈旧、活动单一，甚至仅是几份报纸挂在架子上，形式大于内容。

中国社区图书馆的缺乏原因在于这一类设施不容易产生商业利润，开发商大多不愿意兴建公益性质的图书馆。而社区图书馆是传承社区独特历史、培养社区独有文化，供社区居民知识学习、情感交流、获得精神享受和素质提升的重要平台。当然，我们不能强求开发商兴建社区图书馆，开发商必须考虑企业利润。而兴建社区图书馆责任应归地方政府，政府必须向社区文化建设投资。

一座真正的社区图书馆不是书摊和报摊，它应该是国家或城市一级的图书馆的"缩小版"。具有一定规模性并"五脏俱全"，不仅能让居民阅览和借阅书籍、报刊，上各种信息平台查找资料，而且要能播放电影、举办演讲会和小型文艺演出，以及为居民提供自娱自乐的场所。只有这种综合性的图书馆才能吸引社区居民和儿童，让社区居民走出单元房，阅览图书，参与社区举办的各种喜闻乐见的活动，并逐渐形成独特的社区文化，提升社区品位，强化社区凝聚力。

三、营造社区文化，促进居民融合

培养"个性化社区"除了建设社区图书馆外，还可以通过一些社区独有的民俗或节庆活动来实现。这些活动有助于社区居民的彼此相识、情感交流和社区认同，达到邻里守望、维持社区和谐稳定的目的。社区自治组织可以根据居民族群的特征，在相关节假日组织社区文化庆典，弘扬中国及社区的传统节庆文化。通过这种节庆活动，老住户结识新住户，大家在活动中建立友谊，成为朋友，使社区具有了生命力。

我曾在日本的东京和神奈川生活了11年。日本的盂兰盆节是一个非常隆

重的节日，每个社区都会抬着神龛，举行各具特色的庆祝游行，或是在社区的神社里，集体围跳传统舞蹈。当时，我是一名留学生，但每逢参加盂兰盆节的庆祝活动，都会迅速融入节庆气氛中，随着号子移动神龛，随着音乐翩翩起舞，人们之间减少了隔阂，相互传授和交流，感受到实实在在的社区存在。我与我的同学们就是通过一次次这样的活动，了解了日本民间，加深了邻里感情，良好地融入了社区。

在中国，新建社区基本完成入住工作之后，政府和社会组织应当考虑为其营造一个融合传统文化、健康向上的、独具特色的社区氛围。如果新社区有了一个将居民联系起来的独特文化，就会具有凝聚力，社区文化的软实力会使社区具有灵性，社区团结，邻里守望，社区未成年人有人关护，社区秩序和谐稳定，违法犯罪现象自然会得到抑制。

四、强化社区犯罪预防与心理介入

随着城市的扩张，城乡结合部的面积在迅速膨胀，未来几年里，前往城市寻找发展机会的外来人口还会继续增加，城乡结合部因其生活成本低，依然会是外来人口居住和生活的主要场所。

以往的犯罪学研究显示，在城乡结合部，盗窃、抢劫等街头犯罪的发生率较高。因此，在城市的扩张中，在新社区拔地而起的同时，我们还需要进行科学的犯罪调查和预测，即通过公安、司法、学校、社区和统计部门，摸清辖区内的刑满释放人员、有违法犯罪记录的未成年人、有离家出走或经常逃学经历的未成年人、精神病患者、残缺家庭，以及低收入群体在辖区居民中的比例和分布等情况，并根据相关统计资料，综合分析社区犯罪率的变化趋势。制定一套"犯罪预防规划"，这将有助于城市社区对可能的犯罪行为及突发性事件未雨绸缪。

在建立健全新社区的治安体系中，除了设立公安派出所外，还可以考虑设置心理咨询室和法律咨询室，为社区居民提供免费的心理咨询和法律服务。指导居民心理健康，缓解社区各种矛盾。在外来人口较为集中，社会秩序相对不稳定的区域，以及潜在的犯罪人员相对集中的区域，可优先配置心理咨询师和公益律师，提供及时的社区服务。应当说，这类社区服务建设比单纯的建围墙、安装探头、监控"高危群体"等更能有效地遏制违法犯罪和突发性事件的发生。

（原载于法制网"法之光专家博客"，2011年10月）

中国的"天眼工程"与英国的"零容忍"改革

【摘　要】监控探头是一把双刃剑，一面能监视违法犯罪者，提高破案准确率和快速出警能力。另一面也容易侵害公民的荣誉权、隐私权、肖像权、自由权等基本人权，在推进"天眼工程"科技强警的改革中，我们应当权衡利弊，规避英国"零容忍"社会治安改革的弊端。

"天眼工程"是近些年来在许多省市方兴未艾的"科技强警"的一部分。所谓"天眼工程"是指以智能视频监控为主，将交通、治安、社会公共视频等监控资源进行整合，同时设立电子警察、智能卡口，路边报警对讲系统，实现人防物防技防相结合的"点、线、面"全覆盖的社会治安信息联动体系。

据广东省佛山市报道，2010年以来，该市禅城区投入上亿元打造"天眼工程"。该省中山市的"天眼工程"立竿见影，截至2011年10月底，通过视频监控系统，公安机关处理案件19238宗，其中重大案件4857宗，登记涉案人员12276人，市"两抢一盗"❶案件得到了有效遏制。

据北京报道，2010年底开始，北京市在1000多个老旧小区加装了18000个探头，并力争在两三年内把所有探头的图像引入公安机关的三级平台。

据河南省滑县报道，截至2012年2月底，该县政府已投资2100万元，铺设光缆1000余公里，安装视频摄像头近6000个，实现全县23个乡镇（新区）1021个行政村的视频监控全覆盖，共破获各类案件153起，抓获违法犯罪嫌疑人67人，追回经济损失65万余元，有效提高了群众的生活安全感和满意度。

在人们为"天眼工程"防控犯罪的效果欢欣鼓舞时，犯罪学者还需冷静研究和进一步的观察分析。首先，探头数量的增加，给警察侦查、破案提供了便利，但它与犯罪数量变化是什么关系，是我们期待的负相关关系吗？就是说

---

❶ 两抢一盗：是公安系统对抢劫、抢夺、盗窃三类犯罪的简称。

随着探头数量的增加,犯罪数量会下降,探头数量与犯罪变化规律是什么,还需要长时间观察、统计和分析。其次,关注和研究英国20世纪90年代,以多安探头为手段的"犯罪零容忍"的治安改革经验与教训。

1991~1997年,英国原首相约翰·梅杰继承撒切尔夫人的治安改革政策,政府招聘更多的专业化警察,对社区的监督组织继续财力方面的支持,并扩大至500万个家庭。监控探头被政府拍卖给地方行政区域,众多企业也积极参与安装监视设备,监控探头的数量迅速增加。从目前掌握的资料看,"犯罪零容忍"的社会治安改革遭到市民的普遍抵制,并导致市民对警察信任度大幅下降。因为无差别的监控使普通市民平添了被监控的耻辱感,通过探头采集信息后寄来的冷冰冰的罚单和调查表,拉大了警察与市民的距离。英国市民似乎更加认同传统"破窗论"的治安管理方法,即根据窗户破损的状况,对治安重点地区进行集中整治,这种治理方式因打击犯罪重点明确,对普通市民的伤害小。因此,中国公安系统在推进"天眼工程"过程中,应当吸取英国"犯罪零容忍"的社会治安改革的教训。

我们必须充分意识到探头是把双刃剑,一面能监视违法犯罪者,提高破案准确率和快速出警能力。另一面也极易侵害公民的荣誉权、隐私权、肖像权、自由权等基本人权,而后者对现代社会的伤害不可小视!2011年8月末,网上疯传探头抓拍汽车驾驶室内"摸胸照",调查结果为绵阳交警支队外雇电脑维修工,未经允许悄悄将视频上传网络。近年来,公民个人信息外露事件频发,网络成为个人信息泄露的主渠道,但治安探头的信息管理会不会成为"重灾区",我们必须防患于未然。在考察基层派出所的视频监控管理工作中发现,相关《卡点视频监控管理规定》中强调"视频监控录像提取后只适用于对违法犯罪嫌疑人的犯罪行为的证据认定",但是"视频监控录像必须是民警才能提取",以及出现"泄密"、"泄露隐私"、"流传到互联网等媒体"所产生的法律责任由提取人自己承担,这些规定给普通民警以太大的权力和太重的责任。公安机关的现行规定应当进一步明确视频监控录像提取的级别和职责,缩小民警权力和责任范围。同时,加大全国在此方面的立法力度,严格规范探头的设置范围、探头安装的审批单位、探头资料采集时间、视频监控录像资料的保管和销毁期限、界定安装探头的公共空间,特别是内保系统的探头安装更应当考虑到尊重职工的人权,为其营造出一个符合现代化管理、人性化的工作生活环境。

(原载于法制网"法之光专家博客",2012年4月)

宪法好使

——异国他乡对话警察的治安管理

【摘　要】这不是一篇理论杂文,而是作者在日本留学时的亲身经历,一件小事透出警察与宪法的关系,以及宪法的至高与神圣。

夜深了,皎洁的月光透过北海道杨的树丛洒落在弯曲的柏油路上,结束晚自习的我放松着心情,蹬着自行车返回学生宿舍。突然,一名警察从树丛中闪出,手臂向前平伸,五指张开,示意我下车,在日本警察不能无故拦截公民询问,这是侵犯公民的自由权,警察的拦截必须有其合情合理的原因,我马上意识到自己没开车灯,便停下车。警察过来抬手敬礼,然后问道:"为什么不打车灯?这很危险,机动车会撞到你的。"

我解释道:"车灯刚坏,这两天忙于打工和论文中期发表,确实没抽出时间去修理。"

警察问我叫什么名字,并且对照车梁上的警视厅登录号,呼叫总部进行核对。

长期在日本留学的人都知道,警察夜间拦截不开车灯的自行车开场白都是关心你的生命安全,其实另有"一箭三雕"的目的:第一雕是查自行车盗窃;第二雕是查占有离脱物横领;第三雕是查非法移民。"占有离脱物横领罪"估计读者不熟悉的,俗称"顺手牵羊"。在日本经常可以看到废弃的彩电、冰箱、微波炉、自行车、书桌、书架等,日本人称其为"粗大垃圾"。上个世纪八九十年代中国留学生大多是"赤手空拳"到日本,许多人有过捡拾"粗大垃圾"的经历,在众多"粗大垃圾"中唯独自行车不能捡,因为每辆自行车都在购买时以买主的名字进行过防盗登录,你以为是废旧自行车,没人要,捡回去修理一下就骑,像我这样遇到警察盘查,你麻烦可就大啦。若是有人报失的自行车,你会以盗窃的嫌疑被抓,若是无失主的自行车,你也会以"占有离脱物横领"的犯罪嫌疑被送到警察署。日本《刑法》第254条规定:"侵占他人的遗失物、漂流物及其他所有物的，处 1 年以下有期徒刑及 10 万日元以下罚金。"许多外国人因不了解日本这条法律而莫名其妙地成为了犯罪者。

很快，对讲机里传来总部核对结果，自行车登录的名字和我姓名一致。警察开始上下打量我，似乎想让我发毛，然后，按部就班地进入下一个程序——查非法移民，他突然问道："你是中国人吧？"

"是啊。"我毫不犹豫地答道。

"请拿出你的外国人登录证。"警察的表情变得很严肃和怪异。

"凭什么是中国人，就要拿外国人登录证？"我有一种被侮辱的感觉，转身将自行车靠在杨树旁，摆开持久论战的姿态。

警察似乎回避我的质问，只是不停地重复地讲解：根据日本法律，外国人有随身携带登录证的义务，请你配合我的工作。如果你的登录证落在家里了，没有带在身上，我可以陪同你到家中去取。

"你刚才问的是中国人吗，不是外国人，你知道吗，你要求我拿出登录证理由很失礼。"大约与警察理论半个来小时，彼此都不让步。此时一位同校的欧洲留学生哼着小曲，也骑着未开车灯的自行车，飞快地从我们身旁骑过。我灵机一动，话题一转，指着远去的欧洲留学生问道："他也没开车灯，从你身旁骑过，你为什么不截他？为什么不让他出示外国人登录证？难道因为他是欧洲人、是白种人？"面对我新的提问，警察语言有些示弱，表情流露出几分尴尬。

"我认为你违反了人人平等，不被歧视的《宪法》第十四条。"一提到《宪法》，警察神情迅速变化，脸上流露出敬畏和崇敬，他突然"啪"的一声后脚跟对磕，打了个立正，右手有力扬起至发髻，行了一个正规的军礼，郑重其事地说："张先生，我还有要务在身，先走了。"骑上公务自行车掉头离去。

也许有读者会为我与日本警察的"据理力争"，欢呼喝彩，认为我胜了，他败了，他理屈逃走了；或者认为我为在日中国人争了光，维护了中国人的尊严。当时，我确实有过一丝自豪感，但更多是被警察一百八十度的转变惊呆了，我长时间地望着他的背影在夜幕中消失，却平添了几分敬意。

宪法神圣！宪法好使……

（原载于法制网"法之光专家博客"，2012 年 8 月）

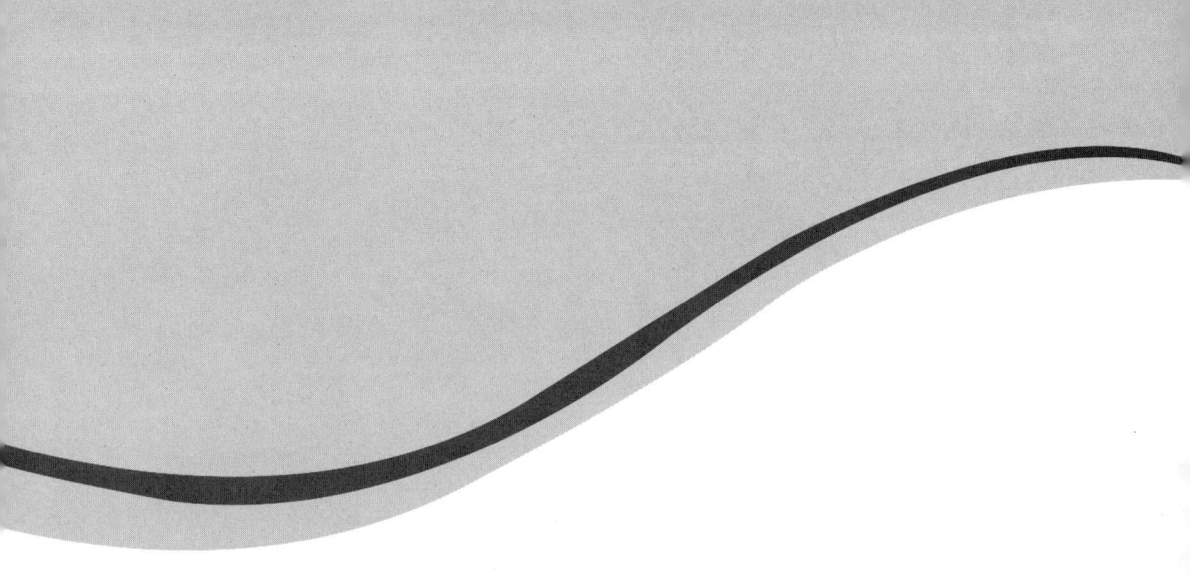

第四部分

未成年人保护与青少年犯罪研究

重新认识我国青少年犯罪发展变化的阶段划分问题[*]

【摘要】 新中国成立以来的青少年犯罪的阶段划分问题，是20世纪80年代中国青少年犯罪研究起步阶段，学界讨论最多的问题。为适应那个时代的需要，将"四人帮"和"文化大革命"十年内乱的影响解释为当时青少年的犯罪上升的重要原因。学界普遍认为，新中国成立到"文革"前的全国犯罪数及青少年犯罪数是平稳缓慢下降，"文革"后及改革开放初期，犯罪及青少年犯罪上升明显。笔者根据"六五"国家哲学社会科学"青少年犯罪学"课题组通过对辽宁、四川、陕西三省在押犯三十余年十余万张档案卡的统计分析，提出"文革"前十七年，存在着三个犯罪高峰期，并不是一直平稳地下降，青少年犯罪占犯罪总数比例的增加不是"文革"后期和改革开放之初突变的结果，而是新中国成立三十余年中缓慢变化的过程，其中有青少年犯罪的内在规律需探索，一般犯罪的变化曲线与不同时期的社会变迁程度相关联。

【关键词】 犯罪高峰期　青少年犯罪　阶段划分　犯人档案卡

所谓"青少年犯罪"是指年龄在25岁以下群体的犯罪。关于新中国成立以来我国青少年犯罪发展变化的阶段划分问题，犯罪学界存在着两种传统的划分方法。一种是将新中国成立到"文化大革命"以前（1949~1966年）划分为第一个阶段，青少年犯罪呈现出稳步下降的趋势。从"文化大革命"开始到"严厉打击刑事犯罪活动"（1966~1983年）为第二个阶段，青少年犯罪呈现出逐步上升的趋势，持这种观点的多数学者认为"文化大革命"十年内乱是现阶段犯罪上升的主要原因。并将两个阶段形容成"V"字形。[1] 另一种划

---

[*] 本论文获1987年中央国家机关青年优秀论文三等奖。

[1] 参见邵道生：《对我国青少年犯罪发展阶段划分的质疑》，原载《青少年犯罪研究》编辑部编《青少年犯罪研究文集（下集）》（内部）1983年，第238页；张文俊：《也谈"划段"》，第244页。

分方法认为，"文化大革命"是一个特殊的历史时期，公检法等机构被砸烂，整个社会严重失调，青少年的打砸抢犯罪甚多，应该作为一个特殊的阶段划分出来，即1949～1966年为第一个阶段，1966～1976年为第二个阶段，1976～1983年为第三个阶段。❶ 两种传统的划分方法争论的焦点是"文化大革命"十年是否作为一个独立的阶段划分出来。笔者认为，两种观点大同小异，都认为新中国成立以来，我国青少年犯罪的变化仅有一个高峰期，即"文化大革命"，而且两种观点都存在着一个共同的缺陷，缺乏科学的统计数据，带有很大的主观臆断性。

1984年底，我们对辽宁、陕西、四川、山东、天津五省一市自新中国成立三十多年来犯人的历史资料（即犯人的档案卡片）进行了5%～10%的抽样统计调查，经计算该抽样的把握程度达70%左右，为了回避政治运动带来的反革命犯的判刑与平反问题，我们单纯地以一般刑事犯罪❷为数据绘制了五省一市三十几年来"青少年一般刑事犯罪占全部一般刑事犯罪比例曲线图"、"一般刑事犯罪绝对数变化曲线图"、"青少年一般刑事犯罪绝对数变化曲线图"等。经过比较分析得出了与传统划分观点不同的研究结论，在此提出与专家学者共同探讨。

第一，青少年一般刑事犯罪的绝对数上升与下降与全部一般刑事犯罪的绝对数的上升与下降基本同步。"文化大革命"前十七年，一般刑事犯罪曾出现过二至三次相对高峰年度或高峰期。

青少年一般刑事犯罪率的计算公式是"青少年一般刑事犯罪率=（该地该年青少年一般刑事犯罪总数÷该地该年青少年人口总数）×1000‰"根据这个公式的结果描绘的曲线图最科学。但是，由于我国以前的青少年犯罪和青少年人口等原始数据残缺不全，很难计算出每年的青少年犯罪率。因此，运用随机抽样的方法，并归总计算出来的青少年犯罪绝对数（或称总人数），并绘制曲线图，应当说也是一种可行的统计方法。

从图1不难看出青少年一般刑事犯罪与全部一般刑事犯罪的运动曲线基本一致，其他省市的曲线图也大体相同。这种同步现象说明青少年犯罪是社会犯罪问题的一部分，它与社会犯罪现象升降受到共同要素的影响与制约。

"文化大革命"前十七年并不是像以往研究推测的"青少年刑事犯罪是稳

---

❶ 参见张清贵：《也谈对我国青少年犯罪发展阶段的划分》，第241页。

❷ 一般刑事犯罪指除反革命犯罪以外的一切刑事犯罪。

重新认识我国青少年犯罪发展变化的阶段划分问题

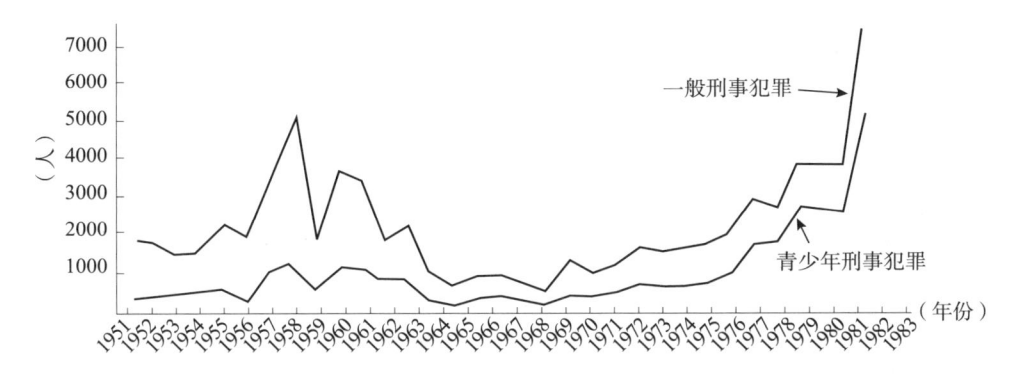

图1 辽宁省33年一般刑事犯罪与青少年刑事犯罪变化曲线

步下降"的趋势,在十七年中全国分别出现了三个青少年犯罪高峰年度或高峰期,分别是1955年、1957~1958年、1960~1962年。为什么这些时期出现青少年刑事犯罪案件的上升呢?主要与社会变迁的急剧程度关系密切。所谓社会变迁是指社会制度、社会结构、社会组织、人口、人的自然环境以及道德、法律、风俗习惯、时尚等社会现象的突然的、急剧的变化,或缓慢的变化,逐步地演进。社会变迁的形式是多种多样的,包括总体和局部、进步和退步、长久和暂时、有益和有害、有计划和无计划等。急剧性的社会变迁,不管它是倒退的还是进步的,都必然带来对原有社会结构、人与环境的关系、道德、法律等方面的大量整合问题出现。社会整合的能力越强,社会调整或协调不同因素矛盾,使之成为统一的体系的过程越迅速,结果越完善,就越能减少变迁中的漏洞,有效抑制犯罪。否则就会出现社会发展的不协调,社会管理漏洞增多,社会犯罪现象也随之上升。

一般刑事犯罪与青少年刑事犯罪变化曲线图让我们看到,青少年犯罪与整个社会犯罪的状态基本同步,说明青少年犯罪与整个社会犯罪据有共同性,受到共同规律的制约,解决青少年犯罪问题必须与解决整个社会犯罪问题联系起来思考,并制定有效的控制与预防对策。前述的犯罪学界用"V"字形来说明新中国成立以来青少年犯罪发展变化的趋势有其主观臆断和不科学成分。"文化大革命"前十七年青少年犯罪问题并不像传统观点描述的呈"稳步下降的趋势",而表现出波浪式或上下跳跃的发展趋势,有些年度还具有较大幅度的上升。比如,天津市的调查表明,1955年的刑事犯罪数是新中国成立三十余年中的最高峰。另外,"文化大革命"中,公检法等机构被砸烂,社会处于"群众专政"的非常时期,法制不健全,重罪轻判、有罪不判的现象较多。但是刑事案件有区别于反革命案件的特殊性。"文化大革命"中刑事犯罪的原始数据，对于我们认识这一时期的刑事犯罪的变化趋势仍有一定的参考价值，我们的研究不应当忽视对这个阶段的基本犯罪数据的分析研究。

第二，青少年一般刑事犯罪占全部一般刑事犯罪的比例，新中国成立以来是缓慢上升的。并不是像传统观点认为的，"文化大革命"前青少年刑事犯罪占全部刑事犯罪的比例逐年下降，"文化大革命"以后，该比例出现了大幅度的上升。

我们在对辽宁、陕西、四川三省犯人档案卡片进行随机抽样统计的基础上，计算出青少年一般刑事犯罪占全部刑事犯罪的百分比，并按移动平均数公式将百分比数进行整理，绘制成"辽宁、四川、陕西三省青少年一般刑事犯罪占全部一般刑事犯罪比例曲线图"。（见图2）

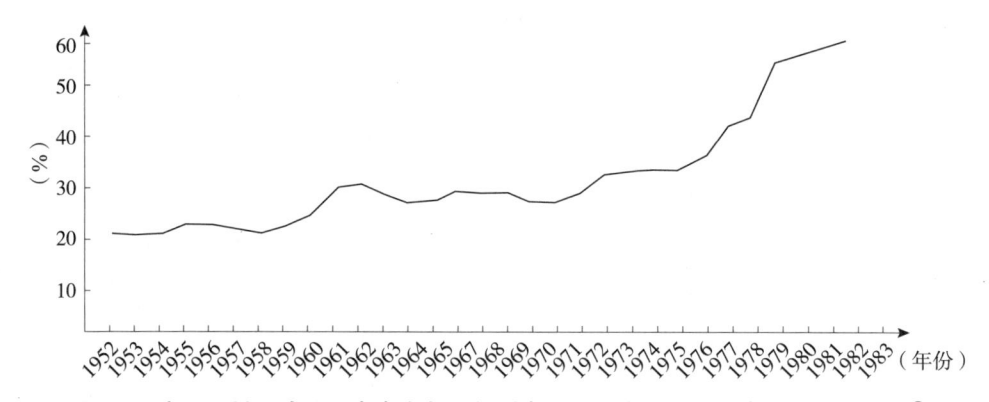

图2　辽宁、四川、陕西三省青少年一般刑事犯罪占全部一般刑事犯罪比例曲线❶

根据图2的数据计算，1952～1960年青少年一般刑事犯罪数占犯罪总数的百分比在20.9%上下波动，平均差为0.86。1961～1975年青少年一般刑事犯罪的百分比数上升为28.9%，上下波动的平均差为1.9。1976～1979年比例数每年以5%～7%增加，以后几年基本保持在57.6%左右。（注：城市的青少年刑事犯罪的比例要高于这个数据）

从图2的运动曲线可以说明前述的青少年犯罪的阶段划分的判断是不准确的。新中国成立三十多年来我国的青少年刑事犯罪占全部刑事犯罪的比例数是缓慢上升的，1976～1979年上升的速度稍微加快，在这个过程中，并未出现"文化大革命"前青少年犯罪比例数的下降，也未出现比例数字上的大起大

---

❶ 该曲线是从辽宁省劳改局犯人档案卡片中抽取65901张进行统计的结果。

落。现在青少年刑事犯罪数占刑事犯罪总数的比例达60%左右，这一比例的出现并不是近些年突变的结果，而是三十年间缓慢增长的结果。就是说，目前青少年犯罪已大大超出成年人的犯罪数量，成为一个严重的社会问题，必须引起全社会的高度重视。同时青少年犯罪比例的增加应当有其内在规律可寻，不值得过分惊诧，但需认真研究，找出比例上升背后的社会原因、心理原因及生物原因等，进而提出可行的防控策略。

在对统计数据进行分析的过程中，我们还发现了一个非常有趣的现象。青少年刑事犯罪的比例数的变化，并不完全受到该年全部刑事犯罪绝对数和该年青少年刑事犯罪绝对数的上升与下降的影响。比如，1955年四川、辽宁、陕西三省全部刑事犯罪的绝对数上升，比1953年分别增加了242%、48%和18%，青少年犯罪的绝对数也随之增加，而青少年刑事犯罪占刑事犯罪总数的比例数与1955年相比仅上升了2.3%；1965年四川、辽宁、陕西三省刑事犯罪总数下降，比1964年分别下降了50%、44%和10%，青少年犯罪的绝对数也比前一年有所减少，但青少年刑事犯罪占全部刑事犯罪的比例数比前一年三省平均上升了0.3个百分点。这种现象说明青少年犯罪除了具有与社会犯罪的共性外，又有其特殊的运动规律，即青少年犯罪本身的特殊性。就是说，青少年犯罪比例的变化发展不完全受到总体犯罪绝对数上升与下降的影响，存在着自己内在的规律和特殊的运动轨迹。这条特殊的运动轨迹将是我们研究青少年犯罪的特殊性、青少年犯罪的社会原因、心理和生理原因的突破口，其中也一定蕴含着非常有价值的变化规律。

总之，笔者认为，对于新中国成立以来青少年犯罪发展变化的阶段划分问题需要重新认识，前述的学者的划分方法将复杂的问题简单化，是缺乏科学性、缺少调研的划分方法。

(原载于《青年研究》，1986年第8期)

中国青少年社会问题研究

【摘 要】20世纪七八十年代,"文革"结束,百废待兴,国门打开,冲突凸显,青少年社会问题引起了国家领导层和学界的广泛关注。初期调研,观点纷纭,主要围绕青少年犯罪、自杀、就业、群体骚动、婚姻恋爱以及现代化进程与青少年等领域展开,留下的许多调研与思考,至今仍有参考价值。

【关键词】青少年　社会问题　历史进程　理论综述

青少年社会问题的研究是应用社会学研究中的重要内容,它研究的是青少年群体或个体与社会关系或社会环境的失调现象。

中国是一个人口年轻型的国家,从1987年国家统计局公布的人口统计数据看,总人口为10.7233亿,其中30岁以下人口有6亿多人,人口年龄的中位数为24.2岁,在全国工人中青年占70.17%,农业劳动力中青年占60.86%,商业职工中青年占60.91%,其他服务行业中青年占49.6%。对青少年社会问题的治理直接关系到整个社会生产力的发展和社会秩序的稳定。因此,近年来得到了党和政府以及社会科学工作者的高度重视,使这一研究领域得到了长足的发展。

一、青少年社会问题研究的进展

早在1933年,卜愈之先生著的《社会学及社会问题》一书,就全面介绍了社会学的研究范围,在分析社会问题的有关章节中提及青少年社会问题。30年代末期,著名社会学家孙本文先生著有《现代中国社会问题》,在"社会问题的定义"一节中指出:"一切社会问题都源于失调,当社会变迁时,社会文化各部分的速率不一致,有的部分变迁快,有的部分变迁慢,于是便产生了文化或社会失调问题,当这种失调影响到多数人时就成了社会问题。"该书在有关章节中也提及了青少年社会问题。此外,1934年,社会学者、犯罪学家严景耀先生著有《中国的犯罪问题与社会变迁的关系》一书,运用了社会学方法研究了犯罪问题，并有专门章节记述了"青少年犯罪"、"青少年偷窃"。上述专著在 30 年代的社会学界都是颇有影响的，但它们都是综合论述社会问题或专门探讨犯罪问题，对于青少年群体或个体的社会问题研究较少，并且缺乏系统。真正系统地、全面地研究青少年社会问题是从 1979 年开始的。

由于"文化大革命"十年动乱造成的后遗症，当时中国社会存在着两大严重的青年社会问题，即青少年犯罪问题（青少年犯罪的比例从建国初期的占社会犯罪总数 10%～20%，上升到 1980 年的 61.2%）和返城、留城的知识青年待业问题。1979 年 8 月 17 日，中共中央转发了中央宣传部等 8 个单位《关于提请全党重视解决青少年违法犯罪问题的报告》的通知，该报告指出："对青少年犯罪问题，绝不能就事论事，孤立地去对待它""培养教育青少年一代，关系到我党和国家的前途，关系到我们民族的兴衰""要统一组织宣教、政法、财经等部门和工会、妇联等人民团体齐心协力，有计划有目的地进行调查研究，及时交流情况，总结经验。"在中央报告精神的指导下，1980 年中国社会科学院与共青团中央联合组建了青少年研究所，并创办了《青年研究》杂志，该杂志设有青少年问题专栏。该所成立后紧紧围绕当时社会最敏感的青年问题进行了大量艰苦的社会调查。1982 年 6 月该所又在全国成立了青少年犯罪研究学会，并创办了会刊《青少年犯罪研究》。该学会联合大专院校、公检法司等实际部门进行科学研究，并在 1982～1989 年召开了三次全国性的年会、三次理事会以及若干次全国性专题讨论会，促进了全国对青少年社会问题的研究，为实际部门解决青少年问题提供了理论依据。在研究工作进一步深入的基础上，学会又在天津、江西、福建、湖北、湖南、新疆、四川等省区市成立了地区的青少年犯罪研究学会，使全国的青少年犯罪研究形成网络。

关于中国青少年社会问题的理论研究，大体经过了两个阶段。第一个阶段是针对社会最棘手的青少年社会问题进行广泛的、大规模的社会调查。当时较为有影响的社会调查有：江苏省社会科学院政法研究所青少年犯罪研究课题组的《江苏省 1953 年以来青少年犯罪概况》（见《中国青少年犯罪研究年鉴》首卷第 96 页）；张荆等在天津市对流失生问题的调查，并撰有《一个新的严重的社会问题——天津市流失生与违法犯罪调查》一文（见《青少年犯罪研究》1983 年第 2 期）；许德琦、吴再德等人的《关于团伙犯罪与青少年不良交往的调查分析》（见《青少年犯罪研究年鉴》首卷第 179 页）；赤光等在 1984 年 6 月进行的"全国六省市青少年犯罪原因"调查；邵道生等进行的辽宁省抚顺市"保外帮教"调查；张宛丽、于真等进行的"全国青年工人调查"

(1984)；张萍等组织的"全国青年农民调查"（1984），以及楼敬波等对"五大城市大龄青年婚姻问题"调查（1984年8月）。这些大规模的调查工作为从不同的角度研究中国青少年社会问题，建立青少年社会问题研究的理论体系收集了大量的资料。

第二个阶段是将大量社会调查理论化、系统化。这一阶段中，由中国青少年犯罪研究学会组织曹漫之教授主编的《中国青少年犯罪学》（群众出版社1987年版）是中国历史上第一部系统的研究青少年犯罪原因、预防、综合治理的专著。此外，较有影响的专著还有：田森著的《当今青少年犯罪问题》（四川人民出版社1983年版），华东政法学院徐建著的《青少年犯罪学》（上海社会科学院出版社1986年版），周路、杨若何等著的《青少年犯罪综合治理对策学》（群众出版社1986年版），马结等人著的《中国青少年犯罪学概论》（北京燕山出版社1986年版），谷迎春主编的《青少年犯罪综合治理概论》（群众出版社1986年版），张潘仕等人合著的《青年社会学》（山东人民出版社1981年版），黄志坚主编的《青年学》（中国青年出版社1988年版），甘永祥著的《青年社会学》（西南财经大学出版社1987年版），夏林主编的《青年学》（河南出版社1987年版）。这些从不同角度研究青年问题专著的问世，丰富了青少年社会问题的理论宝库。

二、青少年社会问题研究理论综述

（一）什么是青少年社会问题

青少年社会问题的研究人员是在特定的历史条件下、由于社会的需要、从不同的研究领域或青年工作领域聚集到一起来的，因此研究人员会从各自的经验或知识结构来理解青少年社会问题。关于青少年社会问题的解释大体有如下几种。(1) 甘永祥在《青年社会学》一书中认为，所谓青少年社会问题是"在社会化过程和社会生活中，青少年与他人、与社会关系并非总是协调的，而可能出现一些这样或那样的问题，当这些问题一时难以解决，并且发展到影响青少年的正常发展、社会的安定与进步而引起人民普遍关注时，即成为了青少年社会问题"。认为青少年社会问题是在个体社会化过程中与社会出现不协调的结果。(2) 魏久明认为，"青年社会问题是青年在社会生活中发生的对社会和自身成长产生重大影响的问题。"强调青年对社会和其自身重大影响，影响社会和青年自身正常发展的问题是青年社会问题。(3) 夏林在其主编的《青年学》一书中指出，青年社会问题是青年在现实生活中遇到的需要人们研讨并加以解决的疑难和矛盾。作者从青年工作角度，认为凡是需要帮助解决的青年自身的疑难和矛盾统统可以算青年社会问题。

关于青年社会问题的研究范围的限定，常常以研究者对青年社会问题的定义的理解为转移，也可以大体分为广义的青年社会问题和狭义的青年社会问题。甘永祥认为，青年社会问题应当包括青年恋爱婚姻问题、代际差异问题、自杀问题、住宅问题、劳动就业问题等。夏林提出，青年社会问题应当包括思想问题（政治态度、伦理道德等）、学习问题（自学、升学、成才等），还涉及宗教信仰、违法犯罪、自杀等。魏久明从平衡论的视角提出，中国青年的基本社会问题主要是"社会进步与青年成长的不平衡、青年自我追求和社会需要的不平衡、青年消费和社会供给的不平衡"。

（二）青少年犯罪问题

在青少年社会问题的研究中，对青少年犯罪的研究无论在社会调查，还是在基础理论的建设上都强于其他社会问题的研究，这得益于社会需要、理论研究、社会实践三者的有机结合。

关于青少年犯罪问题，社会各界最关注的是青少年犯罪的原因。1983年以前，关于青少年犯罪原因有以下7种主要观点。（1）认为当前中国青少年犯罪的原因只有一个，即林彪、"四人帮"的毒害和影响。（2）青少年犯罪的原因是多方面的，可以分为阶级原因、社会原因和青少年犯罪的内在原因。（3）将青少年犯罪的原因归为"五因和七大精神因素"。"五因"是"四人帮"的毒害、阶级斗争的存在、法制观念的薄弱、缺乏有针对性的思想教育、综合治理工作不落实；"七大精神因素"是极端个人主义的唯我观、悲观厌世的"宿命观"、无政府主义的自由观、哥儿们义气的友谊观、杯水主义的恋爱观，低级野蛮的享乐观、亡命称霸的英雄观。（4）认为青少年犯罪是主观原因和社会原因总体结合的结果，即思想道德水平、知识水平、性格爱好、心理生理变化与"四人帮"影响、学校教育失法、家庭教育不当，不良社会环境相结合的产物。（5）认为青少年犯罪的原因可以分为内因和外因，并曾一度出现过在犯罪问题上外因是决定性的因素，还是内因是决定性因素的争论。（6）认为研究青少年犯罪的原因以及它与成人犯罪的区别，应当主要围绕青少年的生物学因素，如发育、遗传、身体素质、病理等。（7）认为青少年犯罪是过去各种消极因素共同作用的结果。

这一阶段对犯罪原因的分析缺乏对各种因素之间联系的研究。

1983年以后，特别是严厉打击刑事犯罪的斗争，为研究人员创造了一个参与调查的实验场。同时，随着研究的进一步深入，有关青少年犯罪研究专著的问世，使青少年犯罪研究理论更加系统化，较有影响的理论观点有以下几种。

（1）北京大学法律系周密、康树华、储槐植三位副教授提出了青少年犯罪的立体模型，该模型来自于社会原因（二维）加个体原因（三维）并附加作用场的理论构想。（见《青少年违法犯罪的原因和对策》，北京燕山出版社1986年版）

（2）中国社会科学院社会学所张荆提出了"急剧社会变迁、社会整合与青少年犯罪"的关系（见《社会学研究》1988年第3期）。作者考察了中华人民共和国成立以来青少年犯罪的演变过程后提出，急剧的社会变迁将迅猛地打破原有的社会结构、道德、法律、时尚、价值系统等，使社会机体出现暂时的不平衡，此时社会整合的速度越快结果越完善，就越会减少急剧变迁中的漏洞，抑制犯罪；否则就会漏洞增多，青少年犯罪现象上升。

（3）中国社会科学院社会学所赤光副研究员提出"个体犯罪因素综合论"观点。作者认为，罪犯本人的内在因素是发生犯罪行为的直接原因。个体的内在因素大体分为两个系统，一是内驱力系统，二是自控力系统。正常人的内驱力向着社会需要，自控力扼制着过分的私欲；而青少年犯的内驱力和自控力倒置，内驱力向着犯罪，自控力薄弱，难以控制不断膨胀的私欲。作者在定性和定量的结合基础上归纳出青少年犯罪行为的形成模式。（见《中国青少年犯罪学》原因篇）

（4）中国人民公安大学武伯欣、刘在平运用系统工程的方法论分析了青少年犯罪增多的原因。他们认为，犯罪现象（反社会行为）并非只是私有制、剥削制度下或资本主义社会的特定产物，它实质上是任何国家社会发展动态系统中多种非平衡因素交互作用的产物（见《青少年犯罪研究》1987年第6、7期合刊）。这些理论从社会运动、青年与社会的协调发展以及社会系统工程的角度分析了犯罪原因，大大提高了这一领域的理论层次。

关于青少年犯罪的第二个热点课题是青少年犯罪的综合治理。天津市的周路、杨若何等著的《青少年犯罪综合治理对策学》全面分析了综合治理的手段、环节和体制。作者认为预防是综合治理的关键，并提出了针对已有恶习的少年的"早期预防"，针对已有一般违法和轻微犯罪行为的青少年的"边缘预防"以及针对劳改释放、解除教养、少管释放青少年的"重新犯罪预防"。张荆研究认为，综合治理青少年犯罪应当加强宏观社会整合能力，即对社会与青少年犯罪发展的科学预测；保证综合治理方案的"实施、反馈、调整"的渠道的通畅和有效；建立健全综合治理青少年犯罪的组织机制。同时着手于各种微观环境的净化。

(三) 青少年自杀问题

自杀是个人与社会，特别是与涉身的人际环境产生冲突，自感无力解决而采取的一种消极的自我解脱方式。当其达到一定数量和比例时即构成一种社会问题。目前关于青少年自杀问题的研究仍然处在材料积累和介绍国外自杀理论的初级研究阶段。但近几年来也出现了一些较有质量的调查报告和分析文章。

（1）韩广生撰写的《他们为什么要轻生——浅论青年的自杀问题》（发表于《社会》1983年第6期）一文，是对沈阳市1982年自杀未遂的317人进行调查后撰写而成的。作者提出中国自杀者的年龄分布呈橄榄型，即两头小中间大，17岁以下的仅占8.6%，18~25岁占60.9%，26岁以上占30.5%，自杀高峰年龄为20岁左右。导致个体自杀的原因从中观的角度分析，主要是社会文化的失调，或个体的心理、价值判断与社会状况或社会环境的不平衡。

（2）1980年黑龙江省杨印军等人对鸡西、鹤岗、双鸭山三个城市进行了典型调查，写出了《青年自杀问题调查》（发表于《青年研究》1981年第14期）。文章提出青年自杀率为1‰，特点是女性自杀的比重大（约占65%），自杀年龄有低龄化的趋势，自杀手段以服药为主（约占91%），自杀前的思想斗争的过程缩短，表现出自杀行为果断。作者认为导致青年自杀的直接原因主要有四个方面：就业就学无望（占37.5%）、家庭不和睦（占28.5%）、婚姻恋爱受挫（占24.5%）、工作不顺（占9.5%）。自杀青年的个性特征主要有：懦弱型（占30%），即任性而脆弱、虚荣心强、疑心大；抑郁型（占50%），即性格内向、人际关系冷淡、内心体验丰富、爱钻"牛角尖"；意志型（占20%），即性格倔强，工作和生活上争强好胜，这种类型的人在遇到重大挫折时容易自杀。

（3）北京师范大学郑日昌副教授撰有《试论自杀的心理因素及其预防》一文，文中提出了自杀中的冲突理论，认为中国改革开放以来青少年自杀人数呈上升趋势，主要原因是传统社会向现代社会转变的过程中变迁是急剧的，一方面青少年个体受到的压力太大，另一方面社会尚未形成宣泄解脱不安或忧虑的方式。并且突出表现为新与旧的冲突、知与行的冲突、期望与现实的冲突，这些矛盾和冲突使青年易产生混乱空虚、无所适从之感。作者又认为，对于青少年个体而言，遭受重大挫折是自杀的直接诱因。同时提出"理智、代偿、升华、渲泄、自慰"等防卫自杀的心理机制，并建议社会重视青年自杀问题，开展心理咨询，建立自杀防治机构。

（四）青年就业问题

新中国成立以来，中国就业问题始终集中于刚刚离开校门的青年身上。结束"十年动乱"之后，全国的就业形势相当严峻，一是因为建国30年来对人口生育缺乏控制，二是"文革"期间全国招收300万农民进城当工人，同时又让2000万城镇知识青年上山下乡，导致了1977～1979年知青大返城。这期间全国每年要安置1500万～2000万青年就业。面对严峻的就业形势和社会的迫切需要，这段时间的青年就业问题的研究得到了较快的发展。1981年中国社会科学院青少年研究所创办了《青年劳动就业》1981年7～8月青少年研究所组织对黑龙江、吉林、辽宁三省进行了大规模的待业青年的安置、管理、教育等问题的社会调查，并撰写了《安置、教育、管理要并重》的专题调查报告。报告总结了东北三省在企业调整时期安置工作的特点，即安置途径由全民单位向集体单位和个体经营转移，安置办法从以块为主（即由劳动部门拨指标，街道共同安置）向"以条为主"（即各系统、各单位包本系统、本单位子女的安置任务）转移。这两大特点缓解了东北地区的就业问题。该报告还提出了"改变培训与就业脱节现象""努力发挥退休职工在集体和个体经济中的作用""调整现有政策促进集体和个体经济的健康发展"等建议，受到了政府有关部门的重视。

在对青年就业问题的研究中，冯兰瑞的《对影响我国劳动就业因素的研究》一文（发表于《青年研究》1981年第22期）在学界影响较大。当时社会上有一种比较传统的就业理论，认为农村人口在全部人口中的比重为80%左右，城镇人口和非农业人口比重为20%左右是合理的，农村不存在着过剩人口。对此，冯兰瑞在文章中指出，农村人口仍然存在着潜在的危机。他以广东为例，广东全省1949年人均占有耕地1.51亩，到1979年人均占有耕地下降为0.85亩。另外从世界上现代化国家的发展状况看，20世纪70年代美国农业人口占4.6%，苏联农业人口占29.3%，中国8亿人民"搞饭吃"是一种落后，靠农业解决就业问题是一种退步。他在文中提出了解决青年的就业问题的几条办法：①控制人口增长，特别是控制农村人口的增长；②发展经济，创办新的企事业；③调整产业结构，发展轻工业和第三产业；④调整所有制结构，发展集体和个体经营，广开就业门路；⑤发展教育，延长青年就业前的职业培训；⑥打破国营企业"铁饭碗"。这些就业理论对指导实践起到了良好的作用。

随着改革的深入，社会学界对青年就业问题的探讨主要围绕的职业培训等问题展开。但到1988年底、1989年初在全国压缩基本建设投资等整顿措施开始实施后，青年就业问题再次引起人们的关注。

（五）青年群体骚动问题

近几年来青年的群体骚动不断发生，成为了青年社会问题研究领域最引人瞩目的课题。对这一课题的探讨，主要围绕以下几个方面展开。

（1）青年群体骚动的特点。张荆认为，青年群体骚动主要表现为自发性、狂热性、暂时性、非结构性（即没有固定的行为规范，主要靠集体情绪的感染）。这种青年群体骚动不同于青年运动，青年运动则表现出方向性、规范性、集中性、过渡性。青年群体骚动是现代社会青年群体影响社会的一种方式，它更多地带来社会的动荡不安，甚至影响有计划的社会变迁。邓丽亚认为，就大学生的群体骚动来说，有4个共同的特点，即：①自发性，组织性差，有较大的盲目性；②趋势骤，发展快；③疏则易消，堵则更剧；④一波暂平，二波酝酿，具有更多性。

（2）群体骚动产生的社会心理因素。单光鼐在对几次青年群体骚动考察后，提出了青年群体骚动产生的条件：第一，社会结构形式中缺乏某种定规；第二，群体大多数成员内心早就郁积有相同或相类似的愤懑情绪；第三，必须是有相当多的人聚集某一场地；第四，必须有某种特殊的刺激存在，群情必须达到一个为全体参与者所共有的顶点；第五，必须有一种模棱两可的情势出现。他还提出了青年群体骚动的心理因素，即模仿、情绪感染、行为感染、去个性化（或匿名状态）、责任的分散。

（3）关于青年群体骚动的分类。邓丽亚将其分为三类：第一，品德不良性骚动，骚动者主要出于好奇、消遣、发泄、报复、无意义的反抗和低下的审美需求，如打群架、集体损坏公物等；第二，利益性骚动，起因涉及学校方面与广大学生共同关切的眼前利益，如"闹伙食"、"闹迁校"等；第三，社会性骚动，这类骚动涉及国家政治、经济、文化生活以及社会风气等重大问题。

（4）对策。对于青年群体骚动问题的解决，单光鼐提出以下对策：第一，制定和完善法制，比如，制定有关群众集会、游行法；第二，提倡领导与群众的直接对话，目的是一方面为年轻人情绪宣泄提供积极的渠道，另一方面宣传党的政策，消除各种误解；第三，一定要杜绝似是而非的宣传；第四，尽量避免非组织的大规模的群体出现，发现"闹事"征兆在小范围解决，不要让其扩大；第五，提高群体内成员的辨认性；第六，及时制止少数人的过激行为；

第七，责任分明，违法必纠。

邓丽亚还提议：第一，建立疏通情绪和意见的专门渠道；第二，及时解决问题，纠正弊端和错误；第三，深入"非正式群体"，建立心理相容；第四，加强行政管理和关键时期的清防工作；第五，增强"正式团体"的吸引力和凝聚力，引导参与实践。

（六）青年婚姻恋爱问题

关于青年婚姻恋爱问题的研究，这几年发表的研究文章非常丰富，分类归纳可以分为两个阶段：第一个阶段以研究大龄青年的婚姻恋爱和青年夫妇的离婚问题为主，第二个阶段以研究青少年婚前性行为和中学生早恋问题为主。

第一个阶段，由于"文革"期间"上山下乡"的知识青年大返城，1978～1984年在北京、上海、广州等大城市出现了大龄青年找对象难的问题。1984年8月，中国社会科学院青少年研究所与中国婚姻家庭研究会联合对北京、上海、广州、重庆、西安五大城市的大龄未婚青年的婚姻恋爱问题进行了调查。整个调查围绕着三个方面展开：①大龄未婚青年的心理状态；②大龄未婚青年的大量存在是否会对社会的稳定与和谐产生影响；③大龄未婚的社会现象会给社会观念带来什么变化。根据这次调查写成的《大龄青年的婚姻问题对社会的影响》一文（载《青年研究》1985年第5期）提出了许多建设性意见，在此期间，各级政府通过婚姻介绍所、大龄青年舞会、联谊会、恋爱角等形式逐渐缓解了这一社会问题。

关于离婚问题，从1981年1月国家实行新的《婚姻法》，放宽离婚的条件后，社会上曾出现离婚案大幅度上升的现象。如广州市1983年1～9月受理的离婚案是新《婚姻法》公布前的1980年全年总和的一倍多，其中离婚案件中结婚一年左右的年轻夫妇占30%～40%，由此引起了社会的震动，许多社会学研究者和社会工作者开始研究调查离婚的原因及对社会的危害。哈尔滨市的一份调查报告将离婚原因分为5类：①草率结婚感情不和占40%；②封建意识作怪对妻子歧视打骂的占20%；③不道德、喜新厌旧占25%；④物质环境限制（如两地分居等）占5%；⑤包办婚姻占10%（见《社会》1986年第3期）。广西南宁市司法局刘毅华对65对青年离婚案进行了调查，认为1979年以来离婚的总趋势有所下降，但是青年离婚率上升；1979～1980年青年人占离婚总数的11.6%，1982～1983年为23.3%，1984年1～9月为55%。当时几乎所有关于离婚问题的研究文章都认为，离婚的增多严重影响社会的稳定。曹念明在《社会科学评论》1987年第4期上发表了题为《当代中国家庭职能的演变与家庭结构的多样化》的文章，该文研究了自有一夫一妻制家庭以来，有关离婚的法律和观念的演变，认为可分为三个阶段：第一阶段是禁止离婚，在中国有"休妻"之说，即丈夫把妻子赶出家门；第二阶段是过失离婚，即一方犯有重大过失方可离婚；第三阶段为无过失离婚，感情成为是否离婚的尺度。前者向后者的演进使离婚制度更加符合人性。目前在中国的离婚案中女性起诉者占70%，这是女性追求婚姻平等幸福的标志之一。这篇文章在学术界引起了较大的争论。近年来社会科学界在"七五"研究规划中没有将离婚再列为社会问题，而是将其作为婚姻问题来研究了。

青年婚姻恋爱问题研究是第二阶段。关于未婚先孕问题是这几年出现的新的青年社会问题，据湖北省对该省钟祥县医院调查发现，1981～1983年未婚先孕做人工流产手术的，15～19岁青少年女性占90.1%（见《青年研究》1987年第4期）。上海市1982年未婚先孕人工流产数为393例，1983年增至5万例，1984年增至6.5万例（见《青年研究》1987年第9期）。马建青撰文认为，导致青年婚前性行为人数大幅度增加的原因主要有6个方面，即西方文化的渗透；性意识的觉醒；道德观念的变更；舆论和措施的宽容；性成熟提前与心理成熟的相对延缓；性教育与现实的不协调。关于对策，学者们提出了努力培养青少年正确的人生观；加强性道德教育，开展科学的性知识教育；建立性科学咨询机构；加强青春期教育，等等。上海市在1986年对该市100所中学进行了青春期教育的实验，收到了良好的效果。

关于中学生早恋问题，1982年成都市教育局对该市中学生进行过调查，发现早恋者超过全班人数的10%，有的班级达到50%。他们呼吁全社会重视这一社会问题，认为早恋严重影响他们的学习成绩、身心健康和正确人生观的形成。文章指出，造成中学生早恋的原因主要是生理发育的提前和教育指导的不力（见《青年研究》1987年第6期）。还有一些文章认为不良的社会影响（如大众传播媒介的宣传）是主要的原因，早恋是中学生的一种错误的模仿行为。

1987年曾涛等人撰文《中学生早恋不具有普遍性》，他们调查了上海市的中学生，早恋者仅占4.1%。对早恋持否定态度的中学生占其总数的30.1%，持比较赞成态度的占9%，前者是后者的3.4倍，因此没有必要过分紧张或大加渲染，而应当有意识地培养男女学生之间健康的友谊。（见《青年研究》1987年第4期）

（七）现代化进程中的青年问题

现代化为人类带来了前所未有的物质享受和精神享受，中国人正在步入现代化。但是，现代化也会带来其相反结果，如青年现代病。刘正民、秦沪鹰在《论现代化进程中的几个青年问题》（载《当代青年研究》1988年第2期）一文中指出，①伴随现代化的过程，一种"世俗化"社会过程不可避免的出现，即从传统社会的崇拜自然、崇拜权威转变为现代的重视人的尊严和独立人格，强调个人的自由、权利、利益。世俗化也会带来消极的因素，如理想的泯灭、享乐主义，拜金主义，并会带来社会组织的涣散和无序。因此，在中国的现代化过程中应迅速建立一种新的道德准则与价值体系，以尽快消除新旧体制转换过程中不可避免出现的道德"真空"。②急剧的社会变迁将促使代际差异的形成，现代社会的学生运动和"青年风暴"是两代人价值观冲突的极端表现形式。张荆撰文认为，步入现代化的国家几乎无一例外出现了"社会的脱序现象与青年的认同危机"，由于社会变迁的频率加快、知识和信息的爆炸，以及现代大众传播媒介宣传的混乱，使青年人出现了对社会规范的认同危机，这种认同危机是现代社会青少年犯罪、自杀、吸毒、卖淫等社会病态现象出现频率加快的重要原因。其次，"青年期向二级延伸与青年欲望的困扰"。现代的物质文明促使青少年生理早熟，而青年人为更好地进入成人社会，又不断地延后结婚年龄、就业年龄等，致使性待业和参与社会欲望以及向成人一样消费的欲望难以实现，这常是现代社会青年婚前性行为增多和青年人周期性群体骚动的重要原因。再次，"同辈人竞争的加剧与情感的困惑"。现代社会把青年推到各种竞争的最前沿，他们从小就生活在各种竞争环境中，而且同辈人的竞争比两代人之间的竞争更使年轻人的情感无法承受，青年的精神病、自杀、神经质便成为今天青年的"现代病"。

青少年社会问题研究在中国是一门新兴的研究领域，尽管近年来得到长足的发展，但从学科建设而言还存在许多问题，①各自为战，缺乏对青少年社会问题的综合性基础理论研究，缺乏对青少年各种社会问题综合性理论把握。除了青少年犯罪研究较为深入外，其他社会问题的研究都还比较肤浅。②青少年社会问题的研究方法过于简单，现代科学的研究方法引入的不够，特别是缺乏对青少年这个群体独特的研究方法。③对青少年社会问题的预测性研究不够，许多研究表现出明显的滞后性。④缺乏一个协调全国进行青少年社会问题研究的机构。⑤这一领域的研究人员流动性大，影响研究队伍的素质以及科学研究的连贯性。

（原载于中国社会科学院社会学研究所《中国社会学年鉴1979～1989》，中国大百科全书出版社1989年版）

日本社区预防青少年犯罪的工作模式研究

【摘　要】 以青少年为对象的犯罪预防与治理具有双重功效，既能抑制当下的犯罪，也能预防未来犯罪。少年儿童离家出走、夜不归宿、逃学及青少年的犯罪数量一直是未来犯罪预测的基本因子。社会不能崇拜监狱矫治的功效，需高度重视社区在预防青少年犯罪的地位与作用，这是为刑事科学实践所证明了的基本理念。在这个理念指导之下，日本社会逐渐形成了以中央政府为主导的社区预防青少年犯罪模式，以警察为主导的社区预防青少年犯罪工作模式，以法务省为主导的刑满释放青少年的社会保护工作模式，以民间团体为主导的地域组织模式。各模式之间协同互补，使日本成为发达国家中犯罪率最低的国家，其治理经验值得借鉴。

【关键词】 工作模式　青少年犯罪　少年警察　虞犯少年

一、社区预防青少年犯罪的基本理念

日本的社区预防青少年犯罪的理念最初来源于宗教的"博爱"，日本著名的教育家留冈幸助是日本社区矫治和预防青少年犯罪的先驱。他于1891年毕业于一所日本基督教教会学校，并被派到北海道任教诲师，有机会接触了大量违法犯罪青少年。1894年他留学美国，回国后于1899年与夫人共同创办全日本第一所"慈善家夫妇感化院"，接纳不良少年到"家中"和社区内共同居住，使他们在"家庭之爱"和良好的社区环境中受到熏陶。就是说，日本早期的社区预防犯罪是以对违法犯罪青少年和有违法犯罪倾向的青少年进行矫治为开端。继留冈幸助之后，以宗教组织和慈善家为主体的各种民间青少年感化组织相继出现。1922年，日本的第一部《少年法》颁布，该法律进一步将民间感化事业纳入法制轨道，并使民间少年保护事业更加活跃。

1933年，日本政府根据新出台的《少年教护法》，将民间的"感化院"统一改名为"少年教护院"，同时，在全国都、道、府、县设立了以政府为主导的少年教护院。政府对这一领域的介入逐渐使原有的社区矫治、预防青少年违法犯罪的民间主导型向政府主导型转变。❶ 这一转变,一方面加大了政府对这一领域的资金投入,加快了这一领域法制化、科学化的步伐;另一方面也使原来民间为主导的开放式社区矫治和预防青少年犯罪系统变得相对封闭,但是民间对社区矫治和预防青少年犯罪的理念、热情以及传统并没有变化和减退。

社区预防青少年犯罪理念的延续和社区预防体系的逐渐完善,还得益于日本司法界长期以来对监狱矫治的悲观主义。监狱、少年院等机构是否能够有效地改造犯罪者,达到特殊预防的效果,日本司法界特别是律师界一直持有怀疑的态度。最近一系列的实证研究证明了这种悲观主义的合理性。1988年起,日本法务综合研究所对当年刑满释放人员进行了6年的跟踪调查,调查结果表明,有10%左右的人在释放一年后又重返监狱,有一半的人在刑满释放6年内又重返监狱。

该项调查还对不同处遇阶段释放者在3年内的重新犯罪率进行考察,并得出一个非常有趣的结果:被判罚金、拘留者的再犯率为16.3%,被判处徒刑、监禁但缓期执行者再犯率为21.5%,被判处缓期执行附保护观察者的再犯率为35.4%,假释者的再犯率为44.5%,刑满释放者的再犯率为52.7%。这说明随着刑罚的由轻到重,重犯率却表现出越来越高的倾向,特别是假释者和刑满释放者的重犯率如此之高,使司法界对监狱矫治的悲观主义更加盛行,同时也加深了理论界和司法实务界对日本刑事司法制度的反思。目前的反思主要集中在以下几个方面。

(1)应当下功夫查明在起诉、裁判、监狱矫治等各刑事司法阶段上,阻碍犯罪者改造、使其重返社会的最大障碍是什么。

(2)按司法程序来处理犯罪者,反而会导致其高比率的重新犯罪。为此,日本必须进一步推进轻微犯罪的非犯罪化、犯罪者处遇中的非刑事程序化、非刑罚化和非设施化,扩大社区在预防犯罪和矫治违法犯罪者方面的功能。

(3)应进一步反思日本现行刑事司法制度,即以有罪和无罪、裁判和判刑为核心的司法机制对抑制犯罪、特别是青少年犯罪方面是否有效,是否妥当。❷

上述反思加大了政府、司法界、民间团体对社区预防犯罪和矫治违法犯罪

---

❶ 吴海航等:《日本不良少年司法救助制度解析》,《青少年犯罪研究》2003年第6期。
❷ [日]大谷实:《刑事政策讲座》,弘文堂1999年版,第339~341页。

者作用的重视，并促进了政府在这方面的人力和资金的投入，进一步完善了日本在社区预防犯罪、特别是青少年犯罪方面的社会机制建设。

关于日本在社区预防青少年犯罪的问题上，日本学术界有两种截然不同的观点。一种观点认为，日本是一个中央集权的国家，至今还未形成类似美国式的"社区"，即以地域社会邻近共同体为中心的，由居民自主参加的社区组织。现在日本的社区仍沿用了传统的"町内会"❶ 和"邻组制度"❷，国家为了社区预防违法犯罪，或者说为了政治的、社会福利政策的需要，在取缔违法犯罪组织的同时，也使对社区有益的、居民自主参加的自治性组织的产生和发展变得艰难。他们还批评政府利用了民间慈善家和热心预防青少年犯罪的人们对国家的忠诚，对这一领域投入过少，对现代社区所必需的"社会工作者"培育不够等。另一种观点与此相反，他们认为，日本在现代化的过程中，将传统的"町内会"和"邻组制度"改造为现代都市化的社区工作模式，政府有效地参与社区管理，协助社区的民间的慈善家和热心预防青少年犯罪的人们，有效地抑制了各种犯罪。❸ 不管上述观点如何对立，但在政府主导社区预防青少年犯罪这点上似乎是一致的。

关于日本社区预防青少年犯罪的工作模式，大体上可以划分为四种类型，即以中央政府为主导的协调青少年问题的工作模式，以警察为主导的少年警察工作模式，以法务省为主导的更生保护工作模式和以民间团体为主导的地域组织化模式。

二、以中央政府为主导的社区预防青少年犯罪模式

日本有一个中央政府管理的青少年问题的协调机构，1966 年以前叫"中央青少年问题协议会"，设在内阁官房内。根据日本《青少年问题协议会设置法》规定，中央协议会由 25 名以内的委员组成，由总理大臣任命。其中众议院指定 3 名，参议院指定 2 名，内阁官房长官及他的相关行政部门职员 11 人，最高裁判所职员 1 人，经验丰富的有识之士 8 人。每月一次例会。1966 年以

---

❶ 町内会：町相当于中国的街道，町内会是日本街道的自治组织。第二次世界大战结束后，联合国占领军根据波茨坦政令 15 号和内务省训令第 4 号，把民间的治安自治组织"町内会"定性为反民主的社会组织，勒令其解散，1991 年《地方自治法》修订，再次确定了町内会为"地缘团体"，具有了法律上的合法性。

❷ 邻组制度：邻里之间的相互守望制度。

❸ ［日］菊田幸一，《犯罪学》，成文堂 1993 年第 4 版，第 440～441 页。

后该组织更名为"青少年问题审议会",由总理府管理。2001年政府机构改革,该机构又归内阁府管理,由政策统括官全权负责。该机构虽然几度更换管理机构,但协调体制和工作性质没有多大变化。

从目前的工作状况来看,中央青少年问题审议会的主要构成人员是各省厅的相关部门的局长,中央青少年问题审议会将文部省的社会教育部门、警察厅、检察厅、家庭裁判所、法务省的青少年相关部门、厚生省的儿童相关部门、劳动省的妇女儿童相关部门等连为一体,形成一个反应迅速、有机联系的审议机构。中央青少年问题审议会除了上述横向的、将各个省厅中与青少年问题相关部门连为一体之外,还有自己的纵向机构,即地方青少年问题审议会——都、道、府、县的青少年问题审议会;在都道府县之下,是地方自治体的末端单位——市、区、町、村的青少年问题审议会。日本社区预防青少年犯罪的工作主要是由町(街道)与区青少年问题审议会相关机构管理。以东京都为例,东京都青少年问题审议会管辖下的区青少年问题审议会,审议会的委员由上述相应的部门负责青少年事务的官员组成。另外,区青少年问题审议会还有各自的团体会员,主要是区议会、保护司会、民生儿童委员协议会、中小学校长会、中小学家长教师会、青少年委员会、母亲会、福利事务所、儿童相谈所、职业介绍所、警察署等。区青少年问题审议会的下属机构主要是由两个系统组成,即辅导联络会和地区委员会。辅导联络会由警察少年科科长、中小学校生活指导主任、保护司、儿童委员、兄姐会(BBC)成员、防犯辅导员等组成。地区委员会是都教育厅社会教育部指导下的派出单位,同时受区青少年问题审议会领导,由青少年委员,妇人团体成员,家长教师会成员,民生委员,自治会会长,町会会长和少年部部长,中小学、高中学校校长和生活指导主任,工厂,事务所,商店协会的代表等组成。❶

中央青少年问题审议会的主要任务是召集和联络各个省厅中与青少年问题相关的部门,对青少年健康成长的相关事项设立提案,制定计划,进行综合性调整,统筹各行政部门的政策实施。比如,2002年针对青少年成长环境恶化、少年恶性犯罪增加的现状,该审议会提出了"净化青少年周边环境"的方针。针对手机短信"幽会"栏引发的少年儿童卖淫问题,审议会出台了有针对性的保护年少者措施等。地方青少年问题审议会的工作任务较为具体,主要是对管辖区域内青少年的指导、育成、保护和矫正等具体政策的制定,对重要事项

---

❶ [日] 菊田幸一:《犯罪学》,成文堂1993年第4版,第442页。

的调研和审议；在政策实施过程中，联络和整合相关行政单位。

社区针对青少年问题的工作更为具体，主要是社区社会环境的净化、青少年业余生活的安排和指导。

地方以下的青少年问题审议会及相关部门的经费，根据日本《地方自治法》的规定，在预算范围内由地方政府给予一部分补助。

三、以警察为主导的社区预防青少年犯罪工作模式

在日本，警察机扬不仅仅是搜查、逮捕的机关，它更重要的是进行犯罪预防的机关，警察的预防活动被分为直接预防措施和间接预防措施。所谓直接预防措施，是指通过戒备活动以及对特定人的警护及对特定设施的警备，防止犯罪的发生。所谓间接预防措施，是指通过对青少年的辅导，防止其成为不良少年，或者通过对社区、行业间的民间防范活动的协助等，防止犯罪的发生。警察所实施的无论是直接预防措施还是间接预防措施，都是以社区为中心展开的。

支撑日本"以警察为主导的社区预防青少年犯罪工作模式"的主要有三种制度，即日本警察的"交番制度"、"少年警察制度"和"少年警察志愿者"制度。

（一）日本警察的"交番制度"

日本警察的"交番制度"也可译为"警察派出所制度"。日本的派出所与中国的派出所差别很大。首先，它的规模很小，"交番"一般都设在各地铁、电车的站口，或都市繁华地带，办公面积一般在10平方米左右。警察3~5人，工作期间着警服，佩带手枪、手铐、电棍等，"交番"警察实行24小时交替执勤。警察派出所制度中，还有一种形式叫"驻在所"。它的规模比"交番"更小，一般设置在农村，由1名警官和妻子组成。"驻在所"既是工作地点，又是生活地点。日本的"交番"虽然规模小，但管理地域集中，多以社区为中心。另外，"交番"和"驻在所"分布广，全国共有约15000个"派出所"和"驻在所"。以东京2004年底统计为例，共有"交番"和"驻在所"1200个，平均每平方公里有0.55个"派出所"或"驻在所"。

其次，日本交番的工作没有类似于中国派出所的户籍管理工作，这项工作由区役所（译为"区政府"）负责。日本交番执勤的警官主要是走访所管辖区域的家庭、单位，预防犯罪，防止交通事故，灾害发生时实施应急措施和各种联络，了解居民有哪些困难、要求和愿望，并与各方面联系给予解决。

各种咨询工作是交番的重要工作之一。在东京都除了一般交番的正式警官外，还聘请了500余名退休警官做交番的咨询员，咨询员佩戴有樱花标记的徽章。他们的工作除了回答行人关于道路的询问、受理遗失物品外，还做事故或事件现场警官的后援、事故或事件被害者的救护、学校周边的巡逻、儿童老人的交通安全等。少年咨询也是交番的重要工作，主要是按少年本人或其保护人的要求进行咨询，包括劝说其接受少年辅导员的指导、通知有关部门对少年进行指导等，以此来防止社区青少年犯罪。

交番警察与社区保持着频繁的联系，警察的社区巡逻对预防社区的青少年违法犯罪极为重要，交番虽小却配有最先进的设备，比如，具有卫星导航系统、无线电联络系统的巡逻车等，派出所警察一方面与警察局的无线电指令室保持密切的联系，另一方面在容易发生犯罪的时间段和地段进行警戒和巡逻，而且，派出所警察在判断要发生犯罪的时候，作为预防措施可以向有关人员发出必要的警告。以交番为点，以机动巡逻为线，布局合理，构筑了有机预防犯罪的城市社区网，使日本警察组织的运营高效。据2003年统计，日本警官在接到110报警后到达现场平均速度为7分28秒，警察的高速反应能力是预防犯罪的有效手段之一。

虽然日本交番执勤的警官都配备有先进的巡逻车，但平常人们更多看到的是一两名穿有制服的警察骑着配有银灰色盒子的自行车在社区内巡逻，这是一种很好的巡逻方式，既节省了警察机构的开支，在大都会堵车的情况下，不鸣警笛，减少市民的恐惧，同时增强了警察的机动性。更重要的是这种方式拉近了警察与市民的距离，增强了警察的亲近感和亲和力。

日本警察的"交番制度"因适合于现代都市的人口流动，促进了警察与社区居民的密切联系，起到了预防社区犯罪的良好作用，为许多国家所关注，并被人们称为"日本经验"。

（二）少年警察制度

日本的"少年警察活动"是警察与社区民间人士相互协力，共同预防青少年违法犯罪的一个有特色的工作模式。该工作模式的依据是日本的《少年法》，旨在利用警察和民间的力量，促成青少年的健康成长，保护青少年的权利不受侵害，防止青少年的违法犯罪。据2001年4月统计，日本全国约有8600名警察从事"少年警察活动"，其中专职警察3800人。在8600名少年警察中，各都道府县警察本部共计约1300人，地区警察署约7300人。

少年警察的主要工作对象被分为非行少年、不良行为少年、要保护少年和被害少年四大类。

第一类非行少年。警察机构将其细分为犯罪少年、触法少年、虞犯少年（译为"有犯罪之虞的少年"）三类型。

（1）犯罪少年是指14周岁以上有犯罪行为的少年。从少年犯罪事件分析，刑罚在罚款以下者直接移送家庭裁判所，刑罚在罚款以上者移送检察官。家庭裁判所在受理犯罪少年的案件中，首先确认犯罪事实是否存在，运用心理学等专门知识，对少年和保护人的生活环境进行调查，根据调查结果决定裁判开始、裁判不开始和移送检察官。移送检察官的案件，将由检察官进一步调查，然后按司法程序再移交家庭裁判所，这个过程被称为"逆送"。裁判开始后，将由家庭裁判所决定该少年是保护观察、移送少年院，或者是不处理等。

（2）触法少年是指未满14周岁触犯法律的少年。在这类案件的处理上，《儿童福利法》的措施要优先于《少年法》，警察必须对触法少年和他的保护人进行指导，提醒其注意，并提供有关建议。在少年没有保护人，或者警察认为保护人不适合监护的情况下，必须向福利事务所和儿童相谈所通报。

（3）虞犯少年是指其性格和生活环境决定将来可能犯罪和触犯法律的少年。主要有以下几个特征：①具有不服从保护人正当监督的癖好；②无正当理由逃避家庭；③与有犯罪可能性的人和不道德的人交际，出入不良场所，比如，与暴力团成员交往，出入脱衣舞场；④有损害自己德性或他人德性的癖好，比如，不断地在繁华地带勾引少女，进行不纯的异性交际等。警察对未满14周岁的虞犯少年进行辅导时，应采取与触法少年相同的措施。对14周岁以上、未满18周岁的虞犯少年进行辅导时，在确认《少年福利法》的保护措施恰当时，应通告福利事务所或儿童相谈所，在确认《少年法》的保护措施恰当时，应移交家庭裁判所。对18周岁以上的虞犯少年进行辅导时，应移送家庭裁判所。据2000年统计，当年警察共向家庭裁判所移送虞犯少年1887名。

第二类不良行为少年。指那些饮酒、吸烟、深夜游荡，有损自己或他人德性行为的少年。少年警察努力与相关部门、团体和志愿者协力，通过积极的街头和社区辅导，对不良行为少年和他们的家庭进行指导、忠告。2000年少年警察共对885775名饮酒、吸烟的不良少年进行了辅导。

第三类要保护少年。指受到监护人虐待、残酷使用或放任纵容的少年，以及根据《儿童福利法》认为有必要采取儿童福利措施的少年。警察若发现了这类要保护少年，应向福利事务所或儿童相谈所通告，并对少年采取必要的福利措施。

第四类被害少年。指受到犯罪或其他阻碍少年健康成长行为侵害的少年。少年警察通过面谈等方式援助少年被害者。

(三) 少年警察志愿者制度

日本的少年警察制度是以警察为主体预防青少年犯罪的工作模式，但并不是靠警察单一的力量来完成此项工作。与少年警察制度相配套还有"少年警察志愿者制度"。2003年，日本对原有的少年辅导员、少年警察协助员、少年援助者和少年指导委员等多种形式进行统合，并废除原有的《少年辅导员制度运营要领》（1970年制定）、《少年警察协助员制度运营纲要》（1973年制定）、《少年援助者制度运营纲要》（1999年制定），统一制定了《少年警察志愿者制度运营纲要》。旨在统一全国多种形式的少年警察志愿者力量，在预防青少年犯罪的共识下，协调行动。

1. 少年警察志愿者的活动内容

新的《少年警察志愿者制度运营纲要》强调，少年警察志愿者以社区防止青少年违法犯罪为核心，与少年问题相关机构、团体及其他志愿者共同合作，在有关合同的规定下，自主活动。

活动内容主要包括：①以车站周边、24小时店、网吧、大型商场、公园等青少年易于聚集的场所为重点，及早发现违法犯罪青少年、不良行为青少年、被害青少年和要保护青少年，对其进行必要的关注和指导。②开展以净化青少年成长环境为目的的社区活动。禁止以少年为对象贩卖烟酒、有害图书、玩具，对这类物品的自动售货机进行撤除，或严格管理，撤除对青少年有性刺激的有害广告等。③以社区为中心开展"培养青少年求上进的规范意识"和"培养我是社会一分子的意识"活动。与学校、社区自治会、妇女团体、体育少年团体等机构和组织合作，组织社区青少年参加清扫公园、清洗街道乱写乱画处等美化环境的活动。访问福利机构，慰问老人和残疾人，参加各种生产体验，举办柔道、剑道、棒球等各种运动会，以及开展创建青少年易于居住场所的活动。④成为社区青少年和他们监护人的良师益友。对于他们的烦恼和担忧及时进行咨询和帮助，成为少年与警察沟通的桥梁。⑤组织预防青少年犯罪的社区对策研修，对社区预防青少年犯罪进行规划和组织实施。⑥与警察密切合作，开展解体青少年违法犯罪组织的辅导工作。比如，进行各种家访和校访，说服少年的家长、教师、雇主，使其脱离违法犯罪组织，并保证其不再重返该组织。

2. 少年警察志愿者的条件与选拔

（1）少年辅导员。由地区警察署署长根据有关条件，向警察本部推荐。警察派出所管辖范围内推荐1名，警察驻在所管辖范围内推荐2名，管辖区域内中学、职业高中等各推荐1名。被推荐者的条件为："有社会威望，了解青少年问题，生活安定，身心健康，具有完成这项工作的热忱和充裕的时间等。"

（2）少年警察协助员。除了少年辅导员的相关条件外，还应当具备精通社区实情，在少年咨询、辅导和教育方面有丰富的经验、知识和技能。由警察署向警察本部推荐1名。

（3）少年援助者。除了少年辅导员和少年警察协助员的相关条件外，还应当具备了解被害少年的有关政策，有知识、有能力缓解被害少年的心理不安。由警察署向警察本部推荐1~2名。

（4）少年指导委员。需参加少年辅导员的活动，作为特殊任务和使命，监督其依法进行少年辅导员的活动。

警察本部长认为被推荐的人符合有关条件时，发给其委任状。在被委任为少年警察协助员、少年援助者、少年指导委员时，应抵押有关的身份证明书，同时成为少年辅导员。

上述志愿者的被委托时间为：少年辅导员和少年援助者的委任期为1年，少年警察协助员委任期为2年，可以连任。少年警察志愿者活动是义务性的，但是，警察部门会用公费为志愿者建立志愿者保险。少年警察志愿者可以因条件不具备、发现其有违法行为、长期疾病不能完成任务、本人提出辞职等原因被解除委任。解除委任或不再被委任时应将身份证明书返还本人。

警察的"交番制度"、"少年警察制度"以及"少年志愿者制度"是操作性很强的工作模式，虽然它们是以警察为主导，但却是以社区为核心，调动民间的力量，警民密切合作，并收到了社区预防青少年犯罪的良好效果。

四、以法务省为主导的违法犯罪或刑满释放少年的社会保护工作模式

（一）更生保护机构

所谓更生保护是指导、援助犯罪者和违法犯罪青少年重返社会，成为健全的社会人的制度。日本《紧急更生保护法》对更生保护是这样定义的："不能从亲属、朋友处得到援助，或者不能受到公共卫生福利机构的医疗、住宿、职业和其他保护者，或者被认为仅靠这些援助和保护并不能使其更生的，要对其

归来的住所进行安排，给予或借给他们金钱和生活必需品，进行暂时性的设施内保护、收容。设施内为其提供住所，传授必要的教养，进行必要的训练、医疗、保养和劳动。为其改善和调整周边的社会环境，使其进一步成为守法和善良的社会人。"目前，日本的更生保护制度的主要内容包括审理和决定假释、实施保护观察、对刑满释放者或保护观察解除者进行更生紧急保护、处理恩赦及相关事务、帮助社区居民开展犯罪预防工作。

在日本的社区预防青少年犯罪的工作模式中，社区更生保护工作的历史最为悠久、体制最为完善。据说，日本最初的保护事业设施化是1888年3月静冈郊外北安东成立的"静冈县出狱人保护公司"。创始人金原明善曾这样解释自己成立该公司的动机："静冈监狱刑满释放者吾助原来因无奈成为了不法之徒。狱中受监狱长河村矫一郎的热心训诫，内心悔过，发誓改恶从善。释放回村后，父母双亡，妻子改嫁并带走3个孩子，求助于叔父遭拒绝，没有歇息的住房，也没有食品，又不愿意重走盗窃的老路，最后自杀身亡。从监狱里出来的人罪名已被消除，应得到社会人的温情，吾助的死虽然并没有给他人带来什么麻烦，但是，如果他自暴自弃，继续犯罪的话那将是一件非常麻烦的事。所以释放者的保护事业必须有人去做。"[1] 继静冈县出狱人保护公司成立之后，京都、新泻、东京、大分等地也纷纷成立了类似的机构。1907年政府从国库出资奖励释放者保护机构，1937年5月成立了全日本司法保护联盟，并成为以后日本司法保护制度的基础。

目前，日本的更生保护工作是以社区为基本单位，以法务省为核心展开的。更生保护的最高机构是设在法务省的"中央更生保护审查会"，行政管理机构为"保护局"。在最高裁判所管辖下设有地方更生保护委员会，共计8个厅。地方裁判所管辖区域内设保护观察所，全国共有50处。

（1）中央更生保护审查会。由委员长1人和委员4人组成的合议制机构。主要工作是向法务大臣提出恩赦人选、审查地方更生保护委员会所作决定等。

（2）保护局。保护局内设总务课、更生保护振兴课、观察课和参事官，是社区矫正的行政管理机构，负责社会保护的具体工作指导和监督。

（3）地方更生保护委员会。主要工作是制定地方犯罪预防更生法规以及审查和裁决行政不服案件等。地方更生保护委员会由3~12名委员组成合议制机构，决定是否假释、不定期刑的终止、保护观察解除等。

---

[1] [日]菊田幸一：《犯罪学》，成文堂1993年第4版，第446页。

(4) 保护观察所。更生保护的前线执行机构，以地方法院的管辖区域为参照，全国设置了 50 个保护观察所，另外，保护观察所的支部 3 所，住在官事务所 27 所。保护观察官主要从事：①具体实施保护观察，落实保护观察的各种措施；②协助、指导犯罪预防工作；③监督更生保护会的成立与发展；④选考和监督保护司。保护观察官是更生保护和犯罪预防的一线人物，这些人都具有医学、心理学、教育学、社会学的专门知识，全国共设置了 854 名保护观察官。

(5) 保护司制度。专业的保护观察官的数量是有限的，为了弥补其不足，日本还建立保护司制度，从民间的慈善家和志愿者中选拔保护司。保护司的主要工作是帮助犯罪者新生，调动预防犯罪的舆论，净化社区的社会环境，服务于个人福利和公共的福利事业等。担任保护司的人应当在人格和行为上具有一定的社会威望，对履行职务具有必要的热忱和充裕的时间。

目前，日本共在 905 个社区配置了保护司。保护司的选拔是在法务大臣认定应配置保护司的社区内，根据保护司选考会的意见，由法务大臣和地方更生保护委员会委员长任命。任期为 2 年，可以连任。保护司任职期间没有工资，承接 1 份保护观察工作，政府每月支付 1800~4300 日元（相当于 130~323 元人民币）的辅导费和交通费。保护司相当于国家公务员，与一般国家公务员一样必须保守职业秘密，但又不受国家公务员法的限制，如政治行为不受限制。中央更生保护审查会将全国的保护司定员为 52500 人，据 2003 年 1 月统计，日本全国共有保护司 49205 人。

保护司虽然是经过选考后，由法务大臣和地方更生保护委员会委员长任命，但他们也有自己的自治组织，全国性的社团法人有全国保护司联盟，在各地方更生委员会管辖区域设有地方保护司联盟，这些保护司组织的主要工作是：①制定预防犯罪计划，利用和拓展各种社会资源，推动预防犯罪活动；②保护司之间的联络和调整，如向保护司提供社会保护的相关信息，促进保护司之间的相互协助，联系和协调相关机构和团体；③收集与保护司职务相关的资料和情报，对这一职务进行研究，提出意见和建议；④管理保护司的研修工作；⑤负责保护司和保护司协会的广告宣传；⑥确保保护司人才的到位等。

(6) 更生保护会。法务省认可的民间事业组织，对希望提供食品、住所的刑满释放者、免除刑罚者、缓期执行者、缓期起诉者提供食品和住所，实施必要的教养、训练、保养等措施。更生保护会共分为两种形式：一种是直接的更生保护会，这类更生保护会拥有自己的收容保护设施，提供给被保护者住宿，并提供农耕、点心制作、裁缝、印刷、木工金属加工等职业和相关的生产劳动。也有的更生保护会没有生产设备，工作地点在保护会以外，仅采取住宿保护。另一种形式叫联络助成保护会，以保护事业的指导、联络、推动为主要任务，进行犯罪预防，推动保护司活动，对更生保护事业进行调查等。

经营更生保护事业必须由经营者向劳动大臣提出申请，并得到认可。政府将支付给经营者委托费和辅助金。更生保护活动受到法务大臣的监督，若发现违法经营，法务大臣可以限制其经营，或停止其经营，并可取消他们的经营权。在法务大臣许可的前提下，可以向社会和个人募捐。据2003年4月统计，日本全国共有更生保护会（法人）163个。

在以法务省为主导的社会更生保护工作中，缓起诉附带保护观察的少年、缓刑附带保护观察的少年、假释少年，以及刑满释放需紧急更生保护的少年是其工作和社会保护的重点。

（二）民间协力组织

更生保护活动是为了让犯罪者和违法青少年改恶从善，并顺利回归社会，这既是改造犯罪者的工作，又是预防犯罪的工作，这项工作若没有地域社会的理解和协助，要想取得良好的效果是非常困难的。因此，政府鼓励民间协力组织和个人积极参加更生保护活动。在日本有三类组织在社区更生保护和预防青少年犯罪活动中颇有影响。

1. BBS会

BBS会的全称是Big Brothers and Sister Movement，即兄妹会。这是一个青年志愿者组织，其宗旨是站在兄妹的立场与少年接触，帮助他们健康成长和防止其违法犯罪，并努力创造一个没有违法犯罪的地域社会环境。

兄妹会最有特色的活动是受保护观察所、儿童相谈所、家庭裁判所的委托开展"交朋友活动"。兄妹会的成员成为问题少年和烦恼少年的最好的咨询员，成为他们解决问题的好帮手。兄妹会组织问题少年参加各种社会公益活动，与社区合作组织青少年野外郊游、体验生活，兄妹会的成员还可以到少年院与在院青少年进行各种交流。最近，兄妹会的活动又出现新的动向，一方面，仍坚持以社区为中心开展活动；另一方面，他们将活动范围扩展到学校，并取得了良好的效果。据2003年4月统计，日本全国共有兄妹会571个，会员6169人。

2. 更生保护妇女会

更生保护妇女会是从女性的立场开展社区预防犯罪和青少年犯罪活动的民

间团体。其宗旨是努力促进青少年的健康成长,协助社区进行犯罪者和违法犯罪青少年的更生工作,普及更生保护思想,预防犯罪,援助和激励保护观察对象,在社区举办小型的违法犯罪问题对话会,与兄妹会和保护司合作,开展多种多样的社区活动。近年来,更生保护妇女会进一步扩大活动范围,努力开展"育子支援活动"。据 2003 年 4 月统计,日本全国共有地区会 1338 个,会员达 204760 人。

3. 更生保护协力雇主协会

保护观察对象和紧急更生保护对象都有违法犯罪前科,周边环境恶劣,从事固定职业相当困难,这已成为他们改恶从善、回归社会的障碍。在理解这些人的基础上,以民间慈善家为中心组成的协力雇主组织雇用他们,为他们解决生活的出路。据法务省保护局 2003 年 4 月统计,日本全国协力雇主协会共计 5050 名。雇用的职业种类中,建筑业占 51.1%,制造业占 17.2%,服务业占 10.1%。

更生保护协力雇主在保护区或保护观察所管辖的区域内组织起来,近年来,他们除了雇佣保护观察对象和紧急更生保护对象外,还积极参加社区的青少年犯罪的预防工作。[1]

综上所述,以法务省为主导的社区更生保护工作模式最初是以援助刑满释放者、缓刑者、缓起诉者、假释者改恶从善、重返社会、成为健全的社会人为宗旨,但由于组织的不断完善,参加人数增多,实际上也承担起了社区对一般青少年违法犯罪的预防工作,即以社区为中心,在保护观察所的指导下,预防青少年犯罪,改善青少年的社区环境,引导青少年保持与社区的紧密联系。

五、以民间团体为主导的地域组织化模式

传统意义上的地域组织化模式是指重视地域社会环境对犯罪的抑制功能,为创造良好的预防犯罪的社会环境而进行的有组织的活动。地域组织化起源于美国广为人知的地域性自主防范组织——社区组织(Community Organization)。如前所述,许多学者认为,日本不存在美国式的地域自组织,许多自组织最终都被政府整合,成为政府预防犯罪的组成部分。

笔者认为,即使以非政府控制为地域组织化标志的话,日本也存在着自发

---

[1] 日本警视厅:《犯罪白皮书》,大藏省印刷局 2003 年版,第 142~146 页;[日]菊田幸一:《犯罪学》,成文堂 1993 年第 4 版,第 171~173 页。

性的自主防范的组织，比如，1995年阪神地震和东京地铁毒气事件之后，曾有人在民间成立了日本保护者会，该会于1999年获得了法人资格，目前拥有300名会员，会员以20～30岁的年轻人为主，其中学生占30%，社会人占70%。活动经费主要来源于社区商业街和企业的赞助，以及得到银行卡公司的协助后，从每位会员的银行卡上提取利用额的0.5%。

日本保护者会是日本最有影响的预防犯罪的民间组织。该会以预防社区治安恶化为目的，通过公共团体的报纸和杂志宣传他们的活动内容，积极参加社区事务，通过社区活动宣传他们的工作内容，宣传社区预防犯罪的重要性，并到区政府、警察署、自治会、町内会讲解他们的工作任务，以争取各方面的支持。同时日本保护者会还对社区进行巡逻、安全诊断，制作社区安全地图，组织安全研讨，开办网络安全教室，清洗社区乱写乱画处，开展警备援助、防身术研修、犯罪被害者咨询，建立犯罪情报交流的志愿者网站，举行社区预防青少年犯罪讲演等，由于他们良好的工作实效，许多社区都希望引进这种地域性自主防范组织，使这种民间犯罪防范力量逐渐扩大。

另外，在日本社区中，一些自主防范组织还对社区不良少年进行预测，对社区治安进行诊断。不良少年预测主要采用克留克（Glueck）量表，即根据性格因子、精神医学式面谈判断出人格因子、心理因子、家庭内人际关系因子，形成其社会综合因子，并做成四个预测表，在这些表中，根据减点法对各种因子做出三个阶段的评估，若减点达到了250以上则预测可能成为不良少年，未达到250点时可预测其不会成为不良少年。❶关于社区诊断主要包括十个方面：①青少年违法犯罪数，违法犯罪的恶劣性，违法犯罪对社区居民和社区青少年的影响程度；②非行少年的流动性；③违法犯罪的多发地带；④诱发非行的有害的社会环境和反社会集团；⑤青少年的行为倾向、游玩方式、业余时间的利用现况；⑥青少年与家庭和学校的关系；⑦青少年与社区人们的关系；⑧社区青少年的需求；⑨社区人口流动性；⑩社区文化，包括传统、风俗、道德水准、思考和行为的方式等，社区诊断是社区预防青少年犯罪的行动基础。❷

六、关于日本社区预防青少年犯罪的工作模式的几点思考

综上所述，日本是一个极为重视社区预防青少年犯罪的国家，中央和地方

---

❶ ［日］大谷实：《刑事政策讲座》，弘文堂1999年版，第344～345页。
❷ ［日］平野龙一：《讲座：少年保护（第三卷）》，大成出版社1983年版，第319页。

政府，警察厅、法务省，以及民间团体投入了大量的人力和物力从事这项工作，由此形成了日本社区预防青少年犯罪庞大的社会体系。这一庞大的社会体系的运转是良好的，并取得了社区预防青少年犯罪的良好效果。日本成为发达国家中犯罪率最低的国家，其中社区预防功不可没。总结日本的经验，以下五个方面是值得我们思考与借鉴。

（1）明治维新以后，日本在法律体系上，更多地吸纳了德国的法律制度；在社会管理上，更多地采用了美国的管理方式；更重要的是，日本在吸收西洋文化的过程中，有效地保护了日本传统文化中有益的东西，完成了现代化的"软着陆"。在社区预防青少年犯罪的工作模式上，这一特点表现得最为突出。日本没有完全接受西方的"市民社会"的理念，即"将处理社会冲突的责任还给市民，使人民回到市民社会"；而是由政府将许多最初的"地域性自主防范组织"收编，成为政府管理的一部分，但是收编后，由于政府运营的有效、强有力的资金注入和对原有地域组织自主性的尊重，加之，自组织成员的工作热情不减，使社区预防青少年犯罪的工作能够长期高效，而且地域组织不断发展和完善。

（2）日本警察的"交番制度"即吸收了西方警察制度的机动性，同时，又保持了传统的以"町"为依托的治安管理方式。现代社会的特点是人口的高频率流动，由于交番的合理布局与现代警察机动性有机结合，使日本警察能够在现代都市人口快速流动的状况下，迅速解决各种冲突和案件。由于交番设置以闹市区和社区为中心，因而既密切了警察与市民的关系，又提高了案件的检举率和破案率，达到了直接预防青少年犯罪的目的。

与日本的"交番"相比，中国的派出所显得过于庞大，管辖范围过广，而且，大多设在非闹市区的"深宅大楼"里。在改革开放前，地域封闭，人口流动缓慢，以住在地居民的户籍管理为核心的治安工作模式，对预防犯罪曾经有效。但是，在人财物大流动的今天，传统的户籍管理制度近于崩溃，以户籍管理为主要特征的"派出所"工作模式也已逐渐失效。首先，它无法高效地解决人口高速流动中地点不确定的各种民间纠纷、冲突，以及突发性案件。另外，设置在"深宅大楼"中的派出所管辖着若干个社区，警察对社区的管理和服务很难做到细致入微，同时疏远了与社区居民的关系，降低了案件的侦破率和检举率。在现代化和国际化的背景下，警民合作、警民信任、社区自主防范组织的建立和健全是社区预防犯罪的有效手段。中国应逐渐树立起"以人为本"、"服务型警察"、"社区警察"的现代理念，破除"用户籍管人管治安"的传统观念,密切警察和社区居民的平等互动,户籍管理应当逐渐与警察的治安管理相分离,与政府服务于百姓的福利制度相结合。同时,基层警察组织的工作应逐渐增加预防、咨询和服务的内容。

对于"交番制度",日本国内也有一些批判的观点,如认为交番布局过密,警察人数过多,是以牺牲市民的自由为代价换取社会的安全。的确,如何在自由与安全之间寻求一个最佳的平衡点是现代都市和社区建设中的一个国际性的课题。

(3) 日本的少年警察制度在预防社区青少年违法犯罪方面有着特殊的意义,像少年法庭制度一样,少年警察由了解少年的生理、心理、教育以及相关法律政策的警官担任。同时,在对少年的辅导上,将其细分为犯罪少年、触法少年、虞犯少年、不良行为少年、要保护少年等,增强了处理少年案件的针对性和对少年保护的有效性。更值得注意的是,少年警察还担当起了援助被害少年的工作。最近,有关被害者学的研究证明,教育、提示、保护、援助被害者也能够达到有效的预防犯罪的目的。

目前,中国的警察制度还无法独立出以青少年为对象的专门警务工作。对于青少年的治安案件、违法犯罪案件的处理,要么采取与成人案件大体相同的处理方式,要么束手无策。比如,对于近期在许多省市出现的新疆籍少年抢夺案件的处理上,就暴露出相当多的问题。在对不良行为少年、要保护少年的管理和对被害少年援助等方面,中国警方与日本警方相比显得明显薄弱。

(4) 对于青少年缓刑者、假释者、刑满释放人员的更生保护,让其改恶从善重返社会的工作,是社区预防犯罪工作的重要内容。因为这些人的重新犯罪将会给社区带来更多的麻烦,同时也会影响社区其他青少年的成长。另外,对于青少年的非犯罪化、非司法程序化、非设施化,以及社区内处遇是目前国际司法改革的大趋势,社区在未来预防青少年违法犯罪和矫治青少年违法犯罪方面有着举足轻重的地位。中国在20世纪80年代初,许多社区就建立了青少年劳教和刑满释放人员的帮教小组,但由于缺乏法律和制度上的支撑,要么自生自灭,要么无法发挥其预防青少年违法犯罪的特殊功效。日本以法务省为核心的更生保护工作历史悠久,而且制度较为完善,值得中国在今后的司法改革和社区建设中借鉴。

(5) 不论是以中央政府为核心的解决青少年问题的审议会制度,还是以警察厅为核心的少年警察制度和以法务省为核心的更生保护制度,日本政府都很注重发挥民间慈善家、企业家和志愿者的力量。比如,与"少年警察制度"

相配套的有"少年警察志愿者制度",与"更生保护制度"相配套的有"保护司制度"和民间协力组织。尽管民间人士或组织的参与是义务性的,但政府仍然建立起严格的任命和罢免制度,同时在税收、保险、募捐、交通费、委托费、辅助金等方面给予优惠政策,以此推动这些民间组织的可持续发展。

日本的社区预防青少年犯罪系统在运作中,也存在着一些问题和挑战。首先,协力组织主要成员的年龄过大,比如,从保护司的年龄来看,60岁以上者占到42.9%,甚至还有许多80岁以上的老人。有学者认为,由于保护司的年龄与社区青少年的年龄相差悬殊,使许多保护司无法与社区的青少年沟通。另外,由于年龄过大,身体和精力不佳,站在更生保护工作第一线的老年保护司们不得不求助于社区的其他民间人士,影响更生保护的效果。其次,内阁府、警察厅、法务省关于社区预防青少年犯罪的工作落实到基层后,往往会出现"上面千条线,底下一人担"的局面。在町里,一个人挂有数种职务的现象非常普遍,一些职务如同虚设,成为了一些人参加年会、获取表彰、参加竞选的筹码,对社区预防青少年犯罪工作并没有多大意义,如何调动社区青壮年参与此项目,是进一步完善日本社区预防青少年犯罪系统需要考虑的。

(原载于《中国城市社区预防青少年违法犯罪工作模式研究报告》,法律出版社2005年版)

未成年人社会福利与犯罪预防研究

【摘　要】在"未成年人利益至上"原则下建立起来的未成年人福利制度，也在预防和减少未成年人犯罪和降低未来犯罪率方面起到了意想不到效果。国际社会福利与少年司法的演变大体经历过从"区别对待"到"福利为本"到"福利＋分流"再到"福利＋民营＋恢复性司法"的四个阶段。我国处于第一个阶段完成和第二个阶段起步，社会急剧变迁与社会整合的矛盾突出，具体表现在未成年人保护方面的突出问题是留守儿童和流浪儿童问题、问题家庭的数量增加、未成年人辍学、未成年女性受侵害等方面。建议建立健全未成年人的福利法律，完成未成年人社会福利与司法保护的阶段跨越，建立健全城市化过程中的未成年人保护的基本制度，稳定家庭并提升社会保护水平等。

【关键词】未成年人　社会福利　发展阶段　社会保护

社会福利是指国家依法为社会成员，特别是社会弱势群体提供旨在保证一定生活水平和尽可能提高生活质量的资金和服务的社会保障制度，是保障人们生存权的基本制度。未成年人无独立的经济能力，需要成年人的监护，他们是社会的弱势群体，更重要的他们是国家和民族发展的未来，因此，未成年人福利成为现代社会的基本理念和基本制度。研究未成年人的社会福利与减少和预防未成年人犯罪之间是怎样的关系似乎过于功利，因为现代福利制度设计来源于人道主义，来源于竞争社会中对竞争中的失败者或无竞争能力者的人文关怀，"未成年人利益至上"是社会福利制度的基本理念，而不是单为预防和减少未成年人犯罪而设定的。不过笔者始终认为，对未成年人的福利投入与预防和减少未成年人犯罪，以及减少未来的成年人犯罪有着某种关联关系是一个非常有意思的研究课题，其中应当有规律可循。从广义上讲，社会对问题家庭子女的救助，对流浪儿童的保护，以及义务教育、未成年人医疗、卫生、基本生活保障等社会福利制度是"未成年人利益至上"理念的体现，实际效果上具有预防犯罪的功能。从狭义上讲，少年司法考虑到未成年人身心尚未成熟，无法承担相应的社会责任，对其实施区别于成年人的特殊司法也是社会福利理念在现代司法中的体现，具有直接预防未成年人犯罪或再度犯罪的功能。

一、西方国家社会福利与少年司法演变

西方国家社会福利与少年司法的演变大体上可划分为四个阶段。

第一阶段，区别对待阶段。19世纪末叶，西方一些国家开始意识到违法犯罪的少年和成年人不一样，需要区别对待。1899年，美国伊利诺伊州诞生了世界第一部《少年法庭法》，当年的7月芝加哥市开设了第一个少年法庭，以后世界许多国家少年立法司法方兴未艾。

第二阶段，福利为本阶段。20世纪中叶，少年司法制度逐渐变得不再看重处罚，在法庭上，法官开始探讨未成年人违法的原因和背景，提出比定罪量刑更为广泛的内容，如社会补救等。对于缺乏管教能力的家庭，政府考虑将其子女移送到指定的其他良好家庭环境中抚养教育，或进入社会福利机构，由从业人员进行照顾和教育。

第三阶段，"福利+分流"阶段。20世纪中后期，福利机构集中管理的效果不佳，因为这种方式减少了未成年人与正常社会的接触，影响其身心发育与健康成长。因此，许多国家对于问题家庭的未成年人不再采取唯一的由福利院集中抚养和教育的办法，而是采取分散于政府考察指定的民间家庭中抚养与教育，让他们在开放的、充满家庭氛围的环境中成长。对于违法犯罪的未成年人在其进入司法程序之前，采取了适度分流措施，将大量未成年违法犯罪者在经过警察训诫之后，使其进入社区，接受在政府福利部门指导下的"社区支援服务计划"，大幅减少了少年进入未成年人管教所接受与社会隔离的监禁矫治。

第四阶段，"福利+民营+恢复性司法"阶段。20世纪后期，受到政府财政的限制，许多国家的政府从未成年服务的提供者转为服务的购买者，国家或国营的社会福利机构逐渐转交给民间慈善机构、社会志愿者和有识之士经营。政府的职责转变为经费提供和技术指导，即强化民间福利机构的抚养和教育技术的培训和专业社会工作的培养，推进民间专业化水平的提升。同时，在社区全面引入恢复性司法。

恢复性司法于1989年最早在新西兰出现，近年来，在许多国家开展，是国际司法改革的新尝试，旨在修复加害者给被害人、社区以及加害者本人造成的伤害。它以加害者和被害人之间的补偿性协商为基点，通过"受害者与加

害者调解会议"等方式建立彼此的对话关系,以加害者的忏悔、主动承担责任,被害者的宽恕、社会支持系统的恢复等,消除双方冲突,化解深层次矛盾,修复已破损的人际关系,阻断仇恨和恐惧情绪的蔓延,避免和预防潜在的犯罪发生,并以加害人回归社会为终点。

二、中国在国际未成年人社会福利发展阶段中的定位

中国意识到违法犯罪的未成年人与成人的种种差异并采取行动,比西方晚了85年。1984年11月,上海长宁区人民法院建立了全国第一个少年法庭,1986年这一变革得到了最高人民法院的首肯并向全国推广,截至2011年7月,全国法院共有少年法庭2331个,其中刑事审判庭390个,综合审判庭357个,合议庭1584个。❶ 中国少年法庭完成了从无到有,再到基本普及的飞跃。

20世纪80年代,与未成年人福利相关的法律制度建设开始起步,全国人大先后通过了《中华人民共和国婚姻法》(1980年)、《中华人民共和国继承法》(1985年)、《中华人民共和国义务教育法》(1986年)等。20世纪90年代是中国未成年人福利相关立法发展最快的时期。全国人大先后通过了《中华人民共和国残疾人保障法》(1990年)、《中华人民共和国未成年人保护法》(1991年)、《中华人民共和国收养法》(1991年)、《中华人民共和国妇女权益保护法》(1992年)、《中华人民共和国母婴保健法》(1994年)、《中华人民共和国预防未成年人犯罪法》(1999年),以及《学校卫生工作条例》(1990年)、《残疾人教育条例》(1994年)、《城乡居民最低生活保障条例》(1999年)、《托儿所、幼儿园卫生保健管理办法》(1994年)、《公安机关办理未成年人违法犯罪案件的规定》(1995年)、《流动儿童少年就学暂行办法》(1998年)、《中国公民收养子女登记办法》(1999年)、《社会福利机构管理暂行办法》(1999年)、《中华人民共和国民办教育促进法》(2002年)等,法律法规覆盖未成年人的家庭、健康、收养、教育,以及少年司法和未成年犯罪预防。参照国际未成年人司法发展阶段,我国正处在第一个阶段的初步完成和第二个阶段的起步阶段,即"未成年人福利为本"、"未成年人利益最大化"的理念和立法原则逐渐得到立法者和社会的普遍认同,并开始付诸实践,但以福利为本的社会实现依然任重而道远。至于第三、第四阶段的"福利+分流"和

---

❶ 张先明:《2006年以来全国法院少年法庭工作情况综述》,http://www.mzyfz.com/cms/fazhi-wenhua/html/1533/2012-09-04/content-498588.html。

"福利＋民营＋恢复性司法",我国尚处于介绍和理念的引入时期,其中恢复性司法正在得到一些省市关注,并在刑事诉讼的立案侦查、审查起诉与审判阶段开始尝试。2012年修订的《刑事诉讼法》设有专章,确定了刑事和解制度,具有了恢复性司法的要素。而对于未成年违法犯罪者的分流、民间福利家庭的建设、社区支援服务系统的设立,以及国家福利机构的民营化等尚无建立与发展的征兆。

三、现阶段我国未成年人社会福利与犯罪预防的相关问题

上个世纪90年代初期,邓小平同志"南方谈话"推动中国经济改革再度步入"快车道",产业结构调整和城市化的扩张,带来大量农村青壮年劳动力向城市迁移,而传统"城乡二元结构"的壁垒,使未成年人的福利问题凸显,也使起步不久的未成年人福利制度在急剧社会转型中捉襟见肘。

(一) 留守儿童问题

20世纪90年代中期,中国经济改革的提速,带动了大规模的人口迁移,全国流动人口总量达到了9000万,其中农民工高达8000万人,约占流动总人口的89%。但是传统的"城乡二元结构"以及城市户籍背后的"身份不平等"等附加制度,致使进城农民工无法享受到迁入城市的薪酬、医疗、住房、子女教育等方面的"同城待遇"。并迫使大量农民工将子女留在农村由隔代老人照料。据2009年统计,全国留守儿童的数量超过5800万人,14周岁以下留守儿童4000万,留守儿童中42.8%的是父母双双外出打工。2012年5月,江西省农民工王光忠和王光军兄弟的5名孩子(最小的6岁,最大的11岁)不慎滑落在村后水塘,老人呼救,全村竟找不到一位青壮年救援者,只能眼睁睁地看着孩子们溺水身亡。此事件引起了社会对留守儿童生活状况的思考,由老人组成"空心村"可以为孩子们"遮风避雨",但却存在着巨大的安全隐患,在留守儿童出现突发性事故时,谁来呵护和救助他们?

此外,更严重的问题是大量"留守儿童"长期生活在缺少父爱和母爱的环境中,与父母正常的亲情互动缺失,社会化过程受阻,身心健康成长遇到障碍,他们未来的人格发展令人担忧。

(二) 流浪儿童问题

与农村留守儿童问题相伴随的还有流浪儿童问题。一些留守儿童不服老人管教,或厌学辍学、或到城镇寻找父母、或被人诱骗,离家出走,流落街头。

民政部每年救济流浪儿童超过51万人次,推算全国约有100万~150万的流浪儿童。流浪儿童生存环境比留守儿童恶劣得多,笔者参与的2006~2007年中央综治委课题"中国流浪儿童研究"调研结果显示,32.9%的流浪儿童靠偷盗、诈骗、抢劫、贩毒、卖淫等违法犯罪行为谋生。[1]

2012年11月16日,贵州省毕节市七星关区街头垃圾箱内5名儿童因避寒烧火取暖,导致一氧化碳中毒身亡,其中年龄最大的13岁,最小的仅9岁。这5位孩子都有父母,却离家出走,流浪街头。事发前,不少人看到他们在垃圾箱旁的拆迁工地搭起塑料帐篷,并在里面居住多日,看到他们在菜场找吃的,在大学门口的地摊前要吃的,但无人向警方、街道委员会和民政部门反映情况,表现出成人社会的冷漠和儿童社会福利制度的失灵。

(三) 问题家庭的数量激增

"问题家庭"包括两种形式:一是结构性破损家庭,即亲生父母一方缺失或双方缺失的家庭;二是功能性破损家庭,即父母健在但经常吵架,家庭暴力不断,父母分居,对孩子放任不管等。功能性破损家庭尽管结构是完整的,但在家庭保护和教育未成年人的机能方面已经丧失。

改革开放以来,特别是进入21世纪以来,中国的家庭结构在核心型家庭的基础上,进一步出现了小型化的趋势,其主要原因是丁克家族、离婚家庭、独身家庭、空巢家庭的数量逐年增加,家庭结构的小型化加剧了家庭结构的不稳定性。同时,离婚率的持续攀升也带来了结构性破损家庭的大量产生。据民政部统计,从2002~2011年,中国已经连续9年离婚人数递增,2010年全国的离婚夫妇达267.8万对,比上一年增加了8.1%,再创历史新高。离婚家庭数量的攀升带来结构性破损家庭的增加,导致未成年人的成长环境的恶化。

(四) 未成年人辍学和交通安全问题

过去"村村有小学,乡乡有初中"的农村办学原则,被2001年兴起的农村"教育改革——撤点并校"所取代,1998~2007年,在农村"撤点并校"的影响下,全国小学数量迅速减少了47.5%。"撤点并校"导致的学生辍学问题突出。

"撤点并校"还导致部分学生上学路途变远,这些学生在乘车途中频发交通事故等问题突出,如2010年12月28日,湖南衡南县松江镇校车坠河,14

---

[1] 鞠青:《中国流浪儿童研究报告》,人民出版社2008年版,第3、27页。

人死亡、6人受伤；2011年9月26日，山西灵石一校车与货车相撞，7人死亡、5人受伤。其中校车事故中影响最大的是甘肃省正宁县发生的"11·16"特大交通事故，2011年11月16日，甘肃省正宁县小博士幼儿园接送学生的面包车与一辆翻斗运煤货车相撞，造成21人死亡（其中儿童19人），43人受伤（其中18人重伤，26人轻伤，全部是儿童）。经调查，该校车相关手续合法，但严重超载，核载9人，实载64人。

"11·16"特大交通事故在网络媒体曝光，使校车安全和儿童享受便利的义务教育等问题成为舆论焦点。并引起了国务院的高度重视，2012年4月，国务院颁布了《校车安全管理条例》，规范校车管理。

（五）新生代农民工的自我认同危机

农民工问题在学理上应当属于移民问题，只是这种移民不是跨国界的，而是跨区域和跨越文化板块的。大量研究表明，移民的第一代大多能坚守传统、认同故乡文化、吃苦耐劳、知足常乐，较少自我认同危机。但是移民的第二代则与父辈完全不同，他们从小生长在移住地，认同移住地的新文化，乐于享受，追求时髦，但依然受到传统家乡文化的约束，对移住地的社会排斥感受敏感，经常处于"自己是城里人还是农村人""是本地人还是外地人"的"中途半端"状态，这种心理学上的"自我同一性混乱"，使第二代移民的犯罪率会大大高于其父辈，这已是国际犯罪学界长期研究的共识。目前，中国的新生代农民工的犯罪问题正逐渐显露。最近，上海青浦区人民检察院的一项调研显示，2009~2011年，该院未成年人检察科共受理未成年人犯罪案件253件，涉案未成年犯罪嫌疑人343人，其中非户籍人口占85.4%，非户籍人口中农民工的随迁子女208人，占涉罪未成年人总数的60.6%。

让新生代农民工或移民二代尽快融入城市，摆脱"自我认同危机"，是防控其犯罪的重要手段。2012年初，民政部出台《关于促进农民工融入城市社区的意见》，首次从国家层面描绘了农民工参与社区生活、促进社区发展的路线图。但是，笔者的调查也表明，滚雪球式的"地缘居住方式"、与城市文化相隔离的"农民工子弟校"、与城市主流文化相异的"老乡文化"，以及城市歧视性政策等，使他们融入城市的道路充满艰辛。

（六）未成年女性受侵害问题

最近，中国社会科学院社会学所陈一筠研究员发表研究报告称，她们与北京一家大型妇幼医院合作，从1997年开始追踪调查，该项调查发现未成年女性的人工流产手术比例高达40%~50%。人工流产低龄化倾向明显，未成年女性社会保护问题突出。比人工流产低龄化更为严重的问题是近年来未成年女性被猥亵、被强奸的案件频繁发生，特别是2012年，从百度上简单搜索，便能查找到近十起恶性强奸幼女案件。如2012年5月，河南永城市委办公室副主任李新功涉嫌强奸未成年女性十余人，被刑拘；5月，甘肃省陇西县珠帘小学教师刘军红涉嫌强奸5名女生，猥亵3名，被刑拘；5月，兰考县东坝头小学老师孙云波涉嫌多次强奸猥亵自己的学生，被刑拘；2012年7月，湖南省冷水江市某农村小学教师谢某因强奸和猥亵获刑16年，他以做作业、背书、画画等为借口，两年内先后将所教班级的9名女学生（均未满14周岁）叫到其办公室的卧室内，强奸女学生4次，猥亵女学生20余次；7月，福建省福安市国税局局长赵某伙同下属灌醉少女，强行带到酒店强奸，被刑拘；2012年12月，河南太平镇某中学政教主任王某长期威逼强奸女学生，逼迫其到黑诊所做人工流产，被刑拘；12月，黑龙江一校车司机在校车上多次强奸13岁女生被立案。

上述案件令人发指，除了严厉打击和依法惩治犯罪者外，我们还必须迅速采取措施，加强对未成年女性的性知识、性保护教育，同时强调和加强对未成年女性的家庭保护和社会保护。

四、未成年人福利制度建设完善与未成年犯罪预防

据团中央权益部公布的未成年人犯罪数据显示，2011年我国未成年人犯罪人数已从2008年的8万余人下降至6万余人，下降幅度达到32%；2006~2011年，未成年人犯罪占犯罪总人数的比重也下降了46%。这是一件值得庆幸的事情，是各级领导、实务工作者、科研人员长期共同努力的结果。但是，我们对于这种下降的态势并不能过于乐观。从犯罪预防学的角度看，上述分析的留守儿童、流浪儿童、学生辍学夜不归宿、问题家庭数量的增加、第二代农民工的自我认同危机等都是犯罪预测的重要因子，这些因子在20世纪90年代末和21世纪初期集中出现，会成拉动未来10年、20年犯罪上升的因素，需要引起我们的高度重视。为此特提出以下四点对策建议。

（一）建立健全未成年人的福利法律制度

目前，我国未成年人福利的相关法律规定散见于近20部法律法规中，过于分散难成系统，并影响法律适用的权威性。因此，需要集中和系统地设立一个更高一级的法律，如《未成年人福利法》等，统领《义务教育法》《未成年

人保护法》《预防未成年人犯罪法》等法律法规，从法律制度的层面全面地保障未成年人基本权利，抑制未成年人犯罪的相关社会因素。

（二）完成未成年人社会福利与司法保护的阶段跨越

根据上述四阶段的划分及我国未成年人社会福利发展阶段的基本定位，遵循联合国《儿童权利公约》（1990年）确立了四项基本原则，即无差别歧视原则、最大利益原则、生存与发展原则、参与原则，特别是其中的儿童最大利益原则，借鉴发达国家未成年人保护的经验，进一步完成"福利为本阶段"启蒙与宣传，进一步普及"儿童利益最大化"的现代未成年人保护理念，宣传和普及未成年人保护的相关法律知识，提高全社会对相关法律的认知度。积极探索进入第三阶段的政策和工作路经，尝试警察阶段的未成年违法犯罪者的分流。在警察系统设立警诫制度，警诫之后，让相当一部分未成年人不进入刑事司法系统，可送到特殊学校、社区机构。可利用和改造现有体制，如工读学校、社区矫正，让其能有效地接受分流后的未成年人，实现预防未成人犯罪和社会防卫的双重目的。

（三）建立健全城市化过程中的未成年人保护制度

2012年中国城镇化率比上年再提高1.3个百分点，达到了52.57%。应当说，农村生产力的提高、剩余劳动力的产生、城市产业结构的调整、工业和服务业对劳动力的需求，必然带来农村人口向城市迁移，这几乎是发达国家发展的基本路径。面对中国城市化的发展，我们必须突破"城乡二元结构"壁垒，逐步实现流入人口与在住人口的平权。下大气力解决城市化过程中遇到的未成年人的权利保护问题，城市应当张开双臂欢迎农民工的孩子们来城市居住，与城里孩子一样就近入学，享受各种"同城待遇"，让他们像城市孩子一样，不被排斥、不被歧视，健康茁壮成长。

（四）稳定家庭，提升社会保护水平

面对我国离婚率的逐年攀升及残缺家庭数量的增加，稳定家庭关系应当提到我国社会建设的议事日程。社会在宣传婚姻自由、离婚自由的同时，更应当大胆地呼吁家庭组建后的社会责任，强调规范有序的家庭伦理。离婚家庭损伤最大的不是夫妻双方，而是未成年的孩子，为了孩子们健康成长，成人应当婚前慎重择偶，婚后努力维持家庭关系的稳固。家庭是社会细胞，家庭稳定是社会稳定的基础。当然，面对急剧变迁的社会和价值观念的变化，人们对婚姻自由和婚姻平等的期许，以及人口频繁流动导致的夫妻两地分居，现代社会的各

种诱惑增加，都会成为拉动婚变及问题家庭产生的客观和主观要素。因此，需要我们的社会提升对未成年人的保护水平，以弥补家庭关系破损对未成年人成长的伤害。

（原载于《预防青少年犯罪研究》，2013年第1期，有修改）

泸州"父债女还"事件不宜提倡

【摘　要】少女黄某的"父债女还"的行为引起了媒体和网民的广泛赞誉，但这种行为和赞誉不符合法律对未成年人保护的基本原则，会影响未成年人的健康成长，故不宜提倡。

四川泸州女孩黄某15岁那年，因父亲卷走公司4万余元现金潜逃，她挺身而出向被害公司承诺："爸爸欠的钱，我长大后一定偿还。"初中毕业后，黄某放弃升高中的机会，只身东下广东打工。2011年11月4日，她将攒齐的钱款交还被害公司，受到媒体和网络热议，"父债女还""道德新星""诚信样本"等赞誉之声不绝于耳。笔者认为，应当冷静、客观地从道德和法律的两个层面分析和评价这一行为。

首先，从案件本身而言，父亲"卷款潜逃"很有可能触犯刑律，应根据相关证据通过司法程序等作出定性，如果触犯刑律，应根据公司的性质、卷款的方式等定罪量刑，并会附带民事赔偿，而民事赔偿的部分不属于债款。如果没有触犯刑律，仅仅构成民事债权债务关系，则应当判决钱款该由谁承担。因此，网络和媒体使用"父债女还"的概念不准确，也缺乏事实基础和法律依据，更有"媒体判决"的危险。

其次，黄某的行为基础更多不是"诚信"，而是"孝道"。她期待通过偿还父亲卷走的公司钱款，免除父亲的牢狱之灾。这使我联想到汉代缇萦替父赎罪的故事。公元前167年，太仓令淳于公因罪被判肉刑，小女儿缇萦向汉文帝上书，愿意去做官奴，以赎父亲的肉刑，感动文帝，即刻下诏废除肉刑。中国自古以来就有"百善孝为先"的说法，"孝道"是中国传统美德的基石。不过，近年来，亲属为争房产饿死九旬老人案件，李磊、张武力、陈文法、刘爱民、周宇新等杀亲灭门案一起接着一起，令国人震惊！当今社会，社会急剧转型，家庭结构不稳，离婚率持续走高，亲属纠纷凸显，家庭伦理滑坡。因此，人们呼吁传统美德"孝道"的回归。正是在这种大背景下，黄某6年打工攒钱,"叔叔、阿姨,我来替父亲还钱了"的质朴语言感动千万网民!但是,我们也必须看到,时代变化了,从现代人权观的角度看,父母与子女是一种平等和独立的主体,提倡子女替父母赎罪,不但召唤不回孝道,还有悖于现代文明的发展趋势。

再次,从法律的角度分析,父亲卷款潜逃,但并未死亡,依然是民事赔偿的主体,女儿没有责任和义务替父还款。如果父亲死亡了,那么,根据《继承法》第33条规定,被继承人有债务的,应当在其遗产范围内进行偿还,如果遗产不足以清偿的,继承人不必偿还。就是说,法律上女儿与父亲卷走的4万元现金没有关系,女儿没有偿还的义务;即使父亲死亡,也需对父亲的遗产进行认定后,在其父亲遗产的范围内偿还相关款项,其不足部分,女儿也没有偿还义务。

最后,从我国《未成年人保护法》等相关法律条款看,黄某承诺"替父还款"的年龄为15岁,属于未成年人,是被监护、抚养对象和"无民事行为能力者",如果社会提倡黄某式的"替父还款",会带来债主对未成年人的追债,以及未成年人牺牲自己权利的效仿,即违背了《未成年人保护法》第3条"未成年人享有生存权、发展权、受保护权、参与权等权利",影响未成年人的健康发展。

综上所述,笔者认为,"孝道"的张扬有利于促进人格的完善、道德的进步和社会稳定。对于成年子女,如果自愿承担父母的债务,相关民事法律予以肯定。但是对于未成年子女,我们的社会应当在"孝道"与"权利保护"之间,更注重对未成年人生存权、发展权的保护,促进未成年人健康成长,这将利于社会进步和国家长远发展;而提倡未成年人的"父债子还",不仅会阻碍未成年人合法权益的保障,会导致未成年人贫困、辍学,影响其未来发展,重者甚至会影响其身心健康,甚至造成未成年人因"父债子还"而铤而走险……因此,四川泸州女孩黄某"父债女还"的行为不宜在全社会提倡。

(原载于法制网"法之光专家博客",2011年12月)

校车之痛：未成年人权益保护之痛

【摘　要】 看到汶川大地震教室废墟里的孩子，看到校车事故接二连三，为了赚取校车之利，将大量的孩子超载塞进简陋的校车，让我们看到对孩子们权益保护的忽视。我们呼吁全社会重视儿童权益的保护，只有坚守"儿童至上"的理念，才能减少和避免儿童各种灾难的发生。

2008年5月12日汶川大地震，看到压在教室废墟下的孩子，我哭了……在团中央举办的"地震灾区未成年人保护工作"研讨会上，我曾呼吁调查校舍大量倒塌的原因，并在灾后重建中将学校建在行政中心区，建成城市中最坚固建筑，使这些建筑既是孩子们学习、生活的"安全岛"，也是城市居民躲避灾难的"避难所"。

前日，看到甘肃省正宁县"11·16"重大交通事故中被撞得歪七扭八的校车和血淋淋的孩子们，我痛心却无语，我没再呼吁购买坚固的校车。因为，就在国务院就"正宁校车事故"做出批示、《校车安全条例（草案征求意见稿）》公开征求意见的时候，12月12日，徐州首羡镇中心小学校车为躲避前方车辆侧翻入河沟，造成15名学生死亡，多人受伤。也是12月12日，广东顺德一辆载有59名学生的校车与火车相撞，致使37名学生受伤，其中1人重伤。就在网上热议美国的校车撞坏"悍马"、用美国国债购买"大鼻子校车"时，12月21日，云南省丘北县一辆用马车当校车载20余名小学生上学途中，与货车相撞，造成2名学生死亡。

这些幼小生命的接连逝去似乎在向成人社会昭示着什么。似乎并不是拥有豪华坚固的校车才能保护学生的乘车安全，而是未成年人的权益保护应引起社会的广泛重视！中国幅员辽阔，地区间经济发展差异甚大，但不管差异多大，百姓和领导人头脑中只要有"儿童权益保护至高无上"的理念，我们就会因地制宜，采取有效措施保护未成年人，校车之痛就可以避免！

出于职业的习惯，我们对2006年9月以来网上可以查到的各种校车事故进行了统计，共计25起，其中5起是孩子被遗留在车内窒息身亡，其余20起属交通事故。在25起校车事故中，68%是私立和民办教育机构所为；在20起交通事故中，私立幼儿园占一半，校车超载共9起，占45%。为什么私立或民办教育机构超载严重、事故多发呢？记者崔木杨的采访使我们略知一二。校车是私立或民办教育机构提供服务的基本设备，正宁县榆林子镇乐乐幼儿园就靠校车服务优势挤垮了镇上的公立幼儿园，但因校车甩出孩子，吃了官司，才被"11·16"重大交通事故肇事单位小博士幼儿园收购。由此，小博士幼儿园成了镇上唯一的幼儿园，董事长李某和妻子高某将原幼儿园的6台校车减为4台，并对校车进行了改装，雇用司机杨某，每月给他800元工资，9座的校车挤进了62名孩子，为了能多拉快跑，校车超载运营成为学校收入的来源之一，可那不是货物，是鲜活的小生命，是每一个家庭的希望和国家的未来呀！

当然也不能完全说这些私立或民办教育机构唯利是图，李某夫妇为办小博士幼儿园投资近百万元，资金主要来自贷款和高利贷，幼儿园每年学生收费600元，按高峰期700名幼儿计算，年总收入为42万元，加上48名员工的开支，还贷款利息和各种设备支出等，的确所剩无几。那么我们要问，作为幼儿教育，甚至是中小学义务教育，政府为什么不能向私立或民办教育机构投入点儿呢？非要让他们通过校车收入来维持学校的发展？就像我们的医院，医师无法通过医术挣到钱，却要靠多开药挣提成，我们的体制设计是有问题的。

中国具有世界最先进的《未成年人保护法》，因为在该法第3条规定："未成年人享有生存权、发展权、受保护权、参与权等权利，国家根据未成年人身心发展特点给予特殊、优先保护，保障未成年人的合法权益不受侵犯。"特别是该条款中提到了未成年人的"参与权"。许多发达国家还未能将"参与权"写入少年法，因为那些国家的立法者认为，未成年人参与社会、政治、经济、文化，以及学校管理等还是一件非常遥远的事情。不过，中国的《未成年人保护法》的先进性与现实的差距甚大。应当承认，我们依然面临大量的未成年人生存权和发展权的问题，灾难中校舍最先倒塌，孩子被埋在瓦砾之下；求学中他们被塞进超载的"校车"里。前不久，我到北京一所重点小学观摩五年级学生的语文课，粗算了一下全班42名学生中竟然有27名戴眼镜的，说明孩子的生存环境是有问题的。小学生沉重的书包需要行李车推行，繁重的作业负担挤压了孩子们创造、娱乐和体育的时间，扭曲着他们的天性，目的是为了小升初和高考"应试"，孩子们的升学率是家长和学校荣誉，以及老师奖金的砝码。此外，全国5800万农村留守儿童与父母分居；51万以上的流浪儿童无家可归或有家不归；我们还无法像许多发达国家那样免除孩子们的医疗费等。我们不需要过多浮夸，需要的是脚踏实地让孩子们真正享有生存权和发展权，至于"参与权"离我们还很遥远。

（原载于法制网"法之光专家博客"，2011年12月）

"未成年人不宜观看"标示的现实意义

【摘　要】电影分级有两个好处，一是有利于电影产业的发展，因为，全部是"老少皆宜"的电影会限制导演和演员的创作空间，降低成人社会的鉴赏水平；二是有利于对未成年人的保护。对未成年保护的内容不仅限于性和淫秽，以及不好的意识形态，还包括血腥暴力，成人社会"工于心计"的阴谋术等。

2011年12月28日，笔者应中国政法大学的邀请去参加《电影产业促进法（征求意见稿）》研讨会，正值那天法律系有会，但考虑到参与国务院法制办的法律制定建议工作，其意义重大，系里的老师也支持我参会，并希望我把他们关于中国电影分级的意见带到会上，于是告假出席。研讨会上，我做了"《电影产业促进法》与《未成年人保护法》的衔接"的发言，反响不错。我阐述了"文革"时期"八个样板戏"主角都是单身，《红灯记》中李玉和、李奶奶、李铁梅也是三代异性组成的革命家庭，没有性、没有血腥的暴力，老少皆宜，无须对未成年人实施保护。上个世纪90年代以来，中国电影异常繁荣，内容和表演形式日趋多样化，电影与未成年人保护的问题被提到议事日程。

实际上，在《电影管理条例》第10条、《未成年人保护法》第25条中都有严禁传播淫秽、暴力、凶杀、恐怖等内容，还有必要再规定电影对未成年人的特殊保护吗？笔者的回答是肯定的。记得2009年五一节小长假，我携全家去看陆川导演的《南京！南京！》。留学回国几年来，看电影已成为我们家庭节假日的生活方式，买上一大包爆米花、几杯饮料，边看边吃，充满着家庭成员互动的惬意。看完电影后，我们都会围绕电影内容边走边议，也是父子沟通，缩小代沟的最佳选择。因我们长期在国外生活，每次购买电影票时，都会习惯性地问一句："这部电影孩子们能看吗？"这次也不例外，卖票的姑娘先是用异样的眼光打量我片刻，迅速流露出"商业利益"眼神，果断地回答："能看！"不过，这场电影着实让我如坐针毡。

"未成年人不宜观看"标示的现实意义

《南京！南京！》开场不久便是一名被强奸的女子一丝不挂地横尸街头，我的心怦怦直跳，看一眼坐在两边上小学和初中的儿子，两个人正瞪大了眼睛聚精会神地看，我心中有几分后悔；再看到一群日本士兵提着裤子，慰安妇叉开双腿的镜头，我的脑门儿开始冒汗；看到第三个慰安妇的镜头时，我实在按耐不住，拽起两边的孩子就走。大儿子不肯走，嘟囔着："这么贵的票，看完再走吧！""再贵也得走，"我命令道。出了放映室我去找老板，问他为什么这类电影目录上不标明"未成年人不宜观看"？他回答非常冷静："这是爱国主义教育片啊。"这以后在报纸上还读到了中小学配合爱国主义教育组织孩子去看《南京！南京！》，我心中在骂："真荒唐呀！"

在国外，电影是有严格分级的。在日本，电影被分为四个等级，即（1）老少皆宜；（2）12岁以下需家长陪同观看；（3）15岁以下禁止观看；（4）18岁以下禁止观看。在出租录像带的商店，也会分出两个区域，有一个区域会挂上帘子，门口写道："未成年人禁止入内"。一般来说，电影分级有两个好处，一是有利于电影产业的发展，因为，全部是"老少皆宜"的电影会限制导演和演员的创作空间，降低成人社会的鉴赏水平；二是有利于对未成年人的保护。电影繁荣不能以牺牲未成年人健康成长为代价，不能为了迎合成人社会，把一些未成年人不宜接受的信息让他们接受。如何解决成年社会的需求和未成年人保护这对矛盾的最好做法就是电影分级。

电影内容和未成年人保护的关系，许多人片面地理解为禁止性和淫秽，以及不好的意识形态。其实不然，它包括的范围很广，如血腥暴力，成人社会"工于心计"的阴谋术等。尽管这类电影常以战争和正义战胜邪恶为背景和归宿，但对孩子的健康成长依然不利。我们的社会应该让孩子们保留一份纯真、善良、幻想和浪漫……在日本的电影分级制度中就有禁止15岁以下的孩子观看"集团排挤"的相关内容。《南京！南京！》还原历史真实，展现战争的惨烈和日本侵略者的烧杀掠抢、强奸妇女的兽性等是无可厚非的，具有"不忘民族恨"的爱国主义教育意义。但是，许多暴力和强奸的镜头对未成年人身心成长是不利的，应当明确标示"未成年人不宜观看"。

据了解，2011年8月，国务院新闻办召开"文化体制改革"发布会，强调电影分级制的讨论"可以停止了"，中国"不适宜推进电影分级制"，原因是"管理跟不上"、"不适合国情"。也有人预测，如果中国实行电影分级制，将会使淫秽、赌博、吸毒、恐怖等影片大量充斥市场，商家会炒作"分级"，刺激未成年人的好奇心等，看来中国的电影分级制离我们依然遥远！但我们是否应该面对现实,对于类似于《南京!南京!》这类爱国主义教育片,在广告或电影院售票栏目中应当标示:"未成年人不宜观看",不是为了刺激未成年人的好奇心,而是给我们这些爱带孩子去电影院的家长一个提示,给那些成群结队带着孩子们去看教学片的中小学校一个提示。

(原载于法制网"法之光专家博客",2012年1月)

城市化不能把乡村的孩子们丢下

【摘　要】 城市化是现代化的必然，却伴生了"空心村"和"留守儿童"的大量产生，由老人组成"空心村"可以为留守儿童"遮风避雨"，却无法保障孩子们健康成长，并存在着巨大的安全隐患，一个个死亡悲剧的发生在反复地提示我们：城市应当张开双臂，接纳农民工及其子女，让他们过上团圆幸福的生活。农村应建立完善基层组织、学校和社团，使他们成为呵护留守儿童的安全岛。

美国学者 S. Castles 教授 1993 年出版了一本很有影响力的著作——《国际移民时代》，书中把农村人口向城市迁移称为"第一次移住"，把跨国界的劳动力人口迁移称作"第二次移住"。并且认为这是现代国家不能回避的两次"移住现象"。

中国改革开放、特别是 20 世纪 90 年代以来，一场蔚为壮观的"第一次移住"拉开帷幕，本世纪的第十一个年头，中国已有 2.3 亿人，相当于 8 个加拿大的人口从农村迁移到城市。"第一次移住"所带来的劳动力的释放，推动着中国经济，带动着城市繁荣和生活的便利。但也在创造出成千上万的"空心村"。在这些"空心村"里，孩子们的生活状况令人担忧！

2011 年 9 月，湖南农民工肖开全夫妇给老家打电话数天无人接听，于是慌忙赶回双峰县乡下，开门竟被悲惨的情景惊呆，自己一岁零八个月的女儿蜷缩在奶奶的尸体旁，屋里臭气熏天，蛆虫满地。因肖开全夫妇长期在城里打工，将女儿托付给母亲照料，母亲突然去世，不懂事的孩子依然依偎在尸体旁，没有任何呼救和自救能力，被救出时的女儿已患上脓毒血症及消化道出血等疾病，生命垂危……

2012 年 5 月 6 日，对于江西省宜春市塘溪村的农民工王光忠和王光军兄弟而言，是一个极为悲痛的日子，两兄弟携妻在深圳和宜春市打工，将 6 个孩子托付给七十多岁父母监护。那天，其中 5 名孩子（最小的 6 岁，最大的 11

岁）在村后水塘边玩耍不慎滑落水塘，监护老人接到报警，乱作一团，一边呼喊，一边寻找村中年轻力壮的救援者，但最终没有找到，眼看着花朵般可爱的孩子们瞬间凋零。

这些孩子们本应当随父母迁移到他们打工的城市，在父爱母爱的呵护下幸福成长。但是由于城市生活成本高，户籍、教育、福利等"地域壁垒"使孩子们无法到城市入学入托，无法参加城市高考，无法享受城市的社会福利等，被迫留在农村。目前全国农村留守儿童的数量超过5800万人，其中42.8%的留守儿童的父母双双外出打工，绝大多数留守儿童是由爷爷奶奶或外公外婆抚养。

改革开放初期，类似于单位制的"人民公社体制"被"家庭联产承包责任制"所替代，一方面是农民生产积极性得以激发，另一方面是集体管理乡村力量的削弱。近些年来，国家用于"新农村建设"的资金逐年增加，多用于筑路、建路灯、建公厕，为乡村留守儿童营造"集体之家"的事情仍被忽略。过去"村村有小学，乡乡有初中"的农村办学原则，被2001年兴起的农村"教育改革——撤点并校"所取代，1998~2007年，在农村"撤点并校"的影响下，全国小学数量迅速减少了47.5%。乡村小学曾是孩子们的学习娱乐场、安全守护神，而"撤点并校"使社会关照管理乡村儿童的能力进一步削弱。

由老人组成"空心村"可以为孩子们"遮风避雨"，但却无法保障孩子们健康成长，并且存在着巨大的安全隐患。应当说，上述孩子们的悲剧是中国城市化和农村集体管理弱化的伴生物。

如何避免这些悲剧的发生呢？首先，城市应当敞开胸怀，改变政策，接纳农民工子女进城入学入托，享受相应的城市福利，让他们在父母身边，沐浴着父爱和母爱，顺利地完成学业和社会化过程，这既是一种人本主义的关怀，也是孩子们平等、健康成长的基本条件。其次，对于那些因各种原因不能随父母进城的农村儿童，中央政府和地方政府应当实施积极财政，因地制宜，发挥基层组织、民间团体、家族宗族，以及乡村学校在保护孩子安全、呵护孩子成长中的作用，为他们营造一个快乐、健康和安全的成长环境。同时，在乡村应当鼓励、指导和扶持创建无污染的集体产业，留住一些具有奉献和公益精神的年轻人，让他们成为集体产业和乡村安全的守护者。

城市化是现代化的必然，但是我们不能把乡村的孩子们丢下，他们和城里的孩子一样，都是祖国的未来！

（原载于法制网"法之光专家博客"，2012年6月）

李某一案件不应承载太多

【摘　要】李某一案件迅速形成"网络井喷",人们口诛笔伐官二代、富二代,却忽略了他的未成年人身份。国际公约、国内法律强调在未成年人案件中,侦查、起诉、审判,以及媒体宣传需给予当事人特殊的保护。社会转型中出现的仇官、仇富的社会情绪需要深化改革来平复,李某一案件不可能承载太多。

李某一案件或许会成为经典案例,原因不是案件本身的奇特和曲折,而是案件当事人的家庭背景、成长经历,媒体对案件的报道,网民对官二代、富二代的"口诛笔伐"及超高的点击率。据统计,从2013年2月22日李某一涉嫌轮奸被刑事拘留的消息在网络媒体公布,到3月1日仅一周的时间,百度搜索"李某一"高达130余万条;搜索"李某一案件"高达36万余条,以及数以千万计的"跟帖",形成了罕见的"网络井喷"。

李某一曾因无照驾驶宝马车且与人发生冲突,殴打彭先生,致使其头部受伤并缝11针,李某一被劳动教养1年,2012年9月获释。2013年2月17日晚,李某一等5人到海淀区一酒吧喝酒,并带走酒吧服务员杨女士至湖北大厦客房内轮奸。导致"网络井喷"原因并不是案件本身,而是"15岁孩子无照驾驶豪车并飙车打人";"父亲是著名歌唱家,老年得子";"幼年成长挂满光环,4岁学琴、被选为申奥大使,8岁习书法,10岁入中国少年冰球队,多次在钢琴、书法、冰球比赛中摘金夺银";"小小年纪举办个人演唱会";"就读名校——中关村三小、人大附中、美国冰球学校";"劳教获释后迅速更名"、"疑虚假年龄";传早是"银枪小霸王"、疑多次轮奸和强奸女性、英语教师,却无人追究;疑"李家给钱、给房、给工作,使被害人撤诉"等,人们对案外之事的怀疑、惊讶、怨恨,以及非理性,甚至稍有平和的分析和讨论便遭网友"拍砖"为"李家枪手"。

的确,李某一成长环境之优越是一般中国家庭望尘莫及的,申奥成大使、学琴有名师、想出国就出，想进名校就进，确有"可上九天揽月，可下五洋捉鳖"之能量。李某一多次犯事，原有的光环迅速解构，人们说他"坑爹"，笔者称其"爹坑"，哪有送15岁孩子的礼物是豪车宝马的，溺爱得不着边际。另外，儿童的过早"触电"，被媒体追逐，挂满光环，对孩子的健康成长是否有利值得反思；青春期孩子的逆反心理如何疏导和教育值得反思；特权打造了孩子桀骜不驯、目空一切的品行更值得反思！

但是，对于李某一案件的"网络井喷"和舆论升温，笔者呼吁降温、降温。原因有三，一是李某一案件仍属未成年人案件，需社会对未成年人的保护。李某一驱车打人案件发生时不满15岁，涉嫌轮奸案时不满17岁，均属未满18岁的未成年人。1991年12月29日，中国批准了国际《儿童权利公约》，我们应当自觉遵守现代社会普遍遵从的"未成年人利益最大化原则"，在刑事司法程序上、媒体宣传报道上及成人社会舆论传播上，应考虑到未成年人身心尚未成熟，无法承担相应的社会责任，对其实施区别于成年人的特殊司法，以及在宣传报道上最大限度地保护未成年人的隐私权。我国的《刑事诉讼法》第274条、《预防未成年人犯罪法》第45条也明确规定："审判的时候被告人不满18岁的案件，不公开审理"，"对未成年人犯罪案件，新闻报道、影视节目、公开出版物不得披露该未成年人的姓名、住所、照片及可能推断出该未成年人的资料"。但是我们的新闻媒体和成人社会却无视公约原则，不顾法律规定，将未成年人李某一的相关资料无遮挡地披露无遗，未能有效地保护未成年人的基本权利。

二是应当避免舆论影响司法。国际《儿童权利公约》规定，未成年人"在依法判定有罪之前应视为无罪"，"网络井喷"广泛议论"银枪小霸王"、"多次强奸女友、英语老师"，"应判十年以上"等，大有舆论调查和舆论审判之势。就司法公正而言，权力不能左右司法，舆论也不应左右司法。

三是李某一案件不宜承载太多。中国正处于社会转型的关键期，在经济飞速发展的同时，社会建设和政治改革滞后，致使贫富差距、民生福祉、官员腐败问题突出，也使近年来贫富、官民、劳资冲突凸显。李某一的案件是在这一大背景下发生的，因此成为相当多网民的仇官、仇富的"宣泄通道"。抛开李某一的家庭背景，该案件就是一起普通的未成年人违法犯罪案件，未成年人案件没有成人社会想象的那么复杂，依据《刑法》《刑诉法》《未成年人保护法》等予以公正裁决，并对未成年人案件中的当事人给予特殊的法律和社会保护，这是现代文明社会的要求和标志。而贫富、官民、劳资等社会冲突的解决有赖于社会建设和政治体制改革的推进,未成年人李某一案件不能、也无法承载太多!

(原载于法制网"法之光专家博客",2013年3月)

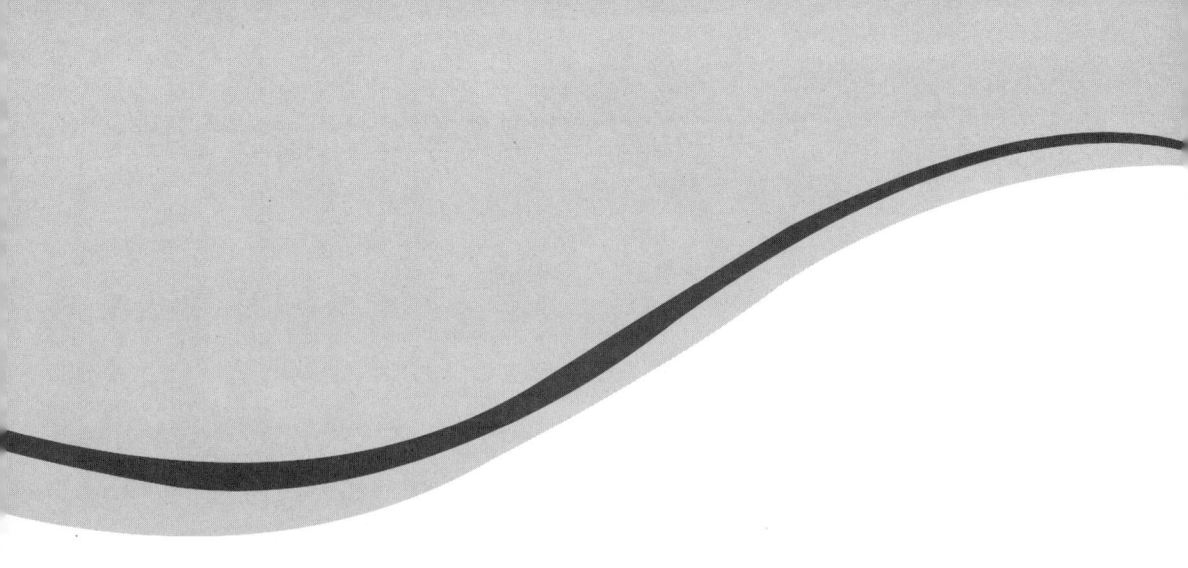

第五部分

监狱矫治与社区矫正研究

试论对罪犯改造工作的科学化

【摘　要】 20世纪80年代初期监狱和劳改农场关押的服刑人员与新中国成立初期相比，已经发生的重要变化，这种变化主要表现为八个方面，即服刑人员的犯罪类型、年龄结构、阶级成分、犯罪动机、服刑期限、文化程度、反改造形式、心理表现形式等，因此我们的罪犯改造工作也需与时俱进，需从入监教育、监中教育、出监教育三个过程中科学设计教育改造内容、确定教育方式。同时，运用心理学科学方法，良性刺激矫正服刑人员的犯罪心理。并完成监狱和劳改农场的内部结构从工厂农场型向半工半读的学校型转变，干部队伍从管理型向教育管理型转变，使罪犯的改造工作更加有的放矢、有针对性，更加个性化和科学化。该论文获中国青少年犯罪研究会颁发的"中国青少年犯罪研究十年"优秀成果三等奖。

【关键词】 监狱　劳改农场　改造工作科学化

新中国成立以来，我国经过长期的社会主义改造，剥削阶级作为阶级已经被消灭，社会阶级结构发生了明显变化。反映在监狱、劳改农场、少年犯管教所（这些机构可简称为罪犯改造机关，因为笔者认为改造罪犯的工作内容已经超出了劳动改造的范围）中在押人员，其家庭出身、犯罪动机、年龄结构等方面也发生了很大的变化。改革的形势对罪犯改造机关的改造质量和刑满释放人员如何适应社会生活等方面更提了许多新的要求。为了使我们的指导思想和工作方法适应新的情况，根据对天津、辽宁、北京、湖北等省市罪犯改造工作的调查，并参考有关的国外资料，提出一些对罪犯改造工作科学化的构想，与学界探讨。

一、改造对象的变化对传统理论的挑战

唯物辩证法认为，方法和措施的制定必须建立在对事物的特点、变化及内在规律认识的基础上。我国现在罪犯改造机关的服刑人员与新中国成立初期相

比发生了八个方面的变化。

（1）犯罪类型的变化。据调查，辽宁省1951年收监的罪犯中，反革命犯占35%，陕西省1950年占53%，都居各种犯罪类型之首。而这两个省1983年收监的罪犯中，反革命犯分别仅占1.7%和5.9%。

（2）罪犯年龄结构的变化。30多年来，在押犯的平均年龄逐渐降低，25岁以下的青少年犯所占的比例越来越高。以辽宁省为例，1951年收监罪犯中25岁以下的青少年仅占13.4%，而1979年占到了68.4%，而且以后几年一直保持在65%~70%。

（3）罪犯阶级成分的变化。新中国成立初期，我国犯罪的主体是党、特、匪、霸、反动会道门等。在1984年6月，我们对全国的青少年罪犯做了抽样调查，从家庭成分看，90%以上的罪犯出身于劳动人民家庭，其中农民家庭出身的占39.3%，工人家庭出身的占36.3%，干部家庭出身的占15.1%。

（4）犯罪动机的变化。历史反革命分子、战犯、旧社会遗留下来的刑事惯犯的犯罪动机常常出自其仇视敌视社会主义制度和劳动人民，而现在罪犯的犯罪动机大多出于对法律的无知与愚昧。据调查，"不懂法"是犯罪主要原因的占了77.1%。犯罪的主观动机表现为"感情冲动"、"逞强好胜"、"好奇心"，表现出政治上的非对抗性和犯罪行为的盲动性和突发性。

（5）服刑期限的变化。近年来，5年以下短期刑的比例越来越大，而中长期徒刑的比例越来越小。仍以辽宁为例，1951年判5年以下有期徒刑的入监犯占59%，1981年占75%，两者相比增长了16%。

（6）文化程度的变化。解放初期关押的历史反革命和现行反革命分子多数具有相当文化程度。根据北京第一监狱某中队的历史资料分析，当时关押的150名犯人中，具有大学文化程度的有86名，占57.3%。这些人在改造期间比较注意学习，对国际国内政治形势的变化非常关注。现在改造场所关押的犯人，特别是青少年犯，许多人是没上过学的文盲。据司法部劳改劳教管理学院对在押犯的实际文化程度的调查估计，文盲半文盲约占1/3强。一些罪犯名为高中毕业却仅仅会写自己的姓名，知识少得可怜，他们宁愿干活也不愿意坐下来学习。

（7）反改造形式的变化。老的历史反革命分子在监所内常采取书写反动标语、自杀等方式抗拒改造，而目前的在押犯常采取逃跑、抗拒劳动，或根据地域、犯罪类型结成各种狱内团伙等形式对抗改造，"哥儿们义气"成为狱内团伙的精神支柱，给改造工作带来一定难度。

（8）罪犯在改造过程中的心理表现形式的变化。老的历史反革命由于年龄较大，又有着相当顽固旧有世界观，在改造中习惯于耍两面派，表面服从管教，实际上抗拒改造，但同时也表现出情绪稳定、进步稳定等特点。现在的关押犯（特别是青少年犯）在服刑期间常表现出目无法纪、思想简单、情绪外露、容易冲动，改造过程中反复性大、盲动性强。既有难于管教的一面，又有可塑性强、只要改造方法得当就易于教育改造的另一面。

总之，目前大多数普通刑事犯，特别是青少年犯已不同于过去的历史反革命犯，他们一般不具有系统的反动观点和根深蒂固的反动思想，与社会主义制度、与共产党没有根本的利害冲突，他们中间多数是误入歧途的违法犯罪者。这是罪犯情况在新的历史条件下带有根本性的变化。

笔者认为，未来监狱的发展趋势将是以教育为改造工作的主要形式，而刑罚、生产将成为辅助性手段，在诸种教育手段中，德、智、美的比重将逐渐大于劳动教育的比重，开放式或半开放式教育将部分取代封闭式的监狱教育。我们必须清醒地看到这种趋势，并努力探索和制订出科学、系统的罪犯改造教育方法。

二、关于罪犯改造机关教育工作科学化、系统化的三个有机过程

改造工作更多的是运用教育工程学，从罪犯入监的第一天起便开始设计，培养他们的新人格、新思想、新技能和新专长。教育的设计要从社会需要出发，根据罪犯的生理、心理特点制定出有针对性的特殊的教育措施，并在规定的年限内，通过入监—监中—出监三个阶段，把罪犯改造成适应现实社会生活的新人。

（一）入监教育

入监教育是罪犯改造机关教育工作系统化的第一个过程，主要目的是使罪犯了解党的罪犯改造工作的方针政策、国家相关法律，犯人的义务和基本的监规队纪，促使罪犯认罪伏法，为今后的改造创造条件。

入监教育有三大内容，一是监规纪律教育。犯人入监，矫正其目无法纪、放荡不羁的行为习惯是首要任务。监规纪律教育可采用上大课及放幻灯、录像等直观教学方式，对犯人讲解犯人守则，义务和监所内部的规章制度，并进行队列、紧急集合、内务管理等训练，每门课程结束时需进行考核。二是认罪伏法教育。包括运用专题报告和个别谈话的方式，根据犯人的犯罪类型有针对性地进行《刑法》《刑事诉讼法》等基本法律知识的教育，使犯人服从判决，自

觉接受改造，放下包袱交代余罪。同时应建立健全入监人员的教育档案，档案内容包括：犯罪类型、个性特征、身体状况、受教育程度、实际文化水平、犯罪主要原因、在个体社会化过程中哪些环节受阻，以及入监后的认罪表现等。建档工作好比是设立了病历卡，对全面了解和掌握犯人的情况是非常重要的。三是争取光明前途的教育。这包括讲解党的给出路政策，让狱内改造表现好的犯人进行现身说法等，解决入监犯人中普遍存在的恐惧感，使其安心改造。入监教育最好采取集中组队的方式，时间为3~6个月。

（二）监中教育

罪犯经过一段时间的入监教育后被分配到各中队，开始了时间较长的监中教育阶段。监中教育的目的是使罪犯真正认识其犯罪的危害性和犯罪行为产生的思想根源，养成遵纪守法的习惯，逐渐摆脱愚昧和法盲，树立起正确的人生观。监中教育应以分阶段的、有步骤的系统教育来实现这一目的。

在政治思想教育方面，根据罪犯大多经过"违纪—不道德—违法犯罪"的发展过程，可采用逆反式的教育步骤，首先进行系统的法制教育，然后是社会主义道德伦理教育和纪律教育。对中途插班的学员，可采取个别补课或集体补课的办法，或安排进下一轮政治教育中。政治教育在改造罪犯中占有重要的地位，应力图使政治思想教育生动活泼，并且具有针对性。

在文化知识的教育中，根据在入监时对罪犯实际文化程度的考核，分出不同班级，文理科中以文科学习为主。对于刑期短的犯人鼓励他们能学多少学多少，对刑期长的犯人可鼓励他们争取毕业文凭。

生产劳动教育是使罪犯自食其力、改变其好逸恶劳思想的重要手段，因此应当把思想教育寓于生产劳动之中。同时，根据生产情况，有针对性地进行职业培训，与有关部门挂钩，评定犯人的技术职称，为其释放后的就业创造条件。

体美教育是陶冶罪犯情操的有效手段，可以利用业余时间开设体美选修课，利用节日开展体育竞赛和文娱活动。

（三）出监教育

出监教育的目的是为了使罪犯回归社会以后，能够尽快适应社会生活，防止重新犯罪，因此具有与入监教育和监中教育同等重要的地位，但在实践中常常被人们所忽视。

出监教育主要包括三个内容。（1）形势教育。由于罪犯经过了几年或十几年的监狱生活，对社会现实情况缺乏了解，所以在出监教育中应以形势教育为主，讲解国家政治经济形势、社会风尚、社会治安情况等，在条件允许的情况下，还可以组织即将刑满出监的犯人参观工厂、农村、机关、学校，开展"出狱后怎么办"的专题讨论。（2）前途教育。管教干部要帮助犯人分析出监后可能遇到的正反两方面的影响，指导他们正确对待，着重讲清重新犯罪对个人、家庭和国家的危害。可以请出监后回归社会做出突出贡献的刑满释放人员回改造场所进行现身说法，或播放他们的讲话录音。在前途教育的基础上，每个犯人应写一份接受改造情况的总结，包括出监后的打算。（3）就业教育。主要是对罪犯回归社会后的就业去向进行有针对性的咨询。另外，根据每个犯人可能从事的职业，进行多方面的、短期的职业培训，比如，开设裁剪缝纫、家用电器维修等训练班，介绍工商法规中有关个体从业的相关规定。出监教育也可采取集中组队的方式，运用半开放式的"请进来，走出去"的教育方式。请社会知名人士到改造场所给出监人做报告，请罪犯原单位领导、街道干部和派出所干警来改造场所探望和交谈。同时，可考虑安排外出参观学习，还可以给即将出监的犯人放周假和月假，组织他们到社会上进行义务劳动。半开放式的教育形式能够使社会了解监狱工作，了解本管片罪犯的改造情况，以缓解社会对刑满释放人员的忽视和歧视。同时，也使罪犯了解社会，为出监后尽快适应社会生活打下基础。出监教育中管教干部应当与犯人原来所在单位和街道加强联系，敦促有关单位做好接续教育的准备工作。

三、用多层次多方面的良性刺激矫正罪犯的犯罪心理

监狱、劳改农场、少年犯管教所对犯人的改造过程，实际上是对犯人的犯罪心理的矫正过程。犯罪心理学研究发现这样一个有趣现象：让盗窃犯、强奸犯，正常人看同一部电影，接受等量的刺激，形成较一致的短期记忆。但在短期记忆变成长期记忆后，研究发现强奸犯记忆最深的是电影中有关两性方面的镜头，如接吻、拥抱、强奸等，盗窃犯记忆最深的是电影中的家庭摆设、演员衣着等；正常人更多记忆的是故事情节，电影所表达的主题思想。为什么出现这样的差异呢？因为在从短期记忆过渡到长期记忆中，有一个"选滤"环节，不同的人根据自己的生活经验和需要对所见所闻进行不同的筛选，有人把这种"选滤"环节称为"心理定势"。在我国，无期徒刑以下的罪犯占罪犯总数的80%左右，对这些人不能永远用与社会隔绝的方法来使之失去重新作案的环境，因此改变罪犯的原"选滤器"的内部结构，是罪犯改造机关的核心任务。根据心理学的研究，某种信息过滤为长期记忆是由两个因素决定的：一是该信

息重要或符合个人需要，二是长期记忆中存在的经验。因此，一方面必须使罪犯真正认罪伏法，使再社会化成为自身的需要；另一方面充分加强良性刺激的频率和强度，改变原"选滤器"的结构，强迫其形成稳定的价值观念。由于罪犯心理"选滤器"结构各异，因此刺激应是多层次、多方面的，而且针对性越强的刺激效果就越好。根据调查，笔者将改造场所的良性刺激概括为三个方面。

（一）建立良好的改造环境

监管环境对犯人每天都产生最直接的刺激和最广泛的影响。罪犯进入改造场所后，便与原犯罪团伙和原犯罪环境相隔绝，这无疑是一种净化。但是，不同犯罪类型，作案手段各异的罪犯集中在一起，由为数不多的管教干部管理，又会发生相互传习的问题。怎样在现有条件下创造良好的改造环境呢？我们认为有以下两个方法。

1. 实行分管分押

具体可参考下面的分法：

（1）暴力侵犯人身权利的罪犯，包括杀人、伤害、抢劫等罪犯为一类；

（2）财产犯罪，包括盗窃、诈骗、受贿、贪污等罪犯为一类；

（3）性犯罪，包括强奸、轮奸等罪犯为一类；

（4）其他类型的罪犯。

分管分押能够避免或减少罪犯在犯罪类型、犯罪手段上的相互传习，避免罪犯由"单打一"变成"多面手"。分管分押，目前我国许多改造场所因各种原因未能实施，但笔者认为这种管理方式势在必行。

2. 强化犯人的自我管理

关键是建立一个较好的犯人集体，犯人彼此监督控制传习现象的出现与蔓延，并揭发传习问题。从实践中看，较好的犯人集体、正确的集体舆论，对罪犯是一个巨大的控制和教育力量，能够有效地减少传习现象，并使管教干部把工作重点放到少数反改造尖子和中队的系统化教育上。对犯人中推选出的自我管理干部应严格要求，特别要防止他们成为"牢头"、"狱霸"。从辽宁省海城少管所的经验看，只要建立健全班组长守则，针对"牢头"、"狱霸"的产生定下严格的防范性条例，并由犯人集体和管教干部共同监督，发现问题严肃处理，及时解决，是可以有效地避免"牢头"、"狱霸"的产生与蔓延。

（二）正确运用奖励与惩罚等刺激手段

改造场所内对在押犯的奖励与惩罚，实际上就是对罪犯的良好思想行为的肯定评价和对不良思想行为的否定评价。由于罪犯的需要结构，心理特点各异，采取多种多样的奖惩手段，使罪犯经常处于一种多层次、多方面的肯定评价和否定评价的刺激之中，处在一种精神兴奋的状态里，对于矫正原心理定势是有效的。

奖惩分为三种：精神奖惩、物质奖励和刑期奖惩。

1. 精神奖罚

包括受到班组、监所不同级别的表扬，评选为各级改造积极分子，在红旗竞赛中夺得红旗等，或者受到班组、监所各级的批评或批判。要掌握好时机，及时表扬或批评，表扬多采用当众表扬，批评多采用个别谈话的方式，易收到较好的效果。

2. 物质奖励

包括根据生产劳动的表现发给奖金，在被评为先进后发给物质奖品。可以进一步提高犯人的奖金额，拉开奖金等级，使犯人觉得有干头，调动他们接受改造和生产劳动的积极性。另外，在监内教学工作走上正轨以后，还可以设立奖学金，奖励犯人学文化学技术。

3. 刑期奖惩

刑期包括减刑和假释等，这项奖励是犯人最关注的，因此对犯人的刺激也最强。笔者认为应根据犯人的表现相对扩大减刑和假释面，精简减刑和假释手续。另外，可以设立浮动刑期制度，如某人触犯刑法，法院可判处 5~7 年有期徒刑。到底是执行 5 年还是 7 年，根据他在监狱接受改造的表现而定，并将决定权下放到改造场所。

(三) 家属攻心教育

犯人家属（特别是父母）与管教干部配合，共同对犯人进行攻心教育，常常能震动犯人的心灵，成为他们改造向善的转折点。干部应该主动与罪犯家属配合。同时可以鼓励犯人把自己心上人（指父母、妻子、儿女，恋爱对象等）的照片放置床头或贴在墙上使犯人经常产生让亲人放心、争取早日出狱的念头，用以抑制反改造情绪。另外，从入监到出监的三个阶段中，人身的自由度逐渐增大，也是一个累进式的奖励过程。

多层次多方面的良好刺激必定诱发他们的良知，加深他们对正确行为的记忆，最终改变其原心理定势，使其回归社会后有一定的抵抗不良社会影响的能力。

要使改造罪犯工作科学化，现在的罪犯改造机关要完成两大转变，即内部结构从工厂农场型向半工半读的学校型转变,干部队伍从管理型向教育管理型转变,改造场所应设教务处组织安排教学工作,增加教学时间,减少生产时间,对生产、学习时间进行合理安排,同时要下力气建设教学设施。当然对管教干部也需进行文化、业务轮训,使他们既是管理人员又是教师,改变一些干部只管不教的状况。罪犯改造工作科学化是一个艰苦的设计和实施过程,又是一个有效地改造罪犯成新人的必然过程,应引起有关领导部门的高度重视。

(原载于《中国青少年犯罪研究年鉴》1987年首卷,春秋出版社)

日本社区矫正"中途之家"建设及对我们的启示

【提　要】 中国社区矫正制度建设发展迅速，其中"中途之家"成为一大亮点。在日本，这类机构被统称为"社区更生保护设施"，已有120年的历史，其间经历过创立、兴起、停滞、平稳增长等不同发展阶段。从民间兴办到政府积极投资，制定法律法规规范民间行为，今天日本的社区矫正"中途之家"已是一个组织机构运作有序、政府投资与民间融资共存、规模固定、分类接受、教育训练有方、就业方式灵活的制度系统。虽然其面临国进民退、运营经费紧张、职员老龄化、融入地域社会困难等被学界所指责的问题，但是无论是其经验还是教训对年轻的中国社区矫正及"中途之家"建设都具有借鉴价值。它启示我们应当合理确定"中途之家"的规模、明确矫正对象的法律地位、注重机构的福利帮扶功能、积极培育民间矫正力量参与机构管理和建设等。

【关键词】 社区矫正　中途之家　更生保护设施

由北京工业大学人文学院、中国社科院社会学所和法学所部分专家组成的联合调查组先后承接了北京市规划办"社区矫正模式研究"、国家社科基金"社区矫正制度建设研究"等课题。2008年以来，先后对上海、绍兴、宁波、昆明、香港特别行政区，以及北京市的朝阳、东城、昌平、通州、大兴、延庆、丰台等地进行了调研，有51人接受访谈。作为比较研究，课题组成员两度赴东京就日本的社区矫正制度进行实地考察，先后访问了3家日本更生保护设施，对5位设施负责人和工作人员、两所大学的相关领域的教授进行访谈，到图书馆、书店查找资料，掌握了大量的基础资料。

2003年，中国开始了社区矫正的试点工作，2009年社区矫正工作向全国推广。在其发展过程中，北京、上海、西安等省市率先尝试建立了"中途之家"或"中途驿站"，目前发展比较成熟的机构有"北京朝阳区阳光中途之家"、"上海洪智中途驿站"、"浦东民新中途之家"等，它们在训诫、安置、教育社区矫正人员中发挥着积极的作用，并有进一步推广的价值。这类机构在日本被通称为"更生保护设施"，距今已有120余年的历史，本文将结合日本调研，详细地介绍和分析日本的"中途之家"的历史沿革、现状、问题点，并结合中国的调研情况提出可借鉴之处。

一、日本社区矫正"中途之家"的法地位

1995年，日本整合《犯罪者预防更生法》（1949年）、《缓期执行者保护观察法》（1954年）等相关法律内容，制定了《更生保护事业法》。该法律明确规定社区矫正"中途之家"是由法务大臣认可，具有更生保护法人资格的民间团体设立，在紧急更生保护的框架下，为更生保护对象提供食宿、生活指导等相关福利。2002年《更生保护事业法》再度修改，强调要在生活指导的方针下，进行集体化的教育辅导。关于社区矫正"中途之家"的使用者，《更生保护事业法》明确规定了三类人。

第一类是受保护观察所委托的人员。具体分为：（1）附带保护观察的假释人员，即《犯罪者预防更生法》中规定的附带保护观察的被假释的未成年犯和成年犯；（2）附带保护观察的缓刑者，即《缓期执行者保护观察法》中规定的如果不附带辅导援助措施就有可能影响其更生效果的缓刑人员。

第二类是受保护观察所委托的紧急更生保护对象。紧急更生保护对象主要是刑满释放回归社会后，无法从亲属和社会福利机构获得保护和帮助、被确认为再社会化受阻人员。根据《紧急更生保护法》的有关规定，刑满释放人员属于自由人，因此，社区更生保护设施接收刑满释放人员，必须由本人向保护观察所提出紧急更生保护申请，保护观察所再委托相应的机构实施保护。

以上两类更生保护方式统称为"委托保护"。对"委托保护"的对象国家须按人数向更生保护设施支付委托费。

第三类人是紧急更生保护对象中的再申请者。刑满释放的紧急更生保护对象在更生保护设施内居住时限最长为1年。但是，如果本人提出延长居住申请，通过相关手续，可以延长利用设施的时间。这种保护方式被称为"任意保护"，它与"委托保护"不同，需要由更生保护设施自行解决相关经费。

社区矫正"中途之家"向上述三类人员提供必要的食品、住宿、衣物、医疗、路费及就业帮助。

二、日本社区矫正"中途之家"的历史沿革

日本社区矫正"中途之家"的历史悠久,从19世纪末至今,大体经历过创立—兴起、停顿—发展、数量缩小—数量平稳增加三个阶段。

(一)创立—兴起阶段(1888~1939年)

日本第一家"中途之家"成立于1888年3月,是由慈善家金原明善先生在静冈市郊外建立的"静冈县出狱人保护公司"。创立"公司"的动机源自一个感人肺腑的事件。"静冈监狱刑满释放人员吾助曾是一个屡教不改的惯犯,在静冈监狱服刑期间受到监狱长河村矫一郎的热心感化,内心忏悔,发誓改恶从善。但刑满释放回村后却遇父母双亡,妻子改嫁并已有3个孩子,他万般无奈中只得求助于叔父的收留,但遭拒绝。吾助没有歇息的住所,缺少果腹的食品。尽管这样,他依然不愿意重蹈犯罪的覆辙,最终选择了自杀。"该事件对金原明善先生震动很大,他认为,"刑满释放人员能改过自新,社会应当温情相待"。❶ 由此他创立了全日本第一家刑满释放人更生保护公司。此后,京都、新泻、东京、大分等地也纷纷成立了类似的机构,接收对象也逐渐由刑满释放人员扩展到缓刑人员。1907年,日本政府第一次提出由国库出资奖励更生保护机构。1937年5月,全日本司法保护联盟成立;1939年《司法保护事业法》制定并实施,明确规定了民间可以自主运营更生保护设施,国家为其支付相应的奖励资金。

(二)停顿—发展阶段(1940~1959年)

"二战"期间,日本军国主义的对外扩张,致使军费大幅增加,国家停止了对社区矫正"中途之家"奖励金的支付,全国的更生保护设施的发展处于停顿状态。战后的1950年《紧急更生保护法》制定,确立了国家向民间更生保护会支付委托费制度,进一步明确了"为更生保护对象提供住宿和食品是国家的责任"。国家以法律的形式支援更生保护设施的建设,对推动这项事业的发展起到了至关重要的作用。20世纪50年代是日本"中途之家"发展最快的时期,据1959年统计,经营社区矫正"中途之家"的相关团体数量增至战后最高,达到了172家。

(三)数量缩小—数量平稳增加阶段(1960年至今)

20世纪六七十年代日本经济进入高速成长期,全国犯罪率稳步下降,利

---

❶ [日]菊田幸一:《犯罪学》,群众出版社1989年版,第383页。

用"中途之家"的人数减少，国家提供的更生保护委托费也随之减少，致使许多"中途之家"的经营陷入困境，这种状况一直持续到20世纪90年代中期，经营更生保护的相关团体数量降至不足100家。

1995年，日本整合更生保护的相关法律制定的《更生保护事业法》，进一步明确了社区矫正"中途之家"运营团体的独立法人地位，这是一种与社会福利法人相似的、公益性很强的特殊法人。政府给这种特殊独立法人以税收优惠政策，并为其增加政府预算。《更生保护事业法》的出台抑制了"中途之家"数量的减少，并使其出现了平稳增加的趋势。

不过，政府在对社区矫正"中途之家"实施优惠税收政策和增加政府财政预算的同时，对"中途之家"的干预和监督管理也进一步增强。近十几年来，这种干预和监督主要表现在以下两个方面。（1）"中途之家"接收人员结构的变化。《更生保护事业法》实施后，特别是2000年，日本政府再度修改《长期刑假释者的"中途安置"实施纲要》，进一步强调社区矫正"中途之家"对于长期刑假释者的"中途安置"作用，使假释人员的比例大幅增加。目前，假释人员已占社区矫正"中途之家"接收总人数的60%。（2）充实集体训练内容。2000年1月，法务省保护局和全国更生保护法人联盟共同制定了《充实更生保护设施安置技能基本计划》，这是一个三年规划，强调更生保护设施应以国家指导为核心，强化设施职员的培训和研修。要求社区矫正"中途之家"除了为更生保护对象提供食宿等经济援助外，还需要进行回归社会的集体训练，比如，设定就职面试、朋友劝喝酒等场景，在"中途之家"职员的辅导下，模拟应对方法；集体拓展训练，构筑自然的、可信赖的人际关系等。

三、日本社区矫正"中途之家"的现状及特点

据2009年统计，日本提供必要的食宿的"中途之家"共102家，其中，男子专用设施89家、女子专用设施7家，男女共用设施6家，可容纳人数2303名，平均每个"中途之家"可容纳23人。另据2008年统计，"中途之家"新接收保护对象6352人，其中，假释者3603人，占总数的56.7%。刑满释放人员915人，占14.4%。❶

（一）社区矫正"中途之家"的基础设施建设

日本更生保护设施大多建立在社区的公寓或民宅内，规模不大，与社区联

---

❶ 网址 http://hakusyo1.moj.go.jp。

系紧密。以我们调研的早稻田更新会为例,该会始建于 1926 年,是由宫城长五郎(后来的司法大臣)先生和协力者藤井惠照(教诲师)女士共同创建的,坐落在东京都新宿区早稻田 1 丁目 21 番地的一座 8 层的公寓南侧,共三层楼,占地面积 584.6 平方米。❶ 一层为大厅和接待室(面积 43.4 平方米);二层为办公室、会议室、咨询室、食堂、厨房、职工宿舍(面积 242.2 平方米);三层为更生保护对象的宿舍,共有 4 人间 1 个、1 人间 2 个、2 人间 7 个(面积 242.1 平方米)。

(二)社区矫正"中途之家"的机构设置及运营经费

仍以早稻田更新会为例,最高领导机构为理事会,理事会设有顾问 1 人、理事长 1 人、理事 6~10 人、监事 2 人、评议员 11~15 人。理事会成员基本上是该地域的社会名流,从职业分类看,主要是退休的司法事务部门的官员和在职的大学教授。更新会运营经费 70% 来自政府财政拨款,30% 来源于社会募捐。

(三)社区矫正"中途之家"职员与更生保护对象

早稻田更新会共有职员 5 人,其中设施长 1 人、辅导主任 2 人、辅导员 1 人、食堂管理员 1 人。更生保护对象 20 人,全员为男性。从今福章二先生 2000 年 9 月对日本 98 所"中途之家"调查看,辅导主任、辅导员等直接管理者 434 人,加上食堂管理员共计 612 人,平均一个设施的职员 4~5 人。职员与更生保护对象的比为 1∶4 左右。❷

表 1　早稻田更新会入所状况(2008 年 6 月)

氏名	年龄(岁)	委托地、期间	罪名	入所次数(次)
大×忠×	64	福井:2008/6/12~11/13	盗窃	初 1 入
神×新×	61	府中:2008/6/11~8/20	盗窃	累 2 入
今×仁×	57	府中:2008/6/11~7/19	盗窃	累 5 入
山×雅×	65	佐世保:2008/6/4~7/5	横领	累 3 入
高×直×	64	松江:2008/5/29~9/27	诈欺	初 4 入
山×人×	55	松山:2008/5/28~11/23	盗窃	初 1 入
鹤×正×	58	静冈:2008/5/22~8/12	居住侵入,盗窃	初 1 入

---

❶ 均指使用面积。

❷ 刑事立法研究会:《更正保護制度改革のゆくえ》,现代人文社 2007 年版,第 145 頁。

续表

氏名	年龄（岁）	委托地、期间	罪名	入所次数（次）
中×伊×	60	黑羽：2008/5/20~12/22	强盗，非法携带刀枪	初1入
中×贞×	57	新泻：2008/5/15~8/12	盗窃累犯	累7入
冈×征×	64	横滨：2008/5/14~8/13	盗窃累犯	累5入
岸×利×	44	纲走：2008/5/7~8/27	盗窃	累3入
矢×幸×	42	大分：2008/4/22~10/12	盗窃，居住进入	初1入
奥×已×	31	黑羽：2008/4/8~9/30	盗窃	初1入
渡×洋×	57	横须贺：2008/3/27~9/5	业务上横领	初1入
江×和×	54	加古川：2008/3/19~8/6	盗窃	初1入
关×正×	57	纲走：2008/3/5~7/3	盗窃累犯	累3入
浅×雄×	45	秋田：2008/3/5~8/30	盗窃累犯	累5入
田×正×	41	八王子医院：2008/3/5~9/10	盗窃	初1入
村×正×	36	广岛：2008/2/26~6/24	盗窃	累2入
管×孝×	25	旭川：2008/2/26~12/1	盗窃，暴行	初1入

注：委托地是指委托的监狱名或地区名。

从表1可以看出，从2008年在会的更生保护对象的年龄看，平均年龄51岁，总体偏大；从更生保护的委托单位分析，假释出狱的更生保护对象居多数；该设施接受对象以盗窃等财产犯罪者为主；累犯和初犯各占50%。

表2 2004~2007年入更新会的人员状况

项目	2004年	2005年	2006年	2007年
去年留下人员数（人）	17	17	20	15
当年入会人数（人）	87	81	68	77
实际保护人数（人）	104	98	88	92
当年出会人数（人）	87	78	73	78
提供住宿件数（人）	6606	6828	6803	6638

表3 更生保护对象在会居住期限

项目	2004年		2005年		2006年		2007年	
	人数（人）	%	人数（人）	%	人数（人）	%	人数（人）	%
5日	10	11	7	9	3	4	5	6
10日	9	10	2	3	2	3	11	14

续表

项目	2004 年		2005 年		2006 年		2007 年	
	人数（人）	%	人数（人）	%	人数（人）	%	人数（人）	%
20 日	6	7	6	8	4	5	5	6
1 月	9	10	2	3	3	4	3	4
2 月	10	11	14	18	10	14	17	22
3 月	10	11	17	22	7	10	8	10
6 月	26	30	21	27	35	48	22	28
1 年未满	7	8	8	10	9	12	7	9
1 年以上	0	0	1	1	0	0	0	0

从表2数据可以看出，只有20张床位的更新会，每年实际接收更生保护对象高达100人左右，提供住宿件数6600~6800件，表明更生保护对象居住时间短，更换流动频繁。从表3可以看出，在"中途之家"居住半年的人数最多，为30%~48%，其次为居住2~3个月，为11%~22%。

（四）更生保护会的基本理念与训练项目

在对早稻田更新会常务理事岩渕道夫先生访谈时，他提到更新会的基本理念是"为让人格扭曲的人回归社会，至关重要的是承认对方存在的价值，保持对等的人际关系"。更新会的基本方针是确保就业、职场稳定、确立勤劳习惯、鼓励储蓄及合理的金钱管理、培养自立能力等。今福章二先生的调查表明，注重把握更生保护对象的出勤时间、归宅时间，了解就业地点、工资情况的"中途之家"约占总数的90.7%。定期与更生保护对象面谈的占47.4%，每月平均面谈约2.9次，平均面谈时间约为22分钟。[1] 另据2008年统计，全国102所更生保护设施中有42所对更生保护对象进行了生活技能训练；有23所更生保护设施实施了预防酒精危害和毒品危害的模拟训练；[2] 82.7%的更生保护机构组织过生日会、恳亲娱乐会、季节性宗教仪式、奉献活动、征求意见会等。

社区矫正"中途之家"的集体活动和训练时间一般安排在每周星期日，仍以早稻田更新会为例，每月第一和第三个星期日上午更生会会外聘大学教师指导更生保护对象，早稻田大学的学生志愿者参加，训练内容包括人际关系、

---

[1] 刑事立法研究会：《更正保護制度改革のゆくえ》，现代人文社2007年版，第144頁。

[2] 网址 http://hakusyo1.moj.go.jp/。

社会生活、就业辅导。每月第二个星期日上午由更新会职员进行金钱管理、良好生活习惯养成等方面的训练。每月第四个星期日上午请外聘专业讲师围绕职业生涯、戒毒、生活态度等讲课或咨询。早稻田更新会还与早稻田大学的犯罪与青少年研究会联姻。从实践看，"中途之家"与大学联姻首先提高了更新会的辅导和施教的水平。其次，有效地推进了该领域理论和实际工作方法的研究，进一步促进实际工作的完善。最后，更新会成为大学生志愿者学习实验的基地，丰富了学生的学习实践活动。

（五）更生保护对象的离会后的去向与就业

从早稻田更新会 2004~2007 年的统计资料看，离开社区矫正"中途之家"的更生保护对象有 25%~37% 的是自己租房生活；9%~20% 在打工企业居住，两者所占比最高。其次是投亲靠友（5%~15%）或福利设施居住（1%）。另外还有 28%~46% 的更生保护对象离开更新会后不知去向（详见表4）。据《犯罪白皮书》统计，2008 年，离开设施后的更生保护对象 25% 自己租房生活，21.9% 在打工企业居住，15.1% 投亲靠友。❶

表4 更生保护对象离会后的去向

时间 项目	2004 年 人数（人）	%	2005 年 人数（人）	%	2006 年 人数（人）	%	2007 年 人数（人）	%
投亲靠友	4	5	4	5	11	15	7	9
租房居住	22	25	21	27	23	32	29	37
打工企业居住	17	20	7	9	9	12	15	19
福利设施	0	0	1	1	1	1	0	0
其他	10	11	9	12	5	7	5	6
不清楚	34	39	36	46	24	33	22	28

从 2004~2007 年离所后的就业情况分析，技工和建筑工是其就业的主要途径，约占其就业的 40%~60%；其次为服务业、运输通信业、做买卖、保安业，分别是 6%~16%、3%~5%、3%~5%、1%~6%；离所后没找工作和未找到工作的约占 8%~20%。

综上分析，日本社区矫正"中途之家"的现状及特点大体可以概括以下五点。(1) 规模小流动大。更生保护设施的平均规模比较小，一般可容纳更

❶ 网址 http://hakusyo1.moj.go.jp/。

生保护对象20余人，工作人员与更生保护对象之比约1:4。设施内的1个床位年接收更生保护对象5人左右，人员的流动性较大，表明更生保护设施的主要功能是临时性安置，解决更生保护对象的临时性困难和实施短期训练。(2) 分类接收管理。社区矫正"中途之家"根据对象的犯罪类型实施分类接收，比如，早稻田更新会主要接收盗窃等财产犯罪者，池袋新兴会则主要接收吸毒者。根据犯罪类型进行分类接收是现代监狱管理方法的延续，有利于防止不同犯罪类型的"交叉感染"，有利于提高管理和训练的针对性。(3) 高龄犯罪者为接收主体。50岁以上的高龄犯罪者超过2/3，表现出日本社区矫正"中途之家"的福利保障的接收理念。(4) 低端就业。更生保护对象大多缺少工作技能，就业方向主要是建筑业等低端的体力劳动。日本的雇主协会是由热心于更生保护事业的企业家组成，近半数是建筑企业老板。据2009年统计，该雇主协会共有会员7749人（团体），建筑业占48.6%；制造业占15.8%；服务业占15.6%。[1] 2006年雇用更生保护对象685人，2009年为435人。(5) 注重生活能力的训练。"中途之家"对更生保护对象的集体训练和个性教育侧重于三方面能力的培养，即生活能力、就业能力、人际交往能力。其中，回归社会的生活技能训练是集体训练的重中之重，着重训练其养成良好的作息时间、合理的金钱管理和勤劳自律的生活方式。

四、日本社区矫正"中途之家"发展中的主要问题点

日本社区矫正"中途之家"的建设与发展已有120余年的历史，其间有许多成功的经验，也暴露出一些问题点，根据实地考察和相关资料整理，大体可以概括为以下四点。

（一）国进民退问题

20世纪90年代中期开始的政府加大财政投入和对"中途之家"的干预与监管，被日本学者称为"更生保护设施的国家化和民间性的稀薄化"，或称为"国进民退"，主要表现为"中途之家"内强制性管理被强化。在对大学教授的访谈中我们了解到，对于"国进民退"的变化，学界和实务界有三种不同的观点。

一种观点为赞成，认为大部分更生保护对象是经过裁判所判决的行刑者，必须以强制性的指导监督为中心，其中包括强制性的保护观察；严格遵守作息

---

[1] 网址 http://hakusyo1.moj.go.jp/。

时间、按时熄灯关门；政府的保护观察官直接进入更生保护机构，参与强制性管理；集体训练应当是强制性的义务，而不应当是自愿参加等。

另一种观点为反对，认为"中途之家"变成了"社会内的刑事设施"（或称第二监狱），是对民间为主体的"中途之家"发展成果的否定。广岛更生保护设施负责人山田勘一先生认为："'中途之家'的生活应当具有共通性、亲近性和日常化，更生保护对象需要情绪稳定、自主自立，像家庭似的生活。而政府的严管方针违背了民间更生保护设施的传统精神，使这项事业变质。"宫泽浩一教授认为："限时锁门、严格遵守行为规则、限制行动自由等与监狱矫治相类似，而回归一般社会生活需要的却是自由自律、负有责任的生活。严管使从'中途之家'出来的人依然会有与正常的社会生活的距离感，无法适应正常的社会生活。"

还有学者引用国际刑务财团（IPPF）《含限制自由非监禁制裁及非监禁措施的最低标准规则》（1988年）中的"包含限制自由的非监禁措施都应确保人的尊严和保障人权"。认为，"中途之家"内强制性集体训练有悖于《规则》，"中途之家"的活动应坚持尊重本人意愿的原则，培养更生保护对象的自尊心是最为重要的。

第三种观点较为折中，认为应在民间的更生保护设施的基础上成立由政府主导的"更生保护中心"或"自力更生促进中心"。接收民间更生保护设施对应困难的人，对其实行强化性质的更生保护，"更生保护中心"类似于"社会内刑事设施"。持这种观点的"日本矫正保护审议会"曾向政府建议成立相关的"更生保护中心"，并得到了政府的回应。

调研中我们了解到，上述三种观点中，批判更生保护设施"国进民退"的学者居多，影响也最大。

（二）运营经费困难

在对3所"中途之家"负责人的访谈中，受访者都提到运营经费的不足，仍以早稻田新生会为例，政府按人头支付给该机构"委托费"共分3个部分，即伙食补助费、住宿补助费和事务经费。经费不足的部分主要为事务经费，政府按更生保护对象每人每天4000日元（约326元人民币）支付给更生保护设施。在课题组调查时，早稻田新生会共有更生保护对象18人，月事务经费216万日元（约17.59万元人民币），除去6位工作人员的工资外，事务运营经费所剩无几，更生保护设施的负责人谈到，在日本的许多更生保护设施的住房和办公设施陈旧，无钱更新和翻修。

（三）职员老龄化

由于更生保护设施的责任大、职员工资低，大学毕业生一般不愿意到该机构工作，因此，工作人员以上年纪的保护司为主体。据 2009 年统计，日本全国保护司的平均年龄是 63.2 岁，其中 60~69 岁者占 50.8%，70 岁以上高龄老人占 21.6%，他们的工作精力和知识结构都会影响其更生保护的效果。❶

（四）地域社会的融入困难

日本的"中途之家"建立在社区之内，如何融入社区一直是困扰这项事业的难点之一。日本是一个"耻文化"很强的国家，尽管政府和地域社会组织对更生保护设施的作用和地位等进行大量的宣传，但地域居民仍然认为他们是犯罪人，耻于与他们交往，对这类机构敬而远之。

五、日本社区矫正"中途之家"的发展对我们的启示

（一）机构的规模小型化

"中途之家"是社区矫正的重要组成部分，融入社区、依靠社区是"中途之家"建设的基本理念。从日本的经验看，"中途之家"的规模不宜太大，一般可容纳 20 余名矫正对象，管理人员与矫正对象的比例 1:5 左右比较合适。

"中途之家"的规模小有三个好处，一是容易融入社区，易于增强与社区的互动。而规模过大势必高墙环抱，给人一种"社区刑事设施"的感觉，拉大与社区的距离，影响从监狱生活到正常社会生活之间的"过渡性教育"效果。二是节省财政投入。规模小则维持其运转的投入就小，节省财政开支，同时，便于矫正人员之间的调配，提高"中途之家"的利用率，降低空置率。三是有利于对矫正对象的分类管理。将矫正对象根据犯罪的不同类型分配到不同的"中途之家"，避免犯罪的传习，增强教育矫正的针对性，有益于提高矫正工作者对某类人员实施矫正的专业化水平。

（二）矫正对象的法律地位

"中途之家"属于设施内的社区矫正形式，尽管它是开放式的，但与一般的社区矫正有所区别，"中途之家"可以接收哪类人，通过什么形式和途径接收等，应有明确的法律或政策依据。在日本这类机构主要接收《更生保护事业法》规定的法院判决附带保护观察的缓刑者和假释者；刑满释放后再社会

---

❶ 网址 http://hakusyol.moj.go.jp/。

化受阻，本人提出申请者；以及"中途之家"内居住期限已满的再申请者。

目前，我国缺少对"中途之家"接收对象的法律地位等相应的法律或政策规定。根据最高人民法院、最高人民检察院，公安部、司法部《关于开展社区矫正试点工作的通知》（2003年）规定，社区矫正对象是管制、缓刑、假释、暂予监外执行和剥夺政治权利者，因此，这五类人也应是"中途之家"接收的主体，目前有一些"中途之家"也接收刑满释放人员中"无家可归、无业可就、无亲可投"的"三无"人员。管制、缓刑、假释、暂予监外执行具有限制人身自由的强制性特征，"中途之家"在接收和管理这类人上具有一定的强制性是合法的。剥夺政治权利者只是限制其政治权利，对人身自由权没有限制，未附加剥夺政治权利的刑满释放人员属于自由人，这两类人在"中途之家"的接收过程中，应当本着自愿申请的原则。总之，对于不同类型的接收对象在接收程序和管理方式上要有所区别，并要有法可依。

（三）"中途之家"的福利功能

目前，我国学术界和司法实务界普遍强调"中途之家"在预防犯罪、减少重新犯罪方面的功能。但是，从日本社区矫正"中途之家"的现状看，接收保护对象的主体是50岁以上的高龄者。从犯罪学和犯罪心理学的角度看，年龄越大重新犯罪可能性就越小，而高龄假释者和刑满释放人员在回归社会方面要比年轻人困难得多，比如，找工作比年轻人难，家庭和社会的接纳程度比年轻人低。因此，对高龄者的接收更多地不是防止他们重新犯罪，而是一种人道主义的刑事司法理念的体现，以及通过社会福利辐射减少绝对贫困，进而控制犯罪的现代犯罪学理念的体现。

这种现代刑事司法理念也应当成为我国"中途之家"建设的基本理念，即重视"中途之家"在社区矫正中的福利功能，为"无家可归、无业可就、无亲可投"的社区矫正对象、刑满释放人员适时适度提供临时食宿、职业培训、职业介绍、医疗救助等。

（四）培育民间矫正力量

日本的社区矫正"中途之家"始于民间，并一直以民办设施为主体，在120多年的发展历史中，国家适时制定和修订相关法律，出资、参与和指导社区矫正工作。此外，除了民间的更生保护设施外，日本还有大量的与社区矫正相关的民间团体，比如，兄妹会（Big Brothers and Sister Movement）全国共有495个，会员4217人；更生保护妇女会1309个，会员189662人，以及雇主协会等（2009年统计）❶，这些民间团体是社区矫正的中坚力量。

中国的社区矫正工作的发展路径与日本不同，它最初就是由政府推动和管理的。政府推动的长处是力度大、发展快，能得到人力、物力和财力上的保障，但也存在着四大短处：一是文牍主义严重，实实在在的矫正工作会被繁重的文件和统计表格所淹没；二是会偏重强制性，强调整齐划一，缺少矫正的灵活性；三是政府管理难于设计出一般社会人自主自律生活的社区环境，影响"中间过渡性"教育效果；四是基层倦怠，领导推则动，不推则不动，有钱则动，无钱则不动。而民间力量的参与更多是出于关爱、慈善、为社区平安，以及自我价值的实现等，这是一种内驱力的差异。当然，从社区矫正的本意而言，它如果离开了社区、离开了民众的参与也就会失去了本原的价值。因此，我们需要广泛地宣传社区矫正工作，让社区居民知道、理解和积极参与社区矫正工作，同时应当积极培育相关的民间组织，如志愿者组织、基金会、企业家联合会、大学生社团、妇女社团、社区的各种爱心社团等，形成社区矫正的民间支持网络，与社区"中途之家"协作，营造出良好的社区矫正环境。

(原载于《青少年犯罪问题》，2011年第1期)

---

❶ 网址http：//hakusyo1.moj.go.jp/。

北京社区矫正模式特色与问题点分析

【摘　要】 北京社区矫正模式的形成和发展大体经历了五个阶段，并已形成政法委领导、多部门参与、司法行政为主体的组织运行体制和较完备的政策法规体系，以及庭前调查评估、矫正对象衔接、日常教育管理、解除矫正等工作流程。北京社区矫正除了"全国一盘棋"的共性外，还表现为四大特色，即维稳理念下的严格管理，监狱干警作为重要的专业力量的全程参与，民间力量的"40、50协管员"的辅助管理，以及具有集中培训等特色的"阳光中途之家"。"北京模式"以其独特的管理方式在全国社区矫正工作中独树一帜，成果显著。但十年的运行中也显露出一些问题点和亟待完善的方面，需研讨和改进。北京社区矫正理念应在首都维稳的特色中融入更高的价值理性；积极探索符合社区矫正自身规律的管理方式，避免简单地移植或复制监狱管理体制和方法；积极培育社会组织，突破民间参与率低等"制度瓶颈"；强化"阳光中途之家"的社会救助功能，探索小型化和社区嵌入方式；通过监狱管理制度改革，增大假释比例，控制减刑数量，使社区矫正人员数形成规模效应，同时将社区矫正的执行主体上移，在区县级设立专业化的矫正官队伍，并给民间参与社区矫正预留空间，使社区矫正真正成为社区的矫正。

【关键词】 社区矫正　北京模式　基本理念　管理体制

"模式"（Pattern）在《现代汉语词典（第5版）》中被定义为"某种事物的标准形式或使人可以照着做的标准样式"。同理，"北京社区矫正模式"可以解释为"在社区矫正工作中可以照着做的北京标准形式"。它是北京在司法实践中建立起来的组织结构、法规制度、管理方式等的集合系统。2004年6月，在北京市社区矫正工作试点一周年的研讨会上，前司法部副部长胡泽君在大会发言中首次提出，北京市的社区矫正工作可以称为"北京模式"。

一、北京社区矫正模式的发展与建设

(一) 北京社区矫正的发展阶段

从北京社区矫正的发展看,大体经历过五个阶段。(1)"早期尝试阶段"。2001年底,北京市率先在市司法局成立"监狱教养工作联络处",作为罪犯监狱矫治和社会矫治的联络机构,积极探索通过社区和社会力量矫治犯罪者;并于2002年8月,首次在密云县对假释等监外执行的罪犯进行社区矫正的实践探索。(2)"初期试点阶段"。2003年7月,最高人民法院、最高人民检察院、公安部、司法部下发的《关于开展社区矫正试点工作的通知》(简称"两高两部《通知》")确定了北京、天津、上海、江苏、浙江、山东等六省市为全国首批社区矫正的试点地区,北京则选定东城区、房山区和密云县为社区矫正初期试点区县。(3)"第二批试点阶段"。2004年5月,北京市在前期试点工作的基础上,进一步将社区矫正试点工作扩大至朝阳、大兴、通州、丰台等6个区县。(4)"全市推广阶段"。2005年5月,北京的社区矫正工作在全市18个区县全面展开,较全国全面展开社区矫正工作早4年。在社区矫正的适应对象方面,北京市根据区域特点明确规定为具有北京市正式户口,有长期固定居住地的五类人员,即管制、缓刑、假释、暂予监外执行和剥夺政治权利者。(5)"矫正范围的缩小阶段"。2011年5月实施《刑法修正案(八)》将社区矫正执行范围限于管制、缓刑、假释和暂予监外执行。考虑到剥夺政治权利属于"资格刑",只对罪犯的政治权利予以限制,不符合社区矫正的刑罚执行活动的特点,市司法局于2012年7月将剥夺政治权利者的管理工作移交给公安机关。

(二) 北京社区矫正模式的建设

标准化、可复制的北京社区矫正模式需要具备可运作的组织结构、政策法规,以及较严谨的工作流程。

1. 北京社区矫正的组织结构

2003年,中共北京市委政法委员会、首都社会治安综合治理委员会《关于开展社区矫正试点工作的意见》(简称《意见》)中确定了北京社区矫正的组织结构,即由市委政法委、首都社会治安综合治理委员会牵头,市高级人民法院、市检察院、市公安局、市司法局、市民政局、市劳动和社会保障局、市监狱管理局等部门负责人组成"北京市社区矫正工作领导小组"负责领导和管理全市的社区矫正工作。该领导小组实际上是一个议事机构，通过联席会议的形式，了解情况、分析形势、制定全市的社区矫正政策和实施办法，协调相关部门共同参与管理社区矫正。北京市社区矫正工作领导小组的执行机构为领导小组办公室，设在市司法局。

参照顶层的组织结构设置，在区（县）一级组成由社会治安综合治理工作委员会主任任组长，法院、检察院、公安局、司法局、民政局、劳动和社会保障局、综治办等负责人为成员的区县社区矫正工作领导小组，领导小组的办事机构——办公室设在区（县）司法局。在街道乡镇一级组成由社会治安综合治理工作委员会主任任组长，派出所、司法所、民政科、社会保障所等负责人和抽调的监狱警察为成员的社区矫正领导小组，负责本区域的社区矫正工作，办公室设在司法所。

上述由政法委、综治办领导，司法行政部门为主体，多部门参加的管理网络，实务界称其为"三级网络管理体系"。这种组织结构在北京多年的社区矫正实践中运行效果良好，特别是作为社区矫正的前沿阵地——基层司法所得以长足发展。2012年底，全市所有乡镇（街道）已全部建立司法所，建所率达100%。每个司法所设有3名司法助理员，拥有一间以上社区矫正办公用房，并配有电脑、电话、传真机、复印机等现代办公设备，部分司法所还配备了专用车辆。

2. 北京社区矫正政策法规的建设

社区矫正工作的政策法规建立是规范基层执法和工作行为的基础，作为"北京社区矫正"的规范化管理的政策法规首次出台的文件为《关于开展社区矫正试点工作的意见》（2003年），就组织结构、工作职责作了详尽的规定。随着北京社区矫正试点工作的推进，2005年是北京社区矫正工作相关政策法规出台最多的一年。这一年先后出台了《社区服刑人员动态分析工作暂行规定》《社区矫正工作对象接收衔接规定（试行）》《社区服刑人员管理工作暂行规定》《社区服刑人员教育工作规定》《社区服刑人员公益劳动管理暂行规定》《社区服刑人员解除矫正工作暂行规定》《社区矫正工作突发事件处置预案》《社区矫正工作监狱劳教干警岗位职责（试行）》等15项政策规定，使北京社区矫正工作的各个环节有规可依。2007年出台的《北京市社区矫正工作实施细则》（简称《细则》）进一步将过去发布的十多项规定系统化，使北京社区矫正模式在组织结构、政策法规等方面进一步确立和完善。

3. 北京社区矫正模式的管理流程

北京社区矫正模式大体上分为庭前调查评估、矫正对象衔接、矫正对象的日常教育管理和社区矫正的解除等管理流程。

（1）庭前调查评估。

"庭前调查评估"在《意见》和《细则》两个重要文件中并未出现，它是北京社区矫正模式的基层尝试。丰台区司法局在2007年4月首次对拟判处缓刑的被告人王某进行庭前调查评估，该调查报告成为庭审的重要参考，最终王某被判处有期徒刑三年，缓期三年执行，被告人和被害人对判决均无异议，王某进入社区矫正后，主动配合矫正，收到良好矫正效果。庭前调查主要方法是走访调查，走访被告人的家庭、学校、社区、居住地派出所等单位，了解调查对象的性格、品行、家庭关系、邻里关系、社会交往、平常表现、犯罪成因、重新犯罪的危险性等。在走访调研的基础上，撰写调查报告呈交法院，法院对基层司法的调查报告不作为证据，但作为判罪量刑的重要参考。庭前调查评估能提高法院判决裁定的质量，使裁决与社区行刑环境和条件相吻合，降低矫正难度和重新犯罪率。另外，审前调查评估还可以增强司法行政机关与法院、拘留所、监狱、派出所、街道居委会等部门的互动，为日后社区矫正中的部门协调和增强矫正的针对性奠定基础。2012年1月最高人民法院、最高人民检察院，公安部、司法部（简称"两高两部"）联合下发的《社区矫正实施办法》（简称《实施办法》）中，对庭前调查的做法的给予了充分的肯定，并规定了具体实施细则。

（2）矫正对象衔接。

北京市在社区矫正对象的接收上，坚持"户籍原则"和"居住地原则"，即接收的矫正对象需具有北京市正式户口，并在北京居住（《北京市社区服刑人员接收工作暂行规定》第二条）；户口与居住地分离的，由居住地所在司法所负责矫正工作。具体流程为：法律文书接收和档案建立、矫正宣告和建立帮教小组、走访调研及签订监护协议书、心理测试与管理分类、矫正方案起草与多方商定确定方案。

在矫正对象的衔接过程中，北京社区矫正工作注重"初始教育"，或称"身份认知教育"。一些司法行政机关采取集中培训的方式，比如，朝阳区司法局将新确定的矫正对象集中到"阳光中途之家"进行一到两周的培训，让矫正对象与矫正干警同吃、同住、同做公益劳动，促膝谈心，了解自己的行刑地位及社区服刑中权利与义务。在"阳光中途之家"培训中，实施出早操、

465

升国旗仪式，开展以案说法、讲解社区矫正制度等，开展有针对性的心理咨询，举行拓展训练，增强团队协作和遵纪守法意识。同时进行短期的美容美发、设备维修等职业培训，在培训结束后评选先进，颁发培训证书。初识教育的集中培训具有强化身份认知、矫正生涯设计等功效，特别是对缓刑的矫正对象，通过初始教育使其意识到缓刑并不是无罪释放，了解自己社区服刑角色，为矫正对象的中后期教育管理奠定基础。

（3）矫正对象的日常教育管理。

在社区矫正的日常教育管理方面，北京市建立了完备的制度体系，主要包括：汇报制度、学习制度、迁居管理制度、请销假制度、会客制度、奖惩公示制度和社区公益劳动制度等。在健全这些制度的同时，北京市司法行政机关与民政部门合作，建立和完善社区矫正对象的社会保障系统，对矫正期3个月以上、家庭经济困难、符合相关规定的社区矫正对象，由基层司法所积极为其申请最低生活保障等。据丰台区16个街道办事处2011年统计，司法行政机关积极为146名社区矫正人员和刑释解教人员（简称"两类人员"）办理最低生活保障，办理廉租房及补贴63人次。东城区为"两类人员"设立了"安置救助专项资金"，在临时安置期间，参照最低生活保障和廉租房补贴金额，按每人每月1000元标准，发放到有困难的"两类人员"所在街道，由街道对其进行临时安置和救助，2004~2011年，累计投放资金400余万元。❶

让社区矫正对象通过正当的劳动获取相对稳定的经济收入，是避免其重新犯罪的基本保障，也是社会文明和尊重人权的重要标志。北京市行政司法机关积极与市劳动和社会保障部门合作，建立了矫正对象的劳动就业制度。首先，联系和协调矫正对象原单位，争取其回原单位工作。其次，积极鼓励并尽可能地提供条件让矫正对象自谋职业。最后，对其他无法就业的社区矫正对象，北京市为其提供至少1次工作岗位介绍和1次免费的职业培训。丰台区2011年共为"两类人员"办理失业登记180人次，发布就业信息291条，开展技能培训6人次，组织就业面试231人次，有效地缓解了"两类人员"就业难的问题。

（4）社区矫正的解除。

在社区矫正对象矫正期满前一个月，北京市基层司法所会对矫正对象进行

---

❶ 《北京社区矫正综述》，见百度文库，网址 http://wenku.baidu.com/view/fd9e6f4a767f5acfa1c7cd88.html。

解矫前教育，主要教育内容包括解矫后的生涯设计，以及守法、交友、合理安排生活等方面的教育，同时要求矫正对象作出个人总结。司法所根据其在矫正期间的表现、考核结果等情况作出书面鉴定，对今后安置帮教提出相关建议，同时将上述材料送街道社区矫正领导小组审批。社区矫正期满日，基层司法所组织召开有矫正对象、村（居）民委员会和所在单位负责人、家庭成员及社区志愿者等参加的解除社区矫正宣告会。会上宣告相关法律文书，并向社区矫正对象发放解除社区矫正通知书，安排后续社会帮教，以及书面通知有关机关。

北京市社区矫正工作从 2003~2013 年 1 月底，累计接收社区矫正对象 40590 余人，解除矫正 35100 余人，占总数的 87%。目前，在册社区矫正对象共 5470 余人。根据 2011 年 9 月底统计，北京市社区矫正的再犯罪率为 0.37%，与全国平均再犯率 0.22% 相比，略高 0.15 个百分点，社区矫正效果达标。

二、"北京社区矫正模式"主要特色

"北京模式"和"上海模式"被称为两个各具特色的社区矫正模式。笔者在对两市的调研考察后认为，社区矫正工作全国一盘棋，都在"两高两部"的协调领导下，在统一的规范性文件约束下实施，因此"北京模式"和"上海模式"有许多共通之处。不过，北京由于地域上的特殊性，在社区矫正理念和管理方式上确有区别于上海等省市的地方特色，主要表现在以下四个方面。

（一）维稳理念下严格管理

在北京社区矫正最初政策性文件《意见》中，明确"指导思想"为"加大对非监禁刑罪犯的监督管理和教育改造力度，提高教育改造质量，为首都率先基本实现现代化创造和谐稳定的社会环境"。北京市司法局编写的《北京市社区矫正工作培训教材》（2003 年 4 月版）和北京市司法局《关于北京市抽调监狱劳教干警参加社区矫正和帮教安置工作情况的报告》（2008 年 2 月）中，进一步明确了北京社区矫正的性质为"非监禁刑罚执行活动"，强调"行刑"，注重社区矫正的惩罚性、强制性、专业性和严肃性。近 20 份社区矫正相关政策文件除规定社区矫正的组织结构、工作流程外，有近半数的文件强调加强严管力度，包括抽调监狱干警的全程监管、接收工作和强制措施的干警着装、突发性事件预警、风险防范、脱管和重新犯罪的责任追究等。因此，强调社区矫正的监管力度和改造力度，以符合维护首都稳定的目的，成为北京社区矫正模式的基本理念和特征。

北京是中国政治、经济、文化中心，国家最高权力机构和党中央所在地，是中国国际交往中心，外国大使馆、国际组织代表机构、海外企业代表机构所在地，北京的社会稳定关系到全国的稳定。特殊的地域环境决定了社区矫正模式建立的先决条件是确保首都稳定，强化行政机构执行力，严格管理社区矫正对象，提升管理机构的快速反应能力，及时处置突发性事件、防止脱管漏管，防止重大事件发生等是维护首都稳定的基本保障。将符合条件的矫正对象置于社区，由相关社会团体、民间组织及志愿者协助帮教，促进其顺利回归社会，这是社区矫正的基本功能和优势。但必须以矫正对象不脱管不漏管，保障北京社会稳定和重大国事活动不出事故为前提条件。

作为"上海模式"的政策性文件，中共上海市委下发的《关于推进本市社区矫正工作的实施意见（试行）的规定》中明确社区矫正的性质为"教育改造的手段和方法"，强调"矫正"，注重社区矫正的教育性和社会性。[1] 主张"政府主导推动、社团自主运作、社会多方参与"的基本理念，与"北京模式"形成差异。

在维稳理念下的强制性和专门性，使北京社区矫正工作从起步阶段就表现出行政强势的特色。在具体操作层面上，北京未采取上海等省市的政府花钱购买民间服务的做法，主要通过政府统筹、集中调配资源、设定岗位等方式推进社区矫正。政府主导、行政强势的管理方式便于统一领导、协调行动、严格执法，增强对矫正对象改造的专业化和威慑力，提高了社区矫正中应对突发性事件的快速反应能力。

（二）监狱干警全程参与社区矫正管理

北京社区矫正的"早期尝试阶段"起始于市司法局内设的"监狱教养工作联络处"。首先，顶层设计者的工作经验和思维惯性使北京社区矫正的管理流程和方式更接近于监狱矫治。其次，从北京维稳与严管理念出发，监狱干警的参与成为必要。另外，在试点初期，考虑到基层司法所人员少，执法工作经验不足，需要监狱劳教干警充实专业矫正力量，并在刑罚执行的理念、管理教育的方法和技巧方面给予司法所工作人员以指导。2003年7月，市监狱局和市劳教局首批抽调31名监狱干警到试点区县参与社区矫正工作，并从两局抽

---

[1] 姜祖桢：《社区矫正理论与实务》，法律出版社2010年版，第15~16页。

调一名副局级领导担任市矫正办常务副主任，抽调一名正处级领导担任市司法局社区矫正工作处处长，抽调9名后备干部到市矫正办工作，由此确定了在北京社区矫正管理机制中监狱系统的领导地位。

2005年7月，北京市司法局下发了《社区矫正工作监狱劳教干警岗位职责（试行）》（简称《岗位职责》），将监狱劳教干警参与管理社区矫正工作的尝试制度化。《岗位职责》强调，"监狱、劳教干警是社区矫正中的重要的专业力量"，"干警在接收工作中及对服刑人员采取强制措施以及其他需要着装的情况时，应着警服"。同时规定干警应参加从矫正对象的接收、管理、教育及解除矫正的全过程。从2003年北京社区矫正试点开始到2008年，全市共抽调干警411名，轮岗回原单位54名，常年从事社区矫正的干警350余名，其中干警领队（副处级）18名分布于18个区县，形成较独立的、自成体系的统一指挥模式。2008年2月，司法部转发《关于北京市抽调监狱劳教干警参加社区矫正和帮教安置工作情况的报告》，对北京抽调监狱劳教干警参与社区矫正工作给予了充分肯定。❶ 据2012年底统计，全市313个司法所都达到了每所一警，在社区矫正人员数量较多的司法所可达到一所两警。

关于监狱干警全程参与社区矫正管理的价值，在大兴区、丰台区和延庆县司法局与部分监狱干警的座谈中，与会者普遍认为很有必要。理由有三，一是社区矫正与监狱矫正具有内在联系。社区矫正虽然是与"监禁矫正相对的非监禁刑罚执行活动"，但其实质都是"刑罚执行活动"。在我国尚无适合国情的社区矫正成功模式可借鉴的状态下，抽调具有成熟监狱管理经验的干警参与社区矫正管理，对北京社区矫正模式的建立与完善具有重要的意义。二是监狱干警具有较高的综合素质。因长期从事监管改造工作，形成监狱干警特有的优良传统，高度的责任心，认真履行职责，准确适用法律、法规和政策，自觉借鉴监狱管理方式，提高了社区矫正的质量。三是提高北京社会维稳水平。在监狱管理中，"监管安全重于一切"、"责任重于泰山"的安全意识、维护社会稳定信念根植于干警心中，因长期与罪犯打交道，干警们积累丰富的对付犯罪者的经验，具有敏锐的观察力、判断力和突发事件处置的能力，可保障社区矫正的安全和首都社会秩序稳定。与北京不同，上海则很少有监狱干警参与社区矫正，主要为社会工作者全程参与。

---

❶ 北京市司法局：《关于北京市抽调监狱劳教干警参加社区矫正和帮教安置工作情况的报告》（2008年2月3日）。文见百度，网址http://law.baidu.com/pages/chinalawinfo/16/1/10c7938f710d6b2d5d2c57b35d589bc0_0.html。

469

（三）"40、50协管员"的社区矫正参与

"两高两部"《通知》在界定社区矫正中强调，"将符合社区矫正条件的罪犯置于社区内，由专门的国家机关在相关社会团体和民间组织以及志愿者的协助下"实施矫正。将罪犯置于"社区"和"民间参与矫正"是社区矫正区别于监狱矫正重要标志。

在中国，"社会团体"是指公民通过合法程序组建起来的群众性组织，如工会、工商联、妇联、共青团等，其主要职能是服务于特殊群体，服务于社会。关于社会团体参与社区矫正，北京市做了有益的尝试。2004年5月，丰台区司法局和区团委联合成立了全市首家"青少年社区矫正学校"，矫正学校通过组织法制讲座、教育展览、聘请辅导员进行心理辅导、组织到敬老院参加公益劳动等方式，对青少年社区服刑对象进行帮教。不过，相关调查也显示，北京社会团体对社区矫正的参与度较低，不足15%。❶

关于"民间组织"参与社区矫正工作。2005年2月，东城区成立了首家阳光社区矫正服务中心，由司法局出资聘请北京惠泽人咨询服务中心对社区服刑人员进行专业化的心理矫正服务。这是民间组织参与社区矫正的有益尝试。继东城之后这一做法被推广到11个区县。2006年9月，北京市社区矫正工作领导小组办公室下发了《关于加强阳光社区矫正服务中心建设的通知》（简称《通知》），强调理顺区县司法局和区县社区矫正服务中心、司法所与社区矫正服务中心工作站、工作站的社会工作者和司法助理员及抽调的监狱劳教干警等关系。强调加强司法行政机关对社区矫正服务中心和社会工作者的考核、建立动态管理机制等。《通知》下发后，"民间组织"参与社区矫正功能被弱化，社区矫正服务中心工作站逐渐成为司法行政机关的一部分。

与上海招聘年轻的社会工作者全程参与社区矫正不同，招聘"40、50协管员"是北京社会力量参与社区矫正的重要特色。北京的主要做法是依托社区公益性就业组织，从街道40至50岁失业一年以上的下岗职工中，通过笔试或面试，招聘具有一定文化程度和工作责任心，能胜任社区矫正工作岗位的人员担任协管员，协管员上岗之前由司法行政机关对其进行两周左右的业务培训，培训合格后颁发《协管员聘书》。在担任协管员期间，由司法行政机关为

---

❶ 李华等：《社区矫正案列与实务》，中国人民公安大学出版社2011年版，第13页。

其支付劳动报酬,每月约1700元,并为其支付"五险一金"❶(2013年5月丰台调研数据)。据统计,社区矫正协管员参与率最高,可达98.7%。❷ 社区矫正协管员的主要工作职责是协助参与制定矫正方案,及时将有关材料整理归档;按时走访社区矫正对象家庭,掌握社区矫正对象思想、工作和生活情况,及时向司法所汇报社区矫正对象的现实表现;组织和监督社区矫正对象参加公益劳动;帮助符合政策条件的社区服刑人员参加培训和就业招聘等。

在几年的实践中,协管员已经成为北京民间参与社区矫正的重要辅助力量。在大兴区庞各庄司法所的实地考察中,协管员们普遍反映,北京市招聘"40、50协管员"参与社区矫正工作有两大好处,一是解决了40、50岁失业人员的再就业问题,这些人员因工龄买断,有一定的积蓄,加上社区矫正工作的补助,生活有保障,队伍相对稳定。二是40、50岁人员具有一定的工作经验和社会阅历,一些人在社区有较高威望,地域熟、人员熟、情况熟,帮教工作针对性强,矫正对象接受其管理。

(四)"阳光中途之家"建设

"阳光中途之家"是北京社区矫正模式的又一亮点。它与上海的"中途驿站"在规模和管理方式上存在不小的差异。2007年底,朝阳区司法行政系统率先筹建"阳光中途之家",2008年7月投入使用。2009年底,市司法局在总结朝阳区"阳光中途之家"经验的基础上,决定向全市推广。到2011年底,全市16个区县"阳光中途之家"全面投入运行,全市"阳光中途之家"总建筑面积达15000多平方米。

"阳光中途之家"的主要功能为对社区矫正对象进行集中初始教育和培训,组织社区服刑人员参加公益劳动、聘用专业心理咨询师开展心理矫治工作。对于虽然有劳动能力,但文化水平较低、缺乏必要的工作技能,难以在短期内找到合适的工作的"两类人员"进行临时性救助,提供免费的技术培训,并推荐其就业。根据2011年6月底统计,全市"阳光中途之家"建立以来,已对"两类人员"提供心理咨询和辅导1600余人次,组织公益劳动2400余人次,就业帮扶1400余人次,提供食宿救助800余人次,❸ 平均每所"阳光中

---

❶ 五险一金:"五险"指养老保险、医疗保险、失业保险、工伤保险和生育保险;"一金"指住房公积金。
❷ 李华等:《社区矫正案列与实务》,中国人民公安大学出版社2011年版,第13页。
❸ 《北京阳光中途之家覆盖全市》,法制网,http://www.legaldaily.com.cn/bm/content/2011-06/22/content_2755258.htm? node=20729。

途之家"提供了50人次的食宿救助。"阳光中途之家"由市县司法局负责建设和管理运行，工作人员属事业编，它的建立和运行有效地整合和拓展了原有的社区矫正服务中心的服务职能和领域，特别是对社区矫正对象的集中初始教育和"三无人员"❶的临时性安置救助方面做了有益的尝试。

总之，北京独特的首都地域，使维护社会稳定成为北京社区矫正实施的前提条件。从维护首都稳定理念出发，强调社区矫正是"刑罚执行活动"，严格规范化管理，监狱干警全程参与，"40、50协管员"作为民间辅助力量，以及具有集中培训特色的"阳光中途之家"等，构成了北京矫正模式的基本特色。

三、北京社区矫正模式的问题点及改进建议

北京市社区矫正模式在近十年的实践中成就显著，但在模式的运行中也显露出一些问题点及理念上值得商榷的地方。分析相关问题、商榷相关理念的目的是为了进一步明确北京社区矫正的发展方向，进一步完善北京社区矫正模式。

（一）理念变革

社区矫正是世界刑罚制度改革的基本趋势，人类的刑罚制度起源于"同态复仇"的基本理念，最初的表现形式是以身体刑为主的刑罚制度，强调"杀人者死，伤人者创"。随着人类文明的进步，"自由刑"逐渐代替"身体刑"，强调依法剥夺或限制犯罪者的人身权利，监狱监禁成为行刑的主要方式。但是监狱行刑高成本、罪犯交叉感染、牢头狱霸，以及重新犯罪较高等问题，再度推动了世界刑罚制度的改革，对罪行较轻者或假释人员实施社区矫正是近代刑罚改革的重要内容。在世界刑罚制度的演变中"人道主义"是其变革的基本动力，在北京社区矫正模式的理念建设方面，我们应当顺应世界刑事司法改革的大趋势，积极借鉴和吸收国际刑罚制度变革的相关理念，使北京社区矫正理念具有更高的价值理性。

北京社区矫正模式的维稳理念，以及强调社区刑罚的严肃性和专业性，与许多国家在社区矫正中强调"保护社区市民安全是第一位的"原则有相通之处。但对矫正对象有多大的危险程度，对首都稳定构成多大威胁，需要有一个科学的基本评估，由此确定社区矫正强制性的程度。北京社区矫正对象为管制、缓刑、假释、暂予监外执行等四类人。从刑法的适用条件看，（1）管制

---

❶ 三无人员：指无固定住处、无亲友帮助、无就业条件的社区矫正人员和刑释解教人员。

一般适用于妨害社会管理秩序罪和妨害婚姻家庭罪等，特点为罪行性质不十分严重，社会危害性和人身危险性较小。(2)缓刑的适用条件为被判处拘役或者三年以下有期徒刑，罪犯确有悔改表现，法院认为不关押不致于再危害社会的犯罪者。(3)假释为原刑期执行到法定期限，认真遵守监规、接受教育改造，确有悔改，假释后不致再危害社会的犯罪者。(4)暂予监外执行为被判处有期徒刑或拘役，有严重疾病需要保外就医的，或怀孕或者正在哺乳自己婴儿的妇女，以及生活不能自理，适用暂予监外执行不致再危害社会的犯罪者。上述四类人有一个共同点，即经法院裁决，回归社会后不致再危害社会的犯罪者。"两高两部"《通知》也明确指出，矫正对象是"罪行较轻、主观恶性较小、社会危害不大的罪犯或经过监管改造、确有悔改表现、不致再危害社会的罪犯"。如果从维稳理念出发，把他们设定为对北京社会稳定构成重大威胁的群体，就会与刑法的适用条件及法院的裁决相冲突，与"两高两部"《通知》中对矫正对象的界定相冲突。夸大四类人的危险程度可以强化管理的危机感、紧迫感、严肃性，以及强制力，但会与这一群体的现实状态相矛盾，影响刑事政策制定的准确性，以及长远的社区矫正效果。

(二) 复制监狱矫治与自身规律探索

关于社区矫正与监狱矫治的区别，近年来众多的研究报告和论文强调社区矫正的"开放性"和监狱矫治的"封闭性"，这仅是一个在地理空间上的差异，更重要的差异是监狱矫治的对象是社会危害性较大或极大的犯罪者，社区矫正则是经法院裁决回归社会后不会再危害社会的犯罪者；监狱矫治是彻底剥夺犯罪者的自由权，隔离犯罪者与家属和社区接触，而社区矫正则是部分剥夺其自由权，承认其限定范围内的自由权；监狱矫治由专业干警全程管理，社区矫正则是由专门的国家机关在相关社会团体和民间组织及志愿者的协助下管理。这些区别决定了社区矫正不同于监狱矫治，因此不能简单地将监狱管理体制和管理方法移植或复制到社区矫正中。

我国社区矫正制度起步较晚，1979年颁布的第一部《刑法》和《刑事诉讼法》规定，管制、缓刑、假释、暂予监外执行的执法监督权归公安机关。2003年7月颁布的"两高两部"《通知》将其管理权交给司法行政机关。北京市司法行政机关最初参与社区矫正制度顶层设计的是长期从事监狱管理和劳教场所管理的领导者，在工作经验和思维惯性，以及我国尚无社区矫正管理模式和经验可以借鉴的状态下，移植监狱的管理体制和管理方法是最便捷和有效的。经过近十年实践摸索，特别是2012年3月通过的《刑事诉讼法》（第二次修正）中明确规定"对于判处管制、宣告缓刑、假释或暂予监外执行的罪犯，依法实行社区矫正，由社区矫正机构负责执行"，在国家法律层面确定了社区矫正和执法主体的法地位。我们需借此东风，更加深入地探索社区矫正和监狱矫治在罪犯心理、环境特征、法律界定、参与主体等方面的区别和特点，探索符合社区矫正自身规律的管理体制和管理方法。因此，北京社区矫正模式的探索之路依然漫长。

（三）民间的低参与率与社会组织培育

从世界社区矫正的历史看，西方国家的社区矫正大多起始于民间。在美国19世纪上半叶，波士顿市法院大法官 J. 撒彻（John P. Thachehr）推行"誓约"和"善行保证人"制度改革，一个叫 J. 奥古斯都（J. Augustus）的鞋匠在法庭上主动要求担任酗酒者的"善行保护人"，由此开启了美国"缓刑"和社区矫正制度的序幕。作为一名鞋匠，奥古斯都一生管理过1946名矫正对象。在日本，社区矫正起始于民间慈善家金原明善（1832~1923年），他同情刑满释放人员吾助因生活无助，又不愿意再度犯罪，跳河自杀身亡的遭遇，于是成立了日本第一家"静冈县出狱人保护公司"，帮助无家可归、生活无助的刑满释放者。从西方社区矫正制度的发展看，一般是民间兴起，方兴未艾，政府制定相关法律法规，规范民间社区矫正行为，适时投资，同时将一部分权力收归政府，并给民间参与社区矫正留出空间，并对民间社区矫正予以法律和政策性指导。总之，西方国家的社区矫正制度是一个由下而上的过程，具有广泛的民间参与基础。而中国的社区矫正工作的发展路径与这些国家相反，是一个由上而下的过程，政府积极推动，行政管理权下至乡镇，政府强势，严格管理，因民间社区矫正工作缺乏群众基础和社会组织的依托，民间参与社区矫正一直是我们制度建设的瓶颈。

应当承认，由上而下的政府推动，初期动力强、效率高，能得到人力、物力和资金的保障，但也存在着行政偏于政绩，文牍主义严重，注重强制性、惩罚性和形式主义，强调管理的整齐划一，缺少灵活性，以及运行成本高。更重要的是，行政"严管"难以设计出民间自律的社区环境，会与社区矫正原本的价值相背离，如果社区矫正离开了真正意义上的社区、缺少民间的参与其发展将大为逊色。

面对前述的社会团体和民间组织参与社区矫正不足的制度瓶颈，上海和北京作为两种模式的领头羊，另辟蹊径，做了许多有益的尝试。上海在民间建立了社工总站，汇集民间社工力量，通过政府购买服务的方式，鼓励其参与社区矫正，但问题是大量具有社工背景的年轻人，因不能忍受低工资而大量流失，使民间参与社区矫正的人力资源捉襟见肘。北京模式的做法是招募"40、50协管员"作为民间力量参与社区矫正，40、50岁人员因企业买断工龄等原因具有一定的积蓄，矫正工作的薪酬虽不多，但仍能较好地维持队伍的稳定性。但问题是40、50岁人员虽人熟、地熟、情况熟，但整体文化和专业素质不高。从丰台区的调查看，2013年初，该区聘用的社区矫正协管员54名，大专以下文化程度者49名，占总数的90.7%，其中获初级、中级社工资格证书的各1名。"40、50协管员"的文化素质和专业素质较低，难以应对需现代理念和方法支撑的社区矫正工作。

另外，在对北京社区矫正协管员访谈中，他们也坦言，家访中会被矫正对象家属拒绝："别进门了，给你们签字，回去领钱吧"等，社区矫正协管员不被认为是民间的矫正力量，而被认为是政府的雇员。

面对社会团体和民间组织参与社区矫正不足等制度瓶颈，一方面需加大对于"40、50协管员"的专业培训，另一方面应更加广泛地宣传社区矫正，让社区居民知道、理解并积极参与社区矫正工作。当然，如果社会没有能力聚集和组织力量，也很难承担政府下放的权力。因此，需要积极培育相关的民间组织，如志愿者组织、基金会、企业家联合会、大学生社团、妇女社团、社区的各种爱心社团等，逐渐形成民间积极参与的社区矫正的社会支持网络。

（四）强化"阳光中途之家"的救助功能

北京的"阳光中途之家"相当于国外的"更生保护设施"、"社区救助中心"等。在国外这些机构的主要功能是提供食宿等救助，并附带教育和培训功能。目前北京16个区县各建一所"阳光中途之家"，有些"阳光中途之家"建筑壮观。但笔者在调研中发现不少"阳光中途之家"的空置率高，运转功能单一，主要为社区矫正对象的初始教育、公益劳动场所，以及简单的职业技能培训。参照国外相关机构的做法，我们应当充分发挥这类机构的社会救助功能，大胆尝试为社区矫正对象中"无家可归、无业可就、无亲可投"的人员提供半年或一年以内的临时食宿等救助，并在接收对象方面可以考虑超出"两高两部"《通知》的规定范围，接收刑满释放人员中的"三无人员"，考虑到他们是"完全自由人"，在"阳光中途之家"居住会牵涉人权等问题，应在本人提出救助申请的前提下，提供附带保护的短期居住。

接收社区矫正的"三无人员"集中食宿，从维稳理念出发会引发管理人员对责任追究和增加行政成本的担忧，故需观念变革。另外，应积极争取财政支持，并可探索"官办民营"，或董事会运营模式，政府出设施和一定比例的拨款，其余部分通过民间募集资金等方式解决，"官办民营"虽然会减弱政府的严管的功能，但不会失控。更有价值的是它培育出民间自律的生活环境，有助于矫正对象顺利地融入社会。

在未来"阳光中途之家"的发展中，笔者建议机构规模应以小为主，可容纳20余名的矫正对象，管理人员与矫正对象的比例为1∶5左右。机构小运营成本低，灵活好调头，降低空置率，同时，也有利于对不同犯罪类型的矫正对象进行分类管理。在场所的选择上应考虑镶嵌于社区之中，矫正对象出门便可和居民交流、购物、寻找打工场所等，方便其融入社区。

（五）全面推进北京社区矫正模式的完善

推进北京社区矫正模式的完善应是系统化和全方位的，包括社区矫正对象的进入、政府与民间管理的边界，财政拨款的形式等。北京市社区矫正从试点到2013年1月底累计接收社区矫正对象总人数按313个基层司法所平均，每所10年中平均接收130人，按2013年1月在矫人员总数平均每所不足18人，数量较少。从矫正对象的类型分析，根据2005年的统计，缓刑约占55%，居第一位；剥夺政治权利约占26%，居第二位；假释约占18%，居第三位，其次为暂予监外执行和管制。❶ 2011年《刑法修正案（八）》颁布，同年7月剥夺政治权利人员的管理与司法行政剥离，社区矫正人数进一步减少。矫正对象人数少无法形成规模化管理，会带来两方面的问题，一是人数少设若干个专业岗，聘请协管员，会增加行政成本，带来机构臃肿，或专业人员补漏其他工作，矫正专业化水平无法提升；二是因人数少不设岗，由非专业人员捎带管理，带来矫正工作被忽视或运动式管理，影响专业化矫正队伍的形成和矫正效果。

国外矫正工作能形成规模化管理的主要原因是假释人员的比例高，在加拿大联邦监狱，罪犯在监狱服刑的时间仅是整个刑期的一部分，刑期的另一部分在社区矫正中度过。❷ 在日本，假释人员全部进入社区矫正，从《犯罪白皮书》公布的数据看，2011年出狱总人数为30142名，其中，刑满释放13938人，占总数的48.8%，假释14620人，占总数的51.2%，❸ 假释人员超出刑满

---

❶ 《北京社区矫正综述》，百度文库，网址 http://wenku.baidu.com/view/fd9e6f4a767f5acfa1c7cd88.html。

❷ 王增铎等：《中加矫正制度概览》，法律出版社2001年版，第163页。

❸ 日本法务综合研究所：《犯罪白皮书》（平成二十三年版），网址 http://hakusyo1.moj.go.jp/jp/59/nfm/n_59_2_2_5_2_1.html。

释放人员两个百分点。并且假释人员全部进入社区矫正，占当年开始社区矫正对象的81.1%。借鉴国外的司法实践经验，我们可以探索监狱管理制度改革，增大假释比例，控制减刑数量，以规避减刑裁定的不可逆性和违法减刑等弊端，同时避免监狱人满为患，并实现社区矫正的规模化管理，降低整体的行刑成本。假释还具有社区行刑的可逆性、制约性强，强化"中间监管"功能，以及过渡性回归社会等多重价值。

在社区矫正管理体制中，财政体制改革至关重要。2006年，财政部、司法部联合下发的《关于制定基层司法行政机关公用经费保障标准的意见》中，确定了社区矫正费，但基层下拨办法仍是按公用经费保障标准，即办公人员的"人头费"下拨，这种下拨方式会导致矫正经费不足或机构臃肿，应根据矫正对象的"人头费"下拨矫正经费。

在社区矫正管理机构改革中，笔者建议将社区矫正的执行主体上移至区县司法局，在区县设立管理机构和专业化的矫正官队伍，统一编制、统一培训，可根据基层社区矫正对象人数的增减，灵活派驻，主要工作是专业化地管理矫正对象，指导民间社区矫正工作。社区矫正的执行主体上移有两大好处，一是可集中财力、物力和智力，形成高水平、专业化强的矫正官队伍，灵活调配，避免基层机构臃肿或无人管理，节省行政开支，真正实现社区矫正降低行刑成本的目的；二是执行主体上移，给民间参与社区矫正预留基层空间。行政权力下移越彻底，民间矫正力量后撤也越彻底，区县司法行政机关通过民间推荐和自荐方式，直接聘用矫正社工和热衷于社区矫正的仁人志士，颁发聘书，给予资助和奖励，坚持长期的专业培训和直接的业务指导，基层司法所仅是民间矫正的协助力量，使社区矫正真正成为社区的矫正，社区居民参与的矫正。

（原载于《中国人民公安大学学报（社会科学版）》，2013年第3期）

中日两国社区矫正制度建设比较研究

【摘　要】社区矫正不仅是刑罚制度文明和进步的表现，也是世界刑罚制度改革的基本走势，通过比较研究的方法，从社区矫正的历史沿革、界定及组织架构三个层面分析中日两国社区矫正的异同，研究历史演变背后的法律政策要素、刑罚执行与社会保护的关系，界定涵盖的覆盖范围，组织构架的功能与效果，以及调动民间力量参与社区矫正的社会价值。提出建立和推动中国社区矫正的法律制度，上移和简化现有组织架构，扩大社区矫正的覆盖范围，有效降低司法行政成本，为民间参与社区矫正预留空间等对策建议与思考。

【关键词】　社区矫正　比较研究　非监禁刑　社会保护

比较研究是自然科学研究中经常使用的方法，科学家通过实验发现事物之间的异同，寻找科学的规律。在社会科学的研究中，人们往往强调历史、制度、文化和意识形态的差异，而忽视或否定比较研究的价值。其实与自然科学一样，对不同国家中的同一个事物异同研究，同样可以探索出社会现象背后的本质与规律，得出有价值的社会科学研究结论。

本文运用比较研究的方法，分析中国与日本在社区矫正制度建设中的异同，探索其背后的组织架构、法律规则、价值理念，判断未来走势，以及对中国社区矫正制度建设的借鉴之内容。

一、中日两国社区矫正的历史沿革

（一）日本社区矫正：保护观察与更生保护两种制度合流

日本的社区矫正来源于保护观察制度和更生保护制度。

1. 保护观察制度

指在一定条件下和一定期间内对保护观察对象进行社会保护和监督的法律制度。日本的保护观察制度起始于1923年实施的《少年法》。该法规定，凡有触犯刑法行为或有触犯刑法之虞的少年，统一由少年法院审理，审判结果分为8种,其中第6种为"交给少年保护司进行观察",同时《少年法》第6条还规定了缓刑和假释少年,也需保护司加以观察,由此诞生出一种特殊的职务——保护司。继后,保护观察制度引申至成人,1927年的日本《刑法修正预备草案》(简称《草案》)首次规定了对缓刑成年人附加"保护观察"(《草案》第77条),对假释者实施"保护监督"(《草案》第89条),以示两者的区别。1931年的《刑法修正预备草案》又将两者统一为"保护观察"。1954年,日本再颁布《缓刑者保护观察法》,将保护观察制度具体化和可操作化,要求保护观察对象在接受保护观察时,必须宣誓遵守规则,如有违反,将取消保护观察并科以实刑,或遣送回原收容单位另行处理。日本法律认为,假释是收监后的刑罚手段,是在判决刑期满之前,对服刑人的假释放,因此必须附加保护观察,保护观察期限为假释剩余期,在此期间保护观察不得中止、解除和延长。而缓刑是收监前的非刑罚处理手段,与假释有着性质上区别,缓刑是否要附加保护观察,则由法官酌情处理,但第二次判缓刑者必须附加保护观察,缓刑者的保护观察期与缓刑期相等,1年至6年不等,原则上为3年。对表现好的缓刑附带保护观察者可以解除和停止保护观察,不过这一比例很低,每年仅占缓刑保护观察对象总数的1%~2%,少年缓刑的保护观察者的比例稍高一些,约占5%~6%。❶

2. 更生保护制度

更生保护制度起始于对刑满释放人员的社会保护,由民间创设该制度。更生保护制度又分为设施外与设施内。设施外保护是指更生保护对象自行选择居住地,由所在地的保护司和民间组织进行帮扶。设施内则指提供食宿的"更生保护设施"内的保护形式。日本的更生保护始于1669年加贺藩设立的"出狱小屋制",完善于慈善家金原明善在1888年3月建立的"静冈县出狱人保护公司",据记载,刑满释放人员吾助因受监狱长感化,真心忏悔,不愿意重蹈犯罪覆辙,但出狱后被家庭和社会抛弃,最终选择了溺水自杀。慈善家金原明善被该事件所震撼,决定出资创立"静冈县出狱人保护公司",并带动了京都、东京、新泻、埼玉等地纷纷成立类似机构。❷ 1901年,日本政府第一次提出由国库出资奖励民间更生保护机构。1937年5月,"全日本司法保护联盟"成立,奠定了现代更生保护制度的基础。1939年,《司法保护事业法》制定并

---

❶ [日] 菊田幸一:《犯罪学》,群众出版社1989年版,第262、278~279页。
❷ [日] 菊田幸一:《犯罪学》,群众出版社1989年版,第378~383页。

实施，明确规定了政府支持民间自主运营"更生保护设施"，国家设置相应的奖励资金。1949年，日本政府颁布了《犯罪者预防更生法》，确定了假释者的保护观察及更生保护制度；1950年，日本颁布的《紧急更生保护法》，规定对刑满释放人员中再社会化遇到障碍者提供紧急更生保护，即提供食宿、金钱、医疗、物品等临时性保护和收容，同时也要求其接受必要的教诲、训练和遵守法规，努力改善其就业和生活环境，避免其铤而走险，使其顺利回归社会。

2007年，日本整合了《犯罪者预防更生法》《缓刑者保护观察法》《司法保护事业法》《紧急更生保护法》，以及《少年法》的部分内容，出台了系统的《更生保护法》，将保护观察制度和更生保护制度一体化。《更生保护法》整理了应当遵守的更生保护事项，规定了充实多元的专业处遇类型，导入居住指定制度，规定了更生保护对象的生活环境的调整，明确了保护观察官、保护司、社会组织及志愿者的职能，保护观察与更生保护的行政主体为保护观察官，保护观察机构以下工作内容由保护司、社会组织和志愿者承担，同时建立了"三层工作结构"，即难度大的保护观察对象由保护观察官直接处遇，对重点保护观察对象由保护观察官和保护司及志愿者密切合作处遇，其余对象则由保护司和志愿者全权负责。

（二）中国社区矫正：由上而下的单向度的政府推进

如果说社区矫正的主要对象是缓刑和假释者的话，中国的缓刑和假释制度的建立并不比日本晚。清朝末年沈家本先生主导司法改革，在1911年1月颁布的《大清新刑律》中便规定有缓刑和假释。抗日战争时期中国共产党领导的陕甘宁边区也实行过"回村执行""保外服役""战时假释"等制度。此后缓刑和假释制度一度中断，直到1979年新中国颁布的第一部《刑法》才进一步确定了缓刑和假释制度，并明确规定由公安机关负责考察监督。

1982年，抚顺市尝试"保外帮教"；2000年，上海市女子监狱尝试"半监禁式"的刑罚方式；2001年，石家庄市长安区人民检察院对涉嫌盗窃的未成年犯下达的"社会服务令"等都是社区矫正的基层尝试。但真正意义上的"社区矫正"，学界普遍认为始于2003年7月，最高人民法院、最高人民检察院、公安部、司法部下发的《关于开展社区矫正试点工作的通知》（简称"两高两部"《通知》），该《通知》首次界定了社区矫正，明确了社区矫正的范围、任务、组织结构和工作流程，并在北京、天津、上海、江苏、浙江、山东等六省市开展试点。2004年5月，司法部制定并颁布了《司法行政机关社区矫正工作暂行办法》；2005年1月，"两高两部"再度发文将社区矫正试点推广至18个省、自治区、直辖市。2009年9月,在总结试点各省区市经验的基础上,再度下发《关于在全国试行社区矫正工作的意见》,社区矫正推广至全国。特别值得一提的是2012年1月,"两高两部"颁布了《社区矫正实施办法》,该办法规定了公、检、法、司、监狱、社会组织、志愿者等在社区矫正工作中的职能,明确了审前调查制度、衔接初始教育、报告、迁居、请销假、会客、奖惩、社区服务以及解除社区矫正等制度,是一个全面的制度建设文件。2011年的《刑法修正案(八)》和《刑事诉讼法(修正案)》首次以法律的形式确定了社区矫正的法律概念,中国社区矫正开始步入法制轨道。

(三) 两国社区矫正的历史沿革比较

比较中国与日本社区矫正的历史沿革,大体上可以归纳出三方面的差异。

其一,如果从先有假释和缓刑制度,后有对两类人员的社区矫正的话,中国假释和缓刑制度的建立早于日本十余年,但由于战争、政权更迭等因素的影响,这一制度曾一度中断,直到1979年《刑法》颁布,假释和缓刑制度重新建立。因此,在社区矫正的制度文化的积累上中国明显弱于日本。

其二,日本的社区矫正来源于两种制度,即保护观察制度和更生保护制度。在保护观察制度中设立了基层行政机构——保护观察所及保护观察官,在保护观察官以下政府聘任了大量的民间有识之士——保护司,采取一对一的保护监督方式协助保护观察官工作。而更生保护制度主要来自民间,"出狱小屋"和"出狱人保护公司"的建立至今已有120年到300年的历史,政府采取制定法律规制和资金奖励的方式辅助民间的更生保护。2007年颁布的《更生保护法》又将两种制度一体化。在两种制度的合流过程中政府与民间是"你中有我,我中有你",保护观察官指导与监督,民间自主运营,志愿者积极参与,政府投资与民间融资共存,形成官民有效互动的制度体系。与日本相比,中国社区矫正更多地表现为自上而下的政府推动。1979年《刑法》确定了缓刑、假释人员的考察监督主体是公安机关,但并没有民众参与的制度安排。2003年开始的社区矫正也是由司法行政机构统一规划、政策制定、先行试点、逐步推广的过程。虽"两高两部"《通知》中强调"相关社会团体和民间组织以及志愿者的协助",但因缺少民间参与的积累,这也一直成为中国社区矫正的发展瓶颈。

其三,日本社区矫正的制度建设中法治建设脉络清晰可见,先是《少年法》中规定了保护观察,设立民间志愿者——少年保护司。然后是刑法修改,将保护观察制度运用于成人的缓刑和假释。在若干部门法或小法制定实施和实践的基础上，建立起综合性的《更生保护法》。中国的社区矫正除《刑法》《刑事诉讼法》对缓刑、假释、管制、暂予监外执行及社区矫正的规定外，社区矫正的组织构架、制度建设主要是通过部门政策，以通知、意见、办法等方式提出方案并推广实施，社区矫正的相关法律呼之欲出，但迟迟未能出台。

二、中日两国社区矫正界定与覆盖范围

（一）日本社区矫正的界定：社会保护、犯罪预防及福利

日本的《更生保护法》第1条界定社区矫正为"对犯罪者和非行少年进行社会内有针对性处遇，防止其再犯罪和非行，使其成为善良的社会成员并得以自立，在帮助其改善更生基础上，适当运用恩赦，并以预防犯罪，促进社会保护、个人及公共福利为目的。"这是一个非常广泛的界定方式，强调矫正对象为犯罪者和非行少年，区别于监禁刑主要特征是个体的自立、社会保护、再犯罪防止和个人及社会福利。法务省在进一步解释社区矫正的内容中指出："保护观察官与受法务大臣委托的社会有识之士保护司相互合作，通过面接等方式把握矫正对象的状况，指导其遵守相关事项和履行生活行动指南，监督指导各种措施的执行，为使其生活自立，对其居住和就业提供必要的援助和保障。"❶ 明确社会保护是社区矫正的主要内容。

关于日本社区矫正的覆盖范围，根据《更生保护法》有关规定，主要包括以下四类人员。第一类人是受保护观察所委托附带保护观察的缓刑者（指如果不附带辅导援助措施，就有可能影响其更生效果的缓刑人员）。第二类是受保护观察所委托附带保护观察的假释人员。对上述两类人主要采取两种方式进行更生保护，一是自行选择居住地，由所在地的保护司和民间组织实施更生保护；二是居住到"更生保护设施"内，由设施内专职人员进行日常保护与监督。第三类人是受保护观察所委托的紧急更生保护对象，紧急更生保护对象主要是刑满释放人员，因无法从亲属和社会福利机构获得保护和帮助，被确认为再社会化受阻，经本人申请，成为紧急更生保护对象。以上三类统称为"委托保护"，设施内的保护对象需国家按人数向更生保护机构支付委托保护费，对自行选择居住地的保护对象，国家只需向保护司支付少量的辅导和交通补助。第四类为"任意保护"，指设施内的更生保护对象的居住期满，但仍希

---

❶ 《犯罪白皮书》（平成二十七年版），网址 http：//hakusyo1.moj.go.jp/jp/62/nfm/n62_2_2_5_2_0.html。

望留在设施内的,可提出申请,民间更生保护机构根据自身的人财物力确定是否接收,政府不再提供委托保护费。总之,对设施外更生保护对象需为其提供相应的就业指导和社会福利。对设施内保护对象需提供住宿、食品、衣物、医疗、路费及就业帮助等。

(二) 中国社区矫正界定：非监禁刑罚执行

中国社区矫正的权威定义来自于2003年"两高两部"《通知》,即"社区矫正是与监禁矫正相对的行刑方式,是指将符合社区矫正条件的罪犯置于社区内,由专门的国家机关在相关社会团体和民间组织以及社会志愿者的协助下,在判决、裁定或决定确定的期限内,矫正其犯罪心理和行为恶习,并促进其顺利回归社会的非监禁刑罚执行活动"。该定义大体有六个基本含义：一是社区矫正对象是刑事犯罪人,社区矫正的性质是"非监禁刑罚的执行活动";二是社区矫正与监禁刑罚是相对的,地点为社区;三是社区矫正的期限为法院判决、裁定或决定执行的期限;四是执行主体是"专门的国家机关";五是协助主体是相关社会团体、民间组织和社会志愿者;六是社区矫正的目的是矫正犯罪心理和行为恶习,促进顺利回归社会。该定义明确了社区矫正的性质为"非监禁刑罚的执行活动"。

根据该界定,"两高两部"《通知》中规定社区矫正的适用范围为五类人员:(1) 被判处管制的。(2) 被宣告缓刑的。(3) 被暂予监外执行的,具体包括:有严重疾病需要保外就医的;怀孕或者正在哺乳自己婴儿的妇女;生活不能自理,适用暂予监外执行不致危害社会的。(4) 被裁定假释的。(5) 被剥夺政治权利,并在社会上服刑的。该《通知》进一步强调:"在符合上述条件的情况下,对于罪行轻微、主观恶性不大的未成年犯、老病残犯,以及罪行较轻的初犯、过失犯等,应当作为重点对象,适用上述非监禁措施,实施社区矫正。"

在多年社区矫正司法实践的基础上,考虑到剥夺政治权利属于"资格刑",只对罪犯的政治权利予以限制,不大符合社区矫正的非监禁刑的特征,故在2011年2月修订的《刑法修正案(八)》中排除了对剥夺政治权利者的社区矫正,并于2012年7月将此考察监督权移交公安机关,社区矫正的覆盖范围限制在管制、缓刑、暂予监外执行和假释等四类人员。

在《刑法修正案(八)》颁布之前,对管制、缓刑、暂予监外执行和假释者的考察监督权均为公安机关。2003年的"两高两部"《通知》将考察监督定义为"专门的国家机关",并进一步指出:"司法行政机关要牵头组织有关单位和社区基层组织开展社区矫正试点工作,会同公安机关搞好对社区服刑人员的监督考察,组织协调对社区服刑人员的教育改造和帮助工作。"将社区矫正的牵头人确定为司法行政机关,而《刑法修正案(八)》回避了考察监督权的归属问题,仅规定了对管制、缓刑、暂予监外执行和假释人员"依法实施社区矫正",但"公安机关考察监督"的内容被删除。实际工作中司法行政机关逐渐成为社区矫正的工作主体和执法主体。

(三) 两国社区矫正的界定比较

第一,中国与日本的社区矫正界定有着明显的区别,日本强调"社会保护"原则,中国强调"刑罚执行"原则,由此决定了矫正方式的差异。日本社会保护的执行主体是民间,政府的职能是立法、资助和指导。中国刑罚执行的主体是政府行政,民间为辅助力量。同时刑罚执行的性质决定了管理的强制性不可或缺,警察是强制执行的不二选择,在中国社区矫正的试点阶段,上海曾排除警察或监狱干警的对社区矫正对象的考察监督,而由社会工作者进行心理辅导和帮扶解困,收到了良好的效果,并被称为"上海社区矫正模式"。应该说"上海模式"更接近于国际社区矫正的范式,因为联合国决议曾强调,对缓刑者进行保护观察不可使用警察。❶ 不过,我国出于"刑罚执行"的定性和"社会稳定"的政治考量,监狱干警入驻基层司法所,全程参与社区矫正的"北京模式"更符合该界定,并最终获得全国的效仿,"上海模式"逐渐式微。但该界定限制了刑满释放人员进入社区矫正,也使中国社区矫正的未来走势趋向于惩罚性、强制性和专业性,并对社会组织、民间志愿者参与社区矫正形成排斥。

第二,日本社区矫正的主要对象是犯罪者和非行少年,具体包括缓刑和假释者,同时在《更生保护法》第五章中加入了"紧急更生保护"的内容,对刑满释放再社会化受阻人员,在本人申请的前提下进行紧急更生保护,提供食宿、金钱、医疗、就业等帮助。而中国社区矫正适用范围不包括刑满释放人员。因此,日本社区矫正的覆盖范围宽于中国。不过,在中国某些省市的社区矫正实践中已尝试将刑满释放人员中的"三无"人员❷纳入社区矫正。比如,从北京市朝阳区"阳光中途之家"2007~2013年接收入住的人员看,94%是

---

❶ [日]菊田幸一:《犯罪学》,群众出版社1989年版,第261页。
❷ 三无人员:指无固定住处、无亲友帮助、无就业条件。

刑满释放的"三无"人员，其余为假释人员，❶但这种收住行为是与中国的社区矫正政策规定明显冲突的。

第三，中日两国在社区矫正的覆盖范围内都有假释和缓刑者，特别是假释者，两国都是全员进入社区矫正。而缓刑者则不同，在中国是整齐划一地全员进入社区矫正，其在社区矫正对象的总人数中占绝大多数，2015 年年底统计为 85.9%。近年在某些省市兴起的社区矫正的监控方法——电子手铐，也基本上是全员佩戴或一段时间的全员佩戴。在日本，缓刑者不是全员进入社区矫正，除二次判缓刑者必须附加保护观察外，其余的缓刑者是否附带保护观察由法官裁量并宣判，缓刑附带保护观察的比例很低。

表 1　2014 年日本缓刑附带保护观察者的类型分类❷

项目	无职业	兴奋剂事犯	精神障碍	性犯罪	酗酒	高龄者	赌博依赖	家庭暴力	暴力团
人数（人）	2023	1423	1324	1262	1230	676	589	366	141
百分比（%）	18.9	13.3	12.4	11.8	11.5	6.3	5.5	3.4	1.3

根据 2014 年的统计，当年日本缓刑附带保护观察人数仅占缓刑者总数的 10%。哪些缓刑者进入社区矫正呢？表 1 的统计数据表明，依次为无职业者（18.9%）、兴奋剂事犯（13.3%）、精神障碍者（12.4%）、性犯罪者（11.8%）、酗酒者（11.5%）等。可见无工作、无自立能力、有恶习、再犯罪可能性大的缓刑者是社区保护观察的主要对象，对缓刑者有选择地确定其是否被保护观察，一是可以缓解社会矛盾，保障社会安全；二是可以使对缓刑者的矫正具有针对性；三是大幅度降低了司法行政成本。

第四，日本的"紧急更生保护"是一个非常巧妙的制度设计。犯罪学的长期研究证明了一个基本事实，刑满释放人员的重新犯罪率普遍较高。日本法务省综合研究所曾对全国 1989 年刑满释放人员进行 6 年跟踪调查，调查结论是 10.2% 的刑满释放人员 1 年后重返监狱，56% 的 6 年内重返监狱。❸

从表 2 的研究还发现，刑罚越重、监狱关押时间越长，重新犯罪的比例越高。刑罚执行完毕者的再犯率远远高于罚金、拘役、缓刑和假释者等。因此，对刑满释放人员的社会保护及更生设施内保护是非常必要的。不过，刑满释放

---

❶ 张荆、廖灿亮：《中国与日本"中途之家"比较研究》，《河南警察学院学报》2014 年第 2 期。
❷ 数据来源于《犯罪白皮书》（平成二十七年版），网址 http://hakusyo1.moj.go.jp/jp/62/nfm/images/full/h2 - 5 - 2 - 05。
❸ [日] 大谷实：《刑事政策讲义》（日文第四版），东京弘文堂 1999 年版，第 339 - 340 页。

者是完全的自由人，过分的强制性管束会侵犯人权，特别是设施机构内的保护观察，必须区别于缓刑和假释人员。因此，日本在紧急更生保护的条款中规定了"需本人申请"，意味着接受管束和遵守规则是其自愿选择，以此规避了人权问题。

表2 日本刑罚人员三年内重新犯罪的比例表❶

项目	缓起诉	罚金/拘役者	缓刑	缓刑附带保护观察者	假释者	刑满释放者
百分比（%）	11.5%	16.3%	21.5%	35.4%	44.5%	57.2%

在中国，也有类似于日本的对刑满释放人员的更生保护制度，被称为"安置帮教"。中国的安置帮教制度的法律依据为《中华人民共和国监狱法》第36条至第38条及《中华人民共和国未成年人保护法》第4条。中国的安置帮教制度强调在党委和政府的统一领导下，依靠各部门和社会力量对国家规定期限内（刑满释放后5年）的刑满释放人员进行非强制性的教育、帮扶、管理。区以上政府部门设立含有公安、检察、法院、司法、民政、财政、人事、工商、税务、工青妇等17个职能部门组成"安置帮教领导机构"，下设安置帮教办公室；各街（镇）设立安帮办；社区居民委员会（或村民委员会）成立帮教小组，具体组成员为责任民警、居（村）委会和刑满释放人员亲属等组成，帮教小组在街乡司法所指导下开展工作。虽然社区矫正和安置帮教都属于基层司法所的工作内容，但管理系统、管理方式、财政拨款等方面都有很大的差异，与日本比较，两者未进行有机整合，因此限制了中国社区矫正的覆盖范围。另外，安置帮教也缺少相对独立的法律体系。

三、中日两国社区矫正的组织架构

（一）日本：两级行政管理与民间更生力量

日本社区矫正的管理组织架构是一会一局"两级管理"体制。"一会"为中央更生保护审查会，该会为审理机构，设在法务部内。中央更生保护审查会由委员长1人和委员4人组成，采用合议制，主要职责为向法务大臣申请个别恩赦，负责起草相关法律的修改建议，监督、指导全国更生保护工作。第二层级为在高等法院管辖的区域内设立的8个地方更生保护委员会，共有职员119名，平均每个地方更生委员会15人，主要负责审查由监狱长提出的假释申请、

---

❶ 此表为日本法务省1985年的调研结果，载《犯罪白皮书》（平成二十七年版），第41页。

社区矫正法律和政策的贯彻执行。

所谓"一局"为法务省内设置的保护局。该局内设总务课、更生保护振兴课、观察课和参事官。它是社区矫正的行政管理机构，负责社区矫正的具体工作指导和监督。以地方法院的管辖区域为参照，设置了50个保护观察所，职员997名，平均每所20人。

保护观察所是社区矫正最前沿、行政权力的最基层单位。保护观察官（Probation Officer）属法务省官员，负责对社区矫正对象的保护观察，指导民间保护司工作。保护观察官被要求掌握心理学、教育学、福利社会学及更生保护相关专业知识。培养一名保护观察官大约需三年的时间，其主要职责为与保护司一同对假释人员进行审前调查，与矫正对象面谈，进行人格测评和考察，制定有针对性的更生保护计划。必要时对社区矫正对象进行家访，联系工作单位，协调保护司和相关部门的关系。

保护观察所以下均为民间的社区矫正力量。据2015年统计，由民间组成的更生保护援助中心共有345所，更生保护设施共103家，接收社区矫正对象2349人。❶ 此外，法务大臣聘任的保护司47872人，热衷于社区矫正的民间组织"兄妹会"（BBC）❷ 全国共有479个，会员4512人；更生保护妇女会1293个，会员17.66万余人；雇主协会14488个，该年共雇佣社区矫正对象1276名，❸ 有针对性地帮扶及稳定工作和收入是矫正对象重返社会、防止再犯罪的重要保障。

（二）中国：社区矫正的五级行政管理体制与民间协助方式

中国的社区矫正管理体系与传统的部委体制大体相同，最高行政机关为司法部。第二层级在初期试点阶段，各省市采用"领导小组制"，社区矫正领导小组一般由政法委、综治委牵头，由各省市高级人民法院、检察院、公安（厅）局、司法（厅）局、民政（厅）局、市劳动和社会保障（厅）局、监狱管理局等部门负责人共同组成，领导小组为议事机构，通过联席会议的形式，了解情况、分析形势、制定各省市的社区矫正协调计划，领导小组的办事机构——办公室设在各省市司法厅（局）内，负责社区矫正的日常

---

❶ 《犯罪白皮书》（平成二十七年版），网址http：//hakusyo1.moj.go.jp/jp/62/nfm/n62_2_2_5_5_2.html。

❷ BBS是英文的Big Brothers and Sister Movement的缩写。

❸ 《犯罪白皮书》（平成二十七年版），网址http：//hakusyo1.moj.go.jp/jp/62/nfm/n62_2_2_5_5_4.html。

工作。

第三层级地级行政区、第四级县级行政区与顶层的组织架构相一致，各地市、区县设立社区矫正工作领导小组，由地级行政区和县级行政区的社会治安综合治理工作委员会（简称综治委）主任任组长，法院、检察院、公安局、司法局、民政局、劳动和社会保障局、综治办等负责人组成，领导小组办公室设于地市级和区县级的司法局。

第五层级为最基层的街道乡镇，由街道乡镇综治委主任任组长，派出所、司法所、民政科、社会保障所等负责人，以及抽调的监狱干警（2013年前上海等地除外）组成社区矫正领导小组，负责本区域的社区矫正工作，办公室设在司法所，具体负责各项日常工作。这种管理体制被称为"网络管理体系"。2011年，司法部正式成立社区矫正管理局，下属机构相应成立处和科，以司法机构为中心的中国社区矫正五级科层制形成，"社区矫正领导小组"的管理模式逐渐弱化。

民间参与是社区矫正的基本特征之一，中国民间参与社区矫正的主要方式为两种，一种为政府购买服务的方式，比如"上海模式"，在市社区矫正领导小组办公室的管理下，成立民办非营利性的社工服务站，按社工与社区矫正对象1:30的比例聘任并下派社工，❶社工的培训和工资发放均由服务站提供。另一种方式是政府安排岗位的方式，如"北京模式"，采取面试的方式聘任社区矫正协管员，辅助管理社区矫正对象。

（三）两国社区矫正的组织架构比较

从中日两国社区矫正的政府组织架构分析，假释的审查机构，日本是由监狱长申请，由专门的更生保护审查会审批；中国则是监狱申请，由法院审查决定，两者有所区别。行政管理机构，日本是法务省保护局和基层保护观察所为两级行政管理；中国则为司法部、省市司法（厅）局、地市级司法局、区县司法局，以及司法所五级管理体系。中国较之日本多出三个层级，层级多意味着行政管理人员多，司法成本昂贵。日本负责社区矫正审查和行政管理的人员1100余人。而中国有基层司法所4万余个，从事社区矫正的行政人员9万余人，❷若按省市级司法厅局为10人，地市县一级为5人从事社区矫正专职管理工作，以及未来每个司法所将配备1名司法干警计算，中国

---

❶ 数据来源：2016年5月笔者的上海调研统计。
❷ 吴宗宪：《社区矫正的问题与前景》，《上海政法学院学报（法治论丛）》2007年第1期。

将有 13.5 万人从事社区矫正的管理工作,据 2014 年年底统计,全国在册社区服刑人员 732202 人。❶ 社区矫正管理人员与社区矫正服刑人员比为 1∶5;而日本为 1∶15。❷ 与日本相比,中国社区矫正的管理人员队伍庞大,司法成本昂贵。

中国社区矫正行政成本高的最主要原因是将社区矫正的行政管理权下放至司法所,这种组织架构除了昂贵外,也压缩了民间参与社区矫正的空间。据北京的一项调查表明,该市社会团体参与社区矫正的比例不足 15%。❸ 北京作为社会力量参与社区矫正的主体是"40、50 协管员"❹,但是协管员不属于真正意义上的社区矫正志愿者,他们每月可获得 1700 元的工资(2013 年 5 月丰台调研数据),而日本从事社区矫正的志愿者——保护司每月仅获得 1800~4300 日元(约合人民币 118~283 元)的辅导和交通补助。即使是民间的更生保护设施,政府委托费为每天每位社区矫正对象 4000 日元(约合人民币 263 元),但仅占需求经费的 70%,余下的费用将由更生保护设施通过民间募捐获得。因此,日本的两级科层管理,在给民间参与社区矫正预留空间的同时,也降低了社区矫正的司法成本。

四、中日两国社区矫正制度建设比较研究中的几点思考

(一)法律建设是社区矫正制度建设的基础

中国在社区矫正制度建设方面主要是靠政策性文件,如"两高两部"《通知》《意见》《办法》,以及各省市的《规定》和《实施细则》。政策具有部门指令性和灵活性,但缺少法律的权威性、全局性、公开性和稳定性。在中国社区矫正的制度建设中必须全力推进法制建设。能够出台综合性的社区矫正法固然最好,若感不成熟,可先出台一些非综合的法律,如《安置帮教法》《缓刑人员社区矫正法》《假释人员社区矫正法》等,在法律实践的基础上总结经验与教训,修订完善相关非综合性法律,最终出台覆盖全面、法规合理、可操作性强的综合社区矫正法,使社区矫正的法制建设谨慎前行。

---

❶ 司法部社区矫正管理局编:《司法部社区矫正管理局简报》2015 年第 8 期。
❷ 2015 年底统计,日本保护观察对象为 16056 人,更生保护行政职员 1100 余人。
❸ 李华等:《社区矫正案列与实务》,中国人民公安大学出版社 2011 年版,第 13 页。
❹ "40、50 协管员"是指从街道 40 至 50 岁失业一年以上的下岗职工中,通过笔试或面试,招聘具有一定文化程度和工作责任心,能胜任社区矫正工作岗位的人员担任协管员。

（二）降低社区矫正司法成本需良好的制度设计

社区矫正具有其强大的生命力，因为从"身体刑"过渡到"自由刑"，再过渡到以非监禁刑为主要方式的"社区矫正"是人类行刑人道主义和刑罚文明的必然趋势。同时节省司法成本也是其生命力之所在，美国学者曾进行过相关统计，监禁刑的费用是社区矫正费用的12倍。"两高两部"在最初的《通知》中也提到："合理配置行刑资源，使监禁矫正与社区矫正两种行刑方式相辅相成，增强刑罚效能，降低行刑成本。"但按目前我国社区矫正的组织架构，很难达到降低行刑成本的目的。解决办法可有两种，一是将目前社区矫正的管理架构上移至区县一级，集中人力、物力、财力建立起一支精良的、专业化强的社区矫正官队伍，采取灵活机动的管理方式，在充分调动民间资源的同时，给予有效的指导。建立四级或三级的组织架构可节省9万余人的行政开支，达到降低司法成本之目的。二是扩大社区矫正的覆盖范围。社区矫正是"非监禁的刑罚执行活动"的界定，局限了中国社区矫正的覆盖范围，应进行适度的修正。除将现有的管制、缓刑、暂予监外执行和假释人员继续纳入社区矫正外，可考虑将附条件不起诉者、刑满释放申请机构保护者纳入社区矫正，还可考虑将不构成刑事处分的盗窃、诈骗、卖淫、吸毒、聚众斗殴、寻衅滋事、未够法定年龄的未成年非行者等，在建立或修订相关法律，制定禁止令、社区服务令、强制学习令的基础上，经法院简易程序审理，一并纳入社区矫正。这种统合性的社区矫正会扩大矫正对象与管理者之比，并大幅降低社会治理成本，收到社会防卫和预防犯罪的效果。

（三）积极培育社区矫正的民间力量

社区矫正区别于监狱矫治的重要标志是社区开放性的环境和民间力量的介入。社区矫正若脱离社区、缺少了社区民众的参与也就失去了其原本价值。社区矫正需要惩罚性，但更需要社会保护和社会支持网络。因为它不仅能够降低司法成本，还能有效促进社区矫正对象融入社会、学会自律、防止再犯罪。当然我国社区矫正的民间力量需要培育，鼓励和支持成立与社区矫正相关的志愿者组织、福利基金会、企业家联合会、大学生社团、妇女社团、社区爱心社团等，特别应当支持社区老年人群体参与社区矫正的积极性，因为他们有稳定的退休收入，一些有识之士也愿意老有所为，实现自身的社会价值，而社区矫正可成为他们实现价值的平台，日本保护司的平均年龄为64.7岁（2015年统计）就是一个佐证。

总之，社区矫正具有强大的生命力，我们需要总结自身实践经验，也需借鉴他国制度建设的经验，逐渐建立起符合中国社会文化特点、符合矫正规律、相对科学有效的社区矫正制度。

（原载于《北京联合大学学报（社会科学版）》，2016年第4期）

"二八定律"与抑制重新犯罪的社会担当

【摘　要】"二八定律"说的是少数犯罪者做了多数的犯罪案件，这些少数犯罪者中除了部分是天生的犯罪高手外，更多的是刑满释放人员的重新犯罪。究其重新犯罪的原因，就业难、缺少稳定的经济来源是最重要的原因之一，特别是在急剧转型的过程中，刑满释放人员的就业渠道越来越窄。我们的社会应当突破"制度性歧视和排斥"，有所担当。

国际犯罪学研究领域有一个"二八定律"，说的是20%的罪犯作了80%的案件，其实更精确的计算是6%的犯罪者作了51.9%的犯罪案件。根据"二八定律"我们可以假定，如果很好地控制了这20%的人犯罪，就会大幅降低犯罪总量。分析这20%的犯罪人，其中有一小部分人是天生的犯罪高手，他们的反侦查能力强，终身未落入法网；还有相当一部分是刑满释放人员的重新犯罪。犯罪学研究证明，刑满释放人员的重新犯罪对社会危害性极大，其犯罪特征具有报复社会的倾向、犯罪经验丰富、手段恶劣和狡猾、易教唆和诱惑他人犯罪、常扮演犯罪团伙头目的角色等，是拉高全国犯罪率、特别是恶性犯罪比例的重要因素。2004年司法部一项调查证明了这一点，"在重大恶性刑事案件中，刑满释放人员所为高达70%"。

因此，首先必须正视刑满释放人员的重新犯罪问题，认识到它的严重程度。在我国，关于刑满释放人员的重新犯罪的界定为"刑满释放后5年内再度犯罪"。为了考核刑罚执行机关对服刑人员的改造质量，司法行政机关确定了8%的重犯率红线。于是乎全国十几年来的重新犯罪率一直在8%上下徘徊，并且大体低于8%。但从一些省市重新犯罪的统计数据看，大大高于全国，如湖南省1997~2000年的重新犯罪率分别是17.9%、21.1%、19%、23%，山西省2000年的重新犯罪率为13.5%，全国重新犯罪率有"水分"是学界心知肚明的事情，应当正视刑满释放人员重新犯罪问题，保障统计的准确性。

日本的一项调查具有较强的科学性，值得我们研究参考。1988年日本法务综合研究所对当年刑满释放人员进行了6年的跟踪调查，调查结果显示，10%左右的人在释放一年后重返监狱，有一半的人在刑满释放6年内重返监狱。其中，被判罚金、拘留者的再犯率为16.3%，判处徒刑、监禁但缓期执行者再犯率为21.5%，假释者的再犯率为44.5%，刑满释放者的再犯率为52.7%。从该统计数据中可以得出两个结论，一是刑满释放人员重新犯罪的比例相当高；二是刑罚越重、关押时间越长，重新犯罪的比例越高。同时这也说明抑制重新犯罪是一个世界性的难题。

刑满释放人员的重新犯罪原因错综复杂，从中国的现状看，歧视和标签化导致刑满释放人员就业难是最重要的原因之一。2006年12月山西平遥监狱的一项调查表明，出狱后重新犯罪者中有30%左右的人无工作可做，基本生活没有保障。福建省监狱局调查为59.2%刑满释放人员无工作可做。

在改革开放前的计划经济时代，刑满释放人员的就业一般是以政府下指令的方式安置就业，即使在改革开放后的1981年，全国第八次劳改工作会议上依然强调"今后对刑满释放，除强制留场就业以外，均应放回捕前所在地或直系亲属所在地。当地公安机关凭释放证给与落户，由原单位、当地劳动部门、街道或社、队负责安排就业。"但是进入20世纪90年代初，计划经济向市场经济转型提速，用人单位的自主权进一步扩大，就业方式发生重大变化，从国家统一分配工作到就业者与用人单位"双向选择"，使用人单位拒绝刑满释放人员就业成为必然，也使刑满释放人员的就业政策形同虚设。而且，这种"拒绝"逐渐"制度化"，根据不完全统计，目前明文规定拒绝刑满释放人员就业的职业已有30余种之多，"无犯罪记录证明"也已成为更多单位就业的必备条件。笔者在上海的调研发现，安置刑满释放人员就业的主力是私营企业和民营企业，国企的安置近乎为零，"制度性歧视和排斥"已根深蒂固。

另外，20世纪80年代末以来"自谋职业"也是刑满释放人员就业的重要手段，当时在传统"轻商"、"鄙商"的观念作用下，刑满释放人员"自谋职业"机会较多，主要从事个体经营，即"个体户"，社会上曾流传的"不三不四发大财"是那段历史的写照。随着市场经济的进一步发展，人们从"轻商"转为"重商"，在纷纷经商"下海"的大潮下，市场对经商者的能力和资本的要求越来越高，刑满释放人员的"自谋职业"变得越来越艰难。

总之，刑满释放人员的就业道路越来越窄，无稳定的经济来源已成为刑满释放人员重新犯罪的最重要原因。能否冲破"制度性歧视和排斥",让刑满释放人员通过正当的劳动获得稳定的经济收入,是避免其重新犯罪的基本保障,也是社会文明进步的标志,我们的社会应当承担起相应的责任。

(原载于法制网"法之光专家博客",2012年9月,有修改)

"去标签化"：预防重新犯罪的价值所在

【摘　要】 对刑满释放人员的"标签化"具有正负两种功能，但负效应更加明显，会导致刑满释放人员对标签化的"自我防御系统"，破罐子破摔，继续违法犯罪，或同类相聚，形成新的犯罪团伙。"去标签化"首先需要转变观念，其次是积极引导刑满释放人员就业，有五种就业或安置方式可供参考，相对稳定的经济收入和基本生活保障是避免其重新犯罪的基础。

从犯罪学的角度分析，对刑满释放人员的"标签化"会带来两个方面的负效应，一是会强化"我是犯罪人"的"自我认同"。应当说，人们对曾经犯过罪的负面反应是正常的社会心理反映，但会忽视了刑满释放人员的想改好、想重新做人的意愿，忽略了他们有非犯罪人的相关特征，甚至将其妖魔化。"标签化"会对刑满释放人员形成巨大心理压力，迫使他们接受犯罪人的形象塑造，逐渐形成对他人负面反应的"自我防御系统"，破罐子破摔，继续从事犯罪活动，被我们称为"重新犯罪"、惯犯或累犯。二是易形成新的犯罪团伙和犯罪亚文化，物以类聚，人以群分，刑满释放人员面对强大的社会排斥，以及社会排斥所带来的孤独感，他们会寻找同类，寻找具有相同标签的人们，形成新的犯罪团伙或"犯罪亚文化圈"，进行更狡猾、更恶劣的犯罪。

对于刑满释放人员的"去标签化"是一项非常艰巨和漫长的社会工程，最难的应属观念的转变。传统的公安、司法系统认为，对刑满释放人员的严格监控，是防止他们重新犯罪的基本手段，这种观点在实际操作中会适得其反，会强化了"标签化"，推动继续犯罪的"自我防御系统"的完成。传统的社会舆论则认为："如果给罪犯安排了工作，正常人也要去犯罪了"；"好人都找不到工作，何况犯过罪的人"。前者具有一定逻辑意义，但缺乏实证的依据，就是说，在现实生活中有没有案例证明某人的犯罪是因为自己找不到工作，刑满释放人员却找到工作，于是铤而走险去犯罪，若有的话，多大比例？后者观点则是一种典型"排斥理念"，将刑满释放人员视为罪犯，必须纠正。一般来说，人们对犯罪者的厌恶、排斥和恐惧是正常的社会心理，并具有辨别善恶、维持社会秩序和预防犯罪的功效，对此不好过分的指责。但是，刑满释放人员在监狱服刑完毕，回归社会后已是自由人，除剥夺政治权利者之外都应当享受普通公民应有的一切权利，特别是生存权和劳动权，这是现代社会的人权体现，也是现代社会应具有的博爱和包容。

从中国的现状分析，"标签化"影响最直接的是刑满释放人员就业安置。据统计，已有30余种职业明文拒绝刑满释放人员就业，"无犯罪记录证明"也已成为更多单位就业必备条件，"制度性排斥"成为刑满释放人员劳动就业的屏障，能否"去标签化"，让刑满释放人员通过正当的劳动获取相对稳定的经济收入，是避免其重新犯罪的基本保障，也是社会文明和人权尊重的重要标志。

一个人从普通人变成犯罪，有其个体的原因，也有社会的责任。当服刑者回归社会时，社会有义务消除"标签化"屏障，给刑满释放人员再获新生的机会。关于刑满释放人员就业问题，有五种形式可以考虑：（1）回原单位就业。国家应当鼓励刑满释放人员原所在单位积极接收其回单位就业，并修改相应的法律、法规和规章制度。（2）市场经济决定了企业的自主经营性，行政机关无法像改革开放前、通过指令强迫企业接收刑满释放人员就业，但是在多种经济形态中，国有企业仍是国家所有，政府对其有很强的指导力和约束力，而笔者调研发现，国有企业在安置刑满释放人员的数量上远远低于民营企业和私营企业。国有企业应当主动承担起相应的社会责任，接收更多的刑满释放人员就业，为社会稳定分忧。（3）对于大量的私营和民营企业，可以通过建立"社会帮教企业家协会"等形式，吸收热心公益事业的企业家加盟，国家给予减免税收等政策支持，鼓励他们接受刑满释放人员就业。（4）继续鼓励刑满释放人员的"自谋职业"，为他们"自谋职业"提供培训和社会支持。（5）临时安置救助。目前，司法行政机关管理的"中途之家"主要负责接收管制、缓刑、假释、暂予监外执行的社区矫正对象，对其进行社区矫正之前的培训和临时性安置。"中途之家"安置方式应当进一步扩大到刑满释放人员，刑满释放人员可以采取自愿申请的方式，对长期服刑回归社会遇到障碍者，对无业可就、无家可归、无经济来源、不被家庭和社区所接纳者，以及因其他因素可能重新犯罪的刑满释放人员进行3个月到1年的临时安置和救助，为其提供必要的食品、住宿、衣物、医疗及就业帮助，帮助他们度过出狱与适应社会之间的"危险期"。

（原载于法制网"法之光专家博客"，2012年12月）

第六部分

实地调查与研究报告

天津市流失生与违法犯罪问题的调查与思考

【摘　要】上个世纪80年代初期，我们对天津市少管所进行了为期两个月的实地调研，发现在押少年犯中流失生比例高于在校生，并且流失生与在校生比较，其犯罪率高，年龄偏低，团伙作案和恶性案件多，问题家庭、被学校处分、被公安拘留的比例高，文化素质和对犯罪的忏悔、悔改程度偏低等。围绕初中生为什么流失和流失生与未成年人犯罪的关系进行更深入的调研发现，学生大量流失与国务院1978年6月颁布的104号文件推出的"招工顶替"制度有关，与学校狠抓升学率、排斥差生的观念与举措有关。调研报告提出如下对策，撤销或修改相关政策文件，保护少年儿童读书上学的权利，禁止招收少年工人，改变学校片面"追求升学率"的指导思想和举措，取消重点校和快慢班，给学生一个平等、自信的学习环境。该调查结论引起了天津市教育局的重视，迅速出台四项措施对原有政策进行修改和补充，对全国抑制流失生犯罪产生了良好的示范效应，并最终促成"招工顶替"制度的不再执行。

【关键词】流失生　招工顶替　违法犯罪　低龄化

我国青少年犯罪"低龄化"的原因是什么呢？我们在天津做了两个月的调查，就学生流失与青少年违法犯罪问题进行专题研究。调查结果表明，学生的大量流失是我国近几年来出现的一个新的严重的社会问题，是青少年犯罪"低龄化"的重要原因之一。

一、问题的严重性

经调查，天津市9个城区265所普通中学，1979年初至1981年底近3年内共流失小学初中学生9704人，平均年流失量为9.5%。据抽样调查，今年天津市初、高中生的流失率❶仍在4%，按照这一比率计算，目前仍有数千名在校学生失学流落在社会上。我们对472名违法犯罪流失生的"失学时的文化程度"进行调查，发现在初一失学的占24.6%；初二失学的占24.4%；初三失学的占19.9%；高中失学的占1.3%；其中还有141名小学流失生，占29.9%。

大量初中学生失学流入社会，带来了低龄犯罪人数的增加，威胁着社会的治安。近几年来，天津市少年违法犯罪人数有所上升，16岁以下的少年犯1981年比1980年增加了11.2%。流失生违法犯罪的严重性在天津市少管所收容对象的结构中得到了敏感的反映（见表1和表2）。

表1　天津市少管所在校学生结构的变化

年份	百分数（%）
1974	88.18
1975	88.11
1976	90.27
1977	90.59
1978	66.04
1979	51.06
1980	42.92
1982	34.30

表1、表2说明了两个问题，第一，流失生作为一个社会问题的存在是近几年来的事。1979年以前，学生的流失率并不很高，1978年流失率仅为0.6%❷，因而流失生的违法犯罪并不十分严重，少管所内流失生违法犯罪人数只占13.25%，在校学生占86.75%。第二，1979年以后初中生流失率逐年增加，1981年达到11.9%，为历年最高，而少管所中流失生违法犯罪人数也增加到50.22%，亦为历年最高。

---

❶ 流失率 = $\sum$ 该某年某地区初中流失人数 ÷ ($\sum$ 该某年某地区初中在校生人数 + 该某年某地区初中流失人数)。

❷ 1978年"市初中生流失率"天津市教育局没有原始数据，0.6%是天津市李公楼地区的数字，特此说明。

表2 天津市少管所收容的流失生比例与全市初中生流失率的对比

项　目	1978年	1979年	1980年	1981年
市初中生流失率（％）	0.6	8.3	8.4	11.9
少管所内流失生比例（％）	13.25	33.96	48.4	50.22

我们还对天津市114724名初中在校生和9764名初中流失生的违法犯罪情况作了普查。结果表明，前者犯罪率为0.43‰。后者为6.7‰，流失生的犯罪率比在校学生的犯罪率高15.6倍。比全国青少年违法犯罪率高5倍之多。流失生容易犯罪的原因有以下几个方面。

第一，违法犯罪流失生失学时的平均年龄为14岁，这正是青少年心理发展的"关键期"。一个人的道德观和世界观形成如何，在很大程度上取决于这一时期的发展水平，取决于这一阶段社会对他们的教育和引导。其中，更为重要的是学校的教育作用。伟大的物理学家爱因斯坦曾高度评价学校的作用："由于经济生活现代化的发展，作为传统和教育者的家庭已经削弱了。因此，比起以前来人类社会的延续和健康，要在更高程度上依靠学校。"正常的学校教育无疑地对青少年的身心健康发展具有明显的积极意义，我们对463名流失生进行"失学以后的感觉"的问卷调查："感到自由了"的占31.8％，他们大多是学校里学习不好、纪律不好的"双差生"，失学以后普遍有一种轻松感，行为放肆，无所顾忌，容易走上犯罪道路；15.8％的流失生感到"没有前途非常苦恼"，他们大多是学习不好的"单差生"，这种被社会遗弃的自卑感容易发展为反社会心理；18.1％的流失生"啥也没想，活一天算一天"，他们盲目性极大，稍微放松教育也容易走上犯罪道路；只有29.6％的流失生愿意"在家中老老实实等待分配工作"。这就是说，有70％多的流失学生处在一种"特殊发展"的环境中。他们有的犹如一匹野马，在社会上乱闯；有的苦闷、自卑，对前途缺乏信心；有的则抱着"做一天和尚撞一天钟"的态度。总之，由于失去学校教育的环节，消极因素在这批少年身上占主导地位，使他们心理的正常发展受到阻碍，对社会产生一种"不适应症"，其中一部分人容易违法犯罪。

第二，交际是人类社会的基本特征，也是人的基本需要、基本活动之一。少年时期良好的交往是青少年健康成长不可缺少的环节。在校学生失学以后其人际交往发生了何种变化呢？据对444名违法犯罪的流失生调查统计，失学以后有59.9%的人结识了与犯罪活动有联系的"新朋友"。这些"新朋友"大多是流失生和待业青年，甚至有的还是多次进过公安局、少管所，被劳教、劳改的释放人员。天津少管所少教人×××❶叙述自己的犯罪发展过程时说："刚退学时，觉得生活很无聊，每天早上睡到10点多钟才起床，为此曾到学校要求复学，被拒绝。慢慢地在社会上认识了许多'哥儿们'，其中有一名曾被少年管教。'哥儿们'一起下馆子、打群架，再也不觉得无聊了，最后终因伤害罪被少管了。"流失生或是由于与这种不良的伙伴交往，被拖进了犯罪的团伙之中；或是由于在不良伙伴交往之中，彼此"情投意合"，形成新的违法犯罪团伙。

第三，不少流失生处于一种特殊的家庭环境之中，其中父母病故、离婚，有劣迹等问题家庭比例较大，约占37.2%，与违法犯罪在校生是问题家庭者（23.5%）和未犯罪的在校生的问题家庭者（8.1%）相比差异显著。这种家庭的家长缺乏或没有管教子女的能力。如天津少管所女少教人员×××，父亲被判刑，母亲有神经病，未退学前表现一般，失去学校教育后，变化非常明显，又要流氓又偷窃。

对331名违法犯罪流失生的父母职业进行调查统计，其中双职工家庭占68%。学生失学以后，父母白天上班，无法管理，只好任其"自由"发展，以致犯罪。

第四，除上述客观原因外，流失生本身还有一个致命的弱点，那就是文化素质、思想素质差。比如，348名违法犯罪的流失生，在校时受过各种纪律处分的占39.9%，被公安机关拘留过的，占24.3%。因此，上述内外因素结合在一起，使流失生容易走上违法犯罪的道路。这也就是流失生的犯罪率高于在校生的犯罪率之原因所在。

流失生在犯罪性质、悔改程度等方面有着不同于在校生犯罪的特点。

第一，流失生违法犯罪的恶性案件明显高于在校学生。他们目无国法，明目张胆地胡作非为，平常日作案和白天作案的比率都比在校生高（如强奸案，见表3）。流失生违法犯罪人数不断增加，他们有充分的作案时间，作案手段残忍、性质恶劣，构成了对社会治安的威胁。

---

❶ 因保护少年犯的隐私，以及调查单位要求数据保密，文章中人名和数据采用的×××的变现形式。

表3　流失生与在校生强奸案的特点

项　目	流失生	在校生
平常日作案	96.7%	72.4%
白天作案	73.3%	58.6%
团伙作案	51.7%	24.1%

第二，违法犯罪的流失生的道德、思想基础要比在校犯罪学生的道德和思想基础差。365名违法犯罪流失生回答"你怎样看待人生"（见表4），认为"人生在世吃喝玩乐，人不为己天诛地灭"和"人生在世更多地应是为个人享乐"的占42.4%，高于在校犯罪学生和在校没犯罪学生；不少违法犯罪的流失生把调查表中关于"善于思考和分析问题的人"错误地理解成"有主意"、"点高"的团伙头目。这些都说明他们是非观念混乱，把腐朽的人生观、道德观当成自己生活的准则。

表4　"你怎样看待人生"

项　目	人生在世吃喝玩乐，人不为己天诛地灭	人生在世更多地应是为个人享乐	人生在世更多时间应为人民服务，少数时间为个人谋利益	一个人应该毫不利己专门利人	没想过
违法犯罪流失生	26%	16.4%	6.3%	4.9%	46.3%
违法犯罪在校生	24.7%	14.8%	6.6%	4.9%	49.1%
未违法犯罪在校生	0	4.8%	27.9%	50%	17.4%

第三，违法犯罪的流失生认罪态度差，犯罪后悔改表现差。从366名违法犯罪的流失生与272名违法犯罪的在校生犯罪后悔改程度对比调查中（见表5）可以清楚地看到，流失生犯罪后"天不怕，地不怕，从不考虑后果"的约占28.7%，高于在校犯罪学生。由于流失生人际交往复杂，反面的社会经验丰富，在少管所内30.8%的违法犯罪流失生具有一定的煽动性和"组织能力"，甚至被少教人员称作"点高，有主意的人"。管教干部普遍反映这种类型的人较难改造。

表5　流失生与在校生犯罪后悔改态度对比表

项　目	天不怕，地不怕，从不考虑后果	害怕被公安局抓住，抓不住继续干	有点可怜被害者	很后悔觉得对不起父母	很后悔觉得对不起老师
违法犯罪流失生	28.7%	22.1%	7.1%	38.3%	1.6%
违法犯罪在校生	24.6%	19.5%	12.1%	39%	2.6%

二、学生大量流失生的社会原因分析

第一，工厂实行"招工顶替"制度的影响。

1978年6月，国务院（104）号文件规定：企业职工年老退休后可以招收其子女就业。这项措施对贯彻劳动保险，防止某些领导干部利用招工之便"走后门"等不正之风具有一定积极作用。但是，这项措施也带来了明显的消极影响，忽视了对劳动力质量——职工的文化程度、思想素质的要求，使"读书无用论"重新泛起。流失生中有57%的人认为"学习无用"。他们上学时大多抱着"升学无望早晚'顶替'"或"晚就业不如早就业"的态度，对学习不感兴趣，一有机会便想离开学校去就业，给学校教学和思想工作造成了很大困难。加之一些工厂违反招工政策，在办卫星厂、家属车间时，招收了一批低龄流失生，助长了在校生的退学。有的教师劝阻学生退学，家长就亲自登门磕头求退。

第二，学校办学中的错误指导思想的影响。

近几年来，天津市的教育部门在"拨乱反正"提高教学质量、整顿学校纪律、消除乱班乱课等方面取得了显著的成绩。但也存在着不足，教育部门和一些学校"重智轻德"，单纯追求升学率，积极推行"重点校和快慢班制度"，慢班和"兜底"学校中，师资差、教学环境差，学生思想工作无人过问。对纪律差、学习成绩差的"双差生"采取罚站、停课、劝退等简单办法。有些教师甚至当着学生说"功课跟不上，退学算了，否则还要影响教师长工资"。据我们对368名违法犯罪流失生的调查，其中"老师劝我退学"和"学校劝我退学"的共132名，占38%。

三、天津市教育局控制在校学生流失的几条"紧急措施"

对流失生问题，近几年来天津市有关部门已经予以注意并采取了一些措施。这一次调查使天津市有关部门进一步认识到解决流失生问题的迫切性。调查刚结束，天津市教育局立即召开了中学系统紧急会议。会上介绍了此次调查情况，并宣布了以下"四紧急措施。

（1）暂停执行《中小学管理教育工作的几项暂行规定》中关于"连续旷课2个月、累计旷课超过3个月者作自动退学处理"的规定，准备在新规定中改为"留级"或"试读"。

（2）修改了原"工读学校只准招收有学籍学生"的规定，对16岁以下的有违法或轻微犯罪行为的失学学生"在工读学校可容纳的范围内，按条件临时适当招收"。

（3）年龄在16岁以下者，由于学校没有及时做工作造成退学的学生，由原校收回，安排相应年级。由其他原因造成退学者家长或本人要求复学的，仍可由原校安排相应的年级就读。

（4）针对部分学校存在的对后进学生进行体罚和劝退等错误做法，市教育局准备在1983年上半年召开全市普通中学关于端正办学思想，调动不同类型学校的积极性，全面提高教学质量的大会。制定切实可行的帮助和转变后进生的措施和办法。

最近，中共天津市委在对天津市教育系统提出开创新局面的要求中，还将在校学生的巩固率和防止学生的流失作为衡量的标准之一。更进一步地提高了人们对这一个问题的认识。

天津市教育局的紧急措施和市委的指示，在天津市反响很大，市公安局一位副局长说："收回流失的学生，体现了'学校包学生'，是落实中央综合治理的有效措施。"

在天津市派出所干部座谈会上，与会者一致认为"这些措施很好，如果切实落实了，社会治安一定会有很大的起色"。目前，天津市工读学校新招收了×××名学生，比去年同期增加了2.3倍，其中流失生×××名，占52.4%，在全社会综合治理青少年犯罪工作方面迈出了可喜的一步。

四、我们的几点意见

在校生失学流落在社会上，不仅使犯罪低龄化日趋严重，构成了对整个社会治安的威胁，而且增加了社会民政、劳动部门的负担。根据我们对天津待业青年总数的调查，这几年来，除了有一批"计划内"的待业青少年进入社会（高中毕业生不能继续升学）之外，还有相当数量的"计划外"的待业青年涌入社会（1979年为×××名、1980年为×××名，1981年为××××名，1982年1~9月为×××名），其中主要是流失生。因此，大量流失生的产生不仅严重地影响社会主义精神文明的建设，而且严重影响了社会主义物质文明的建设，"文化大革命"的悲剧之一是产生了一批新的"愚民"，如果我们不采取必要的措施，后果也难以设想。

此外，有不少地区教育系统领导人看不到学生大量流失的严重社会后果。他们满足于教育质量的提高、在校生违法犯罪比例及绝对人数下降的"大好形势"。殊不知，将一大批"双差生"推出校门，造成了社会上少年违法犯罪人数的增多。我们认为，各个地区严格控制学生流失是当务之急，是教育工作者神圣的职责。为此，提出以下几点意见，供有关部门参考。

（1）在校生流失问题不是天津市一个地区的问题，而是全国带有普遍性的问题。建议有类似问题的地区，参照天津市教育局的四项措施，并结合本地区的具体情况，制定出控制学生流失的行之有效的方案。

（2）应该大张旗鼓地宣传新中国每一个适龄儿童、少年都有读书的权利。社会应该通过立法——《义务教育法》，来保护少年儿童上学读书的权利和义务。父母、教师以及其他人均应该遵守国家法规，无权干涉、妨碍少年儿童的上学权利。

（3）我们认为，学生的大量流失已经成为一个社会问题，要解决它必须社会各方面都来努力。政府各个部门之间必须统筹兼顾，制定政策应该考虑全局和长远利益。教育部门与劳动部门应该共同做出规定，无特殊情况的学生，都应在学校上学，并努力完成学业，方能招工录用，禁止任何工厂利用任何手段招收"少年工人"，真正堵住学生失学的漏洞。

（4）教育部门把普通中学分成市重点学校、区重点学校、一般学校、"兜底"学校，校内又分"快慢班"的办学方法，严重挫伤了许多教师、学生的教学和学习的积极性，使各种矛盾集中于"兜底"学校和慢班中。教师们忙于应付学生中出现的问题，其他各项工作难于展开；学生之间互相影响、传习坏毛病，学校和班级中很难找出像样的学生干部，使得学校的政治思想工作更加薄弱。因此我们建议：每个地区除办几所重点中学外，其余学校都采取就近招收学生的办法。坚决废除"快慢班"制度。近几年来，教育部门出现的片面"追求升学率"的错误办学思想是教育工作中的最大祸害。它的后果十分严重：一部分学生一心只想上大学，死抠书本，不重视德育，不热爱劳动；另一部分学生感到上大学无望，便不努力学习，一部分学生干脆长期逃学，或影响课堂纪律，甚至走上犯罪道路。片面追求升学率，可以说有百害而无一利，建议有关部门必须迅速解决学校办学理念的偏差。以后教育部门在考察一个学校办得好与不好，教师晋级、特级教师评定等问题上，不但要看"升学率"，还要考察其后进生转变工作做得如何。同时还要对我国中小学现行的全国统编的一套教材，一个教学要求，一个教学计划进行改革，努力做到有两套不同程度至多套不同程度的教材和大纲，并制定相应的教学计划，充分调动学校、教师、学生的教学与学习的积极性。要全面贯彻党的教育方针，按照教育和教学规律办学，把培养德智体全面发展的高质量的新一代，当作自己的首要任务。

（张荆执笔，参加该调研和写作的还有邵道生、杨树风、杨若何、张含英、周路等同志，原载于《青少年犯罪研究》，1983 年第 2 期）

社会应当重视对"二劳一少"
释放人员的继续教育工作

【摘 要】中国社科院青少年研究所承担了国家哲学社会科学"六五"重点项目"青少年犯罪学",笔者在参与辽宁、天津调研及对六省市的调研问卷分析中,发现青少年"二劳一少"的释放人员的重新犯罪率高,改造场所的改造质量堪忧,而"严打"的大规模的收监,短期刑和劳教人员在三四年内会集中回归社会,对社会治安产生不良影响,因此提醒地方各级党委和政府要高度重视他们的接续教育。并具体提出建立帮教小组、根据释放人员不同的心态采取有针对性的教育手段、解决其就业就学问题、减少社会歧视、打击累犯惯犯等对策建议。

【关键词】二劳一少　重新犯罪　帮教组织　继续教育

一、数据的启示

(1) 据我们对天津、辽宁等六省市 28 岁以下在押犯抽样调查统计分析,重新犯罪的青少年在押犯是其总数的 9.3%。(推算中老年重新犯罪的在押犯的比例要大于此数)

(2) 我们于 1983 年、1984 年分别对天津、抚顺等市的教养院、少管所犯罪的情况进行了调查,重新犯罪率为 20%~30%。

(3) 据北京市 1985 年初的调查统计,自 1983 年严厉打击刑事犯罪分子以来,全市共处理各类违法犯罪分子 30000 人左右。根据他们所判刑期或教养期限估算,从 1986 年开始北京市每年约有 6000 名左右的劳改、劳教、少管人员(简称"二劳一少")被释放,并将持续 2~3 年。

(4) 另据我们对辽宁、四川、陕西三省的调查资料分析,1986 年以后"二劳一少"人员被释放将是平常年份被释放人员的 1~3 倍。释放人员 60% 左右是 28 岁以下的青少年。

上述数据给我们以下三点启示。

第一，进一步降低重新犯罪率是减少社会犯罪的重要一环。重新犯罪分子因有一定的犯罪经验，作案方法狡诈，具有一定的反侦破能力，而且作案手段残酷，社会上的一些大案要案多系他们所为。他们常成为劣迹青少年崇拜的对象，成为犯罪团伙的头目和幕后指挥者，具有很强的教唆犯罪的能力，对社会治安威胁极大。因此，减少"二劳一少"人员的重新犯罪，化消极因素为积极因素是关系到社会治安根本好转和国家长治久安的大问题，应引起各级领导的高度重视。这些人重新犯罪的原因是复杂的，是诸多因素交互作用的结果。从社会的视角分析治理的办法，一方面要提高劳教劳改单位的改造质量，另一方面是做好他们回归社会后的接续教育工作。

第二，被释放的"二劳一少"人员中青少年占了相当大的比例。他们仍具有一般青少年所具有的可塑性强、易受外部条件影响、感情意气用事、进步过程中反复大、不稳定等特点。因此，在他们周围建立起一个广泛的、科学的接续教育网络，对于教育、感化、挽救、改造他们是非常必要的。

第三，建立社会接续教育网络应有一种紧迫感。大量的"二劳一少"人员1986年以后将陆续回归社会。这将增加社会治安的压力和社会教育的工作量，我们要及早做好准备工作，才能使接续教育工作有条不紊。

二、对社会接续教育工作的六点建议

（1）各省、地、县党委和地方政府应及早做好充分的思想和组织准备。大量的"二劳一少"人员短期内同时释放是特定历史条件的产物。可由政法委员会派一名负责同志组成由公安、街道、学校、工会、妇联、团委等部门负责同志参加的领导小组，抓好对"二劳一少"人员释放后的接续教育工作和组织管理、安置就业、就学，以及解决生活困难等问题。领导小组可以到监狱、劳改农场、少管所、教养院看望所辖区域的"二劳一少"人员，了解他们在改造期间的表现及释放后的打算和困难，使接续教育工作有的放矢。

（2）根据释放人员不同的心理状态采取不同的教育手段。从我们对大连、沈阳、北京、武汉等市的调查看，释放后的"二劳一少"人员的心理状态可概括为三种类型，即忏悔型、报复型、观望型。第一种类型的人痛恨自己的过去，改过的决心大，是我们团结利用的主要对象。为了清除他们的自卑心理和精神压力，各级组织可适当减少对他们的监督和考察，在他们有一定成绩时，要给予一定的精神和物质鼓励，表现突出者，可以担任一定的职务。同时，可以此来教育其他刑满释放人员。第二种类型的人重新犯罪、报复社会的心理很强烈,是危害社会治安的危险分子,应以严格监督,一旦出现重新犯罪行为时,需迅速、严厉地打击,当然并不排除教育感化等手段。第三种类型的人,有改恶从善的愿望,但担心回归社会受到歧视,工作、生活无着落,持有"走着瞧"的心态,这类人有重新犯罪的可能,并在"二劳一少"释放人员中占相当大的比例,是我们接续教育工作的主要对象,应以说服教育为主,切实帮助解决生活、工作、学习等方面的困难,同时要严格监督,以防重蹈覆辙。

(3)广泛建立各种类型的帮教小组,运用社会各方面的力量教育、感化、挽救、监督刑满释放人员。在严厉打击刑事犯罪斗争中,有些地区取消了群众性的帮教组织,这是错误的,应当予以纠正。根据"二劳一少"人员释放后的不同心态和表现,可以建立三种类型的帮教组织。对释放后表现较好的,可主要由家庭进行帮教,派出所和居委会可减少对他们的监督和汇报次数。对于表现时好时坏,仍有犯罪可能的释放人员,应建立起以街道居委会或单位为主,由派出所民警及亲属参加帮教组织。对于表现不好,甚至有重新违法犯罪倾向的人,应建立以基层干警为主,有街道(或单位)、家属参加的帮教组织,并设立耳目,掌握动向和加强控制。领导小组定期检查帮教小组的工作,对于有贡献的帮教组织成员应给予必要的奖励。

(4)切实解决好"二劳一少"人员释放后的就业、就学问题。根据国务院、教育部有关对工人、在校生的奖惩条例中的开除条款,以及《劳动教养试行办法》中关于"劳动教养人员解除教养后,原来有工作的,介绍回原单位"的规定,是否可由各级政法委员会或临时领导小组根据本地区的具体情况予以协调解决。社会应鼓励"二劳一少"人员的亲属为他们积极寻找工作,鼓励"二劳一少"人员自谋职业。对于就业确实有困难者,在有条件的地区可由人民政府或司法系统办一些服务公司,接收他们临时就业。还可考虑建立职业培训学校,一方面传授职业技能,使他们掌握一技之长,尽快就业并为适应社会;另一方面也可进一步进行法制、理想、道德方面的教育,促进和稳定其思想转变。

(5)1986年以后,全国应结合法制宣传,向各级领导干部和人民群众广泛宣传党对"二劳一少"释放人员的不歧视政策,形成一个关心帮教失足者的社会风气。

(6)公安机关应进一步加强对"二劳一少"等重点人员的管理工作,建立健全各种类型的重点人员档案,加强对重新犯罪的侦破工作,严厉打击各种类型的累犯和惯犯。

(原载于《青少年犯罪问题》,1985年第5期)

豫北棉纺织厂治理犯罪的调查报告

【摘　要】 河南豫北棉纺织厂是一个集生产、生活于一体的中型纺织企业，具有小而全的单位制特色，社会治安自成体系。"文革"内乱该厂治安体系遭破坏，"文革"结束后厂治安组织得以恢复，但管理者心有余悸，治安管理混乱，犯罪案件多发。为扭转工厂的社会治安的状况，该厂全力推进社会治安体系重建，强化保卫部门的力量，建立起保卫科、车间治安委员会及治安小组三级综合治理网络。他们分析厂区犯罪规律，制定内保规章制度，采取有针对性的防控措施，部门治安工作与经济利益挂钩，调动治保委员的积极性，组建帮教小组，内部消化和帮教轻微违法犯罪者。更重要的是该厂从改变厂区的社会环境下手，力求实现治本的目的，领导干部身先士卒自觉遵纪守法，抓好预防犯罪的道德防线建设，重视青年工人的思想教育，重视未来本厂后备劳动力的职工子弟学校学生的法制教育，抓家属区的精神文明建设和民事调解工作等。经过几年的奋斗，河南豫北棉纺织厂社会治安状况明显好转，厂风大为改善，其治标又治本的做法值得借鉴。

【关键词】 豫北棉纺织厂　综合治理网络　治标与治本结合

河南省豫北棉纺织厂地处洹河北岸，京广铁路西侧，占地面积 0.42 平方公里，现有职工 7311 人。全厂下设 47 个基层单位，拥有纱锭 104000 枚，布机 864 台，年总产值为 13500 万元。生活区内有 8 个居委会，3200 余户，全厂职工、家属总计 22000 余人。还拥有 6 个包工队、7 个商店、3 个饭馆以及储蓄所、邮电所、自由市场等。是一个交通便利、居住集中、服务设施齐备的大型纺织企业。

由于"文化大革命"的十年内乱，厂治保组织被"砸烂"，各级治保干部被"打倒"，治安积极分子被"游街"。十一届三中全会以后，虽然厂治保组织得以恢复，但人们心有余悸，治保组织涣散，厂里治安秩序混乱，年平均发案数 14 起。1981 年 9 月 25 日发生了震惊全省的"奸尸割头案"。1982 年 10

月5日又发生了一起特大案件——强奸杀人案。群众形容当时的治安秩序为五多：刑事案件多、治安事件多、打群架的多、民事纠纷多、接送妇女上下班的多。严重影响了工厂的生产和生活秩序。

两起恶性案件给厂领导很大的震动，一方面，他们配合公安机关破获了这两起特大案件，打击处理了本厂50名违法犯罪分子，抑制了犯罪分子的嚣张气焰；另一方面，他们也决心要下大气力，在全厂建立起综合治理体系，治标与治本同步进行。经过几年的努力，豫北棉纺织厂的治安工作初见成效。1984~1985年年平均发案数1.5起，比1982年前的年平均发案14起下降了9.3倍。他们是如何科学地建立综合治理体系，如何将治标与治本相结合并同步推进的呢？

一、建立成龙配套的综合治理网络

（一）加强厂保卫部门的力量

厂领导认为，"保卫科好比是厂里的公安局"，是与犯罪现象做斗争的前沿阵地。1983年以后，保卫科的力量得到了进一步加强，从原来的13人增加到现在的17人，占职工总数的2.3‰。厂长在抓生产的同时直接过问全厂的治安工作，基本上做到了保卫工作要人有人，要物有物。

经过调整的保卫科是一个团结战斗的集体。大家经常在一起研究案例，学习刑侦、刑法等有关理论，提高与罪犯斗争的科学性。经过对本厂以前案情的分析，他们得出了一天中发案的高峰是中班（即16~24时），一年发案的高峰是四季交替时节的结论，并根据这个规律改变了保卫科干部的作息时间，将原来保卫科干部与科室干部一样上正常班的制度，改成早中班两班倒，夜班留两人值班的作息制度，在四季交替时节和节假日加强巡逻防范。把过去一个人负责几个基层单位，变成几个人负责一个区域，增加了厂保卫组织的机动性和整体性。

（二）建立起三级综合治理网络

全厂以保卫科为中心，建立起三级综合治理网络。各车间建立了治保委员会，由一名书记或副书记担任治保委员会主任，根据棉纺厂三班倒的生产实际，每个轮班都成立了三至四人的治保小组。目前，全厂共有18个治保会，67个治保小组，697名治保委员。保卫科除了直接领导治保委员会外，还直接负责门卫，管理自行车棚、俱乐部、澡堂等公共场所中的犯罪多发区域，与街道居委员、公安派出所密切合作，采取治安承包与经济利益挂钩的形式间接领导家属区、工厂子弟学校的治保工作。形成一个扩散型的综合治理网络。

（三）制定和健全各种治安保卫规章制度

在建立综合治理网络的同时，厂里制定和修改了各种治安保卫规章制度。从1983年以来，提交厂职工代表大会讨论通过的治安保卫规章制度共计47种，其中包括《保卫科职责范围》《保卫科长职责》《治安保卫委员会职责》《治保员职责》《打击偷盗行为的奖惩规定》《关于对生产区通向厂区外门、窗、通道、孔口管理的暂行规定》等，共计298条，基本上做到了治安管理的有章可循。

（四）部门治安工作的好坏与其干部职工的经济利益挂钩

1983年中旬，全厂开展了以百分评比为主要形式的经济责任制，规定治安保卫工作在百分评比中占5分（每分价值一百元左右），并明确规定："车间部门发生治安事件一起扣0.5分，发生刑事案件一起扣1分，重大案件（指公安部门立案处理的案件）5分全部扣掉。治安事件、一般刑事案件（指偷拿厂里东西，轻微的殴斗行为）部门处理破案不扣分，另加0.1~0.2分，全月无治安事件、刑事案件加0.5~1分。这项规定一方面促使部门领导必须重视治安工作；另一方面从预防工作下手，把各种可能发生的治安事件和刑事案件消灭在萌芽状态；再一方面鼓励部门解决本单位工人偷拿厂里东西、打架斗殴等事情，转变了过去治安保卫工作中，由保卫科唱"独角戏"的局面，出现了层层抓治安保卫工作的喜人景象。厂保卫部门从繁琐的事务堆中解放出来，集中精力破获了一大批积案。从1983年初到1985年9月，保卫科共破获积案16起，有力地打击了犯罪分子的破坏活动。对于大胆检举、揭发违法犯罪分子的职工，厂里也规定了奖励办法："在所检举的案件罚款中提取30%~50%作为奖励，并在精神上给以鼓励。"为了保护检举揭发者人身安全，奖励采取不公开的形式，收到了良好的效果。

（五）充分调动治保委员的积极性

制度建立之后，督促执行和网络之间的联系需要靠每一位治保委员的努力工作。那么，如何调动治保委员的积极性呢？与经济挂钩，运用经济上的奖惩只是解决问题的一种手段。厂领导根据老治保委员心有余悸和中青年治保委员的"多一事不如少一事"的思想状况，于1984年1~4月对各级治保干部进行了专职培训，讲法律基础知识，讲政法战线的先进人物和事迹，讲工人阶级的使命，讲共产党员的责任。通过专职培训，许多干部提高了认识，他们说："过去你给我多少钱，我也不想干保卫工作，现在想到共产党员的责任，工人阶级的使命，你不给我奖金我也要干好这项工作。"从1984年以来，全厂对治安好的部门、治保员进行了评比表彰，奖励治安积极分子264名，先进治保会5个，进一步调动了治保委员的积极性。

（六）建立不同形式的帮教小组

对于劳改放解和劳教释教的回厂人员，厂保卫部门建立内部档案，定期与各车间联系，掌握他们的动态，并在他们周围建立了以班组干部、老工人为骨干的帮教小组。机修车间的陈纪平劳教回厂后，一直觉得低人一等，抬不起头来，工作不积极。车间干部和工人不歧视他，帮教小组满腔热忱地关怀和帮助他，在他思想有所转变时，抓住时机，让他担任了工薪员，大家的信任使他很受感动，工作中进步很快。

对于有轻微违法劣迹的人员，车间治保委员会备案，并以班组为单位为其设立帮助小组，发现危险苗头及时谈话。帮助期为半年，半年后考察无劣迹行为，可解散帮助小组。1985年初各车间确定帮助对象71名，半年总结时，已有63名表现较好，解除帮助，各车间又根据新情况确定了新的帮助对象。

（七）坚持内部消化轻微违法犯罪者

厂保卫部门根据安阳市近几年来劳动教养质量不佳、劳教释放人员对立情绪大、重新犯罪率高的情况，算过一笔经济账，一名劳教人员不但不能为厂里创造利润，反而厂里每年要为其负担336元的教育生活费。于是他们采取了可送可不送劳教的不送劳教的做法，用留厂察看、缓期送劳教等办法进行内部消化。例如，老前纺车间青年女工张某某，1974年以来先后与8人发生两性关系，骗取现金890元。归案后，经过帮助教育，认罪态度好，重新做人的决心大。经研究决定对张某某暂缓处理，使张某某很受感动，经过一年多的考察未发现新问题。张某某还带病上班，工作中表现突出。从1984年至1985年11月，全厂未送走一名劳教人员，既减缓了劳教场所的压力，也改造好了一批轻微违法犯罪者。

（八）堵塞各种治安漏洞

堵塞各种治安漏洞是减少社会犯罪的重要手段之一。1983年以来，保卫部门对有关管钱、管物等要害部门安装了报警器，对通向厂区外门、窗、通道、孔口实行严格的责任制管理。1985年中旬又对厂区围墙边堆放物品进行了大检查，规定各类物品远离围墙两米，用以减少盗窃者翻墙窗偷窃的可能性。对检查不合格的部门由保卫科下发整改通知，未在指定时间完成整改工作的，扣除部门奖金。

经过三年的努力，豫北棉纺织厂初步建起了成龙配套的综合治理管理网络，任何部门发生案件都会立即有人管、有制度卡，奖惩分明，使犯罪现象处于全厂职工的严密监控之下。

二、改善厂区社会环境抑制职工犯罪

犯罪是一个非常复杂的社会现象，它不但与社会治安管理方式是否科学关系密切，而且与家庭、学校、工厂对青少年的长期教育、关心，与是否有一个良好的社会环境关系密切。几年来，豫北棉纺织厂党委注重以党风带动厂风，创造良好的厂区环境，用以减少职工犯罪，收到了治本的效果。

（一）各级领导干部身先士卒自觉遵纪守法

厂里制定的治安保卫规章制度，党员干部带头执行，不搞特殊化。比如，厂里规定了无保卫科批给的条子，自行车不得进入生产区，新来的党委书记李保林同志不知道该规定，推自行车进生产区时，被门卫拦住，当李书记了解到此规定后，表扬了保卫干部的负责精神，将自行车推入厂外车棚，为职工树立了遵守厂纪的榜样。

（二）筑起预防犯罪的道德防线

违法犯罪行为的产生大多经过从不道德到违法犯罪的过程，培养职工的共产主义道德品质是预防犯罪的第一道防线，是综合治理犯罪现象的治本措施。目前，在某些企业工人中存在着"靠山吃山，靠水吃水"、偷拿企业财物的现象，一些青年工人从偷拿厂里小件物品，发展成为盗窃国家资财的犯罪分子。针对这种情况，豫北棉纺织厂制定了《关于保卫原料成品的暂行规定》，对于偷拿厂里各种物品者采取重罚，并使保卫科的抽查工作制度化。同时，厂里大力表彰好人好事，设立了拾金不昧奖，并规定："对于拾金不昧，价值30元以下的，车间或厂予以表扬。价值30元以上的除表扬外，发给拾金不昧光荣证书，年终可凭证书领取纪念品或奖金。"使全厂拾金不昧蔚然成风。

（三）搞好青年工人的教育，关心下一代的健康成长

豫北棉纺织厂有33岁以下的工人3909名，占职工总数的53%，占生产第一线职工的60%以上。青年工人具有热情高、干劲大、朝气蓬勃等特点，但

又有情绪不稳定、可塑性强、不懂法等弱点。1981~1983 年全厂逮捕的犯罪嫌疑人中有 82.35% 是 35 岁以下的青年工人。厂领导分析情况后，着重抓了 3 项工作。

一是狠抓青年工人的入厂教育。在入厂教育中除了进行传统的安全生产教育外，还加入了法制教育的内容。各车间根据青年工人入厂后多表现出"好奇—情绪不安—情绪稳定"的变化规律，抓紧第二阶段（情绪不安阶段）的教育工作，发现危险苗头及时做工作，提早打"预防针"。因此，从 1983 年下半年开始，青年工人数大幅度增加，但青年工人的犯罪不但没有上升，反而有所下降。

二是抓好青年工人的培训。政治上、文化知识和法律上的愚昧常是现在青年工人犯罪的重要原因。为了全面提高青年职工的素质，从 1983 年以来，在厂党委的领导下，对青工进行了脱产政治轮训，一期为 7 天，着重学习工人阶级的使命、近代史、社会发展史、遵纪守法教育。两年来共轮训青年工人 840 名。在政治轮训的同时还进行了初级、中级文化补习和高级文化学习。仅脱产初级文化补习班，参加人数就达 1255 人，占其总数的 72.8%。

三是号召全厂老党员、老工人、老干部关心下一代的健康成长。共产党员、老工人乔保玉同志看到车间里许多青年工人不会花钱，领了工资大吃大喝，到月底借钱度日。一方面，他教育青年工人计划用钱，挥霍容易导致违法犯罪；另一方面，他克服家庭的经济困难，把节余的 300 元拿出来作为青年工人的互助金，使青年工人很受教育。

（四）加强职工子弟学校的治安管理

职工子弟学校的学生是工厂劳动力的主要来源，学生是否能够从小遵纪守法，关系到工厂将来的治安状况。厂保卫部门具有超前意识，努力抓好这项工作，将保卫科干部分为两组，一组负责小学校，另一组负责中学校，定期为学生上法制课，校内发生了治安问题各组立即配合学校治保组织予以解决。在学生假期，街道居委员还组织他们到自由市场维护社会治安，夜间巡逻，让学生们在实践中培养起遵纪守法的良好习惯。

（五）加强家属区的精神文明建设

家庭是社会的细胞，工人 8 小时工作外，多是在家庭或家属区内度过，能不能有一个良好的家属区环境，能不能有一个美满的家庭，对于下一代的健康成长至关重要，也是减少职工犯罪不可忽视的环节。豫北棉纺织厂共有 9 个家属区,其中 8 个在厂内,为了搞好家属区的精神文明建设,他们从 1981 年开始每年开展"五好家庭"的评比活动,并在评比条例中规定,家庭若有子女犯罪或家庭其他成员违法犯罪的,不能评为"五好家庭",不是"五好家庭"的职工,不能评为先进生产者,或"三八"红旗手。车间班组中没有 40% 的"五好家庭"成员不能评为"文明单位"。使全厂出现了在班上争当好工人,在街道争当"五好家庭"的新气象。1981 年第一次评比中只有 12 户"五好家庭"。经过几年的努力,截至 1985 年上半年全场共评出"五好家庭"1306 户,占家庭总数的 35%。

(六)抓好民事调解工作

随着厂区精神文明建设的发展,各种民事纠纷明显减少。据统计,1983 年底年共发生民事纠纷 139 起,1984 年为 53 起,比 1983 年下降了 61.87%。1985 年为 48 起,又比 1984 年下降了 9.48%。1983 年以来,全厂设立了 101 名民事调解员,发现民事纠纷及时解决。民事纠纷的减少和及时解决又带来了突发性报复案件的下降。

豫北棉纺织厂几年来抓治安工作的实践证明,一个大中型企业相当于一个小社会,完全可以建立起一个较独立的、科学的综合治理网络,只要领导重视,动员各方面的力量齐心协力,犯罪现象就会在我们的严密的防控之下大幅度减少。

(原载于《青少年犯罪研究》,1986 年第 6 期)

刑事政策视角下的"永城经验"研究

【摘　要】 河南省永城市经过 3 年多改革创新,社会治安明显好转,引起了学界的普遍关注。"永城经验"是什么?"永城经验"是否具有可复制性和可持续性?犯罪学教授专家团队为此进行了实地调研。结论是"永城经验"的核心是区域特点定位准确的条件下的治安手段管理创新;观念变革先行推动社会治安管理创新;建立以"治安卡口堵控网"为主要特色的立体治安防控网络体系;推进警务机制改革,向管理要警力;争取财政投入,迅速推进"科技强警";构建新型警民关系等。"永城经验"既有地域的特殊性,也有跨区域的普遍性,为全国社会治安管理创新提供了新思路。而进一步探索社会治安管理创新的长效机制、"科技强警"中的硬件到位和软件跟进、警务评价体系变革中的调查技术手段科学化等仍需进一步完善。

【关键词】 犯罪学视角　永城经验　警务机制

由中国政法大学、北京工业大学、华东政法大学、河南警察学院组成的犯罪学专家考察团于 2011 年 5 月 29 日至 6 月 4 日对河南省永城市公安局信息指挥中心、文化路派出所、芒砀路派出所、芒山派出所的种庄和张庄治安卡点、刘河派出所孙厂治安卡点、卧龙派出所刘园村治安卡点、溧湖派出所治安卡点、拘留所、城郊煤矿等 15 家单位进行调研,召开座谈会两次,访谈对象 12 人,收集和分析了相关历史资料,对永城社会治安防控体系建设进行了较全面的考察和研究。

一、问题的提出

永城市地处河南省东部,是河南省辖县级市,距离商丘市区 98 公里,有"豫东门户"之称。2007 年以前,永城市的社会治安管理名不见经传,2007 年刑事案件立案数为 4696 起,犯罪率为 3.13‰,略低于当年的全国平均犯罪率。[1] 2008 年在全省 158 个县的社会安全感调查中排名 120 位，即倒数第 38 位。

2008 年以来，永城市的犯罪数量大幅下降，社会治安明显好转。2008 年的刑事案件立案数下降至 2241 起、2009 年降至 1632 起、2010 年继续降至 1523 起，分别比前一年下降了 52.3%、27.2%、6.7%。其中，2009 年的犯罪率为 1.09‰，低于全国平均犯罪率的 3.09 个千分点。[2] 犯罪率的降低带来社会安全感的提升，2010 年永城市社会安全感调查一跃为全省第 65 位，与 2008 年相比提升了 55 个位次。2010 年永城市公安局被党中央、国务院授予"上海世博会先进集体"，被评为"河南省平安建设先进单位"。省内外近百家兄弟单位纷沓而至参观学习，"永城模式"、"永城样板"、"永城经验"等报道不断见诸报端。是什么因素促成永城市社会治安的迅速好转和犯罪数量急剧下降？永城的经验是否具有代表性、可复制性和可持续性呢？犯罪学专家考察团带着这些问题，从刑事政策学的角度，对永城现象进行系统调研和分析。

二、永城社会治安管理创新的基本定位

刑事政策是以国家机关、地方政府为主体，以预防犯罪、抑制犯罪为中心，实现社会秩序有序的社会活动过程，包括立法、警察、检察、法院、司法及行政的运行的全过程，其中相关的政策和措施是刑事政策研究的基础。警察阶段的主要任务是实施预防、打击犯罪，搜查、逮捕犯罪嫌疑人等，通过这些活动达到维护公共安全和社会秩序的目的。因各个区域经济发展、社会环境、犯罪特点不同，其刑事政策的制定应有所差异，应具有针对性。因此，准确的区域定位、有的放矢的刑事政策制定，是预防和抑制犯罪的重要前提。

2008 年，现任永城市公安局长的邵明杰从民权县调入永城，这是一位有思想、有魄力，敬业坦荡，具有人格外魅力的公安局长，2009 年由他和孙栋梁政委为核心的新一届领导班子走马上任。面对永城市复杂的治安形势，他们深入基层调查研究，科学分析永城市社会治安现状及原有治安管理方式的不足，为社会治安管理创新进行切合实际的定位，根据准确的定位，制定了相应的刑事政策。

永城地处河南、山东、江苏、安徽四省交汇处，全市 29 个乡镇中就有 18

---

[1] 2007 年全国刑事犯罪立案数为 480.8 万起，犯罪率为 3.64‰。
[2] 2009 年全国刑事犯罪立案数为 558 万起，犯罪率为 4.18‰。

个乡镇与外省毗邻,是典型的"一脚踏两省,鸡鸣闻三县"的边界城市,总人口1494464人,其中农业人口1292474,占总数的86.5%,城市化率仅为13.5%,大大低于全国城市化率(47%),[1]属于全国农村剩余劳动力输出大市,外出打工的农民工比例高,农村多为老人、妇女和儿童留守。近年来永城依托自然优势,大力发展煤炭、面粉加工、文化旅游,2010年GDP达290亿元,跻身全国经济发展百强县之一。四省交界的地理环境、农村青壮年劳动力外出打工、村内治安力量空虚,以及地方经济的迅速崛起等要素的叠加形成了刑事犯罪的"盆地效应",使周边市县的犯罪分子流窜至该市作案的比例高。根据2007年永城犯罪高峰年度的刑事案件立案数(4696起)分析,85%属流窜犯罪,农村发生的抢劫、抢夺案件97%的被侵害对象为老人和妇女。同时,随着煤炭企业和城市的发展,征地拆迁、土地塌陷赔偿等带来的利益冲突凸显,各种斗殴事件增加。面对这些变化,传统的运动式"严打"和"人海战术"已经无法有效地控制犯罪的增加。

面对新的治安形势和特点,在调查研究的基础上,永城市公安局制定出有针对性的刑事政策,主要包括"治安防控网络"建设,特别是加强对治安卡口堵控网和视频监控网的重点建设;争取政府财政投入,强化科技强警力度;改革公安管理体制,充分调动干警的工作积极性;转变传统的打防观念,提升公安在预防犯罪中的功能;破除公安机关的神秘主义,改善警民关系等。这些刑事政策针对性强,实施后效果显著。

三、独具特色的"治安卡口堵控网"建设

2009年以来,永城市公安局先后研究出台了《街面巡逻防控网建设工作方案》《社区防控网建设工作方案》《重点场所管控网建设工作方案》《区域警务协作网建设工作方案》《治安卡口堵控网建设工作方案》,着手建立集"打防管控"功能于一体、覆盖全市城乡的立体治安防控体系。(1)巡逻防控网建设。永城市公安局将城区根据人口、面积、治安状况划分为12个巡逻区,农村以警务工作站为依托划分为若干个区域,科学规划巡逻路线,确定易发案区域的必巡点,采取机动车巡、自行车巡和步巡等多种方式,确保不留巡逻盲区和死角。巡逻实施1名民警带3名治安联防员的"1+3"巡逻防控方式。实行一警多能,交警既管交通也管治安,派出所民警有警接警,无警巡逻,大大

---

[1] 均为2010年永城统计数据和全国统计数据。

增加了市民的见警率。(2) 社区防控网建设。按 1 名社区民警管辖 1000 户或 3000 人的标准，在城市社区实行"1+2"的工作方式（即 1 名社区民警带领 2 名专职户籍协管员），在农村实行"1+3"的工作方式（即 1 名责任区民警带领 3 名治安联防员），加强人口、特别是流动人口的管理，探索"以房管人"、"以业管人"的新方法。(3) 重点场所管控网建设。对全市 120 余家旅馆、留宿洗浴场所进行重点管理，安装身份证电子自动识别系统，对 20 余家娱乐场所实行流动"红旗黑旗"管理制度，提高业主对场所治安管理的内驱力。(4) 区域警务协作网建设。定期举办跨区域协作会议，建立多警种、友邻公安机关的协作互动机制，积极开展 SIS 超级情报平台向周边友邻公安机关拓展，免费为其搭建信息采集平台，共享社会治安信息研判成果。

永城市最具地方特色的是"治安卡口堵控网"建设。扎实的"堵控网"建设对堵截流窜犯罪起到了至关重要的作用。永城市的"堵控网"分为三个层次，即在城区主要路口和闹市区建立了 42 个治安警亭；在出入城所有道路上建立 7 个具有高清智能抓拍识别系统、身份证比对系统、出租车查录系统的智能卡口；在内地乡镇主要路口设立 30 个治安卡点，在与外省、县、市毗邻的乡镇建立了 70 个结合部卡点。所有治安卡点搭建或租借固定房屋，设立显著公安标识，备有警犬、阻车工具、视频监控、GPS 定位对讲机等。在卡口的队伍建设上，成立了 7 个卡口大队；在 100 个农村卡口实施"1+2+3"的值守工作方式，即 1 名民警带领 2 名治安联防员和 3 名村组干部或治安积极分子。在对刘园村治安卡点调研时，执勤的苏老汉告诉我们，在村里青壮劳力外出打工，治安力量薄弱的情况下，由公安派出所民警带领设立的治安卡点是保障乡村治安的最好方式。

永城市用 42 个警亭、107 个治安卡点编织成的三级堵控网，配合现代信息管理技术，逐渐形成了社会治安的快速反应能力，形成了"3 分钟区域合围，5 分钟城区关门，15 分钟全市封闭"的"以静制动"、打击流窜犯罪的新格局。2011 年 4 月 14 日上午 10 时，市公安局接到报警，一辆别克车玻璃被砸，车中 37 万元现金被盗，犯罪嫌疑人驾驶京 KH5566 奥迪轿车逃走，指挥中心立即发布各卡口盘查涉案车辆的指令。10 时 5 分，执勤民警发现该嫌疑车在 311 国道疾驶，迅速派出警车追赶至吕店村，此时正值赶集日，街道车多人多，奥迪车瞬间消失，民警搜查中未发现该车，却发现路边停靠的一辆鲁 C2R988 奥迪车，于是上前询问车旁两男子，该车突然启动，甩下两名男子向东疾驶，两名男子则拔刀反抗被擒。嫌疑车逃至王引河边，被架好阻车工具严阵以待的民警拦截，掉头回窜至刘河街道无路可逃，弃车西窜，11 时 25 分嫌疑人在一处建设中的民房内捕获，在作案的奥迪车中搜出 21 副假车牌、撬盗工具、电子干扰器等。三名嫌疑人是被称为"江洋大盗"的黑龙江人杨某某（男，46 岁），王某某（男，37 岁）、张某某（男，31 岁）。利用卡口堵控和现代信息技术，该案件从报案到犯罪嫌疑人抓获仅用了个 1 小时 25 分钟。

从犯罪学的角度看，当一个区域加大预防和打击刑事犯罪力度时，会出现犯罪者向周边区域流动，拉动周边区域的犯罪率上升的现象。犯罪学专家考察团在对永城社会治安防控体系调研初期，也曾担心这种"犯罪漂移"现象。但调研后的结果是永城周边市县未出现明显的犯罪率的大幅上升的现象。

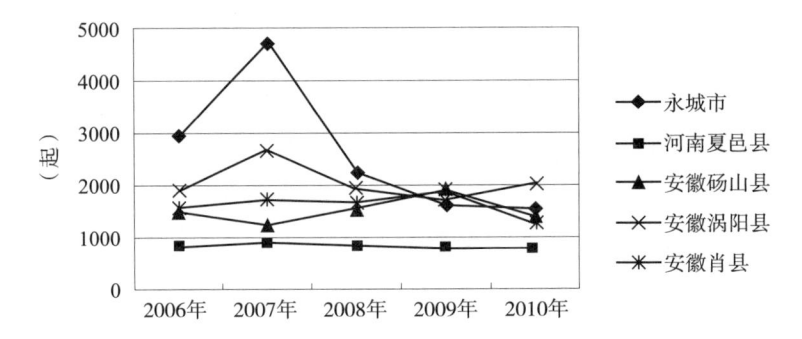

图 1　永城市及周边县刑事案件立案数

年份 项目	2006	2007	2008	2009	2010
永城市（起）	2931	4696	2241	1632	1523
河南夏邑县（起）	832	907	846	809	793
安徽砀山县（起）	1537	1234	1565	1891	1426
安徽涡阳县（起）	1896	2672	1940	1697	2034
安徽肖县（起）	1538	1739	1669	1892	1296

从图 1 分析看，2008 年打造"打防管控网"以来，永城市周边的河南省夏邑县刑事犯罪立案数表现为持续下降；安徽省肖县和砀山县立案数有升有降，总趋势为下降；安徽省涡阳县为有降有升，上升趋势不明显。

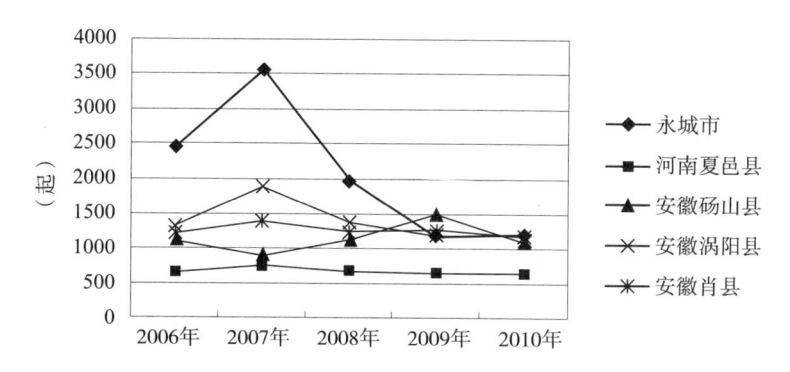

图 2　永城市及周边县"二抢一盗"案件立案数

年份 项目	2006	2007	2008	2009	2010
永城市（起）	2439	3564	1959	1183	1188
河南夏邑县（起）	637	749	653	647	628
安徽砀山县（起）	1111	892	1121	1488	1082
安徽涡阳县（起）	1291	1860	1374	1212	1161
安徽肖县（起）	1187	1386	1218	1256	1137

从图 2 抢劫、抢夺、盗窃（简称"二抢一盗"）案件变化看，2008 年以来，夏邑县和涡阳县"二抢一盗"案件持续下降；肖县和砀山县有升有降，总趋势为下降。为什么永城市的"打防管控网"建设未出现犯罪的"漂移现象"呢？分析永城市公安局近年来的立案和破案统计数据可以找出相关原因。

表 1　永城市立案数、破案数统计

年份 项目	2001	2002	2003	2004	2005	2006	2007	2008	2009	2010
立案（起）	5269	7067	6103	5955	4390	2931	4696	2241	1632	1523
破案（起）	793	1745	1163	752	3365	2779	4241	4040	3345	2452
破案率	15.1%	24.7%	19.1%	12.2%	76.7%	94.8%	90.3%	180.3%	205%	161%

从表 1 可以看出，2008 年以后永城市连续 3 年破案数超过立案数，调研了解到，主要原因是陈年积案被大量侦破，以及治安卡口堵控网及时抓捕犯罪现行，不光破本市的积案，也包括外市县积案，不光是堵截本市的犯罪现行，

也堵截了周边县市的犯罪现行。比如，2010年下半年，通过出入城智能卡口，查获本市和外省市县违法犯罪案件68起，抓获"三逃人员"[1] 23人，因此在永城市出现了破案数超过立案数的现象，规避了区域打击带来的犯罪"漂移现象"。在永城市流传着这样的顺口溜："邵明杰来永城／永城天空万里晴／设卡点／搞治安／大偷小盗一锅端／查网吧／查旅馆／赌博卖淫全收敛／挖线索／追逃犯／几十年杀人（犯）都逮遍。"表明了群众对邵明杰局长领导下的永城公安侦破积案的赞誉。

四、积极争取政府财政支持，强化科技强警能力

永城市高度重视社会治安信息系统的建设，提出"向科技要警力，向信息化要战斗力"的工作思路，研究出台《社会治安视频监控网建设工作方案》和《虚拟社会防控网建设方案》。科技强警离不开地方政府的财政支持，永城市政府将科技强警纳入市财政预算，先后投资2000万元打造社会治安管理信息平台。

2009年，永城市公安局争取到政府一期投资1200万元，安装监控探头221个，实现了城区街道、重点单位、繁华商业中心等地域的全覆盖。同时建立起了城市警用地理信息平台，利用航拍和二、三维叠加技术绘制出立体三维电子地图。建立了四色刑事研判系统、公安督察视频监控系统、智能识别卡口系统、SIS超级情报系统。在公安局指挥中心，凭借视频和鼠标就可以对全市社会治安管理工作进行精确指挥。

按照扁平化指挥的要求，永城市公安局建立起集GPS卫星定位、视频监控调取等多功能于一体的110综合指挥调度系统，接到群众报案后指挥调度系统能迅速查明报警人位置，搜索出最近距离的警员和警车位置，实行点对点指挥，警察以最快速度到达事发现场。在信息化强警的二期建设上政府继续投入800余万元，增加视频监控的"秒拍"功能，以及将视频监控网向城市次干道及居民散居点延伸。

农村乡镇的视频监控系统的建设被称为"天眼工程"，采用多渠道筹资的办法，经济条件较好的乡镇由乡镇政府出资，经济条件差的乡镇则采取富裕户和外出打工经商者自愿捐资等的办法，首先在农村集镇、农贸市场、村庄出入口、农村治安卡点安装一定数量的监控探头，并逐渐建成可覆盖整个农村重点

---

[1] "三逃人员"指批捕在逃人员、负案在逃人员、服刑或羁押在逃人员。

区域的视频监控网络,将建成的 100 多个农村治安卡点的视频监控系统汇入各派出所的视频监控中心,并实时上传至市局指挥中心。

在政府投资社会治安视频监控网的同时,永城市公安局还申请到政府社会治安设施硬件建设经费 1000 万元,购置警车 120 余辆、电脑 160 余台、GPS 定位对讲机 230 余部、车载台 60 余部,大大提升了永城公安的实战能力。

网上网下结合、人防物防技防结合形成社会治安的整体联动,提高了公安系统的社会治安管控范围和快速反应能力,以及破案的准确率。2010 年 4 月永城公安借助视频监控系统成功破获工商银行 ATM 机被盗案件。2010 年 2 月 15 日,永城市工商银行 ATM 机被撬,82 万余元现金被盗。永城市公安局立即组成由 10 余名民警参加的视频调查组,仔细查看每一段监控录像,查找当天在工商行附近行驶的可疑车辆,并查找到犯罪嫌疑人翻墙入室的完整画面,将案件锁定在因盗窃 7 次被劳教、判刑的惯盗洪某某,在商丘市区将其抓获,随后又在云南昭通市将另一名犯罪嫌疑人陈某某抓获,陈某某曾在日本、新加坡、南非等国家打工,结伙盗窃多次。两人分别交代了实施犯罪的全过程。该案件历时 52 天破获,并连带破获 46 起盗窃案件,其中案值 10 万元以上的 7 起。2010 年 11 月,永城市公安局通过信息化指挥调度平台,以及机动化的快速出警,再创造单月抓获犯罪现行新记录,成功查获 13 起,抓获犯罪嫌疑人 18 人。

五、推动公安体制改革

从专家组的调研结果分析,永城公安体制改革主要包括两个方面:一是观念变革,二是警务机制改革。

(一) 观念变革

刑事政策的确定一是取决于对地域政治、经济、文化、人口构成和社会发展的判断和对地域犯罪特点的考量,二是取决于地方领导人治安管理的理念。警察是国家打击犯罪、维护社会稳定的重要力量,但是警察的功能中除了打击犯罪以外,有无预防犯罪的功能,一直是国际警界争论的问题之一。如果搜查、逮捕、打击犯罪是警察的唯一功能或重要功能的话,破案、破大案就会成为衡量警察绩效的唯一标准或最重要标准,甚至成为警察一生的职业期待。警察存在的目的是为了制约犯罪和减少犯罪,与警察存在目的是为了多破案、破大案,两者是刑事政策中的悖论。永城市公安局新的一任领导班子就任后,力图走出"悖论",大胆提出了"宁愿防范累死,不让破案难死"的口号,这是公安系统刑事政策方面的重要观念变化,就是说"宁让预防犯罪累死,也不让打击犯罪忙死",强调警察在预防犯罪工作中的重要地位。

观念的变革带来工作方针的变化。永城市公安局的具体做法如下。

(1) 尝试调整绩效考核标准。强调破大案是政绩,零发案也是政绩,逐渐实现绩效导向的转变。该局规定,凡月内未发生"两抢一盗"等可防性案件的派出所,第一个月奖励1万元,连续两个月以上未发生"两抢一盗"等可防性案件的可递增奖励1万元。据了解,在绩效考核标准调整后的2010年1~9月,永城市公安局奖励零发案派出所18个,发放奖励金额达27万元。有力地调动了基层派出所预防犯罪的积极性。

(2) 探索民意主导警务标准。传统的警务工作强调"严打",强调逮捕犯罪嫌疑人数量、摧毁犯罪团伙数量、组织打击行动的数量等,传统警务工作的问题在于公安报告的打防数据与群众感受到的社会安全感差异甚大,上级的奖杯与群众的口碑差异甚大。永城公安在观念变革中大胆提出"民意主导的警务标准",打击力度不再是警务评价的唯一标准,而是将群众满意度和社会安全感提升至衡量公安"打防管控"效果的重要尺度,确定了警务工作的价值取向与评价标准。近年来,他们根据群众安全感和满意度调查,不断找差距、抓预防、促整改。

(3) 开展"平安建设大走访"活动。2010年,永城市组织600多名公安干警深入乡村、街道、工矿,走访居民近10万户,大力宣传平安社区建设和犯罪预防知识,发放安全防范小册子30余万份,征求安全防范意见和建议4000多条,解决矛盾纠纷2100余件,并且逐渐确立了民警"包村联校"的工作方式,规定每个行政村派驻一名包村民警,每周至少抽出一天到责任村进行走访,把握基层治安情况,宣传法律法规,化解基层矛盾,将预防犯罪的工作做到实处。

(4) 利用各种媒体加大预防犯罪的宣传力度。在地方电台电视台开辟"平安之声"、"平安之路"、"警界纪实"、"法制经纬"等栏目,在各乡镇安装了3000余个"平安大喇叭",定期公布警情,讲解犯罪预防和自我防范常识。在节假日和专项打击行动之前,通过发表局长电视讲话等形式,提醒市民保护好自己的家园,营造打防违法犯罪的舆论氛围。这些活动提高了群众自我防范能力,激发了群众维护社会治安、参与治安防控的自觉性和主动性。

(二) 警务机制改革

警务机制改革是公安体制改革中的难点,永城市公安局新一届领导班子勇于挑战工作难点,并从以下两个方面推进警务体制改革。

1. 精简警务机构,囤警于基层

做强基层派出所是降低治安管理成本、提高警察机动性和实战能力的重要保障。为解决长期以来局直属机构臃肿、职能重叠和警力倒挂等问题,永城市公安局大胆进行机构改革,将市局内设单位从 26 个精简为 12 个,同时对警种警力进行优化组合,两项改革共精简出警力 160 人,将其全部充实到基层派出所。

根据警力与人口比的要求,永城市公安缺警 1100 余人,在精简机构、警力下沉的基础上,先后招聘巡防队员、治安卡口协警、交通协管员、户籍协管员、文职干部等治安辅助力量 830 余名,采取一名民警带若干名治安辅助人员的工作方式,提升协警的工作能力,有效地充实了警察力量。

2. 严格治警,从优待警

(1) 治警先治长。永城公安局提出"治安先治警,治警先治长",积极地探索警务评价体系改革,实施"日议周奖月评"制度,奖优罚懒,淘汰一批"劣长",同时为 43 名工作出色的中层领导干部解决了久拖未决的正副科级职级问题,在中层干部中树立起"努力工作,奉献警务,勇于担当"的价值取向,用领导干部的身先士卒带动全体民警的前赴后继。

(2) 广开言路。近年来,永城市公安局积极开展"亮点警务"活动,广开言路,充分发挥广大民警的聪明才智,鼓励"小发明"和"小创造"。局机关还筛选出治安防范、治安管理、犯罪预防等方面的难点问题挂牌公示,让广大民警建言献策,并将民警提出的"金点子"进行实践,将确有实效的"金点子"予以推广。对于有工作思路,经常提出"金点子"的民警,免试纳入局后备干部人才库,予以破格提拔任用。目前已经逐渐形成具有单位特色的 189 个"小亮点",并汇集成永城公安的品牌效应,比如,交警大队依托民警执勤点建立免费便民看车点,并为市民提供打气和修车工具,和谐了警民关系等。

(3) 从优待警。积极改善民警的薪酬待遇,增加民警执勤津贴、社区民警的特殊补助费、节假日补助费,每月拿出 20 多万元的奖励基金,实现单位的工作绩效与单位经费、负责人和民警的收入挂钩,调动基层民警的工作积极性。在对芒砀路派出所民警的访谈中,他们自豪地告诉笔者,局新的领导班子上任后,他们每个月的收入增加了 1000 多元,比一墙之隔的乡镇公务员的工资还高出 500 元左右。另外,各级领导重视基层民警的子女教育与升学,为参加中考的民警子女协调联系上重点高中，为高考分数上二本线的民警子女发放1000~2000元的人才奖。

几年来，永城市公安局积极争取市财政投入，努力改善基层民警的工作环境，先后对全局34个派出所和8个实战单位进行了"服务区、办案区、办公区、生活区"的四功能区的改造。这项工作的完成不仅规范一线单位办公、办案环境，方便了群众报警和求助，而且保障了执法过程中的民警安全。在我们参观的所有派出所的生活区除了有住宿的相关设施外，还设有健身房、娱乐室等，为基层民警锻炼身体、增强体质，以及心理减压服务。即使在比较偏僻的治安卡点，也都设有办公、住宿和厨房等设施，为基层民警建立良好的工作环境。另外，局机关还为每一位来局办事的基层民警提供免费工作餐，让基层民警感受到上级领导机关的关怀，使他们更加安心本职工作。

警察是社会秩序的守护者，警察个体工作的主动性、积极性是警察综合实力和战斗力提升的基本保障，永城基层干警收入的提高和工作环境的改善使全局干警士气大振，为永城社会治安打好翻身仗奠定了基础。

六、建立新型警民关系

20世纪90年代以来，警察的专业化和科层化程度大大提高，同时大量保安公司的成立，以及群众"自我保护"意识的增强，群众与警察、群众与治安管理部门的关系在疏远，群众参与犯罪治理和预防的积极性在降低，主要表现为群众对犯罪的举报率在下降，路见犯罪置若罔闻现象屡屡发生。从国际警察发展的历史看，无论是发达国家还是发展中国家，也不论警察的装备多先进和机动程度多高，群众对犯罪的检举都是警察立案和破案的重要条件，也是治理和预防犯罪的基本手段。在警务机制改革中，学术界和实务界都在思考如何重建新型警民关系。永城市公安局在新一轮警务机制改革中提出"从公安机关孤军奋战到群防群治工作方式转变"的理念，并努力践行这一理念。

首先，市公安局长邵明杰在网上公布了自己的手机号，提出24小时开机，随时倾听群众诉求和接收报案，直接参与解决群众反映的问题和困难。局长的身先士卒带来了其他领导干部的效仿。在专家组调研中笔者亲眼见到、亲耳听到公安局长不时接收群众来电，解决具体问题。对于这一举措专家组成员存有异议，一是有没有必要非得公布局长的手机号，由局长事无巨细地解决小问题，110指挥中心是否已可以完成相关的工作；二是有没有必要24小时开机，这种疲劳战术能否长久。不过笔者认为，这一大胆举措最起码具有象征意义，在警察专业化和科层化的背景下,警察工作日益被神秘化,普通百姓能够和公安局长对话的机会几乎为零,神秘化成为公安工作脱离群众重要原因,公安局长的这一举措无疑迅速拉近了群众与公安机关的距离。

其次,"群众看公安,关键看破案"。永城公安局新一届领导班子上任后,破大案、破积案,大大提高了警察在群众中的威望,也增强了群众与犯罪现象做斗争的勇气。同时,公安机关在提高破案率的过程中,积极开展退还赃款赃物活动,过去一些基层公安机关由于执法经费紧张,常将赃款作为破案经费使用,现在这种现象被禁止。近年来,永城市公安局先后召开了13次公开揭露犯罪行为和退还赃款赃物大会,共计退还被害者赃款赃物折合人民币2000万元,被害者感激公安机关为其挽回经济损失,同时这一活动也受到了社会各界广泛赞誉,进一步促进了警民和谐。

再次,在"平安建设大走访"活动中,永城市公安局了解到影响群众安全感和满意度的主要问题集中在入室盗窃、盗窃家畜粮食等小案件,办案手续等"小环节",邻里纠纷等"小矛盾",民警服务上门少、见警率低等"小问题"。于是提出"六小警务",即关注群众的"小需求"、化解民间"小纠纷"、办好维护群众利益的"小事情"、处理好影响社会治安稳定与和谐的"小案件"、发现解决涉及民生问题的"小困难"、排查解决影响安全的"小隐患",使警务工作更加贴近民生。据不完全统计,2009年8~12月,全局民警为群众办好事实事2万余件,通过解决"小问题",实现社会"大和谐"。

最后,重建群防群治体系。永城市公安局在招募、组建830人的专职巡防队伍和3000多人的职业保安队伍的基础上,还在城区建立起了以园林环卫工人和公交出租车司机为主体的"平安志愿者"和"平安协管员"队伍,实行"一岗双责",注册人数达1600余人。在农村则由村组干部、党团员、治安积极分子组成"护村队"。这些社会治安志愿者由各级政府下发聘书,明确主要职责,即一旦发生警情,或劝阻,或及时报警,同时承担民间纠纷调解和犯罪预防宣传工作。在经济条件好的区和乡镇由财政出资为每名"平安志愿者"和"平安协管员"每月增发30元的平安信息费,或为其购买人身意外保险。

警民关系的改善,群防群治体系的重建,为群众参与犯罪预防,检举犯罪行为、以及公安侦查破案和维护社会稳定创造了良好的社会环境。2011年4月中旬,一名女士在东城区沱滨花园门口遭抢劫,两名犯罪嫌疑人驱车逃逸,公安机关立即设卡堵截,在106卡口,犯罪嫌疑人闯关逃至陈庄后弃车消失,陈庄群众得知消息,积极为警察提供线索,协助警察追捕犯罪嫌疑人,最终将在麦田里假装除草的犯罪嫌疑人抓获,彰显出警民合作,法网恢恢。

七、"永城经验"的评价

从专家组的调研结果看,永城市的社会治安管理创新的效果是明显的,它带来警务机制的高效有序,干警士气的提升,警民关系的和谐,犯罪率的持续下降,社会治安的好转,群众安全感的提升,社会秩序的稳定。综合分析"永城经验"既有跨区域的普遍性,也有地域的特殊性。

(一)地区刑事政策的制定

各省市在探索、推进社会治安管理创新中,应当向永城市那样在科学调研的基础上,具体分析地域的政治、经济、文化、人口构成、社会发展及犯罪的地域特征,准确为地域社会治安管理创新定位,制定有针对性的刑事政策,在这点上永城刑事政策的制定过程具有全国借鉴的普遍性。

(二)观念变革

在社会治安管理创新中,观念变革先行至关重要,永城的经验具有普遍的借鉴价值。打击犯罪、侦查破案、维护社会治安是公安机关的重要职责,但在现代警察建设中,警察预防犯罪的功能不容被忽视,在打击犯罪和预防犯罪的关系上,永城市努力摆脱传统的警务观念,强调"破大案是政绩,零发案也是政绩",调整绩效考核标准,注重建立民意为主导的警务评价体系,将警察的犯罪预防功能置于特殊的地位。预防犯罪的工作是繁琐的,包括警察深入基层,做好预防犯罪的宣传,破除警察的神秘色彩,密切警民关系,化解基层"小矛盾"、"小纠纷",及时排查治安隐患,破案退赃,指导群防群治体系建立和完善等。预防犯罪的工作没有破大案那样轰轰烈烈,但却是社会治安根本好转的关键所在。

(三)体制改革

精简局级机构,囤警基层,严格治长,广开言路,改善警察的薪酬待遇,从优待警,向管理要警力等是永城警务机制改革的重要内容。好的刑事政策确定后,警务人员工作的主动性和积极性便成为社会治安好转的决定性因素。永城警务机制改革充分调动各级民警的工作积极性,是永城社会治安好转的重要推动力,具有普遍借鉴价值。

(四)建立治安卡口

永城市以"治安卡口堵控网"为主要特色的"打防管控"体系,以"阵地战"的方法打击堵截流窜犯罪的效果是明显的,在对跨省市结合部的中小城市,以劳动力输出为主、乡村治安力量空虚、外省市流窜犯罪猖獗的地域具有借鉴价值,"治安卡口堵控网"的建立能降低这类区域的社会治安管理成本,并有效控制犯罪的流动,最终达到全面抑制犯罪的效果。不过,"卡口堵控"是根据地域特征和犯罪特征而制定的,具有地域的特殊性。

(五) 科技强警

以地方政府大量的财政投入为依托,迅速提升公安机关的技术装备和信息化水平是永城社会治安管理创新的又一亮点。向科技要警力是现代警务机制的发展趋势,不过,永城是全国百强县,具有雄厚的经济实力,市委市政府高度重视公安工作,对公安工作投入是巨大的。而对于缺乏经济实力贫困县市而言,短期内很难复制永城的"科技强警",因此,必须强调因地制宜,有计划、分步骤、有侧重点、多形式地推进科技强警工作。

八、几点建议

2008年以来,永城市公安锐意改革,仅用了三年多的时间使社会治安形势迅速好转,并创立出"永城经验"。不过,"永城经验"还需在实践中进一步磨合,还有很大的提升空间。

(一) 探索中小城市社会治安管理创新的长效机制

"永城经验"对于全国的中小城市社会治安管理具有较强的借鉴价值,但从"永城经验"到"永城模式"还有相当长的一段路要走。所谓"治安模式"是指对地域社会治安规律的把握,对地域社会治安经验的理性升华。在把握规律的前提下,确定责权利对称的规则,并根据这些既定的规则对社会治安进行有效管理。

永城的社会治安管理创新经过几年的实践,积累了丰富的经验,目前需要理性的升华。永城市为建立"立体治安防控体系",先后出台了"街面巡逻防控网建设方案"、"治安卡口堵控网建设方案"等近30个工作方案和通知,经过几年的实践和经验积累,需要对这些工作方案进行再审视,总结经验,寻找问题点,发现规律,将成熟的工作方案逐渐转变成地方的刑事政策、规则和地方法规,形成具有长效机能的社会治安管理制度,保障"永城经验"的可持续性,不会因单位一把手的变更而中断。比如,永城干警薪酬增长是振奋干警士气的重要因素之一,但今后干警薪酬不能因地方财政多拨款而增加,或地方财政少拨款而减少。应形成较为固定薪酬制度，干警作为具有一定职业风险的行政执法类公务员，薪酬制度可以规定为"高出地方同级公务员平均薪酬的20%~30%"等，以保障干警士气的可持续性。

（二）建立"科技强警"的长效机制

科技强警的两个基本要素，一是技术设备，二是人力资源。永城市公安局经过几年的努力，科技设备的硬件建设已经达到同级公安系统的先进水平，但如何运用这些先进的科技设备，发挥信息化的最大功效，则有赖于信息化技术在公安干警中的普及和干警对信息化技术掌握的程度。信息化技术的普及和培训应成为今后永城公安"科技强警"工作的重点。同时，要想让永城公安继续保持"科技强警"的领先地位，在实践中组织团队开发相关信息技术也是不可缺少的。干警掌握信息化的程度是"科技强警"可持续发展的重要保障。

永城"科技强警"的重要标志之一是视频监控系统的建立和可控范围的迅速扩大。在"科技强警"的过程中我们必须充分意识到电子探头增长的正负面效益。探头具有一功多能的作用，一方面它能监视犯罪者的行为，增强破案的准确率和警察快速出警能力。另一方面它也容易侵害公民的荣誉权、隐私权、肖像权等基本人权。从英国的警务改革看，传统的对治安重点地区的集中整治的"破窗论"，因打击犯罪重点明确，对普通市民没有伤害，更受市民的欢迎，而上个世纪 90 年代开始的以电子探头严格监控的"零容忍"的社会治安管理改革，则遭到市民的抵制，并使市民对警察信任大幅下降。因为无差别的监控使普通市民平添了被监控的耻辱感，通过探头采集信息后寄来的冷冰冰的罚单和传票，则拉大警察与市民的距离。因此，我们在推进"科技强警"中应当接受英国警务改革的教训。

专家考察团在对永城市派出所的调研中注意到，规范上墙的内容中有《卡点视频监控管理规定》，表明了永城公安系统的对视频监控的管理的超前性。该规定强调"视频监控录像提取后只适用于对违法犯罪嫌疑人的犯罪行为的证据认定"，但是"视频监控录像必须是民警才能提取"，以及出现"泄密"、"泄露隐私"、"流传到互联网等媒体"所产生的法律责任由提取人自己承担，这些规定给普通民警以太大的权力和太重的责任，应当进一步规定视频监控录像提取级别和职责，缩小权力和责任范围。同时，通过地方法规或规则等形式，严格规范探头的设置范围、探头安装的审批单位、探头资料采集时间、视频监控录像资料的保管和销毁期限、界定安装探头的公共空间，特别是内保系统的探头安装更应当考虑到对单位职工人权的尊重。

（三）把握科学的调查方法，避免对刑事政策的误导

"永城经验"中的"民意主导的警务标准"，将群众满意度和社会安全感作为衡量公安机关"打防管控"效果的重要尺度，这是警务观念变革的新思路，永城市公安局为此进行了大胆的探索，并收到了良好的社会效果。不过，调研中专家考察团也提出了科学的调查方法的把握是社会满意度和社会安全感调查可信度的基础。

首先，调查方应当尽可能地是利益不相关的"第三方"，调查采用随机抽样的方法，保障调查的覆盖面和客观性；其次，满意度和社会安全感调查主要有两种形式，即问卷调查和电话访谈调查。这两种方法都应当避免警察亲自登门拜访不满意者，拜访者可能是好心，想进一步了解不满意的原因，改善今后的工作。但登门拜访和追问会带来被访者的心理恐慌，影响以后调查的真实性。解决了解不满意原因的方法，可以在调查问卷的最后一页设计"不满意的原因"等开放式问题，让调查对象自由填写。电话调查也可以通过第三者详细询问不满意的原因，或者通过召开不同职业、不同层次的市民代表座谈会，采取座谈的方式了解群众不满意的原因。

科学的调查结果是制定正确刑事政策的依据，而可信度低的调查则会误导刑事政策的制定。在进行"民意主导的警务标准"的改革中，我们应当注意对科学方法的把握，保障"民意主导的警务标准"改革的可持续性。

（原载于《河南警察学院学报》，2011年第6期）

白领犯罪与街头犯罪的不同研究路径

【摘 要】 白领犯罪是一个较新的研究领域，用传统的研究街头犯罪的"三段论"已无法解释其犯罪原因，需要寻找新的研究路径。白领犯罪者的贪欲、管理制度漏洞和信用违反可成为该研究的重要切入点。

"白领犯罪"（White - Collar Crime）是美国犯罪学家苏哲兰（Sutherland Edwin H.）教授在20世纪30年代末提出的概念，主要指企业犯罪、职业犯罪和政府机构犯罪。与它相对应的称为"街头犯罪"，主要指杀人、盗窃、抢劫、强奸等传统的犯罪类型。

"白领犯罪"的研究世界各国起步均晚，而且几十年来研究步履蹒跚，建树甚少，主要原因与"白领犯罪"多是法人犯罪、技术犯罪、权力犯罪，也可称为贵族犯罪或精英犯罪有关。对于"白领犯罪"的社会调查困难，管理、技术、权力结构深不可测，且风险甚大。但是"白领犯罪"，比如，"企业的污染犯罪""银行的金融犯罪""政府的暴力犯罪"对人们的生命财产造成的损失要比一般的街头犯罪大数十倍，甚至数百数千倍。以最近《2012中国企业家犯罪报告》发布的数据为例，国有企业家贪污犯罪最高金额为6500万元，假设一名高水平的扒手每天能偷到2000元，全年无休假也要偷上九十年。

在研究"白领犯罪"的过程中，我们会发现它与传统的"街头犯罪"的研究路径差异甚大。考察"街头犯罪"的原因和特征时，学者们习惯于"三段论"，研究犯罪者成长的家庭环境、学校教育和社会环境。传统的研究方法大体上会发现犯罪者来自于结构性或功能性破损家庭，家庭环境恶劣，父母教育失调；在学校，犯罪者厌恶学习，学习成绩差，经常逃学，中途辍学，学历低，未受到良好的学校教育；在社会上，他们交友不良，耳濡目染，社会地位低，受人歧视，反社会倾向明显等。"三段论"的因素分析在传统的"街头犯罪"研究中具有一定的规律性。但是，在"白领犯罪"的研究中似乎难寻此路径，《2012中国企业家犯罪报告》显示，犯罪企业家大都接受过良好的教育,大专、本科及研究生学历者高达64.5%,因此大体可以推定他们有良好的家庭背景,让他们能受到良好的学校教育。企业家本身具有很高的社会地位,受到人们的尊重,其中7.4%的犯罪企业家是全国、省市人大代表、政协委员或获得市级以上荣誉称号者。因此,确实难用"街头犯罪"的研究路径和结论解析"白领犯罪"。

"白领犯罪"的原因和特征是什么呢?分析个案千差万别,但通过定量和定性分析及梳理,大体上可以概括为三大原因:一是贪欲,二是制度环境的漏洞,三是信用的违反。

"贪欲"是一种贪得无厌的欲望,是众多"街头犯罪"和"白领犯罪"的共同的内驱力,但白领犯罪者比街头犯罪者的贪欲范围更广、强度更烈,除了物欲、性欲和金钱欲外,还有权力欲。近年来,中国企业家受贿案件的金额不断刷新,从几万元,到几十万元、上百万元,2012年国企负责人的受贿最高金额达4747.99万元,平民百姓要问:"他们要那么多钱干啥?"这就是白领犯罪者贪欲的无止境和扩散性的表现。

制度环境的漏洞使白领犯罪者的贪欲转变成现实的犯罪行为和结果成为可能。白领犯罪者一般掌控着单位或领域内的资源、权力和技术,具有说一不二的垄断性,在缺少制度制衡和内外监督的状态下,欲望膨胀、信用底线突破,加之对制度漏洞的知晓,犯罪行为实施极为容易。解决的办法只能是建立严格制度监督与制衡机制,让白领犯罪者不能犯罪和不敢犯罪。

作为白领阶层信念与追求至关重要,一旦白领丧失了基本信念和企业奉献社会的追求,便难守伦理和法律底线,贪欲就会无边际的流淌。许多白领犯罪者在事后忏悔中会强调自己不懂法,但国内外的不少犯罪学研究显示,白领犯罪者更多不是不懂法,而是轻视法律,认为自己拥有的地位、权力和金钱,可以摆平其违法犯罪行为,或者认为,犯罪不是自己不好,而是法律制定的不好。犯罪学家在描述"白领犯罪"的特征时,普遍认为:这是由受人尊敬的企业家、商人、专业人士、政府工作人员所为的犯罪,它的基本特征是违反了授权责任和诚实信用的原则。他们将国家和国民托付给他们的权力滥用,违背了企业职工、纳税人和投资者对他们的信赖,利用职务和地位谋取私利或小集团利益,因此"白领犯罪"也称为"违背信用的犯罪"。

在现实生活中,人们很少关注"白领犯罪"对社会的危害,认为是国家或法人的损失,与百姓距离遥远。其实"白领犯罪"除了犯罪数额巨大和犯罪行为的影响深远(如环境犯罪等)外,"白领犯罪"因是精英人士对"社会信用的违反",会重创社会的信赖关系,导致人们对顶层社会组织的不信任,这种不信任会大大降低社会的道德感和组织感,而街头犯罪对社会机体的影响远没有这么大。近年来,人们在不断感叹"小悦悦"[1]等事件不断突破社会道德底线,却忽视了"白领犯罪"的增加对降低社会道德水准的作用。

（原载于法制网"法之光专家博客",2013年2月）

---

[1] 小悦悦事件：2011年10月13日,两岁的小悦悦在佛山南海黄岐广佛五金城相继被两车碾压,7分钟内,18名路人路过但都视而不见,漠然而去,最后是一名拾荒者陈贤妹施以援手,后经医院抢救无效离世。此事件引发网民对人情冷漠和无道德底线的热议。

后　记

　　我的朋友蒋国瑞教授建议我在本书的"后记"中，将自己的甲子之前的研究发现做一个简明扼要梳理和归纳，以飨读者。为此我一直犹豫不决，因为我认为，一个好的社会科学研究首先要有一个好的问题意识，其次是坚实的论证依据，再次是严谨的逻辑链条和分析过程，最后才是发现或有的放矢的对策建议。如果仅仅将研究发现或研究结论罗列出来，精彩的问题意识、论证过程、逻辑链条就会被忽略。就像是一道数学题，告诉你题目和得数，会让你感到枯燥无趣，因为数学的乐趣是在推演的过程中。另外，我一直认为，好的文章还需要留给读者足够的想象空间，启发后人继续深究，简单地罗列研究结论会扼杀读者的想象力。而且今天的研究发现可能被明天的发现所补充，甚至被推翻，使今天简单的罗列失去意义，当然这种补充和推翻过程，也是学者们进一步发现真理、发现规律的过程。

　　不过，蒋国瑞教授的建议也不无道理。现如今是竞争的社会，是绩效的社会，也是学术浮躁的社会，谁会有时间静静地坐在书房里、坐在凉亭中、坐在竹林或树荫下，去慢慢地阅读一本厚厚的学术著作呢。回想每次完成研究课题，撰写并交上十几万或几十万字的研究报告，领导总要嘱咐另写一份一两千字的"要报"呈上，强调一定要控制字数，领导没时间阅读长篇大论。好吧，就把读者当领导，提纲挈领地告诉该书的研究发现或作者感悟，也许是对读者宝贵时间的尊敬。

　　本书的研究发现和研究感悟如下。

一、移民文化圈的变形

　　传统的犯罪学冲突论认为，移民所持有的本土规范文化会与移住国的规范文化发生冲突，进而导致移民心理和行为冲突，并与移民犯罪相关联。

　　笔者的研究发现，移民的文化生活大多在异国移民文化圈内，移民文化圈的规范文化对其影响更为直接。而移民文化圈的规范文化因受到社会歧视导致群体性抑郁、法与现实的冲突，以及民族仇恨的错觉等因素的影响，会发生某种程度的变形。与本土规范文化相比，变形后移民圈规范文化对移民犯罪的抑制功能降低，甚至还会有助长移民犯罪的功能。

二、三大规范文化板块碰撞

传统的冲突理论认为，急剧的社会变迁会冲击原有的主流规范文化，使其裂变出众多亚文化，与主流规范文化相抗衡，导致人们行为规范混乱和犯罪现象的增加。

笔者的研究发现，这种主流文化裂变亚文化的现象在中国改革开放后的急剧社会变迁中基本没有发生，中国主要表现为儒家、毛泽东、西方三种强大的规范文化板块在一个特定时间、特定的地域内激烈碰撞，导致社会规范处于"混沌"状态，人们无所适从，消弱了原有规范文化对社会的控制力，并与犯罪率上升相关联。

三、城市化与犯罪率同步增长之原因

笔者的研究发现，中国与英国、法国、美国等先发展国家的现代化进程相似，都没能逃脱城市化与犯罪率的同步增长的"怪圈"。分析原因，城市化发展速度太快，超出城市的应接能力，导致"城市病"的爆发。更重要的原因是城市未能在反歧视、户籍制度、居住环境、子女入学、社会福利、劳动力培训等综合变革中容纳移民（流动）人口，使其逐渐成为城市化中的犯罪主体。

四、贫富差距与犯罪率的增长的相关性

笔者的研究发现，20世纪90年代以来，中国犯罪率的增长与基尼系数的变化有着高度相关性，表明了贫富差距拉大对犯罪的影响。此次犯罪率的增长与基尼系数的变化特征已不是传统犯罪研究的"饥寒起盗心"，而是相对贫困与犯罪的关系。

五、社会整合的关键作用

传统犯罪学理论认为，急剧的社会变迁会导致社会"失范"，并带来犯罪的增加。

笔者的研究发现，急剧的社会变迁首先冲击原有的经济结构和社会结构，致使社会矛盾增多并表面化，社会区域流动和阶层流动的机遇增多，调动起人

们的消费欲望和"机不可失"的侥幸冒险心理。其次冲击传统的规范文化，致使社会失范现象出现、社会控制减弱、犯罪成本降低及犯罪增加。这一规律在英国、法国、中国等国的急剧社会变迁中都有体现，但不是铁律。因为日本、瑞士、新加坡等国例外，原因是社会整合的影响，在急剧社会变迁中社会整合的速度和有效性决定了社会冲突的缓解程度和社会控制系统恢复能力。与急剧的社会变迁相对应，社会整合也是抑制犯罪增长的关键要素。

六、犯罪率的起伏与政治运动关联

中国犯罪学界普遍认为，新中国成立后政府的有效治理，使治安状况明显好转，全国犯罪率稳步下降。

笔者的研究发现，1953~1965 年的平均发案率（4.2 起/万人）低于建国初期（1950 年 9.3 起/万人）。但不是平稳下降，而是有起有伏，并有犯罪高峰，即 1953~1954 年、1957 年、1960~1961 年，犯罪率的变化曲线、社会秩序的状态与政治运动的发动和"降温"有着关联性。

七、逆城市化是"路不拾遗，夜不闭户"社会治安黄金期的主要原因

传统犯罪学研究认为，"三年困难"时期后的 1963~1965 年是新中国成立至今全国犯罪率最低时期，被称为"路不拾遗，夜不闭户"的社会治安黄金期。解释其原因有两种，即"社会矛盾缓解说"和"经济恢复说"。

笔者的研究发现，这一时期，在中央指令下全国压缩 2600 万城镇人口，令其返乡。"逆城市化"现象与犯罪率下降的关系更为密切。

八、卖淫女性被害的社会保护

笔者的研究感悟：20 世纪 90 年代，中国的卖淫现象"死灰复燃"并迅速蔓延，卖淫女性被害问题随之凸显。禁绝卖淫嫖娼是防止卖淫女被害的治本之策，但各种社会因素决定其无法在短期内实现；卖淫合法化使政府介入对卖淫女性的管理，会有效抑制其被害，但会冲击现有社会伦理体系和法体系。可谓"禁绝不成，合法化不妥，对卖淫女性的被害保护势在必行"。警察承担着打击卖淫行为的职责，同时负责卖淫女性受害的防止及基本人权的保护，是一种管理制度安排上的悖论。应当探索建立社会组织介入卖淫女性的人权保护的制度体系。

九、黑社会性质组织犯罪再度兴起的原因

中国犯罪学界解释黑社会性质有组织犯罪再度兴起的原因主要有四说："二元社会结构说"、"境外黑社会势力渗透说"、"公职人员腐败说"、"立法滞后说"。

笔者的研究发现，20世纪90年代中国黑社会性质有组织犯罪再度兴起的最主要原因是"地下经济"的产生和迅速扩张。黑社会性质的犯罪组织从最初控制卖淫、毒品、赌博、娱乐业等，迅速扩张到物流、讨债、纠纷解决、房屋拆迁、商品批发等领域，他们从地下经济中获得高额利润，壮大组织，贿赂官员，寻求"保护伞"。

十、制度环境差异决定企业家犯罪类型的差异

笔者的调查表明：国营企业家的主要犯罪类型依次是受贿、贪污、挪用等；民有企业家的主要犯罪类型依次是非法集资、行贿等。

笔者的研究发现，犯罪类型的差异是由制度环境所决定的。国企具有垄断性，依附于行政权力获取丰厚资源和财富。"一把手"说了算，企业高管权力过大且缺少制衡，故犯罪类型集中于受贿、贪污、挪用。民企缺少公权力的优势，一些企业家铤而走险，通过行贿、非法吸收民众存款、集资诈骗等方式获取企业所需资源、项目和资金。犯罪类型差异实质上是制度环境的差异所决定的。

十一、社会机体的"溃烂"致使公共安全问题凸显

笔者的研究感悟：近年来，食品药品、公民出行、建筑设施等公共安全问题的集中凸显，是社会机体"脓疮"溃烂之外显。这种溃烂是四个方面因素合力的结果，即生产经营销售者无信仰、无敬畏、无底线的唯利是图；层层回扣的行业潜规则逼迫下游生产者的偷工减料、假冒伪劣；"左手监督右手"的制度缺陷及监督者的受贿致使政府监管的乏力；"半市场化"的行政强势倒逼企业按常规生产经营便无利可图。

笔者提出的解决办法：让渡部分行政权力于民间，鼓励公民参与公共安全管理；民主建立行业协会，使其成为自律及自我监督的利器；反腐、科学设计制衡体制；避免行政绑架市场，让市场规律调节生产经营者的利润。

十二、群体性事件利益诉求的可变性

笔者的研究发现，群体性事件发生和发展的基本动力是利益诉求和动员口号，这种利益诉求和动员口号不是始终如一的，而是随群体性事件持续的时间的长短而发生变化的，组织者会根据参与群体和周围民众关注热点，寻找更普遍化的利益诉求或政治诉求，重建更具凝聚力的"运动话语"共识，扩大事件的影响力。

十三、群体性事件的制度化管理

笔者的研究感悟：群体性事件实质上是一种制度外的群体抗争。从国家治理手段上分析，"疏"比"堵"好。群体利益诉求的表达就像地下涌动的各类岩浆，寻找各自的喷发路径，当路径被堵塞后就会暗流汇集，积攒能量，另寻新的突破口并产生出更大的喷发能量和破坏力。目前中国的群体行为的主要通道是"爱国"和"环保"，而其背后的各种利益诉求错综复杂，"剪不断理还乱"。需探索分解利益诉求，合理合法释放能量，将群体性事件纳入制度化管理的轨道。

十四、日本公安委员会的顶层设计在警民共治防控犯罪方面取得了意想不到的效果

笔者的研究发现，日本社会治安管理机制改革的重要措施是修订《警察法》（1955年），确立在国家层面设置国家公安委员会，在都道府县设立地方公安委员会。该制度设计经过60余年实践取得了意想不到的治安效果。这个由大学教授、著名律师、企业家代表等"社会贤达人士"组成的委员会成为市民参与警察管理的重要机构，有效地制约了总理大臣和知事的警察权，同时审议警察经费预算，监督各级警察行政执法，解决国民对警察执法的"苦情申诉"等。保障警察行政运营的民主化，避免党派倾向和保障警察执法的公正性，保护国民权益和自由，缓解警民冲突，增强了警民协作共治犯罪的积极性，有效地维护了社会秩序的稳定。

十五、恢复性司法阻断仇恨延续

笔者的研究感悟：刑罚是一种报复性正义，通过国家机器剥夺犯罪者的自由、财产，甚至生命，使其犯罪行为无法延续，使社会潜在的犯罪者不敢犯

罪，并可平息民怨，维护社会正义与秩序。但是，报复性正义无法修复被犯罪行为破坏了人际关系，加害者与被害者之间的仇恨、敌意、恐惧、怨恨依然存在，甚至会波及家庭、家族、社区和社会，带来更深刻和广泛的社会冲突。

恢复性司法尝试解开"以恶制恶"的死结，它通过"社区小组"、"受害者与犯罪者调解会议"等方式，在加害方与被害方之间建立对话机制，以犯罪者的真心忏悔、主动承担责任，被害者的宽恕与谅解，以求化解矛盾和冲突，修复人际关系，重建社会支持系统。最终阻断仇恨和恐惧的蔓延，也使重新犯罪失去了外部的环境与内驱力。

十六、身体刑过渡到自由刑，再过渡到社区矫正的内驱力是行刑的人道主义

笔者的研究感悟：分析人类刑罚演变的历史，从原始的"身体刑"过渡到以"自由刑"为主体的监禁刑，再过渡到以"社区矫正"为主体的非监禁，其内在的驱动力不是从传统刑罚理论认定的惩罚、震慑潜在的犯罪者和避免重新犯罪，而是行刑人道主义和社会文明。

社区矫正是国际司法改革的大趋势，中国社区矫正制度的建设应不忘人道主义的改革初衷，防止复制监狱管理体制，避免监狱人格、传习现象、标签化和行刑者亚文化的形成；鼓励民众广泛参与，培育矫正对象融入社区、自立自律的社会环境；有效降低司法成本。

亲爱的读者，真的担心继续罗列会影响读者的阅读兴趣，会扼杀了读者的想象空间，还是请读者去看书中的内容吧。

最后，还想感谢北京工业大学首都社会建设与社会管理协同创新中心将我聘为首席专家，给我提供了研究"社会稳定"的科研平台。还要感谢知识产权出版社对犯罪学学科的接纳，十年前我的《现代社会的文化冲突与犯罪》一书就是由该社出版，在学界产生过良好影响。感谢该社石红华责任编辑为此书出版尽心竭力，以及卓有成效的编辑工作。

张荆

于书香静思斋

2017年1月